博瑞森图书
BRAGE

企业阅读 本土实践

管理·人文·生活

并购名著阅读指南

200本中外专业精品

叶兴平　陈慧　张璐　杨晓燕　欧阳莉华◎编著

中华工商联合出版社

图书在版编目（CIP）数据

并购名著阅读指南/叶兴平等编著．—北京：中华工商联合出版社，2018.3
ISBN 978-7-5158-2215-0

Ⅰ.①并…　Ⅱ.①叶…　Ⅲ.①企业兼并－名著－介绍－世界　Ⅳ.①F271.4

中国版本图书馆 CIP 数据核字（2018）第 029540 号

并购名著阅读指南

作　　者：叶兴平　陈　慧　张　璐　杨晓燕　欧阳莉华
责任编辑：于建廷　效慧辉
责任审读：郭敬梅
封面设计：久品轩
责任印制：迈致红
出版发行：中华工商联合出版社有限责任公司
印　　刷：北京兰星球彩色印刷有限公司
版　　次：2018 年 5 月第 1 版
印　　次：2018 年 5 月第 1 次印刷
开　　本：710mm×1000mm　1/16
字　　数：574 千字
印　　张：37.5
书　　号：ISBN 978-7-5158-2215-0
定　　价：198.00 元

服务热线：010－58301130
团购热线：010－58302813
地址邮编：北京市西城区西环广场 A 座
19－20 层，100044
http：//www.chgslcbs.cn
E-mail：cicap1202@sina.com（营销中心）
E-mail：gslzbs@sina.com（总编室）

一、综合原理与实务类

1		书　　名 著　　者 出版信息 页　　数	《并购的力量：移动互联时代的资本选择》 杨海鼎 北京：电子工业出版社，2015 320 页
2		书　　名 著　　者 出版信息 页　　数	《并购大时代：资本的谋略与实战》 张伟华 北京：中国法制出版社，2016 409 页
3		书　　名 著　　者 出版信息 页　　数	《并购战争：世界商业并购操作密局及后美国时代中国企业的终极战略》 张金鑫；崔林 北京：中国友谊出版公司，2010 248 页

续表

4		书　　名 著　　者 出版信息 页　　数	《公司并购问题与应对》 李良寓 北京：法律出版社，2012 262 页
5		书　　名 著　　者 出版信息 页　　数	《公司并购与重组》 朱宝宪 北京：清华大学出版社，2006 430 页
6		书　　名 著　　者 出版信息 页　　数	《劳阿毛说并购》 劳志明 北京：中国法制出版社，2015 258 页
7		书　　名 著　　者 出版信息 页　　数	《企业并购与重组》 上海国家会计学院 北京：经济科学出版社，2011 362 页
8		书　　名 著　　者 出版信息 页　　数	《融资、并购与公司控制》 周春生 北京：北京大学出版社，第 3 版，2013 368 页
9	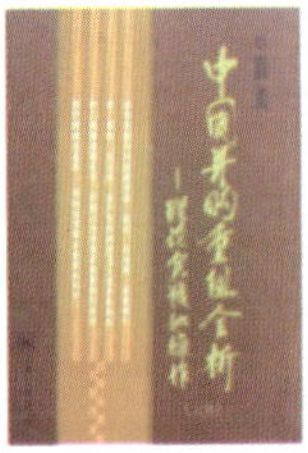	书　　名 著　　者 出版信息 页　　数	《中国并购重组全析：理论、实践和操作（上下卷）》 张新 上海：上海三联书店，2004 2160 页

续表

10		书　　名 著　　者 出版信息 页　　数	《中国企业并购实务》 欧阳泽华 北京：人民邮电出版社，2013 237 页
11		中译书名 英文书名 著　　者 译　　者 出版信息 页　　数	《并购创造价值（原书第 2 版）》 Creating Value from Mergers and Acquisitions：The Challenges 萨德·苏达斯纳（Sudi Sudarsanam） 芮萌 北京：经济管理出版社，2011 715 页
12		中译书名 英文书名 著　　者 译　　者 出版信息 页　　数	《并购的艺术：兼并、收购、买断指南（原书第 3 版）》 The Art of M&A：A Merger，Acquisition，Buyout Guide 斯坦利·福斯特·里德（Stanley Foster Reed）；亚历山德 拉·里德·拉杰科斯（Alexandra Reed Lajoux） 叶蜀君；郭丽华 北京：中国财政经济出版社，2001 810 页
13		中译书名 英文书名 著　　者 译　　者 出版信息 页　　数	《并购原理：收购、剥离和投资》 Mergers and Acquisitions Basics：The Key Steps of Acquisi- tions，Divestitures，and Investments 迈克尔·E. S. 弗兰克尔（M. E. S. Frankel） 曹建海 大连：东北财经大学出版社，2009 225 页
14		中译书名 英文书名 著　　者 译　　者 出版信息 页　　数	《兼并、收购和公司重组（原书第 4 版）》 Mergers，Acquisitions，and Corporations Restructuring 帕特里克·A. 高根（Patrick A. Gaughan） 顾苏秦；李朝晖 北京：中国人民大学出版社，2010 624 页

续表

15		中译书名 英文书名 著　　者 译　　者 出版信息 页　　数	《收购、兼并和重组：过程、工具、案例与解决方案（原书第 7 版）》 Mergers, Acquisitions, and Other Restructuring Activities 唐纳德·德帕姆菲利斯（Donald M. DePamphilis） 郑磊 北京：机械工业出版社，2015 456 页
16		中译书名 英文书名 著　　者 译　　者 出版信息 页　　数	《应用兼并和收购（上下册）》 Applied Mergers and Acquisitions 罗伯特·F·布鲁纳（Robert Bruner） 张陶伟；彭勇江 北京：中国人民大学出版社，2011 1111 页
17		英文书名 中译书名 著　　者 出版信息 页　　数	Mergers and Acquisitions: Concepts and Insights 《兼并与收购：概念与观点》 史蒂文·班布里奇（Stephen Bainbridge） Foundation Press, Third Edition, 2012 374 页
18	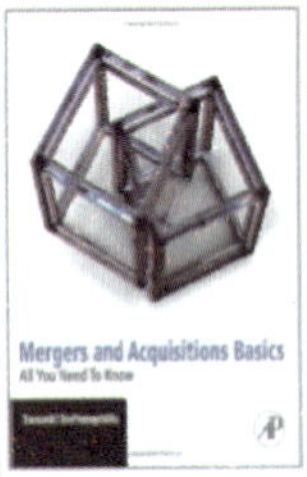	英文书名 中译书名 著　　者 出版信息 页　　数	Mergers and Acquisitions Basics: All You Need To Know 《并购基本原理：你必须了解的一切》 唐纳德·德帕姆菲利斯（Donald DePamphilis） Academic Press, 2010 304 页
19		英文书名 中译书名 著　　者 出版信息 页　　数	Mergers and Acquisitions Basics: Negotiation and Deal Structuring 《并购基本原理：谈判与交易架构》 唐纳德·德帕姆菲利斯（Donald DePamphilis） Academic Press, 2010 240 页

续表

20		英文书名	Mergers and Acquisitions Basics: The Key Steps of Acquisitions, Divestitures, and Investments
		中译书名	《并购基本原理：收购、剥离与投资的关键步骤》
		著　　者	迈克尔 · E. S. 弗兰克尔（Michael E. S. Frankel）；拉里 · 福曼（Larry Forman）
		出版信息	Wiley，Second Edition，2017
		页　　数	360 页
21		英文书名	Mergers and Acquisitions for Dummies
		中译书名	《并购通俗读本》
		著　　者	比尔 · 斯诺（Bill Snow）
		出版信息	Wiley Publishing，Inc.，2011
		页　　数	360 页

二、交易指南类

22		书　　名	《房地产企业并购实务手册》
		著　　者	周济
		出版信息	北京：人民邮电出版社，2017
		页　　数	198 页
23		书　　名	《公司并购重组原理、实务及疑难问题诠释》
		著　　者	雷霆
		出版信息	北京：中国法制出版社，2014
		页　　数	817 页

续表

24		书　　名 著　　者 出版信息 页　　数	《公司并购文件撰写指要》 史凝祯 北京：中信出版社，2008 250 页
25		书　　名 著　　者 出版信息 页　　数	《公司法疑难问题解决之道：412 个实务要点深度释解》 张远堂 北京：法律出版社，第 2 版，2014 243 页
26		书　　名 著　　者 出版信息 页　　数	《公司资本行动：并购策划与流程指引》 张远堂 北京：法律出版社，2012 456 页
27		书　　名 著　　者 出版信息 页　　数	《上市公司并购重组操作实务指引》 陈德胜 北京：法律出版社，2015 256 页
28		书　　名 著　　者 出版信息 页　　数	《上市公司并购重组解决之道：50 个实务要点深度释解》 申林平 北京：法律出版社，2016 609 页

续表

29		书　　名	《上市公司并购重组问答》
		著　　者	深圳市证券交易所创业企业培训中心
		出版信息	北京：中国财政经济出版社，第 2 版，2017
		页　　数	697 页
30		书　　名	《上市公司并购业务操作指引》
		著　　者	隋平；罗康
		出版信息	北京：法律出版社，2012
		页　　数	779 页
31		书　　名	《中国企业并购重组税收指南》
		著　　者	郭垂平；王瑞琪；林文辉
		出版信息	北京：中国财政经济出版社，2013
		页　　数	311 页
32		中译书名	《并购指南：如何发现好公司（原书第 2 版）》
		英文书名	M&A：A Practical Guide to Doing the Deal
		著　　者	杰弗里 · C. 胡克（Jeffrey C. Hooke）
		译　　者	李必龙；李羿；刘潇然
		出版信息	北京：机械工业出版社，2016
		页　　数	218 页
33		中译书名	《成功并购指南》
		英文书名	Successful Mergers
		著　　者	马里恩 · 迪瓦恩（Marion Devine）
		译　　者	韩嵩
		出版信息	北京：中信出版社，2004
		页　　数	169 页

续表

34		中译书名	《兼并和收购综合指南：如何管理并购各阶段的关键成功要素》
		英文书名	A Comprehensive Guide to Mergers & Acquisitions: Managing the Critical Success Factors across Every Stage of the M&A Process
		著　　者	雅可夫·韦伯（Yaakov Weber）；什洛莫·塔巴（Shlomo Tarba）等
		译　　者	李运璟；周京京
		出版信息	北京：中国金融出版社，2015
		页　　数	183 页
35		英文书名	10 Truths of Mergers & Acquisitions: A Survival Guide
		中译书名	《并购的 10 个真相：生存指南》
		著　　者	C. M. 卡乌尔（C. M. Cower）
		出版信息	iUniverse, Inc. , 2007
		页　　数	93 页
36		英文书名	A Practical Guide to Mergers & Acquisitions: Truth Is Stranger than Fiction
		中译书名	《并购实务指南：离奇的真相》
		著　　者	路易斯·M. 理查德（Louis M. Richard）
		出版信息	Strategic Book Publishing & Rights Agency, LLC, 2008
		页　　数	128 页
37	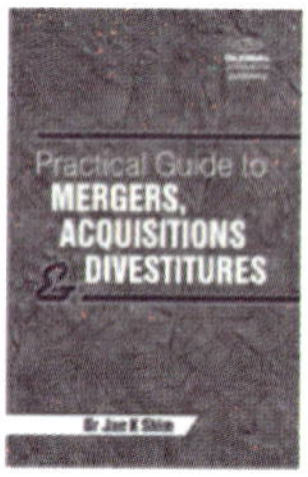	英文书名	A Practical Guide to Mergers, Acquisitions and Divestitures
		中译书名	《兼并、收购与资产剥离实务指南》
		著　　者	杰·K. 西姆（Jae K. Shim）
		出版信息	Global Professional Publishing, 2012
		页　　数	200 页
38		英文书名	Corporate Divestitures: A Mergers and Acquisitions Best Practices Guide
		中译书名	《公司剥离：并购最佳实务指南》
		著　　者	威廉·J. 戈尔（William J. Gole）；保罗·J. 希尔格（Paul J. Hilger）
		出版信息	Wiley, 2008
		页　　数	320 页

续表

39		英文书名 中译书名 著　　者 出版信息 页　　数	How to Value，Buy，or Sell a Financial Advisory Practice：A Manual on Mergers，Acquisitions，and Transition Planning 《如何估值、购买或销售一项金融顾问业务：并购与过渡计划指南》 马克·C. 蒂伯吉恩（Mark C. Tibergien）；欧文·达尔（Owen Dahl） Bloomberg Press，2006 331 页
40		英文书名 中译书名 著　　者 出版信息 页　　数	Maximizing Corporate Value through Mergers and Acquisitions：A Strategic Growth Guide 《通过并购实现公司价值最大化：战略成长指南》 帕特里克·A. 高根（Patrick A. Gaughan） Wiley，2013 352 页
41	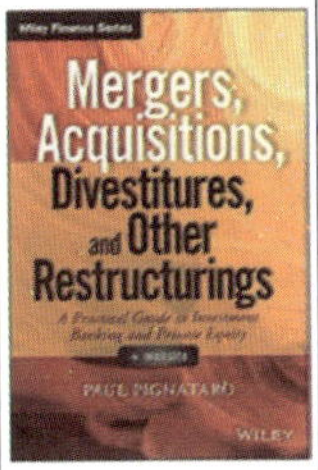	英文书名 中译书名 著　　者 出版信息 页　　数	Mergers，Acquisitions，Divestitures，and Other Restructurings：A Practical Guide to Investment Banking and Private Equity 《兼并、收购、剥离与其他重组：投资银行与私募股权实务指南》 保罗·皮格纳塔罗（Paul Pignataro） John Wiley & Sons，Inc.，2015 页 368 页
42	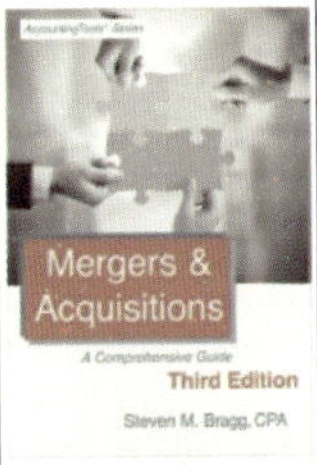	英文书名 中译书名 著　　者 出版信息 页　　数	Mergers & Acquisitions：A Comprehensive Guide 《并购综合指南》 史提文·M. 布拉格（Steven M. Bragg） Accounting Tools，Third Edition，2014 292 页
43		英文书名 中译书名 著　　者 出版信息 页　　数	Mergers & Acquisitions：An Insider's Guide to the Purchase and Sale of Middle Market Business Interests 《并购买卖内幕》 丹尼斯·J. 罗伯茨（Dennis J. Roberts） Wiley，2009 413 页

续表

44		英文书名 中译书名 著　　者 出版信息 页　　数	Mergers and Acquisitions：A Condensed Practitioner's Guide 《简明并购实务指南》 史提文·M. 布拉格（Steven M. Bragg） Wiley，2008 320 页
45		英文书名 中译书名 著　　者 出版信息 页　　数	Mergers and Acquisitions：A Guide to Creating Value for Stake- holders 《并购指南：为股东创造价值》 迈克尔·A. 希特（Michael A. Hitt）；杰弗里·S. 哈里森 （Jeffrey S. Harrison）；R. 杜安·爱尔兰（R. Duane Ireland） Oxford University Press，2001 240 页
46	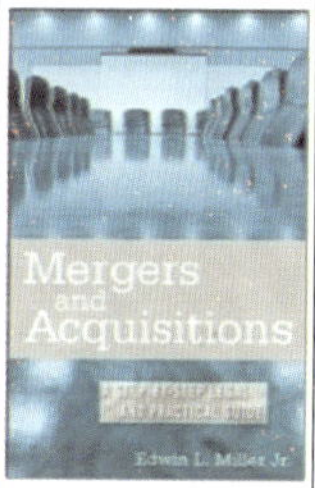	英文书名 中译书名 著　　者 出版信息 页　　数	Mergers and Acquisitions：A Step-by-Step Legal and Practical Guide 《并购：法律与实务进阶指南》 埃德温·L. 米勒·Jr.（Edwin L. Miller Jr.） Wiley，2008 352 页
47	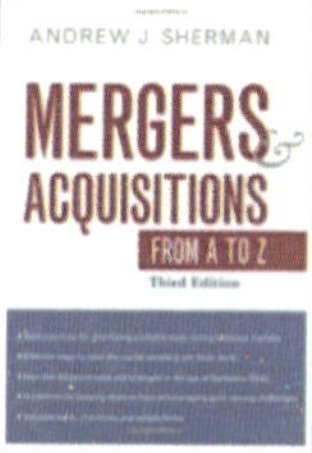	英文书名 中译书名 著　　者 出版信息 页　　数	Mergers and Acquisitions from A to Z 《并购大全》 安德鲁·J. 谢尔曼（Andrew J. Sherman） AMACOM，Third Edition，2010 336 页
48		英文书名 中译书名 著　　者 出版信息 页　　数	The Mergers & Acquisitions Handbook：A Practical Guide to Negotiated Transactions 《并购交易谈判指南》 戴安娜·霍尔特·弗兰克尔（Diane Holt Frankle）；史蒂 芬·A. 兰兹曼（Stephen A. Landsman）；杰弗里·J. 格林 （Jeffrey J. Greene） Bowne & Co.，Inc.，2007 196 页

三、战略、战术与技巧类

49		中译书名 英文书名 著　　者 译　　者 出版信息 页　　数	《MBO 交易：透视管理层收购》 Management Buyout 理查德 · H. 韦斯科特（Richard H. Westcott） 戴伟 北京：中国金融出版社，2003 121 页
50		中译书名 英文书名 著　　者 译　　者 出版信息 页　　数	《并购：企业在重大重组中必须面对的七大困惑》 Five Frogs on a Log：A CEO's Field Guide to Accelerating the Transition in Mergers，Acquisitions and Gut Wrenching Change 马克 · L. 菲尔德曼（M. L. Feldman）；迈克尔 · F. 斯普拉特（M. F. Spratt） 黄宜寺；沙丽金；李妍 海口：海南出版社，2003 205 页
51		中译书名 英文书名 著　　者 译　　者 出版信息 页　　数	《并购成长》 Digital Deals：Strategies for Selecting and Structuring Partnerships 乔治 · T. 盖斯（George T. Geis）；乔治 · S. 盖斯（George S. Geis） 蔡舜玉；丁惠民；张倩茜 北京：中国财政经济出版社，2002 315 页
52		中译书名 英文书名 著　　者 译　　者 出版信息 页　　数	《大并购时代：超级并购带来超级增长与超常回报》 Mergers and Acquisitions Strategy for Consolidations：Roll Up，Roll Out and Innovate for Superior Growth and Returns 诺曼 · W. 霍夫曼（Norman W. Hoffmann） 李琳；邱滢霏；刘寅龙 北京：机械工业出版社，2016 246 页

续表

53		中译书名	《大手笔：美国历史上 50 起顶级并购交易》
		英文书名	The 50 Best (and Worst) Business Deals
		著　　者	麦克尔·克雷格（Michael Craig）
		译　　者	海丛；丁文正
		出版信息	北京：华夏出版社，2005
		页　　数	203 页
54		中译书名	《反向并购：非 IPO 型的公司上市》
		英文书名	Reverse Mergers: Taking a Company Public without an IPO
		著　　者	戴维·N. 费尔德曼（David N. Feldman）；斯蒂文·德莱斯纳（Steven Dresner）
		译　　者	丁薇；戴虹
		出版信息	上海：上海人民出版社，2007
		页　　数	235 页
55		中译书名	《兼并之道：决定公司并购成败的四个关键决策》
		英文书名	Mastering the Merger: Four Critical Decisions That Make or Break the Deal
		著　　者	戴维·哈丁（David Harding）；萨姆·罗维特（Sam Rovit）
		译　　者	胡中祥；胡枫
		出版信息	北京：商务印书馆，2006
		页　　数	291 页
56	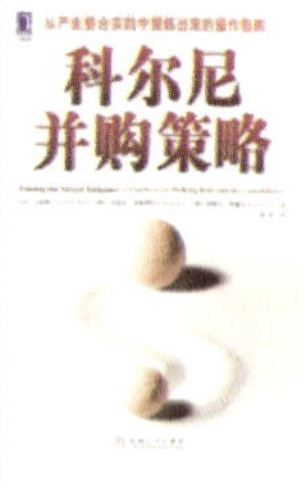	中译书名	《科尔尼并购策略》
		英文书名	Winning the Merger Endgame: A Playbook for Profiting From Industry Consolidation
		著　　者	丁焕明（Graeme K. Deans）等
		译　　者	张凯
		出版信息	北京：机械工业出版社，2004
		页　　数	226 页
57		中译书名	《收购失败：为成功收购提供切实的建议（原书第 2 版）》
		英文书名	Why Acquisitions Fail: Practical Advice for Making Acquisitions Succeed
		著　　者	丹泽尔·兰金（Denzil Rankine）
		译　　者	王凤玉；刘明
		出版信息	北京：经济管理出版社，2011
		页　　数	236 页

续表

58		中译书名	《收购有道：中小企业收购秘籍与经典案例》
		英文书名	Successful Acquisitions：A Proven Plan for Strategic Growth
		著　　者	戴维·布朗（David Braun）
		译　　者	李必龙；李羿；郭海
		出版信息	北京：机械工业出版社，2016
		页　　数	197 页
59		英文书名	Anatomy of a Merger：Strategies and Techniques for Negotiating Corporate Acquisitions
		中译书名	《兼并解剖：公司收购谈判的战略与技术》
		著　　者	詹姆斯·C. 弗罗因德（James C. Freund）
		出版信息	New York：Law Journal Press，1975，1976 printing
		页　　数	559 页
60		英文书名	Beating the Global Consolidation Endgame：Nine Strategies for Winning in Niches
		中译书名	《夺取全球合并赛局最后胜利的九大战略》
		著　　者	弗里茨·克罗格（Fritz Kroeger）；安德鲁·维茨雅克（Andrej Vizjak）；迈克尔·莫利亚提（Micheal Moriarty）
		出版信息	McGraw-Hill Education，2008
		页　　数	300 页
61		英文书名	Beyond the Deal：A Revolutionary Framework for Successful Mergers & Acquisitions that Achieve Breakthrough Performance Gains
		中译书名	《交易之外：获得绩效收益突破的并购框架》
		著　　者	休伯特·圣-翁奇（Hubert Saint-Onge）
		出版信息	Mcgraw-Hill Education，2008
		页　　数	360 页
62	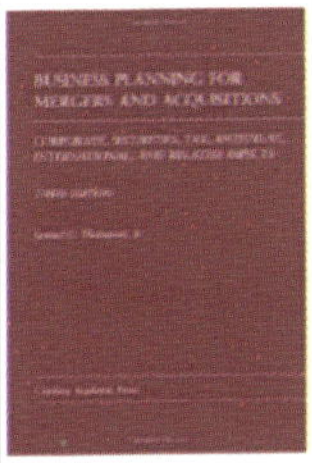	英文书名	Business Planning for Mergers and Acquisitions
		中译书名	《并购商业计划》
		著　　者	塞穆尔·C. 汤姆森·Jr.（Samuel C. Thompson Jr.）
		出版信息	Carolina Academic Press，Third Edition，2008
		页　　数	1354 页

续表

63		英文书名	Buyouts: Success for Owners, Management, PEGs, ESOPs and Mergers and Acquisitions
		中译书名	《买断：并购成功之道》
		著　　者	斯科特·米勒（Scott Miller）
		出版信息	Wiley，2012
		页　　数	327 页
64		英文书名	Do the Right Deal & Do the Deal Right: 35 Success Factors for Mergers & Acquisitions
		中译书名	《做对的交易与把交易做对：35 条并购成功秘诀》
		著　　者	B. 巴里·马苏迪（B. Barry Massoudi）
		出版信息	Continental Publishers LLC，2016
		页　　数	237 页
65		英文书名	Expensive Mistakes When Buying & Selling Companies
		中译书名	《如何避免公司买卖中的重大失误》
		著　　者	理查德·G. 施蒂格利茨（Richard G. Stieglitz）；斯图尔特·索金（Stuart H. Sorkin）
		出版信息	Acuity Publishing，2009
		页　　数	232 页
66		英文书名	How to Buy a Business without Being Had: Successfully Negotiating the Purchase of a Small Business
		中译书名	《如何轻松购买一家公司》
		著　　者	杰克·吉布森（Jack Gibson）
		出版信息	Trafford，2010
		页　　数	254 页
67		英文书名	Intelligent M&A: Navigating the Mergers and Acquisitions Minefield
		中译书名	《如何避免并购陷阱》
		著　　者	斯科特·莫勒（Scott Moeller）；克里斯·布雷迪（Chris Brady）
		出版信息	Wiley，Second Edition，2014
		页　　数	412 页

续表

68		英文书名	Knights，Raiders，and Targets：The Impact of the Hostile Takeover
		中译书名	《骑士、袭击者与目标：恶意收购的影响》
		著　　者	约翰·C. 科菲（John C. Coffee）；路易斯·洛温斯坦（Louis Lowenstein）；苏珊·罗斯－阿克曼（Susan Rose-Ackerman）
		出版信息	Oxford University Press，1988
		页　　数	560 页
69		英文书名	Make the Deal：Negotiating Mergers and Acquisitions
		中译书名	《成交：并购谈判》
		著　　者	克里斯托夫·S. 哈里森（Christopher S. Harrison）
		出版信息	Wiley，2016
		页　　数	320 页
70	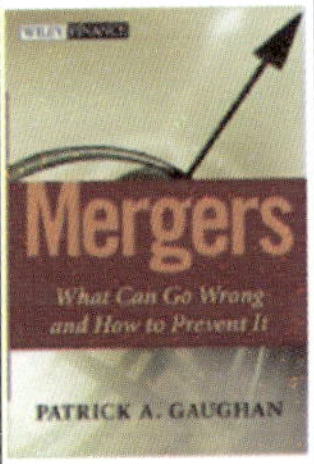	英文书名	Merger：What Can Go Wrong and How to Prevent It
		中译书名	《如何避免兼并出错》
		著　　者	帕特里克·A. 高根（Patrick A. Gaughan）
		出版信息	John Wiley & Sons，Inc.，2005
		页　　数	356 页
71		英文书名	Mergers and Acquisitions Playbook：Lessons from the Middle-Market Trenches
		中译书名	《并购战术手册》
		著　　者	马克·A. 菲利佩尔（Mark A. Filippell）
		出版信息	Wiley，2010
		页　　数	336 页
72		英文书名	Surviving M&A：Make the Most of Your Company Being Acquired
		中译书名	《并购生存策略：如何最大限度用好被收购的公司》
		著　　者	斯科特·莫勒（Scott Moeller）
		出版信息	John Wiley & Sons Ltd，2009
		页　　数	264 页

续表

73		英文书名	The Art of M&A Strategy: A Guide to Building Your Company's Future through Mergers, Acquisitions, and Divestiture
		中译书名	《并购战略的艺术：通过并购和剥离构建公司未来指南》
		著　　者	肯尼斯·史密斯（Kenneth Smith）；亚历山德拉·里德·拉杰科斯（Alexandra Reed Lajoux）
		出版信息	McGraw-Hill Education，2012
		页　　数	368 页
74		英文书名	Why Deals Fail: And How to Rescue Them
		中译书名	《为什么交易失败？如何救济？》
		著　　者	安娜·菲尔顿（Anna Faelten）；米歇尔·德里森（Michel Driessen）；斯科特·莫勒（Scott Moeller）
		出版信息	The Economist，2016
		页　　数	224 页

四、尽职调查、估值和融资类

75		书　　名	《成功并购：商业尽职调查实务手册》
		著　　者	德硕管理咨询
		出版信息	北京：中国金融出版社，2011
		页　　数	270 页
76		书　　名	《走向资本市场：企业上市尽职调查与疑难问题剖析》
		著　　者	张国峰
		出版信息	北京：法律出版社，2013
		页　　数	889 页

续表

77		中译书名 英文书名 著　　者 译　　者 出版信息 页　　数	《并购的艺术：尽职调查》 The Art of M&A：Due Diligence 亚历山德拉·里德·拉杰科斯（Alexandra Reed Lajoux）； 查尔斯·M. 埃尔森（Charles M. Elson） 郭雪萌；崔永梅；万里霜 北京：中国财政经济出版社，2001 437 页
78		中译书名 英文书名 著　　者 译　　者 出版信息 页　　数	《并购的艺术：融资与再融资》 The Art of M&A：Financing and Refinancing 亚历山德拉·里德·拉杰科斯（Alexandra Reed Lajoux）； J. 弗雷德·威斯顿（J. Fred Weston） 张秋生；周绍妮；张昊 北京：中国财政经济出版社，2001 372 页
79		中译书名 英文书名 著　　者 译　　者 出版信息 页　　数	《并购估值：如何为非上市公司培育价值（原书第 2 版）》 Valuation for M&A 克里斯·M. 梅林（Chris M. Mellen）；弗兰克·C. 埃文斯 （Frank C. Evans） 李必龙；李羿；郭海 北京：机械工业出版社，2014 301 页
80		中译书名 英文书名 著　　者 译　　者 出版信息 页　　数	《估值：难点、解决方案及相关案例（原书第 2 版）》 The Dark Side of Valuation：Valuing Young，Distressed，and Complex Businesses 埃斯瓦斯·达莫达兰（Aswath Damodaran） 李必龙；李羿；郭海等 北京：机械工业出版社，2013 448 页

续表

81		中译书名 英文书名 著　　者 译　　者 出版信息 页　　数	《估值的艺术：110 个解读案例》 The Art of Company Valuation and Financial Statement Analysis: A Value Investor's Guide with Reallife Case Studies 尼古拉斯·斯密德林（Nicolas Schmidlin） 李必龙 北京：机械工业出版社，2015 258 页
82		中译书名 英文书名 著　　者 译　　者 出版信息 页　　数	《估值技术》 Valuation Techniques: Discounted Cash Flow, Earnings Quality, Measures of Value Added, and Real Options 大卫·T. 拉勒比（David T. Larrabee）；贾森·A. 沃斯（Jason A. Voss） 王晋忠等 北京：机械工业出版社，2015 435 页
83		中译书名 英文书名 著　　者 译　　者 出版信息 页　　数	《企业并购价值评估从入门到精通（原书第 2 版）》 Valuation for Mergers and Acquisitions 芭芭拉·S. 佩提特（Barbara S. Petitt）；肯尼斯·R. 费理斯（Kenneth R. Ferris） 李淼 北京：人民邮电出版社，2015 210 页
84		英文书名 中译书名 著　　者 出版信息 页　　数	Commercial Due Diligence: The Key to Understanding Value in an Acquisition 《商业尽职调查：了解收购价值的关键》 彼特·豪森（Peter Howson） Gower，2016 416 页
85		英文书名 中译书名 著　　者 出版信息 页　　数	Due Diligence: Planning, Questions, Issues 《尽职调查：规划与问题》 戈登·宾（Gordon Bing） Praeger Publishers，2008 224 页

续表

86		英文书名 中译书名 著　　者 出版信息 页　　数	Due Diligence: The Critical Stage in Mergers and Acquisitions 《尽职调查：并购的关键阶段》 彼得·豪森（Peter Howson） Gower Pub Co.，2003 304 页
87		英文书名 中译书名 著　　者 出版信息 页　　数	Due Diligence and the Business Transaction: Getting a Deal Done 《尽职调查与商业交易：达成交易》 杰弗里·W. 伯克曼（Jeffrey W. Berkman） Apress，2013 292 页
88		英文书名 中译书名 著　　者 出版信息 页　　数	Due Diligence for Global Deal Making 《全球交易尽职调查》 亚瑟·H. 罗森布鲁姆（Arthur H. Rosenbloom） Bloomberg Press，2010 343 页
89	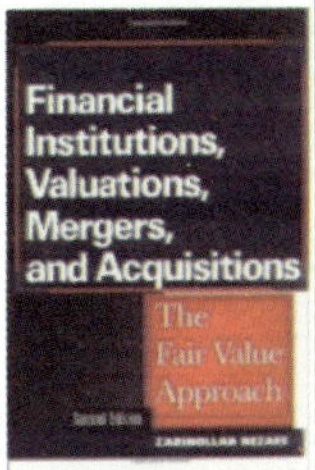	英文书名 中译书名 著　　者 出版信息 页　　数	Financial Institutions, Valuations, Mergers and Acquisitions 《金融机构、估值、兼并与收购》 Z. 瑞扎伊（Zabihollah Rezaee） Wiley，Second Edition，2001 456 页
90		英文书名 中译书名 著　　者 出版信息 页　　数	Value in Due Diligence: Contemporary Strategies for Merger and Acquisition Success 《尽职调查中的价值：当代并购成功战略》 罗纳德·格莱希（Ronald Gleich）；戈尔达纳·基兰斯（Gordana Kierans）；托马斯·哈塞尔巴赫（Thomas Hasselbach） Gower Publishing Limited，2010 216 页

五、并购律师、法律与监管类

91		书　　名 著　　者 出版信息 页　　数	《公司并购律师实务》 中国人民大学律师学院 北京：法律出版社，2015 339 页
92		书　　名 著　　者 出版信息 页　　数	《攻略：并购律师进阶指南》 王蓉 北京：法律出版社，2015 297 页
93		书　　名 著　　者 出版信息 页　　数	《企业并购重组税法实务：原理、案例及疑难问题剖析》 雷霆 北京：法律出版社，2015 588 页
94		书　　名 著　　者 出版信息 页　　数	《上市公司并购重组监管制度解析》 马骁 北京：法律出版社，2011 276 页
95		书　　名 著　　者 出版信息 页　　数	《上市公司并购法律实务》 罗文志；董寒冰 北京：法律出版社，2005 650 页

续表

96		书　　名 著　　者 出版信息 页　　数	《投资并购法律实务》 贾锐 北京：法律出版社，2013 290 页
97		书　　名 著　　者 出版信息 页　　数	《投资并购与资本市场法律全书》 李雨龙 北京：法律出版社，第 2 版，2014 703 页
98		书　　名 著　　者 出版信息 页　　数	《完胜资本：公司投资、并购、融资、私募、上市法律政 策应用全书》 杨春宝；杨贵永 北京：中国法制出版社，增订第 3 版，2014 618 页
99		书　　名 著　　者 出版信息 页　　数	《中华人民共和国企业投资并购法律全书》 李雨龙 北京：法律出版社，2008 611 页
100		书　　名 著　　者 出版信息 页　　数	《资本交易法律文书精要详解及实务指南》 雷霆 北京：法律出版社，2015 716 页

续表

101		中译书名 英文书名 著　　者 译　　者 出版信息 页　　数	《合并与收购：理解反垄断问题（原书第3版）》 Mergers and Acquisitions：Understanding the Antitrust Issues 美国律师协会反垄断分会编 黄晋 北京：北京大学出版社，2012 467页
102		中译书名 英文书名 著　　者 译　　者 出版信息 页　　数	《美国并购审查程序暨实务指南（原书第3版）》 The Merger Review Process：A Step-By-Step Guide to U. S. and Foreign Merger Review 美国律师协会反垄断分会 李之彦；王涛 北京：北京大学出版社，2011 562页
103		英文书名 中译书名 著　　者 出版信息 页　　数	Corporate Governance and Regulatory Impact on Mergers and Acquisitions 《公司治理与监管对并购的影响》 格雷格·N. 格雷戈里乌（Greg N. Gregoriou）；吕克·伦尼布格（Luc Renneboog） Elsevier Science Publishing Co Inc. ，2007 304页
104		英文书名 中译书名 著　　者 出版信息 页　　数	Mergers and Acquisitions：Law & Finance 《并购：法律与金融》 罗伯特·B. 汤普森（Robert B. Thompson） Wolters Kluwer Law & Business，Second Edition，2014 672页
105	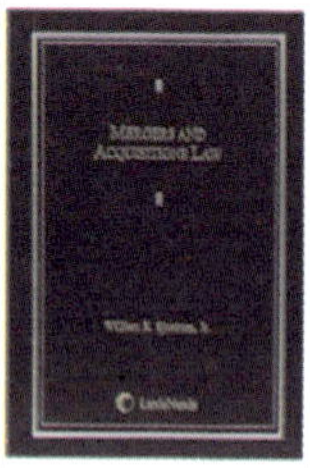	英文书名 中译书名 著　　者 出版信息 页　　数	Mergers and Acquisitions Law 《并购法律》 威廉·K. 索斯特伦，Jr. （William K. Sjostrom，Jr. ） Carolina Academic Press，2014 662页

续表

<table>
<tr><td rowspan="6">106</td><td rowspan="6"></td><td>英文书名</td><td>The Art of M&A Structuring: Techniques for Mitigating Financial, Tax, and Legal Risk</td></tr>
<tr><td>中译书名</td><td>《并购架构的艺术：缓解金融、税负和法律风险》</td></tr>
<tr><td>著　　者</td><td>亚历山德拉·里德·拉杰科斯（Alexandra Reed Lajoux）；H. 彼特·内斯沃德（H. Peter Nesvold）</td></tr>
<tr><td>出版信息</td><td>McGraw-Hill Education，2004</td></tr>
<tr><td>页　　数</td><td>394 页</td></tr>
<tr><td></td><td></td></tr>
<tr><td rowspan="5">107</td><td rowspan="5"></td><td>英文书名</td><td>The Management of Mergers and Acquisitions</td></tr>
<tr><td>中译书名</td><td>《并购管理》</td></tr>
<tr><td>著　　者</td><td>菲利普·维理（Philippe Very）</td></tr>
<tr><td>出版信息</td><td>John Wiley & Sons Ltd.，2004</td></tr>
<tr><td>页　　数</td><td>192 页</td></tr>
</table>

六、并购后整合类

<table>
<tr><td rowspan="6">108</td><td rowspan="6"></td><td>中译书名</td><td>《并购的艺术：整合》</td></tr>
<tr><td>英文书名</td><td>The Art of M&A: Integration</td></tr>
<tr><td>著　　者</td><td>亚历山德拉·里德·拉杰科斯（Alexandra Reed Lajoux）</td></tr>
<tr><td>译　　者</td><td>丁慧平；孙先锦</td></tr>
<tr><td>出版信息</td><td>北京：中国财政经济出版社，2001</td></tr>
<tr><td>页　　数</td><td>373 页</td></tr>
<tr><td rowspan="6">109</td><td rowspan="6"></td><td>中译书名</td><td>《并购整合：并购企业成功整合的七个策略》</td></tr>
<tr><td>英文书名</td><td>After the Merger: Seven Rules for Successful Post-Merger Integration</td></tr>
<tr><td>著　　者</td><td>马克思·M. 哈贝（Max M. Habeck）；佛里茨·克劳格（Fritz Kroger）；麦克·R. 塔姆（Michael R. Tram）</td></tr>
<tr><td>译　　者</td><td>张一平</td></tr>
<tr><td>出版信息</td><td>北京：机械工业出版社，2003</td></tr>
<tr><td>页　　数</td><td>152 页</td></tr>
</table>

续表

110		中译书名	《并购之后：成功整合的权威指南（原书第 3 版）》
		英文书名	After the Merger：The Authoritative Guide for Integration Success
		著　　者	普赖斯·普里切特（Price Pritchett）
		译　　者	李文远
		出版信息	北京：浙江大学出版社，2017
		页　　数	121 页
111		中译书名	《并购指南：人员整合》
		英文书名	The M&A Transition Guide
		著　　者	帕蒂·汉森（Patti Hanson）
		译　　者	张弢
		出版信息	北京：中信出版社，2004
		页　　数	279 页
112		中译书名	《并购制胜战略：实用并购规划和整合策略指南》
		英文书名	Winning at Mergers and Acquisitions：The Guide to Market-Focused Planning and Integration
		著　　者	马克·N. 克莱门特（Mark N. Clemente）；大卫·S. 格林斯潘（D. S. Greenspan）
		译　　者	王华玉
		出版信息	北京：机械工业出版社，2003
		页　　数	551 页
113		中译书名	《并购中的企业文化整合》
		英文书名	Successful Mergers，Acquisitions and Strategic Alliances：How to Bridge Corporate Cultures
		著　　者	查尔斯·甘瑟尔（Charles Gancel）；艾琳·罗杰斯（Irene Rodgers）；马克·雷诺（Mare Raynaud）
		译　　者	干春晖
		出版信息	北京：中国人民大学出版社，2004
		页　　数	254 页

续表

114		中译书名	《协同效应的陷阱：公司购并中如何避免功亏一篑》
		英文书名	The Synergy Trap：How Companies lose the Acquisition Game
		著　　者	马克·L. 赛罗沃（Mark L. Sirower）
		译　　者	杨炯
		出版信息	上海：远东出版社，2001
		页　　数	307 页
115		英文书名	Achieving Post-Merger Success：A Stakeholder's Guide to Cultural Due Diligence，Assessment，and Integration
		中译书名	《获得并购后的成功：尽职调查、评估与整合股东指南》
		著　　者	J. 罗伯特·卡尔顿（J. Robert Carleton）；克劳德·赖贝利（Claude S. Lineberry）
		出版信息	John Wiley & Sons Ltd，2010
		页　　数	240 页
116		英文书名	Guidelines for Process Safety Acquisition Evaluation and Post Merger Integration
		中译书名	《收购估值与兼并后整合指南》
		著　　者	美国化工过程安全中心（Center for Chemical Process Safety）
		出版信息	Wiley-AIChE，2010
		页　　数	336 页
117		英文书名	Joining Forces：Making One plus One Equal Three in Mergers，Acquisitions，and Alliances
		中译书名	《合力：在并购和联盟中让一加一等于三》
		著　　者	米切尔·李·马克斯（Mitchell Lee Marks）；菲利浦·H. 米尔维斯（Philip H. Mirvis）
		出版信息	Jossey-Bass，Second Edition，2010
		页　　数	368 页
118		英文书名	M&A Integration：How to Do It
		中译书名	《并购整合指南：企业成功并购整合的规划与实施》
		著　　者	丹尼·A. 戴维斯（Danny A. Davis）
		出版信息	Wiley，2012
		页　　数	334 页

续表

119		英文书名 中译书名 著　　者 出版信息 页　　数	Mergers & Acquisitions Integration Handbook：Helping Companies Realize The Full Value of Acquisitions 《并购整合手册：帮助公司实现充分的价值》 斯科特·C. 惠特克（Scott C. Whitaker） Wiley，2012 192 页
120		英文书名 中译书名 著　　者 出版信息 页　　数	Practical M&A Execution and Integration 《并购实施与整合实务》 迈克尔·麦格拉思（Michael McGrath） Wiley，2011 326 页
121	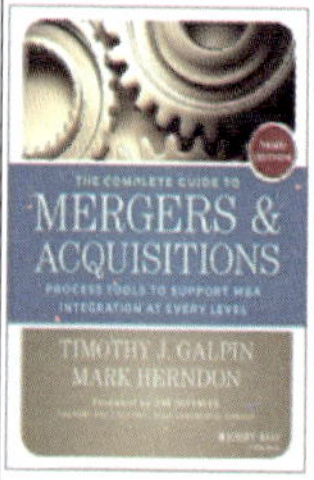	英文书名 中译书名 著　　者 出版信息 页　　数	The Complete Guide to Mergers and Acquisitions：Process Tools to Support M&A Integration at Every Level 《并购全程指南：支持各层面并购整合的程序工具》 蒂莫西·J. 加尔平（Timothy J. Galpin）；马克·赫恩登（Mark Herndon） Jossey-Bass，Third Edition，2014 480 页

七、跨境并购类

122		书　　名 著　　者 出版信息 页　　数	《海外并购基金操作实务与图解》 王以锦 北京：法律出版社，2015 206 页

续表

123		书　　名 著　　者 出版信息 页　　数	《海外并购交易全程实务指南与案例评析》 张伟华 北京：中国法制出版社，2016 593 页
124		书　　名 著　　者 出版信息 页　　数	《海外并购尽职调查指引》 隋平 北京：法律出版社，2011 463 页
125		书　　名 著　　者 出版信息 页　　数	《机遇与挑战：中国公司海外并购的风险与防范》 肖金泉 北京：法律出版社，2012 251 页
126		书　　名 著　　者 出版信息 页　　数	《兼并美国》 王卫东 北京：中信出版社，2007 367 页
127		书　　名 著　　者 出版信息 页　　数	《跨境并购》 黄正东；张亚卿；商建刚 武汉：武汉大学出版社，2015 332 页

续表

128		书　　名 著　　者 出版信息 页　　数	《中国企业跨境并购》 李俊杰 北京：机械工业出版社，2013 330 页
129		中译书名 英文书名 著　　者 译　　者 出版信息 页　　数	《国际并购与合资：做好交易》 International M&A, Joint Ventures and Beyond 大卫·J. 本丹尼尔（David J. BenDaniel）；阿瑟·H. 罗森布鲁恩（Arthur H. Rosenbloom） 赵锡军等 北京：中国人民大学出版社，2002 402 页
130	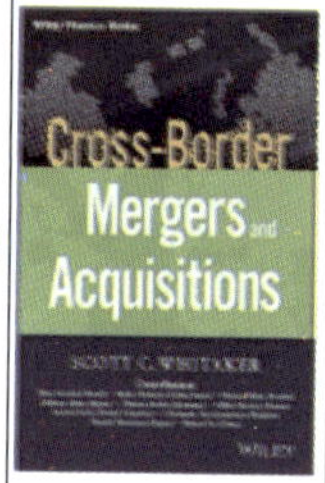	英文书名 中译书名 著　　者 出版信息 页　　数	Cross-Border Mergers and Acquisitions 《跨界并购》 斯科特·C. 惠特克（Scott C. Whitaker） Wiley，2016 464 页
131		英文书名 中译书名 著　　者 出版信息 页　　数	Cross-Border Mergers and Acquisitions: Theory and Empirical Evidence 《跨界并购：理论与经验证据》 奥托里诺·莫瑞兹（Ottorino Morresi）；阿尔伯特·佩齐（Alberto Pezzi） Palgrave Macmillan，2014 238 页
132		英文书名 中译书名 著　　者 出版信息 页　　数	German Mergers & Acquisitions in the USA: Transaction Management and Success 《德国在美国的并购：交易管理与成功》 贝恩德·乌本（Bernd Wübben） Deutscher Universitätsverlag，2007 336 页

续表

133	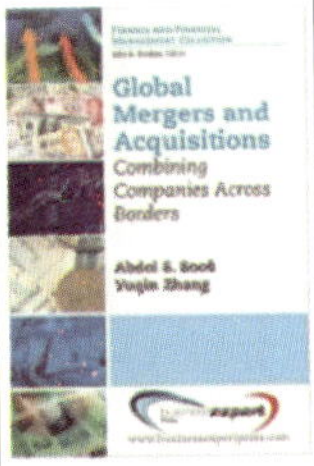	英文书名 中译书名 著　　者 出版信息 页　　数	Global Mergers and Acquisitions: Combining Companies across Borders 《全球并购：公司跨界整合》 阿布多尔·S. 苏菲（Abdol S. Soofi）；张玉琴（Yuqin Zhang） Business Expert Press，LLC，2014 228 页
134		英文书名 中译书名 著　　者 出版信息 页　　数	International Business Mergers and Acquisitions in Japan 《日本的国际商业并购》 拉尔夫·贝本罗斯（Ralf Bebenroth） Springer，2015 231 页
135		英文书名 中译书名 著　　者 出版信息 页　　数	International Mergers and Acquisitions Activity Since 1990 《1990 年以来的国际并购活动》 格雷格·N. 格雷戈里乌（Greg N. Gregoriou）；吕克·伦尼布格（Luc Renneboog） Academic Press，2007 320 页
136	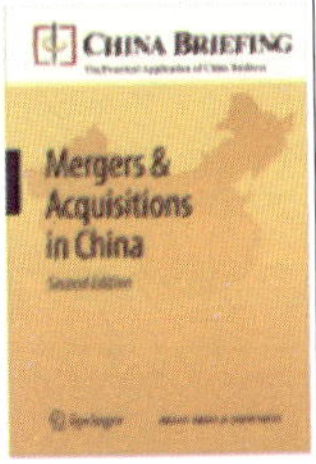	英文书名 中译书名 著　　者 出版信息 页　　数	Mergers & Acquisitions in China 《中国的并购》 克里斯·德文希尔－埃利斯（Chris Devonshire-Ellis）；安迪·斯科特（Andy Scott） Springer，Second Edition，2011 108 页
137		英文书名 中译书名 著　　者 出版信息 页　　数	Mergers and Acquisitions: A Global Tax Guide 《全球并购税务指南》 普华永道（PriceWaterhouseCoopers LLP） Wiley，2006 576 页

续表

138		英文书名	The Global M&A Tango: How to Reconcile Cultural Differences in Mergers, Acquisitions, and Strategic Partnerships
		中译书名	《全球并购探戈：如何协调并购和战略合作中的文化差异》
		著　　者	冯斯·琼潘纳斯（Fons Trompenaars）；马藤·尼吉霍夫·亚瑟（Maarten Nijhoff Asser）
		出版信息	McGraw-Hill Education，2010
		页　　数	208 页
139		英文书名	The Market for Corporate Control in Japan: M&As, Hostile Takeovers and Regulatory Framework
		中译书名	《日本公司控制权市场：并购、恶意收购与规范框架》
		著　　者	恩里科·科尔切拉（Enrico Colcera）
		出版信息	Springer，2009
		页　　数	387 页

八、并购专门领域类（金融、会计、管理、人力资源和文化）

140		书　　名	《并购成功的关键：人力资源尽职调查》
		著　　者	方少华
		出版信息	南京：南京大学出版社，2012
		页　　数	270 页
141	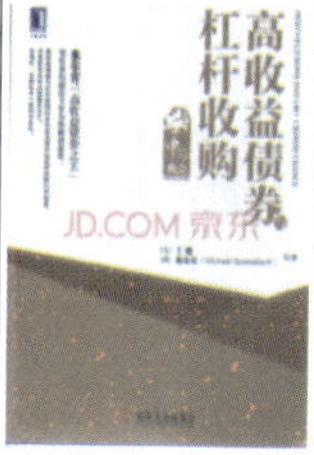	书　　名	《高收益债券与杠杆收购：中国机会》
		著　　者	王巍；施迈克（Michael Spiessbach）
		出版信息	北京：机械工业出版社，2012
		页　　数	358 页

续表

142		书　　名 著　　者 出版信息 页　　数	《股权投资基金与并购》 亚洲商学院 北京：首都经济贸易大学出版社，2012 257 页
143		中译书名 英文书名 著　　者 译　　者 出版信息 页　　数	《杠杆收购：入门精要》 Leveraged Buyouts：A Practical Introductory Guide to LBOs 戴维·皮尔格（David Pilger） 李淼 北京：人民邮电出版社，2015 129 页
144		中译书名 英文书名 著　　者 译　　者 出版信息 页　　数	《投资银行：价值、杠杆收购、兼并与收购（原书第 2 版）》 Investment Banking：Valuation，Leveraged Buyouts，and Mer- gers & Acquisitions 乔舒亚·罗森鲍姆（Joshua Rosenbaum）；乔舒亚·珀尔 （Joshua Pearl） 刘振山；曹建海 北京：机械工业出版社，2014 404 页
145	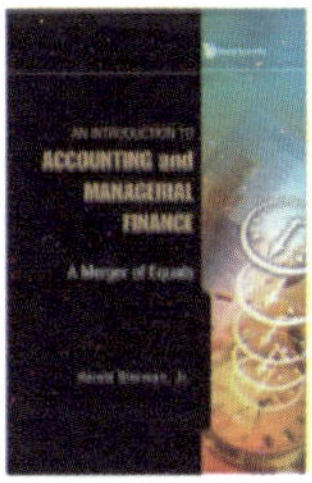	英文书名 中译书名 著　　者 出版信息 页　　数	An Introduction to Accounting and Managerial Finance：A Mer- ger of Equals 《对等合并：财务和管理金融》 哈罗德·比尔曼（Harold Bierman，Jr.） World Scientific Publishing Company，2010 404 页
146		英文书名 中译书名 著　　者 出版信息 页　　数	Mergers and Acquisitions：Business Strategies for Accountants 《并购：会计师的商业战略》 威廉·J. 戈尔（William J. Gole）；约瑟夫·莫里斯（ Jo- seph Morris） Wiley，Third Edition，2007 416 页

续表

147	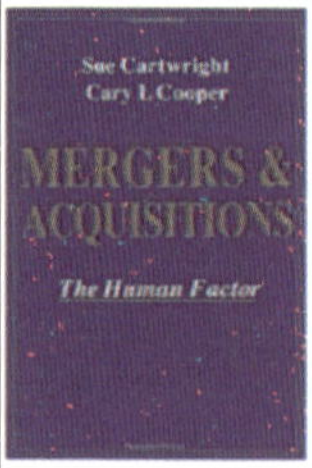	英文书名 中译书名 著　　者 出版信息 页　　数	Mergers and Acquisitions：The Human Factor 《并购：人力资源因素》 苏·卡特莱特（Sue Cartwright）；加里·L. 库珀（Cary L. Cooper） Butterworth-Heinemann，1992 232 页
148		英文书名 中译书名 著　　者 出版信息 页　　数	Mergers and Acquisitions Deal-Makers：Building a Winning Team 《并购交易者：构建一个能赢的团队》 迈克尔·E. S. 弗兰克尔（Michael E. S. Frankel） Wiley，Second Edition，2007 240 页
149		英文书名 中译书名 著　　者 出版信息 页　　数	Mergers and Acquisitions in Banking and Finance：What Works，What Fails，and Why 《银行和金融领域的并购》 英格·沃尔特（Ingo Walter） Oxford University Press，2004 320 页
150	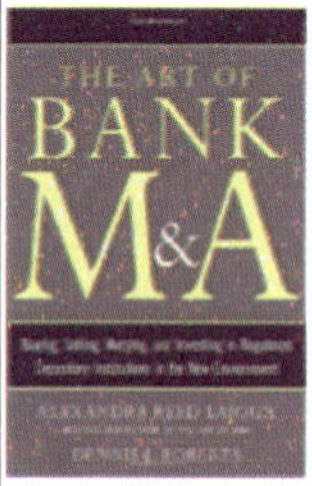	英文书名 中译书名 著　　者 出版信息 页　　数	The Art of Bank M&A：Buying，Selling，Merging，and Investing in Regulated Depository Institutions in the New Environment 《银行并购艺术：购买、销售、兼并与投资》 亚历山德拉·里德·拉杰科斯（Alexandra Reed Lajoux）；丹尼斯·J. 罗伯茨（Dennis J. Roberts） McGraw-Hill Education，2014 384 页
151		英文书名 中译书名 著　　者 出版信息 页　　数	The Art of Capital Restructuring：Creating Shareholder Value through Mergers and Acquisitions 《资本重组的艺术：通过并购创造股东价值》 H. 肯特·贝克（H. Kent Baker）；哈利勒·基马兹（Halil Kiymaz） Wiley，2011 600 页

续表

152		英文书名	The Art of Distressed M&A：Buying，Selling，and Financing Troubled and Insolvent Companies
		中译书名	《不良资产并购的艺术：问题公司的购买、销售和融资》
		著　　者	H. 彼特·内斯沃德（H. Peter Nesvold）；杰弗里·M. 安纳珀斯基（Jeffrey M. Anapolsky）；亚历山德拉·里德·拉杰科斯（Alexandra Reed Lajoux）
		出版信息	McGraw-Hill Education，2011
		页　　数	496 页
153	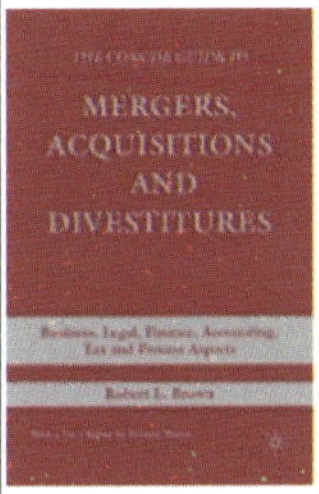	英文书名	The Concise Guide to Mergers，Acquisitions and Divestitures：Business，Legal，Finance，Accounting，Tax and Process Aspects
		中译书名	《简明兼并、收购和剥离指南：商业、法律、金融、会计和程序层面》
		著　　者	罗伯特·L. 布朗（Robert L. Brown）
		出版信息	Palgrave Macmillan，2007
		页　　数	229 页
154		英文书名	The Handbook of Financing Growth：Strategies，Capital Structure，and M&A Transactions
		中译书名	《融资成长手册：战略、资本结构与并购》
		著　　者	肯尼斯·H. 马克斯（Kenneth H. Marks）；拉里·E. 罗宾斯（Larry E. Robbins）
		出版信息	Wiley，Second Edition，2009
		页　　数	659 页
155		英文书名	The Human Side of M&A
		中译书名	《并购的人力资源层面》
		著　　者	丹尼斯·C. 凯里（Dennis C. Carey）；达顿·奥格登（Dayton Ogden）；朱迪斯·A. 罗兰（Judith A Roland）
		出版信息	Oxford University Press，2004
		页　　数	206 页

续表

156		英文书名 中译书名 著　　者 出版信息 页　　数	The Management of People in Mergers & Acquisitions 《并购中的人员管理》 特丽萨·丹尼尔（Theresa Daniel）；加里·梅特卡夫（Gary Metcalf） Praeger，2001 280 页

九、并购案例与纪实类

157		书　　名 著　　者 出版信息 页　　数	《并购之路：20 个世界 500 强企业的并购历程》 干春晖 上海：上海人民出版社，2008 343 页
158		书　　名 著　　者 出版信息 页　　数	《上市公司并购重组流程及案例解析（上下卷）》 江苏省上市公司协会 南京：江苏人民出版社，2015 702 页
159		书　　名 著　　者 出版信息 页　　数	《时代华纳：并购铺就的传媒帝国》 彭剑锋；张小峰；陈静淑 北京：中国人民大学出版社，2016 302 页

续表

160		书　　名《中国企业跨国并购 10 大案例》 著　　者 何志毅；柯银斌等 出版信息 上海：上海交通大学出版社，2010 页　　数 232 页
161		书　　名《中国上市公司并购重组案例精编（上下卷）》 著　　者 王岩（主编） 出版信息 北京：中国经济出版社，2017 页　　数 2131 页
162		书　　名《资本的选择：一个民营企业家的并购之旅》 著　　者 陈文轩；詹姆斯 · H. 格罗（James H. Groh）；郑晓舟 出版信息 北京：机械工业出版社，2014 页　　数 268 页
163		中译书名《百年并购：20 世纪的美国并购和产业发展》 英文书名 Deals of the Century 著　　者 查尔斯 · R. 盖斯特（Charles R. Geisst） 译　　者 黄一义；成卓；谭晓青 出版信息 北京：人民邮电出版社，2006 页　　数 248 页
164		中译书名《并购者：企业帝国构建者的思考与教训》 英文书名 How to Think Like the World's Greatest Masters of M&A 著　　者 科特 · 许莱尔（Curt Schleier） 译　　者 戴至中 出版信息 海口：海南出版社，2006 页　　数 159 页

续表

165		中译书名	《并购之王：投行老狐狸深度披露企业并购内幕》
		英文书名	Mergers & Acquisitions: An Insider's Guide to the Purchase and Sale of Middle Market Business Interests
		著　　者	丹尼斯·J. 罗伯茨（Dennis J. Roberts）
		译　　者	唐京燕；秦丹萍
		出版信息	北京：机械工业出版社，2014
		页　　数	415 页
166		中译书名	《大交易：兼并与反兼并》
		英文书名	Big Deal: Battle for Control of America's Leading Corporations
		著　　者	布鲁斯·瓦瑟斯坦（Bruce Wasserstein）
		译　　者	吴全昊
		出版信息	海口：海南出版社，2000
		页　　数	706 页
167		中译书名	《分久必合：戴姆勒-奔驰与克莱斯勒合并内幕》
		英文书名	Taken for a Ride: How Daimler-Benz Drove off with Chrysler
		著　　者	比尔·维拉斯克（Bill Vlasic）；布拉德利·A. 斯特茨（Bradley A. Stertz）
		译　　者	胡小军；熊焰；刘丽洁
		出版信息	北京：华夏出版社，2004
		页　　数	347 页
168		中译书名	《孤注一掷：罗伯特·康波并购风云录》
		英文书名	Going for Broke: How Robert Campeau Bankrupted the Retail Industry, Jolted the Junk Bond Market, and Brought the Booming 80s to a Crashing Halt
		著　　者	约翰·罗斯查尔德（John Rothchild）
		译　　者	王勇；陈元飞；吴忠岫
		出版信息	上海：上海财经大学出版社，2008
		页　　数	237 页
169		中译书名	《金融并购风云录》
		英文书名	Gods at War Shotgun Takeovers, Government by Deal, and the Private Equity Implosion
		著　　者	史蒂芬·M. 大卫杜夫（Steven M. Davidoff）
		译　　者	王世权；侯君；赵黎明
		出版信息	北京：机械工业出版社，2011
		页　　数	242 页

续表

170		中译书名 英文书名 著　　者 译　　者 出版信息 页　　数	《门口的野蛮人：史上最强悍的资本收购》 Barbarians at The Gate：The Fall of RJR Nabisco 布赖恩·伯勒（Bryan Burrough）；约翰·希利亚尔（John Helyar） 张振华 北京：机械工业出版社，2010 431 页
171		中译书名 英文书名 著　　者 译　　者 出版信息 页　　数	《铁血并购：从失败中总结出来的教训》 Deals from Hell：M&A Lessons that Rise above the Ashes 罗伯特·F. 布鲁纳（Robert F. Bruner） 沈嘉 上海：上海财经大学出版社，2008 318 页
172	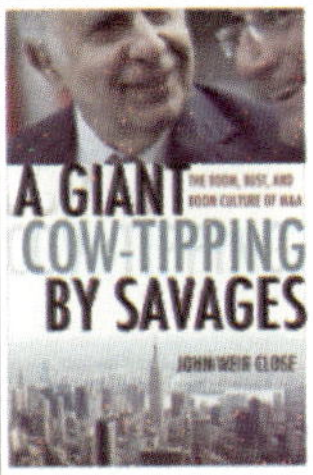	英文书名 中译书名 著　　者 出版信息 页　　数	A Giant Cow-Tipping by Savages：The Boom，Bust，and Boom Culture of M&A 《黑暗并购》 约翰·威尔·克鲁斯（John Weir Close） St. Martin's Press，2013 320 页
173		英文书名 中译书名 著　　者 出版信息 页　　数	M&A Titans：The Pioneers Who Shaped Wall Street's Mergers and Acquisitions Industry 《并购巨兽：改变华尔街并购业的先驱们》 布雷特·科尔（Brett Cole） Wiley，2008 240 页

十、并购专题与综合研究类

174		书　　名 著　　者 出版信息 页　　数	《并购基金：法理与案例精析》 韩良 北京：中国法制出版社，2015 292 页

续表

175		书　　名 著　　者 出版信息 页　　数	《上市公司并购重组企业价值评估和定价研究》 赵立新；刘萍 北京：中国金融出版社，2011 254 页
176		中译书名 英文书名 著　　者 译　　者 出版信息 页　　数	《兼并与收购》 Mergers and Acquisitions J. 弗雷德·威斯顿（J. Fred Weston）；萨缪尔·C. 韦弗 （Samuel C. Weaver） 周绍妮；张秋生 北京：中国财政经济出版社，2003 225 页
177		中译书名 英文书名 著　　者 译　　者 出版信息 页　　数	《兼并与收购（哈佛商业评论文集）》 Harvard Business Review on Mergers and Acquisitions 哈佛商业评论（Harvard Business Review） 施嘉岳 北京：中国人民大学出版社，2004 222 页
178		中译书名 英文书名 著　　者 译　　者 出版信息 页　　数	《企业并购：逻辑与趋势》 Mergers and Acquisitions：Current Issues 格雷格·N. 格雷戈里奥（Greg N. Gregoriou）；卡琳·L. 纽豪瑟（Karyn L. Neuhauser） 巴曙松；周沅帆；黄碧艳；王华 北京：北京大学出版社，2009 277 页
179		英文书名 中译书名 著　　者 出版信息 页　　数	Advances in Mergers and Acquisitions（Volume 1－15） 《兼并与收购动向（15 卷本）》 加里·L. 库珀（Cary L. Cooper）；悉尼·芬克尔斯坦 （Sydney Finkelstein） Bingley：Emerald Group Pub.，2000－2016 2622 页

续表

180	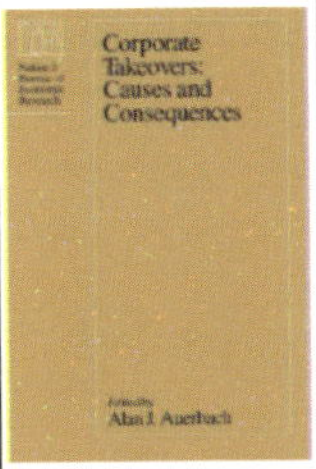	英文书名 中译书名 著　　者 出版信息 页　　数	Corporate Takeovers：Causes and Consequences 《公司收购：原因和后果》 艾伦·J. 奥尔巴赫（Alan J. Auerbach） Univ. of Chicago Pr. ，1988 354 页
181		英文书名 中译书名 著　　者 出版信息 页　　数	Handbook of Research on Mergers and Acquisitions 《并购研究手册》 雅可夫·韦伯（Yaakov Weber） Edward Elgar Pub，2013 352 页
182		英文书名 中译书名 著　　者 出版信息 页　　数	Intellectual Property Assets in Mergers and Acquisitions 《并购中的知识产权资产》 兰宁·布莱尔（Lanning Bryer）；梅尔文·塞敏斯基（Melvin Seminsky） Wiley，2001 456 页
183		英文书名 中译书名 著　　者 出版信息 页　　数	Managing Emotions in Mergers and Acquisitions 《控制并购中的情绪》 韦雷娜·库斯塔茨切尔（Verena Kusstatscher）；加里·L. 库珀（Cary L. Cooper） Edward Elgar Pub，2005 212 页
184	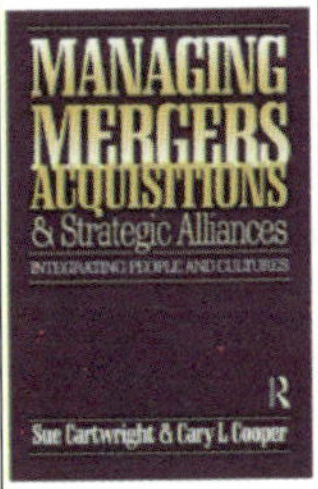	英文书名 中译书名 著　　者 出版信息 页　　数	Managing Mergers，Acquisitions and Strategic Alliances：Integrating People and Cultures 《管控并购与战略联盟：整合人员与文化》 苏·卡特莱特（Sue Cartwright）；加里·L. 库珀（Cary L. Cooper） Routledge，Second Edition，1995 256 页

续表

185		英文书名	Mega Mergers and Acquisitions：Case Studies from Key Industries
		中译书名	《超大并购：来自重要产业案例研究》
		著　　者	B. 拉杰什・库马尔（B. Rajesh Kumar）
		出版信息	Palgrave Macmillan，2012
		页　　数	239 页
186	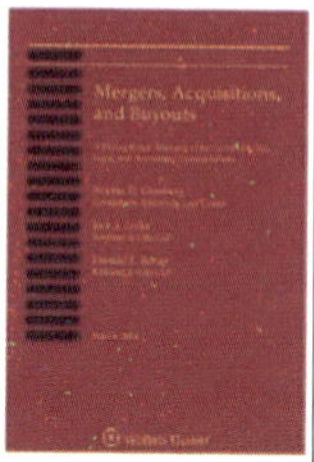	英文书名	Mergers，Acquisitions，and Buyouts（Volume 1－5）
		中译书名	《兼并、收购与买断（5 卷本）》
		著　　者	马丁・D. 金斯伯格（Martin D. Ginsburg）；杰克・S. 莱文（Jack S. Levin）；唐纳德・E. 罗盖普（Donald E. Rocap）
		出版信息	Wolters Kluwer，2017
		页　　数	4892 页
187		英文书名	Mergers，Acquisitions and Strategic Alliances：Understanding the Process
		中译书名	《兼并、收购与战略联盟：了解程序》
		著　　者	伊曼纽尔・戈麦斯（Emanuel Gomes）；雅可夫・韦伯（Yaakov Weber）；克里斯・布朗（Chris Brown）；什洛莫・Y. 塔巴（Shlomo Yedidia Tarba）
		出版信息	Palgrave Macmillan，2011
		页　　数	344 页
188		英文书名	Mergers & Acquisitions Valuation and Structuring
		中译书名	《并购估值与架构》
		著　　者	艾伦・加斯雷克（Alan Gasiorek）
		出版信息	Corporate Development Institute，Second Edition，2001
		页　　数	375 页
189		英文书名	Mergers and Acquisitions（Volume 1－3）
		中译书名	《兼并与收购（3 卷本）》
		著　　者	杰弗里・A. 克鲁格（Jeffrey A. Krug）
		出版信息	SAGE Publications Ltd，2008
		页　　数	1104 页

续表

190		英文书名	Mergers and Acquisitions: The Critical Role of Stakeholders
		中译书名	《并购中利益相关者的关键作用》
		著　　者	海伦·安德森（Helén Anderson）；维尔·哈维拉（Virpi Havila）；弗雷德里克·尼尔森（Fredrik Nilsson）
		出版信息	Routledge，2012
		页　　数	304 页
191	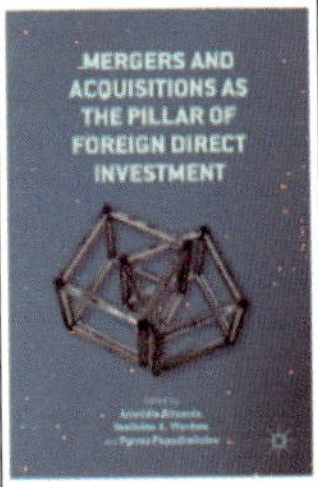	英文书名	Mergers and Acquisitions as the Pillar of Foreign Direct Investment
		中译书名	《作为外国直接投资支柱的并购》
		著　　者	阿里斯蒂迪斯·比齐尼斯（Aristidis Bitzenis）；瓦西利斯·A. 华拉祖斯（Vasileios A. Vlachos）等
		出版信息	Palgrave Macmillan，2012
		页　　数	301 页
192		英文书名	Reasons for Frequent Failure in Mergers and Acquisitions: A Comprehensive Analysis
		中译书名	《并购经常失败的原因：综合分析》
		著　　者	托马斯·施特劳（Thomas Straub）
		出版信息	Deutscher Universitätsverlag，2007
		页　　数	238 页
193		英文书名	Strategic Alliances, Mergers and Acquisitions: The Influence of Culture on Successful Cooperation
		中译书名	《战略联盟与并购：文化对成功公司的影响》
		著　　者	简·欧雷（Jan Ulijn）；海尔特·戴斯特斯（Geert Duysters）；埃莉斯·梅杰（Elise Meijer）
		出版信息	Edward Elgar Publishing Limited，2010
		页　　数	289 页
194		英文书名	Synergy Value and Strategic Management: Inside the Black Box of Mergers and Acquisitions
		中译书名	《协同效应价值与战略管理：并购内幕》
		著　　者	斯特凡诺·加尔泽拉（Stefano Garzella）；拉法埃莱·菲奥伦蒂诺（Raffaele Fiorentino）
		出版信息	Springer，2017
		页　　数	91 页

续表

195		英文书名 中译书名 著　　者 出版信息 页　　数	The Handbook of Mergers and Acquisitions 《牛津并购手册》 戴维·福克纳（David Faulkner）；萨图·蒂里康盖斯（Satu Teerikangas）；理查德·J. 约瑟夫（Richard J. Joseph） Oxford University Press，2014 784 页
196		英文书名 中译书名 著　　者 出版信息 页　　数	The Law and Economics of Takeovers：An Acquirer's Perspective 《收购的法律与金融：收购者的观点》 阿萨纳西亚斯·凯劳瑞达斯（Athanasios Kouloridas） Hart Publishing，2008 304 页
197		英文书名 中译书名 著　　者 出版信息 页　　数	The Mergers & Acquisitions Handbook 《兼并与收购手册》 弥尔顿·L. 罗克（Milton L. Rock）；罗伯特·H. 罗克（Robert H. Rock）；马丁·西科拉（Martin Sikora） McGraw-Hill，Inc.，Second Edition，1994 551 页
198		英文书名 中译书名 著　　者 出版信息 页　　数	The Routledge Companion to Mergers and Acquisitions 《劳特利奇并购指南》 安妮特·里斯伯格（Annette Risberg）；戴维·R. 金（David R. King）；奥林匹娅·梅格里奥（Olimpia Meglio） Routledge，2015 420 页
199	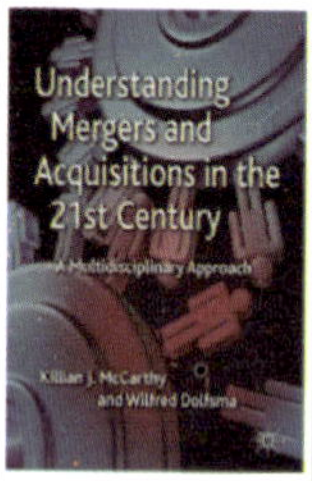	英文书名 中译书名 著　　者 出版信息 页　　数	Understanding Mergers and Acquisitions in the 21st Century：A Multidisciplinary Approach 《了解 21 世纪的并购：多学科观点》 基里安·J. 麦卡锡（Killian J. McCarthy）；威尔弗雷德·多尔夫斯马（Wilfred Dolfsma） Palgrave Macmillan，2012 295 页

续表

200		英文书名	Value Creation in Mergers，Acquisitions，and Alliances
		中译书名	《兼并、收购与联盟中的价值创造》
		著　　者	凯瑟琳·伯克（Kathrin Boecke）
		出版信息	Gabler，2009
		页　　数	192 页

俗话说，开卷有益。然而，这并不能完全适用于并购从业者，因为他们阅读专业著作是需要讲求效益的。

首先，他们多忙碌而没有充裕的时间读书。在有限的闲暇时间里，如果不能接触到精品，这真的是浪费时间。只有那些称得上精品的好书，才可能让他们受益。

其次，并购图书太多。根据全球最大图书目录库 World Cat 和中国国家图书馆馆藏的情况，目前中英文并购图书的总数为 5,000 本左右，其中中文图书 1,000 多本，英文约 4,000 本。在这 5,000 多本中英文并购图书中，绝大多数是“垃圾”或平庸之作，值得读的不会超过百分之十，而在这百分之十中又只有很小一部分属于必读精品。

为此，我们通过精心筛选，从中挑选出了 200 本图书以满足并购从业者的需求。同时根据并购交易的内在规律将 200 本中外并购类图书分为“综合原理与实务”“交易指南”“战略、战术与技巧”“尽职调查、估值和融资”“并购律师、法律与监管”“并购后整合”“跨境并购”“并购专门领域（金融、会计、管理、人力资源和文化）”“并购案例与纪实”“并购专题与综合研究”10 类。每一类图书中包含综述、书评、图书基本信息三个部分。综述便于读者尽快了解本类图书基本情况。评论主要是编者针对每本书写的书评，包含编著者的阅读感受、作者信息、图书框架、特点及不足等内容，帮助读者对各书有更详细深入的了解。图书基本信息包含作者简介、图书目录等基本信息。

本书还附有索引和图书概要。索引按拼音或英文字母顺序排列图书，并在对应书名后标出在书中的序号，方便查找。图书概要包含图书封面、作者、出版社和页数信息。

本书适合于所有并购从业者，包括公司管理者、政府相关部门监管人员、公司法务、并购律师、会计师、投行人士、其他并购顾问及对并购问题感兴趣的学生、教师和专业研究人员。

购买本书的读者还将获赠中外并购图书题录电子版，主要为那些对并购及并购相关问题有着广泛关注，特别是那些正在或将要进行深入探究的人士提供有价值的资讯线索。

我们是怎样选书的

选择好的专业图书，如同交了好的朋友，势必助力读者的人生或职业发展。如何从5000多种并购类图书中挑选出200本我们认为值得评价并向读者朋友推介的图书，这确实不是一件容易的事情。

一、选书标准

第一，看作者。在全球5,000多本并购图书中，书的作者大体分为三类：学术界的、实务界的和学术兼实务双栖型的。总体来看，各有所长。专家学者擅长专题研究及并购工具类书的编撰，并购实务第一线的作者则对个案、流程和其他技术性问题更加熟悉，而双栖型作者在理论和实践的结合上具有优势。这是通过作者来选书的一个方面。

另一方面，看作者的实力。真正有实力的作者，一般都具备这样几个特点：一是在并购领域浸淫多年甚至数十年，学有专长，术有专攻；二是其文字表达能力很强；三是出版了一部以上受到好评的著作或畅销书。在英文和中译版并购图书中，这样的作者大约有10多位。俗话说，强者恒强。选择这些实力派作者撰写的书，通常不会失望，因为他们的水准摆在那里，再差也差不到哪里。请看列表：

作者	书名
亚历山德拉·里德·拉杰科斯	《并购的艺术：整合》 《并购的艺术：兼并、收购、买断指南》 《银行并购艺术》 《不良资产并购的艺术》 《并购战略的艺术》 《并购架构的艺术》
帕特里克·A. 高根	《兼并、收购和公司重组》 《通过并购实现公司价值最大化：战略成长指南》 《如何避免兼并出错?》
加里·L. 库珀	《兼并与收购动向（15 卷本)》 《控制并购中的情绪》 《管控并购与战略联盟：整合人员与文化》 《并购：人力资源因素》
唐纳德·德帕姆菲利斯	《收购、兼并和重组：过程、工具、案例与解决方案》 《并购基本原理：你必须了解的一切》 《并购基本原理：谈判与交易架构》
罗伯特·F. 布鲁纳	《应用兼并和收购》 《铁血并购：从失败中总结出来的教训》
雅可夫·韦伯	《兼并和收购综合指南：如何管理并购各阶段的关键成功要素》 《并购研究手册》 《兼并、收购与战略联盟：了解过程》
迈克尔·E. S. 弗兰克尔	《并购交易者：构建一个能赢的团队》 《并购基本原理：收购、剥离与投资的关键步骤》
格雷格·N. 格雷戈里乌	《1990 年以来的国际并购活动》 《企业并购：逻辑与趋势》 《公司治理与监管对并购的影响》
斯科特·莫勒	《如何避免并购陷阱》 《并购生存策略》 《为什么交易失败？如何救济?》

续表

史提文·M. 布拉格	《并购综合指南》 《简明并购实务指南》
萨德·苏达斯纳	《并购创造价值》 《兼并、收购与剥离》 《合并与收买》
斯科特·C. 惠特克	《并购整合手册：帮助公司实现充分的价值》 《跨界并购》
J. 弗雷德·威斯顿	《接管、重组与公司治理》 《兼并与收购》

第二，看书的口碑。所谓口碑，就是书的作者以外人的评价。这包括读者的反馈意见、名家的推介及公开发表的书评。目前，中国读者的反馈意见主要通过京东、当当和亚马逊等购书网上的留言和打分体现，也有在豆瓣网上进行评价的；名家的推介常常出现在图书的封底，也正越来越成为时尚；而书评则较少作为读者选书的途径。比较起来，大众化的畅销书容易获得读者较好的反馈意见，名家推介主要是一种营销的手段而水分比较多，而书评相对客观深入但没有受到普遍重视。然而，无论如何，一本真正好的并购图书，一般都会在这体现口碑的三个重要方面得到积极评价。

第三，自己试读一下。尽管上面所谈的两个方面在读者选书的时候很有帮助，可是所有这一切终究不能替代读者亲身的阅读体验。这大概就是人们常说的“要知道梨子的滋味，就得亲口尝一尝”。只有试读一下，哪怕是一页，甚至就几段，才可能真切感受到书的质量和“味道”。非常幸运的是，像当当网等一些购书网已经推出部分图书的试读服务。读者不妨利用这种便利进行尝试。对于一些经验不足的读者，至少通过试读可以了解作者的语言风格或文采。一般文字不太好的书，读者在有更多选择的情况下可以放弃。毕竟，语言文字反映作者的思维能力，语言文字存在严重问题的书再好也好不到哪去。

二、选书原则

我们在做筛选和编著的过程中，主要考虑了下面 5 项原则。

第一，图书的质量要高。关于图书的质量，见仁见智。不过，我们参考了一些基本的标准，比如口碑（读者的评价、同行的认可度和包括引用数量在内的影响力）、版次或销量及作者的实力。

第二，图书的类型尽可能多样化。按照著述形式区分，以并购为题材的图书不下 10 种，其中最常见的有专业著作、实务指南、教科书、案例汇编或案例分析、研究报告、商业纪实和虚构性文学作品。在专业著作中，又可细化为综合性专业著作和专题类专业著作，或者实务性著作和纯学术性著作。考虑时效和实用性问题，我们的选择不包括研究报告和虚构性文学作品。

第三，必须要有并购各重要主题的代表作。并购是一种极为复杂的商业交易活动，在过程上涉及公司的战略规划、目标公司的确定、尽职调查、公司价值评估、支付和融资、谈判和协议的达成及合并后整合；在技术操作上涉及战略、经济学、金融、会计、法律、管理、税务和文化等不同学科领域问题。另外，从空间角度，并购还可以是境内并购和境外并购。我们的选择涵盖所有这些方面。

第四，中文、中译文和英文图书兼顾。在我们选择的 200 本并购图书中，英文有 100 本，中文和中译文各占 50 本。这个比例大体符合三类图书的实际情况。其中，中译文比例稍大一些，这是因为它们多是世界并购文献资源宝库中的精华，并且经过国内出版机构精心挑选的。除此之外，为了方便读者博采众家之长，我们坚持在这本书中精选同一作者的著作不可过多，尽管在很多时候他们所撰写的著作都达到了很高的水准。

第五，本书图文概要与正文部分的排序是按照分类进行的。每一类大约有 20 本中文、中译文和英文著作。在本书的最后部分，还有一个根据汉语拼音字母和英文字母排序的书评图书目录。这样的安排，是为了方便读者检索和以自己的兴趣为导向选择阅读。

毫无疑问，我们根据这样的原则选择评价和推荐的图书，是希望尽最大可能满足更多读者的阅读需要。但也必须承认，有不少非常不错的并购著作在这样的选择原则下没有被纳入这 200 本之中。这丝毫不影响它们存在的价值，我们会在今后修订或再版本书时予以完善。也请读者朋友积极推荐优秀的中外并购图书。

图书概要

一、综合原理与实务类 001

二、交易指南类 005

三、战略、战术与技巧类 011

四、尽职调查、估值和融资类 016

五、并购律师、法律与监管类 020

六、并购后整合类 023

七、跨境并购类 026

八、并购专门领域类（金融、会计、管理、人力资源和文化） 030

九、并购案例与纪实类 034

十、并购专题与综合研究类 037

导 读

序

一、选书标准 001
二、选书原则 004

第一类 综合原理与实务（精选21本）

一、综述 002
二、书评 003
1.《并购的力量：移动互联时代的资本选择》 003
2.《并购大时代：资本的谋略与实战》 006
3.《并购战争：世界商业并购操作密局及后美国时代中国企业的终极战略》 008
4.《公司并购问题与应对》 010
5.《公司并购与重组》 012
6.《劳阿毛说并购》 014
7.《企业并购与重组》 018
8.《融资、并购与公司控制》 020
9.《中国并购重组全析：理论、实践和操作（上下卷）》 023
10.《中国企业并购实务》 026
11.《并购创造价值（原书第2版）》 028
12.《并购的艺术：兼并、收购、买断指南（原书第3版）》 031
13.《并购原理：收购、剥离和投资》 033
14.《兼并、收购和公司重组（原书第4版）》 036
15.《收购、兼并和重组：过程、工具、案例与解决方案（原书第7版）》 038
16.《应用兼并和收购（上下册）》 041
17. Mergers and Acquisitions：Concepts and Insights《兼并与收购：概念与观点》 043
18. Mergers and Acquisitions Basics：All You Need To Know《并购基本原理：你必须了解的一切》 046

19. Mergers and Acquisitions Basics：Negotiation and Deal Structuring《并购基本原理：谈判与交易架构》 048
20. Mergers and Acquisitions Basics：The Key Steps of Acquisitions，Divestitures，and Investments《并购基本原理：收购、剥离与投资的关键步骤》 050
21. Mergers and Acquisitions for Dummies《并购通俗读本》 052

第二类 交易指南（精选27本）

一、综述 056
二、书评 058
22.《房地产企业并购实务手册》 058
23.《公司并购重组原理、实务及疑难问题诠释》 060
24.《公司并购文件撰写指要》 063
25.《公司法疑难问题解决之道：412个实务要点深度释解》 064
26.《公司资本行动：并购策划与流程指引》 067
27.《上市公司并购重组操作实务指引》 069
28.《上市公司并购重组解决之道：50个实务要点深度释解》 071
29.《上市公司并购重组问答》 073
30.《上市公司并购业务操作指引》 075
31.《中国企业并购重组税收指南》 077
32.《并购指南：如何发现好公司（原书第2版）》 079
33.《成功并购指南》 081
34.《兼并和收购综合指南：如何管理并购各阶段的关键成功要素》 083
35. 10 Truths of Mergers & Acquisitions：A Survival Guide《并购的10个真相：生存指南》 086
36. A Practical Guide to Mergers & Acquisitions：Truth Is Stranger than Fiction《并购实务指南：离奇的真相》 088
37. A Practical Guide to Mergers，Acquisitions and Divestitures《兼并、

收购与资产剥离实务指南》 090
38. Corporate Divestitures：A Mergers and Acquisitions Best Practices Guide《公司剥离：并购最佳实务指南》 092
39. How to Value, Buy, or Sell a Financial Advisory Practice：A Manual on Mergers, Acquisitions, and Transition Planning《如何估值、购买或销售一项金融顾问业务：并购与过渡计划指南》 094
40. Maximizing Corporate Value through Mergers and Acquisitions：A Strategic Growth Guide《通过并购实现公司价值最大化：战略成长指南》 096
41. Mergers, Acquisitions, Divestitures, and Other Restructurings：A Practical Guide to Investment Banking and Private Equity《兼并、收购、剥离与其他重组：投资银行与私募股权实务指南》 098
42. Mergers & Acquisitions：A Comprehensive Guide《并购综合指南》 100
43. Mergers & Acquisitions：An Insider's Guide to the Purchase and Sale of Middle Market Business Interests《并购买卖内幕》 102
44. Mergers and Acquisitions：A Condensed Practitioner's Guide《简明并购实务指南》 104
45. Mergers and Acquisitions：A Guide to Creating Value for Stakeholders《并购指南：为股东创造价值》 107
46. Mergers and Acquisitions：A Step-by-Step Legal and Practical Guide《并购：法律与实务进阶指南》 109
47. Mergers and Acquisitions from A to Z《并购大全》 111
48. The Mergers & Acquisitions Handbook：A Practical Guide to Negotiated Transactions《并购交易谈判指南》 114

第三类　战略、战术与技巧（精选 26 本）

一、综述 118
二、书评 120

49.《MBO 交易：透视管理层收购》 120
50.《并购：企业在重大重组中必须面对的七大困惑》 122
51.《并购成长》 124
52.《大并购时代：超级并购带来超级增长与超常回报》 126
53.《大手笔：美国历史上 50 起顶级并购交易》 129
54.《反向并购：非 IPO 型的公司上市》 131
55.《兼并之道：决定公司并购成败的四个关键决策》 134
56.《科尔尼并购策略》 136
57.《收购失败：为成功收购提供切实的建议（原书第 2 版）》 139
58.《收购有道：中小企业收购秘籍与经典案例》 141
59. Anatomy of a Merger：Strategies and Techniques for Negotiating Corporate Acquisitions《兼并解剖：公司收购谈判的战略与技术》 144
60. Beating the Global Consolidation Endgame：Nine Strategies for Winning in Niches《夺取全球合并赛局最后胜利的九大战略》 146
61. Beyond the Deal：A Revolutionary Framework for Successful Mergers & Acquisitions that Achieve Breakthrough Performance Gains《交易之外：获得绩效收益突破的并购框架》 149
62. Business Planning for Mergers and Acquisitions《并购商业计划》 151
63. Buyouts：Success for Owners，Management，PEGs，ESOPs and Mergers and Acquisitions《买断：并购成功之道》 153
64. Do the Right Deal & Do the Deal Right：35 Success Factors for Mergers & Acquisitions《做对的交易与把交易做对：35 条并购成功秘诀》 156
65. Expensive Mistakes When Buying & Selling Companies《如何避免公司买卖中的重大失误》 158
66. How to Buy a Business without Being Had：Successfully Negotiating

the Purchase of a Small Business《如何轻松购买一家公司》 161
67. Intelligent M&A：Navigating the Mergers and Acquisitions Minefield《如何避免并购陷阱》 163
68. Knights，Raiders，and Targets：The Impact of the Hostile Takeover《骑士、袭击者与目标：恶意收购的影响》 166
69. Make the Deal：Negotiating Mergers and Acquisitions《成交：并购谈判》 168
70. Merger：What Can Go Wrong and How to Prevent It《如何避免兼并出错》 170
71. Mergers and Acquisitions Playbook：Lessons from the Middle-Market Trenches《并购战术手册》 172
72. Surviving M&A：Make the Most of Your Company Being Acquired《并购生存策略：如何最大限度用好被收购公司》 174
73. The Art of M&A Strategy：A Guide to Building Your Company's Future through Mergers，Acquisitions，and Divestiture《并购战略的艺术：通过并购和剥离构建公司未来指南》 177
74. Why Deals Fail：And How to Rescue Them《为什么交易失败？如何救济？》 180

第四类 尽职调查、估值和融资（精选 16 本）

一、综述 184
二、书评 185
75.《成功并购：商业尽职调查实务手册》 185
76.《走向资本市场：企业上市尽职调查与疑难问题剖析》 188
77.《并购的艺术：尽职调查》 190
78.《并购的艺术：融资与再融资》 192
79.《并购估值：如何为非上市公司培育价值（原书第 2 版）》 194
80.《估值：难点、解决方案及相关案例（原书第 2 版）》 197

81. 《估值的艺术：110 个解读案例》 200
82. 《估值技术》 202
83. 《企业并购价值评估从入门到精通（原书第 2 版）》 205
84. Commercial Due Diligence：The Key to Understanding Value in an Acquisition《商业尽职调查：了解收购价值的关键》 207
85. Due Diligence：Planning，Questions，Issues《尽职调查：规划与问题》 209
86. Due Diligence：The Critical Stage in Mergers and Acquisitions《尽职调查：并购的关键阶段》 211
87. Due Diligence and the Business Transaction：Getting a Deal Done《尽职调查与商业交易：达成交易》 213
88. Due Diligence for Global Deal Making《全球交易尽职调查》 215
89. Financial Institutions，Valuations，Mergers and Acquisitions《金融机构、估值、兼并与收购》 217
90. Value in Due Diligence：Contemporary Strategies for Merger and Acquisition Success《尽职调查中的价值：当代并购成功战略》 219

第五类 并购律师、法律与监管（精选 17 本）

一、综述 224
二、书评 225
91. 《公司并购律师实务》 225
92. 《攻略：并购律师进阶指南》 228
93. 《企业并购重组税法实务：原理、案例及疑难问题剖析》 229
94. 《上市公司并购重组监管制度解析》 232
95. 《上市公司并购法律实务》 234
96. 《投资并购法律实务》 236
97. 《投资并购与资本市场法律全书》 238
98. 《完胜资本：公司投资、并购、融资、私募、上市法律政策应用全书》 240

99.《中华人民共和国企业投资并购法律全书》 242
100.《资本交易法律文书精要详解及实务指南》 244
101.《合并与收购：理解反垄断问题（原书第3版）》 247
102.《美国并购审查程序暨实务指南（原书第3版）》 249
103. Corporate Governance and Regulatory Impact on Mergers and Acquisitions《公司治理与监管对并购的影响》 251
104. Mergers and Acquisitions：Law & Finance《并购：法律与金融》 253
105. Mergers and Acquisitions Law《并购法律》 256
106. The Art of M&A Structuring：Techniques for Mitigating Financial, Tax, and Legal Risk《并购架构的艺术：缓解金融、税负和法律风险》 258
107. The Management of Mergers and Acquisitions《并购管理》 261

第六类 并购后整合（精选14本）

一、综述 266
二、书评 267
108.《并购的艺术：整合》 267
109.《并购整合：并购企业成功整合的七个策略》 270
110.《并购之后：成功整合的权威指南（原书第3版）》 272
111.《并购指南：人员整合》 275
112.《并购制胜战略：实用并购规划和整合策略指南》 277
113.《并购中的企业文化整合》 280
114.《协同效应的陷阱：公司购并中如何避免功亏一篑》 282
115. Achieving Post-Merger Success：A Stakeholder's Guide to Cultural Due Diligence, Assessment, and Integration《获得并购后的成功：尽职调查、评估与整合股东指南》 284
116. Guidelines for Process Safety Acquisition Evaluation and Post Merger Integration《收购估值与兼并后整合指南》 287

117. Joining Forces：Making One plus One Equal Three in Mergers，Acquisitions，and Alliances《合力：在并购和联盟中让一加一等于三》 289
118. M&A Integration：How to Do It《并购整合指南：企业成功并购整合的规划与实施》 291
119. Mergers & Acquisitions Integration Handbook：Helping Companies Realize the Full Value of Acquisitions《并购整合手册：帮助公司实现充分的价值》 293
120. Practical M&A Execution and Integration《并购实施与整合实务》 296
121. The Complete Guide to Mergers and Acquisitions：Process Tools to Support M&A Integration at Every Level《并购全程指南：支持各层面并购整合的程序工具》 297

第七类 跨境并购（精选 18 本）

一、综述 302
二、书评 304
122.《海外并购基金操作实务与图解》 304
123.《海外并购交易全程实务指南与案例评析》 306
124.《海外并购尽职调查指引》 309
125.《机遇与挑战：中国公司海外并购的风险与防范》 312
126.《兼并美国》 314
127.《跨境并购》 316
128.《中国企业跨境并购》 318
129.《国际并购与合资：做好交易》 321
130. Cross-Border Mergers and Acquisitions《跨界并购》 323
131. Cross-Border Mergers and Acquisitions：Theory and Empirical Evidence《跨界并购：理论与经验证据》 326
132. German Mergers & Acquisitions in the USA：Transaction Manage-

ment and Success《德国在美国的并购：交易管理与成功》 328
133. Global Mergers and Acquisitions：Combining Companies across Borders《全球并购：公司跨界整合》 331
134. International Business Mergers and Acquisitions in Japan《日本的国际商业并购》 333
135. International Mergers and Acquisitions Activity Since 1990《1990年以来的国际并购活动》 335
136. Mergers & Acquisitions in China《中国的并购》 337
137. Mergers and Acquisitions：A Global Tax Guide《全球并购税务指南》 340
138. The Global M&A Tango：How to Reconcile Cultural Differences in Mergers，Acquisitions，and Strategic Partnerships《全球并购探戈：如何协调并购和战略合作中的文化差异》 341
139. The Market for Corporate Control in Japan：M&As，Hostile Takeovers and Regulatory Framework《日本公司控制权市场：并购、恶意收购与规范框架》 344

第八类　并购专门领域（金融、会计、管理、人力资源和文化，精选17本）
一、综述 348
二、书评 349
140.《并购成功的关键：人力资源尽职调查》 349
141.《高收益债券与杠杆收购：中国机会》 352
142.《股权投资基金与并购》 354
143.《杠杆收购：入门精要》 356
144.《投资银行：价值、杠杆收购、兼并与收购（原书第2版）》 358
145. An Introduction to Accounting and Managerial Finance：A Merger

of Equals《对等合并：财务和管理金融》 361
146. Mergers and Acquisitions：Business Strategies for Accountants《并购：会计师的商业战略》 363
147. Mergers and Acquisitions：The Human Factor《并购：人力资源因素》 365
148. Mergers and Acquisitions Deal-Makers：Building a Winning Team《并购交易者：构建一个能赢的团队》 367
149. Mergers and Acquisitions in Banking and Finance：What Works, What Fails, and Why《银行和金融领域的并购》 369
150. The Art of Bank M&A：Buying, Selling, Merging, and Investing in Regulated Depository Institutions in the New Environment《银行并购艺术：购买、销售、兼并与投资》 372
151. The Art of Capital Restructuring：Creating Shareholder Value through Mergers and Acquisitions《资本重组的艺术：通过并购创造股东价值》 374
152. The Art of Distressed M&A：Buying, Selling, and Financing Troubled and Insolvent Companies《不良资产并购的艺术：问题公司的购买、销售和融资》 377
153. The Concise Guide to Mergers, Acquisitions and Divestitures：Business, Legal, Finance, Accounting, Tax and Process Aspects《简明兼并、收购和剥离指南：商业、法律、金融、会计和程序层面》 379
154. The Handbook of Financing Growth：Strategies, Capital Structure, and M&A Transactions《融资成长手册：战略、资本结构与并购》 381
155. The Human Side of M&A《并购的人力资源层面》 384
156. The Management of People in Mergers &Acquisitions《并购中的人员管理》 386

第九类　并购案例与纪实（精选 17 本）

一、综述　390

二、书评　391

157.《并购之路：20 个世界 500 强企业的并购历程》　391

158.《上市公司并购重组流程及案例解析（上下卷）》　393

159.《时代华纳：并购铺就的传媒帝国》　396

160.《中国企业跨国并购 10 大案例》　398

161.《中国上市公司并购重组案例精编（上下卷）》　400

162.《资本的选择：一个民营企业家的并购之旅》　403

163.《百年并购：20 世纪的美国并购和产业发展》　406

164.《并购者：企业帝国构建者的思考与教训》　408

165.《并购之王：投行老狐狸深度披露企业并购内幕》　410

166.《大交易：兼并与反兼并》　412

167.《分久必合：戴姆勒－奔驰与克莱斯勒合并内幕》　415

168.《孤注一掷：罗伯特·康波并购风云录》　418

169.《金融并购风云录》　420

170.《门口的野蛮人：史上最强悍的资本收购》　422

171.《铁血并购：从失败中总结出来的教训》　424

172. A Giant Cow-Tipping by Savages：The Boom，Bust，and Boom Culture of M&A《黑暗并购》　427

173. M&A Titans：The Pioneers Who Shaped Wall Street's Mergers and Acquisitions Industry《并购巨兽：改变华尔街并购业的先驱们》　429

第十类　并购专题与综合研究（精选 27 本）

一、综述　434

二、书评　435

174.《并购基金：法理与案例精析》　435

175.《上市公司并购重组企业价值评估和定价研究》　437

176.《兼并与收购》 439
177.《兼并与收购（哈佛商业评论文集）》 441
178.《企业并购：逻辑与趋势》 443
179. Advances in Mergers and Acquisitions（Volume 1 – 15）《兼并与收购动向（15 卷本）》 446
180. Corporate Takeovers：Causes and Consequences《公司收购：原因和后果》 451
181. Handbook of Research on Mergers and Acquisitions《并购研究手册》 453
182. Intellectual Property Assets in Mergers and Acquisitions《并购中的知识产权资产》 455
183. Managing Emotions in Mergers and Acquisitions《控制并购中的情绪》 458
184. Managing Mergers，Acquisitions and Strategic Alliances：Integrating People and Cultures《管控并购与战略联盟：整合人员与文化》 461
185. Mega Mergers and Acquisitions：Case Studies from Key Industries《超大并购：来自重要产业案例研究》 463
186. Mergers，Acquisitions，and Buyouts（Volume 1 – 5）《兼并、收购与买断（5 卷本）》 465
187. Mergers，Acquisitions and Strategic Alliances：Understanding the Process《兼并、收购与战略联盟：了解程序》 468
188. Mergers & Acquisitions Valuation and Structuring《并购估值与架构》 470
189. Mergers and Acquisitions（Volume 1 – 3）《兼并与收购（3 卷本）》 472
190. Mergers and Acquisitions：The Critical Role of Stakeholders《并购中利益相关者的关键作用》 474
191. Mergers and Acquisitions as the Pillar of Foreign Direct Investment

《作为外国直接投资支柱的并购》 477
192. Reasons for Frequent Failure in Mergers and Acquisitions：A Comprehensive Analysis《并购经常失败的原因：综合分析》 479
193. Strategic Alliances, Mergers and Acquisitions：The Influence of Culture on Successful Cooperation《战略联盟与并购：文化对成功公司的影响》 481
194. Synergy Value and Strategic Management：Inside the Black Box of Mergers and Acquisitions《协同效应价值与战略管理：并购内幕》 484
195. The Handbook of Mergers and Acquisitions《牛津并购手册》 486
196. The Law and Economics of Takeovers：An Acquirer's Perspective《收购的法律与金融：收购者的观点》 489
197. The Mergers & Acquisitions Handbook《兼并与收购手册》 491
198. The Routledge Companion to Mergers and Acquisitions《劳特利奇并购指南》 494
199. Understanding Mergers and Acquisitions in the 21st Century：A Multidisciplinary Approach《了解21世纪的并购：多学科观点》 496
200. Value Creation in Mergers, Acquisitions, and Alliances《兼并、收购与联盟中的价值创造》 498

后记

索引

一、中文著作 503
二、英文著作中译本 505
三、英文著作 506

第一类

综合原理与实务
（精选 21 本）

一、综述

并购的实践和专业性质，决定了一个优秀的并购从业者不仅需要掌握实务技能，还需要精通相关理论。虽然这两个方面的修养在一定程度上都可以在实战中得到提升，但是前人，特别是那些大师级人物通过经典图书向人们呈现的经验似乎更值得重视。事实上，无计其数的并购从业者踏入专业领域就是借助了这些经验，进而快速成长。

与其他类别并购图书比较，综合原理与实务类图书有两个显著特征：第一，无论是侧重原理还是侧重实务，它们都涉及较为广泛的问题；第二，一般都在内容上体现出深入浅出或循序渐进的倾向，具有较强的基础性质。这类图书适合起步阶段的并购从业者或准从业者阅读，可以帮助他们系统而全面地了解并购这个专业领域中的基本概念（术语）、基本问题、基本流程及基本操作技能。对于那些已经有些实战经验但缺乏较好专业理论功底的并购从业者，或者那些有一定理论储备但缺乏实战经验者，这类图书中的原理或实务部分提供了丰富的阅读选择。

在我们挑选的21本并购综合原理与实务图书中，不少是中文、中译文和英文三种不同版本中的佼佼者，其中有的是并购权威著作或经典中的经典，比如《中国并购重组全析：理论、实践和操作（上下卷）》《并购创造价值（原书第2版）》《并购的艺术：兼并、收购、买断指南（原书第3版）》《并购原理：收购、剥离和投资》《兼并、收购和公司重组（原书第4版）》《收购、兼并和重组：过程、工具、案例与解决方案（原书第7版）》及《应用兼并和收购（上下册）》。

张新主持撰写的《中国并购重组全析：理论、实践和操作（上下卷）》（P23）一书，是中文并购图书的集大成者。其篇幅之大（2160页）、涉及范围之广（几乎涵盖所有并购专业层面）、体系之完备（作者称要为中国的理论界和教学部门构建一个较为完整的并购重组理论框架体系）、辅助资料之丰富（大量案例、法规和统计数据等），可以说是前无古人，后无来者（到目前为止）。

萨德·苏达斯纳的《并购创造价值（原书第2版）》（P28）、帕特里克·A. 高根的《兼并、收购和公司重组（原书第4版）》（P36）、唐纳德·德帕姆菲利斯的《收购、兼并和重组：过程、工具、案例与解决方案（原书第7版）》（P38）和罗伯特·F. 布鲁纳《应用兼并和收购（上下册）》（P41），都是英文世界中的并购经典。这四本书目前已出版中译本。它们的作者在并购专业领域的声誉是全球性的。如果读者希望全面而深入探究并购这个神秘的世界，这4本书中的任何一本都不失为最好的选择。

迈克尔·E. S. 弗兰克尔的《并购原理：收购、剥离和投资》（P33），在众多并购综合原理类图书中独树一帜。其文字语言通俗易懂，逻辑条理清晰分明。无论是关于并购理论的解释，还是并购流程的描述，作者始终从实际出发，将理论与实践结合得较为完美。该书中译本保持了原书风格，非常适合初学者或并购入门者阅读。

斯坦利·福斯特·里德等编著的《并购的艺术：兼并、收购、买断指南（原书第3版）》（P31）非常具有特色。该书以问题为导向，生动而简要回答了并购专业理论和实践中几乎所有重要问题，是《并购的艺术》系列丛书中篇幅最大（中译本810页）、综合性最强、可读性最高的一本。

二、书评

1.《并购的力量：移动互联时代的资本选择》

人类进入21世纪以来，人们的生活方式和商业发展模式都在或都将发生巨大变化。其中，以资本运作为主要特征的并购领域必然打上这个新的时代的烙印。

从目前已经显露出来的情况看，最近一二十年的全球并购活动明显不同于过去 100 年。它至少在三个方面带有时代的特点。

第一，跨国并购在所有并购中占有的份额实质性的增大；

第二，以中国为代表的新兴国家正异军突起，打破发达国家在并购王国一统天下的格局；

第三，并购交易的形式，包括融资方式在内，变得更加多样化。

能否清晰地认识移动互联时代并购世界发展的趋势，并有效利用这种趋势在商海中搏击风浪，事关公司未来命运。

在这方面，杨海鼎先生撰写的《并购的力量：移动互联时代的资本选择》一书，实在是正当其时。该著作将并购活动放在移动互联这个大的时代背景下考察，立足于中国，并以全球的视野，为读者展现了一幅全新的并购图景。作者用了 10 个章节重点讨论移动互联时代全球并购活动的基本状态、中国企业面临的新挑战及资本在并购中所扮演的新的角色等问题。这是一部实务界人士撰写的时代感较强、理论与实践结合较好而又具有极高资讯价值的并购专业著作。

这部著作的时代感具体体现在三个“新”上：新视角、新问题和新资料。

首先是新视角。在时间点上，这个新视角就是移动互联时代；在空间位置上，则指的是全球眼光。作者从这样的时空点或位置出发讨

图书基本信息

著　　者　杨海鼎

出版信息　北京：电子工业出版社，2015

页　　数　320 页

作者简介

杨海鼎，中国药科大学工学学士，北京大学金融学硕士，中欧工商学院管理硕士。自 2000 年起投身并购工作至今 15 年，在多家国内外大型投资机构担任高级管理工作。先后转战伦敦、马德里、新加坡、首尔等金融中心多年，完成多宗大型境内外并购交易及并购够整合业务，从国企改制私有化类的境内并购，到代表外资机构在新兴市场的战略并购，再到代表民营企业完成多宗跨境并购及并购后整合工作。除了热爱的并购及投资工作，作者对医药经济学也有颇深研究，在国家一级期刊上发表过多篇论文，并曾获全国十佳医药类论文奖。

目　　录

第 1 章　移动互联网时代来临
第 2 章　互联网时代的战略并购简析
第 3 章　全球并购市场
第 4 章　并购方式的分类
第 5 章　并购项目的核心要点
第 6 章　中国上市公司并购分析
第 7 章　中国企业跨境并购
第 8 章　并购后整合
第 9 章　并购世界的狩猎者：并购基金
第 10 章　中国并购基金市场的发展及趋势

论并购交易的一些基本问题，比较有新意。从某种意义上讲，这完全符合并购交易自身所具有的复杂而系统性的特点。读者跟着作者的思路往下阅读，会产生一种别样的感觉，也会随之大开脑洞而加深对并购问题的全面深入的理解。

其次是新问题。严格说来，作者在书中所讨论的问题并非都是新问题，它们散见于不同的并购专业著作中。但是，能够在该著中将其中的一些问题集中在一起作为重点而详加论述，这不能不说是有新意的。例如，并购的三种形式（横向并购、纵向并购和混合并购）及并购基金等。

最后是新资料。在这部著作中，作者精选了一些案例和数据统计资料，而这些案例和资料大多不是一些过时的东西。特别是中国公司的一些并购案例，都是最近几年发生的事情，其中涉及联想、阿里、中粮等很多中国著名企业。而数据统计资料一般都截至著作出版之前不久。这至少可以从一个角度说明作者一直保持着对并购最新信息的跟踪，注意到了并购交易的实践在最新情况下的发展。

这部著作的第二特点在于强调理论与实践的结合。该著作者作为实务界人士，本能地应该将并购的实践问题放在首位而忽略理论上的思考，但这部著作不是这样的。作者试图将现有的并购理论及一些在并购界业已成熟的认识融入相关问题的讨论中，通过对理论的介绍，引出实际案例并对这些案例进行理论分析。比如，在第4章《并购方式的分类》和第5章《并购项目的核心要点》中，作者的这种理论联系实际的倾向表现的比较明显。

这部著作还有一个特点值得赞赏，那就是它为读者提供了丰富有用的信息。这些信息包括作者通过“案例分析”和“迷你案例”形式呈现了大量并购案例、并购交易流程和相关问题的图示、结构图和最新统计数据。作者在这方面下了很大的功夫，使得这些辅助资料在帮助解读讨论中的问题时发挥着很大的功效。尤其值得注意的是，该著作采用全版彩色印刷，更使得这些辅助资料生动形象而极为美观，与正文相得益彰。

总体上，这是一部非常不错的由并购实务界人士撰写的专业著作。由于该著作所特有的观察视角、讨论问题的思路及丰富的辅助信息，它的可读性很高，值得并购专业工作者和相关专业学生学习研究。

当然，这部著作是作者在极其繁重的工作之余撰写的，还不能说是尽善尽美。如果作者能够更仔细地考虑一下整部著作各组成部分之间的内在逻辑联系，那该著作的体系会更完美一些。

另外，作者在个别专业术语的使用上没有考虑现有通行的惯例，这会让部分读者感到些许困惑。比如，作者将 Merger、Acquisition 和 Takeover 这三个非常重要的术语分别理解为“合并”“兼并”和“收购”，而在实践中大家一般的解读分别是“兼并”“收购”和“接管”。可以想象，作者如此这般一定是有他的原因的。

2.《并购大时代：资本的谋略与实战》

金末元初著名文学家元好问在《论诗》中有两句诗：“鸳鸯绣出从君看，莫把金针度与人。”其字面意思是绣出的鸳鸯可以供人观赏，可绣鸳鸯的方法却不能传授给别人。古往今来，不知有多少人将这样一种思想当作人生哲学，不愿把自己的独门绝技与人分享。因此，能够毫无保留地将“金针度与人”的人仍然是罕见之人。

2017 年新书《并购大时代：资本的谋略与实战》的作者张伟华，大概应当属于愿把“金针度与人”的人。在这部大约 25 万字装饰精美的著作中，作者不仅向读者“秀”了他所绣出的“鸳鸯”，更主要的是传授了他绣出这些“鸳鸯”的方法——并购的经验和教训。

这是一部由 64 篇文章和两项附录资料所汇聚而成的并购著作，包括“并购要点”“并购实战”和“并购趣谈”三大部分。在第一部分，作者主要讨论了跨境并购中的一些重要术语、一些重要文件及其条款、并购律师和顾问的角色，以及尽职调查和风险控制等方面的操作策略和技巧；第二部分介绍了 20 多个当代热

图书基本信息

著　　者　张伟华

出版信息　北京：中国法制出版社，2016

页　　数　409 页

作者简介

张伟华，北京大学民商法学硕士，曾就职于中国海洋石油总公司，现为香港某上市集团副总经理、总法律顾问。参与了过去十几年世界油气行业内诸多标志性交易，是中国企业迄今为止海外并购交易的核心团队成员，从事了包括油气资产并购、公司并购、上市公司并购、能源基金设立、并购融资、并购整合等各类并购及并购后运营法律事项，对跨境并购有很深的理论认识及丰富的实务经验。被国务院国资委聘为“涉外法律专家”。

目　　录

序

前言

并购要点：国际资本玩家的游戏规则

并购实战：全球竞技场上的土豪角力

门并购案例，并侧重分析了这些案例所涉及的跨境并购中的关键问题；在第三部分，作者分享了他的职业生涯中与并购有关的所见所闻。该著作在本质上是一部随笔文集，这决定了它的每一个部分之间及每一篇文章之间并没有什么特别的联系。读者可以根据自己的时间或兴趣，随心所欲地阅读任何一部分或任何一篇文章。这是这部著作的一个显著的特点。

并购趣谈：名利场中的闲情逸致
附录一　并购词汇汇总
附录二　在成熟的市场中玩转并购

这部著作充分展现出作者张扬的个性、娴熟的专业技术和驾驭语言文字的能力。作为一个具有真才实学的年轻人，生活在这样一个多元化世界中，彰显个性，这是再正常不过的事了。

试想一下，如果不是这样，该著的风格和面目就要彻底改变了。从这一部著作及他的前一部著作《海外并购交易全程实务指南与案例评析》的字里行间，我们可以感受到，作者在跨界并购领域精深的专业技术不只是得益于其丰富的实践，而且更是因为他的勤奋好学。他的文字表达能力绝非一日之功。

俗话说，由俭入奢易，由奢入俭难。我们把这句话套用在著书立说上，那就是：浅入深出易，深入浅出难。深入浅出是治学的一种很高的境界。一篇文章或一部著作，若是能够把复杂深奥的问题用浅显的比喻通俗易懂地告诉读者，这是作者的本事。该著作作者基本做到了这一点。比如，用恋爱婚姻这种众人皆知的现象来描绘和比喻并购中的目标公司的选择、尽职调查及善意收购与恶意收购等，实在是形象生动。

这部著作的信息含量较大。作者在 64 篇文章中谈了数十个不同的问题。其中，不少的文章对并购行业新入职者极有价值。比如，“并购工作中应当养成的良好习惯”“中企跨境并购五大新趋势和十道难关”，等等，不一而足。从某种角度看，该著作最有价值的地方或许是作者以一种随性或幽默风趣的方式所“透露”的并购职场中的那些“秘密”。比如，公司是根据什么标准聘用外部顾问的，并购律师、会计师、投资银行家和其他顾问是怎样收费的，以及如何在跨境并购谈判中变被动为主动以克“敌”制胜的。这些都是并购从业者们，特别是那些新入职者感兴趣的问题，而这些“敏感的”问题又是那些所谓严肃的专业著作所不屑或不敢“披露”的。

当然，对于并购职场中资深从业者而言，这部著作并不是没有值得斟酌的地方的。比如，它缺乏系统性，文章的风格不太统一，语言文字不够严谨等。不过，如果我们了解了这是一部由有个性的作者所撰写的有个性的著作，那么这些所谓的问题似乎都不是问题了。毕竟，它能够给读者提供很多有用信息，也能够激发读者进一步思考。这就足够了。

3.《并购战争：世界商业并购操作密局及后美国时代中国企业的终极战略》

在“并购”这个新型战场上，与一些老牌资本主义国家的企业相比，中国企业目前还处在资质尚浅、能力不足的阶段。因此从以往的经验来看，中国企业的并购表现尤其是海外并购着实令人担忧，而中国一些具有时代使命感的人士则逐步踏入了探究并购的历程，并开始从不同的角度和维度为中国企业提供帮助。其中，张金鑫和崔林两位并购或经济专家为广大读者贡献了这样一本以案例研究为主要内容的著作——《并购战争》。

本书的作者之一张金鑫是我国企业并购研究专家，曾主持编辑了《中国企业并购年鉴(2007)》；另一位作者崔林是一名资深产经评论员，对中国产业经济与社会发展有很深刻的认识和研究。两位作者接触过非常丰富和可靠的涉及中企的并购案例和数据，而这本《并购战争》就是以案例的汇集和讲解为主要内容的。作者相信这些“酣畅淋漓的故事和可圈可点的人物以及汇集了中国企业龙蛇争霸、越洋博弈和海外拼杀的经典案例”，能够凸显中国企业的并购大趋势，并能够从中重温历史，以

图书基本信息

著　　者　张金鑫；崔林

出版信息　北京：中国友谊出版公司，2010

页　　数　248 页

作者简介

张金鑫，北京交通大学产业经济学博士，中国企业并购权威研究专家，中国企业兼并与并购研究中心副主任，博士生导师。出版专著《并购谁：并购双方资源匹配战略分析》，主编《中国企业并购年鉴(2007)》等。

崔林，北京大学经济学硕士，国内资深的产经评论员，《中国经济英才》杂志副主编，兼任多家财经杂志及网站副主编、专栏作者，曾在欧洲考察学习媒体及展览产业，对中国产业经济与社会发展有很深刻的认识和研究。出版过《蜗居战争》等产经及社会评论著作。

目　　录

前言
第 1 章　改变世界经济格局的并购狂潮
第 2 章　撼动全球政治规则的越境

暗战
第3章　中国企业并购战的真实动机
第4章　中国民族品牌的输赢之道
第5章　中国企业国内市场龙蛇争霸
第6章　后美国时代的中美澳越洋博弈
第7章　中国力量拼杀欧洲战场
第8章　走向世界的中国企业兼并战略

资借鉴，为中国企业总结出成功之道。

本书是一本以案例讲解和汇集为主的书籍，甚少涉足理论探讨，这对初步踏入并购领域的读者来说是一个福音。在书中，作者不但对案例进行了精彩介绍，还对一项项案例透射出来的有利于中国企业吸收和借鉴的经验和教训，通过浅显易懂的语言传递给读者。因此，本书非常适于对并购感兴趣的读者将其作为了解并购的全球总体态势及真实并购世界的首批资料之一。

统观全书，您会发现其篇章设置十分合理。先从世界经济格局入手，到全球范围内的并购狂潮，再到中国企业的海外及国内的并购动态，最后落脚到对中国企业未来并购历程的展望上。在这样的逻辑和框架之下，作者再填充进相应的并购案例，使读者能够由此了解美国、欧洲及国内并购战场的整体状况。通过从整体上把握并购大局，令读者不至于在学习并购的过程中陷入某一并购案例的“迷局”而忽视了并购战争的整体背景。本书的附录中还提供了“企业并购成功的十二字真诀”，这是由作者为中国企业并购总结的基本原则，即“用得着、划得来、整得好和理得清。”这十二个字确系涵盖了并购整个流程，且进行了高度总结的有效建议，具体的内涵和讲解有待读者去亲身体会。

本书对案例的讲解也十分引人入胜。无论是企业并购的动因，还是整体的并购历程及结局走向，本书都充分记录了下来。除此之外，其案例讲解还侧重渗透了企业的经营管理及具体产品的介绍，令读者能够深入其境，全方位地了解案例的真实状况，并从中总结出适于不同行业、企业及不同经营状况的并购经验。

书中案例的选择也非常具有代表性，较为均衡地涉及了诸多行业。比如金融行业的美国国家银行对巴雷银行的收购，电信行业的阿尔卡特和朗讯的合并，互联网产业的美国在线收购时代华纳等。国内各产业的经典案例也十分精彩：三元在政府的支持下对三鹿的收购、美的收购小天鹅实现多元化、新浪收购分众受阻等。除此之外，还有中国企业涉足欧洲和美国的典型案例，这些案例都是并购类书籍中经常会涉及的经典案例。作者将这些案例汇集起来，从为中国企业提供启示的角度出发，对相关资料进行“合并”和“整合”，形成了书中这些信息量十分丰富且真实生动的案例。

并购世界千变万化，即使作者在书中为每一项案例都画上了“句号”，但这些结局无论是成功的还是失败的，都不会是企业的最终结局。因为衡量企业成功与否的标准并非是确定和统一的，而且看似失败的企业也许能够绝地逢生，一时成功的企业也未必能够永葆无患。

本书仅为读者了解复杂的并购世界开了一扇窗，读者若想亲历沙场，真正执掌一场并购实战，实需阅读更多的关于并购理论及实操类的书籍，然后在一次次的实践中提升自身的并购能力，真正地实现决胜于无形。

4.《公司并购问题与应对》

作为一种特殊的商业活动，并购的技术性较强。从事并购交易的人士，无论是老手还是新手，都难免在过程中遭遇一个又一个问题，即所谓老手遇到新问题，新手遇到老问题。整个交易的完成，实际上是解决问题的过程。能否有效解决问题，关系到交易的成败。

然而，在有关并购的研究中，针对并购所涉及的各种问题的研究并不常见，更多的是以构建某种体系或模式为目的的纯理论研究。与纯理论研究比较，以问题为导向的研究确实在一般情况下多缺乏专业的方法作为指导，也容易落入就事论事的窠臼，但是它有较强的针对性，能够及时发现实践中亟待解决的问题进而促成这些问题受到专业理论工作者重视。面对并购交易日益复杂的现实，读者需要以问题为导向的专业研究来发现并有针对性地解决问题。在这方面，李良寓撰著的《公司并购问题与应对》一书，正是一次有意义的尝试。

图书基本信息

著　　者　李良寓

出版信息　北京：法律出版社，2012

页　　数　262 页

作者简介

李良寓，江南大学法学院讲师，民建会员，美国华盛顿大学（圣路易斯）访问学者，上海福一律师事务所执业律师。法律硕士，经济学学士，理论和实践紧密结合，擅长商务类法律业务，并购、涉外、知识产权专业律师，有各级人民法院案件处理经验及国家部委、跨国公司项目服务经历，有英文专著在美国出版。

目　　录

第 1 章　并购概述

第 2 章　并购常见问题及应对

第 3 章　战略并购中的特殊问题

第 4 章　财务并购（风险资金并购）的特殊问题及应对

第5章 并购案例分析
第6章 并购文书制作及评析
附录 常用法规
1.《中华人民共和国公司法》
2.《中华人民共和国反垄断法》
3.《关于企业重组业务企业所得税处理若干问题的通知》
4.《企业重组业务企业所得税管理办法》
5.《关于外国投资者并购境内企业的规定》
6.《国家外汇管理局关于境内居民通过境外特殊目的公司融资及返程投资外汇管理有关问题的通知》
7. 外管局号文
8. 国家外汇管理局关于鼓励和引导民间投资健康发展有关外汇管理问题的通知

这部著作主要由两部分——并购的问题和应对策略组成，另外还有附录。在该著作中，作者没有像其他多数并购著作一样把面铺得很开，而是非常简要地讨论了并购中的几个大的问题，在这之外，分析了几个中国公司的并购案例，并且介绍了几项重要的并购交易文件的制作。除去附录中的常用法规，该著作篇幅不算大，仅有180页的实质性内容。即便如此，这部著作还是有不少值得称道的地方，而这些可能会为读者提供有价值的信息。

首先，这部著作有一个贯穿始终的脉络——问题导向。就像作者在书名中所表明的，该著作阐述的内容就两个方面，即问题和应对策略。尽管著作中作者对每一个具体问题的讨论不是以提问和回答的方式呈现，但实际上却是在谈问题及对这些问题进行解读。特别是前4章，这种倾向十分明显。比如，在第3章中，在讨论外资并购的时候，作者用了6个问题为小标题而展开论述，简洁明快，直截了当。对于那些希望尽快了解外资并购方面知识的读者，这也不失为一种便捷的形式。与问题相配合的，是作者提出的一些对应策略。这些对应策略同样并不烦琐，寥寥数语，切中要害。

其次，该著作的重点非常突出。本来这部著作的篇幅就不大，如果重点不突出，那它很容易流入平淡之列。还好，作者注意了这一点，重点在尽职调查、战略并购和财务并购这三个方面做了深入的分析。特别是在后面这两个问题的讨论中，与其他讨论战略并购和财务并购的著作不太相同，侧重于这两类并购中的特殊问题。在战略并购方面，作者讨论的范围仅限于国资并购、外资并购、上市公司并购和海外并购；而在财务并购方面，所谓的特殊问题涉及三个具体领域：财务并购的尽职调查、财务并购合同条款的特殊性及财务并购的专属风险。

另外，该著作在内容上有一些新意。除了前面说的作者花了很大篇幅专门讨论战略并购和财务并购的特殊问题，他还有一个其他并购著作中也很少见的贡献，那就是专辟一个章节讨论并购文书的制作。并购文书撰写是并购交易过程中一个十分重要的层面。几乎所有并购交易活动，比如尽职调查、交易结构设计、谈判等，最终都要体现为某种形式的文件。无论其规模如何，任何一项并购交易的全过程或多或少会涉及多个重要的协议或文件及十多个或数十个次要一些的协议或文件。这些协议或文件的设计或制作好坏，对并购双方利益的实现影响很大。

然而，不知何故，绝大多数并购专业著作几乎不屑于在这个方面花费笔墨。即使有的著作有涉及，那多半也只是蜻蜓点水。《公司并购问题与应对》一书着重介绍了 6 种并购协议和文件的制作。这 6 种协议和文件是《并购重组可行性分析报告》《并购方案》《并购意向书》《尽职调查报告》《保密协议》和《并购合同》（买卖协议）。这方面的内容对并购从业者中的法律人士是有较大帮助的。

必须承认，这部著作在并购问题的研究深度上还是有些欠缺的。另外，如果作者能够将案例有机地结合在具体问题的论述过程之中而不是单独放在一章中，在结构和体例上会有更好的效果。不过，瑕不掩瑜。这些可以进一步改进的地方并不影响该著作为对并购有兴趣的各方面人士，特别是与并购有关的法律工作者在学习研究并购问题时的参考。

5.《公司并购与重组》

英国企业家安妮塔·罗迪克曾经说过：“所谓商业，归根到底无非就是金融财务和质量管理的问题。”显然，这是在强调金融财务和管理在现代商业中无可比拟的重要性。那么，作为商业活动一部分的并购与重组是否也是这样的呢？答案是肯定的。不容否认，并购与重组是最复杂的商业活动之一，其交易过程涉及经济、金融财务、税务、管理和法律等多个专业领域的问题。

金融财务和管理方面的问题居于首位，这是没有疑问的。在公司的并购与重组中，核心的步骤——估值、交易结构的设计（包括支付）和融资，都属于金融财务范畴。而整个交易流程的进行，从头至尾则离不开有效的控制和管理。离开金融财务和管理，并购与重组根本就无从谈起。然而，在相关的专业著作中，侧重从金融财务和管理角度来讨论并购与重组问题的著作却并不多见。

由朱宝宪教授撰写的《公司并购与重组》一书，从金融财务角度出发，在一个重要的层面回归并购与重组之本源，为读者阐释了并购与重组这种特殊商业活动的基本原理。该著作出版于2006年，这之后并购重组的环境已经发生较大变化，但因为作者扎实的学术研究功底及其开阔的视野而没有让读者产生过时的感觉，其实用价值并未随时间的流逝而减损。作者撰写该著作的初衷是为了给在校学生和包括投资银行家在内的并购重组实务工作者提供一本教材。相比较而言，作为教材，它在很多方面要比一般同类书强很多。后者多半是在“编”，而前者却是在“著”（封面署名处也这样显示）。它事实上是一部非常优秀的并购重组专业著作。

作为并购重组专业著作，《公司并购与重组》的视角和内容的重心都偏向于金融财务。

该著作的这一特点大概与作者本人的学术专长和背景有关系。朱宝宪教授在撰写这部著作之前曾经长期讲授《金融市场》和《投资学》课程，出版过这方面的专业著作，而且还翻译过滋维·博迪、亚历克斯·凯恩和艾伦·马库斯的名著《投资学》、帕特里克·A. 高根的《兼并、收购与公司重组》和罗伯特·库恩的《投资银行学》。早年，他在香港中文大学和美国麻省理工学院进修时分别选修过“金融市场”“公司并购”和“投资学”等课程。金融财务是他的专长。在这部由10章所组成的并购重组专业著作中，他用了几乎过半的篇幅在

图书基本信息

著　　者　朱宝宪

出版信息　北京：清华大学出版社，2006

页　　数　430页

作者简介

朱宝宪，1982年毕业于北京经济学院，获经济学学士学位；1985年毕业于北京大学经济系，获经济学硕士学位。毕业后在清华大学经济管理学院任教，现为清华大学经济管理学院金融与财务系教授。1992年曾赴香港中文大学进修金融市场课程，1994年曾赴美国纽约、新泽西道琼斯公司总部研究股票指数的编制，2003年赴美国麻省理工学院斯隆管理学院做访问学者，从事投资学和公司并购的学习和研究。现主要研究领域为投资学、金融市场和公司并购。

目　　录

序
序二
前言
第1章　美国五次并购浪潮回顾
第2章　并购动因与并购类型
第3章　并购的尽职调查
第4章　并购中的税收、会计与反垄断
第5章　并购目标公司估值
第6章　协议收购、集中竞价收购与要约收购
第7章　管理层收购与员工持股计划
第8章　杠杆收购与融资
第9章　敌意收购与反收购
第10章　公司的资产重组

讨论并购重组中的金融财务问题，其中公司估值、杠杆收购与融资及公司的资产重组是其最用心、最着力的部分。特别是关于杠杆收购和并购融资问题，作者更是进行了深入的探讨，提出了自己的一些独立见解。

作为并购重组专业著作，该著作特别重视案例的使用。

案例是并购重组实践经验的总结，对于后来者学习研究具有较大的价值。好的案例可以帮助读者理解复杂的问题，同时提醒他们在未来的实践中坚持走正确的道路，避免重蹈覆辙。作者在该著前言中也提到，好的并购著作应该是有理论、有案例、理论与案例紧密结合的；而且理论与案例应该与中国实践紧密结合。作者在著作里安排了 115 个中外并购重组案例，其中多数是著名的具有典型意义的案例，也有作者自己编写的。为了便于读者阅读和尽快了解基本内容，这些案例以“案例提要”的形式呈现。其效果在内容上简洁明了，在形式上美观大方，可谓一箭双雕。

作为并购重组专业著作，这部著作有机吸收了中外众多研究成果。

并购重组在中国成规模地发展，是最近 20 多年的事情。虽然中国的并购重组实践也积累了不少经验教训，但是与发达国家，特别是美国上百年的并购重组历史相比，还是有不小距离。适当借鉴他山之石，无疑会增进读者认识的深入和提高。在这方面，作者在境外学术机构进修学习及翻译过多部国外经典并购著作的经历，开阔了其视野，为他搜集、积累和运用丰富的外文文献资料并从更加宽广的层面分析研究问题提供了可能。

这部著作中的第 1 章《美国五次并购浪潮回顾》、第 2 章《并购动因与并购类型》、第 4 章《并购中的税收、会计与反垄断》及第 9 章《敌意收购与反收购》充分证明了这一点。在这几章中，作者对世界范围的并购重组实践了然于胸，无论是发展历史，还是基本理论或原理，甚至经典案例，都是信手拈来，运用自如。

综合起来看，这是一部很不错的并购重组专业著作，有厚度、有角度，也有广度。适合高等院校作为并购课教材，同时也适合并购重组实务工作者，特别是投资银行专业人士阅读。

6.《劳阿毛说并购》

头发梳得根根分明，西装熨得笔挺贴身，做起事来一丝不苟，说起话来滴水不漏，这是大部分人对于金融人士或者法律人士的印象。然而并不是所有的专业人士都如此严肃刻板，他们可以诙谐幽默，也可以平易近人，还可以讲段子接地气。

“艺术源于生活而高于生活”，专家始于常人而精于常人。就并购而言，比起看看那些不切实际所谓专家的高谈阔论，不如听听“并购鬼才”声情并茂的侃侃而谈。若其能够把复杂晦涩的并购知识以一种生动有趣的方式表述出来，让有识之士有所收获，也算是不枉费了一番气力。幸运的是，这本《劳阿毛说并购》的作者，就是这么一个“并购鬼才。”

本书的作者是著名的并购专家，同时也是华泰联合证券的执行董事，并购业务的负责人劳志明。其不仅精通于并购事业，同时还是一个微博、微信的段子手，所以圈内戏称其为“劳阿毛”。作者作为 15 年来一直活跃在并购一线的“并购达人”，用一种看似“不正经”的语言表达方式将复杂的并购交易描写的入木三分，让人读完大呼过瘾。难怪朗润的李大卫戏称说：“并购不提劳阿毛，整啥名句都枉然。”

中国的企业并购重组实际上肩负了中国经济转型的历史使命。近年来，各类大小并购频频发生，其中不乏配合二级市场套利驱动下的生搬硬套和概念炒作，看似高大上的“市值管理”理论一时间大行其道。在这种氛围下，劳阿毛是特立独行的。他反复强调，作为并购人，我们要参与的是战略并购，而不是“市值管理”，投行人不应为了赚钱失去底线，去涉足

图书基本信息

著　　者　劳志明

出版信息　北京：中国法制出版社，2015

页　　数　258 页

作者简介

劳志明，毕业于中国政法大学，2004 年加入华泰联合证券，专注 A 股上市公司并购重组 14 年，现为并购部联席负责人。主持过申银万国换股吸并宏源证券、中纺投资发股购买安信证券、利亚德光电发行股份购买资产、盛运股份发行股份购买资产、广日股份借壳广钢股份、鲁能煤电借壳金马集团、东凌粮油要约收购并借壳广州冷机、中珠股份借壳潜江制药、平煤集团借壳重组草原兴发等数十余起上市公司收购及重大重组收购等操作。

目　　录

上　篇

横看成岭侧成峰：并购的 N 个侧面

并购重组类型之科普式解析

市场化并购，应该保护谁？

上市公司产业并购之山雨欲来

创业板产业并购，为何这么火？

产业并购误区之女人逛街心态

借壳，想说爱你并不容易

借壳标准与监管取向再思考

产业并购之花为何这样红

旁观新三板的疯狂与机遇

中　篇

技术与艺术的融合：并购经验谈

并购方案设计：合规下的利益平衡艺术

如何评价壳公司的优劣

不该参与的并购交易。相较于那些喜欢搭着顺风车坐享其成的人来说，他更愿意与企业客户一起去发现能够成功整合的并购机会，与企业一起成长。这种理论对于现行并购现实而言似乎有些格格不入，但却句句在理。一个有原则的并购段子手，貌似说着不着边际的话，实际干着脚踏实地的事儿。本著作内容看似轻松搞笑，实则满是干货。简单来说，可以从以下三个层面来概括本著作的特点。

首先从战略咨询层面上而言，作者始终强调交易人员要有一种格局思维，不求战胜而求共赢。所谓格局，其本质是一种做事与思考的方式，是人的价值观，可以影响专业人士的判断及行为。这不仅仅适用于交易双方的企业家，对于也是专业的投行人员、并购律师、会计师等广大参与并购的人士也是一样。

作者作为专业的投行人士，指出并购价值所在并不仅仅是帮助客户获得证监会的一纸批文，而是要始终站在客户的角度以其战略发展为出发点来考虑问题，在设计并购方案与并购谈判中也要牢记投行服务价值所在是格局这一理念。战略性并购要求注重眼前局部利益与长期战略利益的平衡，无论是在前期的交易合作期还是后期的后续整合期都是如此。所以除了客观的共赢条件，双方主观上的大格局思维，也是战略性并购是否成功的决定性因素。许多专业人士在工作之时正是因为缺少格局思维而无法大展拳脚，作者在叙述之时始终植入这种大格局思维，为读者打碎了横亘在并购之前的思维之门。

知易行难之净壳剥离
收购上市公司超过30%股份之沙盘推演
A股并购重组估值作价之多维度科普
A股并购为何多选择发股支付
细数A股并购重组中的N多股份锁定
科普盈利预测与补偿设计
闲谈上市公司重组过渡期间损益安排
并购基金靠什么赚钱
交易撮合：洞察人性下的预期管理
并购交易的核心在于平衡
并购与搞对象
并购战略之宫廷选妃与见色起意
并购格局，不求战胜而求共赢
并购交易谈判的九大误区
靠谱，撮合交易的基本功
项目操作：投行并购业务的总结与思考
并购业务思考之利益取舍
IPO与并购：庙堂之高与江湖之远
投行并购服务段位与梦想
独立财务顾问
财务顾问项目执行：如何导演这场戏？
殊途同归投行路
如何认识并购项目时间表
上市公司并购该何时停牌
下　篇
舍弃小我，娱乐众生
投行人易有的毛病，你中枪了没？
投行成长：那些人，那些路
投行路上欢乐多
关于投行业务的几点体会

如何理性看待考核
告别无效纠结
投行人眼中的其他机构
舍弃小我，娱乐众生
番外篇工作之外：俯仰自得真性情
心态是面镜子
我的父亲
给女儿的第一封信
我的小愿望
大姨
终极取舍
牛肉、石块与贫富
矜持是种本能
学车点滴事
往事如歌
后记

其次从专业技术层面上来说，作者始终认为，面对逐渐开放的交易市场，专业人士不该闭门造车；面对不断变化的监管制度和法律法规，专业人士更不能墨守成规。实时的技能进步和观念更新是交易人员自我提升的必备良药。与此同时，书中也涉及了许多关于“借壳上市”和重大资产重组并购的法规解读，以及实务中的A股并购重组中的股份锁定和上市公司净壳剥离的很多技巧等多个方面的内容。

并购过程就像人生百态，从互相结识到增加好感再到亲如一家，若收购方缺少诚意，只顾价格；若目标公司心猿意马，欲盖弥彰；若投行、律师等外部人员不讲章法，信手胡来，那么这个交易注定失败。正因如此，交易的各参与方才更应该坦诚相待，而投行等人员更应该根据交易实际来制订收购策略，符合现行的市场状况与实际，以交易共赢的心态来从事自己的事业与工作。作者将交易共赢的理念贯穿于全书，时刻提醒读者要牢记“共赢共生”这一理念，并将这种理念始终作为日后制订交易结构与谈判策略的基础框架性因素。

最后，从日常工作层面上来说，对于投行人员或者律所等外部人员而言，吃亏意味着长期的持久利益，占便宜只能是暂时的。某些交易人员目关短浅，只盯着眼前的一亩三分地，却忘记了放长线钓大鱼才是交易参与人员所应珍视的目标。

除此之外，作者还在书中专门加入了“工作之外”的章节，谈及他的为人之道和成长历程，让读者感受到要做好投行工作，要先学会为人的操守。有道者“先学做人，再学做事”。其中在关于其父亲介绍一文中关于父亲的正能量与质朴智慧的介绍着实让人印象深刻。文化水平与金钱的多少并不是衡量一个人是否富有的真正标准，内心的富有与强大才是让人立于不败之地的重要法则。现代人往往过于自我，这一方面虽然可以推动年轻人实现自我价值，但另一方面也会让周围的人敬而远之，而一些原本属于你的机会也会因此离你远去。所以在日常工作中，无论遇到何等的困难都应该轻松迎战，将其视为磨砺与积累，厚积薄发地有担当地去面对接下来的任务与挑战才是百战百胜的长久之计。作者对于年轻从业人员的希冀与建议，是同类专业书籍很少提及的，也是作者相比于他人而言匠心独具的最好体现。

以上几点，并不足以描述本书的全部优点，这本既是“段子集”，又是专业书；既是“启示录”，又是“经验册”的书籍，是新时代背景下投资银行业务的一个文化符号和一道亮丽风景，同时也是我国多年深化改革、市场理念逐步深入人心的缩影。

略有不足的是，阿毛一直活跃在投行领域，对于其他方面的知识在本书中大多都是一笔带过，所以若想学习投行以外的其他领域的详细内容，恐怕要另寻他法。不过该不足与优点相较不过大醇小疵，本书仍不失为一本优秀的并购专业书籍。

愿广大的并购从业者们或者是有志于从事金融工作的人士都能通过阅读本书从而成长得更好。

7.《企业并购与重组》

作为公司发展的一种战略，并购涉及一系列的经济、金融、管理、会计和法律等专业活动。其中，会计至关重要。因而具体承办会计业务的会计师是并购活动的主要参与者，在并购交易中扮演者不可或缺的角色。会计师以及他们所承办的会计业务在并购中居于如此主要的地位，以至于任何从事并购交易活动的人，包括公司管理层、律师、投资银行家、投资顾问及会计师本人，为了并购交易的成功以实现公司发展战略，特别是股东利益最大化，不能不了解甚至精通会计在并购中是如何运作的。

由上海国家会计学院编著的《企业并购与重组》一书，正是侧重从会计角度讨论并购重组问题的一部并购专业著作。它的出版，不仅仅是与并购相关的会计从业者的福音，对非会计从业者增进了解并购中会计业务也提供了帮助。

这部50多万字的著作由14个章节组成，并非像一般并购著作那样按照交易流程层层递进，也没有平均分配作者的注意力，而在内容上有重点，在篇章结构的安排上有创意，具有丰富的信息含量。

这部著作以财务会计为并购重点，强调交易过程中会计方法的运用。作者用了较大篇幅在第5章、第6章和第7章中具体讨论“并购会计与税务”“并购估价”和“并购融资与支付”等问题，而这些都是财务会计问题。它们实际上也是并购交易成败的关键之所在。

任何一项并购交易，可能会在不同的阶段需要重点解决不同的问题，比如在交易前重要的问题是战略的决策和交易的计划，而交易后则是文化、技术、市场、人员等方面的整合。但并购交易的终极目的是价值的创造。而价值创造的实现则取决于对目标公司价值的准确评估、收购方公司支付合适的溢价及采取符合公司自身实际财务状况的支付方式和融资手段。而这一切离不开财务会计业务，离不开会计师在其中所发挥的专业上独特的作用。该著作的重心向财务会计倾斜，真的是抓住了并购交易的本质。

这部著作基本上不同于其他同类并购著作，在篇章结构的安排上独树一帜。除了财务会计的内容及一般著作中多会有的并购的概要，该著将并购法律、并购战略、公司重组、敌意收购、管理层收购、员工持股计划及私募股权投资等问题作为独立的章节而详细讨论，非常具有新意。或许是因为作者认为这些问题更加重要，而它们又不能像传统并购著作一样将其归纳到并购交易的某具体阶段，所以整部著作看起来像是以问题为导向而不是基于过程来组织观点、论述和相关辅助材料的。

另外，作者在著作中穿插了大量参考文献资料，包括热点透视、实务链接、案例分析、阅读资料和阅读材料。从目录上看，这些辅助性的资料似乎

图书基本信息

著　　者　上海国家会计学院

出版信息　北京：经济科学出版社，2011

页　　数　362页

作者简介

上海国家会计学院，于2000年9月正式组建。学院是财政部直属事业单位，由财政部和上海市人民政府双重领导，实行董事会领导下的院长负责制。学院还是中国政府倡导设立的亚太财经与发展中心（AFDC）所在地，该中心是中国政府在APEC框架下倡导建立的第一个旨在促进区域能力建设的机构。

目　　录

第1章　企业并购概述
第2章　并购法律
第3章　并购交易管理
第4章　并购战略
第5章　并购会计与税务
第6章　并购估价
第7章　并购融资与支付
第8章　并购整合
第9章　公司重组
第10章　敌意收购与反收购
第11章　管理层收购与员工持股计划
第12章　跨国并购
第13章　私募股权投资
第14章　并购综合案例

大有冲淡正文的倾向。不过，读者在阅读全书后会发现它们仍然也只是处于辅助的位置，并且与正文相得益彰。

这部著作包含了丰富的并购知识和相关信息。从某种角度上讲，知识和信息含量是评判一部著作优劣的标准之一。该著作的知识和信息含量体现在两个方面：正文与辅助资料。在正文中，作者深入讨论了很多在其他并购著作中往往一带而过的问题，比如管理层收购、员工持股计划和私募股权投资等；在辅助资料中，作者分享和分析了大量并购重组案例。这些案例以“实务链接”“阅读材料”和“案例分析”等栏目的形式存在，其数量数以百计。在案例之外，还有通过“热点透视”形式呈现的有关现实中的公司进行并购交易的过程和问题的分析。读者如果能够将这些辅助资料配合正文一起阅读，会加深对并购中各个主要问题的理解，同时也会学习到一些具有实际价值的新知识。

综上所述，《企业并购与重组》是一部值得并购重组实务工作者和相关专业学生学习的优秀教材。对于财务会计方面的专业人士，它更是一部不可多得的有较强的针对性的专业著作。

8.《融资、并购与公司控制》

武侠小说家古龙曾经说过，同样的事情，同样的地方，同样的人物，但你若从不同的角度去看，便会得到不同的结论。这话用在并购的研究上也是十分恰当的。对于并购的研究，其专业的侧重点多有不同。这些多样化的研究，并不存在哪一种更加高明的问题，如果说有什么差异的话，仅看问题的角度不同而已。

如果作者能够结合自己的专长，从其所熟悉的理论和实践出发，考虑问题和观察问题，其著述的效果当然会更加好一些。从读者这一方面来看，能够有机会博采众家之长，无疑将增进自己对于复杂的并购问题的理解。正所谓“兼听则明，偏信则暗”。

由周春生先生撰写的《融资、并购与公司控制》一书，作为 MBA 教材，在众多的并购同类书中与众不同，其主要原因就是它的独特视角，即从金融角度来讨论并购的问题。根据出版社编辑的介绍，在该著作新版中作者调整和改写了有关中国资本运作和相关法律、法规的内容，以体现资本市场的新变化和法律法规的新要求。此外，还对相关案例进行了重大调整，增加了一些相关跨国资本运作的案例，以反映经济全球化的大趋势和中国资本运作的最新动向。在中文文献里，能够多次再版、销量过万的并购专业教材并不多见。这从一个侧面反映该著确有其过人之处。

这首先是一部以金融问题为重心的并购专业教材。该著作作者的学术专长是金融投资、证券市场、资本运营与金融衍生工具分析等，这就在很大程度上决定了这部教材的重心之所在。在全书18章中，有差不多超过一半的内容是在讨论金融问题或并购中的金融问题。表面上看起来，它似乎不像是一部专门的并购教材，但是作者所讨论的金融问题，比如价值评估、融资工具和方法、股票发行和国内外上市、资本结构、杠杆收购及资本运营等，实际都与并购有关，其中有的问题甚至是并购交易中的关键问题。

这些问题在其他同类并购著作中很少有如此全面而深入的讨论，这对于希望侧重了解并购中价值评估、融资和资本结构等问题的读者，无疑是非常有帮助的。比如在第5章中，作者讨论资本结构问题，围绕着公司价值最大化这个命题，分别从负债经营、税收及财务杠杆等着手，抽丝剥茧，条分缕析。类似的讨论在这部教材中比比皆是，既有深度，又有广度，也能够启发读者做进一步思考，从而增进了读者对于并购相关问题的更加全面而深入的了解。

其次，这部教材在内容的编排和文字的表达方面自成一体。与大多数并购专业著作和教

图书基本信息

著　　者　周春生

出版信息　北京：北京大学出版社，第3版，2013

页　　数　368页

作者简介

周春生，周春生，长江商学院金融学教授，国家杰出青年基金获得者，香港城市大学客座教授。北京大学数学系硕士学位，获美国普林斯顿大学金融经济学博士学位。研究领域为金融投资、证券市场、资本运营与金融衍生工具分析等。曾任北京大学光华管理学院院长助理、EMBA中心主任、高层管理者培训与发展中心主任、财务金融学教授，香港大学荣誉教授，并曾执教于加州大学河滨分校及香港大学商学院。

目　　录

第1章　价值与价值评估基础
第2章　企业长期融资：工具与方法
第3章　股票发行与国内上市
第4章　境外上市与债券发行
第5章　资本结构与税收筹划
第6章　收购兼并：概述
第7章　收效兼并：战略思维
第8章　杠杆收购与管理层收购
第9章　收购兼并：支付与融资
第10章　资本运营中的公司控制
第11章　收购兼并：反收购的原因与措施
第12章　收购兼并：收购/反收购的法律规制
第13章　跨国并购与并购的收益

材不同，这部教材的内容并没有因循传统的结构进行布局。传统上，讨论并购问题一般是按照交易流程展开，即交易前的战略规划、交易中的尽职调查、估值、交易结构设计和谈判及交易后的整合。而该著则以资本结构等金融问题统领全书，只是在几个章节中专门讨论了一下并购的理论和实际操作问题，几乎未有花太多篇幅涉及并购后的整合。不过，作者倒是用两章来讨论有关上市公司收购与反收购的法律监管。并购重组的法律问题算是该著的一个重点。

与风险
第 14 章　分拆、剥离与重组
第 15 章　并购的会计处理
第 16 章　并购的操作程序
第 17 章　资本运营的时机选择
第 18 章　中国的并购重组：法律与监管

在语言文字方面，这部教材的风格值得一提。大概因为作者宏观驾驭问题的能力比较强，并且也长于书面表达，所以整部著作虽然篇幅不小，但是仍然给读者以较有条理的感觉。特别是对于一些复杂的原理或理论问题的阐述，寥寥数语，提纲挈领，真的是达到了简明扼要的效果。即使是专业性很强的金融问题，作者也能够深入浅出，单刀直入直至问题的本质。

另外，这部教材吸收大量中英文文献成果的精华，在图表、引注、参考文献和术语索引的使用上符合国际学术规范。虽然这些问题与教材内容本身比较起来并非实质性的重要，但是从这些细节可以感受到作者是经过专业的训练并且具有较为严谨的治学态度的。

我们可以以“参考文献”部分为例予以说明。在现有的众多中文并购教材中，有不小比例的教材仅仅根据十几项或几十项纯中文参考文献就编著而成。有的甚至根本没有意识到参考文献的排序是有一定规矩的而随性而为，这就难免给人留下东拼西凑的印象。而这部教材不一样。其所参考的中英文文献超过 200 项，其中大多数是较为权威的英文文献。更重要的是，所有这些文献的排序是按照国际通行标准而做出的。另外，在每一张所引用的图表和案例之后，一般都标注了资料的来源或出处。在形式上，这部教材充分体现了认真、严谨的态度，其规范意识较强。

这是一部 MBA 教材，首先适合并购专业课学生选用，当然，对并购相关金融问题感兴趣的理论和实务工作者也可以从中获得收益。总的来说，该著作通俗易懂，是一部非常不错的并购著作。

9.《中国并购重组全析：理论、实践和操作（上下卷）》

作为商业活动中最复杂的一种，并购重组关涉很多学科领域和众多问题。能够全面而深入地讨论并购重组问题的作者，必须熟悉甚至精通经济、金融、管理、会计、税务和法律等多学科领域知识，并做到各学科知识间的融会贯通。

在中国的并购文献资源库中，就有这么一部堪称集大成者的著作，这就是由张新先生主编的《中国并购重组全析：理论、实践和操作》。该著作洋洋洒洒，2160页的篇幅，是到目前为止中文并购重组类最大规模的专业著作。在这部鸿篇巨制中，作者用心构建了一个体系相对完备的并购重组知识和理论框架，在理论与实务、传承与创新、境内与境外经验及正论与辅助文献等之间实现了有机的融合，并且在轻重缓急方面平衡得较好。

正如作者在前言中表示的，该著作力图以上市公司并购重组和资本运作为核心，为理论界和教学部门构建一个较为完整的并购重组理论框架体系，为立法和监管部门的工作提供基础研究，更重要的是为实务界开展并购重组业务提供比较全面的理论指导和操作指南。

从实际结果来看，作者的目标基本达到。在这部庞大的著作中，作者从经济学、法学、金融学和管理学等方面着手为并购重组搭建了一个大致的框架，分享了国内外的相关经验，也详细介绍了并购重组各项业务的实际操作流程。

图书基本信息

著　　者　张新

出版信息　上海：上海三联书店，2004

页　　数　2160页

作者简介

张新，中国人民银行上海分行行长和国家外汇管理局上海分局局长。曾经担任中国证券监督管理委员会上市公司监管部副主任，从事上市公司并购重组的法规制定、日常监管和审核工作，是我国《上市公司收购管理办法》等并购重组法规的主要起草者之一，也是近年来振奋市场的要约收购、资产重组、定向增发、TCL集团吸收合并TCL通讯等创新个案的设计者之一。加入中国证监会之前，于1997至2000年，任世界银行（华盛顿）金融市场局高级金融学家。他是美国哥伦比亚大学商学院金融学博士、中国人民银行总行研究生部保险学硕士，现兼任（全美）中国金融学会会长、《经济学季刊》和《经济社会体制比较》编委、美国加利福尼亚大学洛杉矶分校收购兼并法律研究中心和北京大学中国经济研究中心等大学兼职教授、金融学博士生导师。

目　　录

第一篇　基本概念和理论

第1章　并购重组的基本概念及市场回顾

第2章　并购重组的理论概述和本

中国国内的相关研究还在学习借鉴过程之中。作为处在并购重组理论和实践最前沿的专业从业者，作者勇于接受挑战，承担起这项前无古人的开创性工作，其精神和努力实在值得钦佩和赞赏。包括理论架构在内的这部著作的体系由四大部分组成，分别是理论、实践和创新、操作和案例及辅助资料。与其他同类著作比较，该著作在系统的完备性上明显要胜出很多。

尤其需要肯定的是，这部著作在如下四个方面实现了有机融合，不仅使各个部分之间的内在联系得以增强，也提升了整体的质量。

在理论与实务方面，该著作没有走极端，既不偏重理论，也不偏重实务。作者在汲取世界各国并购重组既有研究成果基础上，结合中国并购重组的实践，提出了一些理论上的构想和实务中的一些可行的做法，对中国并购重组中的各种行为和方式，包括信托融资方式收购、托管方式收购、司法裁决和上市公司收购、管理层收购和员工持股计划、外资对中国上市公司收购、中资企业对境外企业收购，以及吸收合并、回购、分立、剥离、破产和反收购等进行了全面深入分析。

在传承与创新方面，作者在其努力中也没有偏废，意识到了两者之间的必然关联。在这部著作中，虽然大部分内容是在重述或阐释既有的理论和实践，但是作者也用了不少笔墨在概括和总结中国在并购重组方面的创新发展，特别是针对中国上市公司自身的特点及其并购重组的多种行为或方式，进行了广泛而深刻的

书的理论框架
第 3 章　并购重组的战略设计和操作框架
第二篇　经济学分析
第 4 章　控制权市场理论和中国控制权市场现状
第 5 章　中国并购重组市场的整体评估：并购重组是否创造价值，如何创造价值？
第三篇　法规和监管
第 6 章　中国并购重组法律问题综述
第 7 章　并购重组法律制度的国际比较
第 8 章　并购重组监管体系的国际比较
第 9 章　建立有中国特色并购重组监管和立法体系
第 10 章　我国上市公司收购的操作流程和监管价值取向
第 11 章　我国上市公司重大资产重组的操作流程和监管价值取向
第 12 章　并购重组可能引发的诉讼问题
第四篇　财务、会计和税收
第 13 章　并购重组中的企业价值评估
第 14 章　并购重组中的资产评估
第 15 章　并购重组的支付方式和融资安排
第 16 章　并购重组中的会计处理
第 17 章　并购重组中的税收安排
第五篇　实践和创新
第 18 章　公司的设立
第 19 章　收购（一）收购中的控制权过渡期安排

思考。

在境内与境外经验方面，该著作兼顾到了相互的平衡。这包含两层意思。其一，中国上市公司在境内和境外所进行的并购重组活动；其二，国内的经验和国外的经验。这一点着重体现在对以下问题的讨论中：控制权市场、并购重组的法律和监管、并购重组中的资产评估、并购重组中的支付和融资、信托投资公司在上市公司收购中作用、管理层收购、杠杆收购及员工持股计划，等等。另外，对相关案例的介绍和分析，大体上也保持了境内与境外某种程度的平衡。

在正论与辅助文献方面，篇幅比例大致相当，彼此相得益彰。该著作中的辅助文献主要包括统计数据、流程图示、案例分析、实例展示、法规规定、专业词典、中英文参考文献及相关法规汇编。其中，大部分的内容十分精彩，或信息含量大，或深入浅出，对于理解抽象的理论问题帮助甚大。特别是众多如“上市公司重大购买、出售、置换资产操作流程示意图”之类的图表，在并购重组从业者的业务实践中具有重要的实用价值。该著作所包含的并购重组相关的法律法规，大约占有整部著作的四分之一，截至该著作出版之时，应当是非常完整的，非常方便并购重组理论和实务工作者参考或查阅。

总体上看，《中国并购重组全析：理论、实践和操作》一著在中国的并购重组研究历史上占有很重要的位置。在它之前，相关的研究侧重学习和借鉴外国的经验；在它出版之后，

第 20 章　收购（二）信托投资公司在上市公司收购中的作用
第 21 章　收购（三）司法裁决在上市公司收购中作用
第 22 章　收购（四）系族企业及其收购
第 23 章　收购（五）管理层收购（MBO）和杠杆收购（LBO）
第 24 章　收购（六）员工持股计划
第 25 章　收购（七）外资收购中国上市公司
第 26 章　收购（八）中国企业收购境外公司
第 27 章　公司的融资：中国企业境外上市
第 28 章　吸收合并和定向增发
第 29 章　股份回收
第 30 章　剥离与分立
第 31 章　重组、破产、清算和接管
第 32 章　上市公司退市
第 33 章　上市公司私有化
第 34 章　征集股份代理投票权
第 35 章　反收购
第 36 章　并购重组中的内幕交易
第六篇　操作程序和案例说明：如何在中国大陆操作并购重组？
第 37 章　股权转让协议书的编写和签订（诚成文化案例）
第 38 章　大宗交易的程序（罗牛山案例）
第 39 章　大额股份购买的程序和持股变动报告书的编写（诚成　文化案例）
第 40 章　协议收购和程序和收购报告书的编写（诚成文化案例）

关于中国并购重组的理论和实践的探索开始形成气候。从某种意义上来讲，这部著作在将国外的经验与中国实践相结合方面引领了后来者前行的方向。

这是一部值得并购重组参与主体公司管理层、并购重组中介机构人士、立法和监管部门工作人员、教学和研究人员及学生拥有和学习的优秀的并购专业著作。

当然，这部著作也有一些遗憾的地方，比如该著出版于2004年，很多并购重组相关的法规后来都有修订，还有一些新的法规陆续制订和生效。这在很大程度上影响了该著作法规汇编部分的时效性。不过，这不是作者的过错。

10.《中国企业并购实务》

并购，以其涉及估值定价之玄机及并购买卖双方交易撮合匹配之困难，成为投资银行的灵魂，被称为投资银行业务皇冠上的明珠。并购交易之于产业整合、转型升级的重要性，从并购浪潮带来的产业革命中就可见一斑。

我国目前的经济发展主要得益于改革开放的大战略，然而经过30多年的发展，时至今日，经济发展速度趋于缓慢，相关行业产能过剩，经济新动能远未形成。因此，从政府部门到企业部门，寄希望于通过供给侧结构性改革优化产业结构，并以新技术改造传统产业从而激发新的消费潜能。这一过程，根据A. T. 科尔尼公司（以下简称科尔尼）的产业演进S曲线理论，正需以产业并购整合升级为主要推手和平台。

第41章　全面要约豁免申请报告书的编写（津滨发展等案例）

第42章　要约收购的程序和要约报告书的编写（南钢股份案例）

第43章　管理层收购的程序（全兴股份案例）

第44章　员工收购的程序（深圳地A案例）

第45章　外资收购的程序（赛格三星案例）

第46章　一致行动人（金路集团案例）

第47章　吸收合并（一）挂牌企业吸收合并的程序和相关文书的编写（陕西金叶案例）

第48章　吸收合并（二）正常吸收合并的程序和相关文书的编写（TCL案例）

第49章　资产重组协议书的编写和签订（湖北兴化案例）

第50章　重组的程序和重大重组申请报告书的编写（湖北兴化案例）

第51章　定向增发的程序和相关文书的编写（武钢股份）

第52章　中介机构的责任和相关文书的编写—律师、会计师、资产评估师和独立财务顾问（湖北兴化案例）

第七篇　操作程序和案例说明：如何在境外操作并购重组？

第53章　不涉及到全面要约的收购

第54章　自愿有条件全面要约

第55章　有条件强制性全面要约

第56章　无条件强制性全面要约

但是，对比与西方国家百年的并购历史，我国并购的历史、实践特点及发展规律仍然不成熟，也不为各专业人士所整体了解。而具有学术、立法及监管背景的欧阳泽华先生所著的《中国企业并购实务》一书，为大家详细介绍了全球并购市场的特点和发展规律，通过对实际的案例分析，帮助读者深入、全面理解国内上市公司收购重组的方式和方法，解读证券监管体系的各项法规，并解析企业上市过程中的法律实务。

通贯古今，比对中外是本书最大的亮点。子曰："告诸往而知来者。"历史是理解现在、洞见未来的一把钥匙。本书认为，在促进产业整合的并购领域也是如此。实际上，不仅企业和产业的发展路径，在整个美国甚至全球经济结构的演进过程中，并购都扮演了非常重要的角色。因此，本书从并购的本质出发，论述美国并购交易与企业成长、产业演进、经济发展之间的关系和历史，并总结了目前全球并购市场呈现的新特点。另一方面，作者认为，相比美国的百年历史，我国的并购重组市场仍处于襁褓期，虽然大量移植了美国的相关制度和实践，但也具有自身的特色和历史，通过阐述这些我国并购市场发展的变迁，作者着重透彻地分析了我国目前并购市场的实践特点和未来的改善方向。

寓理于事，寓教于学是本书另一大特色。本书在并购历史的叙述背景下，将一个个鲜活的并购案例分拆分解，并以故事跌宕起伏的叙述风格，展现了国内外经典的并购交易对产业

第57章　申请全面要约豁免
第八篇　资料汇总
第58章　并购重组词典（中英文对照）
第59章　并购重组相关法律汇编
第60章　中介机构名录
第61章　我国并购重组案例资料

图书基本信息

著　　者　欧阳泽华

出版信息　北京：人民邮电出版社，2013

页　　数　237页

作者简介

欧阳泽华，中国人民大学经济学博士，第十一届全国人大代表，第十届、第十一届民革中央委员，第十二届、第十三届民革北京市委副主任，中国人民大学兼职教授，中国证监会上市公司监管一部主任。

目　　录

第一篇　基本概念和理论
第1章　并购重组的基本概念及市场回顾
第2章　并购重组的理论概述和本书的理论框架
第3章　并购重组的战略设计和操作框架
第二篇　经济学分析
第4章　控制权市场理论和中国控制权市场现状
第5章　中国并购重组市场的整体评估：并购重组是否创造价值，如何创造价值？
第三篇　法规和监管
第1章　企业并购——投行之魂

转型、监管制度的完善产生的积极影响及引领作用。当然，本书并非完全散文式的叙述，而是同样保留了对并购交易分析的专业性、严肃性及理论性。读者阅毕之后，既能了解现在主导商业世界的大企业，如苹果、三星、IBM、花旗银行、大众汽车等如何发展扩张至今，也能洞察这背后并购交易作为资本工具所发挥的重要作用及并购交易的特点和理论基础。

第 2 章　中国企业并购历史——上下求索
第 3 章　借壳上市——金蝉脱壳
第 4 章　整体上市——以故为新
第 5 章　产业并购——左右逢源
第 6 章　跨境并购——渐入“洋”境
第 7 章　外资并购——洋为中用
第 8 章　法规实务——君子之“器”

成书以践，践墨随敌是本书的第三大特色。如本书书名所言，本书的最终出发点和落脚点在于分析并指引我国企业，特别是上市公司的并购实务。因此，作者将我国并购市场比较典型的并购交易模式，包括借壳上市、整体上市、产业并购及海外并购等，分别形容为“金蝉脱壳”“以故为新”“左右逢源”及“洋为中用”的模式，一一剖析这些并购模式与战略战术实施的细节，比如尽职调查、并购后整合方法等，力求接近实践，还原实践中、监管中非常容易出现的问题，并提出了作者自己的建设性方案。但是，作者也认为，随着产业的不断发展、规则的不断完善，具体的并购适用法律法规也会随时发生变化，所以具体的并购战略战术细节及实践操作也需要随之变化，这样才能实现并购交易的初衷。

当然，内容上主要偏重上市公司的并购实务，在中小企业作为主体的当下，本书的论述并非完整和全面。但这点瑕疵绝不足以掩盖本书的亮点，对于上市公司、投资银行、咨询公司的财务顾问、法律顾问、金融顾问等专业人士、高校相关的专业师生及对并购感兴趣的其他人士来说，本书不可多得。

11.《并购创造价值（原书第 2 版）》

并购作为企业强大的一种手段与方式，其最终目的是为了能够创造更多的价值，实现一种良性循环。就连沃伦·巴菲特都曾说过“对于任何交易来说，重要的不是价格，而是价值”。但遗憾的是，事实上很多的并购活动都是具有破坏性的，其并不能够为股东创造价值，而这种现象也越来越引起广大从业者的注意。如果并购无法为企业实现增值，那么我们是否应该继续？

面对这一困惑，学界一时之间众说纷纭，各种看法层出不穷，但始终没有一个系统和符合逻辑的解释。而这本由世界著名并购专家萨德·苏达斯纳所编写的《并购创造价值》，从不同方面，多角度出发，多维度地分析了并购与价值之间的关系，以及深入浅出地对并购是否能创造价值这一问题进行了剖析，旨在客观全面为广大并购从业者进行分析。

就本书的体例而言，其大致分为 4 个部分 24 个章节。本书的第一部分是关于并购活动的历史沿革及并购业绩的概览。作者主要通过对并购浪潮的介绍和收购兼并五阶段模型的讲解来对美国和欧洲的成功收购活动进行评价；第二部分是五阶段模型的第一阶段和第二阶段——竞争策略基本框架及并购在这些策略中的地位等问题，进行了一个详细的描述，其中关于竞争优势与博弈论之间的关系是其中的最大亮点；第三部分则是五阶段模型的第三阶段——交易架构和协商基本原则部分的内容，其内涵包括各类估值模型、兼并费用、会计规则、反垄断、竞价战略及技巧等方面；而第四部分则是五阶段模型的最后两个阶段，主要概述了并购中的组织和人员方面的内容，以及 M&A 组织结构的组成及系统创建等问题。

就本书的写作范围而言，本书极具国际视角和整体观念。虽然本书针对的是世界并购最发达的美国、英国和欧盟国家的并购框架，但其对于新世纪并购特点的描述及预测也颇有特色。本书写作之时，新兴国家的并购交易尚未形成相应规模，交易机制及环境都很不成熟，作者运用自身国际化的眼光及多维度的思考方式，对日后新兴国家的并购交易做出了极为准

图书基本信息

英文书名　Creating Value from Mergers and Acquisitions: The Challenges

著　　者　萨德·苏达斯纳（Sudi Sudarsanam）

译　　者　芮萌

出版信息　北京：经济管理出版社，2011

页　　数　715 页

作者简介

萨德·苏达斯纳（Sudi Sudarsanam），英国克兰菲尔德管理学院（Cranfield School of Management）金融和公司治理的教授，世界并购研究领域的权威专家。他是英国竞争委员会（UK'S Competition Commission）的成员，专门研究并购的竞争影响，并为许多主要的投资银行讲授并购课程。本书是苏达斯纳教授最具代表行的畅销作品。

目　　录

第 1 章　导论

第 1 部分　历史、概念以及并购业绩概览

第 2 章　兼并收购活动的历史综述

第 3 章　有关并购的其他观点

第 4 章　收购是成功的吗？

第 2 部分　公司战略和兼并重组

第 5 章　横向兼并中价值创造的来源和局限性

第 6 章　纵向兼并中价值创造的来源和局限性

第 7 章　企业集团收购的价值创造的来源及其限制

第 8 章　跨国并购

第 9 章　战略联盟，并购的另一选择

确的预测。并且，由于萨德·苏达斯纳更加强调注重整体方法的掌握与运用，所以他没有选择传统的分步骤讲解方法。正因如此，作者在写作本书时也非常注重注入全局观念这一思想，并在此基础上去探索深藏在并购交易之中的规律和找寻出合理的交易结构，从而制订出有效的交易战略及谈判战略，进而才能为整个 M&A 交易创造出价值。

第 10 章　企业分拆
第 11 章　杠杆收购
第 12 章　收购决策过程：组织视角、心理视角及治理视角
第 13 章　收购目标公司的选择
第 3 部分　交易结构谈判
第 14 章　目标定价
第 15 章　公司兼并与收购中的会计处理
第 16 章　支付收购
第 17 章　反垄断规制
第 18 章　收购监管
第 19 章　收购顾问
第 20 章　收购战略和战术
第 21 章　反收购措施
第 4 部分　收购后的整合与组织学习
第 22 章　组织和人员对收购后整合的影响
第 23 章　收购后的审计与组织学习
第 24 章　应对兼并与收购中的挑战

就本书的主要内容而言，本书内容所涉及的是对于并购全过程的分析架构。作者将当时最新的学术思想、经验证据和案例糅合进框架之中，然后从公司战略、组织收购、交易结构、并购后整合、并购后审计五个阶段来进行全过程的并购战略分析。并且本书和大部分的同类书籍一样，引入了大量的表格和案例来辅助讲述。

略有不同的是，其他书籍对于案例和公式等仅起到帮助读者理解的辅助作用，但本书却将各种案例与公式与框架无缝结合，使得读者不仅读起来更容易接受，以后若碰见相似状况或者面对职业实操时，也可以将其代入，起到一定的借鉴作用。

与此同时，作者将五阶段理论贯穿全书，始终做到了理论与实际相结合这一理念，即使是没有任何并购实践经历的读者在阅读过此书以后，对于并购过程也能有一个清晰的认识和掌握。并且严格按照五阶段理论分段叙述，层层递进的专业书籍也并不多见。

就本书的课后服务而言，由于本书所涉及的内容较多，范围较广，作者在每一章的结尾处设置了总结归纳和课后习题，方便读者巩固梳理所学内容，这一点在其他书籍中也是较为少见的。课后的 PPT 可以免费下载并且大多数的附加案例都是来自于哈佛大学商学院等著名数据库。

作者通过围绕着“并购能否创造价值”这一问题的探讨，为我们构建了一个清晰明了的并购战略架构，使得本书的前沿性和可操作性非常强。作者在

实践方面给出的建议也能为广大读者提供一些宝贵灵感。故本书既可作为金融、财会、管理等专业本科生和研究生的教学用书，也可作为MBA和一些资格考试，以及专业人士和投资银行家等行业内人士的参考用书。

但稍有欠缺的是，本书的读者除了上述的专业人士以外，还可能有尚未踏入并购领域或者仅对并购感兴趣的外行人士。尽管译者在翻译时非常忠于原文，对于一些专业术语与重要概念都处理得比较准确，但在语言表达上会出现上下文难以衔接，语言不够通俗易懂的情况，这在无形之间反而加大了读者的阅读难度。若能在此方面稍作改进，那么本书无疑能被称作是中译本中的“经典之作”。

12.《并购的艺术：兼并、收购、买断指南（原书第3版）》

> **图书基本信息**
>
> **英文书名** The Art of M&A：A Merger，Acquisition，Buyout Guide
>
> **著　　者** 斯坦利·福斯特·里德（Stanley Foster Reed）；亚历山德拉·里德·拉杰科斯（Alexandra Reed Lajoux）
>
> **译　　者** 叶蜀君；郭丽华
>
> **出版信息** 北京：中国财政经济出版社，2001
>
> **页　　数** 810页
>
> **作者简介**
>
> **斯坦利·福斯特·里德（Stanley Foster Reed）**，是诸多跨国公司并购案的顾问，如联合化学、吉列和西铁城表等并购案例。在查尔斯顿大学讲授高级管理课程，同时也是许多成功的出版机构、高科技调查研究机构以及管理咨询机构的创立者和《并购》与《经理与董事》杂志的首任主编。
>
> **亚历山德拉·里德·拉杰科斯（Alexandra Reed Lajoux）**，Alexis

曾有一种说法，即“世界上的书籍90%是应景之作，9%是平庸之作，而只有剩下的1%才是值得阅读的经典之作”。的确如此，人的精力是有限的，要读书就应该读人类历史上大浪淘沙的经典书籍，而《并购的艺术：兼并、收购、买断指南》正是这样一本耐人寻味、值得咀嚼的经典。

该书作为经典的价值在业界公认。英文原版诞生于20世纪80年代美国兼并潮流的高峰时期，是由参与过多项大型并购交易、拥有丰富经验的跨国公司总顾问斯坦利·福斯特·里德与著名企业家亚历山德拉·里德·拉杰科斯共同撰写，中译本在2001年出版。该书出版以来，已经帮助成千上万的高管在并购交易实践中做出正确的决策，而且避免了潜在破坏性的失误。

这本书在当今极为复杂的并购世界中是一本无与伦比的一站式指南，涉及兼并、收购的各个方面，让有需要的专业人士对获得并购交易的成功充满信心。作者在书中解释了收购过程中的重要细节，以及如何达成一个多方共赢的并购交易协议。该书按照收购的基本顺序，从制订计划、寻找目标，通过财务评价、结构分析和调查研究来制订交易价格，并购协议的谈判，直到交易完成。此外，本书的特色内容还包含：将尽职调查以书面协议形式列出、对尽职调查的各个阶段作了详细的介绍；对收购经营不善的公司及合伙经营企业等特殊形式企业并购时常面临的问题进行指导；对子公司独立和战略联盟等“超越并购”领域中的事项进行解剖，等等。

公司的创办人和董事会主席，并兼任全美企业协会主办的《企业家月刊》的总编辑。在公司治理、企业并购、国际贸易以及企业财务等方面著述颇丰。

目　录

前言
第 1 章　开始并购
第 2 章　计划与寻找
第 3 章　评估与定价
第 4 章　融资与再融资
第 5 章　从一般的、税收的会计角度考虑兼并、收购和买断交易构建
第 6 章　尽职调查
第 7 章　退休金、员工和报酬的关系
第 8 章　意向书的谈判和收购协议的签订
第 9 章　完成阶段
第 10 章　并购后的整合
第 11 章　和解与破产
第 12 章　上市公司并购的特殊事项
第 13 章　家庭企业、合伙经营企业、特许经营企业以及非营利性企业的并购
第 14 章　并购之外的剥离和战略联合
第 15 章　国际交易的特殊事项
后记
WOFC 法案例研究：J. T. 史密斯咨询公司
典型案例目录及介绍

正如苏格拉底所言“我接近真理的方法是提出正确的问题”，问题导向方法无疑是知识掌握的重要捷径。恰好这本书最大的特色就在于采取了极受欢迎的问答形式，提出了 1000 多个实际问题，每个问题都有精确的答案，如：有适合我们公司经营的地方吗？参与并购的各方会在谈判桌上谈什么？我们应该支付多少？以何种方式融资？我们相互之间应进行怎样的调查研究？怎样让各方达成一致？

不同于其他大多数问答式编写的并购书籍中对提问的回答犹如隔靴搔痒，甚至无病呻吟，本书侧重从本质上说明问题，提出了解决问题的实际方法，其建议大多一针见血，具有可操作性。同时，朴实和通俗易懂的语言风格，以及条理清晰的篇章布局，使得本书非常容易阅读和便于读者查找所需的信息。作者将章节中大多较为深奥和复杂的并购原理通过深入浅出的方式向读者传达，化繁为简，让读者对这本书爱不释手。

纵观全书，法律案例也是亮点所在。作者将兼并、收购、买断领域中近

三十几个具有里程碑意义的典型案例做了简要的介绍和总结，从现实并购交易中可能存在的争议切入，阐述了法院对这些有争议问题的裁决原委。问题的解答引人入胜，给相关的专业人士提供了许多启示。此外，这本书中还探讨了一些常见的并购陷阱，包括如何处理特定的财务问题，如破产、清算等，有助于为并购交易参与人员提供很多可供借鉴的经验。本书看待问题的角度十分新颖，具有很强的现实意义。

当然，本书难免也会有不足之处。虽然作者想让内容尽可能地综合全面，但并购交易领域是不断在发展变化的，这本书不可能包罗万象，涵盖并购所有领域。同时，尽管这本书的英文版四次再版，但仍然未将近两年出现的新趋势和新政策做出及时的分析及内容上的调整。但是这两点不足也是无可厚非的，毕竟这本书的目标也不是成为一本人工智能的百科全书，不可避免地会滞后于并购实践的发展，而这并不影响它成为一本经典著作。毫无疑问，其中许多精华都亟待并购领域的相关专业人士或对并购领域感兴趣的爱好者汲取。

《并购的艺术：兼并、收购、买断指南》可以称为并购领域中可读性强、具有实践操作价值的一本答案之书。企业高管和专职并购人员不仅可以从中找到大量和并购有关的问题，而且更为重要的是，让他们知道其涉足并购过程时必须面临的问题，也正是在这个意义上，并购交易过程被视为一门艺术而非科学。

13.《并购原理：收购、剥离和投资》

现在的中国正值经济转型期，大量的中国企业正在积极地响应“走出去”战略，国内并购、海外并购都如雨后春笋般大量出现。掌握现代并购交易的知识、操作流程及战略方法对于中国企业来说变得非常迫切。

本书的作者是经验丰富的迈克尔·E. S. 弗兰克尔，他不仅有多年担任公司财务与发展部门主管的经历，并且在并购和复杂金融交易领域也久经考验。所以本书无论是从案例的选择、体例的编排还是内容的叙述上来看都是非常合理的。

为什么要并购？企业选择并购的原因有很多。书中主要归纳为协同效应假说、管理自利假说、股票市场驱动假说及管理者掏空与支持假说四种。我们听得比较多的是第一种——协同效应假说。那么何为协同？协同在并购领域就是指两个公司实施合并以后的产出比并购前两个公司的产出要大，即 1 + 1 > 2。对于并购公司来说，这种效应主要体现在经营、财务、管理等方面，当然，这种假说也是企业间横向并购的理论基础。

而管理自利假说则是从委托代理论——公司管理者与风险承担着的利益不一致中产生的。这个理论认为公司规模和管理部门从管理更大规模的公司中获得有形的报酬及无形的报酬之间存在正相关关系。

股票市场驱动假说及管理者掏空与支持假说一个受市场价值影响，另一个受控股股东影响。股神巴菲特说："最重要的不是价格，而是价值。"股票市场驱动说发生的前提条件就是市场价格严重与企业的真实价值偏离，而后者则是针对集中所有权的模式所提出来的。

不过在现实的商业世界里，发生在我们身边的大多数并购的发生都是多种因素和动机复合的结果。作者非常懂得追根溯源的真谛，所以在叙述观点的同时，进一步告诉了读者这一观点的理论支撑。

决定收购或者出售后，交易双方应该做些什么？本书的第 4 章和第 5 章描述的内容就是收购方与出售方做出决定时，各自应当做出的一些准备事项。对于买方而言，一旦决定收购，首先要做的就是制订交易战略。因为大多数情况下，没有战略准备的收购都是充满风险的。大多数高效且富有成果的收购往往都是先由公司宏观战略产生，然后在派生的收购战略中形成。所以买方的交易战略一定要在符合实际环

图书基本信息

英文书名 Mergers and Acquisitions Basics：The Key Steps of Acquisitions，Divestitures，and Investments

著　　者 迈克尔·E.S. 弗兰克尔（M.E.S. Frankel）

译　　者 曹建海

出版信息 大连：东北财经大学出版社，2009

页　　数 225 页

作者简介

迈克尔·E.S. 弗兰克尔（M.E.S. Frankel） 有多年担任财务和公司发展部主管经历，在并购和复杂金融交易领域久经考验。主持和参与过数百项战略性交易。曾经担任过通用电气消费者金融集团美洲公司副总裁，分管商业拓展。在推新公司担任公司发展部副经理时，领导团队进行 20 多项公司并购和股权投资，使威瑞信的净收入获得了巨大的增长。加入威瑞信公司之前，弗兰克尔是美林集团旗下的全球工业投资银行集团副总经理，为交通、物流和大型工业公司客户提供并购中股权、债权、债权发行和上市咨询服务。客户包括通用汽车、罗林斯卡车租赁公司、胜腾集团和联合包裹服务公司。

目　　录

第 1 章　绪论
第 2 章　参与者
第 3 章　收购与出售决策
第 4 章　买方为交易做的准备
第 5 章　卖方为交易做的准备

境的基础上尽可能地得到董事会和管理人员的广泛支持。而这里的交易战略与整个公司的企业宏观发展战略应该是互相适应的。也就是说，它是公司用来实现本身宏观战略的执行工具。

第6章　交易流程
第7章　尽职调查
第8章　估价
第9章　整合计划
第10章　融资问题
第11章　交易完成及后续事项

其次，买方需要做的就是做好自身能力建设及进行公司资源的合理配置，为接下来可能发生的交易设计一个科学的流程。比如在发布交易信息之前建立一套合理的时间实施机制，确定目标公司后调用本公司IT部门的人才进行尽职调查等。出售方相比于收购方而言，大多时候会处于一种较为被动的状态，但也并不说明什么也不用干。卖方也需要做好自己的能力建设及清理掉公司一些不必要的运营成本，了解买方的需求，使得公司看起来更加具有吸引力。本书将双方立场分别分章描述，条理清晰且富有逻辑。

交易过程应该如何开展？本书的第7章和第8章说的就是这个问题。双方公司确定好“并购之舞”的舞伴后，就要开始进一步的接触，即尽职调查和估值阶段。因为这部分的专业程度较高，初级入门型的读者也许理解起来会有一定的难度，所以作者这两章里引入了大量的图表和表格，旨在帮助读者清晰理解问题的同时又可以加深印象。

尽职调查的目的是为了对目标公司进行认真而仔细的评估，也可以说是买方深入探究并且确信它所购买的正是它所想要购买业务的一个过程。也有人说，“尽职调查是一项确定负数的练习”。理想状况是，在尽职调查中买方发现自己目标公司的最初印象及对它最初印象的财务假设是十分正确的，但事实上总会有一些不同或者意料不到的结果。

估价是战略交易中最最重要的阶段。作者在编著此书时大部分人都认为，估价既简单又准确，这种观点是非常错误的。他反复强调，估价是一门艺术而不是一门科学。书中主要介绍了包括贸易类比法、交易类比法、现金流量贴现法、股本回报率和其他内部指标等在内项估值方法。本书的图表与其他专业书籍相比可能不算最多，但却丝毫不影响读者的阅读与理解，这反而从侧面说明本书所引用的图表与表格都恰到好处，整本书的专业度极高。

交易之后还有事情要做吗？当然有，这个问题的答案是非常确定的。众所周知，大部分的并购交易最后都没有达成预期目标，而这些不尽如人意的交易里七成都折于企业整合。和大部分专家一样，作者认为整合大致分为人员、产品、运营、品牌、技术、客户、供应商与合作伙伴八个方面，但与众不同的是，作者认为，整合计划一定要与尽职调查相结合。因为尽职调查团队反馈给整合团队的信息对于双方公司交易后的融合而言是非常重要的。一旦信息流出现断裂，那么整合计划里将会忽略一些重大的问题，那么将会导致最后的交易结果可能令人大失所望。例如美国在线与时代华纳的合并，由于信息预估的失误及尽职调查反馈回路出现问题从而酿成了“并购史上最大的灾难”。

相比于其他同种类型的专业书籍而言，本书的语言通俗易懂，逻辑条理分明。无论是关于并购理论的解释，还是并购流程的描述，作者都始终站在从实际出发的角度，非常详尽地为我们揭示了在并购工作过程中可能遇到的各种问题、各种尴尬局面和突发状况的解决之法。而这也是一本专业类书籍最可贵的地方——将实践性与理论性相结合。书的末尾还附有多种常用的并购文书及图表范例，为读者在日常工作中寻找资料也省去了不少麻烦。

正所谓“雁过留声，人过留痕”。无论您是法学院、商学院的学生，还是立志于踏入并购行业的人士，在读完这本《并购原理：收购、剥离和投资》后，一定会对其中内容印象深刻

14.《兼并、收购和公司重组（原书第 4 版)》

并购重组是一门从实践中来到实践中去的科学，因此需要从经营实践中总结历史经验教训，同时用归纳出来的理论和规范指导实践，从而使企业并购重组更加有效、更富实践创新。

《兼并、收购和公司重组》一书由在美国并购重组领域声誉卓著的帕特里克·A. 高根教授汲取了其大量的实务经验撰写而成。由于秉承着实践总结理论及理论指导实践的最高原则，本书成了美国商学院在这一领域广为流行的教材。

惠普尔曾曰：“书籍是屹立在时间汪洋大海中的灯塔。”作为企业并购重组领域一本流行的教材，本书的“灯塔”特色十分突出。首先，本书论述的时间轴覆盖非常长，作者总结了 20 世纪 80 年代至今的并购特征，“鉴往事而知来者”，对企业并购重组的趋势也作了前瞻性的概述。其次，本书全面精，

对并购重组领域各种问题的探讨非常广泛，内容涵盖了并购重组的发展历史、经济解释、法律分析、财务管理、公司治理和税务处理等方方面面，既有对并购重组学术研究的深入总结，也有对实务操作的全面指导和分析。

论述广泛而不失深度，是本书作为商学院教材的另一大特色。本书不仅对企业并购重组的历史做了叙述，同时也对历史背后企业并购重组的经济动机、制度根源、金融创新及产业发展驱动力进行了深刻地剖析。本书也提供了大量企业并购重组的经典历史案例，这些成功或失败的典型案例可以从实战第一线给我们带来启示。另外，本书的深度还体现在本书理论和实践的前沿性。无论是对并购战略及反敌意收购的各种理论假说的探讨，还是对并购反垄断最新趋势及并购金融工具创新的阐述，无不体现出本书走在了理论和实践的前沿。

格物致知，经世致用，可以说是学术理论推动社会进步的主要方式。除了内容的广度和深度外，本书还有一大特色在于其实用性。读多本阐述并购重组交易的书籍，也许比不上实际操盘一个大型并购项目。因此，本书从并购重组的基本概念出发，介绍了非常丰富及新颖的并购方法和工具，以及如何使用这些方法和工具，从而搭建起并购交易的操作结构或架构。同时本书也详细介绍了国外，特别是美国成熟的并购重组交易的法律规范和操作流程。这些法律规范或并购操作流程也许目前并不能直接在国内的并购交易中适用，但是在我国的并购重组交易法律规范或相关实践并未完善或成熟

图书基本信息

英文书名　Mergers, Acquisitions, and Corporations Restructuring

著　　者　帕特里克·A. 高根（Patrick A. Gaughan）

译　　者　顾苏秦；李朝晖

出版信息　北京：中国人民大学出版社，2001

页　　数　624页

作者简介

帕特里克·A. 高根（Patrick A. Gaughan），计量经济研究协会主席，美国菲尔莱狄更斯大学（Fairleigh Dickinson University）商学院经济学与金融学教授，企业评估领域的专家，在兼并和收购领域出版了多本著作和多篇论文。

目　　录

第一部分　背景知识
第1章　并购绪论
第2章　并购的历史
第3章　并购的法律体系
第4章　并购的战略
第二部分　敌意收购
第5章　反收购的措施
第6章　收购的策略
第三部分　退市业务和杠杆收购
第7章　杠杆收购
第8章　收购和退市业务的融资发展趋势
第9章　员工持股计划
第四部分　公司重组
第10章　公司重组
第11章　破产重组
第12章　公司治理
第13章　合资企业和战略联盟

之前，它们都非常值得我们学习和借鉴。

第 14 章　公司估值
第 15 章　税收问题

此外，本书作为原版的中译本，译者的翻译水平和专业水平也很值得赞赏。原著主要阐述西方的并购重组交易理论、实践及案例，但是毫无疑问，西方国家企业的并购重组交易实践远远超前我国的实践，因此很多西方并购重组方式在国内并不能找到一一对应的表述，而且由于相关术语的专业性极强，大大增加了原著翻译的难度。但是本书巧妙地做到了傅雷所言的“翻译最重要的是神似”，整个译文行文流畅、易解。

总体来说，本书从实践、历史和学术等多个角度仔细分析了各种并购战略及其动机、监管、敌意收购及其防御等问题。任何一位希望在并购世界里享受快乐并获取财富的人都不应该错过这本好书。

15.《收购、兼并和重组：过程、工具、案例与解决方案（原书第 7 版)》

并购这项特殊的商业活动一直是随着人类科学技术等进步而不断在改进和完善其交易的方式和方法。这就意味着，无论是公司的管理者，还是并购交易的其他参与者，都应当在技术和知识层面具有良好的综合素养。

在这方面，唐纳德·德帕姆菲利斯撰写的《收购、兼并和重组：过程、工具、案例与解决方案》一书，或许能够满足我们学习并购知识同时又能增进我们思考的要求。毫不夸张地讲，这绝对是一部在并购文献宝藏中堪称经典的专业著作。该著作英文原版先后再版七次。完整的体系，丰富的内容及生动而极具启发性的论述，值得每一个希望全面而深入了解并购知识的人士学习。

该著作中 54 个最新的完整的案例、大量的思考题及相关辅助资料，体现出作者良苦用心，从而有效地帮助读者解决了学而不思和思而不学的问题。这是一部在体系、在内容、在资料等多方面与众不同而促学、促思的著作。

在体系上，这部著作注重过程的完整性和逻辑联系，其呈现的形式具有很大的创造性。该著作由 5 大部分、18 个章节构成，按先后顺序涉及并购的市场环境、并购交易流程、并购估值、并购支付、融资方式及与并购相关的其他商业活动。这种体系结构的安排，与其他综合类并购专业著作存在着明显不同。绝大多数综合类的并购专业著作在体系的内容安排上倾向于狭义，即以并购的三个阶段为主线，相当于这部著作中的第二部分，充其量再加上第三部分、第四部分的估值和交易结构的内容。而该著的范围则扩大到并购的市场环境、与并购相关的其他商业活动等问题。在其他的综合类并购专业著作中从来没有见过将并购监管和法律及反收购策略放在开篇的，而这部著作就是这样做的。从大的方面来讲，这样的体系安排，对于公司管理层站在战略的高度考虑公司的发展和采取合适的外部发展方式是非常有利的。

在内容上，该著作有点，有面，突出重点，其观点简明扼要，其案例分析深入浅出。这部著作在照顾到面的前提下，格外突出重点内容。例如，在其他并购专业著作中通常作为核心部分的并购交易流程（战略决策、目标公司选择、尽职调查、谈判和并购后整合），在这部著作中只占了5个部分中的1个部分，而且是篇幅最小的部分，几乎是一带而过；而在其他非专题并购著作中并不怎么受到重视的问题，比如目标公司估值、并购结构（支付和融资）和与并购相关的其他公司外部发展方式，则成为这部著作的重点，而且占有最大篇幅。

此外，案例分析是该著的一个亮点。所有的案例都巧妙地融合在问题的阐述之中，成为整部著作的一个有机组成部分。不论作者是怎样在处理内容的重点与非重点，有一个事实是

图书基本信息

英文书名　Mergers, Acquisitions, and Other Restructuring Activities

著　　者　唐纳德·德帕姆菲利斯（Donald M. DePamphilis）

译　　者　郑磊

出版信息　北京：机械工业出版社，2015

页　　数　456页

作者简介

唐纳德·德帕姆菲利斯，洛杉矶洛约拉马利蒙特大学的金融实践教授，讲授收购兼并、企业重组、交易、金融学、微观和宏观经济学（商科和非商科），以及本科生、MBA和EMBA学生的领导学和企业治理课程。他在工商领域拥有超过25年的经验。他的专著包括：《收购兼并必读》和《收购兼并基础：谈判与构建交易》。《收购、兼并和重组》已经被译成中文和俄文，被全球多所大学作为教材使用。

目　　录

第一部分　并购的市场环境
第1章　收购、兼并和重组活动导论
第2章　并购重组法律法规
第3章　常用并购策略、反收购防御及公司治理
第二部分　收购和兼并流程（阶段1～阶段10）
第4章　规划：业务发展和并购计划
第5章　执行：从寻找到交易达成
第6章　交易结束后的整合：收购兼并和商业联盟

不容否认的。那就是作者在著作中对所有问题的阐述都力尽简要明了，毫无拖泥带水之嫌。这一点尤其体现在第2部分对并购流程的论述上。本来这部分涉及的具体内容最为丰富，但是作者用那么少的篇幅仍然把问题都说清楚了。这不能不说作者具有高超的论说和文字表达能力。

在资料上，该著作坚持新颖、趣味和教益三者并重，其数据图表形象生动，其讨论题富有实际价值。在一定意义上，这部著作最出彩的地方应该是通过数据图表及“并购内幕”“阅读资料”“案例分析”和“讨论题”等形式表现出来的辅助资料。这些资料在篇幅上占据这部著作很大比例。读者在阅读了这些辅助资料之后，很容易加深理解作者在正文中所阐述的内容。有的情况下，辅助资料自身就是一个完整的知识点。例如，在第8章中，一张题为“不同估值方法的适用场合”的框架图表，将收购方公司如何选择适当的估值方法问题解释的详细殆尽，极有实用价值。在这部著作中，类似该图表一类的技术和价值含金量极高的辅助资料，比比皆是。读者不但在阅读过程中有一种轻松愉悦的感觉，关键是还能够汲取丰富的知识营养。

第三部分　收购兼并的估值和建模
第7章　并购现金流估值
第8章　相对估值、资产导向估值和实物期权估值基础第9章　并购估值、交易结构和谈判中的财务模型应用
第10章　非上市企业的分析和估值
第四部分　交易结构和融资策略
第11章　交易结构的支付和法律考量
第12章　交易结构设计：税务和会计考量
第13章　交易融资：私募股权、对冲基金及其他融资渠道
第14章　高杠杆率交易：杠杆收购估值和建模基础
第五部分　商业和重组策略
第15章　商业联盟：合资、合伙、战略联盟和授权经营
第16章　另类退出和重组策略：剥离、分拆、股权剥离、拆分和库存股票
第17章　其他退出和重组策略：破产重组和清算
第18章　跨境并购分析和估值

除上述特点之外，这部著作中译本的语言文字通俗易懂。对于这一点，中译本读者应感谢郑磊先生的付出，他精彩到位的翻译为其增色不少。

总而言之，《收购、兼并和重组》是一部不可多得的优秀并购专业著作。对于刚入门的并购爱好者，它可以作为首选以帮助系统全面了解并购相关知识；对于正在或将要进行并购交易的专业人士，它在弥补相关知识盲点方面是其他并购专业著作所无法比拟的。这真的是一部值得所有对并购有兴趣的朋友拥有的“专业必读书”。

16.《应用兼并和收购（上下册）》

并购的成功从来都不是一件轻松的事，但通过谨慎地分析、设计和执行，往往能够取得成功，本书可以作为一个向导。相较于其他一些立足全面系统的并购类著作而言，这本书更侧重带给读者“路径”而非“结果”。在并购这个充满不确定性的世界里，饱读诗书、精通理论不能保证您成为一名优秀的并购从业者，具备分析、思考的方法和能力才能随机应变，真正提高对公司并购的实际运作水平，《应用兼并与收购》一书正是希望为读者带来这样的效果。

这本书来自罗伯特·F·布鲁纳（Robert F. Bruner），一位著名的工商管理学教授。他早期曾在金融机构任职，负责评估、执行并购交易并为其融资，后期则在达顿商学院的 MBA 项目讲授“公司并购”课程。所以，他几乎在整个职业生涯中都在研究并购。并购实践及教学的经历使他在本书中有效地融合了并购从业者和学者的观点，并将学术上的概念、理念与实践中的应用结合了起来。

作者自写作伊始便决定要做到全面、系统。他对并购中涉及的重要问题做出了精彩的介绍和总结，涵盖了从交易提议的策划与创始到沟通、整合与最佳实践。此外，以下几项特点也非常具备价值。

第一，完整地提出“并购伦理”的概念，主张交易活动中的行为要符合商业伦理。在并购类其他专著或文章中对这个问题的涉及很少，

图书基本信息

英文书名　Applied Mergers and Acquisitions

著　　者　罗伯特·F·布鲁纳（Robert Bruner）

译　　者　张陶伟；彭勇江

出版信息　北京：中国人民大学出版社，2011

页　　数　1111 页

作者简介

罗伯特 F. 布鲁纳（Robert Bruner），著名的工商管理学教授，弗吉尼亚大学达顿商学院巴腾研究中心执行主任。他在职业生涯早期曾担任一家大型金融机构的分析师，负责评估、执行并购交易并为其融资等相关工作，后期则在达顿商学院的 MBA 项目讲授“公司并购”课程。他的教学和案例编写在美国和欧洲获得了诸多奖项，还被《商业周刊》杂志（Business Week）誉为“MBA 殿堂里的大师”。

目　　录

引言

第一篇　绪论与关键主题

第 1 章　导言

第 2 章　公司并购中的伦理

第 3 章　公司并购是否创造价值？

第二篇　交易提案的战略与起源

第 4 章　并购活动

第 5 章　跨国并购

第 6 章　战略与利用并购发展或重组公司

第 7 章　收购搜索和交易初试策

更难得能够像此书一样将其放到关键主题的地位，且作者并非仅是泛泛而谈，而是进行了科学性的系统剖析与指引。本书第 2 章回答了为什么要关注这个问题？它是如何体现的及我们如何判断一项并购交易中的行为是否符合商业伦理？同时作者也用真实的案例证明，要求并购从业人员为符合商业伦理的行为并非是对其进行道德绑架，而是符合企业和个人长远利益的选择。同时这也体现出作者在写作时贯穿全书的立足点——关注并购交易中公司真实价值的增长。

第二，提供了在并购交易中最有价值的七个打破常规的观点，并将其融合到并购交易的流程中。分析、设计和执行公司并购“最好的方法”是一直在变化的，本书综合长盛不衰的观点与各种新兴的观点，形成关于并购中最优行动的全面的观点。这些观点包括：一项交易就是一个系统；将期权性有效利用到并购交易中；对市场整合与效率的批判性思考；良好的企业管理是有效的；通过交易的设计来估值和创造价值；不要忽视决策者行为的影响；努力从各个专业层面对并购进行整合。

第三，提供一个优化并购交易价值时需要权衡的框架，而非一条僵化之路。本书向读者介绍并购估值的艺术和科学，解释交易谈判的细微之处，但并未提供一个固定的模式，而是为读者的思考和实践留足空间。正如约瑟夫·R. 佩雷拉（摩根士丹利机构证券集团副主席）为本书所写的序中所言：“阅读本书，吸收它的概念和理念，质疑它的结论，再培养出你自

划：一些指导原则
第三篇　尽职调查、估价和会计
第 8 章　尽职调查
第 9 章　公司估值
第 10 章　期权估值
第 11 章　协同效应估值
第 12 章　跨国公司估值
第 13 章　估价高杠杆公司，评估高杠杆交易
第 14 章　实物期权及其对并购交易的影响
第 15 章　流动性和控制权估值
第 16 章　兼并与收购中的财务会计
第 17 章　趋势收购战略：为什么价值创造是最优的财务准则之例证
第四篇　设计详细交易条款
第 18 章　并购交易设计概论
第 19 章　选择收购重组的形式
第 20 章　选择支付与融资形式
第 21 章　交换条款设计框架：找到“双赢”交易
第 22 章　并购或有支付的构建和估值
第 23 章　并购交易的风险管理
第 24 章　社会条款
第五篇　并购之路中的规则：治理、法律、法规
第 25 章　交易怎样进行？
第 26 章　并购治理——董事会和股东的投票表决
第 27 章　并购之路中的规则：证券法、发行程序、信息披露和内幕交易
第 28 章　并购之路中规则：反托拉斯法律
第 29 章　并购交易文件的起草

己的思维方式。布鲁纳向你提供了一个框架，你有充分自由形成自己的观点。”

除此之外，本书还有其他一些值得欣赏之处。比如其中引入的大量精彩案例，很多是由作者自己或与他人合作编写的，当读者感叹书中案例呈现地如此鲜活生动时，就能理解为何他的教学和案例编写能够在美国甚至欧洲获得很多奖项并且广受好评。还有第 38 章中作者列举了一些进一步学习公司并购的推荐读物，在书中注释和书末的拓展资料列表中也推荐了一些有价值的阅读材料。而且本书配套的光盘中还提供了 25 个通用模板，辅助读者进行实践训练和学习。

第六篇 并购中的竞争、敌意和行为效应

第 30 章 交易谈判

第 31 章 并购交易中的拍卖

第 32 章 敌意接管：在竞争中和套利中准备投标

第 33 章 接管袭击与防御

第 34 章 杠杆重组作为并购防御措施：美国标准公司的案例

第七篇 沟通、整合和最佳实践

第 35 章 交易中的沟通：赢得授权、批准和支持

第 36 章 并购后整合的框架

第 37 章 公司战略能力的发展：通用电气动力系统的

对于这样一部长达千页，且汇聚作者及其他众多参与者经验和智慧的一本巨著而言，其精彩之处并非以上数段文字可以呈现。纵然这套中译本著作有一些印刷上的细小错误，但瑕不掩瑜，可以作为并购从业人员最基本的参考资料。相对于直接给定结果，本书更希望告诉您分析、应对问题的方法。

17. Mergers and Acquisitions：Concepts and Insights《兼并与收购：概念与观点》

任何人如果希望以并购为营生，不论是从事实务还是理论研究，需要熟悉甚至精通该领域的专业词汇。并购专业词汇至少在数百至数千之间。假如加上金融、会计和法律中一些相关词汇，这个范围更大。目前的并购图书很少专门讨论这些专业词汇，只有极少数图书在书的末尾列出一个简短的术语表。而有趣的是，这些图书本身从头至尾都堆满了专业的词汇。这就提出了一个问题，新入门者如何克服阅读并购专业图书的这个障碍呢？

值得欣慰的是，美国加州大学洛杉矶分校法学院讲习教授史蒂文·班布里奇编写的《兼并与收购：概念与观点》一书，可能会在这个方面给读者一些帮助。正如其书名所显示的，该著作主要的内容包括两个部分：概念与见

解。这里所谓的概念就是并购的专业词汇。在这本374页的并购著作中，作者用了很大篇幅就并购中最常用的一些专业词汇进行解读，并将这些解读融合在对具体并购问题的阐述之中。与传统的法学院教科书不同，该著作在形式和内容上都有其独特风格。

首先，它是一本法学教科书，但不是一本由文本、资料和案例堆砌而成的教科书。在美国法学院，一般那些与实践紧密相关的课程，多半使用的是主要由文本、资料和案例构成的教科书，其特点是篇幅巨大而缺乏观点。据说这是为了训练学生自由思维的能力而刻意编写的。而本书以概念和观点为主线来讨论实践性较强的并购问题，看起来好像背离了这样的一种倾向。然而，该著作从概念或专业词汇着手，其实正好解决了法律学生从法律领域介入到并购领域的最大障碍问题，即几乎完全陌生的专业词汇问题。该著作自第一次出版后多次再版发行，受到法学院学生的普遍欢迎。这也从一个方面印证了该著的这个特点符合法学学生对了解并购问题的真实需要。

该著作也不是一本一般意义上的并购专业书。它并没有以并购的交易前、交易中和交易后这三个阶段为视角，面面俱到，涵盖并购问题的每一个层面，而是以问题为导向，突出重点，仅仅涉及几个带有象征性质的问题以实现解剖麻雀之功效。在这部著作中，作者主要讨论了收购的动机、并购的几种形式、股权收购、要约收购、收购防御和收购监管等问题。这些问题在实际的并购交易中只占所有问题的很小

图书基本信息

中文书名　《兼并与收购：概念与观点》

著　　者　史蒂文·班布里奇（Stephen Bainbridge）

出版信息　Foundation Press，Third Edition，2012

页　　数　374页

作者简介

史蒂文·班布里奇（Stephen Bainbridge），美国加州大学洛杉矶分校法学院讲习教授，讲授商业组织、公司法、公司治理、公司金融、证券法规和并购等课程。该教授是一位多产学者，在《哈佛法律评论》等顶级刊物发表大量文章，出版有《商业组织：案例与资料》（2006）、《公司治理的理论与实践》（2007）、《代理、伙伴与有限责任实体：案例与资料》（2007）以及《公司法与经济学》等著作。

目　　录

前言
第1章　导论
公司
律师的作用
收购机制初步概要
收购术语
第2章　并购交易的商业背景
导言
代理问题
证券市场经济学
收购动机与财富效应
第3章　兼并、资产出售与其他法定收购
兼并

比例。像并购的战略计划、收购目标的选择、估值、尽职调查、交易谈判及并购后整合这些非常重要的问题，在这部著作中都没有涉及或很少涉及。但这似乎并不影响这部著作作为法学院学生教科书的价值。法学院学生可以从几个重点问题的解剖中，学习到分析问题的方法，从而举一反三，触类旁通。这也是美国法学院案例教学的一个特点。

这部著作以概念和观点为主线，看似理论性较强，其实通篇都是在通过对概念的解读并结合案例来解释并购的实际问题的。作者在前言中引用了美国上诉法院法官哈利·爱德华兹的一句名言，即“完全脱离案例的理论对我而言一文不值”。在这本著作中，作者特别注意回避就一些问题在理论上进行纠缠。从概念到案例，再到观点，简简单单，直截了当。该著作使用了很多并购案例，其中大多是在解释问题的时候作为观点的证据而引用的，而没有像其他教科书或案例分析著作那样，长篇大段，不加选择。这样的安排或取舍在阅读效果上是比较好的，不会令读者对本著作产生有堆砌的感觉。

当然，以严格的标准来衡量，这部著作的系统性还有所欠缺，主要适合法学院学生使用。如果读者希望系统而全面了解并购问题，它或许还不是最佳选择。

公司资产销售
兼并与资产出售之间的选择
三角交易
兼并的决策
兼并谈判的披露
并购文件
确保排他性
评估救济
事实上兼并
第 4 章　逐出性兼并、控制权出售与类似控股股东交易
控制股东的诚信义务
确定控股股东
母子公司交易
控制权出售
拒绝出售
逐出性兼并与变种
有控股股东存在的公司出售
第 5 章　并购中股东表决权
股东表决权：州层面法律
有关代理的联邦法律
第 6 章　要约收购与其他股权收购
非法定收购形式
有关要约收购的联邦法律演进
抢滩收购与其他股权收购
要约收购披露与程序规则
要约收购诉讼
内幕交易与要约收购
第 7 章　针对恶意收购出价的目标公司防御策略
收购防御
收购防御与目标公司董事会诚信义务
非股东利益的考虑
第 8 章　反收购立法
第一代立法
第二代立法

18. Mergers and Acquisitions Basics：All You Need To Know《并购基本原理：你必须了解的一切》

人们总说“良好的开端，是成功的一半”，那么拥有一本好的启蒙性书籍也为并购从业者们涉足这一领域提供了良好基础与强大助力，帮助他们事半功倍，顺利打开并购之门。

这本《并购基础：你必须了解的一切》是著名的经济学家唐纳德·德帕姆菲利斯教授所编著的。其不仅是哈佛经济学博士，常年讲述金融、并购等课程，同时自己也有着超过 30 年的实践经验，他的这种复合型经历使得本书无论是可读性还是准确性、实践性都大大提高。

本书以美国为主导的 19 世纪 90 年代初期的第一次并购浪潮入手，讲述并购如何一步一步地在全球商业环境中崭露头角，引起注意。并且作者还列举了在商业经济高度繁荣的今天，从事一项并购交易所具备的条件及最可能出现的状况。

本书从第一页就开门见山，直击主题，和那些充斥着艰难晦涩理论的书籍不同的是，作者在开头就提出了“什么是并购”这一问题，在激发读者兴趣，引发读者主动思考的同时，慢慢带领着读者随其一起，结合几次并购浪潮的演进过程与浪潮发生的时代背景进行分析，抽丝剥茧，层层递进地来阐述并购知识。正如希腊哲学家帕斯卡尔所说：“人是一棵会思想的苇草。”一旦读者能够主动代入情境，置身其中，学习效果也必然更为明显。

不论企业是出于什么原因选择的并购之路，但不可否认的是，这条路不会轻松，要想到达最后的目标就必须“过五关，斩六将”，不同战略交易结构的设计及商业计划的实施都会造成不同的结果，双方站的角度不同对于同一问题也会有不同看法。所以，选择一个正确且适合自己的路径就显得尤为重要。

作者始终站在一种全局性的角度来考虑整个交易，且其始终与当时的市场环境与近期变化结合，而不是盲目地“闭门造车”，试图给读者一个全方位的解读和剖析，并且作者还特别注重可能影响交易进程的各个因素之间的联动效应。这种做法不仅能帮助读者迅速定位重点，并且能让读者在以后的从业工作中避免片面看待问题。

众所周知，“兴趣与实践是最好的老师”。没有实际的土壤做支持，理论也难以存活。本书在理论与实际相结合这一点上也是可圈可点的。不仅有很多的经典案例穿插其中，并且在每一章的结束处都有案例思考题，以辅助读者检验阅读效果，查漏补缺。就如海德拉巴 ICFAI 商学院教授多尼普帝·普拉萨德评价的：“本书提供的丰富案例，使得并购这个主题无论对于学术界还是专业人士都变得更容易、更刺激、更有趣。”

本书作为一本并购入门级图书，语言浅显易懂，节奏平缓，就算是毫无基础的人读起来也不会觉得难以接受。图表、数据与案例的大量结合，简单鲜明，相得益彰。书末尾所附的术语表，也为读者查找资料省去了许多时间。

本书总共经过6次再版，可见受欢迎程度之深。就连佩珀代因大学公共政策学院联系教授韦斯利·特里佩都曾盛赞作者为“伟大的德帕姆菲利斯”。

尽管赞誉满满，本书也不是十全十美。比如引用一些图表或数据时，没有为不懂财务知识的读者细心考虑，此时若能做一些相关脚注的话整本书就更加完美了。

作者还著有《收购、兼并和重组：过程、工具、案例和解决方案》一书，搭配起来学习也许会有意想不到的效果。希望读者在阅读完本书以后，受益匪浅。

图书基本信息

中文书名 《并购基本原理：你必须了解的一切》

著　　者 唐纳德·德帕姆菲利斯（Donald DePamphilis）

出版信息 Academic Press，2010

页　　数 304页

作者简介

唐纳德·德帕姆菲利斯（Donald Depamphilis），哈佛大学经济学博士，现任洛杉矶洛约拉马利蒙特大学（LMU）金融学教授，曾在加利福尼亚大学（欧文分校）、查普曼大学和蒙城大学讲授并购和企业重组、金融学和经济学课程。他在工商领域拥有超过25年的实践经验，从小型私营企业到财富100强企业，足迹遍及多个行业各种规模的企业，直接指导完成了30多个交易项目。他也曾担任 Experian 公司、TRW 信息系统服务、PUH 等诸多公司的高级副总裁和首席经济师。

目　　录

第1章　并购概论
第2章　并购的历史沿革
第3章　常用的收购策略及其对公司治理的影响
第4章　常见的反收购防御
第5章　并购的主要参与者
第6章　并购初期，制定商业发展计划
第7章　收购计划、寻找目标和初步接触的地位
第8章　谈判、整合计划及结束交易
第9章　交易融资
第10章　并购后的整合

19. Mergers and Acquisitions Basics: Negotiation and Deal Structuring《并购基本原理：谈判与交易架构》

一本好书，给读者带来的不仅仅是纸面上的文字，更重要的是文字底下隐藏的内涵及丰富的思考。而这本由唐纳德·德帕姆菲利斯撰写的《并购基础：谈判与交易架构》，则充分体现了一本好书所应具有的全部素质。

一本好书，需要化繁为简，特色鲜明。孙子兵法曾经有云“兵不在多，而在精”。那么文章也是如此。判断一本书的好坏，不应根据其篇幅的“厚度”，而是应侧重于其内涵的“厚度”。本书作者唐纳德·德帕姆菲利斯不仅仅是一位有着超过30年并购经验的行业老手，同时他也是一位常年讲授并购、金融等课程的大学教授。无论是从专业程度，还是思维成熟度，都是其文章“厚度”的保证。

本书整体而言，简洁而不失完整，清晰而不失体系。将烦琐生涩的专业知识用非常简明、易懂的语言表述出来，使得读者阅读起来的难度大大降低，也较好地扩大了本书的受众范围。这一点是同类型其他图书所无法比拟的。

一本好书，需要点面结合，有理有据。西方哲学的奠基人费尔巴哈曾说过：“理论所不能解决的那些疑难，实践将会给你解决。”专业书籍在这一点上体现得更为明显。失去理论实践的专业知识无异于空中楼阁，没有现实实践的高谈阔论无异于纸上谈兵。作者集“金融弄潮儿”和“授业解惑者”双重身份于

图书基本信息

中文书名 《并购基本原理：谈判与交易架构》

著　　者 唐纳德·德帕姆菲利斯（Donald DePamphilis）

出版信息 Academic Press，2010

页　　数 240页

作者简介

唐纳德·德帕姆菲利斯（Donald Depamphilis），哈佛大学经济学博士，现任洛杉矶洛约拉马利蒙特大学（LMU）金融学教授，曾在加利福尼亚大学（欧文分校）、查普曼大学和蒙城大学讲授并购和企业重组、金融学和经济学课程。他在工商领域拥有超过25年的实践经验，从小型私营企业到财富100强企业，足迹遍及多个行业各种规模的企业，直接指导完成了30多个交易项目。他也曾担任Experian公司、TRW信息系统服务、PUH等诸多公司的高级副总裁和首席经济师。

目　　录

第1章　并购谈判概论
第2章　收购工具和交易后组织选择
第3章　支付形式选择
第4章　收购形式选择
第5章　税务结果与战略
第6章　会计事项
第7章　融资结构与战略
第8章　谈判进程中的收购战术与防御

一身，无论是专业基础还是实践能力都是行业翘楚。同样，在本书中，案例与理论联系紧密，并且在每章节的末尾都会有一个典型案例辅以思考，让读者可以活学活用，加深印象。这种“主动思考”的模式无疑也是本书的一大亮点。

一本好书，需要重点突出，视角独特，要有自己的观点与个性。和市面大多数以整体流程和各参与方本身为主线的专业书籍不同，本书更侧重于讲述并购谈判的艺术，以及在并购整体推进的过程中，谈判策略的选择对于交易架构的影响，特别是法律与税收方面的比较。作者从开篇就奠定了“谈判是团队协同努力的结果”这一基调。全书围绕这一核心来展开论述。无论是在投资银行对于潜在买卖双方交易时的战略建议，还是律师在交易过程中尽职调查的开展实施，都与谈判紧密相连。而这也是本书引人注目的另一大亮点。

一本好书，需要体例完整，前后连贯。老子曰：“慎终如始，则无败事。”说的是凡事不要开头轰轰烈烈，结局虎头蛇尾，要始终如一，才能成功。本书也是这样。虽然切入点小，篇幅不长，但“麻雀虽小，五脏俱全”。作者以谈判对于交易架构的影响为切入点，逐渐深入，选题新颖却内涵十足。无论是开头的并购谈判概述，还是中间的收购方式的选择，抑或是最后的反收购谈判的进行，都始终基于整个并购交易，以谈判为视角全方位的带读者去解读交易，走进交易。这种“万变不离主线，减字不减质”的优点无疑也是本书是一本“好书”的最好证明。

现代社会越来越崇尚“快速消费”。大家的生活节奏与思维节奏也越来越快。而在浩如烟海的专业书籍中挑选一本方便阅读，专业程度高，可理解性强且为大家之作的书就越来越重要了。而这本《并购基础：谈判交易架构》，无疑是众多“并购发烧友”和“谈判疯子”们的必然选择。

以上几点，旨在抛砖引玉。就像前人所说，“留白才是美德”。剩下的内容，需要读者亲自打开它，慢慢体会其中味道。

同时，本书作者还著有《收购、兼并和重组：过程、工具、案例和解决方案》《并购基础：你所要了解的一切》等书，若读者愿意的话，搭配起来学习也许会有意想不到的良好效果。

20. Mergers and Acquisitions Basics：The Key Steps of Acquisitions，Divestitures，and Investments《并购基本原理：收购、剥离与投资的关键步骤》

收购、兼并、买断、股权投资、风险投资、重组、股权转让和资产剥离等，它们属于公司交易中的战略性交易。战略性交易可能以不同形式存在，但是它们有共同的地方，那就是都涉及大笔资金或资产流转，都实质性地带来公司控制权的转移或变更，或者都在总体上影响公司未来发展方向。在极端的情况下，甚至决定公司的存续。

由迈克尔·E. S. 弗兰克尔和拉里．福曼撰写的《并购基本原理：收购、剥离与投资的关键步骤》一书，主要讨论的问题就是战略性交易。作者根据自己多年极其丰富的经验，向读者系统地描述了战略交易的一些基本情况，具体解释了这些交易的特点和详细流程，并且重点总结了具有普遍意义的若干教训，从而有助于读者在未来的交易实践中降低失败风险增加成功的机会。

与其他同类并购专业著作不完全相同，这本著作的重点十分突出，其观察问题的角度不偏不倚，并且能够在非常有限的篇幅里涵盖大量具有实际指导价值的信息。

该著作透过对收购、剥离与投资这三个主要的战略交易形式的分析来谈并购，突破了既往就并购而谈并购的框框。传统上，大多数并购专业著作以兼并和收购为出发点和落脚点，只是附带涉及一些资产剥离、资本重组和各种

图书基本信息

中文书名　《并购基本原理：收购、剥离与投资的关键步骤》

著　　者　迈克尔·E. S. 弗兰克尔（Michael E. S. Frankel）；拉里·福曼（Larry Forman）

出版信息　Wiley，Second Edition，2017

页　　数　360 页

作者简介

迈克尔·E. S. 弗兰克尔（Michael E. S. Frankel），经验丰富的财务和业务发展主管。他在并购、复杂的金融交易、公司战略和企业发展交易方面具有广泛的经验。曾经主导 100 多项交易，并在更多交易中与人合作。在美洲 GE 消费金融公司中担任企业发展方面的副总裁。也曾经在威瑞信公司（VeriSign，Inc.）担任副总裁，负责公司发展事务。在此之前，他在美林全球产业投资银行集团任职，负责向交通、物流和其他大型产业客户就并购和公司上市等问题提供咨询，其客户包括通用汽车公司（General Motors）、罗林斯国际公司（Rollins Truck Leasing）、圣达特集团（Cendant）和美国联合包裹速递服务公司（UPS）。

拉里·福曼（Larry Forman），德勤会计师事务所高级经理。

目　　录

投资（如风险投资和股权投资）等内容。而这部著作则将兼并和收购视为与剥离和投资同等重要的战略交易，并以收购、剥离与投资为主要对象进行解剖，从而揭示战略交易的性质和一般规律。这增进了我们对于一般意义上并购的理解，同时也丰富了我们有关其他战略交易形式的认识。

前言
第1章　导言
第2章　并购参与各方
第3章　买卖决定
第4章　买方的交易准备
第5章　卖方的交易准备
第6章　交易流程
第7章　尽职调查
第8章　估值
第9章　整合计划
第10章　融资问题
第11章　交易完成及之后
附录一　战略交易中标准表单交付物样本
附录二　尽职调查报告目录
附录三　标准交易流程清单样本
附录四　标准批准流程样本
附录五　一项战略交易的批准：提交报告关键点
附录六　通用估值实操
附录七　通用收购条款清单
附录八　通用投资条款清单
附录九　国别/地区值得注意的交易问题

作者在书中对战略交易流程的观察，充分兼顾到了交易双方的立场。之所以如此，这大概与作者的两个基本认识有很大关系。第一，战略交易虽然是商业交易中可以根本改变公司性质或发展方向的一类交易，但也具有一般交易的一个特点，那就是都涉及买方和卖方；第二，战略交易能否有效达成和实施，取决于交易双方对于对方了解的程度。只有买方和卖方都能站在对方角度考虑问题，这样的交易才能够实现一加一大于二的效果。

本书作者基于这样的认识，在讨论战略交易的计划、准备、谈判和完成等问题时，都做到了较好的平衡。在这方面，作者自己也承认，"单凭一方力量，战略交易在任何情况下都不可能释放出更大的附加价值。这种附加价值得以释放的关键因素之一，就是交易中的任何一方对于对方目标、挑战和交易风格的清晰了解。了解买方，会让卖方的努力更加有效和更加成功。反之亦然。"

除了重点突出和观察问题的角度平衡之外，该著作还有一个特点不能不提，即它清晰的结构和简明的语言文字。正因为此，读者在阅读这360页篇幅的著作时，基本上不会感到困惑，而且可以轻松收获大量有实际价值的信息。著作最后附加的重要文件目录、表格样本和条款清单，更是锦上添花。

这是一部简明扼要含金量较高的并购专业著作。不仅仅适合刚刚起步的年轻专业人士阅读，而且也适合具有广泛而丰富经验的资深专业人士阅读。

同时，准备或已经在进行战略交易的公司管理层也能够在这部著作中找到灵感，从而更加顺利地推动这些交易达成目标的进程。

该著作2005年版，已经由东北财经大学出版社以《并购原理：收购、剥离和投资》为名于2009年出版中译本，曹建海先生担任主译。这部中译本在众多并购翻译著作中称得上出类拔萃的。

21. Mergers and Acquisitions for Dummies《并购通俗读本》

图书基本信息

中文书名 《并购通俗读本》

著　　者 比尔·斯诺（Bill Snow）

出版信息 Wiley Publishing，Inc.，2011

页　　数 360页

作者简介

比尔·斯诺（Bill Snow），一名经验丰富的并购实务专家，拥有德保罗大学的工商管理硕士学位。他撰写了很多文章，另出版一本关于风险投资的书作——《风险投资101》。曾为多家公司提供过并购咨询服务，同时还是一家有限责任公司的法定代表人。

拉里．福曼（Larry Forman），德勤会计师事务所高级经理。

目　　录

第一部分　并购101

第1章　并购构成之“积木块”

第2章　为收购或出售作准备

第3章　并购流程概览

第二部分　迈出收购或者出售公司的第一步

第4章　并购融资问题

第5章　从朋友那里寻求帮助

第6章　寻找和接触潜在的收购方或收购对象

通过读书吸取相关知识及前人的经验教训是走向实务的一条捷径，但基于并购交易本身的复杂程度和专业性，市面上的有关书难免相对晦涩、难懂一些，所幸的是这本《并购通俗读本》能够以非常通俗、幽默的方式带领您对“并购世界”一探究竟。

本书由经验丰富的并购实务专家比尔·斯诺（Bill Snow）所写。他除了为并购交易中的企业所有者或高管提供咨询服务之外，还是一家有限责任公司的法定代表人。相关从业经验使他对并购世界的真实情况体会颇多，激发他撰写出本书。他在书中并不深究理论，语言力求简单、通俗、易懂，能够帮助您轻松地厘清并购中的基础问题及其之间的相互关系。

作者是从为那些可能出售或者购买公司的企业所有者及高管提供咨询帮助的角度构思本书的，他在书中告诉您并购世界的基础构件（收购方、被收购方、并购交易、交易费用、税项等）；向您展示并购的完整流程（寻找目标、初次接触、正式会面、编写意向书、尽职调查、起草收购协议、整合等）；给您提供寻找外部帮助的建议（如何选择咨询人员、选择哪些咨询人员、如何确保相关人员之间有效的沟通和配合）；指明企业所有者和高级管理人员并非一定要掌握并购中非常专业的法律、财务、税务等知识，但是要了解并购交易中的重要玩家和流程、布局，以实现高效、高质地达成交易的目的。

第三部分　确保交易顺利开始
第7章　做好保密工作
第8章　创建和修订要约文件
第9章　在并购交易中正确地表达利益
第10章　确保交易双方第一次会面的成功
第四部分　加固交易
第11章　并购谈判的内部指引
第12章　处理“数字”问题：估值和售价
第13章　意向书以及注意事项：提出或者接收一项提议
第14章　确定每一件事情，尽职调查
第15章　交易最后的文件编制：收购协议
第五部分　达成交易且实现超越
第16章　知你所需：在交易达成那天
第17章　交易公告和后期整顿
第18章　走到一起：整合交易双方
第六部分　“十项（条）”部分
第19章　签订意向书前的十项考虑
第20章　并购中常见的十项主要错误以及如何避免
第21章　解决估值差异的十条路径

本书非常有价值的一个特点是将并购中专业性很强的复杂问题言简意赅地解释给读者，不再通过阐述理论上准确的概念、陈列财务上复杂的公式、讲解现实中长篇的案例阻碍读者阅读的进度，不会让读者产生望而生却的距离感。作者秉承简明至上的理念撰写本书，比如对于并购中令人头疼的融资问题、估值问题、税务问题，他都深入浅出地做出了释明。除此之外，他更侧重介绍在实务中涉及这些重要问题时双方应如何行动和应对，以达到推进交易达成的目的。

这本书篇章布局的呈现也呼应了作者简明的风格，对涉及的问题都是讲明则已，不多赘述，加之文字的幽默，令读者能以非常轻松的状态读完本书。

《并购通俗读本》可以说是作者从业经验的总结和升华，他在最后一部分又诚意地总结了并购中的三个重要问题：签订意向书前的十项考虑、并购中常见的十项主要错误及如何避免、解决估值差异的十条路径。此外，本书的附录中提供了一些补充内容，包括实务中经常利用的网站信息、文书样例，以及在交易的重要阶段需要收集的信息种类，非常具备实用性。

虽说本书的优点和新颖之处非常明显，但“书无完书”，还是存在一些不足，即体系结构的规划、设计上稍欠缺逻辑性。不过作为一本以通俗指南为功能的书来说，它已实现其目的，不影响本书作为企业所有者或高管的“咨询宝鉴”，同时本书也可为并购从业人员或入门学习者提供不小的价值。

第二类

交易指南（精选 27 本）

一、综述

并购属于现代商业活动的一种特殊形式，在本质上仍然是交易。既然是交易，当然就免不了具备一般交易的特征，比如讨价还价、定价、谈判和签约等。只不过并购交易在所有的商业交易中是相对复杂的一种，涉及更多细节或专业领域问题。正因为如此，在全球数以千计并购图书中，“指南”一类图书占有很大比例。所谓指南，其原意本是方向上的导引。用在并购领域，它主要是关于交易过程中各个具体环节或问题的指导，具有较强的可操作性。尽管并购交易指南一类的图书在范围上可能是综合性的，也可能是专题性的，但它们的共同之处还是一样的，即重实务而轻理论。

在我们挑选评介的27本并购指南类图书中，每一本都有可取之处。有的是较为宏观的；有的是较为具体的；有的是针对专门问题的，比如房地产、法律、税务、谈判或文书撰写；有的则偏向整个交易流程。这些书之间并无所谓明显的高低好坏之分，关键在于是否对读者的胃口。

如果读者想了解上市公司并购重组中的疑难问题，《公司并购重组原理、实务及疑难问题诠释》《公司法疑难问题解决之道：412个实务要点深度释解》《上市公司并购重组解决之道：50个实务要点深度释解》《上市公司并购重组问答》和《上市公司并购业务操作指引》中的任何一本都可以为您排忧解难；如果读者的兴趣体现在并购的流程或全局性的问题，中译版的《兼并和收购综合指南：如何管理并购各阶段的关键成功要素》及英文版的《兼并、收购与资产剥离实务指南》和《并购大全》都是不错的选择。

在上述两个方面，深圳市证券交易所编写的《上市公司并购重组问答》（2017年第2版，P73）与史提文·M. 布拉格的《简明并购实务指南》（2008年英文版，P104）具有代表性。

前者以问题为导向，将并购交易中的一般问题、中国产业并购面临的特殊挑战及上市公司重大重组的基本流程阐述得清清楚楚。这是一本综合性较强的并购指南，其内容涵盖并购战略及其目标的确定、并购团队的组建、尽职调查、估值、交易结构设计、融资、支付工具、会计、税务和整合等并购交易的所有重要层面；这也是一本重点非常突出的并购指南，不仅深入梳理了上市公司重大资产重组中几个关键的问题——基本流程、信息披露、文件编制和审核，而且结合国情解读了反收购措施在国内的运用及中国反垄断审查的标准和程序。该书值得希望全面了解并购交易技术及熟悉中国上市公司并购重组基本问题的读者阅读。

后者以简明扼要著称。在不大的篇幅（320页）中，虽说不能面面俱到，但是作者也还是尽可能地讨论了并购交易的若干基本问题，比如并购流程、重要参与者、购买协议、尽职调查、目标估值、并购会计、收购整合及政府监管。该著作也是以问题作为导向的，特别强调了解并购交易流程的重要意义。作者在书中用了大约三分之一篇幅专门介绍并购交易的流程问题。他没有谈宏观的并购交易流程，而是将这样的流程问题分解为三个具体的流程问题：收购流程、尽职调查流程及收购后整合流程。作者如此安排，打破既往其他并购专业图书的传统，有助于读者更深入细致地掌握一个并购项目的完整流程，具有较强的实际操作上的指导价值。与《上市公司并购重组问答》不同，《简明并购实务指南》这本书更适合那些具备英文实战能力者速成所用。

二、书评

22.《房地产企业并购实务手册》

与其他行业相比，国内房地产行业的并购还不是很多，尚且处于数量井喷的前期。且随着我国房地产行业步入一个全新的“转型升级”期，并购成为地产人实现脱颖而出的好时机。虽然实务中对专业的房地产并购从业者提出了巨大需求，但目前国内相关的专业团队和人士少之又少，相关经验也较为匮乏。因此，本书作者周济先生将过去6年间操盘房地产并购的经验进行整理和总结，形成这本《房地产企业并购实务手册》，以期为初入房地产并购领域从业人员和在校学生提供一些参考。

本书非常注重对并购基础知识的介绍。作者在书中开头就为读者揭开了并购的“神秘面纱”，谈到并购仅是交易的一种，它与所有的生意一样，由买卖双方在某个交易时点，针对交易对象达成交易条件和价格，各自赚取差价和利益，因此，从这一方面来讲，并购并不神秘。

不仅如此，考虑一些对并购尚处于初步了解阶段的读者的需求，本书开篇从基础的并购知识讲起，对企业并购的意义、分类、操作流程、风险及防范作了系统地介绍，同时把上市公司并购作为特例提出并进行讲解，为读者深入学习地产并购实务做了充分的补充和铺垫。

图书基本信息

著　　者　周济

出版信息　北京：人民邮电出版社，2017

页　　数　198页

作者简介

周济，中交房地产集团副总经理；毕业于东北财经大学、香港中文大学，金融MBA；先后供职于中国建筑工程总公司、北京大栅栏投资公司、北京市宣武区建委、中国电建地产集团、中交房地产集团等单位；曾多年主持房地产企业的并购业务。

目　　录

第一部分　企业战略性并购
第1章　企业并购综述
第2章　企业并购的操作流程
第3章　企业并购的财务研究与支付方式
第4章　企业并购的风险及防范
第5章　上市公司并购重组操作实务
第6章　国内外知名企业经典并购案例解析
第二部分　房地产企业并购
第7章　房地产收购综述
第8章　房地产收购的基本流程
第9章　重点风险及法律问题分析

本书对并购基础性知识的介绍非常系统和完整，且条理清晰、逻辑严明，能够令初学者思路清晰。本书虽考虑了内容的完整和系统性，但对具体问题讲解的深度却有所折扣，这令许多读者都对本书提出了细化内容的期许。

第10章　项目收购对价及溢价处理

第11章　案例分析

第三部分　附录

附录一　某股权收购案例法律文件

附录二　股权收购流程操作指南

附录三　××地产公司收购尽职调查清单

附录四　××地产有限公司股权收购管理办法

附录五　××地产集团有限公司子公司股权管理办法

经过本书第一部分对并购基础性知识的介绍，第二部分便步入了对地产行业并购的专门讲解。万科集团高级副总裁、万丈资本首席执行官丁长峰说道："并购是房地产企业实现弯道超车、后来居上的重要法宝。"的确，收购是房地产企业在较短时间内提高自身风险抵抗能力的有效手段，也是今后房地产市场主要的发展方向之一。

然而考虑房地产行业有着不同于其他行业的特性，比如与政策的关系更为密切，因此，本书对各类房地产收购的一般性政府审查条件做了介绍。此外，本书第8章对房地产收购的基本流程及每一项流程中的主要任务进行了完整列举和介绍，且针对房地产收购非常关键的收购决策流程问题，提供了附表"收购类项目审批两级决策流程表"进行明晰和指引，这些列举和图表能够令读者对相关实务流程一目了然。

无论是哪个行业的并购，对其收购过程中涉及的风险及法律问题进行研究和梳理都是至关重要的。在签订正式收购协议之前，收购方应全面调研、分析和判断收购过程中可能存在的风险。本书第9章对收购前所需重点关注的风险事项（转让主体的合法性、资金的安全性、免责条款的完备性）；拟订收购协议时需重点关注的风险事项（转让对价与付款进度、债权债务的处理、公司档案及资产的移交）；协议的执行（工商变更、资料和资产交换、核实付款进度）等这些房地产收购进程中涉及的关键环节和风险点进行了完整列举和讲解。此外，其中还涉及了对特殊收购项目中遇到的主要法律问题及税务问题的处理。针对并购中涉及双方核心利益的收购对价问题，本书第10章对房地产企业资产评估常用的"资产基础法"和"权益法"做了详解，并对其中涉及的实务关键问题加以点明和提醒。

简言之，本书对房地产并购中的法律和估值问题的介绍，内容系统完备，语言简明扼要，能够为从业者的实务工作提供切实可行的指导。

在本书第11章中，作者分析了6个典型的房地产收购案例，并利用图表对其中复杂的问题加以解释。每一项收购项目都有其特性，通过对这6个案例的阅读和思考，读者定能够对地产收购项目的流程和关键点实现进一步的理解和认识。此外，附录部分也体现了本书的实务价值，提供了房地产收购中涉及的常用法律文件、尽职调查清单和流程指引等内容，而这些是房地产并购领域人士必备的知识技能。

2016年9月30日，我国房地产市场新一轮的调控开始，这对相关参与者来说意味着步入了一个充满变动和冲击的时期，而变动和冲击同时也孕育着机遇。因此也可想见，目前房地产行业尚处于并购井喷的前期。

佰仕会创始人陈方勇在向广大读者推介本书时说道："房地产的下半场是什么？也许会有无数种答案，但有一个趋势是共识，那就是这个行业不再适合散兵游勇，一定是一个集中的趋势，并购重组一定会不断上演。这本实操手册的推出，可谓及时甘霖！"

这本著作值得推荐给每一位对房地产并购业务感兴趣的人士，相信它能够为您的完美"进阶"提供系统而稳固的基础。

23.《公司并购重组原理、实务及疑难问题诠释》

图书基本信息

著　　者　雷霆

出版信息　北京：中国法制出版社，2014

页　　数　817页

作者简介

雷霆，执业律师、注册会计师、注册资产评估师。研究领域：英美公司法、合同法，美国联邦公司并购重组税收制度，离岸公司法原理及应用；中国公司法、投资并购重组原理及实务；中国会计法规及会计准则；中国税法。超过10年外资企业会计、法律和审计从业经历，目

并购重组业务的发展不是一帆风顺的，那么，如何在充满荆棘的未来之路上走得顺畅呢？如何征服那些看起来难以跨越的"拦路虎"呢？如何发现隐藏在最深处却能威胁到整个交易成败的细节呢？

《公司并购重组原理、实务及疑难问题诠释》的作者是十多年来始终活跃在并购一线，理论基础和专业功底都极为深厚的雷霆律师。其在自身多年的从业经验中发现，大多数的从业人员在实务中对于疑难问题的发现速度与解决效率总是差强人意，而这也是并购失败率居高不下的重要原因之一。作者通过自身不断地

探索与研究，收集并阅读了大量的资料，最终将此书呈现在读者面前。

本书优点众多。就体例编排而言，本书各篇的主要内容共包含九篇三十六章。以公司设立、运营及解散清算（含减资、撤资）三个阶段为主线，先分别介绍公司设立和解散清算（含减资、撤资）两个阶段的法律问题，最后集中介绍公司运营阶段的各种并购重组业务，包括公司股权并购、公司资产并购、公司合并、公司分立、公司债务重组、公司跨境并购重组及并购重组专门性、共性的问题研究。全书排序编排合理，更显逻辑分明，并且可以带领读者由浅入深，循序渐进地进行本书的阅读。相比于目前市面上有些架构混乱，不知所云的书籍来说，本书架构则更为合理、清晰。

就本书的表达方式上而言，北京盈科律师事务所合伙人张远堂曾评论道："作者是从一个律师的视角，以企业生命的三个阶段（设立、运营和解散清算）为背景，从公司投资并购的原理、交易架构入手，以公司并购的类型为主线，以不同类型公司法律适用为辅线，通过丰富的案例和疑难问题剖析，将一个较为完整的公司并购重组实务操作的'框图'呈现给读者。"本书大多是以提出问题，解决问题的模式来进行写作的。此种手法不仅使得知识一目了然并且对读者应对亟须解决的实务疑难问题提供了正确的指引。

就本书的主要内容而言，作者所著内容基本都是现行中国资本市场上的现实情况，比如作者在跨境并购一编中所提到的海外红筹架构

前在某大型企业集团从事公司法律、审计、会计及税务等相关工作。

目　录

第一篇　公司对外投资
第1章　公司对外投资的概念、原理和交易架构剖析
第2章　公司对外投资实务要点
第3章　外商投资企业设立出资和增资的特别规定
第4章　股份有限公司设立出资和增资的特别规定
第5章　公司新设投资和增资的疑难问题诠释
第6章　公司并购重组中的对外投资问题分析
第二篇　公司减资和解散、清算
第1章　公司减资
第2章　公司解散和清算
第三篇　公司股权并购
第1章　公司股权并购的概念及交易架构剖析
第2章　公司股权并购的实务要点及疑难问题
第3章　外商投资企业股权转让的特别规定和疑难问题
第4章　上市公司收购的特别规定和疑难问题
第四篇　公司资产并购
第1章　公司资产并购的概念及交易架构剖析
第2章　公司资产并购的实务要点及疑难问题
第3章　外商投资企业资产并购的特别规定和疑难问题
第4章　上市公司重大资产重组的特别规定和疑难问题
第五篇　公司合并

的搭建和拆除。这一在境外注册却由境内资本投资的特殊操作模式，为我国许多企业“走出去”提供了极大的便利。“俏江南”就是此类公司的典型代表之一。由此可知，作者对于实务的了解程度和信息的更新速度都是显而易见的。

本书虽为以实务为主的专业书籍，作者对于并购重组的概念、原理的剖析却也清楚明晰。其从原理入手，再对交易运作的架构、流程进行分析，最后再针对上市公司（股份有限公司）的并购重组的特别规定和实务要点及疑难问题进行介绍，带领读者，置身于并购交易情境中去思考领悟。还利用了大量的图表和公式来对于一些程序性的问题及较为难懂的问题进行讲解，尽量做到每一个读者都能读懂。

关于企业兼并重组的书籍有很多，但是针对目前我国处于产业转型，资本市场快速发展的特殊时期的书籍质量往往参差不齐，难以保证。而并购重组是非常复杂的交易活动，能够有这样一本指导他们应对疑难杂症，解决工作难题的专业书籍对于每一个并购从业人员而言都是弥足珍贵的。

但唯一遗憾的是，本书出版之后不久，我国的《公司法》等相应法条做出了一定的修改，导致书中的一些内容及法条需做相应的变化，故可能还需要作者在日后对本书内容做进一步的更新与扩充。并且若作者可以从更多的视角解读并购交易，无异于是对于本书的锦上添花。

本书之中的基本理论、案例及大量问题解

第 1 章　公司合并的概念及交易架构剖析

第 2 章　公司合并的实务要点及疑难问题

第 3 章　外商投资企业合并的特别规定和疑难问题

第六篇　公司分立

第 1 章　公司分立的概念及交易架构剖析

第 2 章　公司分立的实务要点及疑难问题

第 3 章　外商投资企业分立的特别规定和疑难问题

第 4 章　上市公司分立的特别规定和疑难问题

第七篇　公司债务重组

第 1 章　公司债务重组的概念、实质和类型

第 2 章　公司债务重组的实务要点及疑难问题

第 3 章　外商投资企业债务重组的特别规定和疑难问题

第 4 章　上市公司债务重组的特别规定和疑难问题

第八篇　公司跨境并购重组

第 1 章　公司跨境并购重组概述

第 2 章　中国公司境外投资

第 3 章　外国投资者并购境内企业

第 4 章　海外红筹架构的搭建和拆除

第九篇　公司并购重组的专题研究

第 1 章　上市公司的特殊并购重组类型

第 2 章　公司并购重组中的盈利预测及补偿

第 3 章　公司并购重组中的模拟会计报表和备考会计报表

决技巧对于并购人员日后工作和实践依然有巨大的借鉴意义。正如有读者评论的那样："本书对于刚从事并购重组工作的初学者而言，是一本好的'入门'教材；对于有一定从业经验的法律人士而言，更是一本'进阶'用书。"

第 4 章　优先股法律实务
第 5 章　公司投资并购重组的税务问题
第 6 章　IPO 注册制改革及对资本市场的影响

24.《公司并购文件撰写指要》

对于一场并购交易而言，什么能够让您最快地了解到有哪些参与方？答案是文件。什么能够让您收集到最详细的并购信息？答案是文件。什么能够让您了解这场交易的利益点？答案还是文件。并购文件的质量无疑是一场并购交易是否成功的关键。一场好的交易，所涉及的各种相关文书及协议也一定是详尽无误的。那么，如何撰写一份"合格"的并购文件呢？在撰写的时候要注意什么呢？谈判的时候要怎么来设计文件架构呢？别担心，这本《公司并购文件撰写指要》一定会给您想要的答案。

本书的作者以当前公司并购核心文件撰写为例，通过自我纠问、对话、讲故事、写评论的方法，试图让读者和法律文件撰写者们获得写作的真谛与文书的乐趣。而这也是本书与市面上的同类图书相比最与众不同的一点。

就三角并购而言，逆三角并购比正三角并购更能维护商誉，更能够巩固并购方对于目标公司在同类行业中的经营地位。所以很多并购方都选择用这种形式来开展自己的并购交易活动。而本书，就是从一个逆三角并购案例出发，解剖各种法律文件的撰写规范的指导性用书。

图书基本信息

著　　者　史凝祯

出版信息　北京：中信出版社，2008

页　　数　250 页

作者简介

史凝祯，美国伊利诺伊州注册律师，美国密歇根州立大学法律博士，中国政法大学法律第二学士，山东师范大学数学学士。治学方向：现代中国法治文化，著作权及宪政第一修正案，公司并购及国际投资等。代表著作：《心海挥桨——中华文化核心理念和现代法治之关系》。

目　　录

上篇
第 1 章　公司并购基本结构和文件
第 2 章　律师尽职调查报告
下篇
第 3 章　并购意向书
第 4 章　多方并购备忘录或者交易推荐协议
第 5 章　并购协议
第 6 章　股权购买协议
第 7 章　资产转让协议

就尽职调查而言，大部分的书籍都将尽职调查报告定义成对目标公司的资产、经营现状的关键和基本信息的收集报告。但相比之下，作者认为尽调报告并不是一份严格意义上的报告，而应该是一份律师意见书。其在尽调过程中，总是不可避免地会对尽调的不同方面发表自己的意见和看法，而这些意见与看法将对整个尽调结果起到非常重要的作用。单纯的报告显然并不掺杂这些因素，仅起到记录作用。作者能够注意到这一微小细节，实属不易。

就文书写作模式而言，中文的表达讲究“起—承—转—合”，承上启下，主次分明。而美国的法律文书写作模式多用 I－R－A－C（Issue—Rule—Analysis—Conclusion）模式，相比之下，两种模式都非常讲究写作的背景和所做研究的目的，可谓是有异曲同工之妙。作者将这两种模式巧妙地对比起来来讲述应该如何进行文书写作模式的选择，不仅可以使读者对并购文书的撰写模式有一定的了解，更能让读者明白一份合格的文书应该具有哪些必不可少的要素及需要注意的问题。此处也和那些只是提出样本文书格式的撰写技巧类书籍拉开了相当的差距。

就并购意向书而言，对于其法律效力美国大多数的州都运用四元素（①是否有当事人明确陈述的书面协议；②当事人双方是否认可履行；③是否还有遗留问题等待谈判协商；④对于复杂问题是否有解决的应急方案）测试标准，主要是考察这份被称为意向书的文件是否能够构成一份合同。“无巧不成书”，大洋彼岸的中国，对于并购意向书法律效力的认定标准，也和这四元素测试标准惊人的相似。由此可见，并购，的确成了一股席卷世界的潮流。

除了以上几点，本书涵盖了数量众多的中英文并购文书的范本，其主要作用不是让读者照搬照抄，而是希望通过书中的案例讲述与“导入式”教学可以为正在致力于并购事业的您提供些许的思考与实际的帮助，能够根据不同的目标公司的具体情况，各方利益及收购模式来制订一份“完美”的并购文书。当然，本书要传达的更多的是，希望读者都能够在没有任何葫芦样式的前提下照样撰写出令人满意的文件来，也能够真正懂得并购文书的真谛。

25.《公司法疑难问题解决之道：412 个实务要点深度释解》

再复杂的工程也一定需要坚固的地基作为其基础，而并购世界的地基则是实施并购所必不可少的主体——公司本身。毕竟，并购无论是出于战略发展的目的还是财务投资的目的，都无法离开公司这个主体而实施。这本《公司法疑难问题解决》正是为读者提供了一个了解在中国市场环境下，公司在一系列活动中所需要遵守的规则指引。

公司是现代企业最重要的形式，而规则是公司的生命。作者认为中国企业寿命普遍较短的根本原因在于没有按照规则处理公司内部的各种关系，所以他力图在本书中整理关于公司规则的方方面面，并致力于为公司治理者提供帮助。为了更好地实现这样的效果，本书对每一项关键知识点的讲解基本上都会分为三个模块：核心理论、实务提示及疑难讨论，且语言严谨规范、条理紧凑有序，读者可以从详细的目录中找到自己想要了解的问题，是一本非常典型的法律工具书。

本书"核心理论"模块的内容以2014年中国最新的《公司法》为基础，涵盖了从创设公司、股东权益、股东责任、公司机构、公司财务、公司股票、公司重组和公司解散8个方面。这些方面几乎覆盖了公司在法律层面的合规运作所需要了解的所有规则：要设立什么类型的公司？设立公司的程序是怎样的？公司内部需要设哪些机构，它们之间的机制又如何？公司如何实现上市？如何进行一系列的并购、分立、增资等重组工作？作者对诸如此类的问题所需要遵守的法律规则进行介绍，并注重对法条内容及精神的释明，而非大谈法学理论，且擅长恰当地运用理论对一些疑难问题进行讨论。这些内容看似并未直接涉及"并购"字眼，但实则与并购息息相关，因为熟知公司的肌理构造和运行规则才能深刻地把握并购的本质，不至于脱离合法合规的

图书基本信息

著　　者　张远堂

出版信息　北京：法律出版社，第2版，2014

页　　数　243页

作者简介

张远堂，律师、高级经济师，曾于数家大型国营、外资企业集团主持法务工作，现为华润雪花啤酒（中国）投资有限公司法律部总经理，北京盈科律师事务所合伙人。曾成功主持并购国内外四十多家大型企业，操作企业重组、企业改制外商投资、境外投资、节税策划、公司诉讼项目和案件多起，对公司投资、并购、重组业务具有丰富的实战经验，其中一些案例成为MBA教学案例。出版著作：《公司资本行动：并购策划与流程指引》（法律出版社2012年版）《资本之税：投资并购重组税收成本与节税策划》（法律出版社2013年版）。

目　　录

第1章　创设公司
第2章　股东权益
第3章　股东责任
第4章　公司机构
第5章　公司财务
第6章　公司股票
第7章　公司重组
第8章　公司解散

轨道。

本书的第二个模块是“实务提示”。接触过实务的法律人士一定知道，法律条文与具体施行之间并非简单的参照执行关系，实践中会出现法律没有做出规定的情况，且法条本身也可能存在瑕疵。这就需要法律工作者在实务中发挥能动性，为服务的公司提供最符合其利益的法律建议。

在本书中作者也与我们分享了一些他在实务中碰到的难点及其采取的解决方法。比如本书第 2 章中谈及现实中的难题“如何促使股东缴纳新增出资”时，作者提到了自身亲历的一家公司在股东会通过增资决议后，有些股东迟迟不向公司缴付出资。所以第二次缴纳增资时，公司采取了律师的建议，在增资协议中明确规定，“至缴付增资期限届满之日，未缴付出资的股东丧失本次增资权”。结果产生了非常好的督促效果，全体股东按期、如数缴纳了出资。本书的“实务提示”模块给读者带来了一些解决问题的新方法和新思路，对初涉实务的新手有很大的参考价值。

第三个是“疑难讨论”模块。有些疑难问题在实务中并没有定论，但不排除遇到类似这样难题的可能性。作者结合其丰富的实务经验及深厚的理论功底，对这些问题提出了自己的看法，丰富了本书的内涵。还有些疑难问题是我们在学习或实务中经常会遇到的，比如公司与分公司的区别、公司股票与债券的区别、正当与违法关联交易的区别等，书中对这些问题的解释为读者厘清了很多重要的法律关系。

另外，值得并购学习者及初涉并购实务的人士注意到的一点是，本书对公司的上市、合并、分立、增资、减资、对外投资、类型转变等重组工作的相关本土规定进行了归纳和指引，且这些指引立足于具体的实践操作层面。比如如何确定参加合并的每个公司股东在合并后公司的持股比例、合并后需向登记机关备案的法律文件等。总体而言，本书的内容全面且实用，但正如一些读者所提到的那样，本书的内容深度稍显欠缺，其适读人群更加适合新手。

伴随着我们对并购的学习，会发现其除了涉及法律、会计、金融、公司运营、企业管理之外，甚至还会涉及心理学、社会学等看似处于“并购世界”边缘的学科。正如“知识的圆越大，未知就越多”一样，我们要不断地学习和探索未知的并购知识，可以将本书作为探索并购世界的一个起点。

26.《公司资本行动：并购策划与流程指引》

俄罗斯民族有一句古语："巧干能捕雄狮，蛮干难捉蟋蟀。"即做事情要讲求方式方法，巧干胜于蛮干，并购事业也是如此。那么，如何为公司实施并购活动制订正确的战略和设计正确的流程呢？别疑惑，这本《公司资本行动：并购策划与流程》一定会给您一个满意的答案。

本书的作者是现为华润雪花啤酒（中国）投资有限公司法律部总经理，北京盈科律师事务所合伙人的张远堂律师。张律师关注并购事业已数十载，对于并购交易规律及技巧早已熟练，其将自身经验与观点融入此书，旨在帮助奋斗在中国并购战线上的有识之士们在日后的工作中快速找到交易要点，提高并购的成功率。

从体例上而言，作者从如何制订公司发展战略和如何选择目标市场开始，按照企业并购的业务程序，逐步进入企业并购的交易流程，就交易流程中的重点、难点问题，分别提出各类并购的风险和应对策略。全书结构合理，逻辑清晰。作者一步步地带领读者跟随文字走进并购交易。

本书出版之时，大部分的专业书籍都认为并购成败的关键在于目标及公司财务状况，本书却另辟蹊径地指出企业资本行动决策才是决定投资并购成败的关键。作者从投资方式与并购方式的选择、交易路径的设计、支付方式的建议和融资方案的设计等五个方面展开叙述，

图书基本信息

著　　者　张远堂

出版信息　北京：法律出版社，2012

页　　数　456页

作者简介

张远堂，律师、高级经济师，曾于数家大型国营、外资企业集团主持法务工作，现为华润雪花啤酒（中国）投资有限公司法律部总经理，北京盈科律师事务所合伙人。曾成功主持并购国内外四十多家大型企业，操作企业重组、企业改制、外商投资、境外投资、节税策划、公司诉讼项目和案件多起，对公司投资、并购、重组业务具有丰富的实战经验，其中某些案例成为MBA教学案例。出版著作：《公司法实务指南》《公司合同管理操作指南》《公司并购实务操作》和《公司投资并购重组节税实务》。

目　　录

第一篇　决策与策划
第1章　投资决策
第2章　投资方式
第3章　交易路径
第4章　出资方式和支付方式
第5章　融资方式
第二篇　实务操作与流程控制
第6章　最初文件
第7章　尽职调查
第8章　并购谈判要点
第9章　合资章程的谈判要点和内容
第10章　公司重组

为本书接下来的章节内容打下了良好的基础。

第 11 章　资产并购合同的基本内容
第 12 章　股权并购合同的基本内容
第 13 章　对目标企业的接管和整合
第 14 章　投资并购业务流程
第三篇　特殊并购
第 15 章　上市公司并购
第 16 章　外商投资并购

从表达技巧上而言，本书的语言精练，表述翔实。作者写作技艺纯熟，将复杂难懂的并购原理用通俗易懂的方式展现在读者面前，让人读完不会觉得艰难晦涩，反而感到如沐春风。作者提出论点辅以论据的写作方式，要点重点一目了然，不仅可以让读者快速找到关键点，提高效率，还可以让知识的整体框架更为清晰，读者阅读起来不会有“眉毛胡子一把抓”的糊涂之感。特别是在较为复杂的实务操作与流程控制部分，作者不只于简单的罗列条文，而是更加注重分析与内涵，并且将并购程序表述地言简意赅，毫无废话。

从内容深度上而言，本书几乎覆盖了一项完整并购交易的全部流程，并且在最后两个章节对于包含上市公司并购及外商投资并购在内的特殊并购也有专门的介绍。作者不仅注重书籍的理论深度，并且还非常注重书籍的实践深度。纵观全书，几乎没有“假大空”的文字，大多都是并购实务中从业人员最为常见的问题与困难。诚然，并购不是一个一蹴而就的过程，从业人员在工作中一定会遇到许多难以预料的困难。巧妙的策划是良好交易的开端，合理的结构是正确交易的路径，较好的流程把控是整个交易不脱离正轨的基础。在本书中，无处不在地透露出作者的全局思维，其眼光之深，谋略之远，也赋予了本书内容更加丰富的底蕴。

并购交易犹如一场没有硝烟的战争，各方企业于战局中厮杀，优胜劣汰是永恒不变的定律。公司资本行动，抢占先机者赢、掌握信息者赢、明晰规律者赢、遵守规则者赢，而这些，正是本书作者想要告诉广大读者的，也是本书最为宝贵的地方——为从业者日后从事并购事业提供指引与助力，扩大赢面，拔得头筹。

当然，尽管本书优点众多，但也不是毫无瑕疵。首先，全书文字叙述较多，图表公式等具象形表述较少，读者长时间阅读难免造成审美疲劳。其次，本书没有涉及并购交易中“软性”问题，这点颇为遗憾。

不过，若是作为一本并购策划与流程的综合指南，本书还是非常值得读者翻阅的。希望每一个打开本书的读者都能有所收获。

27.《上市公司并购重组操作实务指引》

由于我国上市公司并购重组发展的历史较为短暂，公司在并购重组过程中不可避免地会遇到各种各样的问题。这本《上市公司并购重组操作实务指引》（修订）就应运而生，相信它能够为您解决并购难题。

这本《公司并购重组操作实务指引》（修订）是由陈德胜律师在其丰富的法律执业经历基础上，结合学术研究撰写而成的。作者从专业律师的角度出发，对国内外企业并购的现行法律及具体操作程序进行详尽介绍。除此之外，本书还分析了很多近年来的国际和国内并购案例，针对入世后我国相关法律规范修订及全球经济一体化发展对本土化运作的影响，为我国企业在新形势下的并购提供了有效的建议。

本书非常注重对上市公司并购重组基础知识的介绍，作者于开篇就揭开了上市公司并购重组这块神秘的面纱，通过对其分类、特点、演化、法律体系等方面的系统概述，向读者简单地架构起了上市公司并购重组的大体框架。不仅如此，作者考虑一些对并购尚处于初步了解阶段读者的需求，对上市公司并购重组的三种方式进行了详细的介绍，即间接收购、协议收购、要约收购，并且辅助案例解析。例如对创业板上市公司“并购王”——蓝色光标的范例分析，为读者深入学习上市公司并购重组实务做了充分的补充和铺垫。

本书总共有十一个章节，每个章节都是由

图书基本信息

著　　者 陈德胜

出版信息 北京：法律出版社，修订版，2015

页　　数 256页

作者简介

陈德胜，律师，北京市尚公律师事务所高级合伙人。同时担任北京市东城区青年联合会委员，东城区商会常委、东华门分会副会长等社会职务。毕业于中国政法大学。参加工作后先后担任多家国内知名大型企业集团的法务高管，对于现代企业的法律制度建设、法律事务管理和法律风险防范等有较深研究和丰富的实务经验。

目　　录

第1章　上市公司并购重组综述
第2章　上市公司并购基金
第3章　上市公司收购
第4章　要约收购
第5章　协议收购
第6章　间接收购
第7章　上市公司重大资产重组机制
第8章　上市公司发行新股购买资产
第9章　借壳上市
第10章　并购重组中财务顾问的介入规则
第11章　上市公司并购中的税收筹划和支付方式
附件一　《上市公司收购管理办法》新旧对照表
附件二　《上市公司重大资产重组管理办法》新旧对照表

浅入深，从基础到专业，知识介绍的体系非常系统和完整，且条理清晰、逻辑严明，使读者能够在阅读的过程中思路清晰。但是，本书虽然考虑了宏观的把控，但是对于具体知识深度的讲解稍有逊色，所以不少读者对其提出进一步细化的希望。

我们都知道，上市公司并购是资本市场中常见的资本运作活动，而为上市公司并购提供财务顾问业务则是投资银行传统与核心的业务之一。上市公司并购重组财务顾问的主要职责是为了让上市公司的收购、重大资产重组、合并、分立、股份回购等对上市公司股权结构、资产和负债、收入和利润等具有重大影响的并购重组活动提供交易估值、方案设计、出具专业意见等专业服务。因此，本书的第10章对并购重组中的财务顾问的介入规则做了详细的介绍，对其基本的设定及从业的资格条件和法律责任做了完整的列举，且针对实际操作的流程问题做了介绍。本书在最后提供了《上市公司收购管理办法》和《上市公司重大资产重组管理办法》的新旧对照，使读者对于相关的实务流程和规则了然于心。

读书百遍，都不如一次实战体验。本书针对不同的知识点，重点分析了六项收购案例，例如雨润集团间接收购南京中商、江淮汽车重大资产重组案、奥瑞德借壳西南药业上市案等，并且运用图表和数据对其中一些较为复杂的问题进行说明。每一项收购案例中都有自己的侧重点和共性，通过对这6个案例和解析的阅读和思考，读者定能对上市公司并购重组有更加深刻的认识。此外，每个案例的结尾都附有“思考和借鉴”这一小项，这在一定程度上体现了本书的实务价值，为相关领域的并购从业者提供了必备的知识技能。

在公司上市、债券发行、上市公司再融资等领域里，国内全面、系统的业务操作指导丛书并不多。该书的出版对于完善相关领域的实务操作具有建设性的作用，也为相关领域的工作人员提供了很好的借鉴和帮助。

与此同时，本书不仅为相关业务人员提供了全面、系统的业务介绍，也为上市公司进行并购重组提供了辅导和操作指引。对于想从事上市公司并购重组的职业人士来说，它是绝佳之选，定能为您奠定系统而稳定的基础。

28.《上市公司并购重组解决之道：50 个实务要点深度释解》

众所周知，并购重组不会是一个顺风顺水的过程，先前计划得再好，其实际操作中依然会碰到许多难以预料的麻烦。那么该如何去应对和解决这些“拦路虎”，这是现在的并购从业者们所思考的问题。而本书就是在大家的思考与困惑中应运而生的，带领广大从业者揭开并购的神秘面纱。

本书的作者是北京大成律师事务所的高级合伙人、执业律师，同时又兼任中国人民大学与中国政法大学教授职务的申林平律师。申律师常年致力于上市公司并购重组、公司境内外上市、境内外投资并购等领域进行法律专业服务，能力突出，经验丰富。而在本书中，申律师将自己多年的实践经验与书本内容相融合，其编排和内涵都可谓是恰到好处。本书紧跟时代变化，紧握交易脉搏，无论是从专业性还是实操性上都非常出色。

本书一共分为上市公司并购重组新规解读，上市公司并购重组方案设计，上市公司并购重组重点问题指引，最新上市公司并购重组案例剖析，“PE + 上市公司”并购基金案例剖析，上市公司并购重组涉及的法律法规、规章及规范性文件 6 编。前三编主要是对市场现状、理论分析及政策变化的概述，而后面三编则主要是以案例为叙述重点，从案例中穿插讲解知识要点与实操方案。前后配合，由浅入深，知识的层次感及全书体例的完整性由此显现。

图书基本信息

著　　者　申林平

出版信息　北京：法律出版社，2016

页　　数　609 页

作者简介

申林平，北京大成律师事务所（DENTONS）执业律师、高级合伙人，博士。中国人民大学律师学院客座教授，中国政法大学法学院兼职教授，中国社会科学院金融法律与金融监管研究基地特约研究员，美国加州大学洛杉矶分校（UCLA）法学院访问学者，国立台湾大学法律学院访问学者，欧美同学会会员。出版多部著作。

目　　录

第一编　上市公司并购重组新规解读
第 1 章　上市公司收购
第 2 章　上市公司重大资产重组
第二编　上市公司并购重组方案设计
第 1 章　并购方式
第 2 章　并购估值定价
第 3 章　并购融资
第三编　上市公司并购重组重点问题指引
第 1 章　上市公司并购重组重点程序问题指引
第 2 章　上市公司并购重组重点实体问题指引
第四编　最新上市公司并购重组案例剖析
第 1 章　借壳上市
第 2 章　整体上市

本书的第一个特点就是时效性强。作者从一开始就总结《上市公司收购管理办法》《上市公司重大资产重组管理办法》修订之后的变化，以及在后面对于上市公司在法规修订以后所进行的典型案例的详细介绍，结合法律法规对借壳上市、整体上市、产业并购、战略合作、境外并购、最近未过会案例及“PE + 上市公司”并购基金等问题进行全面解读，对奋战在一线的实务“排头兵”们具有很强的指导价值，能够让他们少走很多的弯路。

本书的第二个特点是专业指导性强。现在的图书市场一片乱象，许多自诩专业的图书在混乱的市场中滥竽充数，一本专业性强又能给人以正确指导的辅助类工具书对于广大从业者来说弥足珍贵。本书由广发证券、中信证券、招商证券、安信证券、国信证券、华泰联合证券等具有丰富并购重组实务经验的财务顾问提出指导意见，并经过多次讨论和修改，使得本书在内容、角度、专业上都具有独特性和专业指导性。并且以我国资本市场“领头羊”的经验作为出发点，其本身也是非常具有代表性与说服力的。

第 3 章　产业并购
第 4 章　战略合作
第 5 章　跨境并购
第 6 章　最新未过会案例研究
第五编　“PE + 上市公司”并购基金案例剖析
第 1 章　晨晖盛景并购基金
第 2 章　九派东阳光科移动通信及新能源产业并购基金
第 3 章　全通盛世景教育产业并购基金
第 4 章　乐普 - 金石健康产业投资基金
第 5 章　当代东方文化产业基金
第 6 章　南通罗华产业投资基金
第 7 章　立清科 - 片仔癀医疗健康并购基金
第 8 章　鱼跃医疗并购基金
第六编　上市公司并购重组涉及的法律法规、规章及规范性文件
第 1 章　上市公司并购重组涉及的法律
第 2 章　上市公司并购重组涉及的行政法规、部门规章及规范性文件
第 3 章　上市公司并购重组涉及的行业规定
附录

本书的第三个特点即实操性强。作者通过全面介绍上市公司并购重组新政，以全新法律法规为基础进行实务案例剖析，是对上市公司并购重组案例的一次全面梳理和研究，对上市公司并购重组涉及的法律法规、规章及规范性文件进行分类列举，内容充实具体，实用性强。作者非常善于采取图表等形式，对较生涩难懂的股权结构、交易概览等内容进行图表化处理，使得全书通俗易懂，以直观的方式为读者呈现专业的内容，不仅可以辅助讲述案例又能够加深读者的理解。

本书作者从丰富的实操经验出发，深入剖析了企业并购的各个核心环节，

全面展示了企业并购中所涉及的实操要点。本书案例翔实，全面而又不乏深度的以实操性为主旨，作者在本书的第四、五、六编精心挑选了许多经典案例贯穿在企业并购操作的全过程中进行讲解。与此同时还运用了股权结构图、控股权变动图等多个图表来辅助读者理解，全方位地为读者呈现了真实的企业并购实务操作的要点所在。

但遗憾的是，本书虽然优点颇多，但也不是完美无缺。与其他同类书籍相比，本书虽没有太多理论，但在其语言表述中的长难句过多，不够生动有趣，长时间阅读难免显得有些乏味。并且作者仅从法律角度论述并购交易的全过程，没有从多个方面比如投资者或银行家等多个角度来考量。不过瑕不掩瑜，对于复杂的足本运作过程而言，若读者能吸收本书的一小部分精华，便能以后的工作中省下不少的气力。希望正奋斗在并购一线的读者在阅读完本书后，也能有同样的感悟。

29.《上市公司并购重组问答》

与美国相比，我国兼并收购的发展还稍显稚嫩，企业家和从业者们对于并购技巧的掌握和监管制度的完善经验还略为不足。

这本由深圳证券交易所创业企业培训中心（下文简称深交所创企中心）所编著的《上市公司并购重组问答》（第 2 版），是众多并购实务书籍中极为出色的一本。该书于 2014 年第一次出版。两年之后，深交所创企中心通过对我国资本市场新情况、新趋势的重新整合归纳，在 2016 年将新一版的《上市公司并购重组问答》呈现在读者面前，并且该书还将保持两年一版的速度继续更新，这一点对并购人士而言无疑是一大福音。

全书主要着墨于中国现行并购市场上企业所遇见的一系列问题，并以中小型企业的发展为诠释重点，该书总共由 4 个部分组成，以一问一答的方式来解析我国在公司并购重组过程中可能遇到的难点及克服困难方法。

尽管我国并购经验尚且不足，但是在中国证监会及商界人士的不断努力下，我国的资本市场改革初见成效。2007 年以来，中国资本市场已经实现了全流通形态，股市的作用也得以彰显，具有“中国特色”的并购方式开始出现在历史舞台。不过仅有这些进步还是远远不够，现实中的并购实务还是凸显很多问题。例如，中国大部分的企业家们对于并购方式并不了解，他们更加青睐于保守的内生发展模式。并且国内投行并没有充分发挥好中介作用来帮助并购产生，从而导致资本市场发育畸形、盈利较少等问题。这些矛盾若不能有效解决，我国的资本市场势必不能健康成长，那么日后并购事业的发展也会变得举步维艰。深交所创企中心正因为认识到了这些问题，故而将大部分的桎梏归纳起来，并提供了解决方案，以便读者们参考。

中国式并购经过几十年来的不断向前，其关注方向也开始发生了较为明显的变化。从早前由于我国经济体制改革的导向及深化，大家更加倾向于产业型并购事业，认为其更加注重协同效应且更加符合中国企业的发展模式，对于买壳公司及其审核并没有提起较高的重视，甚至淡化了其地位。到如今，新的问题开始出现。我国的收购基本采用善意收购的方式，但近年来随着敌意收购数量的增加，这种直接绕过上市公司管理层从而夺取公司实际控制权的方式开始引起了大家的关注。故在第 2 版的《上市公司并购重组问答》中归纳了许多反收购策略及办法，列举了许多防御机制及解决途径。

难能可贵的是，本书注重了中国实情，对于反收购应对措施在国内的适用提起了较高的重视，并将中国的敌意收购、反收购策略等与国外成熟市场的进行了详细的比较。此外，杠杆收购与借壳上市也在如火如荼地进行之中。本书也同样对这两部分的内容专章加以梳理与归纳，力图以更加简明清晰的方式使读者更好地理解复杂问题。

图书基本信息

著　　者　深圳市证券交易所创业企业培训中心

出版信息　北京：中国财政经济出版社，第 2 版，2017

页　　数　697 页

作者简介

深圳证券交易所创业企业培训中心　多年来始终致力于普及资本市场基础知识、基本理念，宣传资本市场政策法规，积极推进中小企业改革上市、规范运作、做大做强，提高上市公司的质量，保护投资者合法权益。自 2004 年 2 月国务院发布《关于推进资本市场改革开放和稳定发展的若干意见》以来，深交所创业企业培训中心已先后在全国举办了 400 余期培训班、座谈会或研讨会，累计培训 7 万多人次，受到了各地政府、上市公司和拟上市企业的普遍欢迎。与此同时，创业企业培训中心还先后编写了《中小企业板、创业板股票发行上市问答》《上市公司并购重组问答》《上市公司规范运作问答》《固定收益产品问答》《董事会秘书工作手册》《有效董事会》等培训教材，得到广大培训学员的好评。

目　　录

第一部分　产业性并购

第 1 章　产业性并购常识

第 2 章　并购战略与并购目标的确定

第 3 章　聘请中介机构与组建团队

第 4 章　并购尽职调查

第 5 章　并购交易估值

当然，若企业家们对于复杂的并购交易仅有匹夫之勇显然是难以为继的。他们不仅需要良好的交易结构与策略，更加需要降低风险提升成功率的方法和灵感。本书将并购中的风险把控及内幕交易相关内容都进行了专章介绍。

第 6 章　并购交易结构设计
第 7 章　并购融资
第 8 章　并购支付工具
第 9 章　并购会计处理
第 10 章　并购税务筹划
第 11 章　并购实施与过渡期安排
第 12 章　并购整合
第二部分　上市公司重大资产重组
第 1 章　重大资产重组基本流程
第 2 章　重大资产重组的信息披露与文件编制
第 3 章　重大资产重组的审核
第三部分　并购相关专题
第 1 章　产业并购中的风险
第 2 章　收购上市公司与信息披露
第 3 章　并购重组中内幕交易的防控
第 4 章　跨境并购
第 5 章　敌意收购与反收购
第 6 章　并购基金
第 7 章　借壳上市
第 8 章　国有企业的并购重组
第 9 章　收购三板公司需关注的特殊事项
第 10 章　投资者关系管理与媒体沟通
第 11 章　并购创新思考
第 12 章　反垄断
第四部分　并购重组案例

除此之外，随着我国经济实力的不断增强，反垄断审查也变得愈发重要。本书再版以后特意增加了反垄断这一章节，对于反垄断审查的标准和程序也进行较为全面系统的概括，以帮助经营者更好地参与商业活动。本书第四部分介绍了大量有关并购重组业务的典型案例，通过对并购背景、再交易方案及交易效果的评析将案件进行重新分解排列，不仅可以巩固读者在前三部分所学到的知识，并且也能验证前篇内容的正确性。

总体而言，本书论述详略适当，思路清晰且富有逻辑，对于知识的实时性与办法的可行性的把控都较为合理，不失为我国并购从业人员了解资本市场，进行资本活动的一本好书。

30.《上市公司并购业务操作指引》

进入 21 世纪以来，我国的并购业务在以每年的高倍速蓬勃发展着，但相较于欧美等西方国家而言，我国的资本市场成长还略显稚嫩，法律监管制度和市场运行机制还不尽完善，越来越多的有识之士开始有了为并购道路寻求正确指引的诉求。遗憾的是，虽然我国已经有了很多关于并购业务的资料，但较为全面实用的指南性丛书却寥寥无几。直到这本《上市公司并购业务操作指引》的出版，这种缺少有用资料的困境才开始得以打破。

本书的作者是在金融学领域与法学领域都有一定建树的隋平和罗康，其二人利用自身复合型的知识背景和丰富的并购经验，从金融和法律的角度分别论述了并购问题。这种互相穿插、互为表里的叙述方式使得本书在目前的同类书籍里显得别具一格。

首先，本书的内容丰富，涵盖范围全面，其几乎涵盖了有关上市公司并购交易的所有内容。全书大致分为上中下三编进行叙述，上编叙述的是上市公司并购重组中的基本制度，中篇是关于上市公司并购重组的典型教育结构及下篇是有关上市公司并购重组中的特别制度。作者虽没有按照一般并购交易顺序进行论述，但将相似内容综合起来叙述，也能让读者在阅读之余，相互比对不同结构与制度相互之间的不同及相似之处，加深对知识的印象。我国现行的并购交易大多数都发生在上市公司之间，此书的出现为我国上市公司在并购道路上走得愈发顺畅扫清了障碍。

其次，本书贴近实务，善于从案例中发现和解决问题。作者秉持“从案例中来，到案例中去”观点，将案例讲解作为书中的主要内容。作者将自己亲手经历过的或者当时较为著名的案例进行整理归纳，并且没有做过多的修饰，尽可能地为读者还原了最真实的案例文本与细节。作者将书中许多抽象的知识用图表与表格罗列出来，加深读者理解的同时也很好地兼顾了没有相关专业基础的读者，为其在今后的工作中提供了些许的借鉴和启发。

最后，本书紧跟时代，符合规律。在这个“信息为王”的时代，信息更新地越快，企业就越能抢占先机，故本书所涵盖的法条基本都是当时的最新版。当然，在日新月异的今日，

图书基本信息

著　　者　隋平；罗康

出版信息　北京：法律出版社，2012

页　　数　779 页

作者简介

隋平，金融法学博士（J. S. D.），毕业于香港城市大学法学院，师从国际上著名的国际金融法学家王贵国教授。曾在国企、著名律所、投资公司、投资银行担任领导工作，从事国内、外金融与投资法律业务多年，现任教于湘潭大学法学院，硕士研究生导师，湘大尚公法律实务研究中心执行主任，湘大金融与法研究中心执行主任。曾有《中华人民共和国劳动合同法精解》《公司并购法律实务》《外资公司法律实务》等多部著作。

罗康，湘潭大学法学院尚公法律实务研究中心高级研究员，湘潭大学法学院金融与法研究中心研究员，著有《人民币汇率的卫国战争》《企业债券市场融资》《海外并购：法律操作与税务筹划》等多部著作。

目　　录

上编　上市公司并购重组中的基本制度
第 1 章　上市公司并购重组综述
第 2 章　上市公司并购重组中财务顾问的介入规则
第 3 章　上市公司并购重组定价
第 4 章　上市公司并购中的税收筹划和支付方式
中编　上市公司并购重组的典型交易结构
第 5 章　上市公司股权收购机制

部分内容可能已经过时，但其中所蕴含的精神与思考之道，对于今日的并购交易来说依然有很大的借鉴作用。

此外，本书对于正在兴起的外资并购及借壳上市等特别制度也花费了一定篇幅加以论述，旨在帮助有识之士尽量全面地了解并购业务，学习并购技巧和培养并购思维。

第6章　上市公司重大资产重组机制
下编　上市公司并购重组中的特别制度
第7章　上市公司发行新股购买资产
第8章　上市公司管理层收购和反并购措施
第9章　上市公司国有资产并购
第10章　上市公司的外资并购

总体而言，本书逻辑清晰，语言精练，很好地填补了当时我国缺乏专业性并购操作指南的空白。尽管本书优点众多，缺点也十分明显。例如，全书虽大量引用案例原资料和法条原文，但难免有堆砌资料之嫌。若作者可以锦上添花地对其中部分案例加以点评或者评析，可能会让读者更好地吸收书中精髓。并且，作者在列举法条时，只做了简单陈列，并没有就其立法背景、我国的立法、商业环境等加以联系。若不翻阅其他资料辅助阅读的话，没有法律或者金融背景读者恐怕难以读懂。若日后作者有机会再版对以上问题做出一定修改，相信本书一定可以焕发新的活力与光彩。

31.《中国企业并购重组税收指南》

经过百年的发展，美国联邦公司的并购税制已经成为一套立法价值取向明确、具有可操作和规范指引特征的税法体系。而我国的并购重组业务实践直到20世纪80年代才开始，至今和企业并购相关的税收制度仍然存在很多的空白、漏洞甚至相互矛盾的地方。

因此，具有中美两国企业并购重组税务实践，并且曾参与我国目前相关税法制订的郭垂平先生，希望通过《中国企业并购重组税收指南》一书，研究西方发达国家企业并购重组发展历史及其税收制度，并与我国企业并购重组所处的历史发展阶段和相关制度演变进行对比分析，给相关专业人士提供了详尽的税务指南与相关制度的完善建议。

追根溯源，是作者阐述我国企业并购重组税法的思路，也是有效理解我国现行企业并购重组税收制度的方式。本书认为，美国并购重组业务的繁荣和消沉周期总是与一定的宏观经济周期相吻合，其相关政府管制和制度安排也同样随之变化，这都体现了美国自由市场和产业发展的特点。

但反观我国，由于特殊国情，一直以来，计划经济和国有企业占据主导地位。因此，理解我国企业并购税制的发展必须要以国企改革为出发点，同时在作者看来，我国现行的企业并购重组税制仍然保留着国企行政监管的烙印，必须对相关制度予以市场化改革，才能更加高效地起到推进我国产业整合及振兴规划的作用。

目光在理论与实践之间来回穿梭，是作者深刻剖析我国企业并购重组税收制度的主要方法。制度是实践高度理论化和抽象化的表现形式，站在前人的肩膀上，从理解企业并购重组税务基本制度概念出发，是在并购重组中运用相关税收规定的基石。因此，本书以美国税法典为基础，从税务的角度，分析了企业并购交易的基本形式、交易结构及经济实质，同时也总结了我国基于税务规定的不同交易结构及类型。

通过对比分析，作者认为，我国对并购交易的类型划分不科学、逻辑不严谨，仍有非常大的改善空间。但是无论如何，本书对我国并购重组税收框架的梳理，对并购重组税收基本原则的分析，为实现并购重组业务税收利益最大化提供了坚实的基础。

法规分析和案例导读的结合，是作者为企业并购重组相关人士提供指引最有效的指南针。若只分析并购重组税务的法条，会使本已极其复杂的税法更加难以理解；若只列举法条而不分析，仅以案例予以说明，同样会让读者对案例的前因后果感到糊涂。而本书将两者充分有机地结合在一起，既简单、清晰又有条理地

图书基本信息

著　　者　郭垂平；王瑞琪；林文辉

出版信息　北京：中国财政经济出版社，2013

页　　数　311 页

作者简介

郭垂平，美国乔治华盛顿大学会计学硕士，中国人民大学财政学硕士研究生，《企业所得税法》及其实施条例立法起草小组成员，现任职于财政部税政司。先后参与《中国税收制度》等多部著作撰写和多部法规的起草工作。

王瑞琪，高级会计师、执业注册会计师、非执业注册税务师。长期从事会计、审计工作，现为中瑞岳华会计师事务所高级合伙人。

林文辉，中国注册会计师，昆仑国际金融集团有限公司独立非执行董事。先后供职于国内和国际大型会计师事务所，从事并购重组税收政策及会计处理跟踪研究和重组业务财税咨询服务工作。

目　　录

第 1 章　重组概述
第 2 章　资产收购
第 3 章　股权收购
第 4 章　公司合并
第 5 章　公司分立
第 6 章　债务重组
第 7 章　跨境重组
第 8 章　企业清算

对法条进行了分析，同时也以案例的形式，对法条的适用及其在实际运用、变通方面进行了充分深入的阐释，使得本书摆脱了法律条文的枯燥乏味及案例的简单堆砌，变得十分务实。

美中不足的是，本书成书于2013年，因此并没有对其后在我国蓬勃发展的并购基金中出现的相关税收问题进行前瞻性的阐述，而且主要以企业所得税的相关处理为主要内容，并没有细致地分析企业并购重组中的其他税收问题。但本书以“授人以渔”代替了“授人以鱼”，通过对企业并购重组税务溯本求源及理论与实践、法规与案例相结合的解析模式，给读者们提供了理解和运用我国企业并购重组税收规定的逻辑思考框架和宝贵的实践指南。

32.《并购指南：如何发现好公司（原书第2版）》

图书基本信息

英文书名　M&A：A Practical Guide to Doing the Deal

著　　者　杰弗里·C. 胡克（Jeffrey C. Hooke））

译　　者　李必龙；李羿；刘潇然

出版信息　北京：机械工业出版社，2016

页　　数　218页

作者简介

杰弗里·C. 胡克（Jeffrey C. Hooke）

焦点证券公司（一家美国的中型市场投资银行）的执行董事。此前，胡克执掌过新兴市场合伙企业（一家规模50亿美元的私募股权基金公司）的并购交易。他曾是国际金融公司（世界银行300亿美元规模的私营投资部）的首席投资人。早年，他的纽约投行生涯涵盖了两家著名公司：雷曼兄弟和施罗德－沃特海姆。他是一名受人尊敬的财经作家，也是一位具有国际经验的金融/投资经理。

在饱受了失败的苦楚之后，越来越多的人不禁开始思考，如何才能选择正确的标的公司呢？选择好公司的路径是什么呢？如何才能设计出合理的交易结构和收购策略，在实务中避免悲剧重演呢？幸运的是，在经过大家不断地努力和探索中，许多著述和书籍都开始重视并研究这些问题，这本《并购指南：如何发现好公司（原书第2版）》就是其中极具代表性的一本中译本。

本书的译者是李必龙、李羿、刘潇然，三人都是对并购怀有浓厚兴趣且具有较强翻译能力的专家。本书的作者则是焦点证券公司（一家美国的中型市场投资银行）的执行董事杰弗里·C. 胡克，曾经供职于雷曼兄弟和施罗德－沃特海姆等世界知名企业，拥有多年的并购经验，从而使得本书的可读性与实操性都极为出色。

作者以并购全景图为开端，将全书分为了4个部分23个章节来进行叙述。并购交易是最为复杂的活动之一，其所涉及的方方面面都需要参与人员的认真、配合及协作才能完成。作者将并购交易作为一个整体来看待，从发掘交易、目标公司财务分析、并购估值和分析并购出售流程等几个方面来概括并购交易中所需注意的问题及其应对策略。其通过描述最常见的并购发生的 10 个原因来分析并购存在的必要性，并在此基础上归纳出了常用的 3 个金融策略，且对此做出了较为完整的解读。

在此部分，译者翻译的也相当熟稔。文章的开篇往往会影响读者对全书的印象和做出是否继续阅读的决定，而本书的语言则非常通顺易懂，翻译痕迹较小，让中国的读者阅读起来也毫无吃力之感。诚然，并购交易已经成为最能促进企业发展和实现公司增值的方式之一，与作者一样，译者显然已深知并购交易之道，所以才能如此完整地将全文表述出来。

本书的第二部分，就是深入讨论如何有计划地、有系统地发掘一家盈利良好、体量合理、有发展潜力的目标公司从而提高并购的成功率。独具一格的是，本书关于这个问题的探讨是以投行家的视角为切入点的，该角度与目前绝大多数站在企业拥有者角度讨论的专业书籍并不一致，这不仅可以从另一角度深度剖析并购交易，并且可以引发读者新一轮的思考，使其在日后的职业生涯中少走弯路，多维度地考虑问题，增加实战相关的知识与技能。

交易对象一旦确定，那么后续的工作就应陆续开展。在这些问题中，任务量最繁重、最困难的就是交易流程的设计及公司的财务估值

目　录

译者序/前言
第一部分　全景图
第 1 章　现状和演进
全球并购市场的现状和演进
第 2 章　历史、趋势和差异
美国并购的历史、趋势以及与他国的差异
第 3 章　收购的动因
对增长的渴望激发买家的收购欲望
第 4 章　财务策略
主导并购行业的三大财务策略
第二部分　发掘并购交易
第 5 章　制订系统计划
买家必须有系统的计划才能发掘出高质量的交易
第 6 章　设定交易参数
为了开始寻找收购对象，买家首先应设定可能的交易参数
第 7 章　开始寻找过程
买家正式开始收购寻找过程：通知中介，联系可能的卖家
第 8 章　找到交易对象
努力寻找的可能结果
第 9 章　四大主要风险
买家在并购业务中直面的四大主要风险
第三部分　目标公司的财务分析
第 10 章　估量并购目标
从财务的角度估量并购目标
第 11 章　目标公司分类
为做财务预测，买家需要把目标公司按照成熟型、成长型、周期型企业予以分类
第 12 章　如何做预测
并购人士如何预测并购目标、销售额及其利润

方面的问题。大多数的书籍对于这两个方面的论述都大同小异，基本集中于对工业和服务业公司的标准估值，但本书则另辟蹊径，其所涉及的内容不仅涵盖了传统知识，还囊括了一些特殊的包括自然资源企业、亏损企业、周期性企业及新兴市场企业等在内的其他估值难题。本书还含有丰富的案例介绍及大量的图表与理论知识穿插讲解，旨在帮助读者更好梳理并购流程及快速代入案例情境，增加书本的趣味性，对当下的并购从业人员提升思维高度和广度都是大有裨益的。

此外，本书还特别强调并购活动要顺潮流而动，紧跟时代脉搏并适时调整并购战略，以适应并购环境的变化。但美中不足的是，本书仅对于并购中较为常见的场景和问题进行了概括与梳理，对于更深层次的交易技巧及并购整合的相关知识涉及不多，所以如果是对并购实务感兴趣的读者，抑或者是尚未踏出校门的相关专业学生，本书作为一本优秀的中译本，都不失为一个快速了解交易实务，学习并购基础的上佳选择。

第四部分　并购估值

第13章　四种估值方法

并购行业常用的四种估值方法

第14章　贴现现金流法

贴现现金流法在并购估值中的应用

第15章　可比上市公司法

估值并购目标的可比上市公司法

第16章　可比交易估值法

通过考虑可比交易和杠杆并购，估值并购目标公司

第17章　另类情境估值

与标准模式相异的情境估值

第五部分　并表分析、出售流程、交易结构、特别情境

第18章　并购分析

合并买家和卖家的财务成果数据，做并购分析

第19章　出售时机

何为企业主出售企业的最佳时机

第20章　出售流程

基于卖家角度的出售流程

第21章　法律和税收结构

并购交易中常用的法律和税收结构评述

第22章　非常类交易

并购交易中的小众类交易

第23章　最后的思索

有关并购交易的最后思索

33.《成功并购指南》

一项并购活动应该如何去开展才能成功呢？在前进的路上又会遇到怎样的困难艰险呢？别着急，相信你在读完这本《成功并购指南》后，一定会找到想要的答案。

本书的作者是马里恩·迪瓦恩，其有着长达15年的丰富管理写作经验，并且对于并购管理及交易策略方面有着自己独到的看法与体悟。

古人云：“麻雀虽小，五脏俱全。”而这也可以概括为本书的第一个优点。与其他冗长复杂的专业书籍相比，本书更加注重内容的实用性。该书总共由8

个章节构成，作者别具一格地将企业并购比喻成原子之间的排列组合，而整本书也以原子的裂变聚合过程为主线，一步步地去描述企业并购重组的过程，如此的专业知识让人看起来感觉趣味十足。

马里恩·迪瓦恩认为，合并、收购及合资等公司组成方式就如不同原子之间的互相作用。它们通过改变自身的排列组合发生核反应，从而改变了原生公司的“原子核”——核心业务，并且因此改变从而迸发出了巨大的衍生力量。若企业管理人员未能有效控制这些能量，那么将可能被这股力量反噬，导致巨大的资源浪费及员工极度的不安情绪，从而造成不可预料的结果，其通常表现为并购交易的失败。马里恩·迪瓦恩用诙谐幽默又富有内涵的语言将并购知识娓娓道来，不仅降低了读者的阅读难度，并且这种将传统物理学知识与现代并购实践进行奇妙组合，使得作品焕发出了不一样的光彩。

在对并购全貌及类型做了一个简单的概括以后，作者便像读者解释了商业世界最为残酷的法则——成王败寇。马里恩·迪瓦恩并没有故意避开这一现实问题，而是将其放置在本书的开篇来解释，非常完整地向读者叙述了真实的并购世界及商业活动中你争我夺的从业规律。

图书基本信息

英文书名 Successful Mergers

著　　者 马里恩·迪瓦恩（Marion Devine）

译　　者 韩嵩

出版信息 北京：中信出版社，2004

页　　数 169页

作者简介

马里恩·迪瓦恩（Marion Devine） 有累计长达15年的管理写作经验，其著作主要发表于英国《金融时报》、《星期日泰晤士报》等著名媒体，并在英国阿什里奇管理学院和罗菲管理学院从事应用研究工作。

目　　录

第1章　聚变与裂变：并购中的成王败寇

第2章　磁力作用：启动并购

第3章　分析原子：把握合并伙伴的情况

第4章　创造原子核：整合过程

第5章　爆炸与爆聚：消息发布与交易完成之间的致命弱点

第6章　将余波最小化：过渡

第7章　激发电子：经理和团队领导的作用

第8章　完成聚变：释放创新能量

公司选择并购原因有很多，但不论并购的动机源于何处，并购之路注定无法一帆风顺，但只要交易双方对于自己接下来要做的事情策划缜密，考虑周全，构建一个“事先设计好的战略”从而达到计划、组织、支配与控制人与资源的理想化状态。一旦确定“战略为王”的心态，那么无论是并购游戏中的重量级选手还是轻量级选手，都可能成为赢家。

作者的警示对于广大并购从业者而言无异于醍醐灌顶，发人深省。

在启动并购交易计划以后，双方将进入谈判与尽职调查阶段。那么信息的沟通交流在这个阶段将显得极为重要。数据显示，70%的员工在听说自己的公司将被收购之后是不知所措的，而剩下的30%可能根本就不知道自己可能将被收购了。员工是企业组成的基础，若其心态不稳，则会增加整个收购工作的难度。马里恩·迪瓦恩从案例出发，以真实的历史事实告诫读者，沟通与进程相辅相成这一道理。

当然，在兼并或收购工作完成以后，问题还远没有结束，如何成功实施业务过渡，将余波最小化，则是新实体所又要面对的问题。对此，作者的观点是发挥每一个电子——最广大员工的力量，调动他们的积极性，让他们认清自己的定位，而不是将自己划分为这场交易之中的“局外人”。鼓励他们积极进取，从而帮助企业焕发新活力，开启新篇章。

以上几点，不过冰山一角，并不能概括出本书的全部优点。由于长度有限，本书所涉及的都是并购过程中最常见，往往也是最难解决的方面。无论是并购从业者，还是对并购感兴趣的人士，希望读者在并购之旅中读完本书以后，感觉不虚此行。

34.《兼并和收购综合指南：如何管理并购各阶段的关键成功要素》

图书基本信息

英文书名　A Comprehensive Guide to Mergers & Acquisitions：Managing the Critical Success Factors across Every Stage of the M&A Process

著　　者　雅可夫·韦伯（Yaakov Weber）；什洛莫·塔巴（Shlomo Tarba）；克里丝汀娜·欧伯格（Christina Oberg）

译　　者　李运璟；周京京

出版信息　北京：中国金融出版社，2015

页　　数　183页

与其他一般商业活动比较，并购在所需要的时间上要长一些，在程序和所应对的问题上要复杂一些，在所涉及的人员上要多一些，在规模和交易的金额上要大一些。这客观上就要求从事并购活动人员，特别是主导并购交易的公司管理层具有长远的眼光和全局的意识。

那么，如何增进我们在进行并购交易时的整体或全局意识从而提高成功的概率呢？方法无外乎是了解并购交易中各具体元素之间的联系，了解它们对于整体或全局的意义。

在这方面，由雅可夫·韦伯、什洛莫·塔

巴和克里丝汀娜·欧伯格共同撰写的《兼并和收购综合指南：如何管理并购各阶段的关键成功要素》一书值得推荐。该著作以全局的观念驾驭并购交易过程中各个阶段关键的成功要素，强调这些要素之间的彼此联系，为我们提供了一个观察并购问题的全新视角。

所以，这部著作的最重要的一个贡献或特色在于它不仅仅关注并购交易中的各个环节，而且还兼顾了各个环节间的相互联系。作者在这部由4大部分和16个章节构成的著作中，用了第一部分的4个章节讨论如何将并购的三个主要阶段作为一个有机联系的整体而实现价值的创造。这三个主要阶段分别是：①战略规划和决策阶段；②尽职调查、谈判和协议签署阶段；③并购后整合阶段。作者认为，过去令人沮丧的并购绩效可能是由于并购各阶段缺乏协同造成的，将并购各个阶段、各项行动、各段程序视为一个整体，实现协同一致，有助于降低失败比率，增加成功机会。

其次，该著作提供了一套有关并购成功要素的分析工具。这套分析工具其实很简单，就是将我们通常理解的并购交易旨在实现的总的协同效应分解为几个阶段性的协同效应，比如目标筛选、尽职调查、谈判和整合等，并进行相应的评估。

为此，作者还提出了潜在协同效应，即协同效应来源的概念。根据作者的理解，潜在协同效应，即协同效应来源主要体现在三个领域：①包括业务活动和设备在内的共享资源；②功能类知识和能力在双方之间的转移；③管理类

作者简介

雅可夫·韦伯（Yaakov Weber），以色列里雄莱锡安工商管理学院的管理学教授，以及一家名为“战略－实施－结果”的战略管理咨询公司总裁。他担任战略管理顾问超过25年，帮助众多企业高管成功进行国内外并购，其工作涉及并购各个阶段，包括规划、谈判、综合处理等。他在美国、西欧、东欧和中国的很多大学讲课，教授工商管理研究生课程和高管课程。

什洛莫·塔巴（Shlomo Tarba），英国谢菲尔德大学的战略管理学讲师以及全球战略合伙人。专长于生物技术和电信公司领域的咨询工作。他还曾在以色列橡胶和塑料工业协会及美国—以色列商会从事咨询工作。

克里丝汀娜·欧伯格（Christina Oberg），隆德大学工商管理学和物流学系的副教授，目前在埃克赛特大学的创新与服务研究中心进行研究工作。她从林雪平大学获得工商营销学博士学位，具有产业背景，担任过财务总管和首席会计师。她的研究领域包括并购、品牌与知名度、客户关系和创新管理。她曾在《商业研究杂志》《建筑管理和经济学》《国际创新管理杂志》《欧洲营销杂志》《服务业杂志》《企业对企业营销杂志》《斯堪的纳维亚管理杂志》《雷鸟国际商业评论》和《工业市场营销管理》等杂志上发表过论文。

目　录

第一部分　并购的价值创造模式

知识和能力在双方之间的转移。

另外，这部著作讨论了一些在其他并购文献中被忽略了的重要问题，比如文化差异在并购各个阶段的影响问题，人力资源在并购各个阶段的影响问题、领导力的问题、信任的问题及沟通的问题等。作者认为这些问题虽然没有受到普遍关注或重视，但是对并购交易的成功至关重要。

以往，并购文献在讨论文化差异和人力资源问题的时候，都是将它们放在并购后整合阶段作为一个相对孤立的问题来看待。而在本著中，作者视其为战略规划、谈判和实施这三个并购主要阶段的组成部分，具有全局的性质。

关于领导力问题的讨论，可能是该著最有创新价值的地方。在作者眼里，并购各个阶段需应对诸多挑战，其中包括：有清晰的并购战略依据；确保所有利益相关者清楚了解并购交易的原因和依据；确保支持该并购的利益相关者拥护并购项目，并致力于并购的长期成功；管理并购双方的接触事宜，尤其是管理两个不同的国家和企业文化相互接触产生的影响；赢得人们的支持；在并购双方公司员工之间建立全面信任；管理整合过程，实现各项并购战略目标等，而所有这些离不开领导者的领导力。作者认为，领导者不同于管理者，领导者的领导力也不同于管理者的管理能力。前者需要良好的战略思考、远见卓识的组织和沟通能力。

第1章 并购矛盾：兼并和收购的成败因素
第2章 并购过程中一体化的价值创造模式
第3章 战略动机和考虑因素
第4章 并购战略决策
第二部分 关键成功因素的分析工具
第5章 协同潜能及其实现
第6章 文化和文化差异分析
第7章 搜寻、筛选和确定并购目标
第三部分 谈判
第8章 目标选择和谈判过程
第9章 扩大尽职调查范围，对并购做出总结性评估
第10章 签订协议
第四部分 兼并后的整合与实施
第11章 文化冲突管理
第12章 沟通
第13章 整合策略
第14章 人力资本问题与做法
第15章 并购中的领导力
第16章 并购中的信任形成与改变

总体来讲，这部著作在思路上有条理，在方法上有创新，在观点上有见地。文字简练，通俗易懂，并能有效运用图表数据阐明问题。就像英国兰卡斯特大学管理学院特聘教授卡里·L. 库珀在评论时所指出的，适合所有公司高管、人力资源专家和相关学者阅读。

35. 10 Truths of Mergers & Acquisitions：A Survival Guide《并购的 10 个真相：生存指南》

并购经常被形容为一种具有破坏力的企业成长方式，这种破坏力主要体现在被收购方几乎难以避免产品被削减、人员被减裁的命运上。如果你是一名普通的公司职员，那么鉴于并购交易已然成为现今商业活动中的常见现象，为避免遭到“破坏力”的殃及，最好提前为此做好准备。

如果你真的相信公司高管层描绘的并购后“人人获益”的美好世界，那么 C. M. 卡乌尔将通过此书告诉你该回到现实中了。作为一个先后经历了所在公司被合并、收购的过来人，他从一个公司普通职员的立场，用亲身经历向读者揭露并购中的 10 大真相，并提供切实可行的生存指南。

作者在介绍本书时谈道：“你将会发现，在并购后，无论是管理人员还是其雇员的命运都可以归结到这 10 个真相中。我写此书的目的是为了使读者从我自身的错误和教训中有所受益，并且帮助读者为避开并购中的雷区做好准备。”

C. M. 卡乌尔花了数十年的时间研究一些处于世界领先地位的大公司中的政治和社交行为，并将这些成果巧妙地融合到了此书中。作为并购交易中的一名普通体验者，他坚信所有兼并交易的本质其实是收购，因为在公司这个小型社会中，无处不折射着国家这个大社会的

图书基本信息

中文书名　《并购的 10 个真相：生存指南》

著　　者　C. M. 卡乌尔（C. M. Cower）

出版信息　iUniverse，Inc.，2007

页　　数　93 页

作者简介

C. M. 卡乌尔（C. M. Cower），作为一位普通的公司职员，他亲身经历了一次合并和一场收购交易。他花数十年的时间研究在一些处于世界领先地位的大公司中的政治和社交行为。现在的他已经退休，和妻子以及两个孩子生活在一起。

目　　录

前言

第 1 章　并购的真相：没有兼并，只有收购

第 2 章　加法的真相：1 + 1 = 1

第 3 章　分立的真相：总是双方敌对

第 4 章　政治的真相：企业决策来源于政治斗争而非商业战略

第 4a 章　无需推论：不管多努力，都无法转变你的政党身份

第 5 章　调整的真相：在众多的产品中，有一些必须被抛弃

第 6 章　减法的真相：减员增效是合并中的第一场大胜仗

第 7 章　忠诚的真相：只用自己人

第 8 章　信任的真相：信任源于你是自己人，而你并不是

政治斗争。

第9章 威胁的真相：对威胁的最初直觉将决定谁会被放逐
第10章 否定的真相：只有我们的方法才是正确的方法
第11章 总结分析

作者在整本书中都贯穿着美国政治世界里的“民主党”和“共和党”两派角色，分别代表合并前自己所在公司的职员和合并的对象公司职员（作者声明比喻并不代表其任何政治立场）。他将公司合并后发生的一切不公平现象都利用政治关系进行了解读：为什么合并后公司的11个重要职位中仅有3个职位上是“民主党”人？为什么“民主党”人被大幅度削减和替换？为什么“共和党”经理人永远不信任“民主党”下属？为什么“民主党”人的出色能力和良好业绩反而被“共和党”高层看作是威胁？……相信类似这样的问题一旦放到政治世界中，答案就呼之欲出了。从作者采用的政治关系比喻中可以看出他对其经历的感受非常深刻，也思考得异常透彻。除了利用政治关系类比企业内部关系外，他还运用了很多精彩、贴切的比喻来描述各种现象及发掘背后的本质。作者就像个智慧而有趣的老师，为“学生”学习的过程消除了不少障碍，也增添了许多乐趣。

作者经过思考、分析，将并购后的种种现象归结到10个真相中。通过对并购中一个个真相的揭露，作者为我们勾画出了一个真实而残酷的世界。对于每一个真相，他都用幽默和讽刺的方式，辅以亲身经历或亲眼目睹的例子来说明和印证，并且最终落脚到为读者提供成功的指引上。

这些真相从“没有兼并，只有收购”出发，途中历经了关于分立、政治斗争、互相调整、信任、威胁等的真相之后，最终到达并购中的终极真相——只有掌权一方的方式方法才是正确的。因此作者认为要想在这场没有硝烟的战争中生存下来，就要树立下“卧薪尝胆”的态度，保持工作上的低调姿态和出色绩效，顺应“共和党”的“执政之道”，逐步成为“后起之秀”。

由于本书是作者亲历的体现，很难避免代入大量的主观情感色彩，作者在第11章中对此做了回应和解释：“也许读者在读后可能会感觉这是一个充满愤怒的年轻人的主观论断，但请别忘了我作为一名‘民主党’人，不但生存了下来，还能够处在公司的高层、享有丰厚的薪水，并不像其他绝大多数人那样丢掉了工作。当然，我不是在寻求报复，而是想跟大家分享我学到的人生最大的经验教训。”

“美国宪法之父”詹姆斯·麦迪逊说：“如果人人都是天使，就不需要任何政府了；如果是天使统治人，就不需要对政府有任何外在或内在的控制了。”可惜的是无论在国家层面上还是企业层面上，其机构组成单位都是普通的个人，高管层在缺乏监督的情况下很难做到像“天使”一样管理雇员，作者阐述的10个真相其实就是人类本性在行动上的反应。

对公司的普通职员来说，并购后的世界虽然残酷，但幸运的是有前人为我们分享宝贵的经验和教训。这本书即为正在经历或者即将面临公司被收购的普通职员起到了警醒与指引的作用。

36. A Practical Guide to Mergers & Acquisitions：Truth Is Stranger than Fiction《并购实务指南：离奇的真相》

对并购从业者而言，掌握并购的核心技巧及知识才能抓住趋势。而路易斯·M. 理查德写的《并购实务指南》一书，则是轻松快速掌握并购技巧，使读者能在并购中乘势而为的一把不可多得的利器。作者将其在澳大利亚及跨地区并购交易的经验浓缩于此书，表达非常平实和流畅。

并购为什么会发生？没有什么深奥的经济学理论，也抛弃了传统论述驱动并购交易的各种协同作用，作者直陈并购交易的发生也许是交易双方背后的企业家或管理层厌倦的企业日复一日的运转，而希望通过并购搞些新花样；或者是并购交易双方只是在机场相遇，觉得相见恨晚；抑或是交易双方经过精心设计和谈判的结果。无论如何，并购交易背后人的因素不可忽视。

企业为什么愿意被并购？在赢者通吃的时

图书基本信息

中文书名　《并购实务指南：离奇的真相》

著　　者　路易斯·M. 理查德（Louis M. Richard）

出版信息　Strategic Book Publishing & Rights Agency，LLC，2008

页　　数　128页

作者简介

路易斯·M. 理查德（Louis M. Richard），20世纪60年代辞去教学工作，加入IBM的澳大利亚分部，进入ICT行业。在其职业生涯中担任过很多职位，包括计算机资源集团公司（二十世纪七八十年代本土最大的ICT公司）的核心高管、极其成功的ATAC集团的创始人、经营管理者及英国FEE集团的执行董事等。

目　　录

第1章　企业为什么要收购？

第2章　收购方的工具箱
第3章　为什么大多数收购会失败?
第4章　为什么企业愿意被收购?
第5章　买方交易
第6章　卖方交易
第7章　在澳大利亚融资
第8章　各种琐事及细枝末节
第9章　我早就告诉过你

代，大家会觉得被并购的企业一定是输家，但事实并非如此。陷入困境的企业确实被并购的概率比较大，但是通常而言，被并购方也存在相关的战略考量。根据行业或产品的生命周期来决定卖掉自己的企业通常能实现资源的最优配置；资产剥离及分拆通常能提高公司主营业务的盈利能力；被有资源和实力的买方并购通常能实现被并购方快速的扩张。因此，被并购方不一定是输家，一般情况下都会实现其特定的价值。

并购为什么会失败？并购不一定会失败，但大多数案例告诉我们，并购失败的概率会很大。文化问题首当其要，文化问题最终反映的是人与人之间、团体和团体之间的价值观不同。但这一问题并非不可调和，文化冲突不是必然，共同的价值追求是化解文化冲突的黏合剂。

并购整合问题也不可忽视，并购的整合首先体现在文化的整合，但并非仅仅是文化的整合，还有组织架构的合理设置、激励机制的设定等要素。但是，毫无疑问的是，并购失败体现的是并购交易背后人与人之间利益协调的失败，价值实现的失败。

并购者是否有避免失败的锦囊妙计？当然，行业研究、标的筛选、估值模型的运用等，你都可以从本书轻松得到。对并购方而言，在选择并购标的及制订并购战略方面，对拟通过并购进入的某个行业进行深入的行业研究和调查非常必要。虽然不可能精准发现每个潜在的并购标的，但是通过对某一产业链上的企业财务数据进行对比研究，进而发现优质并有成长性的标的企业，并购方就能事半功倍，在并购的初始阶段提升并购的成功率。

并购交易对买方和卖方而言是否有不同之处？如何筹集并购资金？是否存在经常被忽视的影响并购成功的其他因素？放心，您所关心的有关并购交易重要细节问题，都将能从这本书得到满意的答案。

37. A Practical Guide to Mergers, Acquisitions and Divestitures《兼并、收购与资产剥离实务指南》

现阶段我国市场及产业发展正处于新旧动能的转换期，大多数在积极进行资产的并购重组和剥离，希冀于在动能转换的“自行车赛”中，突破大车主集团，晋升领先集团。然而，商场如战场，能从战场突围者，毕竟是少数。但幸运的是，在美国并购重组和企业剥离领域有着30年实务经验的杰·K. 西姆，通过《兼并、收购与资产剥离实务指南》一书，为我们带来了美国早已经历过的企业并购重组及资产剥离大潮中的成熟经验。

孙子曰：“上兵伐谋，其次伐交。”本书的第一大特色是它是一本有关企业并购和剥离业务的“孙子兵法”。它给我们呈现的既有战略性的一面，告诉我们为什么并购，为什么要剥离企业资产，并购什么标的和剥离什么资产的战略选择；另一方面，本书也极具战术性。作者集几十年经验于本书，专业、深刻地阐述了并购和资产剥离的具体细节，并且在许多细节处，作者根据其经验，分析了很多并购和剥离不为人悉知的操作雷区。

本书专注于阐述企业并购和资产剥离的战略和战术。大家对一本阐述并购重组的好书的基本要求是专业，但是本书对企业并购和资产剥离的异常专注，早已超越了简单专业的程度。本书作为一本指南式的书籍，作者却只将其分为了两章，即并购和剥离两部分。作者没有对并购重组的相关理论、历史和背景进行长篇大

图书基本信息

中文书名 《兼并、收购与资产剥离实务指南》

著　　者 杰·K. 西姆（Jae K. Shim）

出版信息 Global Professional Publishing，2012

页　　数 200页

作者简介

杰·K. 西姆（Jae K. Shim），加州州立大学商学院教授，三角咨询公司CEO。在加州大学伯克利分校获得MBA和博士学位，其后在商业领域和非营利性组织有近30年的财务顾问经验。

目　　录

第1章　并购
兼并
兼并的利弊
指南纲要
为并购做准备
拟定收购条款
分类标准
价格确定的因素
收购策略与流程
兼并融资
资本预算方法在评估收购中的运用
汇率
兼并对每股收益和每股市价的影响
收购的风险
控股公司
敌意收购竞标
美国证券交易委员会的要求

论的描写，反而如《孙子兵法》般，开门见山，专业、简洁及深刻地对并购和资产剥离最重要、最本质的原理、方法和过程进行剖析，可读性非常强。这是第二大特色。

税务考虑
目标公司的防御措施
超额收益资本化
企业合并的会计、报告与披露
作为企业合并一部分的研发成本
年度报告参考
哈门那公司2010年年报
强生公司2008年年报
企业兼并财务报表分析
企业运营官的出现—内部并购团队
促成公司“联姻”
结论
第2章　剥离
分拆
剥离的目标及类型
剥离的原因
决定应该出售的地区或部门
剥离或重组计划
销售计划
员工考虑
剥离方式
剥离评估
资产评估方法
销售和收入影响因素
市场比较
贴现现金流分析
剥离与不确定性
交割的形式
清算程序
结论
附录
案例研究
词汇表

作者认为，无论是企业的领导者还是管理层，如果希望通过并购或者资产重组提升企业价值，巩固企业竞争地位，扩张企业经营规模，执行力则非常重要。所以，简单专注，使得本书于企业并购或资产剥离的从业者而言，十分具有可执行性。

简而不失其华，约不显其涩。本书语言平实易懂，毫不晦涩，同时又不失作者的专业和经验的沉淀，这是本书第三大特色所在。由于本来并购重组业务极其复杂和专业，很多其他论述企业并购重组和资产剥离的著作在进行阐述时，难免有语言和句词的复杂、辗转。但是本书作者基于其30年丰富的从业经验及扎实的财务会计基础，似乎已经能够将并购重组的复杂业务融入其平时的生活之中。因此，本书无论是在论述企业并购和资产剥离的会计处理，抑或是分析各种不同的并购估值方法，都能用非常简单而准确的字词和语句进行表达。虽然作者系会计和财务背景，但是本书也摒弃了非常深奥的会计术语。如此一来，即使非会计或财务科班出身的读者，也能轻易掌握企业并购和资产剥离中估值、财务和法律尽职调查的操作方法。

在本书注重战略、战术，论述专注及简约而实用的背后，作者确实也舍弃了介绍并购重组和资产剥离知识领域中其他一些有用的方面，比如并购重组的相关经济理论和发展历史等。

但是，正如本书的标题所提示的，本书系一本并购和剥离业务的专业指南，将实用性和可操作性放在第一位。同时本书并没有放弃对企业并购重组战略的阐述，这也是对任何一位想要在企业并购这一领域有所建树和成就的企业 CEO 或其他从业人士而言最不可或缺的要素之一。

38. Corporate Divestitures: A Mergers and Acquisitions Best Practices Guide《公司剥离：并购最佳实务指南》

企业的并购和剥离都有一个重要的出发点，那就是提升股东价值。也许大家更加熟悉企业的并购，新闻媒体似乎也更青睐报道大型的企业并购，而同样可以提升企业股东价值的剥离方式却并不为大家所熟悉。因此，在企业并购和剥离领域都身经百战的两位作者威廉 · J. 戈尔和保罗 · J. 西格尔，通过总结其自身经验，在《企业剥离：并购最佳指南》一书中详细为大家解答了企业剥离与企业并购相比有何异同，企业剥离提升股东价值的基本理论及企业剥离的战略和流程。

本书对企业剥离的论述具有全局性。在实践中，企业剥离的交易数量占整个并购重组数量的三分之一左右。然而在很多的论述并购交易的著作中，企业剥离重组的内容往往只是作为其中的一章，有的甚至只占某章中一节的篇幅，这就导致企业剥离的重要性及全局性难免因为读者“身在此山中”，而不被关注甚至是忽略。意识到这一主题在学术领域的空白，两位作者迫不及待将自身的丰富经验和深刻见解倾注于书中，为剥离做出了可贵的学术贡献。

图书基本信息

中文书名 《公司剥离：并购最佳实务指南》

著　　者 威廉 · J. 戈尔（William J. Gole）；保罗 · J. 希尔格（Paul J. Hilger）

出版信息 Wiley，2008

页　　数 320 页

作者简介

威廉 · J. 戈尔（William J. Gole），拥有多年的并购经验，管理从开始到合同达成的众多企业资产剥离。在职业生涯中担任过各种业务、财务和战略职务。曾担任汤姆森医疗保健的规划和业务发展高级副总裁，负责战略规划以及公司收购和剥离活动的管理和协调。

保罗 · J. 希尔格（Paul J. Hilger），拥有超过二十五年的财务领导经验，并从计划到整合领域进行了许多收购和资产剥离。最近担任汤姆森公司执行副总裁兼汤姆森医疗集团首席财务官。在汤姆森之前，曾与麦格劳 - 希尔公司担任过多项财务管理职务。

目　　录

第 1 章　简介

本书兼具战略性和战术性。企业进行剥离活动，有的是基于出售非战略资产而使企业更加专注战略领域的考虑，或者是为了剥离经营绩效不佳的资产从而摆脱企业经营的累赘，又或者企业出售资产仅仅是希望获得更多的现金流。

第2章　战略评估
第3章　分拆规划
第4章　交易准备
第5章　剥离
第6章　出售流程管理
第7章　交易结构
第8章　交易达成

作者在书中反复强调，无论企业剥离是出于何种战略设想，其要想如愿以偿，则必须把握企业剥离相对于企业并购的特点并制订战术体系。首先，企业管理层及员工往往对并购充满热情并积极对待，而企业剥离很可能被他们视为是“死马当活马医”。因此，对于计划进行剥离的企业来讲，必须提前消除这种消极待事的团队态度。

其次，作者认为，企业剥离及资产剥离比兼并收购更加复杂，因此并购交易的整合计划可以在交易完成后制订，但是剥离交易的整合计划必须在交易前制订成形并且需要快速予以实施。

最后，并购中的交易双方会就员工及团队处置等事项进行谈判协商，但是就企业剥离而言，在没有找到合适买方之前，对相关员工及团队的处置方案始终悬而未决，因此必须要更密切地和员工进行沟通和交流，以使被剥离企业或资产在卖出前保持稳定经营。

此外，任何战略和战术如果没有执行，便只能是“纸上谈兵”。但是，本书并没有陷入“纸上谈兵”的陷阱，而是分析及总结了企业在剥离过程中应采用的最佳执行方式。作者以流程图的形式，提供了企业剥离的结构化流程及模型，从战略评估到剥离计划，从剥离准备到执行及最后进行回归分析，逻辑极为清晰，不得不让读者叹服。不仅如此，本书还对企业剥离的每一操作流程及节点做了详细的分解讲述，并且强调时间表的严格执行及说明性文件和辅助程序在实践中的应用。

论述并购和剥离交易实务的多数书籍，即便是经典之作，也常常因行文干涩而令人费解。然而，《企业剥离：并购最佳指南》是个例外，无论是其内容还是文风，都非常具有可读性。

本书作为一本专注于企业剥离流程管理的指南，以企业剥离交易的实现为导向，系统并且结构化地分析了企业剥离交易的整个流程，涵盖了剥离交易的重要细节。因此，无论是身处世界500强的企业还是正在成为世界500强的企业，或者是有多元化资产的资产管理公司，本书绝对是它们不可多得的剥离实操指南。

39. How to Value, Buy, or Sell a Financial Advisory Practice: A Manual on Mergers, Acquisitions, and Transition Planning《如何估值、购买或销售一项金融顾问业务：并购与过渡计划指南》

在市场经济的企业兼并重组交易中，毫无疑问，无论是买方和卖方，还是其各自的财务顾问，都是围绕交易标的的价值和价格确定进行来回的尽职调查、访谈、计算及谈判的，可以说估值是并购交易最核心的问题。马克·C. 蒂伯吉恩和欧文·达尔博士所写的《如何估值、购买或销售一项金融顾问业务：并购与过渡计划指南》一书，对并购交易的估值，从实践理性的角度进行了剖析。

如本书标题所提示的，本书主要从财务顾问实务的角度，对并购交易的估值问题进行分析。本书作者认为，并购交易双方的财务顾问是以并购交易的顺利达成为主要目标，因此如何客观、合理地对并购标的进行估值，影响并购交易买方和卖方达成最终交易的走向。同时本书作者也看到，并购交易的最终达成，最后取决于买方和卖方对交易价值的一致认可。所以本书也从买方和卖方的角度，探讨了交易双方对估值的不同实践需求，以及对财务顾问为满足这些需要最终达成并购而提出的相关建议。

本书对并购估值的论述体现了作者辩证的方法论。作者认为，具体的估值方法，无论是

图书基本信息

中文书名 《如何估值、购买或销售一项金融顾问业务：并购与过渡计划指南》

著　　者 马克·C. 蒂伯吉恩（Mark C. Tibergien）；欧文·达尔（Owen Dahl）

出版信息 Bloomberg Press，2006

页　　数 331页

作者简介

马克·C. 蒂伯吉恩（Mark C. Tibergien），美国第12大会计师事务所莫斯．亚当斯高管。在该所负责管理咨询、企业估值和企业所有权过户。在过去若干年里，《当代会计》杂志认为蒂伯吉恩是会计领域最有影响力的100人之一。2003年，《金融计划》杂志在其对业内专业人士年度评价中将其誉为具有号召力的人物。在金融服务领域，投资顾问也称其为最有影响力的25人之一。

欧文·达尔（Owen Dahl），加拿大人，莫斯．亚当斯会计师事务所估值与诉讼团队资深高管。同时面向大中小公司提供商业诉讼、损害赔偿、资产配置和并购咨询服务。

收益法还是市场法等，都有不同的逻辑。但是即使各自的方法逻辑不一样其目的都指向一点，即证明并购标的持续稳定的盈利能力。因此，具体的估值方法存在较大差异，但是作为并购交易双方的财务顾问来讲，必须有全局性的眼光，从定性和定量两个角度，对并购交易未来的价值增长的稳定性进行判断、量化，并最终促使交易的达成。

本书非常具有实用性，紧贴并购交易财务顾问的实务。作者写到，在很多并购交易中，买卖双方是交易的定价者，而财务顾问及其他并购交易的专业中介机构则是并购估值的验证和调整者。因此，无论是投行人士、会计师事务所，还是律师事务所，其所做的就是用专业的知识，对交易进行专业的尽职调查和财务调查，以外部人的角色，对并购交易估值进行评估。

当然，本书并非事无巨细地论述财务和法律尽调手段及估值手段。作者本着授人以无水之鱼不如授人于水之鱼的观念，为读者呈现了以估值调整为基础的财务和法律尽职调查的基本方法。

本书的实用性导向，也决定了本书具有案例与实操结合的论述特点。本书认为，并购交易无论规模大小，影响并购交易估值的因素都纷繁复杂。作者认为，仅仅将影响并购估值的因素无机地呈现给读者是不负责任的，也对并购交易的实践指导无益。因此，本书使用了自变量和因变量的方法，对并购交易中影响估值的重大因素进行一一总结，并且以案例应变的形式，简单、易懂地说明了各种因素对估值在实践中的不同影响。

尤其擅长知识产权方面的问题。在投资咨询业有过近20年工作经验。不仅仅是注册金融分析师，也是美国金融分析师研究所和美国评估师学会成员。

目　录

导言
第一部分　价值界定
第1章　发现真正的价值
第2章　评估财务健康状况
第3章　收益估价法
第4章　其他估值方法
第二部分　评估价值
第5章　多合伙人公司
第6章　独立从业者
第三部分　达成共识
第7章　谈判艺术
第8章　卖方观点
第9章　买方观点
第10章　尽其所能达成协议
第四部分　防微杜渐
第11章　尽职调查精要
第12章　破解并购后灾难
第13章　合规合法诸步骤
第五部分　内幕
第14章　合作：高难度的舞蹈
第15章　买卖协议：通往圆满结局之路
第六部分　市场
第16章　中介的撮合
第17章　寻找理想的买家
第18章　创造价值：推销自己的公司
附录　样本文件

在并购交易更加频繁的当下，对于如何正确地估值及如何有效提升并实现并购交易的价值，专业财务顾问的作用越来越突出。面对复杂的并购交易估值，财务顾问需要快速、高效地掌握各种估值方法的核心，同时将其在具体的并购交易中付诸实践，那么，本书则是并购交易估值实践的上佳手册。

40. Maximizing Corporate Value through Mergers and Acquisitions：A Strategic Growth Guide《通过并购实现公司价值最大化：战略成长指南》

2000 年美国在线以 1810 亿美元收购时代华纳，是美国乃至世界历史上最大的一宗并购案，然而也成为并购历史上最失败的案例之一。这两个企业的“天作之合”不但没有实现业界所期待的“1 + 1 > 2”的双赢局面，反而出现了“1 + 1 < 2”的负面效应，其原因究竟何在？这本战略成长指南——《通过并购实现公司利益最大化：战略成长指南》将读者剖析导致这场并购交易失败的根源所在。

“以史为鉴可以知兴衰”，历史永远是最好的一面镜子，回顾历史中的典型并购交易将会有很多收获。拥有丰富并购从业经验的作者帕特里克·A. 高根，在这本书中展示了大量成功及失败的并购实证案例，与读者一起探讨并购这一企业发展方式的效果及其对企业股东价值的影响，从而为选择正确的企业发展战略提供坚实的基础。

并购的目的是什么？成功的并购能够降低边际成本，提升市场竞争能力及抗风险能力，但是最终动因依然是实现公司利益最大化，这也正是这本书所希望帮助读者实现的目标。而

图书基本信息

中文书名 《通过并购实现公司价值最大化：战略成长指南》

著　　者 帕特里克·A. 高根（Patrick A. Gaughan）

出版信息 Wiley，2013

页　　数 352 页

作者简介

帕特里克·A. 高根（Patrick A. Gaughan），是计量经济学研究协会的主席，以及菲尔莱狄更斯大学商学院的经济学和金融学教授。主要为企业兼并和公司重组业务进行估值，并担任多家《财富》500 强公司的顾问。撰写了大量的文章和书籍，包括被美国出版商协会评为 1996 年最佳会计类书籍的《兼并、收购和企业重组》。

目　　录

第 1 章　兼并成长战略
第 2 章　通过并购成长
第 3 章　协同效应
第 4 章　多元化经营
第 5 章　横向一体化与并购
第 6 章　纵向一体化
第 7 章　通过新兴市场并购来成长

第8章 作为并购替代方式的合资以及战略联盟
第9章 公司治理在并购中的作用
第10章 缩小规模：扭转错误
第11章 估值与兼并战略

与市面上大多数同类并购指南相比，这本书侧重于从企业战略层面上介绍企业发展的基本目标（协同效应、多元化、横向一体化、纵向一体化）及采用的基本路径（企业内部发展、并购、战略联盟、资产剥离或重组），对企业的成长具有战略指导意义。总的来讲，整本书思路清晰，特色鲜明，主要表现在以下几个方面。

首先，这本书综合分析了企业各种发展战略的利弊，并强调所选择的并购战略必须符合企业的整体发展战略。相比于企业内生式的增长而言，作为外延式扩张方式之一的并购成长更加能够加速企业的发展。然而，这种并购成长也伴随着不小的代价，全球居高不下的并购失败率足以说明这点。

因此，作者在开篇第1章、第2章中提醒读者不能被并购的狂热冲昏头脑，而是应该着眼于制订合适的企业成长战略，并明确地指出“企业整体发展战略是第一位的，而并购成长战略是第二位的”。

此外，这本书全面阐述了并购以外的其他外延式发展方式，如分拆、剥离、买断等重组方式及合资企业、战略联盟等商业联盟。作为并购的补充，这些重组及商业合作方式也会对企业股东价值产生不同的影响，在某些情况下会更加有助于企业的发展。

其次，基于公司治理的视角深入探讨并购失败的根源，对董事会机制、管理层激励与并购绩效之间的关系进行了梳理。作者在第9章运用大量的实证研究，向读者揭示了无论是CEO的傲慢自大、过于乐观抑或是高昂的代理成本等问题，都可能会严重致使并购交易走向失败。并且，该章列举了金降落伞计划等措施，表明公司治理对企业并购战略价值创造的关键意义，以帮助并购交易决策者通过完善董事会的管理及健全管理层的激励机制等渠道来增加股东收益。

最后，从不同行业的角度来阐明成本经济的问题。作为规模经济的一种体现，追求经济成本有时会成为一种行业现象。本书第3章中以银行业、巡航业等为例，详细分析了这些行业如何通过并购来实现经营协同效应。其中，还将美联银行成功并购的典型案例与花旗银行并购失败的这个反面教材进行对比说明，娓娓道来，十分具有说服力。

纵观全书，尽管这本三百多页的并购指南中少有涉及并购战术、策略层面的内容，但其所具有的战略高度、丰富的研究案例及极具操作性的建议足以征服读者，让并购交易参与人士受益匪浅。

如果你还在为是否应该选择并购这一战略而感到疑惑？如果你还在为不知道选择哪种企业发展战略而徘徊不前？那么，细细咀嚼这本《通过并购实现公司利益最大化》后，你将会产生意想不到的灵感。

41. Mergers, Acquisitions, Divestitures, and Other Restructurings: A Practical Guide to Investment Banking and Private Equity 《兼并、收购、剥离与其他重组：投资银行与私募股权实务指南》

在华尔街从事金融行业，尤其是投行业务，都是对脑力和体力的极限考验，因此华尔街人非常注重高效的工作方法，而这些方法通常并不为华尔街以外的人士所熟知。

本书的作者保罗·皮格纳塔罗先生早年曾供职于摩根士丹利投行部，并有十多年在投资银行及私募股权公司从事公司并购、重组、资产剥离、资产收购及债务与股权交易等相关工作经验。他将华尔街那些有关并购金融问题的高效方法和经验，通过这本《兼并、收购、剥离与其他重组：投资银行与私募股权实务指南》分享给广大读者。

通过并购创造价值是当今企业炙手可热的商业战略，但并购中涉及的金融财务问题却令众多企业望而却步，而华尔街在这方面具有专业且丰富的经验。在这本书中，作者对并购中的会计问题和财务模型问题进行了全面讲解。保罗·皮格纳塔罗先生非常擅长从金融角度分析并购问题，无论是兼并、收购、剥离，还是

图书基本信息

中文书名 《兼并、收购、剥离与其他重组：投资银行与私募股权实务指南》

著　　者 保罗·皮格纳塔罗（Paul Pignataro）

出版信息 John Wiley & Sons, Inc.，2015

页　　数 368页

作者简介

保罗·皮格纳塔罗（Paul Pignataro），纽约金融学院（NYSF）创始人及CEO。曾有10多年在投资银行及私募股权公司从事公司并购、重组、资产剥离、资产收购以及债务与股权交易的相关工作经验，行业涉及石油、天然气、电力及公用事业、互联网与技术、房地产、军工、旅游、银行以及服务业。早年，供职于摩根士丹利投行部。2013年，出版了《财务模型与估值：投资银行和私募股权实践指南》（Financial Modeling and Valuation: A Practical Guide to Investment

其他重组形式下的会计及财务模型构建问题，他都进行了细致的讲解和系统的指引。

本书的内容层层递进，从基础性的知识逐步过渡到专业性的财务分析和建模。鉴于本书所讲解的金融或会计问题都是立足于并购相关业务的需求，因此本书的基础知识主要涵盖了并购和财务两块内容。什么是兼并？什么是整合？什么是收购？收购分为哪些种类？并购通常的程序是怎样的？对于这些基本的并购知识，本书都利用非常精简的语言传递给了读者。

之后，本书又对并购中涉及的 6 项基础且重要的财务报表作了较为细致地讲解。这 6 项财务报表分别为损益表、现金流量表、资产负债表、折旧表、运营资金表、债务计划表。作者利用公式和图表将以上这些重要概念的内涵与及作用做出了准确的阐释。

此外，本书还对欧迪办公与 OfficeMax 兼并案做了简要的介绍，为后文对这项交易中财务问题的全面分析和讲解起到了铺垫作用。本书开头这些基础性的并购、会计及案例知识为作者进一步的探讨和分析奠定了基础，也为那些投资新手们提供了必备的投资常识。

接着，本书的内容进一步深入，开始步入对股权融资、债权融资、资产剥离及增值与稀释等问题的分析进程。在每一次的分析中，作者都会利用实例来讲解其中相关的概念和模型。这些“华尔街式”的分析方法能够帮助读者理解影响并购的关键变量因素。通过掌握这些分析方法，有助于我们去深入理解一项完全整合的并购交易的运行机制，理解 EBITDA、资本结构等因素对并购成功和价值创造的影响。

在本书的第三部分，作者构建了欧迪办公与 OfficeMax 兼并案完整的并购

Banking and Private Equity）和《杠杆收购：投资银行和私募股权实践指南》（Leveraged Buyouts：A Practical Guide to Investment Banking and Private Equity）。前者在亚马逊金融类图书排行榜上名列第一，是估值类畅销书。

目　录

前言
第一部分　导论
第 1 章　兼并与收购概要
第 2 章　财务报表
第二部分　并购分析
第 3 章　债务融资和股权
第 4 章　资产收购和资产剥离
第 5 章　增值与稀释分析
第三部分　欧迪办公与 OfficeMax 兼并
第 6 章　假设
第 7 章　损益表
第 8 章　现金流量表
第 9 章　资产负债表的调整
第 10 章　折旧明细表
第 11 章　经营性营运资本
第 12 章　资产负债表的预测
第 13 章　债务明细表与循环引用
第 14 章　增值与稀释
附录一　模型快速指南
附录二　财务报告流程
附录三　Excel 快捷键

模型。在这个模型中，作者利用公司的历史数据做出了对其未来利益的准确预测。这部分的内容不但可以帮助读者理解如何构建一个完整的兼并模型，也能够帮助读者理解影响整合最终结果的各种驱动因素。掌握了这种方法，读者可以对其灵活运用并建立出适用于其他情形的并购整合模型。

“时间就是金钱”这句话已经深入人心，而华尔街人士更是将这句话演绎到了极致。本书的作者依旧保持着华尔街人士这种珍惜时间、注重效率的品质。他在本书中为我们提供了一些高效工作的“快捷方式”，即在本书的附录中，作者介绍了非常全面的关于“Excel 快捷键”的操作方式。这些方法和技巧有利于帮助读者节省不必要的时间，提高工作的效率。此外，书中还配备了与本书配套的模型模板及解决方案，读者可以从网站中获取一手的实践材料并在实践中真正地运用这些技能。

本书为投资银行及私募股权的专业人士编写，可被用作进修教材或指导手册，也适用于那些想要进入投资银行及私募股权领域的人士。无论读者是准备从事一项兼并项目、收购项目、剥离项目抑或是其他类型的重组项目，本书所提供的分析工具都极具价值。

42. Mergers & Acquisitions：A Comprehensive Guide《并购综合指南》

虽然有很多并购著作以问题为导向，但是少有能够避免或过于烦琐而无重点或过于抽象而无实际可操作内容的这两个极端。值得庆幸的是，由专业类畅销书作者史蒂文 · M. 布拉格撰写并在 2014 年第三次再版的《并购综合指南》，着实能让读者眼前一亮。

如果作为并购交易的当事方或并购领域从业者正在为下面这些大小问题所困惑，那么我应当采用哪一种并购战略？并购交易的程序是怎样进行的？我的并购项目需要得到监管层批准或如何得到这样的批准？我该如何增加我计划卖掉的公司的价值？哪一种或几种方法更适合评估目标公司的价值？我怎样才能挫败恶意收购的企图？哪些问题是我必须在尽职调查中必须认真对待的？换股收购有哪些好处？什么样的收购架构能够推迟缴税？我如何有效地将被收购公司的业务整合到自己的主业务中来？以及我需要为我的收购做出一项怎样的财务安排？那么，这本书能够给您满意的答案。

与市面上大多数同类指南或手册相同，这本书在不到 300 页的篇幅里涵盖了并购交易全过程的基本问题，体系完整。所不同的是，这本书简洁明了，条理清晰，特别在以下三个方面有所突破。

第一，把战略和战术放在了并购交易的几乎最重要的位置，并且基于买卖双方的视角看待这些战略和战术的实施。作者在开篇第 1 章中总共呈现了 18 种适用于并购交易的战略或战略考量，并且分析了不同的战略或战略考量在不同的并购交易中所可能产生的不同功效。表面上，本书第 8 章以“战术”为题集中讨论的是恶意并购交易中买卖双方的攻防战术。其实，整本书的其他多个篇章都是围绕着战术运用而展开的，比如第 4 章的《退出计划》（目标公司销售战术）、第 6 章的《目标估值》（收购者的购买战术）、第 10 章的《收购的支付结构》和第 14 章的《收购会计》（收购者的财务或融资战术），以及第 11 章的《收购的法律架构》（避税或减税战术）。

第二，将并购交易中复杂的金融财务问题通俗化。并购交易的参与者主要涉及买卖双方公司的高管、公司法务和外部律师、投资银行家、会计师和咨询顾问等，并不是所有人都精通财务。但是，只要是参与并购交易者，都必须熟悉该领域的问题，否则像尽职调查、目标估值、融资和支付等重要过程便无从进行。作者凭借其财会方面的丰富实践经验，化繁为简，

图书基本信息

中文书名　《并购综合指南》

著　　者　史蒂文 · M. 布拉格（Steven M. Bragg）

出版信息　Accounting Tools，Third Edition，2014

页　　数　292 页

作者简介

史蒂文 · M. 布拉格（Steven M. Bragg），当今世界最畅销和最多产的金融会计图书作者之一。出版过 70 多部著作，其中包括影响十分广泛的《新 CFO 领导手册》。是四家公司的首席财务官或财务总管，同时担任安永会计师事务所咨询经理和德勤会计事务所审计师。

目　　录

第一部分　收购的初始阶段

第 1 章　收购战略

第 2 章　收购程序

第 3 章　监管机构批准

第 4 章　退出计划

第 5 章　数据室

第 6 章　目标估值

第 7 章　协同效应分析

第 8 章　恶意收购战术

第二部分　完成收购

第 9 章　尽职调查

第 10 章　收购的支付结构

第 11 章　收购的法律架构

第 12 章　收购文书

第 13 章　收购整合

第三部分　收购的其他问题

第 14 章　收购会计

第 15 章　从事收购的相关人员

第 16 章　反向收购

深入浅出，帮助各路读者把握精髓。

第三，本书分别用专章介绍“从事收购的相关人员”及“反向收购”，突出强调了这两个在并购交易中非常重要但又常常被忽略的问题。本书的这个特色不仅仅帮助并购交易的各参与者了解自己的角色定位，而且也从被收购方，即目标公司角度提供了一条极其重要的反被动为主动的思路和具体的操作手法。

除了上述三个主要特色，本书值得欣赏的地方还包括在正文中穿插有70多个简短的“贴士”及很多“图表注解”和“小故事”。另外，书后附录中的“并购术语”也很有价值。

当然，这本《并购综合指南》也有些许缺憾，比如没有系统涉及并购交易谈判，而这是事关并购成败的重要环节。

综上所述，正如INSYNQ执行副总裁乔安妮·曼恩所言，正是因为史蒂文·M. 布拉格在并购交易各方面的真知灼见，《并购综合指南》无疑应当是一本每位企业家必读的书。

43. Mergers & Acquisitions：An Insider's Guide to the Purchase and Sale of Middle Market Business Interests《并购买卖内幕》

图书基本信息

中文书名 《并购买卖内幕》

著　　者 丹尼斯·J. 罗伯茨（Dennis J. Roberts）

出版信息 Wiley，2009

页　　数 413页

作者简介

丹尼斯·J. 罗伯茨（Dennis J. Roberts），曾是执业注册会计师（CPA）、注册估值分析师（CVA）、商业价值评估师（ABV），并在一家办事机构遍布美国和加拿大30多座城市的并购投资银行（麦克莱恩集团）担任主席。多年来，作为一名投资银行家为许多交易提供了

2015年末，中国工商登记中心的中小企业超过2000万家。

对于中国数量如此庞大的中小企业而言，在新一轮的并购浪潮中，谁会是它们的代言人及又将如何为它们代言，必将成为无可回避的问题。而丹尼斯·J. 罗伯茨撰写的《并购买卖内幕》一书无疑为正亲历即将面临更大并购重组浪潮的中国中小企业提供了可资借鉴的一剂良方。因此，我们应该怀着学习的心态对美国中型企业市场上发生的并购交易一探究竟。

本书在前言及开篇前两章，为读者框定并奠定了本书的讨论范围和论述的基本格调。首

先，本书是站在美国中型企业市场的角度，展开并剖析并购交易的整个过程、买卖双方的战略制订、战术实施及谈判和估值等各方面的细节和技巧。虽然美国实务界对中型企业的定义不一（一般标准为年营收为200万美元至5亿美元之间），但无可否认的是，美国中型企业占美国企业总体数量的21%，并贡献了美国68%的GNP（2002年数据）。

其次，相较于其他大量讨论并购交易专业知识的著述，本书在对并购交易战略及战术进行呈现和反思的基础上，并没有牺牲并购交易中"感觉"的重要性。这一点用婚姻类比并购交易也许再恰当不过，其本质上都是人与人（并购则是企业家）之间对彼此价值的认同、利益的辨识、博弈和交换，最终达到双方价值的最大化。所以，在并购交易中，需要对交易双方的利益冲突、态度转变及谈判氛围具有非常灵敏的嗅觉，并据以做出定性及定量的分析和决策。

在本书中，作者对并购交易"感觉"的重要性的强调贯穿全书，并一气呵成用剩余30个章节将其对美国中型企业并购交易的丰富经验及独到见解，完美地呈现在战略的制订、潜在买方的梳理、卖方信息备忘录的制订、谈判及估值等每个环节。那么，对于中型企业而言，其在并购交易的各个环节究竟有何特征？

首先，对于中型企业寻求并购交易的买家而言，相比于大型企业和小微企业，其体量适中，因此其买家的筛选范围更加广泛，从寻求公开上市前的业务整合者到行业的战略买家，从财务投资者及PE机构到管理层收购等，不

大量的咨询意见，同时也是一名企业评估师，曾为一些卓越的企业进行估值。并且，还是一家全国性商业银行的创始人兼董事长。不仅为大量的专业人士和团体教授并购课程，例如注册评估分析师全国协会、并购顾问联盟、大学研究生学院等等，还致力于为一些私有并购投资银行举办论坛和讲座。与其妻子一起居住在维吉尼亚州费尔法克斯。

目　录

第1章　中型市场很不一样
第2章　中型市场活动的驱动因素与卖方
第3章　发掘与理解中型市场中的买方
第4章　中型市场企业的出售准备与出售期间的经营
第5章　激励以及维持为出售企业卖力的关键员工：是勒索还是公平？
第6章　预测与选择中型市场企业销售的时机
第7章　项目介绍备忘录
第8章　交易中的保密性
第9章　中型市场中的投资银行家以及中介机构
第10章　外部并购团队及其正确利用
第11章　是否任何人都能参与并购？
第12章　两种类型的拍卖：非正式拍卖与正式拍卖
第13章　金融服务协议，对完整服务费用的重要性及专业性评估
第14章　买方的投资银行代表
第15章　意向书：是最关键的交易文件？

一而足，而筛选的关键在于双方是否适合及能否实现价值的最大化。

其次，对于中型企业并购交易中的谈判而言，由于中型企业在总资产、净资产及营收的规模方面处于适中的位置，因此，在面对无论是规模还是资金体量比自身大的买家，中型企业的卖方及投资银行家要善于运用“战略上重视对方、战术上轻视对方”的策略，永远不要抱着非对方不嫁的心理。因为，正如作者前面谈及的，对中型企业而言其买家非常广泛，最为重要的是找到合适的。

最后，就中型企业并购交易的对价支付而言，相较于成熟、大型的企业，中型企业呈现了更强的成长性。因此，交易对价除了现金、股票及其他票据等支付手段，对赌支付条款的运用在中型企业的并购交易中非常普遍。据数据统计，美国中型企业并购交易中将近 75% 采用了对赌的支付方式。而对赌支付条款的设置与谈判过程，则是并购双方对并购交易价值的再发现及不断调整的过程，即便是婚姻，也会有七年之痒。

第 16 章　关于并购谈判心理学的一些思考
第 17 章　与买方初次见面，企业估值，以及谈判的推进
第 18 章　交易对价与交易结构
第 19 章　对赌条款
第 20 章　验证阶段，或是交割期间
第 21 章　婚礼之后：并购后的失败
第 22 章　卖方客户在并购前需要估值吗？
第 23 章　并购估值中的 5 倍、10 倍及超级 5 倍估值乘数规则
第 24 章　并购交易中估值的艺术与科学介绍，及 EBITDA（息税折旧摊销前利润）的运用
第 25 章　估值乘数的简要讨论及其现状
第 26 章　目标公司内在的定性价值
第 27 章　并购惯例与设定资产负债表目标
第 28 章　特殊并购与并购估值问题
第 29 章　常见的并购税务问题
第 30 章　中型市场的投资银行业务
第 31 章　后记：资本市场

当然，中型企业并购市场的特征远不只上述几点，抛砖引玉是希望读者能从本书中汲取美国中型企业并购交易宝贵的经验，为我国中小企业在已经来临的并购浪潮中增加搏击前行的动力。总之，透过本书，我们会发现，成功的并购交易，买卖双方也会是成熟的婚姻伴侣；而出色的银行家，会像站在资本舞台上的孟非，熟练地讲述着一个个非诚勿扰的故事。

44. Mergers and Acquisitions：A Condensed Practitioner’s Guide
《简明并购实务指南》

俗话说：“什么都可以错，战略不能错；战略错了，一切就都错了。”公

司选择和实施并购战略，在很大程度上事关公司自身存亡。避免犯错或尽量不出错，这是所有那些希望通过并购实现其“生命再造”的公司必须遵循的首要原则。如何做到不犯错或尽量不出错呢？答案可能会有很多。但至少有一点可以肯定，那就是仅凭公司的经验是远远不够的。在这个意义上，间接地从别人的经验教训中学习应当是公司方面的正确态度。

图书基本信息

中文书名 《简明并购实务指南》

著　　者 史提文 · M. 布拉格（Steven M. Bragg）

出版信息 Wiley，2008

页　　数 320 页

作者简介

史提文 · M. 布拉格（Steven M. Bragg），当今世界最畅销和最多产的金融会计图书作者之一。出版过 70 多部著作，其中包括影响十分广泛的《新 CFO 领导手册》。他曾分别从美国的缅因大学以及著名的商科学院本特利学院和巴布森学院获得经济学学士学位、金融硕士学位和工商管理学硕士。是四家公司的首席财务官或财务总管，同时担任安永会计师事务所咨询经理和德勤会计事务所审计师。

目　　录

前言
1. 并购流程
2. 重要参与者
3. 收购目标估值
4. 条款清单
5. 尽职调查
6. 购买协议
7. 收购整合程序
8. 并购会计
9. 并购类型
10. 政府监管
附录：尽职调查清单

在这方面，史提文 · M. 布拉格撰写的《简明并购实务指南》或许能够帮助那些试图通过并购来实现其发展目标的公司，在实际计划和计划的实施过程中少出错，甚至不出错。史提文 · M. 布拉格先生是当今世界少有的金融会计类畅销书作者。他的《新 CFO 领导手册》已经再版多次，在全球各国的影响力十分大。相信《简明并购实务指南》这本书同样不会让读者失望。

正如其书名所显示的，该书的最大特点在于“简明扼要”。作者将“简”字渗透到这本 320 页篇幅的书的各个层面。首先体现在篇章结构上。大凡一部以并购为内容的著作若要把问题说清楚，多因循一种特定叙事模式，即把并购活动划分为几个主要的部分，例如战略规划、交易流程和交易后整合等，然后再在这些基本部分之下逐章逐节详加解释。本书一反常态，仅以 10 个问题统帅全篇。其结构简简单单，但是重要的并购层面似乎都没有遗漏。

其次，体现在内容上。作者对每一个问题的阐述，没有做太多铺垫，也没有拐弯抹角，而是直来直去，单刀直入。笔锋所到之处，言必击中要害，精华毕现，不会让人产生支离破碎，缺乏全局观的感觉。

最后，体现在语言文字上。作为畅销书作者，作者驾驭语言文字的能力在该书中再次得到发挥。通读全书，读者会发现字里行间没有废话，不仅如此，还会发现作者是在用极其简单的文字来讲述并购这个复杂而多技术含量的大问题。

这本书不是一般性的面面俱到，也有重点和亮点。本来，并购的财务会计问题是作者的强项。但是他没有在这些方面多做发挥，而把较多精力放在了其他同类书往往忽略的地方：并购交易的参与者及并购的重要法律文件。关于并购交易的参与者，本书囊括的范围比较广泛，从一般大家熟悉的公司董事会、律师、并购经纪人、公司高管、投资银行家和专业顾问，到大家不太熟悉的公司收购项目团队、投资关系专员、并购融资借贷方、部门经理及恶意收购中的玩家，比如白衣护卫和白衣骑士等，应有尽有。而关于并购法律文件，本书选择了投资条款清单和买卖协议作为重点对象进行解剖。特别是针对买卖协议的各项重要条款的解读，细致入微，甚至具体到了买卖双方如何进行该协议及其条款的谈判这样的程度。

本书以问题作为导向，强调了解并购交易流程的重要意义。作者在前言中开门见山指出："每一年公司买卖成千上万，但是这其中许多交易让买卖双方感到沮丧，其原因就是从事这些交易的人并不了解交易程序如何进行。"紧接着，作者一口气提出了 9 个常见的问题，并且在书中用了大约三分之一篇幅专门讨论了并购交易的流程问题。他没有谈宏观的并购交易流程，而是将这样的流程问题分解为了三个具体的流程问题：收购流程、尽职调查流程及收购后整合流程。作者如此安排，打破既往其他并购专业图书的传统，有助于读者更能深入细致的掌握一个并购项目的完整流程，具有较强的实际操作上的指导价值。

当然，《简明并购实务指南》一书还是有些局限性的，例如，它几乎没有涉及公司在开始并购交易之前的战略上的考虑，也没有深入讨论公司在交易结构上的安排，等等。这些遗憾，可能与本书的篇幅有很大关系。不论如何，瑕不掩瑜，这本书仍然是值得推荐的并购实务工作者的重要专业读物。

45. Mergers and Acquisitions：A Guide to Creating Value for Stakeholders《并购指南：为股东创造价值》

数据显示，61%的并购交易没能给并购方创造价值，反而使他们受到了损失。并购方股东一年后的投资回报率平均低于同行25%，如果加上已创造出来的并购增值，收购方股东的整体平均投资回报扔低于同行的4.3%，低于标准500美国股票指数9.2%。

看见如此数据以后，人们不禁开始思考，没有价值增量的并购还应该继续下去吗？究竟如何跨越并购中的交易陷阱呢？有没有办法可以提高并购的成功率和投资回报率呢？若读者面对此类问题，那么大可不必过于担心，因为在这本《并购指南：为股东创造价值》中就可以找到解决之法。

本书的作者是来自美国的迈克尔·A. 希特、杰弗里·S. 哈里森及R. 杜安·爱尔兰，其三人都是工商管理及金融等专业的学者，并且对于并购问题有多年的深入研究。本书出版于2001年，那时他们就意识到并购已经是大势所趋，为了让更多的从业者能够更加顺利地参与并购事业，并提高并购交易的成功率，其三人编写了此书，并在学界引起了强烈反响，就连达特茅斯学院的教授席尼·芬克斯坦都评论说："这是一本通过对并购价值调查将实践与学术合而为一的优秀书籍。"

本书主要分为12个章节，作者按照并购交易的一般流程展开叙述，从并购现状的分析开始进行介绍，从带领读者一起"进行"尽职调查，到一起"寻找"合适的目标公司，再到一起"整合"并购后的双方资源，犹如一位并购导师一步步地带领读者，逐渐深入地去探寻和了解并购交易的真谛。本书中含有大量丰富的案例，与专业知识交叉进行讲解，通篇语言通俗易懂，娓娓道来，尽管是复杂的专业知识，但读者阅读起来丝毫不会觉得吃力。

"不谋全局者，不足谋一域。"本书开篇就以并购世界为第一章，可见作者的全局意识异常明显。许多专业书籍的内容仅拘泥于专业技巧的掌控，很少用全局的眼光去看待问题，但本书的作者们却恰恰相反。并购早前主要流行于以美国为首的西方发达国家，而今日并购浪潮早已以迅雷不及掩耳之势席卷世界。可见对于21世纪商业世界的商人们而言，谁能抢得并购先机，谁就能获得最大的利益。作者通过本书出版之前15年的不同行业、不同公司的并购案例出发进行分析，旨在证明并购以其强大的生命力及巨大的发展潜力，将成为企业扩张的绝佳选择之一。当然，作者也并没有盲目乐观，其依然不留情面地指出了大部分的并购都是以失败告终这一事实。

“以史为鉴，可以正衣冠。”这句话对于今日的并购事业也同样适用。作者在本书的第7章如是强调，作者从通用电气的案例入手，来告诉如今的并购从业者们，只有从前人失败的经验中吸取教训，才能让自己发展得更好。并购是高收益与高风险并存的活动，谁也无法准确地预测出下一秒会发生什么。若能从他人的经验里得到警醒，也能让自己在未来的道路中少走弯路。作者深刻认识到从失败中学习的真谛，并将这种理念毫无保留地告诉读者，可以说是用心良苦。在本书出版之时，几乎没有书籍对于经验提起重视，本书可谓是开创了“经验学习”的先河。

“君子爱财，取之有道。”道德与逐利行为从来都不是一对反义词，追逐利益是商人们的天性，但是其逐利程度却要有一个衡量标准。每一交易参与方的交易目标和参与动因不同，其利益诉求也自然不一致。但是，我们在面对这种利益冲突之时，应该保持一种积极的态度去应对，而不是不择手段地去维护自身的利益。作者认为，道德是一种相互对待的态度。不随意牺牲他方利益，自己才能要求对方平等地对待，整个交易才能公平有序地发展下去。这一道理直至今日也很少有书籍和学者提及，想必这也是本书广为流传至今的原因之一。

图书基本信息

中文书名 《并购指南：为股东创造价值》

著　　者 迈克尔·A. 希特（Michael A. Hitt）；杰弗里·S. 哈里森（Jeffrey S. Harrison）；R. 杜安·爱尔兰（R. Duane Ireland）

出版信息 Oxford University Press，2001

页　　数 240页

作者简介

迈克尔·A. 希特（Michael A. Hitt），美国亚利桑那州立大学讲座教授，讲授“行政领导”课程。曾经与人合著《如何驾驭多元化公司》。

杰弗里·S. 哈里森（Jeffrey S. Harrison），美国佛罗里达大学商业管理学院教授。

R. 杜安．爱尔兰（R. Duane Ireland），美国弗吉尼亚州里士满大学E. 克莱本罗宾斯商学院讲座教授。

目　　录

前言
第1章　并购世界
第2章　实施尽职调查
第3章　为收购融资
第4章　寻找互补资源
第5章　寻求友好合作的兼并
第6章　完成整合和实现协同效应
第7章　从经验中学习
第8章　避免多元化的危害
第9章　决定是否可以成功地获得创新
第10章　跨国并购
第11章　以道德的方式对待并购
第12章　在并购博弈中取胜

当然，在关于尽职调查、目标公司的选择及并购整合等其他方面的知识与技巧，本书也有非常详细和实用的介绍，

总体而言，本书逻辑清晰，体例完整，作者通过查阅大量的案例与资料，秉持着“从实务中来，到实务中去”的精神，实操性极强。作者竭尽全力地给读者打造了一本全面的、客观的、翔实的、可操作性强的并购指南性丛书。

诚然，尽管本书的出版时间较早，但其中的道理对于今日的并购活动而言依然具有很大的借鉴意义。如果读者是从事并购的专业人员，又或是想要通过并购方式为公司增值的企业家的话，那么不妨翻开此书，相信一定会有不小的收获。

46. Mergers and Acquisitions：A Step-by-Step Legal and Practical Guide《并购：法律与实务进阶指南》

随着并购实务的不断发展，如何在竞争日益激烈的今天，快速掌握并购技巧，以“稳准狠”的方式打败竞争对手，接管目标企业，则成了如今的并购专业人士所日夜探究的问题。这本《并购：法律与实务进阶指南》就像一盏前进路上的指明灯，带领大家快速地学习和掌握本领。

俗话说：“要摸老虎屁股，得先懂老虎脾气。”此话说的是凡事都有规律，先摸清规律后掌握方法，那么成功也就指日可待了。而本书所揭示的就是并购实务的“脾气”。全书由7个章节组合而成，每一章节看似独立却又联系紧密，从不同的视角和方向来解读并购实务，力图找寻出每一阶段的规律，教会读者如何在交易中避开交易陷阱，达成交易目的。掌握规律并熟练运用，这种尊重规律，探索式教学的讲述方式不仅可以调动读者的主动性，也令本书在同类书籍中脱颖而出。

作为一个有着超过35年并购实践经验的“行家里手”，埃德温·L. 米勒·Jr. 深知实践经验对并购交易的重要性。相比于其他长篇大论的书籍而言，全书跳出了烦琐理论的桎梏，直接告诉读者，在某个交易阶段中什么是最重要的。比如第2章提到的尽职调查中最重要的是商业尽职调查和法律尽职调查的内容，第4章提到的交易架构设计阶段最重要的考虑参数是税收等。达·芬奇说：“理论脱离实践是最大的不幸。”而本书就杜绝了这种“不幸”

的发生。这种实践为先的风格不仅是本书的一大亮点，同时也奠定了该书“实务性指南”的基调。

本书创造性地提出了“交易点”先行的概念，阐明无论是买家还是卖家，谁先找到“交易点”，谁就先掌握主动权。例如，作者在第5章中就指出，并购并非是一个“零和游戏”（zero-sum game），势均力敌的双方谁先得一分，另一方就会有与此相当的损失。因此，若想在交易里压制住对方，就必须准确地找到“交易点”。这不仅能够推动交易的前进，并且还能对之后的并购谈判起到极大的促进作用。

本书还有一个亮点是市面上的大多数图书所无法企及的，那就是善于利用交易图表来介绍交易流程。其他同类书籍大多都是以图表形式来辅助理解并购理论，几乎没有哪一本可以像本书一样，将图表运用于并购流程的演示之中，让复杂的交易过程变得一目了然。股权收购、资产收购如何操作？反三角兼并与普通的三角兼并实践起来究竟有何不同？这些交易图使得整个过程变得非常清晰，再加上作者精彩的解释，不仅使读者加深了印象，也使整本书的实用性大大提高。

图书基本信息

中文书名　《并购：法律与实务进阶指南》

著　　者　埃德温·L. 米勒·Jr.（Edwin L. Miller Jr.）

出版信息　Wiley，2008

页　　数　352页

作者简介

埃德温·L. 米勒·Jr.（Edwin L. Miller Jr.），是Sullivan & Worcester律师事务所的合伙人。他有着超过三十五年的实践经验，不论是在公共还是私人市场，他都十分熟悉。同时，他也在企业证券法上有所建树。米勒还代表一家新兴、成熟的技术公司进行融资，技术转让和收购活动。美国出版社称赞其为最好的律师，同时也是《一家科技公司的生命周期》的作者。

目　　录

第1章　基本架构
第2章　并购过程
第3章　企业（非税）结构的考量
第4章　税收考量
第5章　最终收购协议
第6章　上市公司的收购
第7章　杠杆收购（结构和税收问题）和陷入困境的企业并购（债权、破产）

全书使用了大量的比较分析法，通过不断的比较、分析、总结来探索并购世界中的奥秘。比如本书的第6章，通过比较上市公司间的相互收购及上市公司收购私人公司之间的异同为切入点来进行讨论的。

当然，除了这些，本书的其他几个亮点也同样值得称赞。比如说作者提出为了吸引潜在的买家而建立“虚拟数据库”、各类协议、文书及在最后一章中提到的收购陷入困境的企业破产时的处理方案等，都为实务工作者们提供了非常宝贵的指导。

总体而言，本书无论是知识的覆盖范围还是问题的剖析深度，都是同类之中的佼佼者。这本书能够为从业者的职业生涯带来意想不到的收获。正如Jonathan Wolfman的合伙人Wilmer Hale所称赞的那样："这本书不仅是商业人士的重要资源，同时也是一本使律师和其他专业人士了解现实世界如何并购重组的伟大的书。"

47. Mergers and Acquisitions from A to Z《并购大全》

有人说"并购是一门技术活"，因为它需要穿针一样的细心和绣花一样的耐心；有人说"并购是一门科学"，因为它要求深厚的理论知识及扎实的专业功底；有人说"并购是一门艺术"，因为它能给人带来无比的愉悦及无尽的财富；而《并购大全》说："并购既不是科学，也不是技术，并购是一个方法，是一个让企业变得更强大、更加焕发青春活力的过程。"

本书的作者安德鲁·J. 谢尔曼既是一位公司的CEO，又是一位实务律师，同时还是一位教授，其多重的身份使其对于各参与方在交易中所扮演的角色及考虑问题的角度都十分了解。同时，也正是因为这种复合型经历导致本书无论是从体例上，还是表达方式上，都非常的"接地气"，通俗易懂，为入门级的读者省去了不少麻烦。

买卖不简单，利益是关键。戈登说过："贪婪是好的。"对于每天穿梭于华尔街或者金融大厦的商人们而言，攥在手中的钱才是是实实在在的。本书毫不避讳利益最大化这一问题，作者分别从买卖双方的角度出发，字字句句都是在教会读者，卖方应该如何将公司卖个好价钱？如何扬长避短？如何达成最大化自己的价值？买方应该如何买到一家好的公司？如何节省成本？如何发挥出所购买公司的最大潜力？

"条条大路通罗马，主要看您怎么走。"对于卖方，本书告诉各位，不要瞻前顾后，您要做的就是找到可能的潜在买家，尽可能地遮盖和掩饰出售公司所带来的风险与所存在的问题。本书侧重于与大型、巨型企业相比，体量较小，总资产、营收较少，交易对价较低的中小型企业。但是，正是由于中小型企业这些特点，所以其可选择的潜在买家的范围更广泛，交易方式更加灵活，并购以后的企业潜力也更大。能不能卖更高的价钱，实现"物超所值”，关键在于如何“粉饰”自己，如何让自己看起来更加有吸引力。

而作为买家，您要做的就是锁定有潜力的目标公司，尽量地用最合适的价格达成交易，确保购买的风险降到最低。这时有经验的买方会最大化发挥自己的“第六感”，并通过详尽的尽职调查来充分了解自己的“猎物”是否有不良资产？是否有呆账坏账？企业文化如何？员工是否积极向上？是否利于交易后期整合？在所在行业里是否处于有发展前景的位置？等等。

“时间就是金钱，效率就是生命。”本书告诉各位，供应商和客户也想保护自己的利益，而在买卖中，关键员工与双方的战略关系，可能是这场交易里最有价值的物品，等待太久，关键员工走了；等待太久，出现了更好的卖家；等待太久，评估报告信息可能已经滞后；等待太久，黄花菜都凉了，谁还和您做生意？

作为买方，您需要尽快地发出初步意向书，签署排他性协议，为自己留出适当的应急反应时间；尽可能详细地对目标公司进行估值，来确定其未来潜力及发展空间；尽早确定交易结构和支付方式，降低可控的风险并且及时预见可发生的风险；最快了解关键员工的信息，做好目标公司人员的安抚工作及后续安排方案；甚至包括对方 CEO 的个人喜好等。

而作为卖方，您同样也应该迅速行动，迅速地与潜在的买家进行接洽，对于有意愿购买且价钱合适的买家释放出最大的诚意，对于自己的资产负债表及现金流量表做出合理的估算

图书基本信息

中文书名 《并购大全》

著　　者 安德鲁·J. 谢尔曼（Andrew J. Sherman）

出版信息 AMACOM，Third Edition，2010

页　　数 336 页

作者简介

安德鲁 J. 谢尔曼（Andrew J. Sherman），拥有公司 CEO，实务律师以及教授、演讲家、作家等多重身份。谢尔曼是国际公认的并购专家，其特别擅长对于促进企业业务增长方面的法律和制定相应的战略。在合资企业，战略联盟，资本形成，特许经营和其他类型的知识产权杠杆和增长战略方向颇有建树。他目前是 Jones Day（全球律师事务所）华盛顿特区办公室的高级合伙人。此外，他是乔治敦大学 McDonough 商学院 MBA 课程的兼职教授以及马里兰大学帕克分校的 Robert H. Smith 商学院的兼职教授，作为一个多产的作家，谢尔曼写了 18 本书。

目　　录

第 1 章　现代并购交易回顾
第 2 章　KKR、胜科及私募股权
第 3 章　住宅贷款控股公司和重大不利条款变化
第 4 章　联合租赁公司，丝伯勒斯资本管理公司以及私募股权基金的破裂
第 5 章　迪拜港口世界公司、美林公司和主权财富基金问题
第 6 章　贝尔斯登与道德风险原则

并尽快交给对方。若最后谈判破裂，或者找到了出价更高的卖家，也要尽快地与对方商定退出机制、“分手费”的金额与支付方式等。

第7章　加纳基金、儿童投资基金和对冲基金积极投资
第8章　微软、英博和恶意收购的回归
第9章　玛氏、辉瑞和战略交易的变脸
第10章　美国国际集团、花旗集团、房利美、房地美、雷曼以及交易型政府
第11章　并购机制的重组
第12章　后危机时代

“好风凭借力，送我上青云。”当买卖双方都明确自己的目标以后，就要开始进一步的动作了。对于买方而言，您买了这家公司，或者买了这家公司的一个部门、一个生产线之后，您将会得到什么？是良好的营运能力？更深入的市场腹地？更好地满足客户需求？更高的净利润？自身股价的上涨？为下一次买卖做准备？……而同样的，对于买方，您也许是为了抛弃一笔早已名存实亡的业务，为了开拓新的市场而准备资金，为了自身的企业转型，又或者是企业濒临破产前的救命稻草……无论是因为什么，懂得发现并且利用现有的资源，都尤为重要。

本书告诉您，好的投资银行可以帮助您找到更好的潜在交易，给您最为“经济实惠”的建议及较为充裕的资金；好的律师团队可以为您提供更详尽的尽职调查，更精细的风险测评及更保险的法律建议；好的审计估值团队可以帮助您更加了解目标现状，既得利益、预估利益及更加专业的盈亏分析报告。善于借力，假他人之手获得自己想要的东西，即节省了时间，又降低了“意外”的发生概率，降低了“错误”成本，提高了成功率，何乐而不为？

“黑猫白猫，能抓老鼠才是好猫。”合资企业还是战略联盟，资产收购还是股份收购，这些和企业“生存还是毁灭”一样，都不是一个问题。只要交易又能赚钱，又合法合规，那么这样的交易就是好交易。本书的最后一章无疑是一个“重磅炸弹”，企业在并购成功以后的不断增长才是交易的最终目的，但是市场上大部分的并购类书籍都忽视了这一问题。作者结合自身丰富的经验及扎实的基础，探索出了在不同情况下，适合企业不断向前的“康庄大道”。

“现金流是王，但后期整合才是王后。”大部分的专业书籍都花了很多的笔墨去强调估值及资金的重要性，往往对于整合问题一带而过。但本书却是“一条红线签到底”，从始至终都在强调整合的重要性。数据显示，70%并购

交易失败在于整合，所以无论是财务整合还是人员方面的整合，都不容忽视。

除以上几点之外，本书还涵盖了并购交易里可能涉及的文书范本和在签订各种协议中应该注意的问题，注重并购周期与商业规律对于交易活动的影响。同时本书第 11 章还介绍了如何对付“交易杀手”们，以及进一步阐述如何改变现状，解决问题，让交易回到正常的轨道上来。

一叶障目不可信，本书也非万能之册，尽管优点众多，但其相对而言，图表较少，案例分析方面较为不足。但瑕不掩瑜，此书语言简单易懂，节奏愉悦轻松，内容丰富翔实，让读者阅读起来不仅感觉赏心悦目，且能真正掌握吸收并购技巧，实在为一本不可错过的上上之作！

48. The Mergers & Acquisitions Handbook：A Practical Guide to Negotiated Transactions《并购交易谈判指南》

在一场并购谈判中，由于谈判各方所处的境地、所追求的利益及衡量标准的不同，所以其选择的谈判策略与手段也就各有不同。那么，如何在这场并购谈判中保持优势？如何在这场并购谈判中反败为胜？如何在这场并购谈判中让对方心服口服？则是谈判双方所不能回避的问题。那么，这本《并购交易谈判指南》一定能给对谈判感兴趣的您一个满意的答案。

作为一本谈判指南类专业书籍，本书脱离了传统形式的桎梏，运用以下几个独特的方式来解读如何演绎一场完美的并购谈判。

“麻雀虽小，五脏俱全。”市面上的同种类图书汗牛充栋，其中不乏大家之作。对于谈判技术的完整解释背后，缺点也十分明显：叙述烦琐、篇幅过长、重点难以明晰等，让人还没深读就失去了兴趣。而此书，以不到 200 页的篇幅及精华简要的内容，脱颖而出，让读者不

图书基本信息

中文书名　《并购交易谈判指南》

著　　者　戴安娜·霍尔特·弗兰克尔（Diane Holt Frankle）；史蒂芬·A. 兰兹曼（Stephen A. Landsman）；杰弗里·J. 格林（Jeffrey J. Greene）

出版信息　Bowne & Co.，Inc.，2007

页　　数　196 页

作者简介

戴安娜·霍尔特·弗兰克尔（Diane Holt Frankle），1979 年从乔治敦大学法律中心获得了她的 JD 大三学士学位。法学院毕业后，1979 年至 1981 年，她担任马里兰州联邦地方法院高级地区法院法官多瑞斯·瓦汀的法律书记官。现为 DLA Piper 加利福尼亚州硅谷的合伙人，也是该公司全球并购集团联合主席之一。其主要从事兼并和收购，公司治理和反就业咨询。她经验丰富，曾代表了众多公司实施了包括

费太大的力气或太多的时间，便能抓住重点。这和商战中“时间就是金钱，效率就是生命”的金科玉律如出一辙。

“他山之石，可以攻玉。”正如“世界上没有两片相同的树叶一样”，本书第5章也提到，世界上并不存在两个完全相同的交易结构。那么，也就并不存在两个完全相同的谈判策略。但是“前事不忘，后事之师”，利用前人经验可以让后人的谈判吸取教训。本书虽为“口袋书籍”，但仍旧不忘反复强调案例之重要。可见，精华之所以为精，是直击本质。本书尤为如此。同时，本书还善于将复杂的交易过程利用大量的流程图表述出来，并将谈判技术与其融为一体、深入肌理。强调时时都准备谈判，事事都可能谈判，这也是本书最出彩的点。

“环环相扣，唇亡齿寒。”很大一部分的实务类书籍都只是片面强调，当双方坐下来面对面时，才是谈判的开始。而本书则“不走寻常路”，从开篇就强调，谈判始于双方的第一次接触。只要有交易，谈判就会发生。且本书从未将尽职调查等专业性内容与谈判技术分离开来，而是通篇保持一致步调。三位作者通过自己丰富的经验及过人的学识来阐述交易结构、第三方及尽职调查与谈判之间的联系，旨在说明其与并购过程联系紧密，丝丝入扣，无论哪里出问题都能影响整个交易进程。

“知己知彼，百战不殆。”最后一点，也是最为重要的一点，就是始终保持全局态度。尽管本手册仅涉及谈判交易，并不涉及敌意收购或其他情况，但是仍没有忘记一个不应忽视的

资产交易，股票和现金合并等多种并购活动。弗兰克尔女士是美国律师协会协商收购和联合主席委员会委员会公共公司收购专责小组的成员。她被评钱伯斯全球指南评为美国最佳律师。

史蒂芬·A.兰兹曼（Stephen A. Landsman），是DLA Piper芝加哥办事处的合伙人，也是该公司全球并购集团的联合主席之一。他主要负责企业并购中税务与咨询方面的业务。兰桑先生涉猎行业广泛。进行过不计其数的并购交易。兰桑先生精通公司法，且在此领域已经发表了数篇文章。2007年，享誉盛名的英国研究公司Chambers&Partners在美国钱伯斯美国领先的商业律师中引用了兰桑先生。他在2005年和2006年被指定为伊利诺伊州超级律师，也被列入“美国人最想成为的人”。

杰弗里·J.格林（Jeffrey J. Greene），是DLA Piper上海办事处的合伙人。他擅长跨国并购。精通公司法和证券法。格林先生定期为客户提供咨询服务。业务范围包含澳大利亚、中国、芬兰、德国、印度、韩国和英国等国。在调职至上海之前，格瑞先生一直效力于该公司华盛顿办事处。

目　录

第1章　合并和收购过程
第2章　意向书和术语表
第3章　保密协议
第4章　法律尽职调查
第5章　交易结构
第6章　最终收购协议

事实，即双方有不同的、竞争的、一般来说冲突的利益。谈判的交易，仍然是对抗的交易。如本书第 6 章与第 8 章都分别强调，揣摩对方的心思，尽可能地收集对方的信息，和高超的谈判技术一样，都是最终胜利的保障。

第 7 章　赔偿和贡献
第 8 章　董事会的信托责任
第 9 章　股东批准和证券合规
第 10 章　投资银行家在并购交易中的作用
第 11 章　罗迪诺法案及相关监管事项
第 12 章　税务考虑

本书是由戴安娜·霍尔特·弗兰克尔、史蒂芬·A. 兰兹曼、杰弗里·J. 格林三位作者共同编写而成。三人不仅都拥有深厚的专业基础，更重要的是，他们几乎都是所在集团的并购领军人物。本书无论在理论的正确性上还是在实践的可操作性上都毋庸置疑。

所以，无论读者是正在学习并购相关专业的在校生，还是已经走上工作岗位的从业者，这本《并购交易谈判实务指南》都一定能让你“一书在手，谈判无忧”。

第三类

战略、战术与技巧（精选 26 本）

一、综述

一般来说，并购是公司在其发展过程中的重要节点所做出的选择。在很多时候，一项重大并购交易的成败将决定公司生死存亡。从广义上看，任何一项并购交易的实施过程，其实就是回答或解决如下基本问题的过程：公司要不要进行并购？如果要并购，是采取收购还是兼并的方式？目标公司是谁？如何确定目标公司的买卖价格？并购适用怎样的交易结构（股权收购/资产收购、现金支付/股份支付以及融资方式等）？如何有效实施并购后整合并实现协同效应以创造价值？等等。在这个意义上，并购俨然已经成为一项事关公司发展战略、实施该战略之方法及完成具体任务之能力的系统工程。换句话说，构成并购这项系统工程之灵魂的是并购的战略、战术与技巧。

不少专家指出，作为并购从业者的读者常常重视交易的流程或该流程中的专业技术问题，忽略了从战略、战术与技巧的角度看待问题，而这正是众多并购交易失败的一个原因。在数以千计的中外文并购图书中，很大比例是在讨论战略、战术与技巧问题。这为读者提供了在这方面学习和提升自我的有利条件。

我们在这一部分挑选了 26 本书进行评介，其中有专门讨论并购战略问题的，比如《夺取全球合并赛局的最后胜利的九大战略》《并购战略的艺术：通过并购和剥离构建公司未来指南》（以下简称《并购战略的艺术》）；更多则是讨论并购的战术和技巧的，比如《反向并购：非 IPO 型的公司上市》《兼并之道：决定公司并购成败的四个关键决策》（以下简称《兼并之道》）、《科尔尼并购策略》《兼并解剖：公司收购谈判的战略与技术》（以下简称《兼并解剖》）、《做对的交易与把交易做对：35 条并购成功秘诀》《并购战术手册》和《为什么交易失败？如何救济?》，等等。其余图书或多或少涉及并购的战略、战术和技巧。相比较而言，《兼并之道》《兼并解剖》和《并购战略的艺术》这三本书值得重视。

戴维·哈丁和萨姆·罗维特撰写的《兼并之道》（中译版，P134）是一本颇具特色的并购专业著作。该书以世界著名的咨询机构贝恩资本公司数以千计的战略咨询项目经验为基础，重点讨论了并购交易过程中 4 个关键问题上的战略和战术决策。这 4 个问题分别是：①如何选择并购交易目标？它们是否有利于改善公司核心业务？②达成哪一种并购交易？这笔并购交易会增加公司的价值吗？③需要在哪些领域进行整合？整合计划是否与公司的投资理念及所有权变更带来的挑战相吻合？④当交易出现问题时，应该采取什么举措？当事态发展与预期不一致时，如何应对那些无法回避的问题？该书作者并没有像其他很多书一样将注意力放在更加广泛的问题上，而是通过实际案例的解读，向读者呈现了并购的战略、战术和技巧是如何在实践中得到运用的。

詹姆斯·C. 弗罗因德的《兼并解剖》（英文版，P144）在西方世界被誉为并购专业领域里的“圣经”。虽然该书自初次出版已经过去 40 多年，但是其影响力仍经久不衰。它把并购谈判的战略和技巧置于全书首要位置，对并购交易的过程做了出神入化的描述和剖析，开拓了读者的眼界。

由肯尼斯·史密斯等编著的《并购战略的艺术》（英文版，P177）是《并购的艺术》系列图书之一。该书将公司并购交易置于战略背景下考察，把战略思维模式运用到目标公司的选择、计划的制订、资源的整合与战略计划实施等并购交易的全过程之中，帮助读者在观察并购问题时有了一个全新视角。

二、书评

49.《MBO 交易：透视管理层收购》

伴随着资本市场的不断繁荣，并购交易的数量也在逐渐上涨，而越来越多的问题也在并购热潮中体现出来。众所周知，并购事业复杂且变幻莫测，没人能够提前预知下一秒会发生什么。所以对于广大并购从业者们来说，了解不同收购形式的规律和规则，对于摸清交易脉搏，把握交易的主动权来说尤其重要。

这本《MBO 交易：透视管理层收购》所讨论的主要内容，就是公司内部融资最为复杂的交易之一——管理层收购。希望广大读者在阅读完本书以后，可以对 MBO 交易有相应的了解和掌握，在以后面对管理层收购时更加从容。

本书的作者是先后担任瑞银华宝证券和美林公司的财务经理的理查德 · H. 韦斯科特。他不仅曾在伦敦金融城任职，并且还曾供职于五大会计师事务所。可见，理查德 · H. 韦斯科特无论是在从业经验上还是专业背景上都能为本书的高品质提供保证。

该书内容主要是理查德根据其亲身经历的 Fairview 控股公司的管理层收购中的经验编写而成的，故本书的内容主要是介绍如何把一家英国公司从上市公司转为私人公司的过程。虽然本书出版于 14 年前，但其中关于管理层收购的许多经验对于现在的并购交易而言还是具有

图书基本信息

英文书名 Management Buyout

著　　者 理查德 · H. 韦斯科特（Richard H. Westcott）

译　　者 戴伟

出版信息 北京：中国金融出版社，2003

页　　数 121 页

作者简介

理查德 · H. 韦斯科特（Richard H. Westcott），曾获得特许会计师协会考试奖和特许税务师协会院士考试奖。在其职业生涯的早期，作为一名税务专家，他曾供职于五大会计师事务所，并在特计税务师协会开设讲座。1978 年他获得律师资格，随后几年里他在伦敦金融城里作为 Morgan Grenfell & Co. Ltd 的财力经理，后来又先后担任瑞银华宝证券和美林公司的财务经理。

目　　录

收购行动摘要
第 1 章　管理层收购的背景
第 2 章　启动收购行动
第 3 章　风险资本行业
第 4 章　尽职调查
第 5 章　银行融资安排
第 6 章　商业计划和财务模型
第 7 章　法律文件

很大的借鉴意义。

第 8 章 交易的谈判及融资结构
第 9 章 公司收购
第 10 章 发出收购报价与结束收购
第 11 章 税收
第 12 章 退出战略
第 13 章 结束语
附录
术语汇编

本书不是专业条款的展示集，而是面向大众的工具书。作者写作本书之时，尚未出现任何一本关于管理层收购的通俗易懂的指南，其专门围绕一个案件展开相应论述，故其内容之间的连接性和系统性也较强。现行大部分的书籍都过于执着于专业旗号，从而忽略了那些毫无金融专业知识的读者。理查德·H. 韦斯科特则注意到了学界对于这一问题忽略，所以就 MBO 交易为话题编著了此书。旨在揭开管理层收购的神秘面纱，让更为广泛的受众可以接触并了解管理层收购。更重要的是，作者非常希望在日后的收购工作中，管理层收购团队可以在同专业人士交流及同他们协商交易条款时处于同等水平，此等愿景对于并购交易整体的向前推进来说也是难能可贵的。

本书不是毫无营养的故事书，本书是实战必备的经验册。虽然作者从开篇就已说明本书是其根据 Fairview 的经验编著而成，但本书的内容却不仅仅是简单叙述一个案例而已。作者从管理层收购的全过程出发，从收购的早期筹备，到启动收购行动，再到后来的尽职调查、银行融资和交易谈判等。对于管理层收购中也许会出现的一些问题及在交易实施过程中可能面对的一些困境，作者在本书之中都进行了归纳。并且对于 MBO 交易而言，其所面对的最大挑战不是如何将上市公司转化为私人公司，而是如何令已经转化的私人公司的业绩达到标准，从而让管理层能够得到其设想中的潜在回报。许多提及管理层收购的书籍都是只知其一，不知其二，本书则很好地规避了这一点。

本书追求的不是“大而全”，而是“少而精”。相比于动辄成千页的数据而言，本书的篇幅并不算长。作者以列举的方式将最精华的地方有条理地罗列出来，能够让读者以最快的方式找到所需内容的重点，不仅节省了时间还提高了效率。并且在本书短短 100 多页的篇幅中，几乎看不到简单的条文堆砌和泛泛而谈的无关理论，有的只是细致的专业分析和实际的操作技巧。在全书的最末尾处，作者还特意附上了当时瑞银华宝公司的商业计划书和财务模型，如此把内部资料完全展示，可见本书帮助读者了解 MBO 交易内容的诚意十足。

以上三点，仅对本书的特点做一个简单的概括，并不能完整地描绘出本书的全部优点。若作者可以锦上添花地提供一些管理层收购的重要协议的样本于附录之中的话，可能会让整本书看起来更加完整。相信对于 MBO 交易感兴趣的您来说，这一定是一本拿起就不肯放下的经验之书。

50.《并购：企业在重大重组中必须面对的七大困惑》

图书基本信息

英文书名 Five Frogs on a Log：A CEO's Field Guide to Accelerating the Transition in Mergers，Acquisitions and Gut Wrenching Change

著　　者 马克·L. 菲尔德曼（Mark L. Feldman）；迈克尔·F. 斯普拉特（Michael F. Spratt）

译　　者 黄宜寺；沙丽金；李妍

出版信息 海口：海南出版社，2003

页　　数 205 页

作者简介

马克·L. 菲尔德曼（Mark L. Feldman），新西兰命运湾酒业进口公司（Destiny Bay Wine Imports）首席执行官。早年曾经从事过并购咨询业务，具有 20 多年并购实践经验。经手过的业务客户包括美国奥多比系统公司、微软、巴克莱银行集团、戴姆勒－克莱斯勒、惠普、培生集团、美铝、捷迪讯、环球电讯、麦道和固特异公司等。他在世界范围就产业转型等问题发表演讲，受到广泛欢迎。他的这本著作已经由多种语言出版发行，成为商业领域畅销书。

迈克尔·F. 斯普拉特（Michael F. Spratt），命运之湾酒庄创始人和所有者。目前担任新西兰怀赫科葡萄酒协会主席。同时也是新西兰

世界级演讲家丹尼斯·威特利言：“人们必须从以往的错误中学习，而不能指望过去的成功能够给你什么。”遗憾的是，有关成功的经验之谈越来越多，而现实世界中并购的失败率则并没有因此而有所降低。这不能不引起我们深思。其实，丹尼斯·威特利的话已经给出了答案：我们应当从失败中学习。

由马克·L. 菲尔德曼和迈克尔·F. 斯普拉特共同撰写的《并购：企业在重大重组中必须面对的七大困惑》，是并购文献海洋中为数不多的以总结失败教训为其主题的著作。该著由前言、绪论和 13 个章节组成，通篇基本不谈并购成功的经验，而只谈失败的并购都留下哪些教训及如何在未来避免重蹈覆辙。

该著作者之所以将并购中失败的教训看得远比成功的经验重要得多，这与他们的经历有着直接的关系。这两位作者都曾经在著名的会计师事务所普华永道公司工作过，有着 20 多年丰富的并购实践经验。他们经手过的并购案中不乏涉及世界多家顶级公司。对他们来说，这些并购案既有成功的经验，但或许让他们留下更深印象的却是一些失败的教训。当然，这部著作的素材不只是来源于他们个人经历，也包括他们并没有直接参与的一些并购案所暴露出

来的具有普遍意义的问题。

作为一部讨论并购问题的著作，《并购：企业在重大重组中必须面对的七大困惑》似乎并不像一部专业性著作，甚至在很多读者眼里根本就不是。在该著作中，三分之二篇幅是在讲故事，讲趣闻轶事，讲寓言。这些故事、趣闻轶事或寓言一点也谈不上精彩，对不熟悉英美文化者而言会觉得冗长而索然无味。但显而易见的是，作者希望通过它们向读者传达其对并购中的某一个或某一些问题的见解。客观上，撇开那些一个接一个的故事、趣闻轶事和寓言，作者的大多数观点或见解是精彩的、有价值的、有实际意义的。比如，“当商业史的某一决定同样需要集中资源的时候，你应该优先考虑那些最具影响力、成功概率最高的举措”。比如，“如果你正在与兼并中的公司竞争，那就像是在过圣诞节”。这样的观点或见解，在这部著作中比比皆是。也正是因为这一点，该著作还勉强能够算得上是一部并购专业著作。只不过，它在风格上确实是一部另类的并购专业著作。

作者将并购交易中的若干错误视为罪恶，而罪大恶极者莫过于优柔寡断、扯皮拉筋。在该著作的绪论部分，作者罗列了并购交易中的七大致命罪恶：表单罗列过多、空洞的交谈、创立计划编制会、欺压作风、强加于人的观点和价值观、把乌龟放篱笆桩顶上和表彰错误行为。而这些所谓的罪恶，其实就是拖延。换句话说，就是优柔寡断、扯皮拉筋。在作者看来，拖延导致高昂消耗，拖延导致市场份额缩小，

葡萄酒生产者协会负责人，以及新西兰葡萄酒专家组织创世会员。2000 年之前，他是普华永道旧金山办公室并购咨询合伙人。作为国际管理咨询专家，他有着 20 多年实践经验，其中包括在硅谷微电子产业从事近 10 年的生产和企业管理工作。

目　录

前言　兼并、购并，及大规模重组
绪论　过渡的七种罪恶
在兼并、购并，和大规模重组的险情中的七条致命罪恶
罪恶之一：表单罗列过多
罪恶之二：空洞的交谈
罪恶之三：创立计划编制会
罪恶之四：欺压作风
罪恶之五：强加于人的观点和价值观
罪恶之六：把乌龟放篱笆桩顶上
罪恶之七：表彰错误行为
第 1 章　机会丧失
第 2 章　残酷的现实
第 3 章　更多残酷的现实
第 4 章　权宜之计
第 5 章　260 项优先
第 6 章　西雅图的风挡玻璃
第 7 章　没有秘密，没有惊喜，没有炒作，没有空洞承诺
第 8 章　一根圆木上的五只青蛙
第 9 章　组织机构的巨大焦虑
第 10 章　两对半的卡车
第 11 章　最后的替罪羊
第 12 章　盲人的狗
第 13 章　北方银行

拖延导致生产下滑，拖延导致利润萎缩，拖延导致人员流失，拖延还导致股东背叛。

作者为消弭罪恶而开出的药方是增强时间的观念，强调“速度”或“加速”的作用。该著作的中译本为便于中文读者理解，将原书名做了较大的变通。英文书名的直译应该是《加速并购过渡、实现痛苦转型之 CEO 实务指南》。英文书名的中心词是“加速”。事实上，“速度”或“加速”的观念贯穿这部著作之始终。作者在该著作前言中开宗明义：“加速”对并购具有特殊的意义，不仅仅能够激发原动力，锁定胜机，而且能够最终创造股东的价值。他们认为，大规模的公司并购和重组实际上是在与时间赛跑。只有那些学习得快、行动得快及适应得快的公司，才能够脱颖而出。在某种意义上来说，《并购：企业在重大重组中必须面对的七大困惑》一书，是一部专门讨论并购中的时间、速度或加速问题的著作。

正如前面提到的，这部著作过多的文学方面的情节对于中文读者并不是一件轻松愉悦的阅读体验。不过，如果我们把注意力放在作者的观点或见解上，那这部著作仍不失为一本极有价值的读物。它是针对公司高层管理人员而撰写的，但一般对并购实务有兴趣的读者也可以从中受到启发。

51.《并购成长》

经济全球化、科技发展及金融工具创新是 21 世纪初新的并购浪潮形成的基本条件。由乔治 · T. 盖斯和乔治 · S. 盖斯撰写的《并购成长》一书就是在这样的时代背景下出版的。相比较中译本书名，该著作英文书名“Digital Deals：Strategies for Selecting and Structuring Partnerships”《数码时代的交易：选择和构建伙伴关系的战略》（直译）或许更能够体现这一时代特征。

如同其英文书名所显示的，这部著作主要讨论的是在数码时代公司战略交易的策略及战略合作伙伴关系的选择和构建。作者以丰富的数据资料为基础，通过对微软、美国在线、英特尔和思科等这些世界级的行业巨头在战略合作方面的经验教训的分析，总结出一套适合于 21 世纪的公司的发展战略和交易策略，为公司在制订和实施其发展战略和交易策略时提供了具体的指导。关于这部著作，我们还可以从以下几个方面增进对它的了解。

第一，这是一部有关数码革命与公司发展战略关系的著作。或许是因为其作者以微软、美国在线、英特尔和思科等数码科技公司为主要研究对象，并对它们做了极为深入研究的缘故，该著作明确地将公司发展战略置于正在席卷全球的数码革命这个大背景下进行考察，而且清醒地意识到数码革命会给公司发展带来何等的影响。基于此，该著作作者设计出了一个包括8个步骤的适用于数码时代公司交易的市场模型框架。这个框架涉及数码经济环境下决定公司命运的规划、规划的实施、信息的搜集和使用、合作伙伴的选择及交易策略等重大问题。作者用了该著的三分之一篇幅讨论这些问题。这一设计，正如蓝图投资公司合伙人巴特·斯卡特所言："是在为下一代公司交易提供背景和框架。它抓住了数码经济时代新老公司成功的关键之所在，即创造性的交易。"

第二，这部著作对构建公司战略合作关系的设想具有前瞻性。我们知道，并购只是公司在实施其发展目标时所采取的战略合作形式之一。至于公司的战略合作关系在数码经济时代除了并购之外究竟还包括其他哪些形式，以及这些关系或这些关系中的某一种形式在什么样的情况下可以作为公司开展战略合作时的选项，过去很少有专门的著作论及。这部著作在这方面进行了深入的探讨，提出了合并与收购、合资企业、少数股权投资、广告与商业联盟及公司拆分五种公司战略合作形式。在这里必须指出，该著作出版时正值人类进入21世纪之际。当时，这些公司战略合作形式都还没有成为一种普遍的实践。而在此之后，特别是随着第6

图书基本信息

英文书名 Digital Deals: Strategies for Selecting and Structuring Partnerships

著　　者 乔治·T. 盖斯（George T. Geis）；乔治·S. 盖斯（George S. Geis）

译　　者 蔡舜玉；丁惠民；张倩茜

出版信息 北京：中国财政经济出版社，2002

页　　数 315页

作者简介

乔治·T. 盖斯（George T. Geis），美国加州大学洛杉矶分校Anderson研究生院管理学教授，曾经五次被评为年度杰出教师。在并购方面有精深研究，出版过大量相关著述。与人联合创办零售聚合（Trivergence）科技与研究公司，从事企业合作与关系研究。

乔治·S. 盖斯（George S. Geis），法学博士和企管硕士，麦肯锡咨询公司管理顾问，曾就职于美国数家法律和会计师事务所。专长于战略联盟、商业金融和网络营销。

目　　录

前言
第一部分　建构有系统的交易策略
第1章　策略联盟的时代
第2章　市场概观与业界资料库
第3章　交易资料库与交易法则
第4章　选择交易法则与合作对象
第5章　策划交易与执行交易
第二部分　建构策略联盟
第6章　合并与收购
第7章　合资企业

次并购浪潮（2003－2008 年）兴起，所有这些公司战略合作形式已经不再陌生。就此点而言，该著作的贡献是突破性的。

第 8 章　少数股权投资
第 9 章　广告与商业联盟
第 10 章　衍生公司与追踪股
第三部分　全面整合
第 11 章　串联所有的法则与结构
第 12 章　总结：分析与行动

第三，该著作强调信息在数码时代对公司的重要性。所谓数码时代，其实就是未来学家托夫勒早在 30 多年前预测的信息化时代。这个时代的主要特征在于信息有价，信息和信息技术构成生产力的主要要素。在数码时代，信息对于公司的价值体现在公司发展战略规划和实施的一切层面。按照这部著作中的说法，数据库的建设及基于网络的信息资源的开发和利用，是公司计划与实施正确的合作战略及进行有效交易的基础和保证，因为在这个全球化的商业环境中公司需要更多的信息或信息资源以获得和维持其竞争优势。

总体上讲，这是一部极富前瞻性的并购专业著作。可能由于该著作出版较早，很多概念或专业术语在当时的中文语境里还没有形成统一的认识，个别文字上的中文翻译尚未达到尽善尽美，以至于多少有碍读者的理解。比如原书书名中的“Digital Deals”，在中译本中翻译成了“策略联盟”。又比如“Spin-offs”的中文翻译“衍生公司”似乎也不完全到位。当然，这些遗憾并不会减损该著实际价值。它是一部值得投资者、公司管理层及对公司发展和并购交易感兴趣的学生阅读的不可多得的好著作。

52.《大并购时代：超级并购带来超级增长与超常回报》

有哲学家曾经说过，“这个世界唯一不变的就是变。”对于已经存在了百余年的并购交易来说也是如此。事物每经历一个时代就会留下那个时代的烙印，那么我们这个时代的并购烙印是什么？如何制订作战方针才能保证自己在并购战场上稳操胜券呢？如果您对此感兴趣的话，那么请您翻开这本书一探究竟。

本书的作者诺曼·W. 霍夫曼不仅从业经验丰富，并且专业功底扎实。其有着 30 年并购经验，有参与超过 100 项并购交易实战的辉煌战绩。对如何制订并购战略从而获得成功这一问题，他也有着自己独到的见解。总体而言，本书特点可以概括为以下几个方面。

第一，本书主要针对的是通过不断整合甚至业务转型来实现本身规模扩张的收购小规模潜力型企业的并购。实际上，比起小规模的、具有成长潜力的企业而言，大型企业与超大并购并不像表面上看起来那样风光，“赢家的诅咒”时常出现在这些交易当中。并且并购绝非天马行空便能成就的易事，最安全的路径无疑是小型企业逐步转型并实现创新转型，而不是盲目地追求交易的巨大规模。但大多数的投资者显然没有领悟到这个道理，就连股神巴菲特都曾指出“人们宁愿得到一张下周可能会赢得大奖的抽奖券，也不愿抓住一个可以慢慢致富的机会”。

第二，作者分析和总结出了一种不被人关注的方法。更重要的是，事实证明，这种方法已经给很多企业带来了令人称叹的巨大成功。简单来说，这种成功的战略主要涵盖三个部分的内容：第一部分是整合，即通过收购与自身本质相近的企业，来强化对某个特定市场或产品类别的服务，从而在强化竞争力的同时促进自身规模与利润的增长，提高业务运营及集中化管理的效率；第二部分为扩展，即将原有的业务模式复制于新的地域或市场区位中，利用基础业务的杠杆放大作用，实现规模经济；第三部分为创新，即通过对流程的不断更新来开发出更加具有特征的产品和服务，积极维系与老客户之前的关系并且提升自己的声誉，以良好的口碑来吸引新的顾客从而推动企业在竞争激烈的市场环境下长期成功。

第三，作者始终强调对于企业家应与投资

图书基本信息

英文书名 Mergers and Acquisitions Strategy for Consolidations: Roll Up, Roll Out and Innovate for Superior Growth and Returns

著　　者 诺曼·W. 霍夫曼（Norman W. Hoffmann）

译　　者 李琳；邱滢霏；刘寅龙

出版信息 北京：机械工业出版社，2016

页　　数 246 页

作者简介

诺曼·W. 霍夫曼（Norman W. Hoffmann），拥有30年的并购实战经验，曾是交易商出版公司及其投资机构早期的高层管理者。作为交易商出版公司及多米宁公司的财务总监，霍夫曼曾参与过对数千个收购目标的评估，并亲自寻找、培育和完成了70多笔收购。此外，他还参与过80家被收购公司的整合过程。

目　　录

第1章　收购的必要性
第2章　整合性并购的历史
第3章　兰德马克通信的整合与扩张
第4章　寻找机遇
第5章　整合并购评估
第6章　成交不易
第7章　建构交易
第8章　整合式收购的陷阱
第9章　成功整合的要素
第10章　实现整合效能，实施最佳实践
第11章　整合行动
第12章　过程创新

第 13 章　转型性创新
第 14 章　找到整合时机
第 15 章　大结局

人一样，时时刻刻对自己的交易保持理智与清醒。银湖投资公司的创始人之一戴夫·鲁曾言："并购这件事之中隐藏着人性动机。如同性爱，并购过程也充满快感，它是稍有的几种即便过程令人难以启齿，但结果依旧令人愉悦的事情之一。"每一个选择并购方式的企业其终极目的都如出一辙——盈利。但事实上，绝大多数的并购交易并不能创造价值，与此相反，价值往往很可能因为并购交易的产生而趋于消亡。那么，要想这种价值消亡的可能性降到最低，就要在整个交易过程中充分地去了解对方公司，从交易开启到最后整合，无论是哪一阶段，都不能掉以轻心。诺曼·W. 霍夫曼提出交易中最重要也最容易被忽略的就是整合问题，企业若要获得实实在在的利润，就必须将整合作为经营战略中的关键环节。本书通过描写以兰德马克公司为代表的美国通信信息行业并购开启与整合的案例，使得读者在学习的同时能够保持思维逻辑的连贯性，这无论是从知识的理解上还是从案例的分析上来说对读者们都是大有裨益的。

第四，本书数次强调，虚高的并购价格并不是并购从业者们所应追求的，而较高的投资回报率才是并购发生的主要目的。兰德马克公司的 CEO 巴顿则是这一思想的典型代表，他认为："增长源于变化，而且会造就变化。"他极力反对受股票市场价格不规则的暴涨，且这一观点在他的投资原则中也有所体现：只投资于资本需求相对较低、收益增长率相对较高的企业。此外，巴顿与诺曼·W. 霍夫曼一样，都深知企业若想通过并购创造价值，就必须懂得"眼观六路，耳听八方"这一道理。

并购世界风云诡谲，无人知晓下一秒会发生什么，企业只有收集足够的信息来做出准确的预判，从而才能制订出正确的发展目标和规划。单纯收购并整合一揽子企业也不可能带来永久的成功。只有不断地去寻找新的机会，接受新的挑战，提高自身的效率且能适应持续变化的市场需求，积极地去满足顾客的需要，才能为并购后的新实体恒久的成功提供保障。本书提出价值投资、前瞻性和并购整合的执行力是并购成功所必须满足的三个条件，其他相关资料大多只提及了其中两点，集三要素于一身的书籍确实少之又少。

本书作为一本中译本，语言平实易懂，表达深入浅出，原作者对于案例的一些表述也被译者翻译的活灵活现，使得读者阅读起来趣味十足。但相比于其他专业书，本书理论性较为不足，案例的叙述占了大部分篇幅，且案例之间互相穿插，对于没有任何专业功底的读者来说，阅读效果可能会大打折扣。

当然，这也并不能掩盖本书作为一本优秀并购类读本的光芒。无论读者是专业的投行人员，即将踏入并购行业的相关专业的学生还是企业家，在阅读完本书以后，一定会对如何通过并购提高企业的投资回报率有自己的心得体会。

53.《大手笔：美国历史上 50 起顶级并购交易》

不少并购业内人士都在使用“案例法”教学或学习的方式，也产出了不少相关的书作。其中一些采用“庖丁解牛”的方式，将一项复杂的案例进行细致的剖析；一些又如同“蜻蜓点水”一般，只是将案例置于理论讲解的辅助地位。而这本书对“案例法”的使用方式特色鲜明，对案例的讲述结合了“充实”和“简明”两个特点。它为我们介绍了美国历史上 50 起顶级的关购交易，探寻了最成功交易者的秘密，又总结了失败的交易原因，并为我们概括出了并购交易中的十大交易规则。

本书通篇的体例非常简明、流畅。每一个并购交易都能体现出一项或者几项交易规则，作者是以案例体现出的主要规则来进行篇章划分的。这些规则如：集中优势；利用对手的弱点；寻找别人忽视的价值；不要让自己处于有求于人的境地等。对于每一条规则，本书都从正反两面进行了论述，无论是“成功之道”还是“失败之因”，都为交易规则的重要性提供了充足的证明。

本书的案例非常通俗、有趣。作者对案例的描述不但“深入浅出”，而且语言还十分幽默。他没有引入大量的财务数据和专业术语，而是如同讲故事一般，令读者对其中的交易失策感到唏嘘，又会为其中的精彩交易拍案叫绝。比如 1994 年的诺维尔公司（Novell）在对 WordPerfect 公司的收购案中，决策上的三大失误导致其失去了原有的优势，并且还造成了重大的利益损失，真的令读者忍不住为其感到遗憾。相反，皮埃尔·杜邦利用威廉·杜兰特“绝望的卖主”地位，以低价收购其大量的股票并且获得巨大收益，又令读者感叹其对时机的完美把握。

本书还分享了很多实用的“商道小贴士”。作者结合案例及自身的工作实践，毫不吝啬地为我们贡献出了很多重要的商道规则：“对于从事交易的人来说，如何正确对待自己的弱点是一个重要的品质。”“伟大的机遇产生于别人陷入财政绝境时，尽管这样说有点不仁义。”“搞交易的人手中最强大的武器就是能说‘不’字。没有这个撒手锏，特别是对方察觉到这一点，你就会更容易吃亏上当。”类似这样的话语如同“遗珠”一般，散落在书中的很多地方，有待读者去一一拾捡、收藏和欣赏。

作者在介绍了这 50 项顶级的并购交易之后，还是觉得意犹未尽，又在本书的第 11 章以时间为顺序列出了另外值得一提的 50 起大宗交易。作者使用百余字对每项交易的要点进行介绍，读者可以从中找出最佳和最糟糕的交易。历史公认的美国最杰出的宪章派理论家杰弗逊总统曾说：“现实经常要支配理论。”通过对书中这 100 起美国并购交易案例的阅读，读者会在脑中形成关于失败或成功的交易模式，完善自有的“一套理论”。

考虑一些接触本书的并购初学者的需求，作者在书末开辟了一个“名词解释”的模块儿，对书中提到的一些名词进行了解释，比如“临时贷款”“集团诉讼”“克莱顿法案”等，以此又进一步保证了读者对本书的吸收程度，也降低了本书的理解难度。

作者说：“并购交易是一门艺术，与其他技艺一样，有些人发挥起来得心应手，而有些

图书基本信息

英文书名 The 50 Best (and Worst) Business Deals

著　　者 麦克尔 · 克雷格（Michael Craig）

译　　者 海丛；丁文正

出版信息 北京：华夏出版社，2005

页　　数 203 页

作者简介

麦克尔 · 克雷格（Michael Craig），一个经验丰富的并购从业者，对大宗并购交易具有浓厚的兴趣，对交易中的资金投入、策略、以及交易各方等各种因素对交易的影响深有研究，并经历过一项非常有争议的电器制造商收购案——通用电气和惠而浦公司对洛普尔公司的争夺案。

目　　录

第 1 章　规则一：集中优势
第 2 章　规则二：利用对手的弱点
第 3 章　规则三：寻找别人忽视的价值
第 4 章　规则四：不要让自己处于有求于人的境地
第 5 章　规则五：创新
第 6 章　规则六：关照好小人物
第 7 章　规则七：不怕讨人嫌
第 8 章　规则八：从事你最熟悉的业务
第 9 章　规则九：洞察未来，抓住机遇
第 10 章　规则十：不要和上家谈交易
第 11 章　另外五十起大宗交易

人只好考虑干别的行当。”书中介绍的那些“常胜将军”和“常败将军”就是这句话的真实写照。让这本书带领我们当一次“事后诸葛亮”，观摩美国那 50 起顶级的并购交易，借此学习和掌握并购这门“高深的艺术”。

54.《反向并购：非 IPO 型的公司上市》

图书基本信息

英文书名 Reverse Mergers: Taking a Company Public without an IPO

著　　者 戴维 · N. 费尔德曼（David N. Feldman）；斯蒂文 · 德莱斯纳（Steven Dresner）

译　　者 丁薇；戴虹

出版信息 上海：上海人民出版社，2007

页　　数 235 页

作者简介

戴维 · N. 费尔德曼（David N. Feldman）是美国反向并购、自我申报和其他新型上市的专家。他是拥有 23 名律师的纽约费尔德曼 . 温斯坦 & 史密斯律师所的创始合伙人。该所处理过包含反向并购在内的数百起的上市案例。作为一名证券律师，他经常发表公开演讲，主持研讨，并就反向并购相关事务提供咨询。他在 1982 年获取宾州大学沃顿商学院学士学位，并于 1985 年获取宾州大学法学院博士学位。戴维 . 费尔德曼是沃顿全球校友会的名誉主席。

斯蒂文 · 德莱斯纳（Steven Dresner）是电信技术企业 VCOM 公司的创始人，也是 DealFlow 媒体公司的创始人。它曾出版了《PIPE 报告》、《债务报告》和《反向并购报告》。德莱斯纳曾获得乔治 . 华盛顿大学

本书作者是美国反向并购、自我申报和其他新型上市的专家戴维 · N. 费尔德曼与他的伙伴斯蒂文 · 德莱斯纳。他们对于反向并购业务的丰富经验及对于当前金融发展趋势的独特思考使得本书在同类专业书籍中看起来独具魅力。本书主要分为反向并购的业务、法律事务和陷阱、自我申报和其他非 IPO、非反向并购的上市方法及非 IPO 型上市手法的最新动向 4 个部分。在说服力、专业程度及书的体例和编排上都是非常合理和出色的。

并购图书成千上万，但在反向并购领域本书却一枝独秀。戴维 · N. 费尔德曼开创了描写反向并购图书的先河。基廷投资公司总裁蒂莫西 · 基廷曾说：“这是此类书籍中的第一本，戴维 · N. 费尔德曼为日趋复杂而各异的上市世界提供了无价的指引。对于任何投行家、律师、会计，或寻找新型上市途径的公司都有重大意义。”

自本书出版前 6 年内，反向并购交易已经增加了 4 倍，并且正以一种势如破竹的趋势在快速发展着。最初业界并不看好反向并购，甚至认为这是一种应该被禁止的行为。不过慢慢地人们发现了 IPO 的缺点，比如费用较高，过程较慢，对于市场的依赖程度较强很容易受到牵制，且 IPO 最大的不便之处就是需要一个承

销商，有时会花费许多原本不需要花费的金钱与时间，增加了上市成本。反向并购则很好地弥补了这些缺陷，这也是为什么越来越多的公司选择这种方式的原因。

心理学学士学位，并在佩斯大学获得金融学工商管理硕士和计算机信息与网络专业研究生学位。

目　录

导言
第 1 章　为什么要上市
第一部分　反向并购的业务
第 2 章　IPO，还是反向并购
第 3 章　空壳公司和交易结构
第 4 章　419 法规介绍
第 5 章　融资
第 6 章　赢得市场支持
第 7 章　旁门左道
第二部分　法律事务陷阱
第 8 章　交易的机制
第 9 章　尽职调查
第 10 章　监管机制
第三部分　其他上市捷径
第 11 章　自我申报
第 12 章　SB—2 表
第 13 章　10—SB 表
第 14 章　特殊目的收购公司
第四部分　制造空壳及当前趋势
第 15 章　10—SB 表空壳
第 16 章　专家点评：展望未来

当然，反向并购还有公司管理层耗时较少和股权稀释较少等优点。故随着时间推移和反向并购的确为公司带来了利益，商人们的观念开始转变，开始默认和选择了这种上市方式。其中最具影响力的事件就是 1992 年美国颁布的 SEC419 法规，其初衷就是为了保护股东在反向并购交易中的利益不受欺诈。

本书对反向并购的“前世今生”有非常详细的介绍，包括其从“幕后”转向“台前”的原因，以及金融“看客”们越来越青睐它的事实。而这些，大部分的专业图书都只是一笔带过，鲜有扩展。

反向并购很“诱人”，风险陷阱需谨慎。并不是说公司在做出反向并购决定后就可以高枕无忧了，反向并购依然面临着许多的问题与挑战。对于反向并购而言，其最大的问题和 IPO 一样——融资。大多数反向并购的目的都是为成长阶段的公司筹集资金，虽然其融资金额比起 IPO 小得多，但大多数的反向并购是通过两个步骤达到同一目的，所以融资对其依旧重要。本书非常细致地描述了融资的重要性及融资对于带动交易的积极作用，为广大想要进行反向并购的决策者们敲响了警钟。

反向并购还有一个非常重要的部分就是尽职调查部分。作者反复强调对于尽职调查就是要“慎之又慎”，他认为“每件事情都要查了又查，千万不要以为每个人都会做好分内的事”。对于“脏壳”“空壳”一定要保持警惕，不能掉以轻心，否则它们将会成为您的“噩梦”。这种紧张感与谨慎行事的想法要持续到交易达成之后，因为您还远远没有摆脱那些如影随形的风险。有些

“脏壳”的操作者要到交易结束后才会原形毕露。

还有一点，就是反向并购一定要在合理合法的框架下进行，与规则背道而驰往往都是让企业走上自取灭亡之路。作者坚持不论什么时候，交易者一定要与不法分子划清界限，不要妄想通过旁门左道到达行业巅峰，因为根基不正只会“爬得越高，摔得越狠”。作者将其工作经验与本书内容完美结合，在讲述理论知识的同时又很好地补足了其枯燥难懂的短板，增强本书实践性的同时也更能吸引读者继续往下阅读，可谓是一举两得。

“条条大路通罗马，此路不通换一条。”也许前一句有些不严肃的意味，但是上市对于每一个公司而言却是非常严肃的事。有些公司既不想 IPO 也不想选择反向并购，那么是否就是“死路一条”了呢？答案当然是 NO。除了以上两种，公司还可以通过自我申报的途径来进行上市，这一般是自愿遵守 SEC 的报告制度而取得了上市地位，继而可以向公开市场发行股票或完成 PIPE。

本书的第三部分对于 IPO 与反向并购之外的“第三条路”做出了详细的介绍，以及对于新型的 SPAC 手法做出了一定的分析与概括，可谓是“与时俱进”。包括反向并购在内的 SPAC、自我申报方式比传统的 IPO 效率更高，且监管者监管难度也在下降，作者认为，这几种方式比 IPO 更为可取。本书的末尾是作者对于未来的一个展望。诚然，整个人类社会都是在不断前进与发展的，商业世界也不会例外。以美国为首的西方国家已经注意到了正在崛起的中国正在散发自己的“并购魅力”，许多资本家们已经蠢蠢欲动，蓄势待发。但一切都不会那么简单，文化差异、语言障碍、不一致的会计原则、交易习惯等都可能成为双方交易的阻碍。不过我们也不用太过悲观，因为百折不挠的商人们和并购从业者们是极具挑战精神的，“越挫越勇”是他们的标志。

总体而言，本书语言平实，内容丰富。虽然切入点较小，但作者本身就以向纵深挖掘为目的，旨在寻求真正的反向并购之法，帮助非 IPO 型公司可以平稳上市。他们将其实际经验与心得悉数融入此书，毫无保留，可谓是诚意满满之作。无论您是非上市公司的 CEO、CFO，还是为他们出谋划策的投资银行家、律师、咨询师、会计师，相信您在阅读本书以后，一定会对自己所从事的事业有新的思考以及对它们的未来充满信心。

55.《兼并之道：决定公司并购成败的四个关键决策》

当代管理学大师彼得·德鲁克有句名言："有效的管理者不做太多的决策。他们所做的，都是重大的决策。"这说的是，凡事得有轻重缓急，不可"眉毛胡子一把抓"，否则将一事无成。

有效的管理者应当坚持把重要的事放在前面做，而不是事无巨细平均分配力量。那么，在并购交易中如何区分哪些问题是重要的及决策的轻重缓急呢？在这里，推荐一本著作，它回答了这样的问题。这就是由贝恩公司的两位高管戴维·哈丁和萨姆·罗维特所共同编著的《兼并之道：决定公司并购成败的四个关键决策》。

在介绍这部著作之前，我们不妨先了解一下两位主编所属的贝恩公司。

贝恩公司，又称贝恩资本或贝恩资本公司，脱胎于贝恩咨询公司，其总部位于波士顿。它是由原贝恩咨询合伙人、前美国总统候选人米特·罗姆尼一手打造而成的全球领先的战略咨询公司。曾经为全球各行业超过 4,400 家跨国公司、私募基金和其他机构提供过战略、运营、技术、组织及并购等方面的专业咨询服务。已经完成的成功的战略咨询项目超过 5,000 个，并且管理着 650 多亿美元资金，涉及私人股权、风险投资、上市股权对冲基金和杠杆债务资产等。

《兼并之道》这部著作的两位主编及其他 12 位撰稿作者全部来自该公司。这些作者在该著作中的经验之谈及支持他们观点的众多实际案例也都是以贝恩公司的实践为基础的。这是并购文献资源中难得一见的同时凝聚 14 位顶尖咨询公司并购高手切身经验和智慧的专业著作。如果说这部著作与其他并购专业著作相比有何过人之处的话，那么其过人之处就在于此。

关于这一点，我们还可以引用编者在序言中的一段话加以确证。他们说："我们写这本书的目的，是因为我们已经上过了最好的并购学校——并购交易实践本身——并且学到了一些与交易决策艺术相关的有用的东西。我们有幸与数以百计的决策者在并购交易的实践中共事，并亲眼目睹了交易决策的艰难。我们的很多客户已经做出和实施了一系列伟大的决策（遗憾的是，有些人没有）。通过分享我们的见解，希望帮助下一代公司管理者——即将冉冉升起的明日之星——避免陷入那些隐藏的危险之中，从而成为精通并购之道的行家里手。”

图书基本信息

英文书名　Mastering the Merger: Four Critical Decisions That Make or Break the Deal

著　　者　戴维·哈丁（David Harding）；萨姆·罗维特（Sam Rovit）

译　　者　胡中祥；胡枫

出版信息　北京：商务印书馆，2006

页　　数　291 页

作者简介

戴维·丁（David Harding），贝恩公司波士顿办理处资深董事，同时也是贝恩全球公司战略和绩效提升咨询业务领导人。曾经为多家世界一流的公司提供过咨询服务。特别擅长的领域包括并购、尽职调查和并购后整合。

萨姆·罗维特（Sam Rovit），贝恩公司芝加哥办事处资深董事，同时也担任贝恩全球兼并收购咨询业务主管。具有丰富的跨国并购咨询服务经验。特别擅长的领域有兼并、企业战略、绩效提升和公司扭亏为盈等。

目　　录

序言
第 1 章　决定并购成败的四个关键决策
第 2 章　选择兼并目标
第 3 章　应该交什么并购交易
第 4 章　真正需要整合哪些领域
第 5 章　兼并风险控制
第 6 章　统筹决策原则
附录　经验证据

除此之外，这部著作在内容上还有几个方面的特点值得肯定。

第一，化繁为简，将复杂的并购交易决策过程简化为对 4 个基本问题——如何做（How）、做什么（Which）、在哪里做（Where）及做哪方面的交易（What）——的回答。在这部著作的各位作者眼里，任何一项并购交易，无非就是要做出四个关键的决策，即回答这四个问题，它们贯穿交易全过程。具体说来，这四个问题是：①如何选择并购交易目标？它们是否有利于改善公司核心业务？②达成哪一种并购交易？这笔并购交易会增加公司的价值吗？③需要在哪些领域进行整合？整合计划是否与公司的投资理念及所有权变更带来的挑战相吻合？④当交易出现问题时，应该采取什么举措？当事态发展与预期不一致时，如何应对那些无法回避的问题？该著第 1 章系统而概要地解释了并购交易中的这四个关键决策究竟是怎么一回事，接着在后面的 4 章详细分析了这四项关键的决策在实践中是如何运作的。整部著作就是围绕着这四个关键决策而展开的。

第二，以案说法，把来自实践的经验还原到实践中。重视并购交易中四个关键的决策是这部著作的作者从广泛的实践中总结出来的经验之谈。但是，为了让读者真切理解这些经验并能在未来的交易中将其付诸实践，这部著作又对经典案例进行了深入解剖从而加深读者印象。幸运的是，贝恩公司在并购交易实践中积累了数以千计的案例。作者们从这些案例中精选出来的几个案例紧扣该著主题，甚至在这部著作中所涉及的每一项关键决策的具体实施步骤上都配合得天衣无缝。这只能说明两点：其一，贝恩公司丰富的并购实践为“关键决策”模式的出现提供了土壤；其二，这些建立在实践基础之上的经验或经验概括经得起实践检验。本来一句话就可以说个大概的道理，却偏用几百页的篇幅和众多的案例进行理论。由此可见作者的用心良苦。

第三，避虚就实，用真实的数据增强观点的说服力，从而指导实践。按照该作者的说法，这不是一本纯技术的著作，读者从中学不到价值评估之类的具体操作手法，因为这些东西会妨碍作为读者的并购交易者们关注那些关键的决策并做出正确的决策。不过，该著作对读者的指导意义是宏观层面的，体现在公司高管在决策的过程中。事实上，该著作通过对1700多家公司的并购交易的统计数据进行了分析，并运用这些分析结果证实了作者的基本观点。这在客观上有助于读者增强在实践中使用这一独特决策模式的信心。其实用价值不言而喻。

正如编者所希望的，这部著作是要帮助那些正在并购实践一线进行交易的公司管理者在错综复杂的局面中就最重要的问题做出正确的决策。在这个意义上，这部著作首先适合公司高管阅读。此外，这部著作对于那些并购交易的利益相关者们，比如律师、会计师、公司并购顾问及投资银行家，也是有参考价值的。他们作为并购交易的局外者，常常从自身角度出发考虑问题，有时他们的意见与公司的根本利益完全背离。从这部著作中，他们应该更加清楚自己所扮演的角色。另外，顺便提一下，该著中译本在翻译上是不错的。如果译者没有一定的并购理论和实践经验，能够如此娴熟地在中文读者与原著之间架起一座通畅的桥梁，那是不可以想象的。

56.《科尔尼并购策略》

在并购领域，有一部关于未来预测的著作，这就是由丁焕明、弗里茨·克勒格尔和蒂芬·蔡塞尔共同撰写的《科尔尼并购策略》。该著作中文版在封二的推荐语中用了下面一段话阐述作者撰写这样一部著作的动机及他们的发现：“没有人在不了解规则前就开始玩游戏，但并购游戏看起来毫无规则：整个过程是无序的，一个无可争议的领先者可能就是下一个失败者。即使是经验丰富的管理者经过了多年的实践和尽职调查，在选择如何做和往哪个方向前进方面也常常仅比根据经验的猜测略胜一筹而已。”

本书作者综合分析了53个国家、24个行业、25000家上市公司的信息，对13年来世界企业的整合行为进行规律性论证，总结出产业并购的五个要点：①所有产业都遵循同样的路径实现整合；②兼并行动和整合趋势是可以预测的；③产业演进曲线可以作为加强并购战略和减缓并购融合的工具；④每个重要的战略和操作行动都必须考虑产业演进的影响；⑤产业演进阶段可以用来指导资产组合的优化。”

根据这段重要的推介文字并结合著作中的内容推断，《科尔尼并购策略》这部著作是在用一种统计学的方法，探索公司并购和整合的一些规律性东西，并在此基础上对全球并购和整合的未来发展状态做出预测。以下，我们对该著作的开拓性尝试做一点介绍和评议。

这部著作由三大部分和9个章节及一个附录组成，其中第二部分和第三部分的7个章节是重心，而篇幅较大的附录则主要构成作者全部分析和立论的基础或来源。

作者据以形成其独特理论和对未来做出预测的前提是一套庞大的数据资源。据说，该数据资源覆盖了全球并代表了这部著作出版之前13年全球资本市场市值的98%。这套数据资源包括两个主要的数据库。一个是汤姆森金融公司的SDC Platinum，它跟踪了1990年-1999年的135,000个兼并和收购案例；另一个是作者所在公司——科尔尼——的价值成长数据库。用作者自己的话说，他们的研究就是建立在这

图书基本信息

英文书名 Winning the Merger Endgame: A Playbook for Profiting From Industry Consolidation

著　　者 丁焕明（Graeme K. Deans）；弗里茨·克勒格尔（Fritz Kroeger）；斯蒂芬·蔡塞尔（Stefan Zeisel）

译　　者 张凯

出版信息 北京：机械工业出版社，2004

页　　数 226页

作者简介

丁焕明（Graeme K. Deans），EDS子公司、全球知名管理咨询公司科尔尼公司的副总裁，科尔尼（加拿大）公司的主席，他还领导着科尔尼全球战略和组织实践部门。

弗里茨·克勒格尔（Fritz Kroeger），科尔尼（德国）公司副总裁和公司全球战略创新部主席。著有《金色的轨迹：企业增值捷径》和《兼并之后》。

斯蒂芬·蔡塞尔（Stefan Zeisel），科尔尼（德国）公司咨询专家，欧洲战略咨询部核心成员。

目　　录

序言/前言
第一部分　绪论
第1章　产业整合概况
第2章　在混沌中寻找秩序
第二部分　产业演进的四个阶段
第3章　初创阶段
第4章　规模化阶段
第5章　集聚阶段
第6章　平衡和联盟阶段

两个数据库所提供的数据和案例基础之上的。

第三部分　新规则和未来的结果
第7章　CEO的产业演进战略
第8章　与股票市场的对接
第9章　产业演进的2010远景展望
附录　产业演进阶段的划分方法和1988－2001年的并购交易

这部著作最大的亮点是它的产业终极游戏（英文原文为“Endgame”，中文译者将其翻译成“产业演进”并贯穿全书前后）四阶段理论。按照该理论，每一个产业在其发展过程中大约都要经历一个不超过25年的周期，而在这个周期里，又包含四个主要阶段，即初创、规模化、集聚及平衡和联盟。处于不同阶段的产业，在兼并和整合上是有不同倾向的。公司了解自己产业所处的产业发展阶段，有助于制订兼并战略和管理兼并的核心竞争力。

作者在这部著作中依据他们的产业终极游戏四阶段理论，对全球未来产业的发展趋势，特别是在并购方面，做出了大胆的预测。这项预测至少包含下面这些基本判断：①未来10年里道琼斯指数在2002年1万点基础上翻四倍达到4万点；②随着产业整合速度的加快和规模变大，到2010年第一个金额高达1万亿美元的兼并交易将浮出水面；③到2005年市值过万亿美元的公司将超过一打；④产业演进周期将在不久的将来由现在的20~25年变得更短，等等。

莎士比亚有一部“All's well that ends well”的戏剧，朱生豪先生的中文译名是《皆大欢喜》。这部戏剧的英文名，后来成为英语世界百姓挂在嘴边的一句俗语，即“结果好一切才好”。我们不妨以这样一种标准来检验一下《科尔尼并购策略》这部著作中的几个基本预测或判断的正确与否，因为这些预测或判断的时间点都已经过去了，其正确与否不存在主观臆断。在此基础上，大体可以对作者的那套产业终极游戏四阶段理论的合理性做出一个评估。

关于道琼斯指数，2002年后的10年内最高点是13,800点（2007年），即使到了15年后的2017年，创历史纪录的最高点也只有21,082点，与作者的预测相差甚远。

关于兼并的交易金额，作者预测的1万亿美元的并购交易从来没有出现过。历史上排列在前两位的最大交易金额的并购项目还都分别发生在作者预测之前的1990年和2000年。它们是英国沃达丰公司与德国曼内斯曼公司之间的合并（2,020亿美元）及美国在线与时代华纳之间的合并（1,647亿美元）。

关于公司市值，不但作者预测的5年内没有诞生一家万亿美元市值的公司，15年后也没有。2015年，排在全球第一位的苹果公司的市值是7,247亿美元，第二位埃克森美孚公司的市值更是只有3,565亿美元。

至于产业演进周期是否缩短，到目前为止尚未有可靠的数据予以确证。况且作者所使用的“不久的将来”也是一个模糊的时间概念，我们无法检验。

通过检验该著最重要的几个预测或判断，我们发现其准确性是存在问题的。由此推断，这些预测或判断所依据的理论还需要推敲。

对于未来经济发展趋势的预测，不能完全根据过去数据显示出的趋势进行简单推理。预测属于战略范畴，需要系统分析并考虑变量的作用。遗憾的是，该著作作者根本没有考虑过可能的变量的出现。所以，他们没有预见到新世纪互联网经济对于全球经济发展影响，也没有预见到包括中国在内的新兴世界国家在快速崛起，更没有预见到2007年至2009年世界经济危机带来的全面冲击。而这一切改变了全球经济发展轨迹。

在这方面，托夫勒的预测显得比这部著作的作者要高明很多。

《科尔尼并购策略》的作者曾经假设，在2002年以后的10年内，媒体上(是不是）有可能出现这样的新闻标题：“AT&T和德意志电信组建世界最大的电信公司。”而托夫勒在为AT&T提供过一份专门的报告中预测，AT&T可能会被分拆。这比AT&T真正的分拆提前了12年。两相对比，难道还不能说明问题吗?

当然，无论如何，《科尔尼并购策略》一书仍然值得正在或将要进行并购交易的公司管理层以及所有对公司发展感兴趣的读者阅读。毕竟，该著是一次有益的创新尝试。

57.《收购失败：为成功收购提供切实的建议（原书第2版)》

美国航空公司1549航班在纽约市上空因遭飞鸟撞击，两个引擎都受到了严重的破坏。当时驾驶舱机组只剩下三分钟的通勤时间，而他们做的第一件事是找出检查清单，这一个关键动作拯救了飞机上150多名乘客的性命。

尽管在人们看来，检查清单是一个技术含量非常低的解决方法，但它在绝大多数要求精确和不能出差错的领域中却是不可或缺的。即使是最聪明的宇航员、脑外科医生或建筑工程师，也可能会错过复杂过程中的某个步骤。

所以，他们认真地、有条不紊地遵循着各自的工作规范。

同样地，在企业并购活动中，从战略规划到交易达成的整个过程是极其复杂和繁杂的，任何一个环节和阶段出现的错误都足以给收购交易带来灾难。因此，检查清单对并购任务而言也是十分行之有效的。而丹泽尔·兰金撰写的《收购失败》一书对公司收购可能出现的问题做了详细的剖析，在每章中告诉收购者什么是重要的，在哪些方面重要，犹如一份完备齐全的并购交易检查清单。全书对350多个交易和70多个案例进行了独立的调查研究，强调了收购失败的20个主要原因，为企业提供了许多并购相关的切实建议。

在哈佛的毕业典礼上，大多数演讲者会选择描述如何获得幸福的生活，而查理·芒格详述的却是保证痛苦人生的药方，令人信服地从反面阐述了一名毕业生如何才能过上痛苦的生活。作者丹泽尔·兰金，一家专注于收购的国际战略咨询公司AMR的创始人和首席执行官，在过去20年参与了32个国家的500起收购交易。基于多年丰富的实践经验及对大量现实收购案例的详细研究分析，他在这本书中使用了芒格常常推荐的逆向思维，为并购交易人士开出了三味收购失败的药方。

书中列举的这三味收购失败的药方分别是：收购前有缺陷的商业逻辑、收购中对新业务的不完全理解及收购后有缺陷的管理与整合。而在这三味大的药方之中，作者细心地提供了很多颗“灵丹妙药”，比如错误战略、高估潜在

图书基本信息

英文书名　Why Acquisitions Fail: Practical Advice for Making Acquisitions Succeed

著　　者　丹泽尔·兰金（Denzil Rankine）

译　　者　王凤玉；刘明

出版信息　北京：经济管理出版社，2011

页　　数　236页

作者简介

丹泽尔·兰金（Denzil Rankine），国际AMR的首席执行官，这是一个总部设立在伦敦并在美国和德国都有办事处的战略咨询公司。AMR商业尽职调查的专业水平在欧洲居于领先地位，商业尽职调查是关于目标公司的市场、市场地位以及公司发展前景的调查。丹泽尔法律专业出身，在从事两年多再保险行业后开始了自己的咨询生涯，主要专注于公司商业发展和收购方面的咨询。在此后的四年中访问了美国49个州，协助过无数的欧洲公司在美国建立自己的市场。

1987年，应邀为一家大型管理咨询公司从事创立战略研究咨询业务。在丹泽尔的领导下，并通过与金融集团合作者的密切配合，该公司很快成为提供商业尽职调查的一流公司。1991年，创立了AMR，该公司的商业尽职调查水平已经达到欧洲领先级的专业水准。AMR的成功在于它以事实为基础，对公司、市场和竞争者进行分析。

目　　录

第一部分　有缺陷的商业逻辑

的协同效应、未提前制订整合计划、沟通不畅等。它们贯穿在并购活动的各个重要环节和阶段，相信这一定能帮助企业走向并购失败的彼岸。众所周知，收购是一种高风险的战略，并购的高失败率就足以说明这点。那么，何谓收购失败？作者在开篇的导言中就给出了明确的定义——“收购者不能提高股东的价值或不能取得收购公司前设定的资金、商业或战略目标”。既然如此，如果收购者们想要追求企业收购交易的失败，请务必小心谨慎地就遵照着丹泽尔·兰金开出的这些失败药方。

第1章　本不该收购
第2章　错误战略
第3章　机会主义
第4章　没有考虑替代方案
第二部分　对新业务的不完全理解
第5章　对市场判断有误
第6章　不理解业务模式
第7章　高估潜在的协同效应
第8章　尽职调查中漏掉的问题区域
第三部分　有缺陷的管理
第9章　支付价格过高
第10章　无效谈判
第11章　被收购程序牵制
第12章　未提前制定整合计划
第四部分　有缺陷的整合管理
第13章　沟通不畅
第14章　实施变革的错误步骤
第15章　低估了任务的规模
第16章　缺乏明确的领导
第五部分　有缺陷的公司发展
第17章　不恰当的措施改变
第18章　未关注文化差异
第19章　整合期间顾客被忽视
第20章　整合期间忽略了自己的经营

“反过来想，总是反过来想。”伟大的代数学家雅各比经常如是说。事物的本质就是这样，许多难题只有在逆向思考的时候才能得到最好的解决。不同于市面上研究企业并购的大多数著作，这本著作没有按照正常的逻辑思路去探讨并购的成功，而是从逆向思考的角度研究分析为什么会失败，收购是如何失败的，为读者提供了新的视角和灵感，能与读者碰撞出不一样的思维火花。并且，与图书馆中少数部分以并购失败为研究主题的书籍相比，此书另一大特色在于，全书穿插了许多实用易懂的图表，并在每一处重要论点后面都辅以一个翔实的经典案例，就如同一棵枝繁叶茂、生机勃勃的大树。总体而言，这将会是一本有待对并购主题感兴趣的读者细嚼慢咽的智慧之书。

58.《收购有道：中小企业收购秘籍与经典案例》

并购交易的失败率居高不下，大部分的交易并没有达到其最终目的，甚至有些并购活动被世人诟病为“灾难”。那么，众多的并购从业者不禁开始思考，如何才能找到正确的“收购之道”，在充满困难与险阻的“并购之路”

上披荆斩棘，生存下去呢？别担心，这本《收购有道：中小企业收购秘籍与经典案例》就是解决这一问题的有效秘籍。

本书的原作者是戴维·布朗，拥有商人性格与并购精英的双重身份，对于并购交易的观察视角也相当独特，本书则是其20余年来亲身经历的精华所在。本书的译者是李必龙、李羿、郭海，这三位译者不仅对于并购行业有着较为深刻的理解，并且合作多年，彼此之间默契十足。这使得本书译文语言纯熟、通顺工整，前后章节之间的衔接也较为紧密。这点不仅让读者根据知识的连贯性持续阅读，并且还可以帮助其架构较为完整的知识体系，更有利于他们探索并购的真正道路。

本书的核心论点认为，所有的企业都是待售企业，都处在待售状态，而这是本书论点的出发点与落脚点。大多数选择并购方式扩张的企业家都有自己的并购清单，而本书就是帮助这些企业家们筛选公司，找到并购标的的指南针，带领企业家们一步步地寻找企业发展解决之道。全书一共分为打基础、建关系、促交易三个部分来进行叙述，旨在通过分析并购的每一过程来帮助读者更好的理解并购方法。

首先，企业要想发展自己，就必须对自己有一个准确的自我认识和定位。因为对于外延式成长而言，如果在没有了解自身情况时就贸然行动，往往会铸成大错，所以作者尤其强调开头的重要性。善于内省是公司选择并购的第一原则，也是公司管理层实施并购战略的第一原则。在通过对自己认真剖析后，才能开始研

图书基本信息

英文书名 Successful Acquisitions: A Proven Plan for Strategic Growth

著　　者 戴维·布朗（David Braun）

译　　者 李必龙；李羿；郭海

出版信息 北京：机械工业出版社，2016

页　　数 197页

作者简介

戴维·布朗（David Braun），顶石战略公司的创始人和总裁。顶石战略公司是美国一家一流的并购咨询公司。布朗创建这家公司的目的是为了满足中等规模公司成长的独特需求。该公司的客户既包括小型和家族企业，也包括财富500强和跨国公司。在制造业和服务业，他为企业制定成长战略长达20多年，获得远超行业平均水平的收购成功率。

目　　录

引言　从起点到起点
第一部分　打基础
第1章　了解自己
第2章　成长路径
第3章　准备购买
第4章　组建你的特遣队
第5章　调研和挑选市场
第二部分　建关系
第6章　候选对象漏斗
第7章　首次接触
第8章　直面机会
第9章　初次评估
第10章　与候选对象谈判
第三部分　促交易
第11章　意向书：君子协定

第12章　言归正传
第13章　整合：既是结束，也是新的开始
综合摘要　十大精华
附录一　意向书样本

究自身应该如何成长。作者通过对公司成长的“五力模型”进行探究，从而探究除了公司成长的五种有效路径，为接下来的收购准备和交易架构的设计打下坚实的基础。而后再通过对运营、市场、销售渠道、管理及财务这5个部分进行分析，抽丝剥茧，层层递进地带领读者去探索企业的核心竞争力，并教会读者如何将这种竞争力最大化。除了这些，在本书的第一部分，作者还格外强调，“梦想”与“野心”是支撑企业家们一路向前的重要源泉，其与一般的商业目标相比同等重要。

其次，在做好了收购前期的准备工作，打好基础以后，那么就到了第二部分建立关系的阶段，而在这个阶段，企业家们大多都已经明确了自己的整体战略，将开始接下来寻找单个目标的行动了。众所周知，并购交易就像男女联姻，家庭背景很重要，个人意愿及生活方式的选择也同样重要。作者形象地利用了“漏斗理论”，和筛选结婚对象一样，对于“收购名录”中的候选公司中进行进一步选择也是至关重要的一步，随着目标范围的逐渐缩小，最后剩下一个各方面都最为合适的公司来进行“恋爱”与“了解”——也就是接下来的谈判过程。但是，并购谈判并不是零和博弈，双赢才是双方坐下来商讨的最终目的。在谈判过程中，重要的不是盲目虚高的价格，而是正确的发展规划及苛刻的细节工作。将完美嵌入每一个谈判细节中，那么结果一定不会让您失望。书中以首次约谈的电话为例，向读者完整地呈现了“细节决定一切”这一重要法则。

最后，在双方对于彼此都满意的基础上，该交易的达成即刻便有了希望，这也是本书的第三部分所叙述的内容。一个完整的并购交易大概要经历12 ~ 18个月的时间，其主要分为尽职调查、制订交易结构、签署交易协议及交易后的整合这四个方面。在这四个问题里，整合问题常常为大部分的企业家们所困扰，并且著名的“七七定律”也证明，在失败的70%的交易里，都是因为达成交易后的两个实体无法进行有效融合所导致的。

整合包含了财务、销售渠道、信息、运营、新技术及企业文化等多方面。不同的公司体制在整合中往往会滋生出各种问题，而其中表现最明显的，就是企业文化的整合。企业文化是一个企业的灵魂，而对于企业文化的理解，作者并没有停留在片面的角度，而是提倡文化融合应该贯穿始终之一概念。其认为，若能从第一步就解决好这一问题，那么不仅接下来的工作会较为顺利地进行，最后的结果也会令人满意。

实际上，收购所涉内容远不只以上这些，戴维·布朗通过这三个部分对收购流程的介绍，为企业将收购作为一项行之有效的战略发展计划提出了许多实用的建议及可借鉴的路径。其内容简约实用，语言简单平实，图表简明清晰，无论您是已经工作的并购从业者，还是尚未入门的“并购新手”，阅读起来都毫无压力。而三位译者简洁通俗的翻译，更是为广大的想了解并购实务的中国读者带来了福音。

59. Anatomy of a Merger：Strategies and Techniques for Negotiating Corporate Acquisitions《兼并解剖：公司收购谈判的战略与技术》

判断一本书究竟是不是经典，其标准不是看其辞藻是否华丽，也不是看其篇幅的长短，而是看其所包含的道理与知识是否能在岁月洗礼之中仍旧熠熠生辉。这本《兼并解剖：公司收购谈判的战略和技术》，就是这样一部历经岁月却依旧光彩的经典之作。

本书写于20世纪70年代，正值第三次并购浪潮刚刚结束。越来越多的企业家和投资者已然闻到了并购交易所带来的巨大的经济利益的迷人香味，于是争相投身于并购事业之中。而本书作者詹姆斯·C. 弗洛伊德作为活跃在一线的并购律师，对于并购交易早已驾轻就熟，再加上其本身深厚的专业功底和强大的逻辑能力，从而写出了这本时至今日美国并购律师几乎人手一本的王牌工具书。可见其对于美国并购从业人员的作用之深，影响之大。

图书基本信息

中文书名　《兼并解剖：公司收购谈判的战略与技术》

著　　者　詹姆斯·C. 弗罗因德（James C. Freund）

出版信息　New York：Law Journal Press，1975（1976 printing）

页　　数　559页

作者简介

詹姆斯·C. 弗洛因德（James C. Freund）是Skadden，Arps，Slate，Meagher&Flom LLP纽约办事处的律师，同时他也是律师出版社出版的签约作家，其始终致力于研究法律实践的现实方法。

目　　录

第1章　简介

第2章　谈判技术与战略

第3章　初步谈判

第4章　交易架构

第 5 章　收购协议概览
第 6 章　如何定价
第 7 章　陈述与声明
第 8 章　契约、条件与交割
第 9 章　注册权
第 10 章　赔偿问题
第 11 章　员工融合与协议签署问题
第 12 章　从签约到完成
第 13 章　三种特殊情况
第 14 章　最后指导

本书的第一个特点是没有拘泥一隅、人云亦云。本书出版之时并购市场还不如今日这么完善，大家都还没用注意到并购谈判也是一门艺术这个事实，专门论述谈判与战略的书籍更是少之又少。大部分的律师在参与并购交易时也多用律师思维去思考问题，并没有认识到并购交易的实质，而陷入难以直击交易内核的怪圈。面对这一广大的并购律师百思不解的问题，作者却在本书中一语点破。他认为并购交易就是一个不断平衡各方利益，不断妥协的过程。律师在交易中的身份不仅只是律师，还要随时能把自己当成“业余的会计师”“业余的银行家”，换句话说就是跳出自己的律师身份，用不同的思维去思考问题。

作者甚至还提到，律师在谈判中要想真正地走近并购交易，就应该将自己至于该公司的 CEO 的位置来考虑，甚至要比该公司的 CEO 还要了解这项交易。如此便能更加了解该交易的战略目的与架构，寻找真正需要的谈判点。这个观点经过长久以来的反复实践也被证明是十分正确的，在今日许多专业书籍中也多次提及。

本书的第二个特点是忠于实务，善于剖析。作为美国律师案头的必备工具书，本书必定是专业性与实操性都异常出色的。詹姆斯·弗洛伊德先生首先探讨了初步谈判在收购活动中发挥的作用，并对于许多收购过程中亟待解决的关键问题做出了概括和解析。而在本书的后半部分作者通过对于实质性问题的论述与解答，比如收购协议、议价技巧及陈述与保证等，来讨论律师如何在并购活动中发挥作用，提出企业并购谈判策略的战术使用将直接影响交易结果这一观点。而在对于目标公司的选择与谈判中，不应把其当成对手与敌人，而应把其当成伙伴与朋友，因为收购方与目标公司之间的利益并不矛盾，大家都是怀着同样的目的才坐在同一张谈判桌上讨论问题。这一点与现代并购理论中的“双赢”观点也有异曲同工之妙。

本书的第三个特点是极具战略视野且与时俱进。本书通篇语句精炼，对于案例的解析与描述生动翔实，整本读完给人以气势磅礴之感。作者在全书反复强调战略的重要性，作者以谈判话题贯穿始终，涉及了并购交易的各方各面，将并购交易的各个部分连成了一个整体。当时作者就已认识到并购日后一定会作为企业扩张的重要方式潜力无穷。本书写作之时美国的并购监管法规正在不断地变化之中，SEC 的监管方式也在不断进行调整。本书并没有将其所含内容限定于特定的时间背景之下，其对于书中案例的精彩分析到今日还是具有非常重要的借鉴意义。在本书的倒数第二章中作者还强调，作为律师，无论置身于哪一种交易之中，一定要知道双方所争执不下的症结在哪，并且要明白交易究竟为什么发生，如此才能真正地领悟到并购谈判的真谛。

除以上几点以外，本书对于各类并购协议的分部解读也是非常精彩的，而交易双方谈判结构，文件起草和法律考量方面的内容对于我们今日的并购活动也有很大的借鉴意义。书中关于并购活动流程的叙述运用了大量的图表来进行表达，这种具象化的表达方式在今日可能屡见不鲜，但在当时却并不多见，可见作者的创新意识与自我超越的意识也是非常强烈的。这两种特点在阅读本书时也能非常明显地感受到。阅读过本书的读者对于本书的评价也是赞誉满满，甚至还有人评论说“这是我所读过的最为详细的并购类书籍，对于任何涉及并购交易的收购律师或投资银行家，都需要阅读它”。

本书作为美国并购类专业书籍的经典之作，流传至今依旧被广大的从业人员所传阅着，足以说明其经久不衰的独特魅力。而对于中国的并购从业者来说，借鉴他人的经验有利于我们发散自己的思维和开阔自己的眼界。对于近日并购所面临的难以解决或毫无头绪的问题，通过阅读经典之作，反复咀嚼其中内涵，一定可以找到些许的头绪与解决之道。希望每一个阅读本书的读者都可以掌握好谈判的战略与技术，并在以后的交易活动中运用自如，所向披靡。

60. Beating the Global Consolidation Endgame：Nine Strategies for Winning in Niches《夺取全球合并赛局最后胜利的九大战略》

有人说，这是一个传统企业巨头被颠覆的时代，诺基亚被苹果及安卓取代，米高梅被索尼收入囊中；也有人说，这是一个新巨头崛起的时代，美国的谷歌、脸书，中国的百度、阿里巴巴和腾讯在互联网时代独领风骚。其实这两种说法的结合会更贴近现实，不断发展的社会经济如同滚滚巨轮，其所到之处，往往是各行各业的巨头引领前行。而巨头的形成，便是行业不断集中、合并发展的过程。

这一过程犹如赛局，领先者往往获得更多的关注。但是行业发展的赛局与一般运动不同，企业即使不处在行业前三，其也能取得可观的成就，但前提是要遵循一定的细分市场战略原则。是的，这正是《夺取全球合并赛局最后胜利的九大战略》一书的作者弗里茨·克罗格、安德鲁·维茨雅克、迈克尔·莫利亚提所要告诉我们的。

在本书中，三位作者在研究并提出全球并购赛局理论的基础上，运用通俗易懂的语言详细向读者介绍了那些非金字塔顶层的企业如何通过不同的地域、目标客户、产品及品牌等九大细分市场战略，保持一定市场占有率，从而避免在产业大合并的赛局中遭到淘汰。对于这本书，墨卡托集团的首席执行官 Ziga Debeljak 曾称赞道："这本书提供了伟大的资源，帮助您的公司与行业巨头们竞争并击败它们。"

并购赛局理论最基本的观点是，全球范围内的产业整合将持续进行，除了行业的前三巨头，其他所有的玩家都面临着失败的威胁。在行业集中度从20%上升到80%的过程中，大多数实力不强或者没有市场发展战略的企业基本上是被并购或者被行业整合的大潮所淹没，这是非常残酷的事实。与此同时，作者经过大量的研究发现，在各个行业中，通常三至四家企业是该行业的领导者，同时十到十二家左右处于中间的市场地位，而剩余的六十多位玩家则

图书基本信息

中文书名 《夺取全球合并赛局最后胜利的九大战略》

著　　者 弗里茨·克罗格（Fritz Kroeger）；安德鲁·维茨雅克（Andrej Vizjak）；迈克尔·莫利亚提（Micheal Moriarty）

出版信息 McGraw-Hill Education，2008

页　　数 300页

作者简介

弗里茨·克罗格（Fritz Kroeger），是德国科尔尼管理咨询公司副总裁。在增资及战略发展方面的咨询经验丰富，自1976年起，在欧洲、美国、日本等多个国家工作。先后出版八本企业重组、兼并合并及战略增长的著述。2004年被《咨询》杂志评为最具影响力的25位咨询顾问之一。

安德鲁·维茨雅克（Andrej Vizjak），是德国科尔尼管理咨询公司慕尼黑办公室副总裁，并且领导该公司的欧洲事业部长达10年之久。著有两本书并在《战略管理及增长》杂志上发表了多篇文章。

迈克尔·莫利亚提（Micheal Moriarty），是德国科尔尼管理咨询公司美国公司副总裁，领导该公司的消费和零售行业部门。擅长企业变革增长及创新合伙战略，在快消品和零售行业有着30多年的咨询经验，其客户遍布欧洲、亚洲及美洲。

目　　录

简介　细分市场的真相
第1章　细分战略是否真实存在？

徘徊在生死的边缘。

那么，处于中下游的企业如何在与行业巨头的竞争中稳定地存活下来，并保持自己一定的市场份额？答案是，你必须在某个细分领域设计出最佳战略布局并加以严格的执行。而这也正好是本书几位作者基于丰富的实践经验精心总结出来并想与读者分享的精髓。此外，作者在简要分析了每个不同战略的核心要点之后，都附上商业世界里真实发生的精彩案例，为读者提供了许多行业成功的模型。书中所述的各种细分战略，很好地得到了众多世界领先公司（包括宝马、斯沃琪、杜卡迪和毕马威等）实例的印证。

第 2 章　好的细分战略将去向何处？
第 3 章　知道何时抓住他们
第 4 章　大市场中细分战略的开始、发展及消失
第 5 章　小而美，亦可大
第 6 章　如何找到并形成稳定及有利可图的细分战略
第 7 章　九大合并赛局细分市场战略
第 8 章　如何找出并形成合并赛局的细分战略
第 9 章　合并赛局细分战略的潜力
第 10 章　商业前线的故事：15 大细分战略执行者的故事

细分的地域市场战略。商品交易天生就带有很强的地域性，因此作者也敏锐地抓住了这一点，首先从该细分战略入手。书中所举的希腊电信运营商 COSMOTE，就是这一战略的成功运用者。作为第三个进入希腊市场的电信运营商，它专注于希腊的市场运营和网络覆盖，经过 5 年的经营，其市场份额超过沃达丰，登顶希腊。

细分的产品战略。即使在同一地域，不同产品的定位也会千差万别。因此在论述这一细分战略时，作者选择了同为德国品牌的宝马、奔驰和奥迪进行对比，非常具有说服力。宝马汽车目前在中国应该家喻户晓，而且在过去的 2016 年，其在中国的销量超过奥迪。但是不为人所知的是，自 20 世纪 50 年代，它采取了独一无二的产品战略，通过一款非常经济适用、摩托和汽车相结合的车型迅速赢得市场的青睐。其后也是不断推出创新车型，在激烈的市场竞争中保持稳定的市场份额。

细分的受众战略。对于产品和服务来讲，最重要的无疑是买单的消费者，因此，作者认为在市场的竞争中有明确的受众战略极为重要。众所周知，在航空市场上，波音和空客早已是双寡头。但是利捷航空却独辟蹊径，其专门为企业高管及其他高端人士提供个性的私人定制 VIP 航空出行服务。利捷航空独特的消费人群战略，无疑取得了卓著的成功，其和汉莎航空合作推出的

高端私人飞行服务即是很好的证明。

所谓“色不过五，五色之变不可胜观也”，上述细分的各种市场战略核心的一点，就是在细分领域中找到自己擅长且能解决行业领头羊痛点的地方，并以此为切入点，精心打磨产品或服务，从而获取特定市场的长远利益。正如“战不过奇正，奇正之变不可胜穷也”，作者对其他6大细分战略的叙述和介绍，同样十分精彩绝伦，对于想要在全球合并赛局中取得一席之地的企业家和企业管理者而言，本书不容错过。

61. Beyond the Deal：A Revolutionary Framework for Successful Mergers & Acquisitions that Achieve Breakthrough Performance Gains《交易之外：获得绩效收益突破的并购框架》

在并购领域，虽然交易的高失败率越来越引起那些试图通过外部扩张来发展的公司方面的重视，然而多数公司仍不得解决问题的要领，继续将降低失败风险的努力重心放在交易过程之中。这虽不能说本末倒置，但在很多情况下确实是于事无补。

组织战略问题专家休伯特·圣－翁奇和杰伊·查特兹克尔共同撰写的这本书给了我们一个全新的思路和观察问题的视角。正如其书名所显示的，该书完全不谈并购交易过程，只把笔墨集中在交易前和交易后这两个看似并非最重要的阶段，向我们展现了一条实现公司绩效收益突破及降低并购交易失败风险的不同的路径。

这本书第一个也是最显著的特点是强调并购交易之前的系统性准备工作的重要性。两位作者发现，之所以在现实的世界里有那么多失败的并购交易，这是因为从事并购交易的相关

图书基本信息

中文书名 《交易之外：获得绩效收益突破的并购框架》

著　　者 休伯特·圣－翁奇（Hubert Saint-Onge）；杰伊·查特兹克尔（Jay Chatzkel）

出版信息 Mcgraw-Hill Education，2008

页　　数 360页

作者简介

休伯特·圣－翁奇（Hubert Saint-Onge），组织战略的先驱实践者，知识资产框架的创始人。曾经在石油产业（壳牌石油公司）和金融服务领域（CIBA保险 and Clarica人寿）有过25年的业务主管经验。目前，他经营自己的咨询公司——东日联盟（SAINTONGE Alliance），开发公司组织能力以帮助实现其战略目标。

杰伊·查特兹克尔（Jay Chatzkel），一家名曰“进步实践”企业

公司事前没有进行充分的准备，没有制订完备的计划，以及按照这样的计划去执行。它们更缺乏对交易之外事项的考虑。该书作者的这一基本态度与《礼记·中庸》中的“凡事预则立，不预则废”的思想完全一致。为此，作者设计出了一个“革命性的”框架。在这个框架中，公司的发展战略是核心。围绕这个核心，并购交易过程中的目标选择、尽职调查、谈判及交易的批准等都纳入这个框架之中。在交易发生之前，将交易过程中可能遇到的问题提前与公司发展战略一并加以考虑，需要有远见或预判能力。作者认为，这是保障任何一项并购交易顺利进行和成功所不可或缺的。

第二个特点是重视作为资源的无形资产的作用。这里的无形资产概念，与并购交易中拿出来进行估值的目标公司的无形资产有所不同。后者只是构成公司或目标公司资产价值的一个部分，与有形资产相对应。而本书作者所关注的无形资产，是一种资源。这种资源在公司发展战略的形成，以及在并购后整合的工作中应当受到重视并加以充分运用。在本书作者眼里，作为资源的无形资产包括领导力、公司提供给消费者产品和服务的质量及公司与消费者、供应商和股东的关系等。作者在书中建议，收购方公司应当重新计算或评估自己所拥有的这种无形资产的价值，将其整合到公司的核心能力之中并使其成为重要的组成部分。而包括这些无形资产资源在内的公司核心能力，对于公司发展战略的形成、并购交易过程顺利进行及并购后整合的完成，至关重要。通过并购创造公司价值或财富，就是建立在这样的能力基础之上的。

的主管。“进步实践”致力于帮助其他企业向知识型转型。查特兹克尔担任多家期刊编辑委员会成员，包括《知识管理杂志》，并在该领域有着丰富的著述。

目　录

导言：幻像之外
第一部分　交易前阶段
1. 有关收购的新观点：在合并公司中创造价值
2. 利用无形资产：一个更加有效的商业并购模式
3. 制订公司战略以实现突破性收购
4. 目标、尽职调查、谈判与交易的批准：并购创造价值的四步骤
第二部分　交易后整合阶段
5. 整合计划：为收购成功定位
6. 让你的整合结构正确
7. 整合团队接管：六个跳板助整合跨越式推进
8. 引导整合走向成功
9. 构建整合绩效的基础
10. 突破：致力于前所未有的绩效和高水平的价值创造
尾声：收购角色的演进
附录一　收购总能解决问题吗？
附录二　交易之外的问题总汇
附录三　交易实战背景下战略监管能力

该书的第三个特点或者说可视为亮点的是它为我们提供了不少可付诸实

际操作的策略、工具或技术。比如，在公司如何构建其收购其他公司的核心能力方面，本书提出6个重点：战略灵活性、市场灵活性、组织建设、学习和创新。又比如，在收购方如何整合目标公司方面，本书给出了4个策略，分别是“补强型整合”“主导性吸收”“两全其美或双赢”和“突破关键点”。整本书，从头到尾充满了这类“贴士”般的东西。更重要的是，作者巧妙地将这些“贴士”融入书的各个部分，增添了该书的可读性。不仅如此，该书所使用的语言文字通俗易懂，其基本表达方式是重实务而轻理论。

总的看来，这是一本风格独特、深入浅出的并购专业书。它不仅为我们开拓了认识并购交易过程的一个全新的视角，也以大多数人能够接受的方式为我们展示了可即刻付诸实践的操作方案。这本书特别适合于正准备进行并购交易的公司决策层相关人员阅读，也适合已经处在并购交易各阶段的各方参与者有针对性的学习。当然，任何希望了解并购业务的读者都可以从这本书中获得经验教训而开拓观察问题的视野。

62. Business Planning for Mergers and Acquisitions《并购商业计划》

并购作为现代企业扩大商业版图最有效、最快速的方法之一，开始被越来越多的商业人士了解并实施。但就一项成功的并购交易而言，不仅要有正确的策略，其风险问题也是所有从业人员一直以来都非常关注的问题。与财务、产品技术及知识产权等风险不同，法律合规风险是更为明显、可控且常见的。所以在并购的很多风险里，合规让人“又爱又恨”。

但是，由于各国法律、法系及公序良俗的不同，兼并收购活动的实施方式及限制也各有不同。本书是《并购商业计划》第四版中所涉及的关于并购计划的所有材料（包括各种并购法规法案，例如《特拉华州通用公司法》《联邦证券法》），以及可能涉及的并购文书的总和。

本书主要以美国并购法为主，包含法规多而全，涉及面广，内涵丰富。作者以自身丰富的经验及深厚的学识让我们开始思考，相比于百年并购的美国，中国正处于经济转型加速期，宏观经济持续探底，传统行业产能过剩，而新兴行业飞速发展，可谓冰火两重天。新旧秩序更替之际，并购活动在我国此起彼伏，高潮迭起。而从最基本的法律监管方面，西方法律又能给我们怎样的借鉴意义？

本书由18个章节组合而成，这些章节之间相互独立又联系紧密。每一个章节所涉及的内容都与《并购商业计划》这本书相对应，也可以说本书是《并购商业计划》的增补本。

牛顿曾经说过“我能取得今天的成就，不过是站在了巨人的肩膀上。”美国作为世界上吸收国际直接投资最多的国家，每年的并购交易数额都高达几十亿元甚至上百亿元，而且完备、有效的跨国并购法律体系是并购活动能够被有效规制的重要保证。我国并购活动与其相比，历史较短，范围较小，影响力较为有限，并购法律法规问题也依旧有待完善。

首先，本书提到，美国对于外资并购主要实行国民待遇原则，但在反托拉斯法上，为避免过度管辖，对外投资并购申报规定了4种豁免；在国家安全法上，要求外资并购接受CFIUS的安全检查；在产业政策法上，要求接受双重审查。美国《克莱顿法》、HSR法及其实施细则所规定的并购，包括要约收购、兼并和合并。而这里所谈到的企业，是指由最终控制人、最终母体（是指不受任何其他企业控制的一家企业）及其直接或间接控制的所有企业。其中特别强调了HSR法案对于税务方面的规定及影响。条条款款，详细无误，其中最重要的是对于各法案的颁布背景及影响的简要介绍，使得读者在阅读本书时可以充分联系实际，使其理解难度大大降低，这一点是其他同类书籍所不能比拟的。

图书基本信息

中文书名 《并购商业计划》

著　　者 塞穆尔·C. 汤姆森·Jr.（Samuel C. Thompson Jr.）

出版信息 Carolina Academic Press, Third Edition，2008

页　　数 1354页

作者简介

塞穆尔·C. 汤姆森·Jr.（Samuel C. Thompson Jr.），1961年—1965年在田纳西大学分别获得经济学学士及博士学位，曾在阿拉巴马大学工商管理学院工作，哈佛大学商学院访问学者，现为美国宾夕法尼亚大学商学院教授。其有着超过30年的丰富经验，特别是在商事战略分析、企业经济学等方面颇有建树，在25个相关出版物上发表了超过30篇文章，5本教材及4本计算机模拟练习题库等。

目　　录

第1章　美国律师协会，《商业公司示范法》

第2章　美国法学院关于公司治理问题的分析与建议

第3章　《加利福尼亚州通用公司法》

第4章　《特拉华州通用公司法》

第5章　《宾夕法尼亚州商业公司法》：基于变更和收购

第6章　1993年《证券法》

第7章　1993年《证券法》总则及其他法规（100—473）

第8章　表格示例（S－1、S－3&S－4）

第9章　《证券交易法》（1934）

其次，本书不同于其他单纯复述法条的同类书籍，其更多地是对于美国法律颁布的时代背景、并购环境及未来走向的描述、分析和预测。正如古人所言，“牵一发而动全身”，作为最先加入美国联邦的“第一州”，特拉华州比较稳定的商业环境，不算太高的所得税率及较为完备的法律体系，都是商业发展稳步前进的重要保证。这些外部条件无疑是推动其内部法规文献产生的加速器，同样的，这些文献也是非常具有代表性和学习意义的。

第 10 章　《证券交易法》（1934）具体规定
第 11 章　《证券交易法》（1934）所涉表格
第 12 章　《HSR 法案》及其规则
第 13 章　《HSR 法案》说明及表格
第 14 章　美国对外投资委员会法规
第 15 章　《有限合伙法》（特拉华州同意修订）
第 16 章　《有限责任公司法》（特拉华州）
第 17 章　伦理——选定的权威
第 18 章　附属文件

在本书的第 8 章、第 11 章及第 13 章都列举了所涉法案的大部分表格来加深读者的理解与印象，同时也减轻了并购从业者们寻找资料的压力，节省了宝贵的时间。

最后，其作为一本专业性书籍，对于案例的解析并没有延续传统追根溯源的“伞形”方式，而是将其分散抽离成较为具体的部分讲述。这使得在具体案例的引导下的规则排序显得更为随机和灵活，能够帮助大家理解全文，且使得全书看起来不像普通法规书籍那样乏味。难怪有读者评论说，阅读这本书就像在看一本“纽约时报畅销书”。

综上所述，本篇内容不过冰山一角，抛砖引玉。更多内容，需要对并购感兴趣的或是从事并购事业的您来亲自探索其中奥秘。当然，也希望读者通过对本书的阅读，能够为中国的并购事业发展添砖加瓦，共创佳绩。

63. Buyouts：Success for Owners，Management，PEGs，ESOPs and Mergers and Acquisitions《买断：并购成功之道》

对于在瞬息万变的商业战场中披荆斩棘的商业家、投资银行家们而言，什么才是衡量他们一生戎马、功成名就的标准呢？什么才是他们终其一生所要完成的目标呢？什么才是他们创造属于自己的商业时代，打赢这场没有硝烟的战争的尖刀利刃呢？别着急，在读完这本《买断：并购成功之道》后，读者一定可以获得想要的答案。本书以2008年世界经济危机为背景，结合世界整体经济形势，来与广大读者共同探究，作为并购中坚力量的中型企业如何在并购市场中进行交易，并获得最后的成功。

作者斯科特·米勒凭借其丰富的实践经验，通过对商业交易的基本属性，比如经济状况、融资方式及税收最小化等的深入剖析，来帮助众多的企业家实现自己的目标。

描写公司交易结构并做出解释的专业类书籍有很多，但是注意到私人所有的家族企业并购问题的却很少。在体量适中、数量众多的中型企业中，家族企业一直占有一定的比例，但关于这一类公司的并购，大部分的书籍却鲜少提及。家族企业基本都为私人所持有，之所以选择出售，是因为其创始人大多数出生于第一次“婴儿潮”期间。许多人已经年近古稀，他们的工作生涯接近尾声，由于找不到合适的继承人、过时的生产技术、家族管理体制的弊端及高昂的遗产税率等不得已的原因，而选择卖掉自己一手创建的企业。对于他们而言，被收购可能比单独生存对原公司更加有利。

并购家族企业往往比一般的企业更加复杂，因为其原本的管理层大多是一个家族的重要组成成员或者是联系非常亲密的人，这些成员素质高低不一，能力也参差不齐，最后导致后期的整合难度也比普通整合上了一个台阶。况且，由于第三方的突然接管也会导致原本的管理层出现人心不稳的现象，使关键员工对自己的未来产生担忧从而离开，从而造成公司的人才流

图书基本信息

中文书名 《买断：并购成功之道》

著　　者 斯科特·米勒（Scott Miller）

出版信息 Wiley，2012

页　　数 327页

作者简介

斯科特·米勒（Scott Miller），PLLC高级管理人员，美国肯塔基州高级法院仲裁员，俄亥俄州债权人委员会主席，ELLERSLIE公司法律顾问兼财务总监，律师。作者一直专注于商业诉讼，包括公司的并购交易及销售业务。其有着丰富的执业经验，一直作为商业实体、银行等方面的代表参与交易。

目　　录

第1章　并购案例概述
第2章　经济背景
第3章　金融市场概况
第4章　估值
第5章　行业与企业
第6章　专业顾问
第7章　尽职调查及相关文件
第8章　税务对交易的影响
第9章　非发起人管理人员
第10章　发起人管理人员
第11章　发起人
第12章　员工持股计划
第13章　100%的员工持股计划
第14章　专业事务所
第15章　平行收购
第16章　收购家族企业及其管理模式
第17章　收购中的员工合作社机制
第18章　小型公司收购
第19章　收购内幕交易

失。按照本书作者的观点，收购者可以通过绩效奖励或者让家族核心成员保留一部分控制权的方式来促使其继续为公司效力，从而也能很好地降低整合失败的风险。

强调公司形式收购专业书籍有很多，提及员工合作社形式的却很少。同类书籍大多关注公司收购问题，殊不知员工合作社这种形式也早已不局限于过去的农业合作社、生产合作社等类别了。正如本书第 17 章的引言托马斯·杰斐逊所说的“对于过去的历史我更喜欢对于未来的梦想。”合作社作为一种传统的生产结构形式在今天的企业并购中也焕发出了新的活力。相比于公司而言，员工合作社在交易过程中税务风险较低，这对于一些结构简单、规模很小的公司来说，无疑是更好的选择。而且同样是员工持股，以合作社形式继续存续会比公司 ESOP（员工持股计划）更好操作，监管和合规风险也更好控制。并且合作社的建立与日常维护成本更为低廉，更加适合结构简单、业务单一的小企业。这一点，是绝大多数专业书籍未能注意到的。

注重大型中型企业并购问题的专业类书籍很多，但是关注小型企业的很少。尽管本书是以中型企业为主要论述对象，但还是在第 18 章专门叙述关于并购最小型企业会遇到的一些问题及解决对策。这类企业体量极小，基本都是雇员少于 20 人，销售额低于 100 万元的“微型公司”。与这类公司交易的优点则是，由于规模限制，其在交易中会更加真诚地与对方进行接触，其交易达成的可能性也就更大。当然，对于“微型企业”而言，选择出售也有弊端，因为其业务范围小，行业影响力轻微，所以其未来的不确定性与失败的风险也较大，从而导致其对于买方而言诱惑力不大，从而失去其作为企业所具有的独立价值。

当然，本书与众不同的点远远不只以上几个，但相信对并购感兴趣的您已经感受到了本书的独特魅力。

古人有云：“大学之道，在明明德，在亲民，在止于至善。”而商人之道，在于创收，在于利润，在于不停地赚取更高的利润。商业时代本没有绝对的好坏，但是如果非得找出一个衡量标准来的话，那就是这个时代的公司和企业能否创造尽可能多的商业价值。好的经营让企业成功，而好的并购使企业扩张，从而更具有吸引力。而为公司效力的银行家、企业家们，只有保持良好的销售业绩，才是对他们能力最好的肯定。

努力吧，有鸿鹄之志的并购从业者们，在阅读本书之精华后，带上你们的利器，去开疆辟土吧！属于你们的“黄金时代”，已经来了，祝你们早日走上成功之道！

64. Do the Right Deal & Do the Deal Right：35 Success Factors for Mergers & Acquisitions《做对的交易与把交易做对：35 条并购成功秘诀》

图书基本信息

中文书名 《做对的交易与把交易做对：35 条并购成功秘诀》

著　　者 B. 巴里·马苏迪（B. Barry Massoudi）

出版信息 Continental Publishers LLC，2016

页　　数 237 页

作者简介

B. 巴里·马苏迪（B. Barry Massoudi），位于美国西雅图的管理咨询公司 Cubicon LLC 创始人。他在项目管理、人力资源管理和管理咨询方面具有 20 多年经验，曾经为美国、欧洲和亚洲众多财富 500 强公司提供相关咨询服务。他是一位在并购和其他管理问题方面与公司高管有着丰富合作经验的专家。

目　　录

前言
第一部分　起步
第 1 章　把握机会
第 2 章　做增值的决策
第二部分　做对的交易
第 3 章　界定获胜原理
第 4 章　决定交易价值
第 5 章　引导交易谈判
第 6 章　理清协同效应逻辑

作为一项系统工程，并购交易堪称商业领域最复杂的活动之一。之所以如此，是因为并购交易从开始到结束的整个过程由无计其数的交易双方的大小决策贯穿其中，而任何一次决策的质量直接关系着全局的成败。那么，如何保证并购交易中的每一次决策不出错呢？这就涉及了决策前的准备工作，或者说涉及了包括准备工作在内的计划的制订。

充分的准备和好的计划不能保证决策万无一失，但是至少可以大大减少决策失误的机会。由此可见，在影响并购交易成败的各项因素中，交易双方的决策及决策前的准备工作或计划是至关重要的。由美国企业管理和咨询专家 B. 巴里·马苏迪撰写的《做对的交易与把交易做对：35 条并购成功秘诀》，正是这样一本以交易过程中的决策和准备工作为其重心的并购专业著作。

如同书名所表示的，该书由两个基本部分组成，一个是“做对的交易”，另一个是“把交易做对”。前一部分侧重于交易双方在并购交易过程各个阶段所进行的选择，而后一部分则更偏向于计划和决策的执行。作者将成功并购的35条经验巧妙地融入这本书中，让我们在阅读的时候既可以了解其在并购交易各个环节上的基本观点或态度，也方便我们及时吸收相关的具体操作手法。

第7章　揭示交易风险
第三部分　把交易做对
第8章　迎接整合挑战
第9章　项目完成之外
后记

与其他同类书比较，这本书至少在以下三个方面能够为我们提供独特的阅读体验。

第一，本书把重心放在并购交易结束之前的当事双方的活动上。

作者这样安排，并不意味着他不重视并购交易结束后整合阶段的重要性。事实上，他对并购后整合过程中的管理团队的组成、留任人员的安排及收购方与被收购方在经营理念上的融合等各个方面多有关注。只是作者有其独特的思维逻辑。

他认为，之所以把重心放在交易结束前的各项并购活动上，是因为当交易从一开始就定格在成功的轨道上的时候，自然而然一个更可能的结果便是整合阶段的成功及预期中的协同效应或价值的实现。

按照这样的思路，我们很容易理解本书作者在讨论整合阶段各个问题时候的取舍，那就是不谈如何应对出现的问题而是谈如何在整合之前预防和避免这些问题的出现。关于这一点，我们还可以从作者奉献的35条经验中得到印证，比如其中有两条直接涉及并购后整合，分别是“在交易开始之始便提名一位负责整合事务的经理”和“在交易达成之前制订出详细的整合计划”。这说的意思都是把整合阶段的工作做在前头，防患于未然。

第二，本书将并购交易的几个主要阶段分解为更加具体的多个步骤。

绝大多数并购著作在讨论并购交易问题时，是将内容简单地划分为三个主要部分，比如交易前、交易中和交易后，或者公司发展战略与并购计划、交易过程（目标公司选择、估值与尽职调查、融资、交易结构设计、谈判、监管审查及收购防御策略等）及并购后整合，而本书却没有按照这种套路行事。它把整个的并购活动以具体的可能发生的事项或事件作为指引划分为35个交易步骤。每个步骤以“经验”分享为其重点，同时也补充了其他方面相关信息。虽然不能说这35个方面的内容涵盖了一项并购交易的全部问题，但至少可以认为它们是本书作者眼里的并购交易的重点所在。退一万步讲，即使这样的安排算不上十全十美，那我们总可以把它当成一家之言而取其精华吧。

第三，本书以并购交易双方在各个阶段各个事项上的准备工作或计划及决策作为主线。

这是本书的特点之一，也是本书的亮点和重点。在作者看来，准备工作或计划与决策之间存在相辅相成的关系。前者是为了保证后者的顺利进行，而后者则体现的是前者的效果。作者在书中用了很大篇幅，甚至从头至尾都在谈这个问题。他明确指出，即使在并购的整合阶段出现令人沮丧的各种问题和影响进程继续向前推进的障碍，这也是交易初期阶段那些并不让人满意的决策所直接导致，而这些决策本来是可以做得更好的。

公司高管在并购中做出的决策的质量和时机，既可以给交易创造价值，也可能毁掉这样的价值。他认为，为了避免决策失误，应当尽力做好决策前的准备工作或相关计划。为此，他强调预测、预判和制订行动目标和时间表的重要性。例如，书的第一部分前面两章特别提到“基于创造竞争优势和真实股东价值来测算并购成功概率”“在追求一项交易之前洞悉产业挑战和未来趋势”“放弃收购不相关领域”“了解并购流程并清晰界定所有权者、可达到的目标和时间表”“预判并聚焦于关键的决定”“从公司高层获得驱动并购交易各个层面的力量”及“远离看不到潜力的交易”等问题。

除了在决策前做足准备工作和制订良好的行动计划之外，本书还要求有明确的决策标准及收集和分析可靠的信息，以期帮助并购交易方在透彻了解与交易相伴随的风险及其对交易价值的意义基础上，做出符合实际的判断。

阅读本书实际上会是一种非常愉悦的体验。作者使用的语言文字通俗易懂，35 条宝贵的并购交易经验使整本书在结构上显得生动活泼。另外，书中还用少量经典案例和图表加以辅佐，增添了其内容的多样性。无论是准备或正在进行并购交易的公司管理层或其他参与者，还是即将进入并购这一行业的新手，都有可能从这本书中汲取智慧。

65. Expensive Mistakes When Buying & Selling Companies《如何避免公司买卖中的重大失误》

不亏钱应该是所有企业家的目标与梦想，但是如何规避并购中可能产生的风险与错误呢？如何才能击败对手，赢得最后的胜利呢？相信许多的并购专业人士都正在为此类问题感到担忧却又未能寻求到有效的解决之法。幸运的是，这本《如何避免公司买卖中的重大失误》的出现，为解决上述问题，提供了极大的帮助与支撑。

本书的作者是理查德 · G. 施蒂格利茨与斯图尔特 · 索金，其二人都是经验丰富的并购专家，也是工作中的好伙伴。他们通过对实务的不断研究，归纳出了并购交易中最容易犯的 57 个具体错误，旨在帮助买卖双方认识并了解这些常见错误，并在日后的并购交易中可以吸取教训，获得成功。

对于卖方而言，要想卖出自己的公司，就必须让对方相信，这笔交易是物超所值的。本书以理查德 · G. 施蒂格利茨自身的经验为例，其在自身的努力及斯图尔特理查德 · 索金的帮助下，最终将自己的公司以合适的价钱卖出。

作者通过这一故事，总结出了以下几点：第一，卖方要想提升自身的吸引力，首先就需要有一个强有力的管理团队，因为较好的管理模式和有序的运营规则可以让买方更加动心；其次，卖方需要提前制订一个完善的卖出计划，按照既定步骤按部就班地出售公司，在几个买方同时抛出“橄榄枝”的条件下，要慎重选择，千万不能操之过急，因为过快地亮出底牌反而可能会造成适得其反的不利后果。书中对于此类错误的叙述可以用一句西方世界所流行的谚语来概括：“愚笨的人反复犯同一个错误，平庸的人记住自己所犯的错误，聪明的人从所犯的错误中吸取成功的经验。”作者通过理查德 · G. 施蒂格利茨出售公司的经历表明，只有不断地摸索并吸取经验，谨慎小心地去走交易过程中的每一步，才能掌握主动权，找到好

图书基本信息

中文书名 《如何避免公司买卖中的重大失误》

著　　者 理查德 · G. 施蒂格利茨（Richard G. Stieglitz）；斯图尔特 · 索金（Stuart H. Sorkin）

出版信息 Acuity Publishing，2009

页　　数 232 页

作者简介

理查德 · G. 施蒂格利茨（Richard G. Stieglitz），美国伦斯勒理工学院博士毕业，曾经作为海军军官在军队服役，具有丰富的公司经营和咨询服务经验。

斯图尔特 · 索金（Stuart H. Sorkin），美国迈阿密大学法律博士毕业，曾经在国际律师事务所和会计师事务所工作数十年，在并购领域具有丰富的实践经验。

目　　录

前言
牢记以终为始
第 1 章　从卖方角度准备交易
第 2 章　从买方角度准备交易
第 3 章　作为卖方达成交易
第 4 章　作为买方达成交易
第 5 章　整合：收获效益
预防新失误
附录　决定价值的 17 项因素

买家。

第二，从买方角度来说，虽然其在一定程度上掌握了选择权，但是对于交易流程也同样不能掉以轻心。

首先作者认为，作为买方，在公司的选择上，最合适的对象应该是相同或相近领域的企业，而最不合适的则是贸然地进军自己完全没有涉及的行业，这种铤而走险的方式往往会起到反效果，而是应该收集尽可能多的信息，并且做好应急措施。

其次，买方不应盲目地追求所谓的“大公司”“大企业”。“不差钱”的心态往往会使得自己判断失准，应该及时认识自己所需要的是什么，并且根据自己的实际需要来选择最适合自己的公司。

再次，在交易进程中，对于标的企业的隐形信息也应该进行全面的扫描与调查。

最后，也是最重要的一点就是作为买方，一旦选定了标的企业后就一定要秉持着“咬紧牙关不放松”的精神。因为并购交易瞬息万变，在交易达成之前任何意外都可能会发生，并且大部分的意外都会对交易产生不好的影响，所以这时候的买方一定要不为所动，不能轻易地松懈，不能被对方“美丽”的外表所迷惑。除此之外，作者还强调，一桩买卖最好的状态就是互利共赢，双方在谈判桌上一定要牢记这个目标。

从并购之后的角度来说，并购就像婚姻，对于两个截然不同的公司而言绝不是简单的排列组合。由于原生企业文化与工作机制的不同，势必会产生许多的矛盾与问题，而矛盾的调和及问题的解决则是并购是否顺利的保障。事实上，因为整合失败而导致最终失败的案例历史上已不胜枚举，理查德·G. 施蒂格利茨在整合问题中也遇到了不少的困难，不同公司的员工之间矛盾重重，不同的运营机制使得新公司在一开始时举步维艰。但是好在理查德·G. 施蒂格利茨及时认识到了问题的严重性，并且适时做出了调整，为两股“力量”的共生寻得了解决方案——管理层的积极作用。管理层无疑是一个企业的主心骨，好的管理团队可以调动整体员工的积极性，一旦吃下“定心丸”，其工作质量一定会节节攀升。

以上几点，不过是对本书内容的简单概括，并不能体现出本书的全部优点。总体而言，本书语言流畅自然，整体风格轻松明快，让人阅读起专业知识来毫无压力之感，反而觉得饶有兴趣。作者通过对自身经历的系统梳理与概括，以一种让人易于接受和掌握的方式对读者娓娓道来。

并购交易虽然结束了，但是属于并购后企业的挑战才刚刚开始。本书始终承袭着这种以始为终的精神，教导广大从业者们要时刻谨记保持本心，做好准备踏实稳妥地走接下来的路。

除此之外，本书最后所附的17项决定价值的因素对于广大的并购从业者而言也是极具实用价值的。正如CACI国际的CFO兼执行副总裁Tom. Mutryn评论的那样："本书能够为并购专业人士及企业家们提供大量有用的想法，出售公司的CEO们在学习了本书以后会使自己业务变得更有吸引力和价值。"

但稍有不足的是，本书文字类叙述为主，图表等辅助工具出现频率较少，若在以后的修订中加入图表，那么相信本书一定会更加畅销。

66. How to Buy a Business without Being Had：Successfully Negotiating the Purchase of a Small Business《如何轻松购买一家公司》

在并购已经发展成为一种潮流的今天，如何以更加快速和高效的方式购买到自己想要的公司，于竞争愈发激烈的商业社会中脱颖而出，则是企业并购战略是否成功的重要指标。这本《如何轻松购买一家公司》将用最简洁的语言和最生动的案例来教会您如何轻松搞定对手，取得胜利。

目前市面上的相关书籍汗牛充栋，大部分都是以循序渐进、由浅入深的方式来讲述知识，数量一多，免不了引起读者们的审美疲劳。相比之下，本书开篇就用了一种"追根溯源"的方式，以"购买公司为什么失败"为视角，使读者带着问题，走入其中，引发其主动思考，主动去探寻商业的奥秘。

都说"良好的开端，是成功的一半"。本书内容主要是以购买现有业务为前提。引发这种"购买"的原因有很多种，或许是因为多元化经营的需要，又或许是出于改善本身生产技术的考量。但无论是哪一个原因，购买"对象"的选择都尤为重要。环环紧扣的交易过程如果从第一步就出现问题，那么后面的步骤将很难再继续下去。例如本书前两章就着重介绍了为什么选择购买一个公司及如何去选择这个公司，力求从一开始就给读者一个清晰的方向，使其真正走入其中的时候不至于"迷路"。这种"引导式"教学贯穿全书，也是本书的一大亮点之一。

作者杰克·吉布森有着超过30年丰富经验，多年的执业生涯使得他更加善于去思考为什么一些商人和一些交易没有得到好的回报，旨在通过对这些问题的讨论再找到解决的“良方”。

本书的另一大亮点是善于利用案例，从案例中寻找答案。全书以多姿机械制造公司（Doozy Manufacturing Company）案为主线，每一个知识点都和该案紧密结合。杰克·吉布森利用自己渊博的知识及通俗易懂的方式来说明如何判断一个企业的盈利能力，解释“小企业”“市场”和“投资回报率”的定义，以及讲述了如何分析说明书和财务报表等专业性极强的金融问题。无论是资产的估值还是尽职调查地做出，都以案例中的真实数据为支持，再辅以其他小的案例和小贴士，使知识点与案例可以始终保持一致，相当于读者将这个案子从头到尾参与进去，一气呵成，使得本书的实践性和实用性都大大增强。

本书的另一大亮点，就是对于文书写作尤为重视。文书格式问题在现在大多数的同类书籍中都没有涉及或者篇幅比重很小，但本书则与众不同。作者认为文书与整个购买过程应该是密不可分的，一个灵活有效的文本对于轻松购买公司有着极大的促进作用。正如本书第6章所提到的，对于合同双方而言，在签署合同时，都应该认真仔细地阅读每一条款，这不仅可以明确双方的权利义务关系，还可以加深双方对于交易本身的理解，为交易接下来的继续执行减少“后顾之忧”。全书的末尾还附有很多的文书模板，比如保密协议，购买协议等，相信这也为很多实务人员提供了便利。难怪有读者评论说“这些‘文本’是成千上万的网页与疯狂的公式，可用于购买任何财富500强公司”。

这本书还有一个值得称道的地方，那就是作者对“效率”的观念在并购

图书基本信息

中文书名 《如何轻松购买一家公司》

著　　者 杰克·吉布森（Jack Gibson）

出版信息 Trafford，2010

页　　数 254页

作者简介

杰克·吉布森（Jack Gibson），在通过控制企业所有权来实现金融目标方面始终是一个教师、业务发展辅导员和成功的经纪公司老板。他有着超过30年的丰富执业经验，以帮助企业的买家。退休后，他成了一名公司估价师。

目　　录

第1章　为什么要购买一家公司
第2章　应该购买何种类型的公司
第3章　公司估值
第4章　调整财务报表
第5章　盈利能力和其他影响估值的因素
第6章　如何构建一个购买协议
第7章　交易达成
第8章　总结

特定阶段的含义做出了与众不同的解读。从事金融工作的人们常说“时间就是金钱，效率就是生命”，“效率至上”已经成为流行了几十年的铁律。可本书偏偏反其道而行，强调不能单单注重速度，在关键时刻反而应该耐心行事，越过事情的表面究其深度之后，再前进。而这一点，在谈判和尽职调查中的体现最为明显。一个准备充分的尽调和一项滴水不漏的谈判，才能导致“成功的投资”。

本书体例上是典型的总分总结构，数据与案例穿插其中，联系紧密。论证与观点点面结合，相得益彰。全书的操作性和实用性都极其强大。但稍有不足的是，本书涉及的大量专业性金融知识，毫无基础的读者阅读起来有会一定的困难。还有一点是，除文书外，法律层面的东西比重较小，复合性略有瑕疵。

但总体而言，本书语言精练，逻辑清晰，观点鲜明，数据准确，在数量繁多的同类专业性书籍中辨识度极高，是想要拥有属于自己公司的人士及从事金融财产评估的专业人士不容错过的指南性丛书。

67. Intelligent M&A：Navigating the Mergers and Acquisitions Minefield《如何避免并购陷阱》

西谚有曰：“从错误中学到的东西，往往比美德中还要多。”百年多来的并购实践显示，较高失败率的根本原因是后来者常常重蹈覆辙，没有从失败中汲取教训。来自英国伦敦卡斯商学院的斯科特·莫勒和克里斯·布雷迪撰写的《如何避免并购陷阱》一书，旨在为广大奋斗在一线的并购从业者以及即将要踏上并购征程的商学院、法学院的学生们提供一些灵感以帮助他们征服职业道路上的错误。

在本书作者看来，并购失败的原因主要是一些鲜为人知的因素所造成的。这些因素主要包括：董事会、CEO 及高级管理层等就并购具体问题产生的分歧难以调和；决策者因为个人原因牺牲公司利益；交易后的整合失败；只是为了交易而交易从而忽略了行业周期和交易环境等。而本书最大的特点，就是将理论与案例结合紧密，揭开交易失败的面纱，将理论作线，案例作针，一针一线，由表及里，循序渐进地为交易“量体裁衣”，为的就是在让读者下一次“做衣衫”时可以避免错误，不要重蹈覆辙。

作者认为有些交易失败的原因是戏剧性的。何为“戏剧性”？就是当时的市场环境、人力资源、交易结构、股民预期等都被看好，但结果却出乎意料。被誉为“美国并购史上最大的灾难”的“美国在线并购时代华纳”案，就是这种“巧合”的最好例证。

这项并购在当时被称为是“革命性的”，人们期待着对其的措辞变为“多么具有远见卓识的交易”。但事情并没有像人们预想的那样发展，两家公司在合并之初就矛盾重重，企业文化的不兼容，则是其失败的主要原因。互不尊重的双方员工，未达预期的协同效应，导致这次并购矛盾重重。

此外，美国在线老旧的原有业务模式也是其失败的重要原因之一。因为在合并后的几个月内，网络泡沫即告破裂，经济陷入衰退，广告收入化为泡影。2002 年，美国在线被迫注销了近 990 亿美元的商誉减值损失，该公司的市值随即从 2260 亿美元降至 200 亿美元。

而犯这个错误的公司在并购历史上绝对不只少数。对于这个问题，本书创造性地提出，在看到短暂性利益的同时，也要看见长期性的弊端。这一点与书中所列举的案例都非常吻合，回到美国在线与时代华纳的案例中，美国在线此时就是十分短视的，它不仅小看了日后的整合难度，还误判了市场导向，从而招致了自己的失败。

其实无论是从经济、战略或者金融等何种

图书基本信息

中文书名 《如何避免并购陷阱》

著　　者 斯科特·莫勒（Scott Moeller）；克里斯·布雷迪（Chris Brady）

出版信息 Wiley, Second Edition, 2014

页　　数 412 页

作者简介

斯科特·莫勒（Scott Moeller），英国卡斯商学院金融财务学院教授，M&A 研究中心主任，前 CEO 和执行教育主任。他还在他 MBA 和 MSC 计划以及 MBA 计划中的“商业智能和社交网络”讲授兼并和收购。同时，他也是帝国理工学院（伦敦）和牛津大学的访问讲师，并且是广受好评。

克里斯·布雷迪（Chris Brady），伯恩茅斯大学商学院院长。他从事多种工作，包括从底特律克莱斯勒的直线工人到城市的索赔员，从陆军测量师到弹药店的经理，从半职业足球运动员教练到海军情报官。他拥有英国文学和社会学两个学位，并在国际关系学院获得了研究生资格，在皇家海军效力 16 年。作为 UEFA“A”执照教练，克里斯仍然在足球协会保持教练关系。他是人事发展研究所的成员和特许管理学院的研究员也是着名的管理类图书《90 分钟经理》的合著者。

目　　录

第 1 章　并购中的智能需求
第 2 章　商业智能
第 3 章　收购过程设计

第 4 章　顾问管理体系
第 5 章　选择最优目标
第 6 章　最佳防御机制
第 7 章　尽职调查
第 8 章　估值、价格和融资
第 9 章　谈判及投标
第 10 章　并购后的整合
第 11 章　收购回顾
第 12 章　总结

角度来看，并购活动的进行都是为了自身企业持续的竞争优势和绝对的市场领导力。换句话说，也就是为本企业开发更多的新客户、新技术、新销售渠道，从而达到更大的协同效应，创造更多的价值。作者自始至终都在强调商业信息的重要性。无论是在并购目标的锁定、并购方式的选择、发展战略的实施还是交易结构的设定等领域，都会因为企业的定位与实际情况的不同，使其具体操作模式也有所差异。

但是，无论是哪一种模式，其信息的流通性与实时性都将会是交易是否成功的关键性因素，也是避免并购失败的重要法则之一。收集的所有信息必须不断反馈到企业，从而使企业战略的制订更加科学，而战略成型后所产生的信息又可以反哺自身战略的不断更新，使得长期的战略意图都保持一致。通过全面参与这一战略规划流程并跟上新发展，公司的并购团队能够随时做出快速，明智的决策，以支持公司的整体战略。

在大部分的并购类书籍还在抠并购技巧、并购条款的时候，本书作者已经先人一步地提出战略实施的时间点才是成败关键，并购是否成功的判定标准并不是签署协议即可，而是能够实现本身的战略意图，那才是真正的成功。若要避免此类陷阱，还得从交易速度和灵活性上做文章。

并购是 21 世纪公司的高风险活动。尽管如此，大多数公司（如果不是全部的话）别无选择，只能进入并购环节，以保证它们可以在这个变化莫测的商业世界中生存下去。商业情报和信息为并购框架内的风险管理提供了一个有效的途径，可帮助公司通过将交易转化为股东价值来克服失败。

本书除了以上几个比较具有代表性的内容之外，对于其他方面内容的介绍也非常详细，比如收购防御机制、尽职调查实施及企业估值等。最珍贵的是，在本书的末尾作者作为“过来人”提供了一些建议与忠告。有人评论说“本书能够解答你关于并购失败的一切问题”。相信本书一定可以让作为“并购人”的您受益匪浅。

未来是他们的，也是你们的。百折不挠的并购从业者们，请紧紧地拥抱失败并与其告别，越过并购雷区去创造属于你们的明天吧！

68. Knights, Raiders, and Targets: The Impact of the Hostile Takeover《骑士、袭击者与目标：恶意收购的影响》

20 世纪 80 年代是并购世界中“敌意收购”大戏的专场表演时间，广为人知的“RJR－纳贝斯克”案就发生在此期间。20 世纪 80 年代中期，面对开展得如火如荼的敌意并购，哥伦比亚大学的法律和金融研究中心主办了关于敌意收购的主题研讨会，并得到来自美国众多知名高校的法律及金融教授、企业执行总裁、投资银行家等专家的广泛参与。

这次研讨会对敌意收购的讨论十分激烈，深入探讨了很多问题并引发了一些新问题，依旧对现今的并购活动具有很大的启发性。这场为期三天的专题研讨活动的风采被约翰·C. 科菲、路易斯·洛温斯坦、苏珊·罗斯－阿克曼三位与会专家记录了下来，并总结、汇编成了这本《骑士、袭击者与目标：恶意收购的影响》，为对并购尤其是敌意收购感兴趣的读者提供了珍贵的资料。

黄金降落伞、垃圾债券、绿票讹诈、白衣骑士……这些都是敌意收购中的常见问题。它们产生的动因是什么？对企业的长期效益有什么影响？专家们对这些问题的看法是两极分化的：其中一些认为敌意收购是一项能够改变无效率管理行为的惩戒性机制，能够通过促使管理权的变更从而为公司带来更有效的管理；另一些人则认为入侵者会扰乱现有管理层的管理计划，令其无法关注于企业的长期效益经营，并且为敌意收购提供融资的垃圾债券给美国带

图书基本信息

中文书名 《骑士、袭击者与目标：恶意收购的影响》

著　　者 约翰·C. 科菲（John C. Coffee）；路易斯·洛温斯坦（Louis Lowenstein）；苏珊·罗斯－阿克曼（Susan Rose-Ackerman）

出版信息 Oxford University Press, 1988

页　　数 560 页

作者简介

约翰·C. 科菲（John C. Coffee），被《美国法律杂志》评为“美国最有影响力的一百位律师”之一。他在商业、法律、公司管理以及安全监管等领域的研究在全球范围内都享有权威地位，曾担任过政府以及很多公司的顾问。他此前所著的书包括《证券监管案例及资料》、《公司案例及资料》及本书等。

路易斯·洛温斯坦（Louis Lowenstein），耶鲁大学教授，讲授法律和政治科学，同时也在宾夕法尼亚大学和哥伦比亚大学任教。她在法律、经济及政策等领域著作颇丰，其研究兴趣涵盖法律和政策监管比较研究、腐败政治经济学、公共政策与行政法及法律和经济等。

苏珊·罗斯－阿克曼（Susan Rose-Ackerman），哥伦比亚大学法学院金融法律教授，著名的公司批评家。他还是美国证券交易委员会审计效力专家组的一名成员。他在很多期刊杂志上都写过文章，这

来了很高的债务率。这些尖锐的冲突在这场研讨会中得到了充分的展现，并成为政府考虑监管政策时反复为难的问题。

本书第1章记录了三位CEO的发言，他们的发言为整场研讨会提供了基础观点。这三位CEO分别为伯克希尔哈撒韦公司的沃伦·巴菲特、亨氏集团的米迦勒·丁曼、联合技术公司的哈维·葛雷。他们从CEO的立场提出了一些观点，比如一致认为收购方在收购中普遍支付了过高的溢价、股票市场的价格并不能反映公司的长期经营前景等，其中沃伦·巴菲特还提出敌意接管行为应当受到约束跟监管。三位CEO的发言和对话各具语言风格和特色，显示出这些优秀管理者或投资家的睿智和机敏，给读者带来了发人深省的启示。

CEO们的一些观点引发了其他一些专家的反驳和争论。第2章的引言使用了敌意收购大师卡尔·伊坎的一句话："这些管理人员需要紧张起来了，他们太糟糕了……拿佃农（股东）的钱雇佣官兵（律师）来保护自己的利益城堡，并对佃农进行威逼利诱。我们现在要做的就是攻击这些城堡。"的确，"利益决定了立场，而非立场决定了利益"，不同身份的人对同一件事的看法可能会天差地别，看似各自有理但观点却针锋相对。比如巴菲特提出"双层股权制度"是保护和稳固管理层管理的合理制度，而一些学者认为这是对一些股东的不公平对待，不利于对证券市场公平性的维护。专家们的唇枪舌剑还体现在对很多问题的争论上：收购是否能创造价值？管理层能否有效地代表

些杂志包括《财富杂志》《纽约时报》《华盛顿邮报》《华尔街日报》和《哈佛商业评论》等。

目　录

第1章　敌意收购及垃圾债券融资

专题一　资本市场、效率以及公司控制权

第2章　公司控制权、市场效率与公众利益

第3章　金融市场的繁荣、衰退和泡沫

第4章　富兰克林 R. 爱德华兹的评论

第5章　迈克尔 A. 塞林杰的评论

专题二　企业管理与收购

第6章　股东和管理层

第7章　公司接管

第8章　维克多. 布鲁德尼的评论

第9章　评论

第10章　从中立的角度来看股东和管理层

专题三　从并购中获益的证据

第11章　收购后股东最好离开公司吗？

第12章　合并和管理的业绩表现

第13章　敌意收购的有效影响

第14章　接管活动和股东财富实证研究

第15章　布拉德利和杰瑞尔的评论

第16章　沃伦. 劳的评论

第17章　讨论

专题四　兼并和接管：税收、资本结构以及管理者动机

第18章　税收以及公司控制权的变化

第19章　税收和兼并决定

第20章　接管论战：分析和证据

股东的利益？收购的动机有哪些？这些动机对收购结果又有什么影响？这些问题被涵盖在六项专题中，每项专题探讨都以权威学术研究成果为基础，各方在此之上各抒己见，进行充分的探讨。

专家们经过对六项专题的讨论过后，虽然依旧没有得出一致的结论，但对重要和复杂问题的探讨就是如此，即争辩并非是为了得出确定的结果，而是为了对问题进行充分地解释和明晰，为了给大家指引方向，引发更多的探讨。本书为读者展现出了这场精彩至极的研讨会，让我们看到了不同观点碰撞出的火花，不同立场之间的针锋相对。《经济文献期刊》的威廉·S. 科马诺评价道："这是一场具有启发性的、观点百花齐放的知识盛宴，读者可以从这本书中获取信息和洞察力，而对这些专题感兴趣的读者一定要先从本书开始读起。"

第 21 章　理查德 S. 鲁贝克的评论
第 22 章　约翰 L. 沃格尔斯坦的评论
第 23 章　埃利奥特 J. 韦斯的评论
第 24 章　马丁 D. 金斯伯格的评论
专题五　法律规则、接管策略以及防御政策
第 25 章　投标压力
第 26 章　并购监管多维研究
第 27 章　英国的并购监管
第 28 章　道格拉斯 . 金斯伯格的评论
第 29 章　马歇尔 H. 斯莫尔的评论
第 30 章　斯坦利 L. 斯波金的评论
专题六　一份股权，一份投票权
第 31 章　证券交易规则影响并购交易
第 32 章　证券交易所和双层股权结构监管
第 33 章　罗伯特 H. 芒德海姆的评论
第 34 章　A. A. 索漠，Jr. 的评论

69. Make the Deal：Negotiating Mergers and Acquisitions《成交：并购谈判》

掌握好谈判这门技能，对于修炼并购艺术来说，至关重要。所以，谈判历来就是商人和企业家们非常重视的一部分。那么，如何才能进行一场好的并购谈判，使公司获得预期的利益呢？别着急，在阅读过这本《成交：并购谈判》后，一定会找到你想要的答案。

本书的作者是克利斯托夫·S. 哈里森，曾任教于纽约大学法学院（NYU），并且常年奋战在并购第一线，对于实际操作非常熟悉。克利斯托夫·S. 哈里森非常注重将书本上的并购技能实践化，也非常明白谈判之于并购交易的重要作用，故写作此书，旨在通过自己亲身经历的 30 多个经典案例来带领读者更好地走进并购交易，领略并购谈判的真谛与内涵，学习并购谈判的知识与

技巧。

本书最大的特点之一，就是立场客观。作者当然知道并购交易的特殊性，所以其极具匠心地从买卖双方的角度分析了并购谈判的方法。作者将自己化作谈判场上的第三方，将双方较量的争议点及双方谈判心理分析的非常透彻。并且其始终强调，世界上没有两笔完全相同的并购交易，也就不可能有两个完全相同的并购谈判过程，读者要学会的不是照搬照抄书中的内容，而是应该学会活学活用，将其中的技巧融会贯通，想必这也是作者坚持中立角度分析的原因。

此外，本书还特别强调，对于交易中的任何一方而言，都一定要学会审时度势，抓住机会。在谈判过程中，任何的风吹草动都可能会影响交易结果，该做决定时要当机立断，不要畏首畏尾。机会一旦溜走，你一定会追悔莫及。

本书的亮点之二，就是强调细节。正如中国古话“一屋不扫何以扫天下”的论调一样，西方谚语“魔鬼都在细节里”的精神与其如出一辙。细节出错，那么整个交易齿轮则运转不顺，最后结果很可能与预期相差甚远。不论交易处于何种阶段，从业者们都不可掉以轻心。本书以真实案例为切入点，详细且富有逻辑地叙述了不注重细节最后导致全盘皆输的结果。可见，并非零和博弈的谈判，其要求每一个细节都完美。

并且本书还为读者提出了一个忠告，那就是在交易完全达成之前，千万不能盲目乐观，掉以轻心。商业世界变幻莫测，谁也不能保证

图书基本信息

中文书名 《成交：并购谈判》

著　　者 克里斯托夫 · S. 哈里森（Christopher S. Harrison）

出版信息 Wiley，2016

页　　数 320 页

作者简介

克利斯托夫 · S. 哈里森（Christopher S. Harrison），现任 Falconwood 公司首席投资官，任教于纽约大学法学院（NYU），主要负责商业交易上金融和法律方面的谈判投资教学。作者作为一个卓越的谈判者和商业战略家赢得了声誉。在世界上最负盛名的律师事务所之一的 Cravath Swaine&Moore 的 8 年工作经历中，他处理了大量的高知名度的债务、股权和并购交易。作为首屈一指的投资管理律师事务所 Schulte Roth&Zabel 的管理由市场主导的资产管理并购业务的联合负责人，他处理着一些最复杂的公共和私人交易，并且促进了几个著名的金融服务和资产管理的战略发展。

目　　录

第 1 章　交易的介绍：在实践中交易
第 2 章　设置交易：概述和保密协议
第 3 章　设立交易：主要条款和协议
第 4 章　收购协议框架
第 5 章　收购价格
第 6 章　声明与保证条款
第 7 章　合同
第 8 章　成交条件
第 9 章　解除权
第 10 章　重大不利影响
第 11 章　股权和债务承诺
第 12 章　融资风险

下一秒会发生什么，及时预防潜在风险，这样即使危机来临时也留给了自己足够的反应和准备的时间，而这也与本书强调细节的观点不谋而合。记住，谈判的目的是“双赢”而不是“两败俱伤”。

第 13 章　一流的上市合并
第 14 章　补偿
第 15 章　争议解决
第 16 章　并购交易的结构

本书的亮点之三，就是强调主动思考和保持战略性思维。正如序者亨利博士所言：“战略性思考潜在的结果对我的成功至关重要。”诚然，并购交易注定不会是一个一帆风顺的过程，其中一定会有许多的艰难险阻。比如尽职调查的不彻底，融资渠道的不畅通及目标公司对你并没有兴趣等。但是，真的勇士，敢于迎难而上，敢于越挫越勇。当然，这并不代表像无头苍蝇乱飞一样四处瞎撞，而是应该制订正确的交易战略，从而指导谈判人员进行有效的谈判，找到双方之间能够达成共识的平衡点，在双方都能接受的基础上尽可能地达成解决问题，达成目的。

总体而言，全书语言精练，体系完整。作者在叙述书中内容的同时，还辅以大量的表格及图片来帮助读者理解。特别是对于市场发展现状及趋势的分析，不仅可以使读者快速了解最新的信息，更重要的是可以在读者脑中形成一个完整的时间轴框架体系。克利斯托夫 · S. 哈里森将金融与法律完美地融合于此书之中，通过其翔实生动的讲解，相信一定可以为立志进入并购行业及尚未踏入但已经开始学习的商学院、法学院的学生们提供指导，帮助他们在以后的职业道路上能够走得更加顺畅。

70. Merger：What Can Go Wrong and How to Prevent It《如何避免兼并出错》

在并购领域，大部分企业和专家更关心如何在并购交易中取得成功，只有少数真正的企业并购战略制订者才会关心并购可能会在哪些方面出差错，并且专注于分析和研究导致并购失败的因素。帕特里克 · A. 高根就是这少数人当中最卓越者之一，其在《如何避免兼并出错》一书中运用逆向思维向读者展示了哪些致命的因素将导致并购交易的失败，以及如何避免并购出现这些因素。

经历19世纪末以来的五次并购浪潮，无论是在财务、法律方面，还是在企业管理方面，企业的兼并和收购业已发展成为一项越来越精细化、专业化的作业。但是，在本书中，作者结合具体的并购案例，独辟蹊径地总结并购每个方面可能出错的地方，并且提出解决方法，不得不说展现了并购的高度艺术性。

本书开篇介绍了企业兼并收购的主要过程、基本分类及美国对并购的整体法律监管。在此基础上，作者首先总结了在第四次并购浪潮中，导致并购失败的三大主要因素：①第四次并购浪潮出现的敌意收购，在竞价阶段导致并购交易的不合理溢价；②高价并购中过度的债务融资导致杠杆过高；③专注并购的短期投机收益，缺乏长期战略规划。

作者接下来从企业为什么要并购出发，切入并购初始的战略制订阶段。书中条分缕析地讨论了驱动并购发生的原因，如寻求利润新增长点、提高管理效率、追求产业协同作用（规模经济和范围经济）及行业的集中竞争优势等。在这一阶段，导致并购失败的主要因素包括：①盲目的扩张，进入自己不熟悉的行业；②具体的产业协同效益规划不清晰；③战略管理团队选择不慎。在本书随后部分，作者详细为读者提供了大量现实的并购失败案例，如AT&T、戴姆勒克莱斯勒、世通公司等典型的并购交易，并从客观的角度对这些案例做了深入的剖析，解释了收购方在挑选目标企业时应该注意哪些潜在问题、应该避开哪些并购交易中常见的“雷区”等问题，为并购交易参与者提供了许多切实的建议。并且，在各重要章节的阐述都辅以丰富的图表及充足的论据，帮助读者更好地掌握书中的一些基本原理和关键概念。

图书基本信息

中文书名 《如何避免兼并出错》

著　　者 帕特里克·A. 高根（Patrick A. Gaughan）

出版信息 John Wiley & Sons，Inc.，2005

页　　数 356页

作者简介

帕特里克·A. 高根（Patrick A. Gaughan），是计量经济学研究协会的主席，以及菲尔莱狄更斯大学商学院的经济学和金融学教授。主要为企业兼并和公司重组业务进行估值，并担任多家《财富》500强公司的顾问。撰写了大量的文章和书籍，包括被美国出版商协会评为1996年最佳会计类书籍的《兼并、收购和企业重组》。

目　　录

第1章　兼并与收购概要
第2章　兼并战略：为什么企业要兼并？
第3章　研究兼并成功
第4章　估值与溢价
第5章　公司治理：部分解决方式
第6章　扭转错误——抛售及其他企业重组方式
第7章　合资企业与战略联盟：并购的代替方式

此外，这本书另一大特色之处在于，针对一些导致并购交易失败的问题，在后半部分分三个专章详细阐述了一些可以扭转并购交易错误的解决方案，包括公司治理、剥离等，以及一些替代并购来促进企业发展的方式，如合资企业、战略联盟等商业联盟。其中，作者在谈及企业并购失败后对不良资产进行剥离的方法时，着重强调在剥离之前应该有效地评估剥离对股东价值产生的影响，提醒读者通过这种评估方式来确保剥离不良资产能给股东权益带来积极的变化。

研究失败是思想进步之源泉，这是一个各行各业都普遍存在的真理。学医从研究病理学开始，工程师首先研究机械故障和结构缺陷，而心理学家则会研究人类行为的过失、异常和偏差。在商业领域，案例研究既要考察成功的案例，也要分析失败的案例。总的来说，这本书做到了对失败案例的充分解析，含金量很高、信息量很大，既有对并购过程的专业性剖析，也有对并购失败案例的艺术性重构。稍有瑕疵的是，本书的语言风格略带生硬，但瑕不掩瑜，可读性仍然很强。

每个商人都希望自己能够成功，想让自己的事业由弱变强，由小变大，成为真正的财富巨人。作为经营者，没人愿意重蹈覆辙，也不希望走上一条血本无归的道路。俗话说："失败的教训比成功的经验更为重要。"从别人的错误中找到自己正确的方向，不失为一种智慧。作者在这本书中总结的经验和教训，对于那些在并购狂潮中搏击风浪的参与者来说，将会是一笔弥足珍贵的财富。

71. Mergers and Acquisitions Playbook：Lessons from the Middle-Market Trenches《并购战术手册》

在中国，买卖双方实力极不对等的并购交易非常普遍。在上市公众公司作为买方的情形中，其从一上市就有拿到牌照的财务顾问为其出谋划策；大的集团公司或投资机构作为买方也同样如此，其实力和财力足以支撑他们聘请顶尖的中介顾问团队。而对中小型企业作为被卖方而言，其创始人或管理层在可能一生只一次的并购交易中，却只能边交易边学习，遑论对交易节奏的把控。

那么如何摆脱这种被动作战局面？《并购战术手册》一书将会给出详细应对战术。作者马克·A. 菲利佩尔先生拥有长达 26 年的投资银行工作经验，负责或参与过 360 笔并购交易，在其中 330 笔中担任的是卖方的财务顾问。作者也正是看到了中小型企业在并购交易中所处的被动境地，因此基于其丰富的并购交易经验，总结而成了这本极具街头智慧的卖方战术指南。

本书从卖方的角度，一开始就告诫那些着手启动被并购的中小型企业主，应该要足够重视其启动被并购交易的动机。有别于其他关于并购的商学院教科书或专门论述估值的著作，本书对并购交易实现规模经济、获取新技术新产品、扩大市场份额等协同效应避而不谈。作者认为，无论是出于退休或疾病而急于变现的目的，还是由于竞争地位下滑或者财务投资者急于退出，抑或是希望与合作伙伴“友好分手”，中小型企业主必须从一开始就诚实地正视这些动机，而非向买方隐瞒。因为买方是基于卖方的出售动机而制订并购的战略，一旦其发现卖方的动机不真实，并购交易继续推进的基础便灰飞烟灭。

并购交易一旦启动或继续推进，买方和卖方就会围绕标的企业究竟值多少钱这一核心问题进行尽职调查、评估及谈判。毫无疑问，买方心里盘算的是如何用最小代价取得标的所有权，而卖方则会希望交易估值越高越好。但这两者之间往往会存在预期的差异，所以很多论述并购估值的书籍都给大家介绍非常丰富和精确的并购交易估值模型和方法，帮助并购买卖双方在交易价格上达成一致。但由于本书主要是给中小企业主

图书基本信息

中文书名　《并购战术手册》

著　　者　马克·A. 菲利佩尔（Mark A. Filippell）

出版信息　Wiley, 2010

页　　数　336 页

作者简介

马克·A. 菲利佩尔（Mark A. Filippell），是并购精品投行西储的创始合伙人及董事总经理。有着将近 30 年的投行生涯，独立完成超过 125 起并购交易。在成为西储创始合伙人之前，在投行 KeyBanc 及麦当劳投资部门担任并购负责人。其客户包括伊顿公司、诺瓦电子公司、GE 等大型公司。

目　　录

第 1 章　为什么把企业卖掉
第 2 章　卖方是否应聘请中介机构？
第 3 章　企业价值在哪？
第 4 章　价值与货币有什么不同？
第 5 章　利用卖方的优势：做好准备与掌握时机
第 6 章　将交易文件准备好
第 7 章　筛选合适的买家
第 8 章　有多少意向买家？
第 9 章　与潜在买家接触
第 10 章　管理情况展示与工厂参观
第 11 章　交易价格谈判
第 12 章　从意向书签订到交易达成
第 13 章　破产或财务困难导致的公司出售
第 14 章　与律师合作
第 15 章　交易达成后的事项

作为卖方的锦囊，因此本书作者摒弃了一写估值就讨论各种数学公式及会计算法的老套路，转而用其亲身经历的并购交易实例告诉卖方，如何使用技巧提升并购交易的价值。

一般情况下，在并购交易的整个进程中，大家通常会就特定并购标的的估值进行来回谈判，这固然值得尊敬。但卖方为什么不可以说服买方购买其本来不想要的相关资产，从而提高整体交易的价格呢？在作者看来，这完全是有可能的，关键就在于战术性地说服买方，想要得到其原本想要的标的资产，买方就必须接受额外的资产，而且这些额外资产买方届时也可以高价转让。

一加一的价值可能大于二，当然一分为二的价值也可能大于原来的整体。本书作者用非常精彩的案例证实，在并购交易中可以将并购标的的资产拆分成两个不同的子公司，然后再分别卖出，其可能实现更大的价值。虽然这有赖于原来的资产是可拆分并可独立运营的，但是作者通过对亲身案例的总结，针对卖方并购交易价值最大化的期望，为读者展现了独具一格且实用的思维方式，不得不说这确实令人耳目一新。

当然，如果读者认为本书作者的独具匠心之处仅此而已，那就大错特错了。虽然作者在本书中精心总结了其投资银行家生涯中相当具有启发性的案例，可以解除正为并购交易而苦恼的中小型企业主的燃眉之急，体现了作者的经验理性。但是，作者同时也能在论及并购交易的关键之处时，充分展现工具理性的魅力。比如，在谈到并购交易的对价时，他极为强调美国税法典第 338 条对免税并购交易的规定及其适用，该法条能为并购交易的卖方合法合理地节省大量税务成本。

商场如战场，而并购领域则为兵家必争之地，其同样讲究的是出奇制胜。因此，无论是对于正在或希望走并购交易之路的中小企业家，还是其管理层，本书作为兼具经验理性和工具理性的并购战术指南，可与《孙子兵法》一起放置床头。

72. Surviving M&A：Make the Most of Your Company Being Acquired《并购生存策略：如何最大限度用好被收购的公司》

几乎所有关于并购的图书，在涉及并购后整合问题的时候，都是从收购方角度或立场讨论如何处理好目标公司或合并后新公司的员工的安排。很少有人会去关注公司员工，尤其是目标公司员工因并购的发生而面临的问题。如何维护并购交易中的公司员工的利益，如何降低并购对公司员工造成的负面影响，以及如何帮助公司员工摆脱困境而从被动局面中争取主动等，这些问题一直是并购专业研究中的空白。

并购专家、并购畅销书作者斯科特·莫勒撰写的《并购生存策略：如何最大限度用好被收购公司》填补了这项空白。该著作完全从公司员工利益出发，为他们在遭遇并购冲击时所可能面对的不确定性未来排忧解惑，出谋划策。该著作作者结合诸多实际案例，提醒公司员工充分意识到并购的发生将对自己的职业生涯的负面影响，尽可能早地从心理到行动做好准备。同时，通过解密并购交易过程中背后一些不为常人所知的内幕，帮助受并购交易影响的公司员工在关键时候做出正确选择，并采取实际有效的积极防御措施。

与常见的大部分并购书不同，该著作的篇幅并不太大，不过内容却非常丰富，在内容和形式上有几个值得提及的特点。

首先，这是第一部系统地专门讨论并购中公司员工问题的著作。其实，在并购图书海洋中，有不少著作也是以并购中的公司员工为主题的，比如苏·卡特莱特（Sue Cartwright）和卡里·L. 库珀（Cary L. Cooper）的《管控并购与战略联盟：整合人员与文化》和《并购：人力资源因素》。只是这些著作把公司员工当作

图书基本信息

中文书名 《并购生存策略：如何最大限度用好被收购的公司》

著　　者 斯科特·莫勒（Scott Moeller）

出版信息 John Wiley & Sons Ltd，2009

页　　数 264 页

作者简介

斯科特·莫勒（Scott Moeller），英国卡斯商学院金融财务学院教授，M&A 研究中心主任，前 CEO 和执行教育主任。他还在他 MBA 和 MSC 计划以及 MBA 计划中的“商业智能和社交网络”讲授兼并和收购。同时，他也是帝国理工学院（伦敦）和牛津大学的访问讲师，并且是广受好评。

目　　录

前言
1. 如何使用本书
第一部分　什么事情发生？
2. 我为什么要对并购感兴趣？
3. 关我什么事呢？
4. 我会如何感觉呢？
5. 为什么有些人赢了，有些人输了？
6. 并购专业人士
第二部分　生存策略
7. 我应该留下陪伴还是离开？
8. 防守是最好的进攻
9. 网络和联系
10. 态度决定一切
11. 自我提升的政治学
12. 做一个实干家
后记：及时行乐
并购关键术语

了并购整合流程中整合的对象或一项具体的因素，即人力资源因素，而没有将其视为并购后整合阶段各种问题的主体。这在本质上是完全不同的一回事。《并购生存策略》涉及的问题几乎包含了并购中公司员工实际可能遇到的所有问题。更重要的是，作者在谈这些问题的时候，不是把它们放在并购交易中收购方的框架内作为一个被动的因素来看待，而是将它们作为中心，并从这个中心的角度去观察与其相关的并购流程及这些流程中的各利益相关者的活动，从而增进读者对并购中公司员工所面临的问题的理解。

其次，该著作以并购中公司员工的关切为出发点，提出了大量切实可行的策略建议。在这部著作之前，从来没有任何一部著作如此认真而全面地正视并购中公司员工的关切，更没有人尝试从他们的切身利益出发考虑解决问题的办法。如果有那么一些触及，那也只是处于从属的位置，收购方公司实现整合成功目标总是会受到更多的关注。虽然可以理解这种情况，但是并购中公司员工的利益不能被忽视。所以，在这个意义上，这本著作是有开拓意义的。

另外，这部著作中的语言文字读起来生动活泼，版面布置也令读者赏心悦目。我们常说，内容与形式应当统一。这话同样适用于并购专业著作。在实际中，并不是所有的著作都能做到这点。这部著作在这个方面是值得称道的。它没有大段理论的论述，也不是以纯文字示人，在不大的篇幅中，运用了多种方式增加趣味性或吸引力。该著作通篇充满了并购领域的名言警句，也有诸多精美的图表和统计数据，还有以“聚焦点”形式表现的 10 多个经典案例研究。特别令人印象深刻的是，作者将其在著作中针对并购中公司员工的各种应对困境的建议和评论，微缩到了一个名曰“50 大贴士”的框架表格中，让读者一目了然。类似的篇章布局，比比皆是。这样的著述风格，大概就是该作者出版的图书多为畅销书的原因之一。

这部著作是在作者 30 多年投资银行和并购实务经验基础上写成的。作者为了使自己的观点更能令人信服，先后进行了 100 多次专题采访。相信不同读者都会从中获得教益。特别是那些作为公司员工的读者，可能收获更大。按照作者自己的说法，半数以上的公司在其生命周期内不可避免地要经历收购或被收购这样的商业事件，身处公司中的员工不能不未雨绸缪，做好防御的准备工作，即所谓“防御是最好的进攻”。

73. The Art of M&A Strategy：A Guide to Building Your Company's Future through Mergers，Acquisitions，and Divestiture《并购战略的艺术：通过并购和剥离构建公司未来指南》

我们正在经历第7次并购浪潮的洗礼，在每一次浪潮过后，企业都如同被打了一剂复苏的“强心针”。于是，人们开始关注并研究并购这一现象。早年间的理论观点倾向于认为并购是一门有待掌握的科学，这种观点在近年来的并购实践中不断遭到怀疑。越来越多的专业人士和从业者发现，与其说并购是一门科学，不如说是一门艺术。因为它不仅仅只强调并购技巧的专业性，更加注重的是并购战略的合理性与可实施性，而这也是之前的研究所忽略的地方。

肯尼斯·史密斯和亚历山德拉·里德·拉杰科斯二人都是享誉盛名的优秀并购实践者和金融分析师，同时也是这本《并购战略艺术》的作者。肯尼斯·史密斯侧重于商业战略分析及公司管理研究，而亚历山德拉·里德·拉杰科斯则更专注于战略协作理念及并购知识写作，两人的强强联合，简直是天作之合。也正是因为作者们的丰富经验与深厚底蕴，所以本书无论是从写作手法、切入角度，还是内容表达方面来看，都独具魅力。全书分为3个部分，12个章节，每个部分的叙述都相当于一个问题的面面观。作者以不断发问的方式来论述不同问题的同一方面，抑或是同一问题的不同方面，由浅入深，层层递进，让读者读完本书之后感觉颇为酣畅淋漓。

图书基本信息

中文书名 《并购战略的艺术：通过并购和剥离构建公司未来指南》

著　　者 肯尼斯·史密斯（Kenneth Smith）；亚历山德拉·里德·拉杰科斯（Alexandra Reed Lajoux）

出版信息 McGraw-Hill Education，2012

页　　数 368页

作者简介

肯尼斯·史密斯（Kenneth Smith），已经从事并购战略顾问工作超过25年，最初是在麦肯锡公司，最近在SECOR咨询公司，除此之外，他身兼数职，他是公司管理合伙人和主席，也是圭尔夫大学管理与经济学院的副院长。Alexandra Reed Lajoux，全国公司董事协会（NACD）的首席知识官，拥有三十年的商业经验信息，并担任董事，董事会，并购和今日出口的编辑。他是麦格劳－希尔著名的“并购艺术”系列中迄今为止所有着作的作者或合作者。

亚历山德拉·里德·拉杰科斯（Alexandra Reed Lajoux），是全国公司董事协会（NACD）的首席知识官（CKO）。他拥有超过30年的经验，同时也是一名高级作家和编辑，出版了许多有关商业主题的书籍也发表了很多相关文章。同时，他还是是麦格劳－希尔著名的古人有云“谋先事则昌，事先谋则亡”。做任何事情，若事先没有周密的计划、科学的预算、审慎的谋略就盲目行动，或待行动之后再去急忙策划，结果自然好不到哪里去。那么并购也是如此，步步为营和小心谨慎应该与追逐利益一样，成为商人们的本能。本书的第一部分介绍了企业可能采取的一系列战略，并就各个并购战略所可能起到的作用和被采取的理由展开了讨论。比如建立和管理投资组合、参与行业整合、促进企业发展，以及利用收购来做出“真正的选择”等。作者认为，成功的交易战略可以让一个濒临破产的企业重获新生，当然，失败的交易战略也可以使一个商业王者归于覆灭，正所谓“成也萧何，败也萧何”。交易战略的使用对于并购的进程至关重要，而并购原本就是商业战略的一部分。

“并购艺术”系列中迄今为止所有著作的作者或合作者。

目　录

第一部分　并购战略创造价值

第 1 章　建立与管理商业投资组合

第 2 章　合并：成本协同效应价值理论

第 3 章　扩张协同效应：收益增长价值理论

第 4 章　并购“真正的选择”

第二部分　并购战略发展及执行

第 5 章　并购战略计划

第 6 章　搜索，筛选和选择

第 7 章　卖方还是买方？

第 8 章　并购的地位

第三部分　并购是战略的核心工具

第 9 章　全球产业重组现状

第 10 章　交易后的整合在并购中的地位

第 11 章　在专家的建议下实施可持续的并购活动

第 12 章　并购是一种核心技能

作者在第一部分就结合实际为读者构建了一个良好的“战略框架”，并为第二、第三部分的内容埋下伏笔，使得全书体系更加合理，在降低读者阅读难度的同时也照顾到了读者思维的连贯性。最重要也是最为伟大的一点是，教会了读者从战略的角度去思考，这也是本书作者最想要传递给读者和大部分专业书籍所缺失的东西。

真理和谬误从来都是一对好朋友，不经历曲折的道理难以为真，不经过检验的错误也不足为谬。本书的第二部分概述了如何确定并购在公司发展战略中的作用及如何去使用这一战略。作者分别从行业背景、竞争需求及市场战略选择等角度进行考虑，并解释如何查找和筛选合作伙伴，决定是否购买或出售，以及是否启用管理层回购等决定。

众所周知，企业选择并购的原因有很多。它们有些是为了抢占市场份额，有些是为了节省开发成本而直接购买别家已经形成规模的产品和部门，还有些是为了自身经营渠道的多元化从而提升企业整体的实力，但无论是因为什么，选择并购的终极手段和最终目的都只有一个——竞争力和利润。

当大家的认知都还停留在其中的一个层面时本书作者就已慧眼识英，竞争力和利润难舍难分。诚然，并购的路途并不平坦，大部分的并购活动都是失败的，特别是对于各个公司的股东而言，股东价值的贬值导致他们成为最终的受害方。造成失败的原因归根结底，还是战略的选择错误。这些错误可能是对于合作前景战略的错误预估，可能是对于交易后企业文化的整合战略掉以轻心，也可能从一开始的并购对象选择上就是错的。此类典型的案例有很多，比如桂格燕麦与百事可乐、美国在线与时代华纳。而这一部分想要告诉读者就是，任何产品都逃不过产业生命周期的命运，如果没有正确的战略选择来提升竞争力，注定要被时代淘汰。

本书的第三部分提出，在这个全球化的时代，公司必须将并购作为持续战略发展计划的一部分，来适时地调整自己的发展战略，顺应时代的潮流。据近十年（2000年—2010年）的数据显示，跨国并购数量稳步上升，虽然大多数的大型并购都发生于发达国家如美国、欧洲、加拿大之间，但中国也没有落后，近年来已经开始逐渐活跃于国际并购的舞台。

跨国并购所面临的所有困难中最令人头疼的也是最容易导致失败的就是企业文化的整合问题，而整合，恰恰也是并购最具有战略性的方面。不同的国别监管体系不同，政府侧重的调控重点也不一样，公共政策的不断变化和科学技术的不断发展使行业重组成为“新常态”。为了竞争，并购必须成为您整体业务战略的一部分。这一点也与作者在第二部分所持的并购在企业战略中是提升公司整体竞争力重要一环的看法所呼应。多样化的销售策略与更加开放的市场环境，使得并购的发展空间更为广阔，而更高层次的并购战略，也能反促进于销售手段的推陈出新和行业市场的持续繁荣。

企业并购是一个“战略为王”的过程。就如同打仗的将军也不会先开战再制订作战计划，盖楼的工匠不会先施工再设计图纸一样，并购作为当今最强大的战略工具之一，对于“脚踩西瓜皮滑到哪里算哪里”的人，无疑是当头棒喝。“这个世界唯一不变的就是变化”，古希腊哲学家赫拉克利特在几千年前就已经揭示了这一道理，当代的商业发展更应如此，不拘泥于过去，审时度势，以变应万变。

书的末尾还包含着丰富的案例及一些并购小贴士供读者参考，在加深读者印象的同时也能够为大家节省许多找资料的时间。

以上几点，只是冰山一角，不足以概括出本书全部的过人之处。若您真的是“并购有心人”的话，那么这本《并购战略的艺术》您看过之后，一定不会后悔。

74. Why Deals Fail：And How to Rescue Them《为什么交易失败？如何救济?》

作为公司扩张的工具，并购受到越来越普遍的欢迎。虽然2007年－2009年的全球经济危机一度遏制并购发展势头，可是从总的趋势上看，最近几十年来世界范围的并购在交易数量和交易金额等方面一直呈现向上递增状态。

与此趋势形成对照的一个有趣现象，就是并购交易的成功比率并未随之提高。那么，这就产生了一个问题：如何有效解决并购交易失败率居高不下的问题呢？如果这个问题长期困扰并购中的或将要实施并购计划的公司，那即使并购交易的规模再大，交易的次数再多，这实际上都是没有意义的。于是，越来越多的人开始关注并购交易的质量问题，并试图帮助公司摆脱失败的困扰。

在众多的努力中，安娜·菲尔顿、米歇尔·德里森和斯科特·莫勒共同撰写的《为什么交易失败？如何救济?》一书，独树一帜，为我们打开了一扇新的认识并购世界的窗口。

在这本小册子中，作者分三个部分，即交易前、交易中和交易后，给读者讲述了一个又一个精彩的并购故事，并且通过这些故事让读者了解并购风险从何而来，哪一些风险是应当高度重视的，以及如何化解这些风险。由于这三位作者都具有丰富的并购实践经验，加上他们高超的文字驾驭能力，这部著作在同类著作中脱颖而出，得到一般读者和并购专业人士的肯定。例如，畅销书《亿万富豪的学徒：美籍印裔精英的崛起与盖伦集团对冲基金的衰落》的作者安妮塔·拉格哈文（Anita Raghavan）在评价该著作时认为，“这部具有实操性的著作，充满了对各种成功和失败交易的深入观察。通过借鉴帝亚吉欧（Diageo）和惠普（Hewlett-Packard）一类巨无霸公司收购战略的经验教训，为读者提供了有助于其未来交易所向披靡的可普遍适用的法则。”

与绝大多数并购专业书不同，这本著作其实就是一本通俗读物。通篇几乎没有并购专业术语，没有复杂深奥的理论，也没有构建所谓完备的体系。它就是通过将一个个并购领域中的经典案例演绎成故事，而从故事中提炼出问题和解决问题的答案。比如，作者在书的开头讲了一个美国惠普公司收购英国著名软件公司 Autonomy 的故事。

这个收购案在世界并购历史上非常有名，是 2011 年发生的一次失败的并购交易。普惠公司方面认为它因被收购方财务欺诈而支付了超过百亿美元的高额收购溢价。该项收购给惠普公司在财务和人事上带来巨大负面影响。本著作作者在描述了该案的来龙去脉之后，探究导致这起失败收购案的真正原因，认为惠普公司犯了三个巨大的错误，即三个“缺位”：战略规划的缺位，有效沟通的缺位，科学人事管理的缺位。他们进一步引申，这三个缺位，实际上也是大多数公司在通过并购促进自身发展时而不能实现其预期目标的主要原因。

该著作的另一个特点是在每章的最后部分送给读者的几点建议。这些建议以“应该”和“不应该”的形式呈现，简洁明了，令人读后印象深刻。比如在第三章“知识就是力量”后，作者的建议是这样的：

（1）应当在并购前做足功课，因为知识就是力量；

（2）应该保持耐心，因为这可以为你降低支付的溢价；

（3）应该记住花时间与所有重要的利益相

图书基本信息

中文书名 《为什么交易失败？如何救济？》

著　　者 安娜·菲尔顿（Anna Faelten）；米歇尔·德里森（Michel Driessen）；斯科特·莫勒（Scott Moeller）

出版信息 The Economist，2016

页　　数 224 页

作者简介

安娜·菲尔顿，安永会计师事务所公司金融顾问。她有多年并购经验，为公司筹资和投资提供咨询意见，特别专注于技术、媒体和电讯领域。她是伦敦城市大学卡斯商学院客座教师，给研究生讲授并购课程，在并购、公司金融、公司治理及新兴市场重组和投资等方面有深入研究。

米歇尔·德里森，安永会计师事务所交易咨询服务部高级合伙人。曾经在全球最大的管理咨询、信息技术和业务流程外包的跨国公司埃森哲（Accenture）、维萨信用卡公司和拉博银行担任高级管理职位。在安永期间，他先后参与和主持 100 多项数十亿英镑的交易，这些交易涉及世界最大的公司和私募股权公司，其中不少交易跨界进行，数额巨大，而且极其复杂。他关注的焦点是并购协同效应的识别和评估、并购后整合以及资产剥离和公司股权转让或分割等。他是伦敦城市大学卡斯商学院并购研究中心顾问委员会委员，也是该院高级访问研究员。

关者周璇，因为一旦交易完成你得与他们共事；

（4）应该对你自己公司从事这项交易的能力，包括并购后整合，进行尽职调查；

（5）不应该害怕快速推动你所需要推动的项目进展，只要你做好了准备；

（6）不应该忘记在你的尽职调查过程中仔细考虑非传统风险因素，比如文化、伦理和网络安全；

（7）不应该顾虑放弃糟糕的交易；

（8）不应该表现出你对目标公司的一切都了解，即使是你真的对这个公司和这个公司所属产业非常熟悉。

这本著作还有一个特点，就是它关注的问题很简单，并非面面俱到。可以说，它就谈了两个问题：一是并购交易为什么失败；二是如何减少或避免失败。一般读者甚至不需要什么专业方面的准备就能够读得懂。这种语言文字风格和叙事方式，在并购文献库中是不多见的。

正因为上述的这些特点，该著作适合所有对并购感兴趣的人士阅读。客观上讲，它尤其适合于并购业界刚入门者。这不是因为它缺乏理论深度，而是因为它的趣味性。

斯科特·莫勒，伦敦城市大学卡斯商学院金融实务教授，并购研究中心主任。他曾经是摩根斯坦利和德意志银行投资银行家，步兹、艾伦与汉弥顿管理咨询公司（Booz, Allen & Hamilton）顾问。出版了多部并购方面的著作，其中《如何避免并购陷阱》和《并购生存策略》为畅销书。

目　录

导言
第一部分　交易前
第 1 章　买卖之前需三思
第 2 章　避免一孔之见
第 3 章　知识就是力量
第 4 章　为什么价格总是问题？
第二部分　交易
第 5 章　谈判策略
第 6 章　约定
第 7 章　注意监管者
第三部分　交易后
第 8 章　做对交易
第 9 章　一项最友善的离婚
结语　狩猎公司的雪人

第四类

尽职调查、估值和融资（精选 16 本）

一、综述

并购交易犹如一头巨蟒，由并购战略制订、目标搜寻、估值、尽职调查、融资、并购谈判、协议签署、并购后整合等若干血肉有机组成。俗话有云："打蛇打七寸。"意为说话做事必须抓住重要环节，而尽职调查、估值及融资恰恰是企业并购的"七寸"所在。所谓"尽职调查"，是指投资方对目标公司一切与本次投资并购有关的事项展开谨慎性调查的活动，它为接下来的并购估值、谈判、整合打下坚实基础；估值是一切投资决策的灵魂，对企业进行准确的价值评估则当之无愧地成为投资并购交易最核心的内容；而融资的影响和作用更是不容小觑，它是企业并购交易得以顺利推进的强心剂。因此，想要"拿下"并购交易，对这"七寸"须觑得清、击得重。倘若能够制其要害之处，便得之矣。

本类选取的16本并购专业图书，专门对企业并购交易中的"七寸"展开了深入、详尽的阐述和剖析，比如尽职调查、并购估值、企业融资。其中，《尽职调查：规划与问题》《估值：难点、解决方案及相关案例（原书第2版）》及《并购的艺术：融资与再融资》分别是企业并购活动这三个关键环节中具有代表性的著作，能够帮助读者既从全局上对并购中的尽职调查、估值和融资活动一探究竟，也能从细节上缕清其中涉及的重点问题。

由戈登·宾撰写的《尽职调查：规划与问题》（P209）是一本专门立足

于并购尽职调查实务的操作宝典，力求详尽地为企业并购尽职调查提供实战指导。作者戈登·宾既擅长学术研究，亦熟悉并购实务，能够巧妙地结合理论和实践，在本书中将其多年来在尽职调查领域的大量经验与广大读者进行了分享。仔细品读，读者将领略作者在这一领域的丰富经验、深刻的见解及精妙的尽职调查方案。

埃斯瓦斯·达莫达兰的《估值：难点、解决方案及相关案例（原书第 2 版）》（P197）是估值领域中的一本权威指南。它所阐述的估值内容涵盖了所有公司类型及公司的整个生命周期，为公司生命周期的各个阶段、各种类型的公司均提供了具体的估值指引。此外，本书针对当前出现的各种估值难点给出了“灵丹妙药”，如金融服务类和大宗商品类公司的估值问题。作为全球大名鼎鼎的估值和财务专家，埃斯瓦斯·达莫达兰运用其多年丰富的教学经验，将其对估值实践的真知灼见毫无保留地倾注于此本著作，全书通俗易懂却不失专业性。

亚历山德拉·里德·拉杰科斯和 J. 弗雷德·威斯合作编写的《并购的艺术：融资与再融资》（P192）则是并购融资领域不可多得的一本上佳之作。这本投融资书籍之所以能从浩瀚的并购书海中脱颖而出，其全球视野和深入浅出的风格可谓功不可没。该书不仅将含义、机理、方法、技巧等融资和再融资的基础性问题通过问答形式一一向读者娓娓道来，还将并购融资问题放入全球经济活动的大背景中进行联系分析，书中的许多见解发人深省。

二、书评

75.《成功并购：商业尽职调查实务手册》

在今天这样一个瞬息万变的时代，几乎很难对目标企业的潜力及其未来发展前景有个准确的预测，更多依靠的是对商业的敏锐嗅觉和对市场的强大洞察力。因此，与评估企业过去表现的法律、财务等尽职调查活动相比较而言，商业尽职调查活动中的很多实务操作经验很难透彻地阐述出来。这就是为什么与尽职调查相关的书籍很多，却极少见有关商业尽职调查的经典面世。

从这个意义上看，《成功并购：商业尽职调查实务手册》一书实在是弥足珍贵。而且，更为难能可贵的是，著者德硕管理咨询是一家在日本并购市场享有盛名的专业咨询机构，在本书中将其几十年在商业尽职调查领域的大量经验毫无保留地与广大读者进行了分享。置身其中，读者有机会能领略其独到的见解、过人的商业智慧及精妙的商业尽职调查方案。

乔尔·罗斯曾说：“没有战略的企业就像一艘没有舵的船，只会在原地转圈。”倘若在没有明确战略定位的前提下实施商业尽职调查，就会像漫无目的的海上航行，而调查人员的工作必将因为没有明确的目标而陷入迷茫。因此，作者在书中特别强调，在实施商业尽职调查时，买方企业必须首先明确并购的目的，确保并购决策符合企业的整体经营战略。同时由于尽职调查所使用的一些具体手法与企业战略咨询在很大程度上有共通之处，本书也是一本向负责企业内部战略规划的高管或战略咨询的专业顾问提供参考的指导手册。

在本书中，作者有针对性地为商业尽职调查活动设定了明确目标。如今越来越多的企业会更加重视尽职调查，将其视为整个交易不可缺少的一环。但是尽职调查活动不能“眉毛胡子一把抓”，不同方面的尽职调查定位不一样。买方企业通过商业尽职调查的开展真正想知道的并不是目标企业过去取得了什么样的成绩，而是其将来能够创造的新价值，即所谓的协同效应，因为将来能够创造的价值的大小才是判断是否收购的决定性因素。因此，具体到商业

图书基本信息

著　　者　德硕管理咨询

出版信息　北京：中国金融出版社，2011

页　　数　270页

作者简介

德硕管理咨询，是一家以亚洲为发源地的综合性咨询公司。目前德硕全球700多家客户涵盖了制造业、航空业、汽车、化学、金融、零售、交通、通信、高科技、公关部门等众多行业。

目　　录

第一部分　商业尽职调查概要
第1章　尽职调查
第2章　商业尽职调查
第3章　并购能否提升企业价值（实证调查）
第二部分　如何实施商业尽职调查
第4章　步骤①：制订商业尽职调查计划
第5章　步骤②：业务结构分析
第6章　步骤③：业绩分析
第7章　步骤④：整理分析结果
第8章　步骤⑤：挖掘中长期协同效应
第9章　步骤⑥：寻找速赢策略
第10章　步骤⑦：制订行动计划
第11章　与其他类型尽职调查的合作
第12章　如何使用商业尽职调查的结果
第13章　外部尽职调查和短期尽职调查
第14章　给并购交易双方的一些建议

尽职调查而言，它的目标便是了解目标企业的商业前景，寻找协同效应。

第三部分　商业尽职调查的技巧
第 15 章　商业尽职调查必备技巧
第 16 章　实用图大全
第 17 章　商业尽职调查与价值评估

然而，光有目标，到达成功的彼岸还言之尚早，阿里巴巴集团的主席马云曾说过："战略不等于结果，战略制订了以后，结果还很遥远，还有很长的路要走。"这句话道出了路径对于战略实现的重要性，为此，这本书设计了商业尽职调查活动实现目标的具体路径。那么，如何才能预测和评估出将来创造的价值呢？光看财务报表是没用的，记录了过去经营成果的财务报表是评估的重要信息来源，但这属于财务尽职调查范畴的操作路径。而商业尽职调查活动则要对目标企业的商业模式、业务计划、预期业绩等进行分析和预测，准确洞见其未来发展趋势，犹如一颗魔法水晶球，能看到千里之外的景象。

书中详细地列举了寻求协同效应的两种手法——"风险规避型"及"价值发现型"，而这便是商业尽职调查的两条路径，直击调查的核心。前者主要关注目标企业可能存在风险，在欧美处于主流地位；后者是寻求协同效应更加有效的手段，是一种旨在寻求双赢互惠的调查路径。

正所谓"磨刀不误砍柴工"，本书为并购从业人士展示了商业尽职调查活动的必备手段与技巧。商业尽职调查是一项需要与时间赛跑的业务，有着严格的时间限制，其大约有三个星期的时间来判断一个公司的商业前景。而且，行业分布广、公司商业模式多样，而调查人员往往又同时兼顾多个项目。因此，如果能充分运用书中为调查人员准备的信息收集技巧及价值评估方法，就会使商业尽职调查活动的进行更加高效。此外，本书介绍了许多实战案例，并且以"专栏"的形式介绍了很多尽职调查现场发生的代表性事件，让实施并购的人员能够身临其境，了解商业尽职调查的实战氛围。

总的来说，这是一本集合了方法论和技巧的商业尽职调查著作，囊括了商业尽职调查活动的所有重要方面，揭秘了作为一家专业咨询公司在企业并购行为中如何帮助客户企业进行商业尽职调查的过程与步骤，具有极大的实用性，对并购领域感兴趣的您千万别错过它。

76.《走向资本市场：企业上市尽职调查与疑难问题剖析》

与欧美发达国家比，我国资本市场无论是基本制度还是市场化运作，都还有差距，同时计划经济遗留的问题，比如国企问题、税务问题等仍然困扰着IPO企业。对此，具有法律和财务双背景的张国峰先生，通过总结其十多年担任IPO企业保荐人的经验和企业IPO的疑难问题，写就了《走向资本市场：企业上市尽职调查与疑难问题剖析》一书。

本书的实践性非常强，“知行合一，得道功成”，实践和执行是通往成功之路的必要因素。本书作者以案例与监管规定、疑难问题相结合的方式，将2006年我国新股发行制度改革以来，成功上市及被证监会发审委否决的案例进行深刻的剖析，并梳理了企业上市过程中遇到的常见问题。在此基础上，作者根据疑难问题产生的历史背景及根源、审核部门关注的重点及解决问题的思路和对策进行了全面的分析。这些解决问题的思路和对策，既有案例支撑，也有经验总结。作者从自身丰富的经验出发，将企业上市过程中复杂的专业问题表述得非常清晰、简洁直白，为拟上市企业及律师和会计师等专业人士提供了有益的指导和建议。

本书阐述的结构具有一定的系统性，从整体到局部，这是理解事物的有效途径。很多人认为，企业上市是企业运营的最终目的。但作者认为企业上市只是企业运营过程中具有承上启下的重要一环：一方面是对企业成立到上市之前的不规范问题，包括出资问题、业务规范

图书基本信息

著　　者　张国峰

出版信息　北京：法律出版社，2013

页　　数　889页

作者简介

张国峰，中德证券公司投资银行部董事，兼立项委员会委员、内核委员会委员。具有法律和财务双重知识和背景。曾负责或参与多个企业改制、发行上市和重大资产重组项目。著有《法律风险可以防范》等书，在《人民日报》和《证券市场周刊》等报刊杂志发表论文60余篇。擅长软件&电子信息行业企业的上市、并购重组等资本运作。

目　　录

第一篇　背景知识

第1章　尽职调查与信息披露

第2章　让人理解企业

第3章　项目管理

第二篇　规范篇

第1章　出资瑕疵

第2章　股权、资产转让瑕疵

第3章　涉税悬疑

第4章　解决同业竞争

第5章　关联交易

第6章　资金占用

第7章　股权代持

第8章　信托持股清理

第9章　脱钩摘帽

第10章　产权证书瑕疵

第11章　未严格执行住房公积金和社保管理制度

第12章　公司与管理层共同出资设立公司

问题及税务问题等进行全面合规的梳理并整改；另一方面是将企业上市后未来的业务增长规划、加强公司治理、巩固核心竞争力进行清晰、有说服力地呈现给企业的投资者。尽管理解拟上市企业整体业务运营的环节和逻辑，是解决尽职调查核心问题的关键，但出色的尽职调查同样不能忽略小的业务细节和问题，因此本书通过具体案例、疑难点的剖析及对各个局部问题进行的总结，体现了作者对企业上市过程中某一细节问题自成一体的分析。

第 13 章　非民营企业管理层持股
第 14 章　董监高间接持有股份
第 15 章　现金采购或销售占比较大
第 16 章　企业合并
第 17 章　无真实交易背景汇票
第 18 章　与投资机构的特殊约定
第 19 章　外资比例低于 25%
第 20 章　股份支付
第 21 章　海外退市后回归 A 股
第 22 章　实际控制人认定
第三篇　提高篇
第 1 章　明晰的发展战略
第 2 章　证明自身的核心竞争力
第 3 章　如何应对风险
第 4 章　解决业务分散
第 5 章　控股股东一股独大
第 6 章　重大改变
第 7 章　近三年董事和高管
第 8 章　资金来源
第 9 章　重要技术或资产涉诉
第 10 章　募投项目
第 11 章　民营企业上市前股权激励
第 12 章　市场数据和产能指标
第 13 章　重要问题
第 14 章　如何将复杂专业的问题表述得既清晰又有说服力
第四篇　软件企业上市专项分析篇
第 1 章　收入确认
第 2 章　研发费用资本化
第 3 章　募投项目设计
第 4 章　其他重点问题
第 5 章　软件企业被否原因分析

本书阐述的内容深入浅出，谚语说：“少即是多”，越是简单，说明对问题的理解更加深刻。本书从案例出发，站在企业规范的角度，对相关问题比如股权转让瑕疵等进行由表及里、由简单到复杂的分析，不过多拘泥于具体的概念，使得非专业从事法律或财务工作的人士也能容易看懂。本书简单而深刻的分析，是建立在作者对 IPO 监管审核规则深入理解的前提下，同时也贯彻了 IPO 尽职调查是使拟 IPO 企业的运作符合上市公司的规范、要求及保护未来投资者的权益这一核心目标。因此，本书对 IPO 监管规则的深刻解析，对提升企业 IPO 成功率有着重要的作用。

当然，囿于我国目前的 IPO 审核机制，本书从外部合规尽调的角度对 IPO 相关问题进行解析，从信息披露的角度没有充分体现 IPO 市场化规范的一面。但是，这并不影响本书对企业 IPO 相关问题做出的有益剖析，对企业家、专业从事 IPO 业务的专业人士及其他想要了解 IPO 运作的非专业人士而言，是一本不可多得的参考读本。

77.《并购的艺术：尽职调查》

很多全球交易没能满足当事方的期望，罪魁祸首则在于不充分的尽职调查。但现实情况却是，许多并购交易人士仍把尽职调查当作一件走过场的事情或是一项“例行公事”的工作，从未试过将其上升至战略的高度。因此，偷工减料、敷衍了事的尽职调查活动对并购交易产生的影响就不言而喻了。

为了避免出现因尽职调查不力导致并购交易惨败的局面，功底深厚和经验丰富的两位作者亚历山德拉·里德·拉杰科斯和查尔斯·M. 埃尔森撰写出《并购的艺术：尽职调查》一书，把并购交易中的尽职调查视为一种战略活动，并基于严谨的研究提供了许多独到的见解，以令人信服的方式为尽职调查的执行指明了方向。

尽职调查需要设定清晰的目标，为整个企业并购交易探明方向。正如这本书对尽职调查的定位——股东利益的安全网，尽职调查活动的目标就是披露企业中固有和潜藏的并购风险，找到确认交易是否能带来效益的证据。这本书在开篇第一章讨论了“什么事、什么时候和谁”来开展尽职调查，以及描绘了尽职调查更深远的法律背景。尽职调查，又称谨慎性调查。尽管不同时代、不同国家、不同权威辞典和文件对“尽职”的定义略有不同，但“谨慎”总是这一词语的固有内涵。

然而，不同于大多数时候买主买车时“踢一踢轮胎”或是“打开引擎盖看一看”那样，

图书基本信息

英文书名 The Art of M&A: Due Diligence

著　　者 亚历山德拉·里德·拉杰科斯（Alexandra Reed Lajoux）；查尔斯·M. 埃尔森（Charles M. Elson）

译　　者 郭雪萌；崔永梅；万里霜

出版信息 北京：中国财政经济出版社，2001

页　　数 437 页

作者简介

亚历山德拉·里德·拉杰科斯（Alexandra Reed Lajoux），是 A-lexis 公司的创立者与公司主席，全美企业协会的《企业家月刊》的总编辑。在公司治理、企业并购、国际贸易以及企业财务等方面著述颇丰。在 1995 年，与其颇具名望的父亲合著出版了极为畅销的《并购的艺术》一书。

查尔斯·M. 埃尔森（Charles M. Elson），是特拉华大学“公司统治中心”的“公司统治及董事”的教授，“荷兰及骑士”有限公司下的 Tampa 法律事务所的在职顾问。是华盛顿特区遗产基金法律援助会成员，也是美国法律研究所成员。已在 5 个全国公司董事监管委员会供职。也曾是 NACD 的最佳实务委员会关于欺诈和其他违法行为的顶级成员。现供职于 NACD 的顾问委员会。

仅从形式上了解卖主提供的数据，这本书为开展调查活动所应有的“谨慎”设定了很高的目标——这种谨慎与你处理日常工作的审慎不同，这是以非常高的诚信度去使尽职调查后的情况符合收购要求的一个鉴证过程。论语有云，“法乎其上，则得其中；法乎其中，则得其下”。尽职调查的目标很高，而这本书的目标也同样很高，其旨在提供一道并购风险防护堤，使读者免受其害。

目　录

前言
第一部分　尽职调查程序
第1章　执行尽职调查：概述
第2章　财务报表审计
第3章　经营管理审计
第4章　合法性审计
第二部分　交易尽职调查
第5章　文档和交易的审计
第6章　证券法对并购的制约
第7章　税法和会计法规对并购的制约
第三部分　对合法性的深入审视
第8章　反垄断法和国际经济法对并购的制约
第9章　知识产权法对并购的制约
第10章　消费者保护法对并购的制约
第11章　环境法对并购的制约
第12章　雇佣法对并购的制约

“目标决定路径”，尽职调查的开展需要设计有效的路径。在这本书中，作者在谈及尽职调查的目标时，阐述了“一个购买者应通过尽职调查活动来审视他所购买的企业可能隐藏的各种风险——财务风险、经营风险、法律风险，也包括交易风险”。为此，尽职调查活动路径的设计应该围绕着财务、经营、法律、交易等这几个方面，而对这些内容的大篇幅介绍奠定了这本书的基础。除了强调传统的尽职调查路径之外，这本书开辟了两条开展并购尽职调查工作的新路径——文化和人力资本领域的尽职调查。书中对这些尽职调查路径的论述十分精辟，能让读者大饱眼福。

进行尽职调查需要准备充足的资源。俗话说得好，“巧妇难为无米之炊”，资源乃是实现目标的必要条件。做了详细扩展说明的尽职调查检查清单、经过完善修订的收购协议样本、众多标志性的尽职调查案例、实用性很强的尽职调查文件数据库索引等，这些丰富的尽职调查资源成为这本书的一大亮点。书中所展示的这些协议文本或是来源丰富的各种案例都是基于作者的实证研究，且借助其他各种专家的帮助及利用 Findlaw com 和 Law cornell edu 的网络信息完成的，其实用性和说服力得以大大增强。

特别值得一提的是，书中对合法性的深入审视，发人深省。作者在书中指出，确保遵守法律是尽职调查中最为困难的领域。如今，法律规定已经深入影响财务和经营管理的基本理论和具体实务，而企业经营管理者不得不对他们包括尽职调查在内的一切行为所涉及的法律问题具有足够明确的认识。为此，书中花了将近三分之一的篇幅详述了国际经济法、知识产权法、环境法、雇佣法等法律对并购的制约，以及这些法律在并购中是如何被运用的，而这方面的知识将成为进行彻底的尽职调查的核心所在。

作为畅销丛书《并购的艺术》系列中的一本，该书依然采取了问答的撰写方式，且汇集了100多名专家学者的智慧，为并购实务界人士提供了具有实际可操作性的参考指南。尽管中国的法律体系、经济文化背景及传统与美国存在巨大的差异，但书中介绍的理论、方法和技术仍能对中国企业开展尽职调查提供极大的有益借鉴。

78.《并购的艺术：融资与再融资》

摩根大通2017发布的最新报告指出，“2016年全球并购市场宣布的交易金额达到3.9万亿美元，为历史第三高水平”，而其中大部分成功的并购交易都是依靠融资完成的。公司需要大量资金而贪婪的银行家却拒绝给予的日子一去不复返了。相反，在今天的社会，融资的种类千差万别并且不断地推陈出新，在并购舞台上跃跃欲试的企业家们越来越多地考虑以什么样的方式进行融资。

正如通过并购进行发展需要周密的布局谋划一样，为并购交易融资也需要战略眼光和详尽的计划。亚历山德拉·里德·拉杰科斯和J.弗雷德·威斯撰写的《并购的艺术：融资与再融资》一书将在各个章节中巧妙地向读者展示，如何将这种洞察力变成现实。如何根据企业实际情况选择最合适的融资工具？并购融资来源有哪些？并购融资涉及哪些管制、税务和会计问题？企业并购何时需要再融资？……企业并购所面临的这些重要融资问题，都能从本书中得到满意的答案。

融资方式的选择对顺利完成企业并购活动具有举足轻重的作用。企业通过何种融资方式获得稳定的资金来源，以及能否及时足额筹集到并购交易所需的资金，这点至关重要。正如作者在书中所指出的“企业不能单纯依靠内部资金去获得他们预期的成长”，尽管内部融资可以减轻企业的税负及极少被资金提供者监督，但外部融资方式在通过并购成长的企业战略中扮演着更加重要的角色。

企业并购交易需要外部资金并不是无力的信号，实际上，它可能是实力的象征。如果把并购内部融资比作“上楼梯”，那么外部融资方式就如同“坐电梯”。今天这个互联网普及的时代，已经不是“大鱼吃小鱼”的时代，而是“快鱼吃慢鱼”的时代，是坐电梯的企业“吃掉”上楼梯的企业时代，比的就是融资的速度。因此，这本书绝大部分篇幅都放在并购外部融资的工具及其机理上，如债务融资、权益融资及混合融资等，并专注于交易的关键组成部分——并购融资来源，告诉读者如何获得和归还这笔资金，为他们提供清晰实用的建议和指导。

融资的方式多种多样，且更新、更复杂的融资工具层出不穷。企业并购除了要选择最适合自身的融资形式，同时也要顺应时代变化发展的潮流，恰当地运用在并购浪潮中不断创新的融资手段，以达到事半功倍的效果，即以最低的资本成本产生足够大的控制力。

此外，正如马斯乐所言“如果你的工具只有一柄铁锤，你就可能认为所有的问题都是铁钉”，两位作者认为在并购融资方式的选择上，可以选择多种资金来源，并在书中探讨了如何综合运用多样化的融资工具，向并购交易人士展示如何将商业银行的“主街”与投资银行的“华尔街”相结合。

然而，不同于市面上投融资类的相关书籍，这本书匠心独运地用很大的篇幅介绍了再融资的策略，并将再融资的理念贯穿于各个章节当中。殊不知，在并购融资领域中，许多故事的

图书基本信息

英文书名 The Art of M&A：Financing and Refinancing

著　　者 亚历山德拉·里德·拉杰科斯（Alexandra Reed Lajoux）；J. 弗雷德·威斯顿（J. Fred Weston）

译　　者 张秋生；周绍妮；张昊

出版信息 北京：中国财政经济出版社，2001

页　　数 372页

作者简介

亚历山德拉·里德·拉杰科斯（Alexandra Reed Lajoux），是Alexis公司的创立者与公司主席，全美企业协会的《企业家月刊》的总编辑。在公司治理、企业并购、国际贸易以及企业财务等方面著述颇丰。在1995年，与其颇具名望的父亲合著出版了极为畅销的《并购的艺术》一书。

J. 弗雷德·威斯顿（J. Fred Weston），是加利福尼亚及洛杉矶大学教授，研究领域为货币与资本市场，自1949年开始在这两所大学任教，是美国金融协会、西部经济学研究会及财务管理协会的前任主席。独立撰写或与人合著了《兼并在大企业成长中扮演的角色》《企业兼并的公共政策》《财务理论与企业政策》《兼并、重组与公司控制》等著作。

目　　录

第一部分　基本前提

第1章　基础概念和资料

第2章　资金需要量评估

第3章　交易融资中的管制、税金和会计问题

最后并不是以“他们从此快乐地生活着”而结束，而是以“他们决定寻找另外的融资”为待续。作者在书中强调“很少有公司能够避免以一种或多种方式再融资”，因此企业家及相关的并购交易人士应当从第一天就关注再融资的现实问题。至于如何延迟再融资的进程，抑或是如何制订有效的再融资计划，几乎所有企业都能从本书第 12 章中获益良多。

第二部分　近观融资工具
第 4 章　债务融资的机理
第 5 章　权益融资机理
第 6 章　混合融资机理
第三部分　具体分析并购融资来源
第 7 章　债务融资
第 8 章　权益筹资
第 9 章　财务支持人
第四部分　融资与再融资策略
第 10 章　多样化融资工具的运用——规划要点
第 11 章　运用多样化融资来源
第 12 章　再融资策略
第五部分　全球性问题：宏观和微观税务
第 13 章　全球并购融资的宏观方面
第 14 章　全球并购融资的微观经济因素
第 15 章　商国际融资：税收处罚要则
结论　并购融资和再融资：成功的成长工具

此外，从宏观方面和微观经济因素两个角度阐述全球并购融资问题的三个专章成为这本书的一大特色。众所周知，经济体系与全球范围内的各种活动交互影响着，而这本书首次将这一伴生现象应用到并购融资领域，详细分析了生活与金钱的交互关系。全球融资规则和惯例经常会发生变化，但尽管对全球金融体系、货币流动等问题的研究难度颇高，作者仍然勇于探索，并尝试剖析当前国际并购融资的相关规则及技术问题，为这一领域的学术研究贡献了自己的一份力量，其精神和意义十分可嘉。

深入浅出、大道至简，清晰、简洁的问答形式已成为麦克劳·希尔出版社“并购的艺术”丛书系列的标志。《并购的艺术：融资与再融资》同样也不例外，其集中式论述与问答式风格将会使那些忙于实务但又急需并购融资指南的并购交易人士受益匪浅，迅速有效地掌握并购融资与再融资这门艺术。相信作者在这书中分享的智慧，一定能为读者解决并购融资遇到的问题提供一些灵感。

79.《并购估值：如何为非上市公司培育价值（原书第 2 版）》

麦肯锡的创始人 Marvin Bower 曾经说过：“仅仅有创意是不够的，创意不能持久，必须把创意落实为行动。”可见，培育价值如果只停留在创意上，或者停留在对它的解读上，就不会给企业带来利益。但长期以来，大多数估值人士虽然懂得企业培育价值的原理，会计算现金流量、资金成本，知道价值的计算公式，却缺乏对价值驱动因素的理解，缺乏对复杂环境、公司战略与价值创造之间联系的理解，因此，企业往往在价值培育的道路上进展迟缓。没有从创意变成行动，一个基本原因是缺乏从理论到实践的桥梁。

而《并购估值：如何为非上市公司培育价值》一书则很好地在企业并购估值领域中弥合了理论与实践之间的鸿沟。作为德尔菲估值顾问公司创始人及美国企业评估师协会核心人物的作者之一克里斯 · M. 梅林，自 1989 年以来完成了 1800 多个估值项目，涵盖包括战略规划、收购合并、融资等在内的多个行业；另一作者弗兰克 · C. 埃文斯则是匹兹堡埃文斯合伙估值顾问服务公司的创始人，在并购及税务规划等领域提供了无数的估值和咨询服务。并且，两位作者公开出版了书籍及发表了有关估值的多篇高质量文章，弗兰克 · C. 埃文斯还就公司估值的实操事项在整个北美和欧洲巡讲了 150 多次。在估值和管理相关领域中这样丰富的经验阅历和权威的学术水平，作者的目光得以在估值理论与实务操作之间来回穿梭，用理论指导实践，再用实践印证理论，无疑有效地解决了企业并购评估界理论与实践脱节的问题，大大增加了这本书的含金量。

价值创造是本书最明确的一条主线。本书并没有一味罗列出所有的并购估值方法，而是力图揭示了创造价值的来源，把企业价值的衡量和培育放在一个公司战略的高度，这极大地

图书基本信息

英文书名　Valuation for M&A

著　　者　克里斯 · M. 梅林（Chris M. Mellen）；弗兰克 · C. 埃文斯（Frank C. Evans）

译　　者　李必龙；李羿；郭海

出版信息　北京：机械工业出版社，2014

页　　数　301 页

作者简介

克里斯 · M. 梅林（Chris M. Mellen），马萨诸塞州波士顿市德尔菲估值顾问公司的总裁和创始人，美国企业评估师协会的核心人物。拥有高级认证评估师（ASA）、大师级企业认证评估师（MCBA）和注册并购顾问（CM&AA）执业证书。获得巴布森学院金融类 MBA，以及麦吉尔大学的学士学位（行业关系和经济学专业）。自 1989 年以来完成了 1800 多个估值项目，所涉行业范围很广，评估目的有：战略规划、收购合并、税收/遗产规划及合规性、财务报告、融资、买卖协议、诉讼和评估复核。在组建德尔菲之前，在两家大型会计师事务所的估值部门担任高级职位。此外，曾服务于几个与估值相关的委员会，就各种相关的估值事宜发表过几篇文章，组织过无数的讲座，并为法院提供专家鉴定服务。

弗兰克 · C. 埃文斯（Frank C. Evans），宾夕法尼亚州匹兹堡埃文斯合伙估值顾问服务公司的创始人，美国企业评估师协会的核心人物。是高级认证评估师（ASA）和注册企业评估师（CBA），并持有企业

改变了把价值评估当作估值工具的流行做法。因为，作者意识到，无论对于企业所有者、管理者，还是投资者，准确地了解价值、价值的驱动因素及如何通过并购交易各个流程来提高价值，都绝对是必要的。而读完这本书，读者对创造价值的认识会快速从工具层面升华到企业层面和战略层面。

它是一部在思想和行动上专门帮助非上市公司提升价值培育能力的最佳指南。最近有数据统计显示，大约有3/4的美国并购案是涉及非上市企业的。这主要是由于这些企业的股票没有在各个州或者联邦注册，因此它们就无法在证券市场进行交易。正是由于缺乏这样的市场，估值人士通常会对资本方很少知道真实的现金回报等非上市公司特有的境况感到束手无策，所以为这一类企业的估值就显得更具挑战性。

为此，本书从非上市公司角度切入企业估值问题，围绕公司价值的收益性和期权性特征，全面分析主流的公司估值理论、估值方法原理及应用，探究非上市公司估值问题的实践解决途径。本书不仅为并购流程提供了绝佳的路线图，而且还为非上市公司的价值培育锁定了关键要素，是需要了解如何衡量和评估非上市企业价值的估值人士的必读之物。

该书在估值领域具有标志性。这首先体现在它融入了经济领域的最新变化，对无形资产估值方法进行了深入解读，帮助读者在潜移默化的过程中进一步辨识和理解公司的无形资产，给他们提供了“有形”和“无形”的帮助。其

估值类的注册会计师证书（CPA/ABV）。具有匹兹堡大学的经济学学士学位和MBA学位。提供的估值和咨询业务涵盖的领域有战略规划、并购和收购、税务规划、股东协议与纠纷以及诉讼支持。一直在讲授ASA、CBA和CPA/ABV认证课程，做过《企业估值实践》杂志的编辑工作，并在很多全国性会议上发表过演讲。设计和撰写了一个三天的讲座课程——“公司估值：实操事项”。代表美国管理协会，在整个北美和欧洲就该课程巡讲了150多次。和大卫·毕肖普合著了第1版的《并购估值》。

目　录

第1章　并购制胜
第2章　培育价值和计量投资回报率：非上市公司
第3章　竞争分析
第4章　并购市场和规划流程
第5章　衡量协同效益
第6章　退出规划
第7章　估值方法及其基本变量
第8章　收益法：利用回报率和回报确定价值
第9章　资本成本：准确估值的基本变量
第10章　加权平均的资本成本
第11章　市场法：运用类比公司和战略交易
第12章　资产估值法
第13章　通过溢价和折价调整价值
第14章　调适初始价值并确定最终价值
第15章　交易的艺术

次是用浅显易懂的语言设法诠释了金融市场中一个独一无二的难题——衡量和管理高科技创业企业，以使企业股东价值实现最大化。不同于处在发展阶段的公司与成熟公司，高科技创业企业没有传统的商业模式和业绩基准，所处的市场或行业是全新的，这样的不确定性更加增加了并购估值的难度。最后则是，随着对于所有者退出方式的不断增多，本书第二版与时俱进地对其做了相关介绍，阐述了非上市公司所有者面临的一种独有挑战：退出决策和退出规划流程。

第16章 企业并购和财务报告
第17章 无形资产估值
第18章 衡量和管理高科技创业企业的价值
第19章 跨境并购
第20章 并购估值：案例分析

在本书的最后，作者立足于实务，用一个综合案例对估值非上市公司做一个系统的解读，演示了每一种估值方法的应用。这样一个从真实交易改编而来的全面估值示例，提供了将书中所有知识融合在一起并加以灵活运用得好方法。作者通过这样的案例剖析模式，把所述理论和方法置于现实世界的情境，用以解读许多估值关键概念的具体应用，致力于为读者提供各种估值方法的详尽解读，让他们更加易于理解估值流程的每一个步骤，从而使公司估值理论与实践能够有机结合。

“克里斯·M. 梅林和弗兰克·C. 埃文斯的这本图书，内容丰富、行文流畅、通俗易懂，非常给力。本书不仅聚焦于价值创造、公司风险、竞争分析、协同效益、价值调整等关键点，而且，它还别出心裁地奉献了公司所有者退出规划的内容。这是企业所有者、高级经理人和并购顾问必看之书，是一部上乘之作。”企业成长协会原会长拉塞尔·罗布称赞道。

总而言之，该书为大家指出了一条非上市公司价值创造之路。通过领会价值创造的核心原理，思考如何将这些估值方法在当前这样飞速变化的市场中妥善运用，这本书能成为非上市企业并购征程中的可靠指南。

80.《估值：难点、解决方案及相关案例（原书第2版）》

企业估值“与噪音同在”，任何估值人士都知道，精确的估值是永远不存在的。而资本市场环境的纷繁复杂、金融制度的变迁、公司未来收益预期的不确定性及公司估值信息的不对称等，所有的这些更是成为企业估值路上的“拦路虎”，难倒了许多金融专业人士。而消弭难点，正是《估值：难点、解决方案及相关案例》这本书对自身的定位及其落脚点所在。十分值得庆幸的是，无论在什么样的市场经济条件下评估任何企业的价值，决定价值的基础是相同的，这奠定了本书得以展开论述的基础。

作为全球最受推崇的估值和财务专家，美国顶级商学院的教授，作者埃斯瓦斯·达莫达兰集丰富的知识、深邃的洞察力与精辟的分析于一身。他在书中介绍了核心的估值工具，包括现金流贴现估值法、相对估值法、实物期权估值法等估值方法，分析了当今的估值难点，然后系统地处理了公司生命周期各阶段所面临的估值挑战，接着转向了难以进行估值的那些公司，包括大宗商品类公司、周期性公司、金融服务类公司、依赖无形资产的公司及多元全化球公司。

迄今为止，他已经撰写了包括《达莫达兰之估值》《投资估值》《公司财务：理论与实践》和《应用公司财务：用户手册》等多本有关公司金融、公司估值和投资组合管理的书籍。而作者的此本著作，可谓是之前若干部经典的“实践版”，彼此间具有较好的互补性，同时该书的结构和内容也富有时代感——做到了与时俱进。编者相信埃斯瓦斯·达莫达兰结合当今金融市场现状所道出的真知灼见，能为各种类型以及处于生命周期各个阶段的公司，提供成熟的估值问题解决方案。

尽管估值基础和原理是一致的，但是，处在不同寿命周期的公司，其所面临的价值评估问题与挑战是有所差异的。在书中，作者将创业和年

图书基本信息

英文书名 The Dark Side of Valuation: Valuing Young, Distressed, and Complex Businesses

著　　者 埃斯瓦斯·达莫达兰（Aswath Damodaran）

译　　者 李必龙；李羿；郭海等

出版信息 北京：机械工业出版社，2013

页　　数 448 页

作者简介

埃斯瓦斯·达莫达兰（Aswath Damodaran），是纽约大学斯特恩商学院金融学教授，全球最受推崇的估值和财务专家。著有《达莫达兰之估值》《投资估值》《公司财务：理论与实践》《应用公司财务：用户手册》，新作《战略风险的担当》深入探讨了该如何看待风险和风险管理。曾七次获得斯特恩商学院的卓越教学奖，1994 年被《商业周刊》评为美国十大顶级商学院教授。

目　　录

第 1 章　估值的难点
第 2 章　内生性估值
第 3 章　概率估值：情景分析、决策树和模拟算法
第 4 章　相对估值
第 5 章　实物期权估值
第 6 章　摇晃的根基：无风险利率的“风险性”
第 7 章　风险投资：评估风险的价格
第 8 章　基本面举足轻重：实体经济
第 9 章　蹒跚学步：创业和年幼公司
第 10 章　攀升的新星：成长型公司
第 11 章　长大成形：成熟公司

幼公司、成长型公司、成熟公司及衰落的公司形象地描述成一个人从蹒跚学步、攀升的新星、长大成形到日薄西山的过程。

中国有句谚语“富不过三代”，南美有句讽喻“做生意的老子，花花公子的儿子，要饭的孙子”，这从侧面说明每个企业难逃生命周期的魔掌。而如同书中所言，估值参考的数据等问题都会随着企业所处阶段而发生变化。比如，不同于年幼公司面临的主要问题是能否闯过磨难成为盈利企业，衰落公司的关键问题在于它们能否挺过日益恶化的经营状况，于是它相应地要考虑的估值要素便是资产剥离、清偿及价值，而非潜在市场、利润率等。

第 12 章　日薄西山：衰落的公司
第 13 章　潮起潮落：周期性和大宗商品类公司
第 14 章　随行就市：金融服务公司
第 15 章　看不见的投资：具有大量无形资产的公司
第 16 章　波动性规则：新兴市场中的公司
第 17 章　章鱼：多元化全球公司
第 18 章　直击要旨：消弭难点

为此，本书分专章分析公司生命周期各阶段的特征及其面临的估值挑战，并在此基础上针对性地提出适用于该生命阶段的企业估值方法，为公司提出了具体且实用的估值指引。

此外，有这么一类公司，它们更加难以估值：大宗商品公司和周期性公司的利润受外部因素左右，使得对影响估值因素的预测变得十分困难；金融服务公司遇到的特有挑战及所受监管的变化会大大地影响价值的评估；公司资产性质及其会计准则的缺陷，给知识产权、人力资本、科技实力等公司无形资产的估值带来了极大的阻碍；多元化全球公司如同章鱼触角一般跨越众多业务领域且遍布全球各地，其各个国家或地区的现金流、风险及增长的特征差异较大，增加了估值的难度……

然而埃斯瓦斯·达莫达兰坚信，尽管对这类公司进行估值会遇到各种挑战，但估值的基础并没有改变。他知难而上，正面迎接挑战，在第一版的基础上对书籍内容进行了相应的彻底更新，把范围拓展到所有难以估值的公司，包括技术型、人力资本型、大宗商品型和周期性公司，涵盖了公司的整个生命周期，包括初创期、成长期、成熟期、衰落期。而本书毫无保留地呈现了作者的深刻见解——克服诱惑，避免采用不实用的简化估值方法，而是重新审视那些宏观估值要素，如无风险利率、风险溢价和其他宏观经济假设等。

不可避免的是，估值领域存在大量晦涩难懂的术语和复杂深奥的运算公式。但是作者尽可能地对其进行了直观的说明，他采用了大量公司的实际案例，手把手地教给读者企业估值的必要方法和技术，这成为企业估值类书籍中少见的一大特色。

通过案例深入剖析的模式，作者详细介绍各种估值方法，使公司估值的理论与实践能够有机结合。本书选取了不同行业的企业估值案例，案例既涵盖银行、保险公司等金融服务企业的估值，也包括石油、黄金等大宗类公司的估值。同时，每篇案例细致诠释了不同估值方法的具体运用，特别是每股价值、股本成本、再投资率等参数的求取，有助于读者在估值过程中把握对关键参数认识和理解。

尼古拉斯·斯密德林曾经说过，“估值是一切投资决策的灵魂”。换言之，估值已经不再是专门留待财务专家顾问做的工作，同时也是需要企业家、投资并购交易人士关注的实际问题。尽管本书在个别几处语句上的翻译不够准确和略显拗口，但是在版面设计上却能精心地辅以众多清晰简明的流程示意图，增强了书籍内容的可读性，也更加便于读者对书中精华知识的吸收。

此外，这本书所介绍的估值方法适用面非常广，相信会让广大读者受益匪浅，无论是企业家、公司管理者及并购专家顾问，抑或是证券分析师、风险投资者及个人投资者。

81.《估值的艺术：110 个解读案例》

当一个企业家准备出售其精心经营的企业时，其心里首先浮现的便会是“我的公司可以卖多少钱”。并购历史上大量的失败案例告诉我们，如果不能对企业估值定价有准确深入的研究和把握，那么并购这道坎可能会导致难以估量的损失。然而，只有极少数深谙估值技巧的人士懂得如何使之在公司财务报表分析和决策环节产生效用。

在《估值的艺术：110 个解读案例》一书中，有着优秀投资咨询业绩的作者尼古拉斯·斯密德林解析了 110 个知名公司的实际案例，包括可口可乐公司、苹果公司、星巴克公司等，将枯燥的估值方法和数据提升为一种艺术，使读者能够津津有味地品赏商业世界企业估值的必要知识和常用的工具技巧。

在投资过程中，只有以“低于企业价值的价格”投资，才能大大提升投资成功的概率。因此，正如作者在全书中向读者传达的一个理念——“估值是一切投资决策的灵魂”，正确为企业估值便成为投资最核心的内容。在本书中，作者以清晰的脉络和强大的逻辑思维，辅以浅显易懂的表述方式，向我们展示了企业估值的本质和技巧。透过本书，我们能轻松地习得估值的精髓，并从中总结出企业估值三大步骤。

第一步，剖析公司的财务报表。据了解，在美国99%的男人看《花花公子》杂志作为娱乐时，股神沃伦·巴菲特的娱乐方式却是看公司年报。他认为，每个公司的财报中都藏着一桶金，要靠投资者对其中的价值进行深入挖掘。然而，要想看懂企业财务报表并非易事，报表中大量晦涩难懂的概念术语、运算公式及财务分析成为初学者的拦路虎。

因此，作者有的放矢，这本书将帮助初学者循序渐进、轻松自如地掌握财务报表的相关基础知识，迅速捕获财务报表中对自己最有价值的信息。而对于财报中每一个关键概念，作者摒弃教科书般枯燥无味的介绍套路，而是采用实战案例解说这种简单易学的方式，将其化繁为简，例如书中引用了利洁时集团的利润表说明毛利率的计算法则，列举了家乐氏公司的现金流量表以展示自由现金流的运算公式等。

吃透这本书，企业及投资人士既能理解其中的重要概念，又能学会如何分析财务报表上的关键数据，从而利用这些财务信息做出正确决策，可谓一举多得。

图书基本信息

英文书名 The Art of Company Valuation and Financial Statement Analysis: A Value Investor's Guide with Reallife Case Studies

著　　者 尼古拉斯·斯密德林（Nicolas Schmidlin）

译　　者 李必龙

出版信息 北京：机械工业出版社，2015

页　　数 258页

作者简介

尼古拉斯·斯密德林（Nicolas Schmidlin），ProfitlichSchmidlinAG公司的创始人和首席执行官。尼古拉斯领导的这家公司是以估值驱动投资的顾问公司——旨在使基础风险最小化的同时，获得较高的绝对收益率。曾在法兰克福大学学习商业管理专业，随后在伦敦的卡斯顿商学院学习投资管理专业并以优秀成绩硕士毕业。此后，在伦敦和法兰克福成为机构客户的投资顾问，积累了更多的实践经验。

目　　录

第1章　引子
第2章　收益率和盈利能力的主要比率
第3章　财务稳定性比率
第4章　运营资本管理的比率
第5章　商业模式分析
第6章　利润分配政策
第7章　估值比率
第8章　公司估值
第9章　价值投资

第二步，分析企业的商业模式，从而抓住其盈利本质。正如本杰明·格雷厄姆所言：“在某种程度上，只有在企业定性调研的基础上，量化的数据才有使用价值。”的确如此，如果说企业的估值数据部分是硬币的一面，那么硬币的另一面则是由企业定性特征构成的商业模式。

从本质上而言，企业估值所依据的各种经营比率归根结底是由其商业模式所致。实际上，企业估值的艺术性，真正地体现在商业模式的分析上，因为这些定性特征无法精确界定，也不能量化。为此，作者将整本书的逻辑思路设定为将定量的事实和定性的特征有机地融为一体，并在第 5 章借助如 SWOT 行业分析、波士顿分析模型等各种分析工具，手把手地指导读者如何分析商业模式，其中所展示的一些分析图表更是能够激发读者的阅读兴趣。

第三步，找到企业估值工具，并能够正确地运用它。虽然乍一看目录，本书明确涉及公司估值工具的只有一个章节，但实际上，本书前面几章介绍了许多的估值比率及重要的财务指标，为第 8 章众多估值方法的运用奠定了一个坚实的基石。这些内容之间环环相扣，每个章节都是建立在前一个章节之上，使读者对企业的内在价值有一个完整的了解。

如今商业领域中关于公司估值的入门书籍汗牛充栋，要么过于专业而千人一面，要么相对浅显难见权威。初学者能够被激发兴趣轻松入门，从而活学活用企业估值中蕴含的专业财务知识和技能，并不是一件容易的事情，而这本恰如其分地填补了这个空白。对此书，Flossbach Von Storch AG 创始人伯特·斯洛斯巴斯称赞道：“对于长期投资所需的技能，尼古拉斯的书提供了翔实的内容。它既是初学者的指南，也内含老手的新知。”

总的来说，本书字数虽然不多，内容却极具价值，关于公司估值的全部思想都被一一展现，分析严密、清晰，而且充满智慧。这是一本理论与实践结合十分紧密的著作，尼古拉斯·斯密德林的真知灼见对涉猎估值的每个人都是不可或缺的，无论是金融专业人士、投资者，还是并购专家、创业家，都会从中获益匪浅。

82.《估值技术》

估值往往被视为并购重组活动难度最大的环节，估值难，难在其极富不确定性。

而能否克服不确定性带来的弊端，得出客观准确的估值结论，除了取决于评估人对于价值决定因素的理解程度，也有赖于对各种评估技巧的运用。因此，一本好的估值著作，应该既能讲透价值决定的理论，又能说明这些理论变通运用的多种技巧，包括某些关键的操作细节。编者很欣喜地看到，大卫·T. 拉勒比和贾森·A. 沃斯编写的《估值技术》一书很好地做到了这一点。

他们既提供理论，又提供理论与实践之间的桥梁。大卫·T. 拉勒比在资产管理行业担任证券投资组合经理和分析师20余年，而贾森·A. 沃斯所联合管理的戴维斯增值与收入基金取得了令人瞩目的业绩，两人长期活跃在企业估值和公司理财领域，在本书中致力于将估值的理论应用于实践。

站在巨人的肩膀上，读者能够看到更真、更高、更远的估值世界。作为CFA协会权威专家的两位作者编写了这本书，汇集了过去50多年中从格雷厄姆到埃斯瓦斯·达莫达兰等多位最精明、最成功投资家的深刻见解和估值专业技术，帮助读者学会像真正的投资大师一样思考估值问题。

“工欲善其事，必先利其器”，这本书演示了投资大师们所认同的大量估值工具，如收益和现金流分析等方法，是一本关于估值方法的合集。同时，本书用专章将传统的公司业绩衡量方法与近代更新的衡量方法进行比较，帮助作者在这些方法的优劣对比中理解这些工具的前沿发展，拨开当前最新一代估值技术的神秘

图书基本信息

英文书名 Valuation Techniques: Discounted Cash Flow, Earnings Quality, Measures of Value Added, and Real Options

著　　者 大卫·T. 拉勒比（David T. Larrabee）；贾森·A. 沃斯（Jason A. Voss）

译　　者 王晋忠等

出版信息 北京：机械工业出版社，2015

页　　数 435页

作者简介

大卫·T. 拉勒比（David T. Larrabee），获得CFA证书，是CFA协会会员和产品主管；证券投资组合管理与股权投资内容总监。在加入CFA协会之前，在资产管理行业担任证券投资组合经理和分析师20余年。已获得科尔盖特大学经济学学士学位及福德汉姆大学金融工商管理硕士学位。

贾森·A. 沃斯（Jason A. Voss），获得CFA，是CFA协会内容总监，研究领域为固定收益、行为金融以及公司金融。同时，是投资博客“我的直觉正告诉我”的博主。此前，曾担任戴维斯精选顾问公司证券投资组合经理，所联合管理的戴维斯增值与收入基金取得了令人瞩目的业绩。已获得美国科罗拉多大学经济学学士学位及金融与财务工商管理硕士学位。

目　　录

第一部分　估值观点：过去和现在
第1章　对普通股估值公式的两种阐述方法

面纱。

而贝尔特也曾说过："良好的方法能使我们更好地运用天赋的才能，而拙劣的方法则可能阻碍才能的发挥。"于是，面对着资本市场的实践诉求，作者在编选各项主要估值方法和步骤时，始终从理论依据和实践需要相结合的角度出发，帮助分析师巩固终其职业一生的立足之本——以简洁的和令人信服的方式对公司业绩进行估价的能力。通过《估值技术》一书，分析师不仅可以掌握估值的理论和技术，更重要的还可以借助其所能应用的方式，在今后估值分析实际工作中发现事实和揭露虚假，判别公司的真实情况。

第 2 章　寻找安全性和估值的边界

第二部分　估值方法

第 3 章　公司的业绩和增加值衡量

第 4 章　运用可支配股利法对股票进行估值

第 5 章　现金流贴现法在估值中的应用

第 6 章　股权价值分析的个案研究：默克公司

第 7 章　传统股票估值方法

第 8 章　简单估值模型和增长预期

第 9 章　Q 型竞争下的特许经营权估值

第 10 章　增值以及现金驱动估值模型

第 11 章　财务经济附加值法

第 12 章　选择恰当的估值方法（一）

第 13 章　选择恰当的估值方法（二）

第 14 章　流动性不足股票的估值方法

第三部分　收益和现金流分析

第 15 章　盈利的计量和披露对股票估值的影响

第 16 章　现金流分析及权益估值

第 17 章　会计估值：盈余质量的问题？

第 18 章　收益质量分析和权益估值

第 19 章　估值中"现金为王"？

第四部分　期权估值

第 20 章　员工股票期权和股权

第 21 章　拥有提前执行边界的员工股票期权

第五部分　实物期权估值

第 22 章　实物期权与投资估值

第 23 章　生物科技公司实物期权估值

本书十分具有创新精神的一点在于，对特殊估值情况展开了全面的讨论，比如实物期权、员工股票期权、高杠杆率公司等，从而帮助读者加深对估值领域未来创新发展脉络的理解。尤其是最后用专章针对当前很热门的生物科技领域公司的实物期权估值问题进行剖析，实用和警示意义很大，读者从中对企业估值问题有一个全新的观察视角。并且作者有针对性地采用了一些典型的案例加以说明，旨在向企业和估值人士传达，倘若忽略对最新形势和发展的关注，忘记了估值的原理和本质，后果将可能是灾难性的。

虽然任何一本论述估值的著作无一例外都涉及实际或虚拟的案例，但本书绝非一本普通的案例书，而是由作者精心挑选和收集了估值领域经典、代表性的真实案例。书中的案例立足实战，阐述简明，尤其是那些缺乏金融和经济学知识的读者，也能从本书通俗的事例和明了的图表中理解企业估值的原理及技术。因此，本书不仅是一本初学估值者的标准参考书，而且还是那些偶尔或经常进行估值的管理者的案头必备读物。

83.《企业并购价值评估从入门到精通（原书第2版）》

图书基本信息

英文书名 Valuation for Mergers and Acquisitions

著　　者 芭芭拉·S. 佩提特（Barbara S. Petitt）；肯尼斯·R. 费理斯（Kenneth R. Ferris）

译　　者 李淼

出版信息 北京：人民邮电出版社，2015

页　　数 210页

作者简介

芭芭拉·S. 佩提特（Barbara S. Petitt），博士、特许注册金融分析师（CFA）、CFA协会的理事、EMEA和课程计划的负责人。在股权估值、并购交易及公司重组等领域有十分深刻且独特的见解。之前还在美国的雷鸟国际管理学院、英国的伯恩茅斯大学和法国的里尔—尼斯高等商学院担任教职。在欧洲和北美地区从事公司咨询工作，现居于英国的普尔市。

肯尼斯·R. 费理斯（Kenneth R. Ferris），博士，主要从事中美地区中小型企业估值和并购咨询业务，在西北大学凯洛格商学院、美国南方卫理公会大学考克斯商学院、雷鸟国际管理学院、克莱尔蒙特研究生院德鲁克商学院以及美国亚利桑那州的凯瑞斯商学院担任教职。同时也是三家纽交所上市公司的高管。现居住于伯利兹城的珀拉

一项企业并购活动，不仅要考虑操作上的可行性，更为重要的是，注重经济上的合理性。

想要在并购中实现经济的合理性并非易事，此时，目标企业价值的确定则成为并购交易买卖双方最关心的问题。而企业的并购价值评估，追求的是一种“大概的对”，它包含大量主观判断因素在内，更多的时候依靠的是经验的指引。本书作者芭芭拉·S. 佩提特是特许注册金融分析师，在价值评估领域具有丰富的教学和实战经验；而另一位作者肯尼斯·R. 费理斯是纽约交易所多家上市公司的高管，对价值评估也有独到的见解。

在两位作者看来，企业并购价值评估并非一门科学，而是一门艺术。投资大师巴菲特也称之为“模糊的正确胜过精确的错误”。这本书融入了两位专业人士深刻的洞察力与丰富的经验，汇集了他们的浓缩精华，相信一定能够将并购交易的精髓和并购价值评估的艺术淋漓尽致地呈现给众多对并购估值问题感兴趣的读者。

本书形式和内容的构思十分别具一格，颇具创新特色。在编写排版上，它改变了过去教材编写注重模型推导的传统，强调模型蕴含的原理和运用过程，并通过每章开头“市场观察”小栏目的设置，提升读者对知识背景的了解及激发他们的阅读兴趣。在正式进入各章主

题的阐述之前，作者精心设计了几个与主题紧密相关的关键问题，旨在以问题为导向，引起读者的兴趣和思考，有助于他们对后面所介绍的估值方法及相关理论基础知识在认识上有进一步的升华。

什奇亚。

目　录

第1章　估值概论
第2章　财务回顾和预测性分析
第3章　传统估值方法
第4章　其他估值方法
第5章　估值分析中的会计困境
第6章　并购中的财务报告和税负考虑
第7章　一些最终思考

用最简单的工具，解决并购中最复杂的估值问题，这一做法是明智的。收入乘数法和公司自由现金流模型法，是在并购估值界占统治性地位的估值方法，本书用专章介绍这两种公司最常用的估值方法。与众不同的是，本书并非对这些估值工具的简单罗列，而是明确地指出各自在不同并购交易情形下的适用条件和利弊，并且比较各种估值方法的优劣。实际上，本书是一个价值评估的工具箱，演示出各种价值评估工具在并购中如何相互配合使用。

众所周知，并购领域涉及了大量非常复杂的会计、财务及税收问题，要对估值分析中的会计困境和并购中的财务税收考虑进行全面介绍和总结是极其困难的。因此，作者并非面面俱到，而是重点突出了并购交易参与者在使用并购估值框架过程中所需要解决的关键问题。比如，当地的会计标准是否要求合并财务报表？交易融资结构是怎样的？是否为100%控制股权？在当地会计标准下商誉的会计和税收准则是怎样的？

本书体系完整，采用了“操作步骤+实例演示+经验指引”模式进行价值评估的讲解。本书按照“理论、方法、应用”的逻辑主线，既阐述了企业并购价值评估的基本概念和基本理论，又介绍了其实务操作的基本程序与基本方法，同时还针对实务中出现的热点问题展开了进一步的探讨。在介绍各种传统估值方法和特殊估值方法时，既有简明易懂的操作步骤说明，也有精彩详细的实例演示，更有可贵的经验指引。作者希望通过这本书一步一步地指导读者们如何做好估值，揭开估值神秘的面纱，帮助他们在企业并购价值评估领域真正实现从入门到精通。

对这本书，伦敦商学院及剑桥大学商学院教授 Elroy Dimson 评价道：“两位作者告诉我们，在进行公司估值中需要计算哪些数据，用到哪些方法及每种方法的优缺点。以上各项内容使得本书具有高度的实操性，成为公司决策层、财务经理、估值分析师及专业投资人的优质指导性书籍。”

总的来说，本书所提供的一系列价值评估核心工具，并购交易人士可以把它们灵活地运用于实际估值工作当中，为公司并购的发展提供有力的决策支撑。

84. Commercial Due Diligence：The Key to Understanding Value in an Acquisition《商业尽职调查：了解收购价值的关键》

毫无疑问，尽职调查是每起并购交易必经的环节。企业为尽职调查活动的开展支付了一大笔费用，学者及实际工作者撰写了大量关于并购尽职调查的书籍和文章，然而为什么这些高见似乎没有发挥其实用价值，大多数企业还是落入并购失败的圈套？原因在于，大多数企业往往只把尽职调查的精力放在法律、财务、税务等方面的尽职调查，却忽略了评估企业业务前景的商业尽职调查这关键的一环。

彼特·豪森，一位具有25年以上实际战略分析和咨询经验的专家，撰写出《商业尽职调查：了解并购中价值的关键》一书，以一位实践者的眼光，从商业尽职调查的角度指出并购交易战略分析的处理要点，告诉您如何在公司战略的制订过程中应用这些理论，并理解什么在并购尽职调查实践中是有效的。为什么是商业尽职调查而非其他方面的尽职调查得以发掘和理解并购中价值的关键，对于这一困惑，作者在书中将用简洁平实的语言，向读者娓娓道来，让读者读完本书后有一种豁然开朗的感觉。

商业尽职调查着眼于战略。许多年前，股市大师沃伦·巴菲特曾得出一句投资结论：“长期投资高级企业比购买便宜但贫穷的企业更好”。这本著作便是告诉读者关于高级企业和贫困企业之间的差异，这也是为什么这本书是商业战略与市场分析研究的结合。

与其他类型的尽职调查相比，商业尽职调查分析了交易的战略理性，并全面评估了目标业务模式的可持续性。作者在书中指出，商业尽职调查并不涉及在哪里做广告以获得最佳的受众、哪些类型的分销商具有最佳的客户资料及销售人员如何定位潜在客户等战术问题，其核心领域通常在于使用战略分段的方法以了解适用于目标公司的市场结构和市场动态，而非运用操作分段方法来比较目标产品和营销策略的有效性。

爱因斯坦曾坦言："比起过去，我对未来更感兴趣，因为那是我打算度过余生的地方。"和爱因斯坦一样，商业尽职调查活动更关注的是未来，毕竟收购目标企业成为它的主人翁之后，它的发展水平很大程度上影响着整个企业的收益。虽说"以史为镜，可以知兴衰"，历史永远是最好的教科书，但是这在并购的尽职调查活动中并不尽然。法律、财务及环境等方面的尽职调查基本上是在回顾目标企业以往的情况，对于判断一项潜在收购能否取得成功而言，从这些方面的尽职调查活动中获取的评估信息只谈得上是冰山一角。而商业尽职调查主要评估目标公司的市场、与顾客的关系、竞争状况及战略方向，从中则能洞悉出一家公司未来的价值。为此，作者在书中把大量的篇幅放在面向未来的及极具前瞻性的调查分析技巧与方法上，这也便是商业尽职调查的操作重点。

商业尽职调查强调的是联系。一只蝴蝶扇一下翅膀，就可能会引起千万里外的暴风雨。在并购交易中同样是如此，包括市场、客户、竞争者及立法环境等在内的一系列企业外部因素可以影响市场的竞争状态，因此需要通过商业调查活动考虑其中可能对收购的未来价值产生影响的每一个因素。而大环境对企业产生重大影响的例子，更是不胜枚举。

英格·沃尔特曾说："人们需要认识到，不利的商业条件及其他不利的情况甚至可以对最佳构想的交易带来经济阴影。"这意味着，进行尽职调查不仅要考虑单个企业的具体表现，

图书基本信息

中文书名 《商业尽职调查：了解收购价值的关键》

著　　者 彼特·豪森（Peter Howson）

出版信息 Gower，2016

页　　数 416 页

作者简介

彼特·豪森（Peter Howson），是 AMR 国际的董事，是伦敦一名高水平的商业尽职调查专家。在工业领域有超过 25 年的并购及企业发展咨询经验，参与了制造业和服务业各种市场中大量的国内和跨国收购及私募股权投资。并且，常常在并购及尽职调查主题的各种会议上担任发言人。

目　　录

第一部分　概论
第 1 章　什么是商业尽职调查？
第 2 章　商业尽职调查入门
第二部分　技巧分析
第 3 章　目标公司所处的市场
第 4 章　行业吸引力
第 5 章　目标公司的客户
第 6 章　竞争力
第 7 章　竞争对手分析
第 8 章　新的现实
第 9 章　在新环境下的商业尽职调查
第 10 章　评估管理层
第 11 章　使用评估结果
第三部分　数据收集与呈现
第 12 章　策划与安排
第 13 章　调查采访
第 14 章　撰写报告

而且还要考虑企业运行所处的整个行业和经济大背景。

在作者看来，任何寻求进行收购的企业，都需要了解目标企业在市场的预期状况及其在特定行业内的竞争力。如果不了解企业所处行业的特质及具体表现，就不可能得出准确的估值，企业也很可能会因并购决策而陷入危险的境地。

此外，本书的另一大亮点在于，书中详细全面地介绍了如何运用SWOT分析法对目标企业所处的情景进行系统及准确的分析。在商业尽职调查中，运用这一方法能有效掌握目标企业的竞争优势、劣势、机会、威胁等情况，将公司的战略与公司内部资源、外部环境有机地结合起来，从而根据研究结果判断出并购该目标公司的决策是否符合企业的整体经营发展战略。当然，这一分析方法也有不少弊端，作者在书中毫不避讳地指出其在商业尽职调查实践中容易产生的具体问题。

总的来说，这是一本角度新颖、立足实务、价值重大的并购尽职调查著作。它汇集了作者在商业尽职调查领域积累的大量经验，囊括了商业尽职调查的众多分析方法和技巧，相信站在巨人的肩膀上眺望成功，企业们能与成功更近，并在未来并购的征程中走得更轻松、更踏实。

85. Due Diligence：Planning，Questions，Issues《尽职调查：规划与问题》

图书基本信息

中文书名 《尽职调查：规划与问题》

著　　者 戈登·宾（Gordon Bing）

出版信息 Praeger Publishers，2008

页　　数 224页

作者简介

戈登·宾（Gordon Bing），是一位美国休斯敦的独立顾问，多年来专注于各行各业交易额达数百万美元的收购与兼并活动。此外，曾出版了许多著作，包括《企业剥离》

近年来关于并购的书籍可谓汗牛充栋，却少有系统介绍并购尽职调查的实务指引类书籍。幸运的是，作者戈登·宾从过去三十多年帮助企业收购或出售相关资产的并购实务经验中提炼而成的《尽职调查：规划与问题》一书，全面系统地描述了尽职调查过程中所需使用的技巧、审查的文件及实务中的疑难问题等内容，完美呈现了并购尽职调查的战略性和战术性，并揭开了尽职调查活动的神秘面纱。

不同于大多数中文并购书籍对尽职调查的

阐述，本书并非沿着尽职调查的定义、作用、种类及原则等内容的陈旧套路展开，而是摒弃了教科书式的编排方式，以系统的方法详细剖析了整个尽职调查活动的实施，包括哪些是你需要调查的内容、如何确定你所需要调查的信息及如何有效获取和高效利用得到这些海量的尽职调查材料并通过相关的分析手段得出或发现尽职调查标的结论或风险等，清晰地向读者展示了当打算购买或者投资一家企业时如何一步一步地调查该企业。

这本书并不是一本介绍企业并购中尽职调查环节枯燥的理论书籍，而是一本立足实务、力求为并购投资领域的专业人士提供尽职调查实战指导的案头手册。纵观本书，作者以平实的语言深入浅出地阐述并购交易中尽职调查的复杂原理。此外，本书还具有以下三方面的特色。

第一，几乎涵盖了任何一项尽职调查活动中可能需要调查的各种事项。尽职调查的每一项内容都会对整个并购项目产生直接影响，甚至决定其成功与失败。正是出于这个目的，本书在前几章向读者介绍尽职调查的基本信息后，随后分为四十多个专章全面系统地探讨了一个典型目标企业可能需要核查的各种事项，包括所有权、管理、营销、会计、产品服务、文化等内容。这样一来，收购方可以在作者的专业知识基础上调整他们的问题资料清单及审查的文件清单，以保证这些尽职调查工具更适合特定的并购交易情形。

第二，以问题为导向详尽地列举了尽职调

《企业并购》《尽职调查技巧和分析》（Quorum，1996）及《选择你的老板》（Butterworth Heinemann，2006）。

目　录

第 1 章　入门：基本信息
第 2 章　初步关键信息
第 3 章　早期关键问题及警示
第 4 章　所有权与资本结构
第 5 章　董事与治理
第 6 章　管理
第 7 章　产品与服务
第 8 章　研发与技术
第 9 章　市场与客户
第 10 章　竞争
第 11 章　营销、销售与分销
第 12 章　定价
第 13 章　广告
第 14 章　公众关系及投资者关系
第 15 章　制造
第 16 章　采购与外包
第 17 章　人力资源与劳工
第 18 章　联盟问题
第 19 章　员工薪酬与福利
第 20 章　退休计划、养老金计划与员工持股计划
第 21 章　企业文化
第 22 章　法律与监管问题
第 23 章　政府事务、游说与政策
第 24 章　信息系统
第 25 章　互联网
第 26 章　预算
第 27 章　规划
第 28 章　保险与担保
第 29 章　环境与安全问题
第 30 章　债务、银行与金融机构
第 31 章　投资、对冲与衍生品

查材料审查过程中可能产生的各种问题。作者通过提问的形式为收购方指出了许多目标公司潜在的问题，引发读者的思考，为从事尽职调查活动的专业人士提供了现成的参考，从实务中的问题出发，使读者在书本的描述和其手头并购交易的现实情况间不断穿梭，直至问题的解决。

第三，本书还强调了一些常见的导致尽职调查不成功或者达不到目的的因素，特别是并购交易决策者的因素，如傲慢、过于相信目标公司的说法等，使得读者对这些问题时刻保持警惕。同时，只有详尽的、战略与战术并行的、以问题为导向的尽职调查才能全面了解并购标的的价值与风险，也才能够快速抓住机会帮助企业获得交易的成功。

第 32 章　现金及其管理
第 33 章　一般会计问题
第 34 章　会计政策
第 35 章　应收账款与票据
第 36 章　税务
第 37 章　库存
第 38 章　固定资产及其他资产
第 39 章　负债
第 40 章　销售成本与毛利
第 41 章　销售、综合及管理费用
第 42 章　收入确认与积压
第 43 章　公司内部交易
第 44 章　房地产
第 45 章　投资问题
第 46 章　资产负债表外事项
第 47 章　除外资产及负债
第 48 章　财务比率及变化趋势
第 49 章　警示标志
第 50 章　重大不当行为

当然，本书也并非十全十美，比如在内容上没有介绍一些尽职调查重要法律文书的撰写技巧，在形式上缺乏一些实务案例和数据来帮助理解书中所阐述的原理。

总体而言，无论读者是经验丰富还是初出茅庐的决策者或者参与尽职调查活动的顾问，都会从《尽职调查：规划与问题》关于尽职调查的深刻洞察及见解中获益匪浅。正如英国汇丰银行的业务发展总监贝斯伯勒伯爵所说的，“这是一本值得拥有的尽职调查宝典”。

86. Due Diligence：The Critical Stage in Mergers and Acquisitions《尽职调查：并购的关键阶段》

如果把并购领域当作一场交易双方博弈的战场，那么并购中的尽职调查活动无疑发挥着与情报收集相类似的重要作用。然而在实践中，尽职调查在并购中发挥的作用，并非为大家所完全正确地理解和运用。因为现在很多人，包括一些专业人士传统地认为尽职调查活动主要是找到目标企业历史上存在的法律和财务漏洞，借此降低买方并购交易的成本，而不是像情报工作一样指引甚至决定并购交易的走向。

幸运的是，彼得·豪森所写的《尽职调查：并购的关键阶段》一书，作为一本并购交易尽职调查的指南及手册，为尽职调查在并购交易中的实际地位这一问题正本清源，并在传达新的尽职调查理念和实操经验之上，构建了一套全新的尽职调查体系。作为伦敦一名顶级的尽职调查专家，作者彼得·豪森在企业并购发展领域拥有20多年的尽职调查经验，同时，在担任多家全球公司顾问的期间积攒了丰富的行业并购咨询经验，因此可以说他在并购尽职调查这一领域是十分有发言权的。

尽职调查的目的仅仅是为了找到一切能够压低并购交易价格的手段，从而降低所应支付的并购成本吗？在本书作者看来，这种看法未免过于鼠目寸光、目光短浅了。于是，作者凭借其丰富的并购经验，一针见血地指出，尽职调查应当具有前瞻性和综合性，同时还要贯穿整个并购交易流程。为此，作者援引了四大会计师事务所之一毕马威的调查结果加以论证，“如果把尽职调查仅仅作为并购交易的一个阶段，其对并购交易成功的影响将低于战略制订、整合计划及企业团队等因素。”因此，要促成一起成功的并购交易，尽职调查活动的开展则必须以评估交易的未来前景及如何实现并购交易理想结果为最终目的。可见，本书将尽职调查活动置于整个并购交易的战略高度。

成功者，往往高瞻远瞩又脚踏实地。作者

图书基本信息

中文书名 《尽职调查：并购的关键阶段》

著　　者 彼得·豪森（Peter Howson）

出版信息 Gower Pub Co.，2003

页　　数 304页

作者简介

彼得·豪森（Peter Howson），AMR International公司的董事之一，是伦敦领先的商业尽职调查专家。拥有20多年并购和产业发展经验。在Barings公司处理金融方面的业务，专注于制造业的国内和跨境交易。同时是TI公司的一员，在该公司积攒了丰富的行业并购经验。TI公司曾通过75次收购和处置，从一家英国商品供应商发展成为专业的全球工程公司。还担任英国钢铁公司和T&N公司的高级财务与并购顾问。

目　　录

第1章　简介
第2章　尽职调查的架构
第3章　与顾问一起
第4章　财务尽职调查
第5章　法律尽职调查
第6章　商业尽职调查
第7章　人力资源尽职调查
第8章　管理尽职调查
第9章　社保尽职调查
第10章　税务尽职调查
第11章　环境尽职调查
第12章　IT及产品技术尽职调查
第13章　技术尽职调查
第14章　知识产权尽职调查
第15章　反垄断尽职调查
第16章　保险及风险管理尽职调查

为并购交易的尽职调查奠定了战略基础之后，并没有忘记本书是一本尽职调查的指南手册。于是，在纵观并购交易全局的基础上，作者突破了尽职调查的传统理念，详尽深入地介绍从财务、法律、商业尽职调查到环境、知识产权等尽职调查各个方面的操作细节。作为这样一本独特的综合指南，这本书为读者呈现了非常透彻和清晰的指导。

和其他大多数论述并购交易尽职调查的著述不同，本书并非只着重分析和强调如何进行法律尽职调查和财务尽职调查，而是在分析并购交易整个流程的核心之后，重新构建了作者自己的尽职调查框架。在这个框架中，不仅包含了法律和财务尽职调查、分析并购标的行业的商业尽职调查、关注团队效率的人力资源及企业文化尽职调查，还包括税务、IT、反垄断等方面的尽职调查。这一框架看似包罗万象，但是本书始终贯穿着并购交易发展顺序的合理逻辑。在这一逻辑背后，作者还会耐心地告诉读者，每一部分尽职调查活动所应关注的清单，并理顺清单之间各项问题的联系及尽职调查的手段，使得本书非常具有指导性和可操作性。

“不谋全局者，不足谋一域；不谋万世者，不足谋一时。”而非常值得称赞的是，作者在本书中能够做到“高屋建瓴巧立意”，指出尽职调查活动在并购交易中应当是指导并交易者“向前看”，并使后者具有全局性和前瞻性的眼光。因此，对于那些抱怨尽职调查只不过是花费大量时间和金钱请人换个方式讲一遍已知信息的并购交易人士，或者刚从事并购交易而对尽职调查不知从何入手的朋友而言，阅读本书正合适不过。

87. Due Diligence and the Business Transaction：Getting a Deal Done《尽职调查与商业交易：达成交易》

正如我们购买任何一件东西都是希望实现物有所值一样，并购或其他类商业交易也是为了使其花费能够尽可能最大实现价值，而尽职调查能够在其中发挥重要的作用。如果读者对尽职调查实务感兴趣，不妨读一读这本由专职律师杰弗里 · W. 伯克曼撰写的《尽职调查与商业交易：达成交易》，其简明扼要的文字定能够为你带来有效的指引。

本书的作者杰弗里 · W. 伯克曼律师在公司法律咨询方面具有十分丰富的

经验，同时也实施过多项尽职调查工作。本书是他在一线工作的实务经验总结，具有非常强的实务性。作者想要借此书告诉读者如何在实务中开展一项尽职调查活动：要寻找哪些信息？如何发现那些卖方不想被发现的潜在风险？此外，书中还向读者解释了尽职调查结果是如何对交易条款产生重大影响的，因此本书的内容非常全面系统。这本书除了实务性突出以外，还有以下几项特点。

第一，丰富有趣，通俗易懂。本书并没有使用晦涩难懂的理论知识和复杂的财务数据，而是选用非常通俗易懂的语言。作者本着为读者提供实务指引的理念写作本书，比如对“尽职调查”所做的定义，并没有像字典或是其他人那样做出复杂的解释，而是另辟蹊径，简单直接，直击尽职调查的核心——“如果你还没有对目标公司实施合适的尽职调查，那就一定不要进行一项与此有关的交易”。

第二，条理清晰，简明有效。作者作为一名具备丰富实务经验的专职律师，对法律服务行业的核心精神烂若披掌。法律人需要尽可能地使用最精练的语言令客户了解情况，作者对这种精神的阐释也体现在本书的篇章体例安排上：书中对每一项问题的讲解都不会轻易使用大段文字而令读者望而却步，而是区分为许多小项，条条项项，一目了然，解决了亟须尽职调查实务指引的从业者的需求，能够为实务工作者带来有效的指引。

第三，有点有面，点面结合。为了突出本书的实务性，作者对相关问题的讲解会力图深

图书基本信息

中文书名 《尽职调查与商业交易：达成交易》

著　　者 杰弗里 · W. 伯克曼（Jeffrey W. Berkman）

出版信息 Apress，2013

页　　数 292 页

作者简介

杰弗里 · W. 伯克曼（Jeffrey W. Berkman），伯克曼律师事务所创始人，为公司或投资者提供以下专业法律服务：国内或跨境的商业贸易、风险资本、私募股权、担保融资及其他在美国、亚洲以及欧洲的咨询业务。他还为企业设立、小型或新兴型企业问题、合伙关系事宜以及分销、雇佣等商业合同的起草和咨询问题提供法律支持，此外，他也为其他一些商业或企业法律问题提供咨询服务。他是美国卡麦克院线的董事，同时还兼任其他许多美国或亚洲私人公司的董事。

目　　录

前言
第 1 章　简介
第 2 章　什么是尽职调查？
第 3 章　尽职调查清单
第 4 章　量体裁衣——根据具体情况实施尽职调查
第 5 章　扼杀交易的重大法律问题
第 6 章　尽职调查是否创造了改善交易条款的机会
第 7 章　运用尽职调查原则：特许经营权购买
第 8 章　解决问题
第 9 章　尽职调查程序及实务考虑

入到细节，但正如盲人摸象，只能各执一端一样，仅关注细节而忽视了整体一定不能造就一部价值功能全面的著作。作者注意到了这一点，在讲解尽职调查实务操作细节的同时，也从尽职调查的宏观层面和整体流程上进行了把控。因此，并不像其他一些含金量虽高，但重点不突出的著作，本书这种细节与整体兼顾的学习方法能够为从业者的实务工作带来很大的帮助。

附录 A　KMF 有限责任公司的尽职调查计划
附录 B　KMF 有限责任公司的尽职调查清单
附录 C　Overlook 股份有限公司的尽职调查清单
附录 D　ABB 股份有限公司的尽职调查清单

第四，由浅入深，层层递进。为了能够更好地满足并购初学者的需求，本书首先介绍了什么是尽职调查，然后讲解了如何实施尽职调查，最后点明了尽职调查的结果对交易条款产生的影响。内容从基础一步步进阶，循序渐进，步入尽职调查的核心领域，带领读者一步步认识和了解商业尽职调查。

除了以上提及的特点以外，本书对案例的利用也非常值得称道。为了使读者更加直观地感受尽职调查的实务工作和状况，作者虚拟了 Jack 购买 ABB 公司的案例，并贯穿全书始终。通过 Jack 与其聘请的律师之间的对话，我们认识到了尽职调查的精神和重要意义；通过本书附录提供的“针对 ABB 股份有限公司的尽职调查清单”，我们也了解了如何根据交易的具体情况确定最终的调查方案。此外，从买方与律师的对话中，读者也可以学习如何与客户进行沟通和交流。与客户打交道是一门大学问，需要在实务中不断摸索和改善，本书则为读者提供了一个学习窗口。

其实生活中的“尽职调查”无处不在，商业中的尽职调查也并非仅限于收购一家公司的情况。当实施一项借款交易、与他人合资、购买地产或特许经销权时都要进行尽职调查，它是大多数商业交易中非常基础的一个方面。作者手握商业尽职调查的一手资料，并借此书传递给广大读者。本书条理清晰且实务性突出，对商业尽职调查感兴趣的读者一定不要错过它。

88. Due Diligence for Global Deal Making《全球交易尽职调查》

近年来，许多大大小小的企业都开始发起跨国并购交易，包括兼并、合资、战略联盟、私募等各种形式。相比于国内并购交易，全球并购交易掺杂着更多的不确定性和复杂性，也面临着更多外部环境的挑战。此时，开展有针对性的尽职调查比以往任何时候都更为关键，对交易的完成及交易价值的发现起着不可替代的作用。基于上述背景，这本被业界誉为“尽职调查圣经”的《全球交易尽职调查》，将为那些从事跨国并购交易的企业高管、专家顾问等人士提供有益的参考，以帮助他们避免灾难性的错误，提高交易成功的概率。

欧美并购市场上流行着一句话：“Deal making is glamorous；due diligence is not。”这句简单的话语解释了为什么这么多的企业进行了大量的收购却少有真正能够创造价值的。在实践中，尽职调查往往被当作一项审查目标企业财务报表等资料的枯燥任务，从事该项活动的人员却很少从交易的战略逻辑角度出发进行客观的审查和分析。

这本书在第2章开创性地提出了一个新颖的思路——战略先行于尽职调查，详细阐述了收购方对目标公司的调查应该如何围绕“四个C”展开，分别是Customers（客户）、Competitors（竞争对手）、Cost（成本）、Capabilities（能力），强调从这几个方面系统地对企业的收购战略进行检视。据了解，大企业常常会聘请大型团队及花费大量的时间和精力进行尽职调查，然而事实上，一旦企业高层管理人员与目标企业初步确定了合作意向，达成交易的势头基本上无法阻挡了。

与众不同的是，作者在该章中告诫读者要保持清醒的头脑，当在尽调过程中发现目标企业与交易战略不相契合甚至是冲突的问题时，应该果断地脱离交易，而不是一味地说服目标企业做出妥协和让步。

图书基本信息

中文书名 《全球交易尽职调查》

著　　者 亚瑟·H. 罗森布鲁姆（Arthur H. Rosenbloom）

出版信息 Bloomberg Press，2010

页　　数 343页

作者简介

亚瑟·H. 罗森布鲁姆（Arthur H. Rosenbloom），是美国CFC金融集团有限公司的总经理及帕克里科夫投资有限公司的前董事长。所撰写的投资银行业务方面的杰作曾刊登在《福布斯》《商业周刊》《哈佛商业评论》及《国家法律杂志》上。既是纽约大学斯特恩研究生商学院及法学院的金融学副教授，同时也是纽约公民预算委员会的理事、竞争委员会的会员、美国仲裁协会的仲裁员及纽约证券交易所的成员。

目　　录

第1章　全球经济中的尽职调查
第2章　战略尽职调查
第3章　业务尽职调查
第4章　财务与会计尽职调查
第5章　法律尽职调查
第6章　税务尽职调查
第7章　人员与组织尽职调查
第8章　尽职调查的调查技巧及诀窍

诚然，企业并购是一条布满荆棘之路，各种统计数据早已说明跨国并购的成功率非常之低。很多全球交易没能满足当事方的期望，罪魁祸首则在于不充分的尽职调查。这本书在随后的章节中运用6组不同的镜头分别探视目标企业各个方面的情况，包括业务、财务、会计、法律、税务、组织。作者在这些章节中还穿插了一些模拟案例以告诫读者在尽职调查实务中可能出现差错的地方，叙述条理清晰，内容翔实可读，具有很强的实用性。而且，在每章的结尾，作者列出了一系列与尽职调查主题相关的图表和清单，帮助实务人士更快地找到这些信息，并将所收集到的信息融入并购交易的整个过程，堪称是同类书籍中最富有启发性和综合性的读物之一。

这本书另一引人注目的地方在于，附录部分通过回顾9.11恐怖主义袭击事件，释明了恐怖主义活动及战争对企业跨国并购交易或是交易合同的不可抗力条款等可能产生的不利影响，十分发人深省。此外，随着生物科技、软件、通信等新兴科技领域的并购交易量不断激增，这类知识产权驱动型的交易对进行尽职调查的专业顾问们提出了更高的要求，恰好这本书能够为他们提供有关这方面的专家分析和见解，有助于促成这类复杂的全球并购交易。

总体而言，这本书汇集了众多经验丰富的尽职调查从业者的智慧，除了能够为您提供一个有效尽职调查活动所需的所有工具，还超越了尽职调查活动本身，关注整个企业的战略及长远目标，正如纽约福特汉姆大学的一名教授所言：“这是一本具有重要战略意义的书籍。”

89. Financial Institutions, Valuations, Mergers and Acquisitions《金融机构、估值、兼并与收购》

近来《经济学人》杂志以金融危机“十周年”为主题，推出了一期“特别报道”，其中特别提到了近年迅速发展的“大数据”经济对资本市场的影响。这本向来以专业、严肃著称的杂志，大呼“数据”经济的到来。其认为，随着互联网科技发展呈现爆炸式增长的“数据”，将会像十九、二十世纪的石油一样，成为未来社会经济发展的动力“原料”。这一经济发展根本动力的转换，毫无疑问将会对传统的社会、经济制度，包括反垄断及企业兼并收购估值等带来挑战。

但是，面对挑战，我们应该全面系统地梳理现有的相关制度、理论和实践体系，使其焕发出新的力量。美国著名会计学教授Z. 瑞扎伊的力作《金融机构、估值、兼并与收购》一书就是这样一本系统、全面地介绍兼并收购估值核心逻辑框架的著作。

列宁曾经说过："思维从具体的东西上升到抽象的东西时，不是离开——如果他是正确的——真理，而是接近真理。"相比于其他只是详细介绍各种估值方法的书籍，本书在论述企业兼并收购的估值问题时，先从抽象到一般，对整个企业并购估值方法体系进行了抽象总结，充分分析了并购估值的基本原则、方法，并为读者搭建了并购估值的框架模型。马克思的伟大著作《资本论》告诉我们，抽象思维能力对于实践有非常重要的价值。因此，在作者看来，只有熟练掌握估值的本质，对估值的基本理论有深刻的了解，才能在并购交易实践中自如地运用估值方法。

康德在《纯粹理性批判》中写道："思想无内容则空，直观无概念则盲。"而本书展现了作者深刻的"批判精神"。本书作者的批判性主要基于其多年的从业经验，内容上体现了作者对相关估值理论基础的经验总结。

本书也阐述了传统的一些估值理论、方法和观点，但是作者更进一步，以企业兼并收购公允价值为基础，从买方和卖方不同的角度，对相关估值理论、方法和观点进行了批判性的分析。在本书中，这种批判性的分析主要针对那些过于被人依赖的、精确的数学估值模型。

图书基本信息

中文书名 《金融机构、估值、兼并与收购》

著　　者 Z. 瑞扎伊（Zabihollah Rezaee）

出版信息 Wiley，Second Edition，2001

页　　数 456页

作者简介

Z. 瑞扎伊（Zabihollah Rezaee），孟菲斯大学汤姆森－希尔会计学杰出讲座教授，注册会计师（CPA），注册舞弊审核师（CFE），注册管理会计师（CMA），注册内部审计师（CIA）和注册政府财务经理（CGFM），曾为上市公司会计监督委员会（PCAOB）常设咨询小组，PCAOB财务报告舞弊项目综合小组成员。在各类杂志上发表160多篇论文，并写有多部著作。

目　　录

前言

基础：金融机构、估值、兼并、收购、监管与会计环境

1. 金融机构概论
2. 估值程序概要
3. 兼并与收购概要
4. 监管环境与金融机构财务报告流程
5. 估值基础：概念、标准与技术
6. 价值、估值：概念基础
7. 测算价值的方法
8. 税务及会计用途估值
9. 无形资产估值

金融机构评估

1. 银行与银行控制公司财务分析

估值的主观因素，就像马克思论述的价值一样，非常难以建模量化。因此，作者认为，对这些估值的主观因素，必须通过严谨的尽职调查和对企业团队和客户的访谈，才能予以确定化。

本书的另一大亮点在于其论述内容的“延展性”，作者对估值基本理论和方法的阐述和批判可以突破时间和社会经济发展的局限。在如今新的“数据经济”时代，海量的数据及其应用所带来的问题是，如何对这些“数据”进行估值。

2. 内部评估
3. 外部环境评估

并购估值

1. 银行并购流程
2. 企业并购会计准则
3. 银行作为企业的价值评估
4. 银行有形资产评估
5. 作为一种特殊类型的核心存款无形资产评估
6. 金融衍生工具
7. 现实世界银行估值的困境

《经济学人》杂志总结道，由于数据的非可替代性、非竞争性及不存在交易市场等问题，给数据的定价带来了很多挑战。但另一方面则是，包括谷歌、脸书及亚马逊等在内的互联网巨头，不断为了获取某一领域的“数据”进行大肆地收购，比如英特尔以 153 亿美元收购 moblieye，IBM 以 20 亿美元收购气象数据公司等。这些收购又无不意味着，“数据”在新经济时代将会变得和其他核心资产一样，为企业带来巨大的价值。

在本书作者看来，无论对于有形资产还是无形资产，抑或是随着时代出现的新资产形式，只要结合估值方法的本质和估值对象对企业价值或现金流的影响，则在并购交易中对其进行估值并非难事。

当然，本书除了上述亮点之外，也采用了案例分析、示例文本等多种方法对本书的相关观点进行阐释。虽然本书并非以案例分析为主，但是仍不失实用性和参考价值，特别是本书作者作为会计学教授同时对法律也相当精通，因此本书适合希望学习并购估值的本科生、研究生、MBA 及公司从事并购交易的专业人士或研究人员使用。

90. Value in Due Diligence：Contemporary Strategies for Merger and Acquisition Success《尽职调查中的价值：当代并购成功战略》

《经济学人》信息部近期一项对中国并购近况的调查显示，目标企业缺乏透明度是实施并购的主要障碍；同样，对尽职调查工作而言，存在的主要障碍在于目标企业的信息不完整、不准确及未披露债务实际情况。

在实践中，尽职调查似乎已经成为中国企业并购交易中流于形式的一环。殊不知，开展充分完备的尽职调查活动是降低双方交易成本、提升交易成功概率最有效的方法。尽职调查的价值究竟何在？它真的值得并购交易人士花费大量的时间、精力与成本吗？《尽职调查中的价值：当代并购成功战略》一书将用最平实的语言，娓娓道来，为读者揭开尽职调查神秘的面纱。

相比于介绍并购尽职调查的其他著作，这本书在很大程度上摒弃了对财务、法律、业务等传统尽职调查层面的阐述，独辟蹊径地提出要对公司的战略、文化及人力资源方面展开尽职调查。它致力于成为一本指导并购取得成功的务实性尽职调查指南，而非那种枯燥、烦琐和不实用的理论。这本书不同的章节，分别由来自全球不同国家的著名学者撰写，汇集了他们的全球视野及各自对并购尽职调查问题的独特见解。尽管如此，章节的编排仍然能够以一种与并购交易步骤一致的顺序呈现给读者，非常有助于读者的理解。

尽职调查犹如一根纽带，贯穿整个并购交易过程。一般而言，并购交易可以划分为战略制订、目标识别、调查、估值、交易谈判、并购整合6个阶段。这些阶段之间联系密切、环环相扣。这本书循序渐进地阐述了尽职调查对各个交易阶段的宝贵价值及其不可替代的作用，其中涉及了当代大多数确保并购成功的相关战

图书基本信息

中文书名 《尽职调查中的价值：当代并购成功战略》

著　　者 罗纳德·格莱希（Ronald Gleich）；戈尔达纳·基兰斯（Gordana Kierans）；托马斯·哈塞尔巴赫（Thomas Hasselbach）

出版信息 Gower Publishing Limited，2010

页　　数 216页

作者简介

罗纳德·格莱希（Ronald Gleich），于1991年在德国斯图尔特大学会计系开始了他的学术生涯。在做学术研究的期间，担任一家国际咨询公司的顾问，积极参加私营部门的活动，并帮助了许多跨国公司克服了大量的会计挑战。2003年，被EBS商业学校聘为产业管理系的教授。如今，是一家革新与创业机构的行政负责人。

戈尔达纳·基兰斯（Gordana Kierans），获得了德国卡塞尔大学工商管理的博士学位。2001年完成了大学的学习任务后，继续在不同的商业学校对管理领域进行深入的学术研究，与此同时也为大量的中小型企业提供专业咨询。

托马斯·哈塞尔巴赫（Thomas Hasselbach），于1995年结束了在德国约翰内斯．谷登堡大学的学习生活，随后在一家总部在德国美因茨的咨询公司——InterCom集团开始了职业生涯。2003年，开创了自己的事业，帮助诸如保时捷等公司解决市场营销及公司战略等问题。

略，为企业通过并购实现增长提供了清晰的线路图。

高管们常常把尽职调查当作一次性完成的功夫，实践经验却表明实则不然。这本书着重强调尽职调查不仅必须开展，且须反复进行。更为重要的是，调查应该尽可能地深入细节，随着交易的推进涉及更多不同层次的人，并贯穿到每一个交易阶段。在并购交易的各个阶段开展尽职调查活动，从中发掘战略风险、文化风险及人力资源风险，对取得并购成功而言至为关键。为了对这些阶段进行深入的评估，作者突破了常规思维的桎梏，从根本上对传统的尽职调查进行重构和解读，除了重新定义尽职调查包括哪些方面，还详细定义了如何进行尽职调查以及谁需要参与尽职调查。

另一夺人眼球的一点是，本书分了三个专章介绍如何对市场营销、IT及创新能力这三个与公司价值紧密联系的方面进行尽职调查。近年来的金融危机已经将最近几年的许多并购交易推到风口浪尖。然而，许多并购交易没能为股东创造真正的价值，并且其他许多交易也只是获得一点微不足道的成功。尽管不大可能去准确评估并购失败多大程度上归因于尽职调查规划与执行的不充分，但这些交易的失败已经对传统的尽职调查活动提出了大量的难题：尽职调查的方法、广度及有效性。

目　录

第一部分　战略发展与目标识别
第1章　对战略匹配与融合问题的尽职调查：并购成功的焦点所在
第2章　最大化并购控制的影响：尽职调查与公司价值的联系
第3章　介绍尽职调查阶段中的实物期权
第二部分　尽职调查与结果评估
第4章　市场营销尽职调查
第5章　市场营销：其在尽职调查阶段的关键角色
第6章　创新能力尽职调查：调查公司的创新能力
第7章　IT尽职调查：为什么信息技术足以促成或毁掉一笔交易
第8章　对新公司的尽职调查：案例研究
第三部分　交易谈判与并购后整合
第9章　重新定义尽职调查以便开展有效的整合
第10章　整合尽职调查：为价值创造做好准备
第11章　成功的收购领导者所具有的特质
第12章　并购后增长尽职调查

为此，这本书摸索了如公司文化、社会责任及创新等方面尽职调查的实践，以期通过这些路径来实现公司价值的最大化。同时，对企业这些实况进行尽职调查，大大弥补了国内并购尽职调查主要集中在法律和财务两个领域的局限，对决定企业并购成败更为直接的一些风险因素进行了前瞻性的预测，从而得以提前化解潜在的风险。

正所谓“只有错买的，没有错卖的”。正如众多调查研究结论所揭示的，解决企业并购交易中“信息不对称”的方法只有一个——实事求是地进行充分彻底的尽职调查。而这本《尽职调查中的价值：当代并购成功战略》正是您在开展尽职调查活动时应该手握的一把利器。它将为您披荆斩棘，解决尽职调查过程中遇到的各种疑难杂症。

第五类

并购律师、法律与监管（精选 17 本）

一、综述

并购交易在表面上看起来是纯商业性活动，但是法律因素自始至终贯穿其中。法律人士在尽职调查、交易结构的设计和谈判中扮演重要角色；交易的顺利推进必须依循法律法规和特定程序，并且交易的完成也必须通过各种各样法律文件形式体现出来；政府的某些机构对并购活动负有监管责任，特定交易还要通过反垄断审查。了解法律人士或并购律师在交易活动整个过程中的作用，了解与并购交易相关的各项法律法规，以及了解机构制度对交易活动的制约，不仅仅是与并购相关法律工作者的职责之所在，也应当引起其他并购从业者高度重视。毕竟并购交易各环节之间存在着联系紧密，并购这项系统工程的各利益相关方或参与者不能各自为政，彼此相互脱节。

本类 17 本并购专业图书，涵盖了并购律师、并购法律与并购监管等并购法律因素的三个主要方面。其中，《攻略：并购律师进阶指南》《完胜资本：公司投资、并购、融资、私募、上市法律政策应用全书》《资本交易法律文书精要详解及实务指南》和《并购：法律与金融》是中英文书中较有针对性的 4 本读物。

王蓉的《攻略：并购律师进阶指南》（P228）是一本专门为法律人士创作的入门级读物，目前这类书在市场并不多见。该书结合专业实践和具体案件，从并购律师的基本素质、特别的思维法方式到并购交易的技术操作，回答了有志于从事并购业务的法律人士关切的几乎所有重要问题。

杨春宝和杨贵永编写的《完胜资本：公司投资、并购、融资、私募、上市法律政策应用全书》（P240）属于工具书范畴。作者在编选本书时，根据投融资实务中存在的不同形式，比如投资、融资、并购及公开上市等，分类编选相关的法律政策规定，以便读者能更快更系统地学习中国投融资方面的法律政策框架，并能根据不同的投融资形式适用相应的法律政策。这本书时效性强，尤其适合从事投融资法律服务的专业人士及非法律专业人士在实践中运用。

雷霆的《资本交易法律文书精要详解及实务指南》（P244）不是专门的并购专业著作，但是包含了并购所涉及的基本法律文件的解读内容。该书将并购交易中常用的法律文件，比如意向书、保密协议、法律尽职调查报告及股权收购协议和资产收购协议等，放在了中心位置。作者通过大量案例、图表和公式对资本交易的法律文件的设计和拟定进行解读，形象生动，甚至可以说十分精彩，对并购律师和其他与并购相关的专业从业者，具有实际帮助。

由罗伯特·B. 汤普森撰写的《并购：法律与金融》（P253），是并购图书中为数不多的将法律与金融放在一个框架内进行论述的有深度也有广度的著作。该著以并购“交易过程”为重心，强调法律人士在项目计划或规划、目标选择、价值评估、尽职调查、谈判和交割及交易后整合等阶段中不可或缺的作用。同时也强调法律人需要掌握一般金融财务知识。该书适合那些希望了解并购交易过程中法律和金融层面问题的读者阅读，更适合那些缺乏金融财务背景而又从事并购实务的法律人士阅读。

二、书评

91.《公司并购律师实务》

近年来随着我国商业的不断发展和并购大潮的不断涌入，并购律师这一特殊的律师群体开始出现。他们是律师行业中更加高阶的人群，并且市面上对于这类律师的需求正在明显增加。相比于西方欧美国家而言，我国并购活动起步较晚，发展还不够成熟，制度也还不够完善，导致并购从业人员的素质参差不齐。如何快速提高并购律师们的专业技能，也成了广大参与并购业务的律师日夜思考的问题。这本由中国人民大学律师学院整理汇编的《公司并购律师实务》则是为了解决这一问题。

大咖云集是本书的第一个特点。本书作为一本汇编本，是由中国人民大学律师学院将教育培训班多位客座教授的授课音频资料整理而成。每一讲针对不同的话题，由该领域最杰出的专家来进行授课讲解，可谓是诚意满满。作为我国第一所由部署重点高校组建的律师学院，其不仅常年致力于对培养法律硕士专业（律师方向）研究生、在岗律师进行高端业务培训，并且还经常与国外律师大学合作培养国际化律师。本书就是律师学院高端业务培训授课系列中的一本。这类大咖之作不仅能让各位读者直接学到最精华的课程，并且可以让读者们自动过滤掉那些糟粕之言，在节省了大量的金钱与时间的同时还为日后的工作打下了良好的基础。

由简入繁是本书的第二个特点。曾有人说："由简至繁，是精；由繁入简，是悟。"每一个成功的市场投资者基本上都知道，市场投资也是一个由简入繁再由繁入简的过程，而本书所叙述的也是一样。本书作为一本培训类书籍，其主要起到的作用就是让读者在阅读过本书以后能够懂得一些并购工作中所需要的必备技能及当遇到问题时的解决办法，而这就是由简入繁的过程。

并购交易从最初开始到顺利达成不可能是

图书基本信息

著　　者　中国人民大学律师学院

出版信息　北京：法律出版社，2015

页　　数　339 页

作者简介

中国人民大学律师学院，我国第一所由部属重点高校组建的律师学院。根据律师业务不断发展的需要，该院已经举办了 20 余期律师高端业务培训班，取得了很好的效果。为了让更多的律师共享培训资源，特地将客座教授的授课实录音频资料整理、编辑为律师高端业务培训授课实录系列丛书出版。

目　　录

第 1 讲　关于涉外并购的法律问题
第 2 讲　并购中的审计与评估实务
第 3 讲　公司并购中的疑难与焦点问题
第 4 讲　企业国有产权进场交易的流程详解
第 5 讲　上市公司重大资产重组的有关问题
第 6 讲　中国企业境外并购公司的实务操作要点
第 7 讲　公司并购中的尽职调查
第 8 讲　跨境基础设施收购项目
第 9 讲　并购融资的方法与渠道
第 10 讲　并购方案的设计及并购协议的有关问题
第 11 讲　并购方式的比较
第 12 讲　关于公司并购案件的审判思路
第 13 讲　企业国有产权转让管理及相关法条
第 14 讲　公司并购中的风险与防范
第 15 讲　公司并购法律实务课程答疑

一蹴而就的，而根据每个交易的不同特点及交易双方的不同逻辑，任何事情都可能会发生。并购律师在其中不仅仅只是起到审查合规的作用，其还应该具有机敏的反应能力、准确的预判能力及较好的控场能力，这样才能把控住整个的交易节奏，不至于在问题出现时手足无措，而这些都是本书所要教会广大并购律师的。律师将通过本书所学到的技能运用于现实实践中，则就是化繁为简的过程了。

贴合实际是本书的第三个特点。本书出版之时正值我国并购交易蓬勃发展的时候，作为一本实务类书籍，也并没有太多冗长晦涩的理论，大多都是各位一线人员的经验之谈，比如第 7 讲的尽职调查。尽职调查是并购交易中的“重头戏”，也是律师“出镜率”最高的一个阶段。该讲的作者在叙述时就有提到，在尽职调查中，律师对于委托人的要求不应该无底线地有求必应，在接到项目以后，一定要合理地调配人员，明确责任和分工，而这些都是理论类书籍所忽略的问题。

由于并购对于我国现行市场而言算是西方的“舶来品”，欧美国家的经验固然可贵却也不是处处适用。本书在这个方面却很好地进行了弥补，其所举案例大多是我国近期的真实案例，而这些案例里出现的问题及律师们的应对之策对于广大的读者而言都是非常有借鉴意义的。

尊重规律是本书的第四个特点。对于经济改革后的我国而言，市场将在资源配置中起到决定性作用，而各个行业尤其自身的生命周期，尊重交易规律才能抓准交易时机。并购律师在并购实务中虽然并不直接控制交易进程，但就参与交易的程度和时间而言，律师们恐怕是除 CEO 之外最了解这笔生意的人。故本书各位知名的专家在各自的章节叙述时，都反复强调了摸清交易脉搏，尊重交易规律的重要性，将自己数十年的经验倾囊相授。这对于即将走上从业道路的毕业生或者已经上路但资历尚浅的青年律师来说，都是非常宝贵的财富。

事实上，在此书以前，市面上已经出现了很多关于并购律师实务的书籍。但数量虽多，质量却难以保证。而这本《公司并购律师实务》就是其中为数不多的精品之一。不过，这也不代表本书毫无缺陷。作为一本授课音频汇编本，本书固然做到了原汁原味，但作为一本标准教材类书籍，其中口语化的内容应该尽量减少。其次，对于每段音频中的重点部分没有做出足够的提炼，入门级读者通篇阅读下来可能会感觉难以消化其中内容。

当然，瑕不掩瑜。相信从事并购律师职业的您，或者是有志于成为并购律师的您，在阅读过本书以后，一定会有所收获。

92.《攻略：并购律师进阶指南》

相比于普通律师而言，并购律师的工作内容究竟有什么不同？并购律师在并购交易里主要起到什么作用？并购律师的准入标准是否很高？并购律师的收益是否真的如外界传闻的那么丰厚？别着急，请翻开这本由北京鑫诺律师事务所王蓉律师编写的《攻略：并购律师进阶指南》，让它指引好奇的读者，一起走进这一职业——并购律师。

“纸上得来终觉浅，绝知此事要躬行。”本书的第一大亮点就是理论与实际联系紧密。作者作为一个有着多年并购经验的专业律师，深知将知识转化为现实的重要性，所以其始终强调年轻律师要敢于实践这一道理。同时作者还认为要想成为一个合格的并购律师，就得迎难而上，不怕困难，保持持久的学习力。

此外作者在本书内对并购律师应具备的基本技能和工作方法进行了详细的梳理，回答了并购律师成长过程中必须面对的问题，比如并购律师的业务前景、并购律师的基本功、并购业务的来源与市场开拓、法律尽职调查的工作步骤、方法与文书写作、参与谈判与起草协议过程的工作方法等，较为完整地呈现了整个工作“流程”，能够使读者快速知晓并购律师的工作内容，引发读者进一步阅读的兴趣。

图书基本信息

著　　者　王蓉

出版信息　北京：法律出版社，2015

页　　数　297 页

作者简介

王蓉，律师，中国人民大学法律硕士，北京市鑫诺律师事务所合伙人。2007 年进入律所工作，主要从事并购相关业务，主要客户为中国铝业、华电集团、中国建筑、中国建材等中央企业。现旅美进修。

目　　录

第一部分　并购律师，你准备好了吗

第 1 节　并购律师的职业选择

第 2 节　并购律师的基本技能

第 3 节　并购业务市场的开拓

第二部分　法律尽职调查

第 1 节　尽职调查前的准备

第 2 节　开展尽职调查工作

第 3 节　完成尽职调查报告

第三部分　参与谈判与起草协议

第 1 节　制定收购策略

第 2 节　参与谈判和起草协议

第 3 节　签署协议

第四部分　后续服务

附录　做好律师的 128 个工作细节

语言生动，通俗易懂，是本书第二个亮点。作者以“菜鸟律师”的进阶之路为主线，从法学院学生及初级律师们的职业方向选择上入手，按照动机、类型及开发业务能力训练的顺序来叙述一个合格的并购律师的成功之路。作者通过对一个个真实案例的细致描写及并购细节的全面分析来带领读者一步步地走入并购律师真实的工作世界。正如本书序言所提到的“本书最大的特点，就是不装”。通过作者的指引，读者可以很容易地融入书中的情境并且置身处地去学习并购律师的思维方式。本书为广大对并购及并购律师职业感兴趣的读者学习并购技能，感受并购脉搏打开了方便之门。

未雨绸缪，准备先行，是本书的第三个亮点。对于专业的并购律师来说，对于突发状况的应对与解决能力则是衡量他们能力的标准之一。正如老话所言，“机会永远留给有准备的人”，对于并购律师而言更是如此。作者在本书的第三部分对于交易过程中的各种突发状况做了非常详细的介绍，并对较为常见的几种情况列出了应对之法，以便读者阅读和借鉴。

在并购协议的起草及文书制作方面，作者也为广大读者提供了极为实用的建议与技巧，并在书中将相关法律文书进行了示例，对于使用频率较高的法条原文也进行了相应的展示。除此之外，本书的最后还附有 128 个操作贴士，以便读者们找寻资料，为广大读者节约了许多时间。

以上几点，不过是抛砖引玉，并不能概括出本书的全部优点。作为一本以并购律师为主角的书籍，本书体例完整，逻辑清晰，内容翔实，但美中不足的是，本书都更侧重于国内并购，关于跨国并购交易中并购律师作用的篇幅较少。

但瑕不掩瑜，这本《攻略：并购律师进阶指南》作为为并购“菜鸟”理清思路，快速上手提供帮助的基础读物，还是非常具有阅读价值的。

93.《企业并购重组税法实务：原理、案例及疑难问题剖析》

如果说企业并购重组是公司业务中最璀璨的那座“皇冠”，那并购重组的企业税务制度无疑是“皇冠”上那颗最耀眼的“明珠”。因此，对企业并购重组的从业人士而言，要摘下这颗明珠，必须对税收制度了然于心，并且运用自如，但这也绝非易事。

为此，有十几年并购重组实务经验，而且精通公司法律、会计及税务的雷霆先生，通过《企业并购重组税法实务》一书，为相关人士提供了一套从税法基础理论到税务实务操作的工具和指南。全书通过10余个图例、10余张总结表格、150余个实际案例及30余个疑难问题的解析，将企业并购重组的税法原理、交易架构、适用要件及实务疑难问题等淋漓尽致地呈现在读者面前。

“九层之台，起于垒土；千里之行，始于足下。”对于任何一项系统工程，都必须从基本的地基、概念等基础出发。本书也不例外，作者认识到，鉴于企业并购重组税收制度的复杂程度，若一开始直接阐述并购交易税务的处理，读者肯定会一头雾水。因此，本书作者从并购重组交易税收的角度，厘清相关的基础概念、基本交易架构及并购交易基本税务原理，开篇对基本概念、结构及原理的梳理对其他章节起了统摄的作用。比如，免税并购交易的股东利益持续规则及营业经营持续规则等，是其他所有细分制度的出发点和落脚点。在作者看来，如果不理解这些基本原则，那么在实务中交易人士可能会知道如何适用这些规则，但却不知其背后的基本逻辑。这样一旦遇到复杂程度很高的项目，则很难短时间内找到解决方案，甚至导致错误的方案。

著名的经济学家张五常先生曾说：“转换角度来思考和理解问题，有事半功倍之效。”理解基本概念和原则，是构筑知识体系的基础。但要洞悉并运用一套完整的知识体系，本书认为，我们应转换角度，以解构整体的思路来理解整个企业并购重组的税收理论和实务，这将

图书基本信息

著　　者　雷霆

出版信息　北京：法律出版社，2015

页　　数　588页

作者简介

雷霆，执业律师、注册会计师、注册资产评估师。研究领域：英美公司法、合同法，美国联邦公司并购重组税收制度，离岸公司法原理及应用；中国公司法、投资并购重组原理及实务；中国会计法规及会计准则；中国税法（对并购重组的税制尤有研究）。超过10年外资企业会计、法律和审计从业经历，目前在某大型企业集团从事公司法律、审计、会计及税务等相关工作。

目　　录

第一篇　企业并购重组税法原理及规则
第1章　企业并购重组的概念及分类
第2章　企业重组税收理论和规则的框架体系
第3章　股东权益连续性规则的理解和适用
第4章　经营连续性规则的理解和适用
第5章　合理商业目的规则的理解和适用
第6章　纳税必要资金原则及对价理论的理解和适用
第7章　计税基础确定规则的理解和适用
第8章　实质重于形式原则的理解和适用
第二篇　企业并购重组税务实务及疑难问题诠释

非常有实效性。而且作者对相关规定的解构是以实务中的疑难点，特别是对规定的不同理解和适用作为出发点。因此，本书并没有沿袭市场大多数并购重组税务书籍直接先列举相关规定再来整体分析的思路，取而代之的是将并购重组不同主题之下重要的具体税收规定分拆开来，逐一阐述和剖析。这样一来，本书使得规定繁杂的税收规定，如乐高的积木块一般展示在读者面前，而且也能让读者在企业并购重组实践中对相关税收规定的运用如搭积木一样，既具操作性也具创造性。

“梅须逊雪三分白，雪却输梅一段香。”任何事物只有在对比中才能知其优劣，企业并购重组中的税务基本原理和规定也一样。作者认为，美国基于其企业并购重组丰富的历史渊源，如今在并购重组的税务方面已经发展得比较完善，而我国目前的相关税法规定也正是借鉴了美国的相关规定。因此，本书作者的历史眼光非常开阔，将我国企业并购重组的每一项具体规定，都与美国的相关规定进行对比，并阐述了我国相关规定的优势及待完善之处。所以本书不仅仅向读者详细介绍了并购重组的税务规定，同时也通过对比分析，将读者的思路引向对目前我国税务相关规定合理性的思考，既有广度也有深度。

当然，鉴于我国税务监管当局执法及相关规定的多变性，本书在引述相关税收法律及法规方面存在一定的滞后性，但是这并不妨碍本书对企业并购重组税收疑难问题点的体系化阐述。因此，无论是关注企业并购重组商业目的

第1章　中国税法上的企业重组概述
第2章　企业合并重组的税务处理实务及疑难问题诠释
第3章　企业股权收购的税务处理实务及疑难问题诠释
第4章　企业资产收购的税务处理实务及疑难问题诠释
第5章　企业分立重组的税务处理实务及疑难问题诠释
第6章　企业债务重组的税务处理实务及疑难问题诠释
第7章　企业法律形式改变的税务处理实务及疑难问题诠释
第8章　企业并购重组的税收优惠政策和亏损结转利用
第三篇　企业并购重组相关业务税务实务及疑难问题诠释
第1章　企业投资的税务实务及疑难问题诠释
第2章　企业分配的税务实务及疑难问题诠释
第3章　企业股份回购税务实务及疑难问题诠释
第4章　企业清算业务税务实务及疑难问题诠释
第四篇　跨国并购重组业务税务实务及疑难问题诠释
第1章　跨国并购重组所得税制度概述
第2章　境外注册中资控股企业认定居民企业的问题
第3章　非居民企业股权转让的所得税处理
第4章　企业境外投资的所得税处理
第5章　企业境外投资架构设计及所得税分析

和成本的重组当事方，还是关注并购重组交易结构、筹划的专业人士，抑或是希望成为关注交易合规性的监管人员和税务人员，本书值得细细阅读、理解并学以致用。

第五篇　企业并购重组业务税务筹划要点及案例分析
第1章　企业合并重组业务税务筹划要点及案例分析
第2章　企业股权收购重组业务税务筹划要点及案例分析
第3章　企业资产收购重组业务税务筹划要点及案例分析
第4章　企业分立重组业务税务筹划要点及案例分析
第5章　企业债务重组业务税务筹划要点及案例分析
第6章　企业跨境重组业务税务筹划要点及案例分析
附录一　本书示例、案例及疑难问题索引
附录二　本书主要参考文献

94.《上市公司并购重组监管制度解析》

我国正处于经济转型与产业升级的紧要关头，无论是监管制度还是并购技术等方面都较为薄弱，为了适应现代商业社会的前进步伐，缩短与西方并购强国的现实差距，完善并购重组监管机制迫在眉睫。这本《上市公司并购重组监管制度解析》就是针对我国上市公司并购重组政策制订及监管制度细化的一次有益尝试，希望能对并购实务参与人员及法律制订者以些许的帮助与指导。

在多年的工作经验与并购实务中，本书的作者在证监会工作的马骁发现，我国的并购重组监管制度的发展是一个“摸着石头过河”的过程。除了防范内幕交易、强化信息披露义务等各国监管机构都必须面对的共同问题之外，我国并购重组监管还面临着资本市场价值功能未能充分体现，并购定价机制市场化程度不高，行政色彩浓厚的以地方政府主导的“挽救型”重组相对偏多等一系列的特殊问题。若这些亟待解决的问题不能被有效规制，则会对我国资本市场的健康发展带来不小的阻碍，而这也是作者想与读者们共同探讨并写成此书的原因。

本书的主角是既能为投资者、目标公司创造价值，又能为优化社会资源配置、维护证券市场稳定发展的上市公司。经过多年的发展它们已经成为推动我国经济增长的中流砥柱。但遗憾的是，我国上市公司收购管理规则的制订进程与上市公司本身在国民经济中的重要作用并不适配，甚至说较为落后，直至2002年首部《上市公司收购管理办法》才出台。随后因为上市公司及相关权益实体依照该办法在实践中的施行遇到了各种始料未及的问题，在本书出版之时，2002年版的《上市公司收购管理办法》已于2006年及2008年经过了两次修改，而《上市公司收购管理办法》的制订重点也由依靠行政机关向转变监管方式，逐渐发挥市场相关机制靠拢。虽然此时的监管机制依旧不够完善，但不置可否的是，这一转变是我国并购重组法律监管体系里程碑式的跨越。

当然，本书之中不仅包含我国上市公司并购监管发展的路径，还囊括了大量国外相关制度与我国实际进行评析。作者通过对比研究和沿时间脉络的特点，特别是对于我国不同阶段的实践情况进行了探讨，紧密地联系了我国并购之路的发展实际，集解析制度与指导实务于一身、兼顾理论与应用于一体，并且充分考虑了知识的全面性与内涵性。

更为可贵的是，本书作为一本金融交易模式与制度建设的解析指导性书籍，作者并没有偏离主旨而一味地夸大市场自身的能动性，而是从立法理解与辩证思考的角度出发，始终认为法律应该在资本市场交易秩序中起到“定纷止争”的作用，而推动我国并购重组监管体系改革是非常重要且必需的，这有利于将目前监管的“半法治”状态向与西方相同的“全法治”状态进行转变。

然而，一项并购交易所涉及的因素众多，且现实中并不存在完全相同的两笔交易。那么也就意味着，上市公司监管不仅要考虑各个影响因素之间的平衡，还需要考虑个案研究之中的不同特点。若不结合并购重组发展实际来谈法律监管，无异于纸上谈兵毫无意义。本书不仅对实务中的重大资产重组的程序和发行股份资产定价原则，“借壳上市”等问题进行了大量的梳理与总结，对于各种法规如《重组办法》《证券发行管理办法》等做

图书基本信息

著　　者 马骁

出版信息 北京：法律出版社，2011

页　　数 276页

作者简介

马骁，2000年毕业于北京大学。2002年2月进入证监会上市公司监管部工作，一直从事上市公司监管工作，组织和参与《上市公司重大资产重组管理办法》《上市公司并购重组财务顾问业务管理办法》《上市公司收购管理办法》等多部上市公司并购重组规章的制订、修订工作和大量上市公司并购重组个案的监管工作，积累了比较丰富的上市公司监管经验和上市公司并购重组监管工作经验。

目　　录

第1章　导论
第2章　上市公司收购制度解析
第3章　上市公司重大资产重组制度解析
第4章　上市公司发行股份购买资产制度解析
第5章　关于借壳上市制度解析
第6章　关于上市公司回购制度解析
第7章　上市公司吸收合并与分立制度解析
结束语
后记

了详细的解读。

此外，作者还将法律、规章等要求与并购重组现实操作步骤相结合，归纳出了许多详细的具有指引性与借鉴性的表格和图形，对于不同资产业务操作的着力点及具体方向发表了自己的把控与看法。在本书出版之时，这些观点都是极具新颖与创造性的。

总体而言，全书体例完整，内容丰富。全书围绕着上市公司并购监管制度的发展背景与现状进行了讨论与思考，并且针对我国资本市场发展过程中所产生的监管问题与实践经验提出了较为超前的看法，这无论是对于学术界还是实务界来说都是颇为实用的。

但美中不足的是，就一本以监管制度完善为主要内容的书籍而言，本书大部分着墨于上市公司在境内的实务研究，对于跨国并购的法律监管及规制并没有提出较多的问题和建议。若作者在再版之时能够对此部分问题加以整合归纳，那么本书内容一定会显得更加丰盈精彩。

95.《上市公司并购法律实务》

上市公司的并购，无论大小，都会有律师作为“参谋”之一，为处于一场没有硝烟的商战中的“指挥员”出谋划策。而作为一位合格甚至出色的“参谋”，专注上市公司并购法律实务的律师，必须对涉及上市公司并购的法律、法规、监管规则及商业案例等有深刻的理解，并能灵活运用。在上市公司并购法律咨询领域有十多年实战经验的资深律师罗志文及董寒冰所写的《上市公司并购法律实务》一书，恰恰能为律师提供入门的基本方法和系统架构。

本书从业内资深人士的角度，对上市公司并购的实务操作程序、重点、难点及技巧等做了精彩的阐述，并且选取了典型的案例进行精准到位的评析。其中，本书全面收录的与实务相关的法律法规，注重方法、实践和内容，可读性较强。

首先，本书具有非常强的实务性，作者坚持“从并购中来，到并购中去”的理念，简单而有逻辑地告诉读者上市公司并购应该如何操作。针对上市并购法律法规散乱、效力层级底这一问题，作者本着“法律工匠”的精神，紧紧抓住法律如何规定、有什么成功案例及操作上有什么技巧等基本要点，将并购基本概念、流程、相关规定及过往案例等一一呈现给读者。无论是专业人士或非专业人士，都能从中进行快速的法规检索并将它们融会贯通，节省了大量宝贵的时间。因此，本书作为一本具有实操性的参考著作，必要而及时。

其次，本书在不影响准确性的情况下，内容的表达十分通俗易通。一本书能作为参考书的前提是其非常容易被读者读懂。本书的通俗性同时也是建立在作者对上市公司并购有非常精准的整体把握基础上。因此，本书的论述并没有受并购重组领域中非常专业、干涩的概念所影响和限制，相反，作者通过对专业概念的通俗解析，找到了内容表达时易懂和准确之间的平衡位置。所以总体来看，本书的阐述方式可以说是在通俗与准确之间努力追求更彻底的通俗，但是在具体内容上则向专业和准确做了倾斜。

此外，本书在注重实用性和通俗性的同时，仍不失为一本严谨的著作。如果任何一本阐述并购交易的书失去了严谨性，其实用性和通俗性就失去了存在的意义，那只会给读者以误导，使上市公司并购活动变得更加难以把握，从而偏离了本书的初衷。因此，本书一方面非常全面地收录了相关的法律法规原文；另一方面，对相关案例进行了客观整体的评价，并且在发表主观观点时，作者也避免了主观臆想和想象。总的来说，全书的论述，大体上以事实为依据，以法律为准绳，从而避免本书陷入某一方当事人的视角。

最后，也正是由于上述特点，本书适用的

图书基本信息

著　　者　罗文志；董寒冰

出版信息　北京：法律出版社，2005

页　　数　650页

作者简介

罗文志，曾任职于原国内贸易部中国商业对外贸易总公司、中盛粮油工业控股有限公司、瑛明律师事务所融资业务部、中银律师事务所证券业务部，现为中银律师事务所合伙人。

董寒冰，历任职于山东威海高技区进出口公司、北京市房山区检察院、中银律师事务所证券业务部、融资并购部。

目　　录

第一篇　专题篇
第1章　基本概念
第2章　上市公司股权并购
第3章　上市公司资产并购
第4章　买壳上市
第5章　并购上市公司国有股
第6章　外资并购国内上市公司
第7章　管理层并购上市公司（MBO）
第8章　上市公司并购与税收
第9章　上市公司资产量换与利润
第10章　上市公司并购的赢利模式
第11章　上市公司交购市场存在的问题
第二篇　案例篇
第三篇　法规篇
第1章　公司股权并购的概念及交易架构剖析
第2章　公司股权并购的实务要点及疑难问题

读者群非常广泛。专业的法律顾问、非法律专业的并购业务顾问及希望了解上市公司并购交易的其他人士都能从本书中找到自己想要学习和理解的。

第3章　外商投资企业股权转让的特别规定和疑难问题
第04章　上市公司收购的特别规定和疑难问题
结束语

当然，本书也不乏值得改善的地方。因为最近跨境的上市公司并购也慢慢增多，如果本书能结合国外主要资本市场的规则进行对比分析，则对专业的读者来讲裨益更多。另外，本书注重实用性和通俗性的同时，难免忽视了并购的研究性，这些是美中不足之处。

无论如何，对于实际从事上市公司并购交易的券商投行、会计师、评估师及进行资本运作的企业管理人员而言，本书具有不可否认的价值。对希望进入本行业的其他人士，本书也同样具有较高的参考价值。

96.《投资并购法律实务》

《投资并购法律实务》是“中国律师执业技能经典丛书”之一，是由西南政法大学律师学院副院长贾锐总结大量的实务经验撰写而成。这本书主要介绍了关于投资和并购方面的实务性工作，秉承着从实践中总结理论及理论指导实践的原则，对新手律师来说，具有极高的指导性意义。

首先，这是一本为律师和企业家所著的投资并购业务工具书。我们都知道企业并购是公司业务中的明珠，而本书所称的并购特指一方以获得目标公司控制权为目的，收购目标公司股权的行为。作者认为这是一项高风险、责任重大的业务。重点强调了在股权收购中，律师的主要工作就是要配合客户的工作。作者通过对比客户与律师的工作步骤，发现二者的节奏基本上一致，只是在一些与非法律相关的部分较少介入，并且指明了律师工作中常犯的一些错误。例如收购战略不清晰，贪便宜，筛选目标随意性大，过分依赖人脉，缺乏科学分析，接触的联络人或联络方式不对，不做尽职调查或调查不细致，交易结构未根据调查到的情况调整，做出错误判断等错误，旨在提醒读者，避免在实践中重蹈覆辙，为后来参与者指明了实践方向。

其次，本书的最大亮点和价值是回避了对投资并购基本理论的罗列，而将重点放在律师和企业在操作并购业务时不可回避的具体工作细节上。从全书看来，第一，在项目投资中的多股东公司的章程方面，本书对20多个重点章程条款逐一进行了案例解说，并从大小股东博弈的角度进行了分析；第二，对于并购中的交易结构，作者总结了 8 类 21 种基础交易结构，并以案例解说了多个复杂交易结构，逐一分析其优缺点和适用情形；第三，就并购中的尽职调查，本书设计了 60 多张尽职调查工作底稿表格，分别注明每一个调查项目的调查范围、调查方法、注意事项等；第四，简要地介绍了收购协议，对其 18 个核心条款逐条分别从买方和卖方的角度，进行起草和谈判要点分析。

除此之外，本书的每个章节和知识点都附有资料链接，并且将相关资料的目录列明，方便读者可以及时对相应知识点进行查阅，将理论与实际案例相结合，极大地启发读者对于问题的思考和理解。

最后，作者从同行和商业人士的需求出发，精心提炼实务要点，嵌入大量鲜活案例，以浅显易懂的讲义体形式给业务操作者最直接的技能引导。本书在阐述尽职调查问题等内容时，均一一列举了实际案例，辅助于理论讲解，使得所探讨的内容简明易懂。就正如张五常先生所说的“例子远胜于符号”。

在当前经济与科技迅速发展的今天，尽职调查在并购中所扮演的角色也越来越重要。针对于此，作者从调查深度来论述，认为尽职调查是对目标公司完全、彻底的调查，鉴于收购交易的重要性，调查应尽可能深、尽可能广。并且作者从自身的律师身份出发，认为法律尽职调查是关键，是交易安全的保障。

然而实践中客户往往更看重财务和业务的

图书基本信息

著　　者　贾锐

出版信息　北京：法律出版社，2013

页　　数　290 页

作者简介

贾锐，法学博士，西南政法大学律师学院副院长、上海和华利盛（重庆）律师事务所高级合伙人。现担任重庆市人大内司委咨询专家、重庆仲裁委员会仲裁员、四川外国语大学国际商学院客座教授等社会职务。先后在上海、重庆等地执业；自 2004 年底从上海到重庆执业以来，先后为重庆力帆集团、西南铝业、轻纺控股等多家百亿级企业以及多个世界 500 强在渝项目提供法律服务，并为众多地产、能源环保、网络、制造业等领域的投（融）资并购项目提供了项目顾问服务。办案之余，致力于律师业务技能培训和普法宣传；2005 年以来授课 200 余场，2011 年被中宣部、司法部评为“全国法制宣传模范个人”；创办“企业法律培训网”“商之法道”投资并购论坛，受到企业界广泛关注。

目　　录

第一编　项目投资法律实务
第 1 章　资信调查与项目法律可行性分析
第 2 章　投资方案的策划
第 3 章　出资协议与公司章程的制定
第 4 章　项目投资中的其他律师服务
第二编　公司并购法律实务
第 5 章　并购交易结构及操作方案的设计

第 6 章　并购中的法律尽职调查
第 7 章　收购协议的起草与谈判
后记

尽职调查。财务和业务尽职调查是让客户确定有利可图，是客户实施收购的动力，而接下来才是法律尽职调查。本书从多个角度深刻揭示了我们一般在类似的书籍上所无法接触到的实务操作，通过列举一些尽职调查案例的细节处理方法，例如尽职调查报告提出解决问题方案、蛛丝马迹关联交易、交割两月发现欠税案等，进一步加深读者对相关知识点的理解与运用。

这本书的干货很多，是投资并购类中难得的好书，非常贴近实践，细节把握得很好。它既没有堆砌理论，也不是简单地罗列法条，并且对交易结构的把握和风险点的控制准确、到位，尤其后文附的表格最为突出，可以直接参考并运用，能够带给读者极大的启发。

但是相较于其他并购类的书籍，本书还是简略了一些，对于并购的很多问题并没有详细论述，甚至没有涉及。在内容和章节方面可以增强其衔接性，并且对于案例的分析多为示范文本，相关的解析较少，对于初学者来说会比较晦涩。但即使是这样，也不能掩盖这是一本实操性极强的并购指南的事实。

总的来说，本书融可读性、操作性、实践性于一体，着力解决当前投资并购实务操作中遇到的一系列现实和法律问题，可读性较强，对于那些想要在未来并购舞台上一展身手的职业人士来说，是一部难得的投资并购法律实务著作。

97.《投资并购与资本市场法律全书》

近年来，我国资本市场先后出现了股市“崩盘”、险资举牌上市公司、并购重组市场炒“概念”及监管者“监守自盗”等资本市场乱象、监管漏洞甚至违法违规行为。这些资本市场乱象，不仅严重侵害了中小股东的权益，扰乱了资本市场正常秩序，而且更严重的是，其将导致经济严重“脱实向虚”，阻碍实体经济进一步深化改革。可见，金融安全是关系我国经济社会发展全局的一件具有战略性、根本性的大事。维护金融安全，最重要的是金融监管体制的完善。李雨龙律师所著的《投资并购与资本市场法律全书》一书，详细全面地为读者们呈现了当前我国法律、行政法规、部门规章及其他规范性文件等各层面对资本市场的监管规则。

亚里士多德曾说“法律就是秩序，有好的法律才会有好的秩序”，在资本市场中亦不例外。但是，由于资本市场的复杂性和专业性，并非每一个人都对资本市场的有关法律熟悉，甚至不从事资本市场的法律从业者也一样对其感到茫然。因此，本书由法律出版社委托享誉盛名的北京大成律师事务所执业多年、长期从事投资并购与资本市场法律实务和研究工作的资深律师编写。

本书在体例编排上体现了编者非常高的专业水平，除投资并购、资本市场涉及的一般性法律规定外。本书编者不仅按企业所有制形式选取了国有资产、上市公司及外资企业进行专门编排，还按投资并购领域热点的行业，比如医药医疗、房地产业等，对与之相关的特殊监管规定节选编排。

本书高屋建瓴，从一般到特殊，从高效力阶层的法律规定到更具指导意义但效力层级低的规章制度，将我国在投资、并购等金融资本市场的相关法律规定，节选其中重要的相关条文，极具逻辑性地呈现给读者。投资并购是个极其复杂的系统工程，但是任何系统工程都是基于特定的基础框架建立的，无论是高楼大厦的地基还是功能繁杂网络工程的底层框架代码，无不体现这一特征。

在本书作者看来，即使是复杂的投资并购，也离不开基本的法律关系。他们是由合同关系、担保关系等各种简单的法律关系组成的复杂的法律关系组合。所以，本书一开始就将合同、担保等基础法律关系的最基本规定进行系统的整合编排，奠定了深入了解资本市场其他特殊规定的基础。

图书基本信息

著　　者　李雨龙

出版信息　北京：法律出版社，第2版，2014

页　　数　703页

作者简介

李雨龙，大成律师事务所高级合伙人，国企部主任，美国Washington University、New York Fordham University访问学者。在投资并购、私募投融资等领域具有丰富的法律操作经验。在法律出版社出版的代表性的学术、实务著作包括：《跨境投资并购法律操作实务》《私募股权融资案例法律评析》《律师国有资产业务》《企业产权改革法律实务》《投资并购经典案例法律点评》《公司治理法律实务》等。

目　　录

第1章　一般性规定
第2章　国有资产的有关规定
第3章　资本市场的有关规定
第4章　私募股权基金的有关规定
第5章　房地产企业的有关规定
第6章　医疗医药企业的有关规定
第7章　外资企业的有关规定
第8章　境外投资的有关规定
第9章　外汇管理的有关规定
第10章　工商登记的有关规定
第11章　上海自贸区的有关规定
第12章　深圳前海地区的有关规定

本书的另一大亮点在于，除了对关于资本市场的主要法律、法规进行编排外，还将对相关法律、法规的大量解释性文件，包括司法解释、行政解释文件等一一摘录。如此一来，读者只需一本书，就可以了解资本市场某一主题的主要监管规则，从而能够在一定程度上克服法律滞后性所带来的困难。

本书编者认为，在强调风险控制的资本市场中，法律的模糊性和滞后性有时会带来不可估量的后果，甚至会引发金融危机。因此，对相关概念进行澄清、以法律解释文件对规则漏洞进行修补的工作则显得至关重要。

当然，遗憾的是，本书仅仅将有关资本市场运作的法律、法规及规范性文件进行了编排，并没有对同一主题下编排的规定进行导读式的介绍，因此在一定程度上丢失了相关规定制订和出台的社会环境背景，不利于读者深入理解和掌握相关规定。

但总的来说，在目前的社会环境下，以结构性调整为主题的投资并购活动会日益增多，多层次的资本市场深化改革将为加快调整经济结构提供重要支持，而本书的内容均由编者结合自身工作实践和社会热点选取汇总而成，相信能为读者涉足投资并购和资本市场领域提供不少有益的参考。

98.《完胜资本：公司投资、并购、融资、私募、上市法律政策应用全书》

李嘉诚说："现金流及其使用方式，是任何公司的重要健康指标。"但是，投资、融资和并购不仅是经济活动，而且还是一种法律行为。因此，公司既要防范投融资活动所伴随的经营风险、市场风险、技术风险及财务风险等经济活动风险，还要积极防范会对公司投融资活动带来更严重影响的法律风险。而掌握投融资活动相关的法律政策规定，则是防范投融资活动法律风险的必要措施。《完胜资本：公司投资、并购、融资、私募、上市法律政策应用全书》这本书正是学习和了解中国投融资活动法律政策规定的重要宝典之一。

本书贴近实践，兼顾法律实务的复杂性、逻辑性和系统性。两位作者杨宝春和杨贵永都是公司律师出身，长期为公司投融资活动提供法律服务。根据他们的经验，面对中国投融资方面纷繁复杂的法律政策规定，如果不是专业从事投融资法律服务的专业人士，要全面而且系统地掌握投融资方面的法律政策规定，实非易事。而且，在公司投融资实务中，投融资的形式也千差万别，每种形式均对应不同的法律规定。

因此，作者在编选本书时，根据投融资实务中存在的不同形式，比如投资、融资、并购及公开上市等，分类编选相关的法律政策规定，以便读者能更快、更系统地学习中国投融资方面的法律政策框架，并能根据不同的投融资形式适用相应的法律政策。

本书的第二大特色，在于以相关法条的立法背景为基础，可谓高屋建瓴。宏观经济学的开创者凯恩斯说过："经济学家、政治哲学家甚至立法者的思想，无论对错，其力量之大往往出乎常人意料。"因此，对于任何法律政策的分析，我们不能仅仅停留在文字表面，而应该追根溯源，剖析其规定背后的立法者意图和社会发展背景。所谓"鉴往事而后追来者"，只有了解背后的渊源，才能更好地防范以后的风险。因此，为了方便读者查找、阅读相关法律政策规定，并且明确法条背后的相关立法背景和意图，本书在每个章节的开篇部分，对投融资行为的背景及相关法律、法规及规范性文件的适用环境进行导读，如此有助于读者加深对章节架构及内容的理解。

强调法条之间、不同法律之间的联系是本书的另一大特色。以联系的眼光来理解法律法规，更能使我们洞悉法律所规制的公司投融资活动中的风险。为此，本书在具体法律政策的编排呈现上，并没有单纯摘选规定的内容，而且在摘选的条文前后之间充分考虑了它们的相

图书基本信息

著　　者　杨春宝；杨贵永

出版信息　北京：中国法制出版社，增订第 3 版，2014

页　　数　618 页

作者简介

杨春宝，和华利盛律师事务所创始合伙人，上海最年轻的高级律师之一。Asia Pacific Legal 500 历年推荐律师，中国贸促会、中国国际商会调解中心调解员。长期从事公司、投资、收购兼并等律师业务，具有上市公司独立董事任职资格，系上海国企改制法律顾问团成员。出版《公司投融资法律实务：模式与流程》等专著并发表数十篇法律论文。

杨贵永，复旦大学法学学士，中国民主同盟盟员，上海市律师协会金融期货法律研究会委员。上海和华利盛律师事务所专职律师。1995 年起从事专职律师工作，代理了数百起诉讼及非诉讼案件。主要业务领域为公司与投资法，房地产法，期货、保险、银行等金融法业务。参与主编《中华人民共和国合同法实用手册》，在《期货日报》《中国保险报》发表数篇期货、保险方面的专业文章。

目　　录

第 1 章　常用基本法律
第 2 章　公司投资、并购法律政策
项目投资
股权投资
公司并购、重组
境外投资

关性。因此，本书不是法律条文的简单摘选，而是根据作者的实务经验，将同一主题分布在不同法律规章之内的规定做了针对性的编排，脉络清晰，使读者知其然亦知其所以然。

本书作者意在授读者以渔，而非授之以鱼。虽然编选了截至出版前中国公司投融资方面具有法律效力的绝大部分法律政策规定，但是鉴于立法部门及政策制订部门根据经济发展情况不时甚至频繁调整、修订、颁布相关法律政策，本书的相关规定可能会有滞后之处。但是，这并不妨碍本书为公司中高级管理人员、法务人员、从事投融资活动的专业人士及有兴趣于投融资活动的读者提供一本全面、系统梳理我国投融资法律政策的工具书，并对公司的投融资活动法律风险的防控起到一定的指导保障作用。

第 3 章　公司债权融资法律政策
银行贷款
民间借贷
境外借款
发行债券
项目融资
政策融资
融资租赁
第 4 章　公司股权融资法律政策
私募股权融资及风险投资
引进外资
战略投资
境内上市
境外上市

99.《中华人民共和国企业投资并购法律全书》

有一项新的调查显示，在欧洲工业承受欧盟财政问题重压、寻找中国资本之际，很多想要投资欧洲的中国企业都被两地的繁文缛节所阻碍。与此同时，超过四分之一的受调查者说，中国应当简化自己的境外投资审批流程。根据目前的流程，境外投资至少要获得三家政府机构的批准，由此可窥见明晰我国企业投资并购法规的重要性。

但至今为止，我国并没有一部明确的类似《海外并购促进法》的法律法规来有效引导我国逐渐兴起的海外并购活动。有关企业并购投资的立法散见于《公司法》《证券法》中，为准备实施海外并购的中国企业及意欲赴我国并购的外国企业树立了无形的障碍，不利于中国资本更加有效地参与国际市场。

于是，为了系统整理各类重要复杂而又不断变化的政策法规，中国法律出版社委托大成律师事务所执业多年、长期从事投资并购法律实务和研究工作的律师编写了这本《中华人民共和国企业投资并购法律全书》，希望能够为从事投资并购活动的企业、中介机构及专业人士提供帮助。

本书由李雨龙律师担任主编。李律师具备丰富的实务经验，在公司证券与私募融资等领域具有丰富的法律实践操作经验，擅长投资并购与大型企业改制重组、公司治理与股票期权激励、金融信托等法律业务；此外，他也是一名学术型律师，著有《企业产权改革法律实务》《企业改制并购文书范本与操作指南》《公司治理法律实务》《投资并购经典案例法律评析》等著作。因此，由他来担任本书的主编，确为本书的准确性和权威性提供了保障。

本书是一部典型的法律工具书。自中国加入WTO以来，国内外资本在中国的投资并购经济活动日趋活跃，中国的投资并购政策也发生了深刻变化。本书收录了企业投资并购领域至2008年为止施行有效的全部法律法规、重要的部门规章、司法解释及其他法律文件。虽然其中涉及的部分规范性文件已经过修订和完善，但这部工具书仍能够为读者提供一个完整的“法律名录”，读者可以以此为基础，根据最新的法律动态对这个名录进行修改。

作为一部法律工具书，自然需要做到为读者提供切实有效的指引。在中国从事企业投资并购法律实务的人员，在实务中所面临的最耗时耗力的工作就是查找相关法律并进行情况核查，但正如前文所提到的，我国的相关法律非常分散和复杂，所以本书可以为其提供有效的帮助，可谓初入投资并购领域人士的福音。

本书第1章收纳了我国关于企业投资并购的一般性规定，其中涵盖了《中华人民共和国公司法》、最高人民法院关于适用《中华人民

图书基本信息

著　　者　李雨龙

出版信息　北京：法律出版社，2008

页　　数　611页

作者简介

李雨龙，北京市大成律师事务所高级合伙人，中华全国律师协会经济业务委员会委员、并购论坛委员，北京市律协国企改制专业委员会副主任。著有《企业产权改革法律实务》《企业改制并购文书范本与操作指南》《公司治理法律实务》《公司章程制定指南》《投资并购经典案例法律评析》等著作，多次受邀在中国法学会、中华全国律师函授中心、中国工业经济联合会、中国商业联合会、商务部培训中心、中国房地产协会、中国勘察设计协会等机构主办的大型会议上就有关法律专题发表演讲、讲座。在公司证券与私募融资等领域具有丰富的法律实践操作经验，擅长投资并购与大型企业改制重组、公司治理与股票期权激励、金融信托与私募投资等法律业务。服务的客户涵盖金融信托、投资基金、建筑房地产、商贸流通、新闻传媒、IT软件、医疗制药、机械制造等行业。

目　　录

第1章　一般性规定
第2章　国有企业的有关规定
第3章　上市公司的有关规定
第4章　金融企业的有关规定
第5章　房地产企业的有关规定
第6章　外资企业的有关规定

第7章　外汇的有关规定
第8章　税收的有关规定
第9章　工商登记的有关规定
附录　投资并购术语

共和国公司法》若干问题的规定（一）、《中华人民共和国合伙企业法》、《中华人民共和国反垄断法》、《中华人民共和国证券法》等法律法规。此外，本书的编写小组考虑法律的时效性问题，为了切实给相关人士提供帮助，将目录中提及的每一项法律、法规、部门规章、司法解释等都附上了生效或最新修订的时间，从中可以看出本书严谨和规范的精神。

这本书除了收录针对企业投资并购的一般性规定以外，还非常全面地涉及了其他更为具体和特殊的层面，包括以下8个方面：国有企业的有关规定、上市公司的有关规定、金融企业的有关规定、房地产企业的有关规定、外资企业的有关规定、外汇的有关规定、税收的有关规定、工商登记的有关规定。针对以上8项更具针对性的领域，本书均梳理出了相应的法律法规，能够为精专不同领域的律师或投资者提供帮助和指引。

改革开放以来，中国企业在国家的宏观调控下在国际舞台上取得了骄人的成绩，但也暴露出不少问题，从政府政策这方面来看，确有许多需要完善的地方。本书收录的法律法规虽然全面涵盖了我国投资并购的方方面面，并着意为相关人士提供指引，但我们也不能忽视其中不合理或需要完善的地方，比如我国目前缺乏一个国家级权威性的综合协调管理机构对跨国经营进行统一规划和合理布局。我国企业跨国经营的对口管理部门是商务部，但对外投资兴办海外企业也不同程度地受到国家发展计划委员会、财政部、国家外汇管理局及行业主管部门的管理，这通常使投资企业因接到不同政令而无所适从。但即便我国关于企业投资并购的法律法规存在着不足，在其完善之前，实务从业者仍需对其进行遵守和有效利用。

本书收录的相关法律法规非常全面，且编排合理、查询方便。如果读者是从事相关业务的律师或者投资者，那就一定要将此书作为必备工具。

100.《资本交易法律文书精要详解及实务指南》

资本交易极为复杂，对于参与其中的律师而言也是如此。它往往会考验参与律师对多个部门法的综合应用能力。不论实践中的资本交易活动如何变化，律师都需要将这些交易活动的交易方案、模式、过程、纪要、实施等内容集中表现于资本交易的法律文书中。

正因如此，这也对于现代并购律师的专业能力提出了更高的要求。幸运的是，在广大并购律师为此类问题一筹莫展之时，这本《资本交易法律文书精要详解及实务指南》应运而生，为律师工作者解决了文书这一现实难题。

本书的作者是十多年来始终活跃在并购一线，理论功底和专业功底都同样深厚的雷霆律师。他从自身多年的执业生涯中深刻地认识到法律文书技能对于一名专业并购律师的重要性。在本书出版以前，大部分的相关书籍都只是对于法律文书文本的简单罗列和堆砌，盲目地追求“大而全”，而鲜少有书籍会去深入解读相关法律法规，并认真讲解其中涉及的核心法律理论和实务要点。更重要的是，几乎没有一本书籍对于法律文书（合同、协议）的框架结构、核心条款等做出过深度的剖析和总结。雷律师正是发现了这些严重影响交易效果的问题，于是萌生了写作此书的想法。本书的特点可以从以下几个方面来进行简要概括。

第一，本书体例合理，内容全面。作者将本书分为 6 篇 21 个章节，通过 32 个图例、44 张总结表格、317 个示范条款和案例，以及 86 个实务提示的解析，将资本交易的核心理论、交易类型、交易模式、实务要点等呈现在读者面前。本书从第一篇的资本交易法律文书综述入手，并以此总领全书的结构；再以公司投资并购重组的流程为主线，分别介绍初步洽谈阶段、尽职调查阶段、正式谈判签约及实施阶段各阶段的核心法律文书。同时，作者还将一些

图书基本信息

著　　者　雷霆

出版信息　北京：法律出版社，2015

页　　数　716 页

作者简介

雷霆，执业律师、注册会计师、注册资产评估师。研究领域：英美公司法、合同法，美国联邦公司并购重组税收制度，离岸公司法原理及应用；中国公司法、投资并购重组原理及实务；中国会计法规及会计准则；中国税法（对并购重组的税制尤有研究）。超过 10 年的外资企业会计、法律和审计从业经历，目前在某大型企业集团从事公司法律、审计、会计及税务等相关工作。

目　　录

第一篇　资本交易法律文书综述
第 1 章　资本交易法律文书概述
第 2 章　投资并购合同的结构及通用条款
第二篇　初步洽谈（意向）阶段的法律文书
第 3 章　并购意向协议/谅解备忘录
第 4 章　保密协议/保密承诺书
第三篇　尽职调查阶段的法律文书
第 5 章　法律尽职调查提纲及指引
第 6 章　法律尽职调查报告
第四篇　正式谈判及实施阶段核心并购协议
第 7 章　公司新设投资及增资协议
第 8 章　公司股权并购协议
第 9 章　公司资产并购协议
第 10 章　公司合并协议

特殊类型的资本交易活动包括优先股认购协议、投资并购中的对赌协议、PE/VC 投资条款清单、PE/VC 有限合伙协议、集合资金信托计划和合同，以及股权激励计划和协议等集中归纳于第五篇之中；最后，笔者在第六篇里对公司减资、解散清算等收缩型的资本交易活动涉及的法律文书进行详细介绍。六篇内容，各有侧重，且在各篇中，又以不同的法律（外商投资企业法、上市公司法规）适用为辅线，分别针对外商投资企业、上市公司特定资本交易活动的协议及特别条款进行介绍，与其他各篇相辅相成，缺一不可。

第 11 章　公司分立协议
第 12 章　公司债务重组协议
第 13 章　实施阶段的其他重要协议
第五篇　特殊类型资本交易合同
第 14 章　优先股认购协议
第 15 章　对赌协议
第 16 章　PE/VC 条款清单
第 17 章　PE/VC 有限合伙协议
第 18 章　集合资金信托合同
第 19 章　股权激励协议
第六篇　公司减资、清算法律文书
第 20 章　公司减资法律文书
第 21 章　公司清算法律文书
附录
附录一　本书示例、实务提示及案例目录索引
附录二　本书主要参考文献

第二，本书内容精炼，理论与实务兼顾。一名优秀的并购律师往往可以从法律文书字眼之间看到其“背后”隐藏的交易活动，而不是单纯地只停留在法律条文。因为法律文书并不只是简单地在所谓的范本上进行“修修改改”，而是一项专业的活动，应当反映的是整个商业交易的模式、路径和具体内容。

本书全篇没有一句废话，不仅字字都是针对律师在并购实务中所面对的各种难题所进行的阐述，并且对于相关问题的概念也讲解得非常清晰，能够做到理论性与实操性相结合，实在是难能可贵。诚然，相比于传统的诉讼律师而言，非诉律师在现实世界里往往会被提出更高的要求，而且专业能力的体现无疑就是拟出一份完美的法律文书。此外，本书所依据的参考资料及涵盖的法律法规，例如《证券法》《合同法》等都是当下最新版本，故读者们不存在信息过时的担忧。

最后，本书不随波逐流，敢于挑战权威。除了针对各类并购协议中的条款做出分析之外，作者对于具有代表性的案例的评析也十分精彩。对于法院已经做出判决的案例作者能够敢于提出自己不同的意见和看法，并且对于自己的专业能力十分自信，也坚信自己的立场。这一点勇气和自信，也是值得现代律师不断学习的。除此之外，作者也非常善于利用图表和公式表述问题，

对于英文标注等细节也非常在意，这与法律人重细节的特征不谋而合。也正因为此，本书无论是语言严谨性还是内容客观性，都在同类书籍中出类拔萃。

金无足赤，人无完人，本书也不是十全十美。本书主要是从律师角度来探寻资本市场之中的交易规则，对于其他角度例如投行、企业家等没有提及，若能从多方出发考虑交易文书制订与编写，也许会锦上添花。

总体而言，本书语言平实，逻辑清晰，对于资本交易法律文书的拟定和条款的设计论述也十分精彩。若读者是立志进入并购律师行业或者是对于并购文书设计感兴趣的人士，可翻阅此书以一览其精华，相信一定会有所收获。

101.《合并与收购：理解反垄断问题（原书第3版）》

进入21世纪以来，伴随着世界经济的持续繁荣及各国之间的交流与联系日益紧密，商业合作形式也开始不断地变化。

以美国为首的老牌资本主义发达国家仍不遗余力地在全球资本市场上攻城略地，而以中国为典型代表的发展中国家也开始不甘落后，向前追赶。单纯的内生式增长早已无法适应当前的市场环境，而在竞争激烈的现实之中，企业若想继续存活，那么以兼并收购为典型代表的外源式增长方式将是“性价比”极高的一种选择。

这本《合并与收购：理解反垄断问题（原书第3版）》的作者是美国律师协会反垄断分会，而译者是现为中国社会科学院国际法研究所助理研究员、中国社会科学院国际法研究所竞争法研究中心秘书长的黄晋先生。作者在本书中不仅对合营企业、纵向合并、混合合并、潜在竞争理论、司法救济和救济措施及美国反垄断法对跨国交易的适用等重要问题进行了评述，还谈到美国联邦执法机构的合并审查过程与程序，并简要讨论了州一级的合并执法活动。可以说，这本书囊括了所有对于现行美国反垄断执法现状最全面、最前沿的分析。可见，本书不论是从适用性、信息更新程度还是经验的可借鉴性上来讲，都是非常出色的。

作为一本专业理论性较强的书籍，本书没有教科书式地照本宣科，也没有不切实际的高谈阔论。该书的作者美国律师协会反垄断分会不仅始终关注对著述本身内容的概括，并且更加关注推理条例本身的设计背景及逻辑推理，从而使得本书内容极其精炼和实用。

图书基本信息

英文书名 Mergers and Acquisitions: Understanding the Antitrust Issues

著　　者 美国律师协会反垄断分会

译　　者 黄晋

出版信息 北京：北京大学出版社，2012

页　　数 467页

作者简介

美国律师协会（ABA）反垄断分会，是由对反垄断法、贸易规制法、消费者法有浓厚兴趣的律师组成的专业性机构，出版了大量高质量的反垄断法著作。

目　　录

第1章　美国反垄断法适用概述
第2章　美国执法政策与程序
第3章　市场界定与测量
第4章　横向并购：证明可能发生的反竞争效果
第5章　反驳结构性推定
第6章　效率
第7章　可能的抗辩
第8章　合营企业
第9章　潜在竞争理论
第10章　纵向并购
第11章　混合并购

和机械的罗列条文相比，本书对于相关法案的历史及运用都有一定篇幅的概括。本书以《联邦并购指南》为解决大部分问题的依据，并在之后的问题论述中将实际案例与《联邦并购指南》相结合来解释问题。美国发垄断法的制订初衷不是让个别竞争者远离激烈竞争的“混战”或者阻碍两家企业资源合并所获取的商业效率。反垄断法适用于合并与收购，旨在确保这些交易不会产生、增强市场力量或者便利市场力量的行驶，从而使一家或者一家以上的企业有能力“在某个显著期间将价格提高到竞争水平之上”。

作为一本全面评论美国合并实体法的著作来说，本书比一般的评论类书籍更加注重内部分析与交易方法的运用。本书非常强调遵循规则且不拘泥于规则这一理念。比起固步自封地盲目规制，作者更希望可以引领读者详细地去了解交易背后的理论及方法，从而更从容地面对竞争及垄断问题。

本书从第三章的市场界定和测量起步，进而转向对交易引起的可能存在的协调和单边效应进行讨论，然后集中讨论了影响当事人责任的减轻因素，引领读者详细了解了对交易运用的实体分析方法。不止于此，本书还另立章节，分别讨论了合营企业背景下和纵向合并、混合并购中产生的问题，对于潜在竞争理论，本书也有论述。

作为一本专门研究并购中反垄断领域的非百科全书式的法律类书籍来说，本书不仅注重对于反垄断领域最重要的相关法律的介绍，并且还非常注重对于相应章节所述问题背后经济原则的探讨。例如在本书的第三、四、五、六、九、十章中，都拓展了大量的经济学内容。这些内容由经济学家撰写，简单易学，深入浅出，不仅为广大读者提供了深入理解相关经济问题的可能，并且还为其提升了以一种经济学角度考虑问题的思维高度，对于从未接受过经济学训练的读者而言，这无异于雪中送炭。书后的附录是关于美国几部较为重要的反垄断法律及相关的案例评析，为读者内化及参考运用知识提供了极大的便利。

当然，本书精华非以上几点所能全部概括，列举出来无非是为了抛砖引玉。但遗憾的是，本书也有些许不足。虽然本书的第二章涉及了联邦机构的合并审查过程和程序，然而本书没有寻求对此进行详细说明。此外，尽管该书简要讨论了州合并执法，但也只是浅尝即止，没有深入挖掘，并且本书对于外国合并审查制度部分的内容也没有进行论述。

但瑕不掩瑜，有不足才会有进步的空间。总体而言，本书算是关于并购中反垄断领域的经典佳作之一。其译文通俗易懂，语言平实且忠于原文，读者的受众范围也非常广泛。无论是有经济学训练或者是没有任何基础的读者，都建议翻开此书看看，相信一定会爱不释手。

102.《美国并购审查程序暨实务指南（原书第3版）》

对于打算赴美并购的企业来说，美国的反垄断审查是一件令人望而生畏的事情，其审查过程可能会非常烦琐、昂贵且耗时。事实上，无论是赴美并购的企业还是美国的本土企业，在实施并购交易时，对反垄断问题的考虑和应对都是不可避免的。因此，美国的律师协会反垄断分会编写了一部关于美国并购交易反垄断审查的实用手册——《美国并购审查程序暨实务指南》。

然而相比于美国的本土企业而言，中国企业可能更需要这样一个系统的实务指引，于是译者李之彦和王涛便为中国读者带来了这部实用手册的中文译本，为赴美并购的中国企业提供了巨大的帮助。

在实务中，涉及反垄断的交易必须向美国司法部反垄断局或联邦贸易委员会进行申报，符合申报条件的交易将步入反垄断审查程序。那么如何判断一项交易是否需要进行申报？申报材料中必须涵盖哪些信息？审查是如何进行的？如果交易遭到了反对，可以采取哪些应对措施？最为重要的是，如何才能够加快审查过程，使相关成本最小化，并提高获得实效的可能？

本书针对以上这些问题做出了全面的解答和指引，对美国反垄断执法机构的经营者集中审查过程做了详尽的介绍：第1章介绍了相关法律渊源、执法机构设置、审查过程概述和保密机制等背景信息，随后以专章形式对申报前商谈机制、申报文件的准备和申报程序、初始等待期、进一步审查程序、未达申报标准交易的处理、第三方如何参与反垄断调查、以非诉程序解决审查争议等重要问题做了细致的讲解。更为难得的是，本书的附录内容异常丰富，编者精心挑选了大量的申报文件范本，为正文的阐述提供了生动、翔实的例证。两者配合，相得益彰，定能使读者全面了解美国的并购反垄断审查制度。

图书基本信息

英文书名 The Merger Review Process: A Step-By-Step Guide to U. S. and Foreign Merger Review

著　　者 美国律师协会反垄断分会

译　　者 李之彦；王涛

出版信息 北京：北京大学出版社，2011

页　　数 562页

作者简介

美国律师协会（ABA）反垄断分会，是由对反垄断法、贸易规制法、消费者法有浓厚兴趣的律师组成的专业性机构，出版了大量高质量的反垄断法著作。

目　　录

前言　兼并、购并，及大规模重组
第1章　背景
第2章　HSR申报的前期准备
第3章　初始等待期
第4章　按照进一步审查令准备材料
第5章　答复进一步审查令之后的工作
第6章　对未达申报标准的并购进行处理
第7章　第三方对并购调查的参与
第8章　无需经过诉讼而最终解决竞争问题

书中除了揭示从申报前阶段到可能经过的非诉解决阶段，再到审查机关异议阶段的整个审查过程做了介绍外，还谈到了对不受《HSR法》的申报规定约束的交易的调查问题，阐述了非《HSR法》项下的交易何时会受到调查及这些调查与《HSR法》项下审查的具体差别。本书介绍了审查机关和当事方及其律师可以采取的步骤。更为珍贵的是，它还提供了当事方及其律师在审查过程的每个步骤中必须做出的战略决策。

这些决策与实务直接对接，而非仅谈理论上的可操作性，比如本书第3章在探讨律师应对反垄断问题时可采取的“技术性选择”时，提到虽然律师可以在申报后的初始等待期内与政府取得联系以避免被发出“进一步审查令”，但同时也强调，绝大多数的HSR申报事项并不涉及反垄断问题，等待期的提前终止是惯例，所以通常并不鼓励律师去做出了申报文件以外的任何事情。因此，读者从本书中不仅可以获取应对反垄断调查可采取的各种措施，还能够知悉这些措施在实务中的具体适用情况和实务建议，不得不说，本书是一部深刻立足于律师实务需求的指南性著作。

反垄断审查中的关键节点是审查机构是否发出了“进一步审查令”，进一步审查令是调查机构发给交易方的一项关于补充信息和文件材料的命令。其关键性在于，交易方如果没有收到进一步审查令，通常就意味着这项交易不会受到进一步审查，也就意味着审查的结束；而如果被发出进一步审查令，交易方将面临调查进程的延缓及时间、费用的更多投入，与此同时也为这项交易增添了许多不确定性。

因此，交易双方及其律师需要谨慎对待这一问题，而本书也非常关注这一问题。在第 3 章至 5 章对被发出进一步审查令的原因、应对方法、需要准备的材料及答复后的工作都进行了全面、客观的介绍。不仅如此，本书附录 2 中还提供了“美国律师协会关于联邦并购调查与进一步审查令合规工作的指南”。这份指南由反垄断分会在充分征求联邦贸易委员会和司法部这两大反垄断执法机构的人员的意见后制作的。它就如何在解决问题的框架内履行该程序，从而最大限度地提高并购审查的效率和效果问题，为律师及执法人员提供了切实可行的操作建议，是反垄断实务工作人员的必备参考资料。

本书对申报及反垄断调查的程序性问题做了全面而实用的介绍，但并不是一步关于并购实体法的专著，其所专注的是联邦机关的并购审查过程和程序。因此读者也可以关注反垄断分会出版的《并购中的反托拉斯问题解读》一书，它对美国的联邦反托拉斯实体法做了全面的介绍，可以与本书共同帮助读者理解和应对并购中的反垄断申报和调查问题。

美国律师协会反垄断分会的克莱顿法委员会主席在为本书所写的序中提到：“这本《实务指南》的目的是使得联邦并购审查变得更加透明、更容易理解、更加便于当事人及其律师操作，使其在审查过程中尽可能取得好的效果。”这句话非常公允地评价了本书。它着实是一部贯穿整个反垄断审查程序的详尽指南，是反垄断律师甚至是执法人员必不可少的工具书。

103. Corporate Governance and Regulatory Impact on Mergers and Acquisitions《公司治理与监管对并购的影响》

作为以公司经营为目标的来自内部和外部的规范性活动，公司治理与并购监管算得上是新鲜概念。尽管它们事实上早已经与公司和公司所从事的并购相伴随，但正式引起广泛关注和普遍性认同还是在人类进入21 世纪之后的事情了。这与 2002 年前后发生在美国的大规模的公司财务丑闻有关，特别是与美国国会通过的《萨班斯法》有关。

由金融学专家格雷格·N. 格雷戈里乌和吕克·伦尼布格合著的《公司治理与监管对并购的影响》一书，专门讨论了公司治理和国家的并购监管制度与并购的关系，让我们有机会以并购为出发点和落脚点深入了解公司治理和并购监管这两个正日益受到重视的问题，从而进一步增进我们对并购本身更全面的认识。

与其他并购著作比较，《公司治理与监管对并购的影响》一书在观察问题的视野、分析问题的角度和表达观点的方式等方面都有所不同。

首先，这是第一部将公司治理、并购监管和并购放在同一个框架内进行综合性研究的著作。在过去，有专家对并购与公司治理的关系进行过研究，比如在 2004 年《兼并与收购动向》（第三卷）中阿南特·森德拉姆（Anant K. Sundaram）以“并购与公司治理”为题发表过研究成果；也有专家研究过并购监管与并购的关系问题，比如阿迪蒂·巴格奇（Aditi Bagchi）在 2005 年的《美国比较法杂志》发表“兼并监管的政治经济学”文章。但是，还没有人将公司治理、并购监管与并购这三者联系起来一并进行观察和研究。《公司治理与监管对并购的影响》在这方面毫无疑问具有开创

图书基本信息

中文书名 《公司治理与监管对并购的影响》

著　　者 格雷格·N. 格雷戈里乌（Greg N. Gregoriou）；吕克·伦尼布格（Luc Renneboog）

出版信息 Elsevier Science Publishing Co Inc.，2007

页　　数 304 页

作者简介

格雷格·N. 格雷戈里乌（Greg N. Gregoriou），纽约州立大学金融学教授，讲授国际金融、货币与资本市场以及公司金融等课程。自2003 年任教纽约州立大学，出版了 50 部著作，发表了 65 篇学术论文。其中，有 4 部著作翻译成中文和俄文。担任《资产管理》《财富管理》和《金融机构风险管理》等多家刊物编辑。他的一些观点在国际媒体上被广为引用，其中包括《纽约时报》和《伦敦金融时报》。

吕克·伦尼布格（Luc Renneboog），荷兰蒂尔堡大学公司金融教授。他的研究兴趣涉及公司金融、公司治理、公司社会责任和并购等。在牛津大学出版社和荷兰Elsevier 出版集团出版了多部与人合著或合编的著作。分别在《金融学杂志》《金融经济学杂志》《美国经济评论》《管理科学》《战略管理杂志》《法与经济学杂志》《公司金融杂志》《银行与金融杂志》《剑桥经济学杂志》及《牛津经济政策评论》等著名学术刊物上发表大量论文。

性。它帮助读者从公司内部和外部两个方面来观察监管制度对并购的影响，扩大了分析和研究问题的视野。

目　录

1. 了解并购：公司治理与监管问题
2. 兼并法律对兼并活动的影响：国际经验
3. 跨国并购中的治理动机
4. 公司治理通过跨国并购而趋同：安内特公司案
5. 恶意收购的目的何在？
6. 公司治理与收购：荷兰收购者的财富效应
7. 欧盟收购监管与一股一票争议
8. 并购售后市场的机会
9. 估值方法与德国的兼并实践
10. 股份回购、机构投资者与公司控制权

其次，这本书为我们分析公司治理和并购监管与并购的关系问题提供了多重角度。该书由 10 个部分构成，而给我们提供的分析问题的角度则多达五六个。第 2 部分《兼并法律对兼并活动的影响：国际经验》使用的是全球或国际视角，第 7 部分《欧盟收购监管与一股一票争议》属于区域视角范畴，而第 6 部分《公司治理与收购：荷兰收购者的财富效应》和第 9 部分《估值方法与德国的兼并实践》可视为国别或国内视角。第 3 部分《跨国并购中的治理动机》和第 4 部分《公司治理通过跨国并购而趋同：安内特公司案》则分别以并购为切入点，显然关注的是公司治理和并购监管对“跨国性”的并购的影响。如此之多的分析问题的角度，虽然可能在视角转换上带给读者一些困难，可也着实展示了有关研究对象的全方位图景，让人产生不偏不倚的感觉。

最后，这本书的学术性很强。该书的 10 个部分分别由 17 位作者撰写。在这些作者中，多数来自大学和研究机构。他们所进行的研究涉及案例分析、统计分析、实证分析和比较分析等多种方法。整本书中，图表数据占有很大比重。

总的来讲，《公司治理与监管对并购的影响》是一本具有开创性的专业并购著作。因为其较强的学术性，它更适合并购专业研究者阅读。当然，对公司治理和并购监管有兴趣的读者，也可以有针对性地选择部分进行探究，毕竟这本书的各个章节是相对独立的。

104. Mergers and Acquisitions：Law & Finance《并购：法律与金融》

如果我们把金融活动比作博弈中的一种游戏，那么游戏玩家及游戏规

则，就是问题的本质。如果游戏的玩家根本就不了解游戏的边界，而规则的制订者也无法有效监督规则的实施，那么游戏玩过界是必然的。

金融危机中的这种情形，同样适用于并购交易活动。在任何一项并购交易中，玩家也有多个。他们或者是公司董事会或管理层，或者是投资银行家，或者是会计师，或者是公司律师。然而，无论玩家多寡，根据并购交易的性质，真正的玩家主要只有两类，一个是交易计划制订者，另一个则负责计划的实施。前者以金融人为代表，而后者是法律人。法律人通过设计交易结构、进行尽职调查、参与或主持谈判和起草法律文件以落实或实施并购交易计划。在很大程度上，法律人对一般公司业务的了解，以及对所参与其中的各种特定金融活动的熟悉，是保证并购交易顺利进行的条件。

美国著名商法专家罗伯特·B. 汤普森撰写的《并购：法律与金融》一书，正是希望帮助并购律师拓展法律之外知识视野，以“在交易中创造更大的价值”。这本书由15章构成，主要讨论并购交易的法律和金融问题，是一本美国法学院学生课程学习的教材。但是，在结构或体裁上，它又不像是典型的美国法学教科书。一般的美国法学院教科书主要包括文本、案例和资料几个主要部分。而这本书有比较多的论述，除了引用一些经典案例外，并没有其他资料相辅佐。而且这些案例紧紧扣住主题，是对作者在各个问题上的基本观点的补充。更主要的是，该著没有像其他教科书那样面面俱到，只是围绕着并购交易中的几个与金融和法律相

图书基本信息

中文书名　《并购：法律与金融》

著　　者　罗伯特·B. 汤普森（Robert B. Thompson）

出版信息　Wolters Kluwer Law & Business, Second Edition, 2014

页　　数　672页

作者简介

罗伯特·B. 汤普森（Robert B. Thompson），美国乔治城大学商法教授，专长于商业组织和证券监管。在加入乔治城大学之前，他曾经先后在华盛顿大学和范德比尔特大学任教。独立或与他人合作出版多部著作，其中包括再版7次的《公司与其他商业组织：案例与资料》。

目　　录

前言
第1章　并购为什么发生：宏观经济趋势
第2章　导致并购的金融和经济诱因
第3章　交易的法律架构
第4章　交易战略：出价方观点
第5章　目标公司观点：保持独立，或从第一个或其他出价方争取最佳交易
第6章　防御战术的司法审查
第7章　毒丸
第8章　影响投票权的防御
第9章　估值的财务基础
第10章　现金兼并
第11章　溢价出售控制权
第12章　信息披露与使用的限制
第13章　财务重组
第14章　维权股东

第 15 章　国际交易
附录一　特拉华州普通公司法
附录二　联邦法规和监管

关的问题而展开的。

这本书除了体例上表现出与众不同之外，在内容方面还有以下几个特点。

第一，以并购的“交易过程”为重心。一项并购从始至终，是一个环环相扣的系统，大体包括三个阶段：交易前、交易中与交易后。交易前阶段是项目的计划或规划，交易后阶段是项目的整合，而交易中则是项目的目标选择、价值评估、尽职调查、谈判和交割。虽然三个阶段都很重要，各自扮演着不可或缺的角色，但是交易中阶段或交易过程是实质性的。法律人在并购中的作用主要体现在这个阶段。本书作者如此安排，其意图非常明显，那就是法律人或许不能主导并购战略计划的制订和决定公司合并后整合的成败，可是不能不对并购的交易过程质量和结果负责，而应当精通该交易过程的每一个细节。

第二，侧重并购交易的金融财务层面。作为其基本职业技能，法律人一般擅长交易的谈判和法律文件的起草。而在并购交易过程中，这些并不是全部。并购交易项目的尽职调查、估值及交易结构的安排等都是至关重要的层面，都需要法律人的参与甚至主导。而缺乏金融财务的知识背景，法律人是不可能做好这些工作的。该著用比较大的篇幅讨论金融财务问题，对法律人是有实际运用价值的。

第三，案例的适用恰到好处。对于非英美法律文化下成长起来的人，一般难于驾驭以案例、法规和资料为主要元素的法学教科书。如果不经历长时间专业训练，这些法学教科书会让人产生一种支离破碎的感觉。本书在 672 页的篇幅中总共涉及的大大小小案例约有 100 个。应该说，案例渗透到了本书的每一个部分。不过，通读全书，读者不会有像读其他法学教科书那么强烈的感觉。这多少得益于作者的细心考量。首先，作者选用的大多数是并购领域的经典案例，读者对其不会完全陌生；其次，案例都列在主题论述之后，作者的相关评议可以为读者理解案例提供线索；另外，所引用的这些案例多半相对完整。

本书在形式和内容上所具有的这些特征，让我们有充分理由相信它是一部有价值的并购专业著作。如果读者希望了解并购交易过程的法律和金融层面的问题，那该著是最合适不过的阅读对象了。当然，它更适合那些缺乏金融财务背景而又从事并购实务的法律人阅读。

105. Mergers and Acquisitions Law《并购法律》

在美国，不少法学院、商学院都设有专门的并购课程或者并购研究课题，可见，并购在美国已呈专业化和职业化的态势。当然，这也不足为怪。自20世纪20年代发生的第一次并购浪潮以来，美国一直没有停止过对并购的相关实践和研究。它不仅完整地历经了世界上发生过的并购浪潮，还形成了健全的并购法律制度。对于美国的并购从业者尤其是并购律师来说，熟悉这些并购法律并掌握其适用方法是至关重要的。同样，对于中国从事海外并购的律师来说，熟悉美国的并购法律也是赴美并购旅程中一项必不可少的技能。

图书基本信息

中文书名 《并购法律》

著　　者 威廉·K. 索斯特伦，Jr.（William K. Sjostrom，Jr.）

出版信息 Carolina Academic Press，2014

页　　数 662页

作者简介

威廉·K. 索斯特伦，Jr.（William K. Sjostrom，Jr.），是一名法律教授，并且是亚利桑那大学杰姆斯·E. 罗杰斯法学院的商业法项目的主任。

目　　录

第1章　引言
第2章　交易构建的相关法律适用
第3章　公众公司并购交易
第4章　交易构建的考虑因素
第5章　并购交易中的法律文书
第6章　敌意收购
第7章　经理及控股股东的信托责任

威廉·K. 索斯特伦，Jr.（William K. Sjostrom，Jr.）所著的这本《并购法律》是一部完整介绍美国并购法律制度及其适用的书作。作者自身是一名大学教授，且是亚利桑那大学商业法项目的主任。他编写这本书是以教学为目的的，因此本书的内容完整具体，语言也非常平实易懂，可读性非常高。另外，本书还有以下几个特点。

本书的内容是从并购律师的角度出发的。作者从事过企业内部律师的职务，也以外部律师的身份担任过企业的法律顾问，在并购实践中经手过多项并购交易，因此深知如何选择本书的内容和深度。读者不必担心其中会有深奥的理论，因为这些理论都被作者化解为通俗的语言，并转化为最符合并购律师工作需求的形式。

书中列举了大量真实的并购法律文书条款。作者在书中不但列举了一些由并购律师起草的法律条款，还对其进行了修改、评论和分析。读者可以从中了解并购律师在实践中的具体工作，也可以学习如何进行相关的文书写作。

本书注重实践教学的方法。作者在书中设置了大量的习题，习题的设计非常贴近并购实践。有些习题中甚至还包括完整的法律文书，比如一项并购协定或者兼并计划，需要读者利用阅读所学的知识进行解答。通过练习，读者可以学习如何将纷繁复杂的问题系统地安排到一项法律文书中，并可以培养出专业的并购律师必需的规划和解决问题的能力。

作者在书中用简洁的语言对烦琐的法院案例进行总结。对书中附有的一些真实法院判例，鉴于烦琐冗长的法院判例碍于读者的阅读和理解，作者对这些判例用简洁的语言进行了删减和编写。这样读者就可以节省大量的时间，直击并购实践的核心。

本书的内容主要是讲解美国的并购法律制度及适用，在美国的国内并购中，一项并购交易至少要考虑三个层面的法律适用：州级公司法、公司证券法及反垄断法。而对于赴美并购的中国企业来说，除了要考虑以上三项之外，还需要应对美国的外资并购国家安全审查。美国是一个联邦制国家，不同州之间公司法的规定也不尽相同，作者以两部重要的公司法为依据，讲解了并购中三项主要的公司法律问题。这两部法律分别为适用于美国三十二个州的《示范公司法》（MBCA），以及美国50%的公司注册所在地特拉华州的《特拉华州普通公司法》（DGCL），它们在美国适用的最为广泛。

需要注意的是，一项并购协议有效与否直接关乎交易的成败，而与并购协议生效密切相关的是这项交易是否按照公司法的要求处理好了以下三项问题（在友好收购中）：董事会批准，股东审议通过，股份收买请求权的处理。在不同的并购类型中（资产收购、股权收购、兼并、股权置换），公司法的适用也是有差异的。

比如，在资产收购类型中，《示范公司法》对标的公司董事会的批准问题做了以下规定：如果交易的达成需要标的公司股东会的预先批准，那么也需要董事会对这项交易进行批准；但如若没有做这样的要求，就需要参照代理人法的规定来评判这项交易是否超越了管理人员的代理权范围，如果超越了其代理权范围，则依旧需要经过董事会的批准。而《示范公司法》对股权收购中的同一问题则没有做任何硬性规制，因为股权收购是收购方与标的公司股东之间的活动，而不是与标的公司本身之间的活动。即便如此，为了避免违反代理人法的相关规定，无论是资产收购还是股权收购，并购交易双方的律师一般都要求双方的董事会对这项交易进行预先批准，以减少不必要的风险。并购交易中与公司法相关的问题处理起来确实非常繁杂，但其重要性又是不言而喻的。作者区分收购类型、适用的法律及涉及的问题，对相关的法律规定进行逐一介绍和分析讲解，着实非常翔实和细致。因此，本书可谓一部并购法律实务指南。

作者在书中并没有表达出过多的主观色彩，而是客观地介绍并购律师在实践中的工作，并讲解如何完成这些工作。因此，本书有一点稍显遗憾，即欠缺了并购中相关的经验和技巧的传授。但本书着眼之“微观”也是其他书作不能比拟的，读者甚至可以参照书中的讲解初拟出一份并购协议。另外，本书的内容虽然受限于美国的并购法律之内，但还有一些关于并购的通用知识，这些内容对于并购初学者来说是非常不错的学习资料。而且基于本书是对美国并购法律制度的完整介绍，它对海外并购律师也有很高的实用价值。

106. The Art of M&A Structuring: Techniques for Mitigating Financial, Tax, and Legal Risk《并购架构的艺术：缓解金融、税负和法律风险》

歌德曾说：“建造大厦需要做三件重要的事情：选择正确的位置、建造牢固的地基及成功地修建。”并购交易与此类似，其顺利实现需要交易双方就以下三件事项达成一致：交易价格、交易条款及交易结构。这三项因素在交易中并非彼此独立，而是相互依赖的关系，均会对交易结果产生重要影响。

并购领域中的一句俗语：“你定价格，我定条款，每次我都胜过你。”讲的就是这个道理。由此也可见，一项并购交易的完成并非仅敲定价款那么简单，构建交易结构也是其中重要的事项。而这本《并购架构的艺术：缓解金融、税负和法律风险》为读者带来了针对交易构建的专题讲解，展示了构建交易的细节问题，并帮助读者构架一个能够令各参与方都获益的并购交易。

并购领域的大部分人士一定对本书的著者不陌生。作者亚历山德拉·里德·拉杰科斯是一位著名的并购专家，曾独著或与他人合著过多本“并购的艺术”系列书籍。此系列的书作因其特色鲜明的“一问一答”方式而广受读者的喜爱跟好评，且其中有多本被译为中文，成为较早引进中国的外文并购类书籍之一。作者在本书中依旧沿袭了此前的问答模式，并与优秀的并购律师 H. 彼得·内斯沃德共同完成了本书，为并购中非常重要的交易构建问题做出了精彩地解答。

通常情况下，交易双方需要做的有关交易构架的决定包括以下三部分内容：一是交易实施的法律形式（兼并或收购）；二为会计处理（商誉、减损支出、股票收购、资产收购等问题）；三是税负处理（应税交易或税款递延交易）。本书第 2 章对前两部分内容做了详细的介绍，其中介绍了交易可以采取的法律形式，以及不同形式各自的优劣势，并回答了关于最新“购买法会计准则”的一系列问题，为读者勾勒出了处理会计问题的框架。这些法律和会计问题也常常出现在并购的其他一些特殊情形中，如特殊目的公司、控制权变更、融资等问题，此外，员工持股及补偿问题也会为交易的构建带来难题，这些问题均在本书第 3 章得到了全面的解答。

对于交易构建中的税负处理问题，本书进行了重点解读。第 4 章解释了一些基本的税务概念，比如常见的税务计划、基本的税务结构、债务和股权对税务结果的不同影响等；第 5 章和第 6 章对一些关于应税交易和税款递延交易的细节问题进行了讨论。且为了更加简明地向读者介绍不同的税务结构，作者对一些税务结构安排如“应税的前向兼并”“应税的反向兼并”“免税的前向兼并”等，利用简单的图表

图书基本信息

中文书名 《并购架构的艺术：缓解金融、税负和法律风险》

著　　者 亚历山德拉·里德·拉杰科斯（Alexandra Reed Lajoux）；H. 彼特·内斯沃德（H. Peter Nesvold）

出版信息 McGraw-Hill Education，2004

页　　数 394 页

作者简介

亚历山德拉·里德·拉杰科斯（Alexandra Reed Lajoux），是美国企业董事联合会的高级研究分析员、全美企业协会主办的《企业家月刊》的总编辑、Alexis 公司的创立者与公司主席。她在公司治理、企业并购、国际贸易及企业财务等方面著述颇丰。她的邮箱是：arlajoux@ aol. com。

H. 彼特·内斯沃德（H. Peter Nesvold），是一名特许金融分析师（CFA）和注册会计师（CPA），曾在杰弗里公司担任过总经理。他还在 Lazard 资产管理公司担任过证券投资经理，曾是谢尔曼特林律所的一名并购律师。他还与他人合著了《并购的艺术》及《并购构建的艺术》等书。

目　　录

第一部分　交易架构
第 1 章　为构建并购架构做准备
第 2 章　法律和会计问题
第 3 章　特殊情况和问题
第二部分　税务减缓
第 4 章　并购税务原则

辅助进行解读，使读者能够更迅速和便利地认识不同的税务结构安排。

第5章　应纳税交易
第6章　免税以及税款递延交易
第三部分　特别情形
第07章　债务重组、破产和清算：问题企业的交易架构
第08章　战略联盟和合资企业
第09章　战略投资和少数股权投资
结论　交易文件的编制

纵使本书对交易构建中的税务安排问题做了全面和精彩的解答，但基于这些问题的复杂性，本书并没有深入和展开讲解，而是对此做了一次初步介绍和归纳。因此在实务中，经验丰富且专业的税务专家依旧是无可替代的。

商界是一个充满风险的世界，管理者稍不留神就可能使公司出现财务问题。确实如此，每年都会有无计其数的公司走向困境，面临着债务重组、清算、破产等痛苦抉择。针对这些不可避免的问题，作者在本书中也进行了关注。本书提到，出现财务问题可能并不意味着一个公司的终结，也可能意味着一个新生的机会，因为公司所有者或收购方可以通过合适的结构安排，帮助公司避免走向破产或助其从破产中重生。本书第三部分对公司如何通过债务重组实现公司的“起死回生”进行了详细地介绍，并对战略联盟、合资企业、战略投资和少数股权投资等商业活动应如何进行法律、会计和税务上的结构安排做了充分地介绍。至此，读者会发现本书不但对兼并、收购和接管的交易构建进行了解读，还对其他一些特殊情形的交易构建也同样进行了讲解，几乎涵盖了公司可能需要的全部有关交易构建的问题，内容充实而全面，读者可以轻松地从这些问题中找到需要的内容。

最后，作者强调，无论是收购5%的股份还是所有股份都需要参与者同样谨慎地考虑其中的法律、会计及税务安排问题。是的，“魔鬼往往藏在细节里”，并购的成功需要双方对交易进行谨慎规划和构建，不但需要避免风险，还要尽可能地使各参与方都能从中受益。如果您在寻找一本细节与全局兼备，且内容清晰明了的书籍作为构架交易的指引的话，那本书一定是最适合的。它能够帮助您减轻或避免其中一些可预见或不可预见的风险，是一部经得起时间检验的诚意之作。

107. The Management of Mergers and Acquisitions《并购管理》

大多数负责过并购交易的管理人员想必都会有这样的经历：你觉得自己就像一个忙碌的消防队员，不停地在灭“火”，但这些“火焰”总是一波未平，一波又起。确实，这正是并购中管理人员的工作常态。也许你能够从一次次的“灭火”实践中总结出经验，但不妨去尝试寻找“着火”的原因，学会从源头预防它的发生。那么管理人员应该如何寻找“火源”并进行预防？菲利普·维理教授的这本《并购管理》将为您指引方向。

这本书的法语版本在法国获得了名望颇高的“人力资源管理年度最佳图书奖”，可见读者对它的喜爱程度。美国经济咨商局的首席研究员史蒂芬·盖茨也如此评价本书：“菲利普·维理教授为我们提供了关于并购程序的一个非常详细、全面的指导——从标的公司选择直到整合阶段的完成。他结合自身的研究成果，并利用其独特的语言风格为我们讲述了 7 个情节跌宕起伏的并购故事。无论你是并购专家或仅是一名商学院的学生，你都将从这本书中获得对并购程序的深刻理解。”那么，本书到底有哪些特色竟令其如此倍受好评？

首先，它借以精彩细腻的故事引入所述的内容。作者说，研究人员常常从管理人员那里获取故事，而他作为一名研究人员，将在这本书中为管理人员讲述关于并购的故事。这些故事并非完全虚构，而是来源于作者过去 10 年间接触的真实案例、相关会议或采访，通过整合这些信息并结合自身的研究成果，在每章开头都讲述了一个内容不同但同样精彩的故事。

图书基本信息

中文书名　《并购管理》

著　　者　菲利普·维理（Philippe Very）

出版信息　John Wiley & Sons Ltd，2004

页　　数　192 页

作者简介

菲利普·维理（Philippe Very），法国北方高等商学院的副院长，同样也是一名战略管理教授。他自身著有很多关于并购的文章，也常与美国及英国很多高校都有合作研究的项目，这些研究成果都发表在业界知名的学术期刊上。维理教授也会担任公司的咨询工作，帮助公司改善收购过程。这本《并购管理》的法语版本在法国还获得了“人力资源管理年度最佳图书奖”。

目　　录

第 1 章　并购的失败是一个管理问题
第 2 章　收购两大动因——自我因素和地理因素
第 3 章　选择合适的并购领导人员
第 4 章　并购中的主要问题
第 5 章　探索并购中的文化维度
第 6 章　重视经验，同时保持警觉
第 7 章　全方位监管整合程序

其实，每一项并购交易的实施过程都并非充满了各种理性因素，而是充满了种种关乎人性的情感：焦虑、愤怒、恐慌、沮丧……但一般的公司案例会屏蔽掉这些情感因素，仅为我们呈现“冷冰冰”的事件，而作者用其细腻的文笔，将真实世界里的人物情感通过故事呈现给大家，并告诉我们真实世界中的并购决策很少是完全基于理性的。

因此管理人员在处理并购的相关事宜时，务必要将这些“非理性”因素考虑在内。通过这些有趣的故事，本书能够强烈地吸引读者的兴趣，读者可以通过分析这些故事，总结并购中的常见问题并寻找解决的方法。

其次，本书将并购的失败归结为管理问题。并购的成败经常会被利用各种数据来衡量，因此通常情况下，管理人员在一项并购交易的实施过程中会异常看重各种财务数据。并购问题因而也被简单归结为一个“数学中的计算”问题，甚至于管理人员普遍认为计算的失误必将导致并购交易的失败。作者非常坚定地否决了这个观点。他认为并购的失败应当归结为管理问题，这些问题包括利害之处的辩明、信息的搜集、并购程序的设计、人文因素的处理及时间压力等，正是这些管理问题为并购的失败埋下了种子。作者在第 1 章对这些问题分别进行了详细的分析，并建议管理人员要通过管理好这些问题从而减少失败的发生。

最后，本书的语言非常通俗易懂。正如作者在书中运用了很多笔墨在诉说故事一般，他对知识的讲解也突破了传统学术著作撰写的方式，即没有深奥的学术理论和复杂的财务数据，而是利用通俗、简明的语言向读者讲述一系列问题。本书的语言虽然通俗，但依旧逻辑严谨、体例完整，为读者呈现了完整的并购流程和事项。

以上三项并不能涵盖本书的所有亮点，书中还有其他一些非常值得称赞和借鉴的观点。比如它将并购流程简化为两个阶段，交易达成前的构想阶段及交易达成后的整合阶段；选择合适的并购管理人员是实施有效并购管理的关键；并购经验固然重要，但也要时刻保持警惕……对于每一项关键的问题，作者都会结合相关的故事和自身的研究对其进行剖析、讲解并提供解决方法，读者能够从中获取丰富、有趣的知识体验。

哈罗兹有限公司的首席执行官理查德・西莫宁对本书的评价最为全面和中肯：“管理人员对并购过程实施的管理还远不够完善。菲利普・维理教授带我们进入了一个并购的真实世界，在这个世界中，有效管理是并购成功最关键的因素：管理可预料或不可预料的事项、管理理性或非理性因素、管理程序或人事……他将自身的研究成果与商业案例结合起来，使得读者能够快速、有效、轻松、享受地从本书中获得丰富的知识。不得不说，这是一部并购中的每一位利益相关者都必须拥有的完美手册！”

第六类

并购后整合
（精选 14 本）

一、综述

美国汽车大王亨利·福特曾经说过一句名言："结束就是开始（The end is just beginning）"。这句话特别适合描述并购后整合阶段在整个并购活动中的作用或地位，即整合不是并购的结束，而是并购这项复杂而漫长的系统工程的开始。并购实践显示，整合的成败决定任何一项并购交易的最终结果。因此，但凡能够以全局眼光看待并购交易者，无论他们是公司高管还是并购交易的其他参与方，都会十分重视整合阶段各个环节，即规划、实施和评估，以确保整个并购交易活动的最后成功。

本类只包括了14本图书，主要涉及综合性的并购后整合问题。有3本关于人力资源方面的著作，鉴于其专业性较强，划分到了第八类"并购专门领域"之中。在这14本综合性整合图书中，7本属于中译本，另外7本是英文版的。它们在一定程度上代表了目前世界上关于并购后整合问题研究的实际状况。其中，《并购的艺术：整合》《并购制胜战略：实用并购规划和整合策略指南》（以下简称《并购制胜战略》）、《合力：在并购和联盟中让一加一等于三》（以下简称《合力》）和《并购全程指南：支持各层面并购整合的程序工具》（以下简称《并购全程指南》）这4本书，各有特色。

亚历山德拉·里德·拉杰科斯撰写的《并购的艺术：整合》（中译版，P267），是《并购的艺术》系列图书中的一本，在国内外并购业界的影响力较大。该著作非常全面地讨论了并购中整合的问题，从整合计划、整合流程、并购中各项资源的整合到整合的结果与利益相关方的关系，一应俱全，面面俱到。作者以问题为导向，深入浅出，层次分明地为读者展现出一幅并购整合的完整图景。无论是初学者，还是资深并购从业者，都可以从这本书中获得教益。

马克·N. 克莱门特和大卫·S. 格林斯潘共同撰写的《并购制胜战略》（中译版，P277），与大多数并购整合图书不同，特别强调整合开始之前规划和决策的重要性。作者认为尽职调查、估值等这些并购交易阶段的工作在根本上决定整合的效果或结果。他们是以全局的眼光看待整合问题，将整合作为一个主要的环节而不是一个附属的阶段纳入整个并购的系统工程之中。这本书对转变读者的思维方式及在实践中提高并购成功率，是有其独特价值的。

《合力》（P289）一书由身经百战、具有丰富并购实践经验的两位专家米切尔·李·马克斯和菲利浦·H. 米尔维斯撰写。他们从战略、组织、人员、文化和过渡期管理这5个角度来阐述并购的整合问题，强调公司合并中“心理”等软件因素在整合过程中的作用。关于这本书的价值，美国人力资源管理学会名誉CEO米迦勒·R. 洛西的一句话足够分量，那就是：“千万不要在没有读过此书的情况下去参与并购交易！”

蒂莫西·J. 加尔平的《并购全程指南》（P297）是一本内容丰富、形式生动活泼的并购整合书。该著作利用了大量的模版、清单、图表、评估工具等阐明问题以为读者提供一个健全的关于成功整合的指引。它早在10多年前首次出版，此后屡次再版一直有很大的影响力。世界著名并购专家亚历山德拉·里德·拉杰科斯评价该书为“备受推崇的并购整合经典”，并认为它是任何一位从事整合业务的顾问或律师的必读之作。

二、书评

108.《并购的艺术：整合》

并购整合并没有普遍性地受到应有的重视，在已出版的很多关于并购的书籍中，能够探讨并购后整合问题的并不在多数，而对公司并购后的整合要素及过程进行全面论述和指导的则更是罕见。《并购的艺术：整合》这本书不但将并购后的整合放到了其应有的高度上，而且还为我们进行了极具科学性的系统剖析和指引。

本书的作者“来头不小”。亚历山德拉·里德·拉杰科斯是美国企业董事联合会的高级研究分析员、全美企业协会主办的《企业家月刊》的总编辑、Alexis 公司的创立者与公司主席。在并购这门艺术上，她进行了极为全面的研究。除了《并购的艺术：整合》之外，作者还与他人合著了其他三本同一系列的书作：《并购的艺术：融资与再融资》《并购的艺术：兼并、收购、买断指南》《并购的艺术：尽职调查》。所以我们可以尽信作者在本书中对整合的讲解并非“偏于一隅”，而是在掌控并购的各个环节和通个流程之后的客观介绍与分析。

统观全书，读者会发现它的优点非常显明。下面仅是列出其中最为明显、最具价值的几项优点。

第一，本书的逻辑十分严密，脉络也非常清晰。正如建造房子一般，良好的“结构框架”可达到事半功倍的效果。从本书的“大处”来看，涵盖了从对基础信息的介绍到对各类的资源整合、整合流程及最终的公司各方面的责任整合的讲解；从“小处”来看，本书为很多问题都提供了一个普遍性的结构框架，比如介绍了一条走向并购整合的决策之路：企业是选择扩张还是缩减？如果扩张，收购还是积

图书基本信息

英文书名　The Art of M&A: Integration

著　　者　亚历山德拉·里德·拉杰科斯（Alexandra Reed Lajoux）

译　　者　丁慧平；孙先锦

出版信息　北京：中国财政经济出版社，2001

页　　数　373 页

作者简介

亚历山德拉·里德·拉杰科斯（Alexandra Reed Lajoux），是美国企业董事联合会的高级研究分析员、全美企业协会主办的《企业家月刊》的总编辑、Alexis 公司的创立者与公司主席。她在公司治理、企业并购、国际贸易以及企业财务等方面著述颇丰。

目　　录

第一部分　前提
第 1 章　基础概念和资料
第 2 章　整合之路
第 3 章　整合计划与沟通
第二部分　资源整合
第 4 章　保留与整合人力资源
第 5 章　整合金融资源及有形资源
第 6 章　整合商誉及其他无形资源
第三部分　整合流程
第 7 章　整合管理系统
第 8 章　整合报酬计划
第 9 章　整合技术与创新
第四部分　整合公司的责任：履行对利益相关者的义务
第 10 章　履行对顾客和供应商的承诺
第 11 章　履行对股东、债券持有

者和贷款者的承诺
第12章　履行对雇员和社区的承诺

累？如果收购，持有还是转售？如果持有，整合还是置之不理？层层递进的介绍能够令读者保持非常清晰的思维。如果读者已经具备了一些相关的并购知识，本书会帮助读者整理“内存”；如果读者还是一名初学者，那么它将会提供非常好的知识框架。

第二，作者将“问题导向”的写作方式发挥得淋漓尽致。一个好的提问能够引发重要的价值，本书将这一技巧发挥到了极致。作者对每一项知识点的讲解都是由一个精彩的提问引发的，通过一个个精彩的提问将全书的章节内容串联了起来。每一个提问都直击核心，皆是并购从业者迫切想要得到答案的问题，且解答的方式也非常容易令读者接受，使读者不仅可以“知其然”，还能够“知其所以然”。正如作者在序中所提到的：“《并购的艺术：整合》把所有的这些可得到的专家经验以一种有意义的，一问一答的方式进行表述，这种形式不是鬼花招。每一个问题都是能胜任兼并活动的管理者所遇到的实际问题；每一个答案都是在对专家进行采访后进行大量研究的基础上得到的直接答案。”

第三，本书非常重视并购中的国际环境因素。尽管本书中的管制机构信息来源于美国，但所讨论的大多数原理可以应用于世界范围的公司。读者们会发现这些信息都是可以理解并且具有价值的。另外，每一章中都包括与本章内容相关的关于跨国兼并的简要论述，使本书的应用价值突破了国界范围，也凸显出了本书的含金量。

第四，善于“借力”。中国太极拳是一门最讲求省力的艺术，所以“借力”可谓太极拳最本质的特点。整合也是一门高深的艺术，作者在撰写本书时采用的方式与太极有“异曲同工之妙”，即善于借用外部资源和专家的“优质力量”来充实本书。书中有多处都通过引用可靠的资源来辅助内容的讲解，比如提到要了解关于知名顾问的信息，可以参考内容丰富全面的《管理顾问指南》和纽约管理顾问协会每半年出版一次的《管理顾问资源指南》等。除此之外，还借用了几十名专家的“力量”，在本书第四篇的引言中对这些专家进行了一一的介绍和感谢。他们或是优秀的咨询专家，或者是职业经理人、企业家、高管，或是学者、教授……几乎涵盖了并购整合中可能涉及的所有角色。

正如前面所提到的，以上列举出来的几项优点只是本书部分价值的体现。通过亲自阅读，读者能够发掘出其中更大的价值。通过阅读，读者也会发现作者对并购领域中的理论和实践都非常熟知，对知识的运用和剖析也非常得心应手，使很多知识得以用简明易懂的方式传达给读者。总而言之，如果读者对带领并购整合走向成功的艺术感兴趣，那就一定不要错过这本《并购的艺术：整合》。

109.《并购整合：并购企业成功整合的七个策略》

通常并购后的整合是并购失败的主要原因，整合不利常常导致关键高层管理人员、核心资源及客户的流失，使得并购前所预测的应带来的市场优势、技术优势、协同效应和成本节约化为泡影，从而导致并购的彻底失败。这本《并购整合：并购企业成功整合的七个策略》则为我们提供了专攻整合问题的7项策略，为实现公司并购的价值最大化提出了有效而独特的见解。

图书基本信息

英文书名 After the Merger: Seven Rules for Successful Post-Merger Integration

著　　者 马克思·M. 哈贝（Max M. Habeck）；佛里茨·克劳格（Fritz Kroger）；麦克·R. 塔姆（Michael R. Tram）

译　　者 张一平

出版信息 北京：机械工业出版社，2003

页　　数 152 页

作者简介

马克思·M. 哈贝（Max M. Habeck），是科尔尼在德国的负责人和管理团队成员。他主要从事企业战略和并购之后整合的咨询研究工作。从 1995 年至 1998 年，他作为科尔尼克里佛兰办事处的成员，曾经协助美国的客户完成企业并购。

佛里茨·克劳格（Fritz Kroger），从 1976 年开始在欧洲、美国和日本从事管理咨询工作，并持有工商管理的博士学位。他擅长的领域包括企业战略、重组和并购之后的整

本书的三位作者都来自全球著名的管理咨询公司科尔尼。他们将其 20 年来关于并购整合的实践经验融汇到本书中，并分享给广大读者。科尔尼在 1998 年 - 1999 年对全球的 115 项并购交易进行了全方位的调查和分析总结，得出的数据和结论支撑了本书的实证基础。在现今这个几乎每一位经理人都要面对一次收购或兼并的时代中，了解和学习本书提供的整合策略能够使管理人员更好地迎接未来的挑战，取得并购的成功。

本书的结构层次清晰、简明，更利于百忙之中的经理人翻阅和快速吸收其中的精华。本书的主要目的是为企业领导层提供关于并购整合的策略，虽然现今专注于此的著作不在少数，

但所提出的建议要么过于原则而缺乏操作性，要么过于具体而不具备普世性。而本书提出的7项策略则结合了这两方面，不但适用于所有的并购整合，而且还能很好地落实到具体操作中。

这7项策略分别为：建立一个平衡梦想和现实的愿景，迅速建立起新企业的管理层，更加关注业绩的增长而非成本的削减，实现初步的胜利以振奋军心，发挥文化整合的关键性作用，注重沟通的重要力量，管理风险而非避免风险。每一项策略都是作者在大量分析和谨慎论证的基础上提炼而来。本书以这7项策略为主线，其中穿插了大量的、不同行业的并购案例，并超越了简单的并购事件和经验罗列，几乎涵盖了战略和操作层面的所有问题，比喻丰富生动、结构层次分明、分析深刻精辟，值得企业领导者尤其是战略制订者和实施者们借鉴。

虽然本书出版的年份距今已有十多年，但其中提出的许多观点在当下仍然令人眼前一亮。比如作者提到“面对风险的正确态度不是避免，而是管理，因为一味地避免风险可能会造成对机会的错失”。并提供了落实观点的方法：根据“高中低”对并购项目中的风险进行分类，然后勇敢地向可以克服的风险进攻，并努力将那些不容易克服的风险对并购的影响程度降到最低。

此外，书中还提到“成本削减并非并购成功的驱动力”、“要试图从公司外部而非内部寻找机会来实现初步的胜利”、“若将公司之间的匹配作为第一位，你将获得最小的、为并购成功构筑基础的机会”等这些观点。这些观点看似有些“非主流”，但确实蕴涵着可靠的道理，能够为企业的成功整合带来特别的启示。

作者还在书中谈到了并购的未来，对当时5年或10年后的并购景象进行了设想：在全球范围内，每个行业将只有三家公司出现吗？何时才能看到一

合，作为科尔尼在德国的副总裁，他同时也是科尔尼全球战略创新的共同主席。

麦克·R. 塔姆（Michael R. Tram），也是科尔尼在德国的副总裁，主要关注的领域是企业的战略和重组。他持有法学博士学位，并在欧洲不同行业的项目中拥有国际间企业并购的丰富经验。

目　录

第一部分　并购狂潮
创造股东价值的热潮
第二部分　并购成功的七个策略
策略1　愿景
策略2　领导层
策略3　业绩增长
策略4　初步胜利
策略5　文化差异
策略6　沟通
策略7　风险管理
第三部分　并购的未来
并购展望　前面的路还很长

个真正的全球巨型并购？成熟行业会被改造到什么程度？“新行业”的未来是什么？所有这些对于并购整合意味着什么？并对这些设想提出了看法和见解。

在我们现今看来，当时的预判已部分得到了印证。比如作者提到的像戴姆勒－克莱斯勒这样的并购并不标志着一个并购进程的结束或者并购狂潮的顶峰，相反，它则代表一种兼并和收购趋势的开始。这一有趣的“印证过程”能够引发读者去思考又一个5年或10年后，并购会有什么样的新未来？

虽然本书中译本的语言略显不够精简和老练，但确实准确地传达了原著的内容和精神，造福了广大的中国读者。泰科国际首席执行官丹尼斯·柯劳斯基对本书也赋予高度评价：“《并购整合》一书为我们勾画了一幅关于如何进行并购之后整合的宏伟蓝图，介绍了我们在并购实践中得出的许多经验教训。意欲进行并购的企业，无论规模大小，在签订并购协议前参考这些策略，将会受益匪浅。”所以，无论读者是公司的管理人员还是其他对并购整合感兴趣的人士，一定不要错失本书将会为您提供的重大价值。

110.《并购之后：成功整合的权威指南（原书第3版）》

从某种意义上说，并购容易整合难。“整”则存，“合”则兴，整合常常被当作是并购战略交易成败的决定性因素。法合咨询管理机构近期的研究表明，并购交易在不同阶段的失败率是各不相同的，并购前的失败率为30%，并购中是17%，在并购后的整合阶段却高达57%。如此看来，并购后的整合失败很可能就会让企业最终落入莎士比亚所说的“望见了海岸才溺死，是死得双倍凄惨”那般可怜的境地。

幸运的是，原版由普赖斯·普里切特、唐纳德·鲁滨逊、拉塞尔·克拉克森合作撰写的这本整合专著《并购之后：成功整合的权威指南》，运用了通俗易懂的语言将并购后整合环节中的复杂关系和严峻挑战向读者娓娓道来，其中对并购后管理中许多细节问题的描述可谓精彩绝伦。它在1985年被美国《图书馆杂志》评为“年度十大畅销商业书籍”，对并购整合感兴趣的企业家和并购交易人士千万不要错过它。

跨国公司的业绩和高薪让人折舌，但哈佛大学的一份调查报告显示“跨国并购5年之后会有高达58%的高级管理者离开公司”，而美国密歇根大学的一份研究报告也指出“并购后人才流失比例是正常人才流失率的12倍”。因此，如何选择和留住企业核心人才，成为企业并购后面临的首道难题。犹记得TCL并购汤姆逊彩电业务的经典案例，当时TCL集团董事长李东生总结道：“人力经营整合比经营整合、管理整合、技术整合更困难，因为它涉及个体心理、价值观念、文化风俗、法律法规等多方面的无形因素。”

由此可见，人员整合在整合阶段起着至关重要的作用。而对于整合环节中棘手的人事问题，并购整合界的泰斗普里切特博士凭借为世界众多500强企业提供40余年顾问服务的丰富经验，驾轻就熟地分析了并购给双方员工带来的影响及如何评价和留住被收购公司的关键人才，为进行有效的人员整合提供了不少久经检验的实操建议。

并购的发生确实会给被并购企业的员工带来影响，而这种影响主要表现为兼并给员工导致的心理变化。伴随着并购发生过程中出现的大量不确定性，被并购企业的员工在并购变化的环境中常常感到严重缺乏安全感，对公司的信任度下降等。此时，就会出现收购方管理层最不愿意看到的现象——因并购而产生的心理变化开始支配着被并购企业员工们的行动。员工的心理变化会给公司带来许多负面影响，比如沟通恶化、效率下降、缺乏动力、团队协作不力、丧失责任心及员工跳槽等。而作者对这些现象和问题的透彻研究，为本书后半部分阐述买卖双方管理层所应采取的行动奠定了坚实的基础。

在人员整合部分，除了要关注普通员工，

图书基本信息

英文书名 After the Merger: The Authoritative Guide for Integration Success

著　　者 普赖斯·普里切特（Price Pritchett）

译　　者 李文远

出版信息 浙江：浙江大学出版社，2017

页　　数 121页

作者简介

普赖斯·普里切特（Price Pritchett），是组织变革与并购整合界的泰斗，世界一流的咨询与培训公司普睿驰（Pritchett，LP）的创办人兼CEO，为世界企业高管提供顾问服务40余年。普睿驰目前在全球的咨询服务已超过7万家组织机构，几乎涵盖了所有的世界500强企业。普里切特博士出版发行的专著有30余种，累计销量2000余万册，其中讲变革管理类的百万畅销书就超过6种，获评“全美最佳商业作家”。在组织变革与购并整合方面的观点和评论被《财富》《商业周刊》《华尔街日报》《今日美国》及全美各主要媒体援引，并常接受CNN、CNBC及许多电视台的采访。

目　　录

第三版前言
第一版前言
第一部分　了解并购的驱动力
第1章　收购“二手”企业所产生的问题
与并购成败相关的数据
并购给管理带来的挑战

被并购企业的管理层更是不能忽视的一环。《巴伦》(Barron)的10条投资定律之一认为:“企业的成功,九成靠管理层,一成靠其他因素,包括运气。”被并购企业管理层的重要性毋庸置疑,但并购后如何对重要管理者进行评估,如何保留公司的关键管理人才则成为人员整合中亟待解决的问题。因此,本书第二部分对管理层为什么会变动、全面评价被收购公司关键人才的途径等几个方面展开了全面详细的介绍。尤其在第5章中,作者从原因角度深入地剖析收购方要对在任者进行评估,不能以被收购公司的增长速度和盈利能力来评价其管理层,不应搞“大清洗”等做法,让读者们“知其然,亦知其所以然”,读完此书产生一种豁然开朗的感觉。

这是历史上第一本关于并购后如何进行整合的专著。它不禁让人回想起1901年开启了企业并购成长道路的第一笔交易——J. P. 摩根收购卡内基钢铁企业。然而,并购市场的情况在过去几十年中已经发生了巨大的变化:一方面体现在现在的交易金额比过去大得多,另一方面是市场变化的节奏大大地加快了,因此不少读者可能担心这本“旧”著作不能够适应当下的并购交易环境。对此,大家不必担心,此书是原书的修订版,作者在书中新增了近十年的咨询经验,并且结合了实际整合理论为企业各个层级的管理者提供了新的视角。

“这是一项难度超过我想象的工作。”诺威尔公司的CEO如是说。这不仅是由于整合关系到并购方能否对被并购方实施有效控制及实现

管理难题
第2章　并购分类
救援式并购
合作式并购
竞争式并购
突袭式并购
抵抗心理曲线
风险曲线
并购的负面作用
第3章　并购的心理冲击
并购的关键驱动力
并购对员工情绪所造成的影响
并购给员工行为带来的负面影响
第二部分　解决冗员和人事问题
第4章　管理层人事变更的三大根源
离职
裁员
跳槽
第5章　对被收购企业关键人才进行综合评估的必要性
为何要对留职员工进行评估?
为何不从公司成长和盈利角度评估被收购企业管理层?
让被收购企业留任高管提交其管理团队评估结果的做法有何不妥?
让盘购方高管对被收购企业管理团队进行随意和非正式评估的做法有何不妥?
为何不清理门户
要点总结
第6章　管理人才与技术人才的三向评估
来自被收购企业老板或首席执行官的反馈信息
外部专业人士的评估

并购目的，同时也是因为企业在并购后要及时进行人员、财务、运营及文化等方方面面的有效整合。

美中不足的是，这本书仅重点介绍了并购后人员整合的相关内容，对其他方面的整合工作没有进行系统介绍。但瑕不掩瑜，这本书仍然能够很好地为您“传道授业解惑也”，让您在津津有味的阅读中对并购整合的认识有进一步的升华。

公司高管对被收购企业关键员工的评估
第 7 章 发挥并购的激励作用
并购后的放任自流
并购的激励作用
企业激励手段
员工激励措施也许能改变局面
第三部分 应对管理挑战
第 8 章 并购管理通用准则
用于辅导盘购方各级管理者的要点
用于辅导被收购方各级管理者的要点
结论

111.《并购指南：人员整合》

在现如今的并购整合工作中，人们越来越注意到人员整合的重要性。这是一个很好的现象，因为它往往决定了公司并购的成败。那么，我们应当如何组织人员整合工作呢？别担心，这本实务性极强的《并购指南：人员整合》能够为你带来巨大的帮助。

本书是由著名的人力资源整合专家帕蒂·汉森所著。她在书中告诫那些热衷于并购业务的公司：并购不仅仅是资产的整合，更重要的是公司之间人员的融合。她提醒了那些还未意识到人员整合重要性的公司管理者们，也为那些意识到了其重要性，但却苦于没有指导而疲于挣扎的管理者提供了清晰而有序的指引：应如何制订人员整合计划，如何完成人力资源尽职调查，如何制订令员工满意的薪酬方案，以及如何与员工做好沟通工作等。本书对人员整合的所有步骤都进行了充分介绍，你不必在黑暗中独自摸索。这些来自前人的经验将会告诉你要做哪些工作，以及应当怎样做。

图书基本信息

英文书名 The M&A Transition Guide
著　　者 帕蒂·汉森（Patti Hanson）
译　　者 张弢
出版信息 北京：中信出版社，2004
页　　数 279 页

作者简介

帕蒂·汉森（Patti Hanson），在人力资源管理方面具有 18 年的实践经验，现为美国堪萨斯州里伍德市 FBD 咨询公司的咨询专家，正在参与多家公司的兼并与收购活动。在过去的十年中，她曾经帮助过多家公司进行交易，身兼培训师、演讲家和作家数职，她所涉猎的主题涵盖了人力资源的多个侧面。

目　　录

第 1 章 步骤 1：编制劳动力整合项目计划
第 2 章 步骤 2：进行人力资源尽职调查

本书所提供的这套方法和指引已经得到了有效的实践检验。ENTEX信息服务公司前高级副总裁林恩·伯吉斯曾说："这本书为我们提供了非常实用且很有价值的指导。本书所讲述的交易和整合方法十分有效，我自己都已经使用过了。"那么，本书还有哪些特色或价值呢？

第3章　步骤3：福利比较与差异分析
第4章　步骤4：薪酬比较与差异分析
第5章　步骤5：制定劳动力整合薪酬福利策略
第6章　步骤6：领导者的选定
第7章　步骤7：职能重叠的处理
第8章　步骤8：制定与员工进行交流的策略
第9章　步骤9：界定员工转移数据要求
第10章　步骤10：制定员工留用策略
第11章　磨难学校
第12章　嘿！我们成功了
总结
附录一　项目计划书样本
附录二　典型问题问答

第一，语言深具魅力，非常容易吸引读者。作者是一位优秀的人力资源专家，熟知如何与人沟通交流。本书的文字正如其本人一样，你能够从中感受到她讲究实际、深思熟虑、以人为本及从容睿智等品质特点，而这也正是从事人员整合工作的人士所需要具备的品质。整合工作中涉及的薪酬、福利、领导人员选择、裁员等很多问题，都需要以有效的交流为基础和保障。交流是整合成功的关键，本书不只一次提到它的重要性。第8章专门讲解了应如何进行有效的沟通，以帮助成功建立一个融合的实体。本书附录二中的"典型问题问答"部分更是将作者与人打交道的深厚功底展现得淋漓尽致，其中设置的都是负责整合的人员在工作中常常被问及的问题，如"我的职位和工资会有变化吗""什么时候发工资，多久发一次""新公司有哪些节假日"等。作者不但为我们提示了可能会被问及的问题，还为我们提供了应如何有效回答的绝佳参考。

第二，提供了详细的备忘清单、文字版本和电子版本的整合项目计划样本和模板。本书将人员整合工作分为10个步骤，且对每一项步骤应如何具体实施做了非常明确的指引。比如对步骤2"进行人力资源尽职调查"工作所提供的检查清单，其中对福利、薪酬、就业法规、劳动关系、政策等多个大项都进行了列举，且每个大项下面还详尽列举了具体的小项，整合人员可以直接参考这个清单实施具体的尽调工作。这些样本、模板及作者提供的指导意见，能够帮助你驾船顺利驶过这片未知水域。

第三，收录了一些用以诠释人力资源整合10个步骤的具体案例，并从中为我们总结出了一些经验教训或真知灼见。这些具体案例来自于那些有亲身经历的人员整合专家或管理人员对作者的讲述。案例分为两类：一类被作者称为“磨难学校”，其中的案例展现了不同行业的人士，在整合工作中所遇到的种种失误和获得的经验教训；另一类案例是一些具有成功经验的正面案例，作者又相应地从中总结出了“真知灼见”。这些教训或见解能够告诉读者应如何避免陷阱和如何采取正确的做法，即从正反两面为读者提供了有益的指导。

总结而言，人员整合不是一个事件，而是一个过程。它包括从最初计划到最终实施的一系列具体步骤，需要我们一一去实施和完成，而本书能够陪伴读者顺利走过这个复杂过程的每一个步骤。相信只要遵循书中的指导原则，交易双方就一定能取得预期的成功。

112.《并购制胜战略：实用并购规划和整合策略指南》

在并购中，整合是整个交易活动的最后阶段，甚至可以说是交易完成之后的阶段。这个阶段出现的问题，其根源一定不在这个阶段之中，而应当在并购交易的战略决策和准备工作的阶段。换句话讲就是，一项并购交易的成败最终是由该交易项目的战略决策或准备工作所决定的。无视这一点，势必本末倒置。

必须承认，在现有的并购文献中，已经有不少著作注意到战略决策和准备工作对于并购成败的重要性。但是，以此为中心来讨论并购问题的著述还并不多见。而由马克·N. 克莱门特和大卫·S. 格林斯潘所共同撰写的《并购制胜战略：实用并购规划和整合策略指南》一书，正是这种并不多见的以战略决策和准备工作为出发点和落脚点来论述并购问题的专业著作。

该著作由三个主要部分构成，包括16个章

图书基本信息

英文书名 Winning at Mergers and Acquisitions: The Guide to Market-Focused Planning and Integration

著　　者 马克·N. 克莱门特（Mark N. Clemente）；大卫·S. 格林斯潘（D. S. Greenspan）

译　　者 王华玉

出版信息 北京：机械工业出版社，2003

页　　数 551页

作者简介

马克·N. 克莱门特（M. N. Clemente），克莱门特－格林斯潘公司总裁。他在营销、企业发展和并购方面具有20多年实际经验。其经手的项目客户包括众多大中型企业。著有《营销术语：重要词语、概念及运用》。

节和一个附录，通篇都围绕着并购的战略决策和准备工作而展开。作者如此看重并购的战略决策和准备工作，是基于他们的一个基本理念，即并购是公司实现成长并增强其竞争优势的一种重要的方式，在大多数情况下不应该着眼于如削减公司成本和增加公司账面收入等短期效应。

这部著作强调战略决策和准备工作的重要性。这具体体现在并购交易发生之前、交易之中和交易之后三个阶段，以及计划、评估分析和预判三个方面。在作者看来，无论在并购交易的哪个阶段，都不能缺少具有战略性质的决策和相应的准备工作。

在交易前，这样的决策和准备工作是以战略性质的计划的形式出现的。在该著作的第一部分，作者从目标、过程和结果三个角度界定战略性计划的内涵。他们认为，战略性并购的目标在于追求公司的战略上竞争优势。作为战略性并购的驱动力，公司的战略上竞争优势是由如下因素综合作用而成：实现组织增长、增加市场份额、进入新市场或获得新的分销渠道、获得新产品、与变化保持同步、利用政治和法规的变化、追求产品或技术方面的革新、减少竞争、巩固声誉或获得信赖及对经济形势做出反应或利用经济形势。而战略性并购的过程，重点就是进行以市场为导向的尽职调查。这可能是作者在这部著作中最有价值的贡献。

根据作者的理解，传统尽职调查主要集中在财务、法律和规章及会计和税务等方面，多忽略了目标公司的营销问题。而后者正是战略

大卫·S. 格林斯潘（D. S. Greenspan），克莱门特－格林斯潘公司合伙创始人。专长于分析投资和并购中的目标公司。他为众多涉及兼并、收购和重组的公司开发出战略营销、销售和沟通的方案。

两位作者经常就交易前规划和并购后整合问题在商界发表演讲。

目　录

前言
序
第一部分　并购计划的战略性透视
第 1 章　战略性并购的“市场尽职调查”
第 2 章　通过兼并和收购追求战略优势
第 3 章　战略性并购的实质：旨在增加收益
第二部分　分析目标公司
第 4 章　评估市场动态：考查目标公司的起点
第 5 章　分析目标公司的产品及产品开发能力
第 6 章　分析目标公司的客户群
第 7 章　评价目标公司的雇员：基于技能的人事决策方法
第 8 章　分析目标公司的管理职能及管理流程
第三部分　整合战略
第 9 章　理解并迎接合并后整合的挑战
第 10 章　分析与整合企业文化
第 11 章　整合产品及产品管理流程
第 12 章　员工和组织沟通战略
第 13 章　培训：公司整合和技术转移的催化剂

第 14 章　奖励和认同方案及员工激励技巧
第 15 章　公司合并后的外部沟通策略
第 16 章　合并后公司组织构架设计：决策制定之框架
附录　研究并购目标：信息需求、来源以及数据收集技术
词汇表
后记

性的以市场为导向的尽职调查的重心，因为作者给市场尽职调查下的定义是“用以评估目标公司销售和营销领域的优劣势，以确保战略性并购交易得以成功的一种分析方法”。至于战略性并购的结果，作者的态度非常明确，就是实现公司收益的长期增长。

在交易中，决策和准备工作体现在有关目标公司的各种重要问题的评估分析上。在作者眼里，需要从战略层面进行评估和分析的重要问题包括：用以考查目标公司起点的市场动态、目标公司的产品和产品开发能力、目标公司的客户群、目标公司的雇员及目标公司的管理职能和流程等。与传统的尽职调查和价值评估比较，这里的评估分析在范围上要大得多。作者认为，这是为了更加有效地实施并购的战略计划，也是为了并购后的整合过程进展得更加顺利。

在交易后，预判是决策和准备工作的重点。本来，并购后的整合阶段主要是落实交易达成的结果。但是因为大多数以失败告终的并购项目都是在这个阶段出的问题，所以作者逆向思维，提出应尽可能最早预见到整合阶段将可能面临的问题，比如文化融合、产品和产品管理流程、员工、沟通及组织架构设计等，并及时采取措施予以应对。

除了以上实质内容方面的创新性贡献之外，这部著作还有一个地方值得肯定，那就是它运用了大量经典案例和“业内人士观点”来解释和增强作者的见解。这让读者从不同侧面加深了对本著作中很多设想和提法的理解。

至于这部著作适合哪一类或哪些读者阅读，作者在前言中已经给出了答案。用他们的话讲，这部著作不适合希望通过并购来削减成本的人阅读，因为这些人收购其他公司的目的是为了剥夺其有形和无形资产，而非发展、扩大该公司的有形和无形资产。这部著作适合那些试图通过并购以实现公司长期持续成长的商界领袖阅读，适合那些努力寻求充分利用目标公司潜能来增强合并后公司的整体盈利能力的经理人阅读，适合那些真正的“战略并购者”阅读。

113.《并购中的企业文化整合》

20 世纪 80 年代，日本企业在美国掀起了一场“并购浪潮”，日本式的管理理念风靡美国，席卷全球。但在文化领域，日本企业却遭受了很多麻烦，甚至惹上了官司。这些麻烦背后的原因来自于两国的企业文化差异：美国企业分工明确，男女原则上平等；而日本女员工的地位却远远低于男员工，因此在美国引起了种族歧视、性别歧视等法律纠纷，且为合并企业的发展带来了难题。

日本在美国实施并购的经验教训，对于逐步在美国扩大并购的中国企业来说是一面镜子，应急需从中吸取教训。而这本由查尔斯·甘瑟尔、艾琳·罗杰斯、马克·雷诺三位专家所著的《并购中的企业文化整合》一书，为中国企业研究跨国文化冲突问题并制订国际文化整合战略提供了极大的帮助，可谓雪中送炭。

作者写作本书的动力来自于一个非常强烈的信念——文化在企业并购中是个不可忽视的方面，而且一旦在企业的兼并、收购或者其他形式的战略联盟中考虑这个因素的话，那么由此建立的新组织可以为整个经济做出更大的贡献。作者之所以如此强调这一观点，是因为他们发现当并购最终失败或者陷入困境时，人们喜欢在财务、组织结构或者技术方面寻找原因，却极少意识到很多时候问题的根源在于没有考虑人的因素，即隐藏在并购失败背后的深层次影响因素是文化差异。因此本书反复重申了文化因素的重要性，并主要告诉读者以下三点内

图书基本信息

英文书名 Successful Mergers, Acquisitions and Strategic Alliances: How to Bridge Corporate Cultures

著　　者 查尔斯·甘瑟尔(Charles Gancel)；艾琳·罗杰斯(Irene Rodgers)；马克·雷诺(Mare Raynaud)

译　　者 干春晖

出版信息 北京：中国人民大学出版社，2004

页　　数 254 页

作者简介

查尔斯·甘瑟尔(Charles Gancel)；艾琳·罗杰斯(**Irene Rodgers**)；马克·雷诺(**Mare Raynaud**)，均为 ICM(国际企业文化管理咨询公司)的管理合伙人。ICM 是个国际性的管理咨询公司，对很多执行人员、经理人和团队的文化整合及成功管理文化边界的变化给予了很大的帮助。ICM 的总部在法国，在中国设有办事处，在欧洲、亚洲及美国都设有咨询顾问。

目　　录

第 1 章　联盟策略
第 2 章　文化整合
第 3 章　知识盲点可能造成伤害
第 4 章　合法性
第 5 章　有效性
第 6 章　前瞻性
第 7 章　文化审查
第 8 章　人员整合：文化整合基础上的并购过程

容：文化整合的基本原则，基于文化的整合流程及文化整合的技能。为了能够更好地辅助相关从业者处理好合并企业的文化整合工作，本书在以下几个方面做出了努力。

第 9 章 建立“个人军械库”：文化整合能力
第 10 章 再见曙光
第 11 章 文化整合的金钥匙
附录 领导者们讲述并购经历

首先，语言丰富生动。整本书就像专业顾问在面临客户的咨询时，向其娓娓道来关于文化整合的个中缘由一样，表述温和而不失力度，语言生动形象却不拖沓赘余。幸运的是，它的这一特点通过译者娴熟、专业的翻译手法将其传达给了中国读者，令读者完全没有阅读上的障碍。对于文化整合中应当注意的问题，作者既有温柔的提醒又有严肃的警示，刚柔有度，非常利于读者接受和吸收其中的观点。

其次，为读者提供了帮助处理文化整合问题的三个工具。

工具一是文化整合基础模型（CBF）。这个模型能够帮助领导者找出并理解合并双方的文化差异，从而预测这些差异在文化初期可能给他们带来的问题。通过对“文化闪光点”的筛选，选择出推进整合进程、促成积极结果迅速产生的共同价值观、信仰和行为方式，从而促进双方有效地合并和企业战略目标的实现，同时这也是本书的重点内容。

工具二为全面的整合过程。本书在服务企业文化整合问题的基础上，将并购分为 4 个阶段，并对每个阶段应侧重的工作和任务进行了总结，使相关从业人员学会如何成功地控制整合，而不是受控于它。

工具三是文化沟通能力的塑造，包括态度、技巧和行为，使得领导者能够更有效地处理文化因素。总结而言，文化整合工作需要诊断工具、特殊的领导才能和一个明显的能被执行和操纵的流程，而本书为此提供了一套完整的工具。

最后，利用故事辅助具体内容的阐述。一本可读性高的著作，一定不会“填鸭式”地给读者灌输知识，而是擅于利用容易吸引读者兴趣的故事为其带来启发，本书便是如此。书中引入了一个虽为作者虚构但十分生动形象且贴合实际的并购案例，伴随着本书对文化整合问题的讲解，贯穿全书的始终。稍有并购整合经验的从业者会发现这个故事呈现出来的问题是那么熟悉，正是现实工作中经常会遭遇的问题。

它从一个高学历、高能力但在文化整合上失败的 CEO 英戈入手，带领读者进入企业文化整合的世界，并以此讲述CBF模型。通过这个案例，你会发现文化差异甚至体现在开会时允不允许走动、咖啡加不加糖等这类的细枝末节之中。这些细节看似轻微，却折射出了两家企业截然不同的企业文化，并能够对合并企业酿造出巨大的杀伤力。除此之外，本书通过对欧洲、美国及东南亚一些高级执行官的采访，讲述了许多实际并购中的趣闻和关键性事件，对CBF模型进行验证。

作者强调文化整合远非借助精确公式就可获取成功的科学，相反，它具有艺术性。不同类型商业个体的联合，如合并、收购、合资或者其他联合方案，都具有不同特征，要相应地采取不同的处理方式。正因如此，本书对文化整合提出的建议具有很广的适用范围，对于不同的并购都有指导意义——如何帮助双方企业尽快传递信息，如何与供应商和客户保持稳定的联系，以及怎样激励并留住企业的优秀人才等。

整合难题就像一个“双头巨人”，一面是业务难题，另一面是人员难题。业务上的问题很容易察觉和发现，而文化差异下的人员问题却经常被忽视，但它正是整合问题的关键。沃尔沃全球卡车公司CEO特里格夫·塞恩利用其丰富的并购经验告诉我们：“预先处理文化差异，就能减少意外的发生。”

这本书能够给所有参与兼并、收购、合资、联盟及其他公司交易形式的领导者们提供关于怎样获得文化整合技能的启示，是一部可读性高、实务操作性强的指南性读物。

114.《协同效应的陷阱：公司购并中如何避免功亏一篑》

企业并购之举原因各异，无论是希望实现多元化发展，还是希望延伸其原有业务范围，归根结底，它们都是奔着同一个出发点——通过并购实现“1+1>2”的协同效应。

回顾20世纪90年代，当时正值20世纪最大的并购浪潮，全球兼并热达到了创纪录的水平，而马克·L.赛罗沃先生没有随波逐流、人云亦云，而是保持了清醒的头脑，对并购交易做了大量的实证研究。此后作者撰写出了《协同效应的陷阱》一书，对“购并博弈”及并购协同效应进行了别开生面的阐述分析，独具匠心地指出“大多数所谓的协同效应只是危险陷阱的伪装而已”，让不少并购人士大跌眼镜。

什么是协同效应？并购者为所谓的协同效应支付了很高的溢价。大家常常都能在报刊网站等媒体上看到这样的头条新闻，想必对此已经司空见惯了。然而实际上，却很少有人关心这些并购溢价会如何影响业绩，之前更没有人对协同效应这个概念本身下过完整的定义。于是，作者第一个为协同效应下了正式而实用的定义——“协同效应是指在两家公司合并前预期业绩水平基础之上的增加部分”。

在此基础上，他将协同效应量化为一些具体可评判的指标，把其细分为 4 个维度：战略透视、经营战略、权力与文化，以及系统整合，并从实证分析的角度论证了协同效应这 4 个基本条件的充分必要性。此时不禁让人想起美国在线并购时代华纳那场交易，其在宣布之初被业界誉为“天作之合”，而后却落得“美国并购史上的最大灾难”的下场，以至于给大众留下一种“并购失败是戏剧性的”的印象。实际上，两家公司仅仅是看上去相配便进行合并，这是不可取的，因为并购的好处经常被标记为“协同效应”而被大大高估。在作者看来，这类并购的失败是必然的。倘若两家公司没有满足上述 4 个必备要件便进行“联姻”，协同效应将会变成陷阱，且溢价可能就是收购方公司股东的损失总额，而这个祸根是在交易开始便埋下了。

正当企业家及并购交易者对并购活动充满狂热时，马克 · L. 赛罗沃运用犀利的语言给了他们当头一棒。他批判性地指出“绝大多数并购都损害了收购方公司股东的价值”这一观

图书基本信息

英文书名　The Synergy Trap: How Companies lose the Acquisition Game

著　　者　马克 · L. 赛罗沃（Mark L. Sirower）

译　　者　杨炯

出版信息　上海：远东出版社，2001

页　　数　307 页

作者简介

马克 · L. 赛罗沃（Mark L. Sirower），是波士顿顾问公司企业战略专项顾问和纽约大学斯特恩商学院的客座教授。经常在全球各地就如何通过并购创造价值这一主题发表演讲，并积极为大公司的并购决策出谋划策。关于购并的研究在包括《商业周刊》《财富》《华尔街日报》《纽约时报》《哈佛商业评论》《经济学家》《金融时报》《CFO》《巴伦氏》等主要商业报刊上都发表过。曾在像“财富 500 强 CEO 和 CFO 论坛”等重要商业场合发表重要演讲，也在国内电视和广播中频频出现。在哥伦比亚大学商学研究生院获得博士学位，《协同效应的陷阱》即根据其在该校的一篇具有开创性的博士论文写成。在沃顿商学院、哥伦比亚大学、纽约大学都拥有教席。

目　　录

第一部分　购并的博弈规则

第 1 章　购并博弈入门

第 2 章　你能更努力地踩脚踏车吗？谈谈协同效应

第 3 章　你感觉幸运吗？谈谈购并溢价

点，以提醒他们不要被不切实际的美好憧憬冲昏头脑，并在决策时谨慎选择并购这一企业战略发展方式。通过对一些重大并购活动最近的业绩进行实证研究，他做出了细致及令人耳目一新的分析，有力地反驳了所谓“并购溢价反映潜在价值”这一流行的看法。全书逻辑思路严密、论证铿锵有力，字里行间透露出让人不得不信服的力量。

第 4 章　购并活动的方法与教训
第二部分　公司购并战略分析
第 5 章　收购方的业绩和承担的风险
第 6 章　研究方法
第 7 章　对结果的讨论
第 8 章　本分析的影响

作者毫不客气地在书中摆出这些逆潮流的观点及论证，似乎站在并购的对立面，实则不然。正所谓“爱之深，责之切”，作者此番举动，不是为了恐吓企业们让其放弃并购这一战略发展途径，其意在与并购学者、从业人士一起探讨陷阱在哪里，并善意提醒公司决策层三思而后行，避免落入并购的陷阱。尽管并购博弈在市场上已经屡见不鲜，但是还从未玩过这种博弈的大多数公司也正跃跃欲试，考虑发起重大的并购，以抓住这个令人激动、千载难逢的时机。

但正如克莱斯勒公司前总经理罗伯特·鲁茨在总结经验教训时所说的那番话，“一家公司在不了解并购基本要素的情况下就做出极重大的决策，并在这个决策上投下了几十亿美元”，企业不应该盲目地进行重大的并购，而这本书则能时刻警示着企业谨慎地进行并购交易，避免带来“赢家的诅咒”。

总的而言，这本书出色地把金融和企业战略中的方法加以综合和拓展，突破了现有的关于并购失败原因的各种解释，另辟蹊径地指导公司如何避免并购功亏一篑，极具实用性。对此，库帕实业公司前主席兼总裁称赞道：“对于那些提议并购的总裁们和那些必须审批这些提议的董事们而言，本书是一本很好的精神食粮。”

115. Achieving Post-Merger Success：A Stakeholder’s Guide to Cultural Due Diligence，Assessment，and Integration《获得并购后的成功：尽职调查、评估与整合股东指南》

“并购的失败率是不合理的、不必要的，更是不能接受的”，正当大家对并购交易居高不下的失败率感到习以为常时，拥有敏锐洞察力的两位作者 J. 罗伯特 · 卡尔顿和克劳德 · 赖贝利却在《获得并购后的成功：尽职调查、评估与整合股东指南》一书中，运用批判性思维提出这一观点。随后，他们尖锐地指出造成大多数并购交易失败的“元凶”——组织间所涉及的“文化冲突”及并购后不充分的文化整合，字里行间展示出的缜密思维和强大逻辑，令人叹服。

作为追求企业成长的一种手段，并购交易项目在数量和规模方面近来继续呈现井喷之势。然而，作者在书中展示了一组让并购交易人士坐立不安的统计数据：交易完成后，并购方的股票价格随后会下跌至该并购交易公布时的 70% 左右；只有 23% 的并购交易中并购方能挣回自己的资金成本；在并购后的前 4 到 8 个月期间生产力将下降 50%；并且，大约 60% 的并购将导致合并后的 7 年之内企业盈利能力的大幅降低。书中通过大量数据揭露出这些并购真相，实则是作者想借此向读者们传达一则坏消息和一则好消息。

令人非常沮丧的消息是：尽管财务和法律尽职调查过程进行得再完美，但企业仍然久久未能实现其并购前的财务预测。那这究竟是为什么？两位经验丰富的作者将在这本书中运用通俗易懂的语言，向读者娓娓道来。

大多数并购专家致力于进行充分透彻的法律和财务尽职调查，殊不知，并购交易失败的根源在于企业间文化发生冲突，组织、文化及人员难以整合。而文化冲突带来的是员工士气

图书基本信息

中文书名　《获得并购后的成功：尽职调查、评估与整合股东指南》

著　　者　J. 罗伯特 · 卡尔顿（J. Robert Carleton）；克劳德 · 赖贝利（Claude S. Lineberry）

出版信息　John Wiley & Sons Ltd，2010

页　　数　240 页

作者简介

J. 罗伯特 · 卡尔顿，（J. Robert Carleton），是维克托集团的联合创始人与资深合伙人，同时是维克多数据服务公司与维克多欧洲集团的董事。曾在众多行业兼任公司经理和顾问，拥有着极为丰富的经验。

克劳德 · 赖贝利（Claude S. Lineberry），他是维克托集团的联合创始人与资深合伙人，他与世界各地的各种客户一起在广泛的组织问题上工作了 30 多年。

目　　录

第一部分　兼并、收购与组织效能
第 1 章　兼并、收购与组织文化
第 2 章　组织系统
第 3 章　组织系统配适
第二部分　文化尽职调查与评估
第 4 章　文化尽职调查概述
第 5 章　开展文化尽职调查
第三部分　文化调整与整合
第 6 章　调整与整合执行团队
第 7 章　调整管理层
第 8 章　调整整个组织
第 9 章　文化整合成功措施
第 10 章　总结与结论

和积极性的丧失、工作效率的低下，甚至是内部经营的混乱。据《哈佛商业评论》的一份研究报告称，并购交易出现的文化冲突使得公司在交易完结后的第一季度内丧失将近三分之二的市场份额，而到了第三季度，这一比例将上升至90%。

当然，好消息是：文化尽职调查可以帮助收购方避免上述的这些问题。如今市面上绝大多数书籍都将重点论述的笔墨放在传统的法律及财务尽职调查上，而两位作者经过大量的实证研究后，在这本书中独辟蹊径地提出要将文化尽职调查（CDD）视为支撑整个并购交易的关键环节，认为当收购方在文化尽职调查方面做足功课，就容易发现企业员工之间的能力差距，摩擦点及决策方式的差异等文化冲突。

最为重要的是，这种文化尽职调查过程中可以消除文化冲突，显著增加并购成功的可能性。为了帮助有需要的读者顺利开展文化尽职调查活动，书中概述了一个简单而有效的文化尽职调查过程，通常为期30天，而这个过程可以与法律和财务尽职调查同步进行。

此外，两位作者详细描述了他们成功帮助企业实现文化整合的多起并购交易，构建出一个企业并购后文化得以成功整合的蓝图，一步一步解释了并购交易达成后的文化整合该做什么、以何种顺序做及为什么这么做。这个过程不仅有助于企业避免文化冲突和融合的问题，而且能将两个组织中最好的东西带到合并后的企业。因为，尽管文化尽职调查能清晰地发现企业间文化的冲突和差异，但其最终也要落脚于并购后的文化整合环节。这从并购界那条著名的“七七定律”——“70%的并购没有实现期望的商业价值，而其中的70%失败于并购后的文化整合”中便可见一斑。

除了重点介绍的文化尽职调查和并购后文化整合过程，这本书另一大亮点是提供了大量实用的工作表、流程图和许多成功的并购案例，以帮助有需要的读者轻松驾驭手中的并购项目和企业整合工程。对这本书，《管理者的全球化指南》一书的作者斯蒂芬先生赞不绝口，称道：“这本书是对一个重要领域做出的重要贡献。作者们提供了大量的清单和操作指南，展示出其丰厚的经验，将为那些对并购领域感兴趣的读者提供一个极好的路线图。”

116. Guidelines for Process Safety Acquisition Evaluation and Post Merger Integration《收购估值与兼并后整合指南》

图书基本信息

中文书名 《收购估值与兼并后整合指南》

著　　者 美国化工过程安全中心（Center for Chemical Process Safety）

出版信息 Wiley-AIChE，2010

页　　数 336页

作者简介

美国化工过程安全中心（Center for Chemical Process Safety），是美国化学工程师协会下属的一家非盈利性企业联合组织，致力于在化工、制药、石油等领域的过程安全研究与评估。同时，带动了制造业、政府部门、咨询业、学术界、保险业等对工业过程安全的认识与提高。

目　　录

第1章　过程安全纵览
第2章　兼并与收购程序
第3章　搜寻潜在并购目标
第4章　尽职调查阶段
第5章　制定整合规划
第6章　实施整合规划
第7章　并购的前景
附录

数据显示，并购重组交易的失败率高于50%，有83%的并购重组交易没有创造应有的价值，然而参与并购交易的企业决策层却有超过80%认为其主导的并购交易产生了应有的价值。当然，对于统计数据我们大可不必计较。马克·吐温曾评论道：“世界上有三种谎言，谎言、该死的谎言和统计数据。”

但是不可否认的是，海面上能看到的只是冰山一角，在并购交易统计数据的背后，是大量企业在并购交易中最容易忽视的重要因素——安全控制事项。如果他们从并购一开始就能用过程安全的方法来实施并购交易，则能节省10%至30%的并购交易成本。

是的，《收购估值与兼并后整合指南》一书发现了这一令人惊讶的事实。如果在并购交易中不把过程安全控制这一在研究和生产领域对重大风险防控非常关键的方法运用到尽职调查、估值及并购后整合各个阶段，而是等到并购交易后再考虑这些安全控制事项，并且花大量人力、物力和财力去解决这些问题，并购交易者付出的代价将是惨重的。为此，本书可谓干货颇多、诚意满满，从技术和财务角度汇总了多个行业的最佳实践，旨在解决与过程安全相关的并购整合问题，为并购专业人士提供了有益的参考和指导。

作者在书中精心为每个大阶段制订了比较详细的重大事项清单，并且在每个阶段中划分出的许多细分关键节点中对事项清单进行检查评估。在本书作者看来，相较于研究和生产领域，并购交易同样也可以看作是由很多类似标准化的步骤、内容和时间节点组成。因此，虽然每起并购中交易当事方所处的行业不尽相同，但是只要在并购交易的每一重大过程中能发现、解决或者排除可能阻碍交易进行的重大风险事项，并购交易就能顺利地推进，并且能使交易的估值反映并购交易的真实价值。

同样，在并购交易达成后的整合阶段，只需按照既定的整合计划对并购双方的业务、人员、制度进行重新安排，而无须付出其他额外成本。为此，对于具体的过程安全事项或重大安全事项，作者在附录中给出了并购交易可能涉及的事项清单，内容翔实，大大增强本书的实用性和操作性。

本书匠心独运，用发展的眼光来看待过程安全在并购交易中的运用。所谓过程安全，一般指的是一种管理整体运作体系和解决过程风险问题的规则框架。它由一系列事先设计的原则、过程及应对行为构成。随着整个宏观经济形势、监管政策，中观行业结构调整及微观企业发展方向的不断变化和发展，并购交易的每个阶段所遇到的重大问题也会随之产生变化。

但是，本书成书之日正值2008年金融危机时期。当时的并购交易处在金融危机带来的大萧条背景下，作者认为虽然当时的并购交易面临着新的监管规则和政策环境，但是只要把握并购交易的基本实践准则，成功指日可待，并且也可以借此实现并购交易成本的最小化。因此，本书通过授人以渔，使整个并购交易的分析框架具有相当的延展性。在经过近十年之后，这本指南对并购交易实践依然具有合乎时宜的指导作用。

当然，本书作为指南已有300多页的内容，并不会事无巨细地对并购交易各个阶段所产生的所有问题进行讨论。本书始终强调应将过程安全的方法贯穿整个并购交易的过程，使读者对并购交易的整个阶段及每个阶段的重大事项产生更深入的了解。

因此，这本指南适合并购交易从业者人手一本。读者可以随时根据具体并购交易中所遇到的重要事项，从中找到解决之方法，并对症下药。

117. Joining Forces：Making One plus One Equal Three in Mergers，Acquisitions，and Alliances《合力：在并购和联盟中让一加一等于三》

一加一有可能等于三吗？这种情况在数学世界里看起来不太现实，但在并购世界里，它是很多买方深信不疑且不断追寻的理想境地。因为它意味着买卖双方的业务得到了有效整合且实现了协同效应。但这个等式在并购世界中也并非常见，因为四分之三的交易都未能实现预期的财务或战略目标，仅有四分之一的交易验证了这个等式的存在。那么，是什么导致了这“四分之三”的失败，又是什么促成了“四分之一”的成功？想必每一位经理人都迫切想要知道答案，那么这本《合力：在并购和联盟中让一加一等于三》将会为你带来精彩的解答。

这本书的两位作者都是经验丰富的并购专家。他们结合了亲身经手一百多起交易的经验，以及那些同样在大学任教的同事们在并购学术研究上的深刻见解，并向那些主导过成功交易的优秀管理人员吸取经验，不但在书中告诉我们在公司并购和联盟中哪里经常出错，还告诉我们应当如何矫正这些错误使之走向成功。

除此之外，这本书还强调公司联合中的“心理”因素，而不仅仅是“硬件”上的整合；强调公司对收购能力的提升，而不仅仅关注个别交易的成功；强调公司合并的长期持续价值，而不仅仅是成本缩减带来的一次性价值。作者将从各个方面吸取的精华凝结在本书中，无论

图书基本信息

中文书名 《合力：在并购和联盟中让一加一等于三》

著　　者 米切尔·李·马克斯（Mitchell Lee Marks）；菲利浦·H. 米尔维斯（Philip H. Mirvis）

出版信息 Jossey-Bass，Second Edition，2010

页　　数 368 页

作者简介

米切尔·李·马克斯（Mitchell Lee Marks），是一个国际公认的专家，致力于公司转型（包括并购、联盟、裁员、重组等）、公司文化、领导力开发以及高管团队建设等问题的研究。他就职于旧金山大学商业学院，同时还拥有一个关于如何改革公司管理方式的咨询公司。

菲利浦·H. 米尔维斯（Philip H. Mirvis），是一个组织管理心理学。他的研究和实践涉及管理组织变革、企业全球责任、劳动力及工厂整改等。他作为咨询人员服务过的公司遍布五大洲，并且著有十本书及一百多篇学术或实践文章。

目　　录

第一部分　在并购和联盟中创造价值

第 1 章　1 + 1 = 3——难以获得的等式

第 2 章　哪里出错及如何使之正确

第二部分　联合前阶段

你是并购“新手”还是“老手”，都能从中有所收获。

第 3 章　战略和运营准备
第 4 章　心理准备
第三部分　联合阶段
第 5 章　领导整合行动
第 6 章　整合公司：交易结构
第 7 章　在交易中管理人员
第 8 章　减少文化冲突
第四部分　后联合阶段
第 9 章　建立新的组织和文化
第 10 章　融合人员及团队
第 11 章　控制和弥补损害
第五部分　提升收购能力
第 12 章　回顾合并并从中学习
第 13 章　合力——提升收购能力

作者从 5 个不同但又互相重叠的角度阐述管理和组织交易的相关问题。

一是战略。作者认为并购并非战略，而是公司实现战略的途径。人们可以通过寻找合适的标的公司或者联盟伙伴来实现自身发展战略。书中也向我们展示了不同战略对后期整合程度和方式的影响。

二则组织。在这个角度上，作者为我们讲述了如何通过不损害联合伙伴的组织能力而实现业务功能的整合协同。

三为人员。并购中的心理因素在这里得到了全面的阐述。作者作为组织管理心理学专家，结合最新的资料和成果探究了公司在联合的不同阶段中，什么样的情感反应是最重要的，什么样的应对措施又是最适当的。

四是文化。作者分析了并购中文化冲突的原因及表现，并侧重对综合文化冲突进行讲解。

五是过渡期管理（从交易宣布到交易达成期间）。在这个问题上，作者关注到得以加速和提升过渡期的最佳实践，告诉我们正确的结构和进程选择可以缩短此期间并且实现良好的效果。

并购界有个定律：“收购容易整合难。”整合中的难题又普遍体现在人员和文化整合上。通常情况下，交易中的买方会认为其地位“高人一等”：他们拥有更先进的技术，更好的管理经验，更优秀的产品，似乎是扮演一种带卖方脱离落后地位的角色；而卖方，尤其是员工会认为买方像个抢夺其公司的强盗，甚至在友好收购中也不乏出现这种情况。

针对双方人员的不同心理，交易领导者要采取相应的措施应对这棘手的情况，不然会令交易脱离正轨。书中谈道：“文化就像呼吸，你从来不去想但却一直在执行。”与公司联合问题中涉及的实实在在的产品线、管理人才、专利技术等问题相比，文化问题显得有些难以捉摸，但它又是非常迫切需要解决的问题。

在人员和文化整合问题上，美国在线对时代华纳的收购是前车之鉴。作者在开篇便提到了这个典型的案例，企业文化冲突给联合价值带来的巨大损害在这个案例中体现得非常透彻：时代华纳的员工看不惯美国在线的同事放荡不羁的IT作风，美国在线的员工也瞧不起时代华纳的同事的刻板保守。事实证明，这次大胆的“实验”并非是两种不同颜色的水的混合，而是油和水的混合，换言之，根本就无法混合。这起世界上最大的并购案也成了世界上最大的并购失败案。

书中引入了时代华纳的前CEO杰瑞·莱文及合并后的首席执行官斯蒂文·凯斯对这场交易失败原因的分析。这种寻找交易失败因素或者成功原因的方式在书中多次用到，令读者能够从经典案例中的公司高管那里获取“一手资料”。

并购工作具备极大的挑战，管理人员通常需要面临很多问题：工作负荷过重、公司间文化冲突、人员对立、工作伙伴被解雇……但正是这些挑战为这份工作带来了含金量，因为这是一份并非任何人都能够胜任的工作。

这本书能够成为相关人员的“宝典”，正如美国人力资源管理学会（SHRM）的名誉CEO米迦勒·R. 洛西所说：“千万不要在没有读过此书的情况下去参与并购交易！我亲眼见证交易中涉及的每一个人的问题都并非易事——员工、股东、机构、执行人员……本书的两位作者拥有超过25年的相关工作经验，并且这本书显示出其无可比拟的经验和思维能力。如果你还没有读过此书，千万不要开始一项并购交易！”

118. M&A Integration：How to Do It《并购整合指南：企业成功并购整合的规划与实施》

相关研究结果显示，在全球范围内，绝大多数以失败告终的并购交易，是毁在了并购交易活动的最后一个阶段，即并购后整合阶段。其实，这背后的原因很简单，那就是并购交易的当事各方忽略了并购后的整合在整个并购交易活动中的关键地位。如果整合过程失败，收购方在前面几个并购阶段所做的全部努力则前功尽弃。

那么，怎样做才可以避免在整合过程中将前期的各项成果付之东流呢？

在这里，向大家推荐一本专门讨论并购整合问题的专著《并购整合指南：企业成功并购整合的规划与实施》。它或许能够回答这个问题。

这不是一本理论性著作。

在有关并购的文献海洋中，从理论角度讨论整合问题的文章和图书可谓汗牛充栋。不容否认，在并购整合方面是有很多需要深层次探讨的问题，比如战略管理、文化融合及协同效应等。但是，这本书完全把理论性东西撇在一边而立足于实践。作者使用的语言和表达方式通俗易懂，没有长篇大论，没有统计数据，也没有数学公式，在文字之外只用了一些简单图表来形象地说明看似有些复杂的问题。虽然整本著作谈不上图文并茂，但从阅读效果上可以说是生动活泼。读者一般不会有理解上的困难，而这一点，正是其他同类书所缺乏的。这也不是一本一般意义上的粗线条的著作。

该书用300多页的篇幅专门讨论并购整合问题，对细节的关注做到了极致。从整合与并购其他阶段的关系、整合计划的制订及整合成败的经验教训，到整合流程的每一个具体步骤、参与整合工作的每一个相关人员应当扮演的角色及整合涉及的具体内容，比如财务、管理、人员、市场与客户等，事无巨细，面面俱到。作为并购交易当事方在整个整合过程中及整合前后阶段可能会涉及的几乎所有的问题，在这本书中都有触及。这或许是任何一本指南性质的著作都应当具备的特点吧。

这更是一本具有实操性的著作。

并不是所有实务性的著作都具有实际可操

图书基本信息

中文书名 《并购整合指南：企业成功并购整合的规划与实施》

著　　者 丹尼·A. 戴维斯（Danny A. Davis）

出版信息 Wiley，2012

页　　数 334页

作者简介

丹尼·A. 戴维斯（Danny A. Davis），英国雷丁大学亨利商学院并购项目主任，曾经在世界多个顶级商学院就战略和并购问题发表演讲。他在并购的理论和实践两个方面具有丰富的经验，尤其在并购的整合领域更是独树一帜。

目　　录

导言
第一部分　战略驱动因素
第1章　并购概要
第2章　整合概要
第3章　整合计划
第4章　整合驱动因素
第5章　整合治理与结构
第6章　交付——整合管理第01章
第二部分　功能
第7章　财务
第8章　IT
第9章　人力资源
第10章　沟通
第11章　市场销售部
第12章　供应链
第13章　总部与财产
第14章　采购、研发、法律、HSSE（卫生、保障、安全、环境）
第15章　全书提要
附录一　整合培训

附录二　文化差异评估
附录三　本书中人物

作性。有无实操性，除了是否具备上面说的两个基本特点外，还取决于作者自身的条件。一本具有实操性的著作自然要求作者对实际问题确实有了解和并有切身的经验教训。该书作者丹尼·A. 戴维斯在这点上得天独厚。

他有学术和实务两个方面丰富的经历。一方面，在担任世界著名的雷丁大学商学院并购项目主任的同时，他在世界多所顶尖商学院就战略和并购问题发表演讲，深入浅出的表达能力，不只是体现在其口头上，当然也包括书面语言；另一方面，作者经手过多个并购整合项目，规模大小不一，其中最大的涉及交易金额超过百亿美元。这样一种特殊经历，让他的这本著作在实践中有效地指导读者的工作成为可能。

综上所述，该书适合并购实务工作者阅读，特别适合那些正在关注并购整合问题或正在从事并购整合项目的读者阅读。当然，如果有人对并购的关注不只限于某一个领域，那这本书还是可以在整合这个方面加强其印象从而增进对整个并购活动的理解的。

119. Mergers & Acquisitions Integration Handbook: Helping Companies Realize the Full Value of Acquisitions《并购整合手册：帮助公司实现充分的价值》

尽管全球并购交易的数量在不断增加，但最后真正成功的却是少之又少，有些公司在经历过并购之后甚至无法保存原有价值！于是，越来越多的从业人员开始思考，究竟是哪一环节的问题更容易招致失败后果？幸运的是，他们在经过不懈的探索与摸寻之后，终于找到了失败的原因，也是这本书的主题——整合。

斯科特·C. 惠特克是这本《并购整合手册》的作者。超过 20 项、总价值近 1000 亿美元的骄人战绩表明作者在并购方面颇有成就。作者所涉猎的行业非常广泛，且较为集中于跨国并购，特别是对于并购后的整合问题，也有着自己独到的见地与理解。

整合随时随地，整合如影随形。作者认为整合必须融入整个交易的“血液”之中，而不只是签署协议以后的事情。无论是兼并还是收购，从双方开始磨合之始，彼此就需要逐步地寻找双方的平衡点，并且在达成共识的基础上努力地使交易的价值最大化，从而使得双方公司的接触更加密切，关系更加牢固。作者著写本书的目的之一，也就是教会广大读者，如何去寻找利益的平衡点，如何去面对整合活动中的挑战，如何去找到病灶及如何解决这些问题。

作者创造性地提出，面对并购整合中可能产生的问题，最需要做的应该是诊断与预防，而不是等其发生之后再去解决。若交易人员能够提前准确预测不良结果，那么就可以在该结果到来以前及时止损，降低伤害。作者在书中反复强调，交易参与人员只有在充分了解该笔交易的基础上，才能对交易准确定性，从而找到整合的切入点。故其认为个案特征对于整个整合方案的实施至关重要。

时间就是金钱，效率就是生命。对于每日与速度赛跑的商业活动来说更是如此。例如，作者在本书中对于对 timing 一词的解读非常丰富，包含时间与时机两种理解。

众所周知，并购的最大优势之一就是交易时间较短，效率较高。一个普通的并购交易大概会花费 12 ~ 16 个月的时间，若整体时长短于这个区间，此时应该提起重视而不是盲目乐观。一味追求交易时间上的缩短，容易导致许多方面整合不到位，生拉硬凑地完成交易，最终还是会暴露出当时留下的隐患和问题，届时再来解决，反而会得不偿失。而若交易时长大于 16

图书基本信息

中文书名 《并购整合手册：帮助公司实现充分的价值》

著　　者 斯科特 · C. 惠特克（Scott C. Whitaker）

出版信息 Wiley，2012

页　　数 192 页

作者简介

斯科特 · C. 惠特克（Scott C. Whitaker），来自北卡罗来纳大学，是 PMI 的合作伙伴，并参与了超过 20 项、总价值近 1000 亿美元的并购活动。涉足行业包括医疗保健、金融服务、电信、游戏、酒店、化工、石油和天然气、工业制造、零售与耐用消费品。作者在加拿大、中国、欧洲和非洲在各种工作国际工作。他著有许多并购整合著作。

目　　录

第 1 章　并购简介
第 2 章　并购评估整合的复杂性及风险性
第 3 章　商业整合案例
第 4 章　整合计划简介
第 5 章　计划前阶段
第 6 章　尽职调查的重要性
第 7 章　建立整合管理办公室
第 8 章　执行你的整合计划
第 9 章　完善整合的收尾工作
第 10 章　制定高效的沟通计划
第 11 章　文化整合及评估
第 12 章　完美的评估整合过程
第 13 章　管理协同问题的解决
第 14 章　信息整合
第 15 章　整合之后：经验

个月（数额巨大、情况复杂的巨型交易除外），那么则说明磨合期过长，问题迟迟得不到解决，已经错过了整合的黄金时间，交易难以推动。

而在时机这一含义的理解上，作者认为把握住每一个交易节点非常重要。迪斯累利说过“人生成功的秘诀是当好机会来临时，立刻抓住它”。如前文所说，整合应是伴随着交易不断深入而逐步推进的活动，有序的工作计划和正确的决策时间有利于保持公司的业务价值，且不会造成不同时期的工作断层现象，这一点对于新公司来说非常重要。作者在表述了这些观点以后，也为广大读者提供了许多好的建议，如建立管理办公室（IMO）来建构整合网络，规范整合秩序等。

沟通促进交易，沟通成就目的。导致并购失败的因素有很多，但是最为遗憾的一个莫过于缺乏沟通，因为这原本是可以避免的。许多案例表明，那些在最开始宣称没有任何问题的交易，但是由于双方之间沟通不畅，往往导致结果令人失望。

作者认为，整合是全方位的事，而沟通好则是搭建各方平台的基础。其不应该仅局限于两个公司之间的管理层之间，双方内部团队与外部专家的沟通，公司与关键客户之间的沟通，以及双方员工之间的沟通同样可以影响最后的整合。

就连 Clear Channel Media and Entertainment 公司的董事长兼首席执行官约翰·霍根（John Hogan）都评价说：“这本书是一个有价值的指导，斯科特·C. 惠特克的手册是‘全面的’标准咨询建议，对于经历过现实整合挑战的人而言，能帮助你获得信息并获得整合工作的真正价值，并能让你相比于其他人学到更先进的技术和丰富的经验，这对任何负责收购整合行政人员来说都是宝贵的财富。”

企业并购的最终目标都是达成协调效应从而达到价值的最大化，本书即为通过整合达到这种价值的最大化提供了一个非常好的路径。

当然，本书也不是什么“万能圣经”，所以本书旨在解决的是低于 2.5 亿美元的整合交易中最常见的活动和挑战，以及它们的解决之法，而没有进入特定行业或类型的交易去深入研究。但总而言之，对于参与并购活动的从业者而言，本书所包含的内容对于读者及其所在的团队完成整合目标，达成交易愿景的帮助还是非常巨大的。

120. Practical M&A Execution and Integration《并购实施与整合实务》

图书基本信息

中文书名 《并购实施与整合实务》

著　　者 迈克尔·麦格拉思（Michael McGrath）

出版信息 Wiley，2011

页　　数 326 页

作者简介

迈克尔·麦格拉思（Michael McGrath），拥有10多年世界顶尖银行估值经验的资深专业人士。他目前担任劳埃德银行集团部门主管。是前美林证券区域首席技术官以及信孚银行和德意志银行项目总监。他创建了一家名为海伯尼亚的咨询公司，负责就项目执行和风险管理向多家重要的投资银行客户提供咨询。他的职业生涯的很重要部分涉及整个并购流程的管理。他经手的并购交易包括劳埃德集团公司的收购业务、德意志银行收购信孚银行、信孚银行收购国民西敏寺银行市场，以及IBM收购莲花发展有限公司。

目　　录

第一部分　关于兼并与收购

第1章　前言

第2章　监管角色

第二部分　并购交易的基本原理

第3章　交易解剖

第三部分　成功的并购

第4章　并购力量

第5章　并购流程

第6章　并购人员

第四部分　撮合在一起：并购完成

并购交易是一项系统工程，而系统的问题不能只依赖头痛医头脚痛医脚的非系统办法解决。在这个方面，迈克尔·麦格拉思撰写的著作《并购实施与整合实务》给了我们一个全新的思路，或许可以增进我们对并购失败原因的了解，从而帮助我们找到一条降低交易失败比率而提高成功机会的途径。

那么，这部著作为我们提供的是什么样的一个制胜法宝呢？

用一句话表示，就是用系统的方法分析并购交易这个系统工程。作者在书中是从两个方面来展开论述的。

首先，将整个并购交易看作是“力量”“人员”和“过程”这三个要素相互作用的结果。

在作者眼里，“力量”是指收购方或并购交易双方所拥有的体现在交易中乃至交易后整合阶段超越组织和文化边界的愿景、能力、知识和意志；这里的“人员”不是狭义的并购交易中被整合的对象，而是主导这项交易的、具备与股东、被收购方公司雇员、监管层、消费者及其他利益相关者有效周璇能力的人。而所谓的“过程”则涉及对交易进行中组织或系统变化的管理和控制。

作者认为，这三个互为关联的要素都属于能力的范畴。它们之间如何发挥作用，直接决定一项交易的成败。其中，“力量”要素的价值主要存在于公司制订并购战略计划阶段，而“人员”和“过程”的作用则分别在并购交易进行之中和之后发挥出来。不过，三者的关系互为补充，其聚合的效应贯穿并购交易之始终。

第7章　时限
第五部分　并购融资
第六部分　文件模板

其次，将风险的意识渗透于并购交易的全过程。

在这本326页的著作中，作者用了将近三分之一篇幅在讨论风险问题。从风险的界定和评估，以及项目风险的管理和控制，到降低风险的方法，几乎所有与并购交易相关的风险问题，应有尽有，面面俱到。特别是针对风险管理，作者提出了很多独到见解。

他强调风险管理的重要性，认为这些计划外发生的负面事件如果处理不好，将给并购交易各方带来不必要的额外负担，其中包括交易的时间、成本和质量。为此，他将控制风险损害的努力细化为几个具体的步骤，从而实现有效风险管理目标。这些具体的步骤包括有：界定和识别风险、量化风险可能带来的影响、区分风险的严重程度并予以排序、正视风险的存在、在各方之间清晰地就项目面对的任何风险进行沟通，以及就风险的性质和其轻重缓急达成共识等。

当然，这部著作并非完全讨论影响并购成败的各项关键要素，以及风险预防和管理问题，也涉及并购交易的其他一些层面，比如并购监管和融资等。在最后部分，该著作还为读者提供了几种重要的并购交易文件模板。

总的来讲，这部著作有点有面，能够很好地帮助读者全面把了解并购交易的流程和关键问题，适合于各类公司的管理层、并购交易的从业者及公司股东阅读。

121. The Complete Guide to Mergers and Acquisitions：Process Tools to Support M&A Integration at Every Level《并购全程指南：支持各层面并购整合的程序工具》

至今，每次并购浪潮中的交易都展现出了不同的特点，因此许多关于并购实务的指南性书作因为不再适应现时的需求而被逐渐淘汰。但这部由蒂莫西·J. 加尔平和马克·赫恩登合著的《并购全程指南：支持各层面并购整合的程序工具》经历了近二十年时间的考验，至今仍被奉为经典。原因在于它的内容不断推陈出新，不断根据现实需求做出调整和修改，以至于其经历了两次再版，依旧在现今的并购实务中发挥着重要作用，并成为并购领域中有关整合问题的经典书作。

本书的两位作者都曾在多家财富五百强企业担任过高管或董事成员，并深刻接触了并购整合的核心工作，因此在整合问题上具有十分丰富的实务经验。作者写作此书的目的是为了使整合工作的领导人员及各参与方意识到整合工作的重要性，并借由此书为其提供实务上的指引，所以本书可谓作者对自身实务经验的总结、升华与分享。

但本书并非仅对并购整合作以介绍性分析，或是去刻意定义一个成功的并购整合的概念，而是根足于实践，指引读者应该如何处理整合的相关问题。本书是 1999 年首版书作的第三版，其中保留了原版书中一些经受了时间检验的内容，并加入了最新的研究成果和实用性经验，能够为读者提供最新的有关整合全程的指引。本书还被并购专家亚历山德拉·里德·拉杰科斯评价为“备受推崇的并购整合经典”，并认为它是任何一位从事整合业务的顾问或律师的必读之作。

全书共分为 14 个章节，其内容涵盖了并购整合的全程及整合的多个层面，是关于并购整合问题的综合性指南。本书将整合流程细分为 8 个阶段和 9 个层面，这 8 个阶段涵盖了从意向书的签订、交易公告、制订整合计划直到整

图书基本信息

中文书名 《并购全程指南：支持各层面并购整合的程序工具》

著　　者 蒂莫西·J. 加尔平（Timothy J. Galpin）；马克·赫恩登（Mark Herndon）

出版信息 Jossey-Bass，Third Edition，2014

页　　数 480 页

作者简介

蒂莫西·J. 加尔平（Timothy J. Galpin） 任职于（美国）科罗拉多州大学，是一名讲授战略与企业管理的临床管理学教授。他所提供的咨询服务、从事的研究及发布的著作集中于企业并购、可持续的组织管理、领导效能以及企业家能力培养等领域。在他从事教学前，曾在世界上许多企业担任过高管及董事成员，并拥有超过 20 年的相关经验。

马克·赫恩登（Mark Herndon） 作为并购合作伙伴的总裁，他的实践包括并购整合策略和管理；为企业收购者建立内部并购能力；尽职调查；文化评估和整合；在破坏性变化的时期，改变管理、沟通和领导能力。此前，他曾担任帕克伍德顾问公司总裁，并在全球范围内与华信惠悦进行并购服务。作者还担任并购领导委员会的首席知识官，并担任各种私人公司、信仰组织和慈善组织的董事。他已经向近 40 万人发表了主题演讲和并发会议，并发表了一篇广受欢迎的每周时事通讯——《合并周一》。

合完成；9 个层面也覆盖了文化、人力资源、运营等多方面。

目　录

第 1 章　整合：实现交易价值的阶段
第 2 章　交易流程模型
第 3 章　以尽职调查为开端的整合程序
第 4 章　欢迎来到管理变革大联盟
第 5 章　并购整合工作流模型
第 6 章　组织、参与和协调整合专案组
第 7 章　做好沟通交流工作
第 8 章　有效避免跳槽现象
第 9 章　设置优良的组织结构
第 10 章　成功地实施评估工作
第 11 章　“他们是如此不同”：文化整合
第 12 章　人力资本整合与人力资源职能
第 13 章　并购修复
第 14 章　提升并购的层次

本书前两章对这些内容做了整体性介绍。首先深刻剖析了整合问题的重要性，确认其决定交易最终价值实现与否的关键性地位；其次为整合工作奠定了三大原则：一则注意到整合是一个贯穿全程的工作，不能将其与其他环节割裂开来；二则提前做好计划，不能在交易完成以后才着手开展；三则注重企业并购能力的提升，建立并购能力提升机制。这三项原则贯穿并购整合工作的流程始终，为本书后面章节的内容提供了原则和基础，也为实务工作者提供了原则层面的指引。

前两章为本书的后续章节做了整体性铺垫和介绍，而后面的章节是关于整合流程和各个整合层面的具体介绍。鉴于本书的实务性特征，作者在表达观点或提供指引时力图简明有效，除了其语言深入浅出以外，还采取了以下这些做法：第一，书中利用了大量简明的图表、清单和模板来辅助读者的理解；第二，本书每章结尾都会对本章内容加以总结，即利用简明的语言将本章的核心内容再一次呈现给读者；第三，为了有效检验实施效果，每章结尾还附有一个“快速评估工具”，利用这个简单有效的工具，读者可以对其当前整合工作的实施效果进行评估，然后做出相应地调整。

总体而言，本书是一部涵盖了并购全程及各层面的综合性实务指南，利用了大量的模版、清单、图表、评估工具等方式为读者提供帮助，循循善诱且简明有效，能够为读者提供一个健全的关于成功整合的指引。书中也指明了实践中一些常见的错误，以及有效的应对策略，可以帮助读者更迅速且有效地最大化整合的财务和战略价值，帮助读者显著提升整合的效果。

在本书首次出版的十几年前，就高瞻远瞩地关注到了尚未引起广泛关注的并购整合问题，并预测了整合业务的趋势。十几年后，本书依旧在这一领域保有前瞻性的眼光，依旧着眼于将来整合工作的需求。这些预判并非基于作者的想象或猜测，而是来源于作者的研究、调查和实践经验。本书所提供的这套方法能够帮助培养和提升从业者的核心能力，应成为每一位关注于并购整合业务的咨询人员、法律人员或企业管理者的必备读物。

第七类

跨境并购（精选 18 本）

一、综述

以是否具有涉外因素为标准，并购分为国内并购与跨境并购。虽然目前在全球范围国内并购的总规模仍然大于跨境并购，但是跨境并购后来居上。在本质上，跨境并购与国内并购没有太大差异，所不同的是前者更加复杂，对从业者的要求更高。跨境并购的从业者不仅仅需要了解不同国家的语言文字，特别是商业文化，而且需要熟悉相关国家的公司经营模式、公司，其他商业法律及税收和劳动人事制度等。对于还没有太多机会直接在实践中提升自己的职业知识和技能者，通过优秀书本的学习或许是了解和熟悉跨境并购问题较理想的途径。在这方面，中英文丰富的图书为我们提供了可能和便利。

本类中所选择评价的18本书，涉及跨境并购过程中的若干重要问题和很多方面，比如尽职调查、税务、文化及德国和日本等国跨境并购实践。其中，《海外并购交易全程实务指南与案例评析》《跨境并购》《全球并购：公司跨界整合》和《全球并购探戈：如何协调并购和战略合作中的文化差异》这4本书各自具有自己的独特风格，能够帮助读者从实务、国别法律政策、基本流程和文化差异的协调等方面全面了解跨境并购的知识、技能和方法。

张伟华的《海外并购交易全程实务指南与案例评析》（中文版，P306）自出版以来一直受到中国并购业好评。其独特之处在于作者能够结合自己的丰富涉外并购实践，将错综复杂的跨境并购交易及其涉及的主要问题讲解的透彻、生动。特别难能可贵的是，该书作者用具体的实例，深入剖析了多个跨境并购交易中的法律文件。这是一本篇幅较大、干货满满的跨境并购图书。

黄正东等主编的《跨境并购》（中文版，P316）也是一本较大部头并购书。该书基本没有涉及跨境并购的理论和一般流程问题，只是针对 30 多个不同国家的投资与并购法律和政策分别进行介绍。该书的 30 位撰稿人来自并购一线，结合自身的丰富经验，以目的地国家的投资环境、法律法规和商业模式为切入点，为读者全方位地解读了世界主要经济区域的外商投资、税收、知识产权保护等投资法律环境，并且对于某些特定国家的“投资雷区”也有专门的提示，旨在为读者提供实用的导航，以便于其在以后的并购道路上少走弯路。

阿布多尔·S. 苏菲等主编的《全球并购：公司跨界整合》（英文版，P331）一书侧重跨境并购的流程，分别从并购交易的 4 个主要阶段，即公司发展战略的制订、目标公司的选择、尽职调查、谈判、交易结构设计、交易达成及并购后的整合，展开对跨境并购问题的讨论。书的最后，还专门就中资企业在海外投资和并购所面临或关注的问题提出建议。这本书既适合一般性了解跨境并购的人士学习研究，更适合那些有志于参与中资企业走出去发展战略的并购从业者阅读。

冯斯·琼潘纳斯等撰写的《全球并购探戈：如何协调并购和战略合作中的文化差异》（英文版，P341）是一本有关跨境并购的专门性著作，主要涉及并购中文化冲突问题。较之国内并购，文化问题是导致跨境并购失败常见的原因，有的时候甚至是主要原因。作者通过对大量案例的研究，发现了跨境并购文化整合的 4 个关键要素，即承认、尊重、和解和融合。这本书对希望了解并购中文化问题的不同层次的读者都是有价值的。

二、书评

122.《海外并购基金操作实务与图解》

着眼当下，我们会发现法律、金融等相关专业领域的人士正身处天时地利的绝佳时代：中国企业大举出海并购急需大量专业人才，而目前市场上仍甚为缺乏，可谓“天时”；中国政府对企业海外并购提供了良好的政策环境与扶持，可谓“地利”。因此，对于志在新的并购浪潮中有所作为的人士来说，最关键的则是练就一身本领，成就“人和”这一条件。

对新手们来说，练就本领、提升专业能力最有效的方法是亲身实践。但在此之前，若能有几本实务类书籍提供基础与指引，便能使其在工作中更快上手，拥有一个良好的职业开端。而《海外并购基金操作实务与图解》正是这样的一本实务类书籍，能够很好地为还未步入或初入职场的人士提供一系列有关海外并购基金操作的指引，助力新手们尽快提升实务能力。

本书是“北京大学法律硕士实务丛书”中的一本。该系列丛书旨在为金融行业的优秀人士就其所在领域的实务进行系统、全面、深入浅出地讲解，力图为包括在读法律硕士在内的新手提供实务知识和业务操作经验。

本书作者王以锦在PE业务、海外业务及资本市场业务等实务领域具有丰富的项目经验和较为完善的知识结构。他结合自身实务经历

图书基本信息

著　　者　王以锦

出版信息　北京：法律出版社，2015

页　　数　206页

作者简介

王以锦，北京大学法律硕士，南开大学法律学士学位，天津外国语大学英语学士学位，先后在美国明尼苏达大学法学院和爱尔兰A&LGoodbody律师事务所进修学习。毕业后先后在知名律所以及大型私募基金、信托公司、保险公司等金融机构工作，长期从事金融、投融资实务工作，在PE业务、海外业务以及资本市场业务等实务领域具有丰富的项目经验和完善的知识体系。现担任华澳信托基金发展部总经理，出版有《PE业务合规操作实务手册》等著作。

隋平（丛书主编），北京大学法学硕士，香港城市大学法学博士，哈佛大学行为金融学博士后，曾经在北京德恒律师事务所从事律师工作，后在多家大型机构担任高层领导职务，长期致力于推动法学院模拟实务教学。

目　　录

第一篇　海外并购基金的设立和募集

及其所学，针对当下资本市场中的“并购”“并购基金”“PE”“海外收购”等金融和资本市场的热点问题进行了较为全面、深入地剖析，并着力介绍了以下三部分内容。

第1章 新的海外并购时代
第2章 海外并购基金的设立
第3章 海外并购基金的募集
第二篇 海外并购基金的运作
第1章 作为“共同收购方”协同并购
第2章 控股型并购基金
第3章 “上市公司+PE”模式
第三篇 海外并购流程
第1章 海外并购的四大阶段
第2章 国外审批
第四编 海外并购合同条款
第1章 协议的签署方
第2章 先决条件
第3章 价款的支付
第4章 担保
第5章 承诺
第6章 保证
第7章 损失补偿
第8章 解除权
第9章 转让
第10章 争议解决

首先，介绍了海外并购基金是如何参与和服务海外并购的，且详细介绍了海外并购基金的设立、募集及运作模式。中国本土PE主要是为实体企业的并购提供融资服务，但PE在海外并购中能够发挥的作用绝不仅限于此。作者介绍PE能够提供的并购咨询、技术指导、媒体公关等“增值服务”才是企业家们最为看好，也是国际化的并购基金最为典型的操作方式。书中对PE能够发挥的最大作用和价值，及其具体的操作方式做以全面、详细的介绍，并结合实务案例和图表辅助对基金运作模式的讲解。本书的文字与图表相得益彰，达到了精准、简练地传达信息的效果，具有很强的实务操作性。

其次，介绍了海外并购的整体流程，并对流程中企业所需聘请的机构或人员，及其相应的工作内容加以总结和介绍。这些内容的讲解来自于作者亲历的多个海外并购项目，因此其介绍能够深入到具体的实践操作细节，并提出实践中常见的重点难点。此外，对于在海外并购中提供法律服务的人士来说，最基础的工作不仅包括搞清楚海外并购的流程，还要熟悉境内外的监管流程。在这一问题上，本书为我们提供了极大的帮助。

作者不仅以文字的方式将中国企业在实施海外并购时面临的审查和核准、备案工作的流程及内容进行了介绍，还将境内方面的相关内容整合为一张“海外并购项目境内监管流程表”。这张长达多页的图表条理极为清晰，能够帮助新入职场的人士在面临相关工作时理清思绪，不至于茫然无措。

最后，本书对海外并购中重要的国际商事合同条款进行了剖析，并告知读者应如何设置有关条款和可能存在的“谈判要点”。这部分内容的讲解涉及对协议的签署方、先决条件、价款的支付、担保、保证等条款的剖析，且作者会在重要之处辅以条款示例，实务中可根据情况对这些条款稍加修改即可参照使用。作者在书中列举的这些条款具有高度的严谨性，且着力全面涵盖各种可能的风险点，还会提示读者哪些是常常产生争议的条款，真正做到了设身处地地从新手的角度考虑问题。

以上仅简单提及了本书最主要的几项内容，其中仍有很多高含金量的知识点及亮点。比如作者在附录中对包括自身实操案例在内的 9 个案例进行了介绍，并辅以案例流程图、交易结构图、股权结构图等图表；作者对新西兰外资并购政策，泰国外资管理政策及欧盟、美国、意大利、新西兰等国家的反垄断审查制度的简要介绍；作者对自 21 世纪以来中国政府政策导向变化的归总和预测等，这些内容对并购新手来说具有很高的学习、借鉴价值，也可供行业同僚之间互相交流经验。

在当今这个时代，一个企业若想做大做强，成为行业老大，如果不借助外部资金、不对接资本市场、不进行并购重组，几乎不可能实现。因此，深谙资本运作之道的 PE 一定不会“袖手旁观”，这为尚未择业的法律、金融专业的学生提供了很好的方向。本书的初衷是为在校学生打开一扇了解实务的窗口。不过，我们相信它同时也能为其他专业人士提供一定的参考。

123.《海外并购交易全程实务指南与案例评析》

在过去的十几年间，由于中国企业不熟悉国际规则，缺乏海外并购经验而在国际商业交往中吃亏不断。作为海外并购实践先驱企业中的前驱工作者——中国海洋石油总公司的张伟华先生，深入参与了过去十几年间世界油气行业内的很多标志性交易，积累了丰富的实务经验，并见证了中国国有油气公司海外并购团队从不成熟到成熟的过程。他将自身珍贵的并购实务经验与前沿的知识技能通过《海外并购交易全程实务指南与案例评析》分享给大家。这本非常实用、可操作性强著作的问世，真正为中国立志从事海外并购的相关从业者带来了不可估量的价值。

纵观本书，除了感受到作者满满的诚意之外，还会有以下读书体验。

第一，实务操作性非常强。作者写作此书的初衷，是为了提升中国从事跨境并购律师的专业能力和实务水准。这本书就如同作者在“手把手”教授读者实务技能一样：应对海外并购需要具备什么样的基本能力？如何审查保密协议？如何实施尽职调查？如何选择和聘用专业顾问、外聘中介？前期交易文件有哪些？如何管理并购交易的过渡期？如何实施信息披露和合规工作？如何进行并购交割？

以作者对审查保密协议的讲解为例，他首先对保密协议的各项审查要点进行了介绍，而后将保密协议的审查顺序逐一进行了列举并提示出重点问题，最后又对国际通用的保密协议中的重要条款进行实务列举和剖析，提示风险点并讲解应当如何修改。诸如此类，在各项问题的解决上，作者都是秉承这样的态度进行撰写，是不多见的真正将海外并购讲深、讲透的作者。

第二，将法律人的谨慎态度贯穿至海外并购的各项流程。谨慎细致是法律从业者最重要的基本素质之一，在海外并购动辄上亿元的交易中更是不容法律人员出差错。作者经过十多年的“时间紧、任务重”的跨境并购工作的洗礼，已将谨慎细致融入了自己的血液，并贯穿此书描写的各项海外并购流程中。

在作者眼中，每一项流程都可能存在风险，需要对风险节点进行全面掌控。即使走到了并购交割的阶段，也丝毫不能有所懈怠，所有各方必须各行其是、各司其职，从而确保并购交割的顺利完成。

作者还会对并购流程中的重点条款进行非常严谨和细密的解读，对关键风险点进行反复

图书基本信息

著　　者　张伟华

出版信息　北京：中国法制出版社，2016

页　　数　593页

作者简介

张伟华，北京大学民商法学硕士，现就职于中国海洋石油总公司法律部，任项目管理处处长，主要职能为集团管理层对重大项目的决策提供法律支持，管理中海油集团国内外重大并购、重大投资、重大融资、资产剥离和处置、重大生产经营及建设项目的法律风险和重大、疑难、复杂法律咨询类工作。参与了过去十几年世界油气行业内诸多标志性交易，是中国企业迄今为止海外并购最大交易的核心法律人员之一，从事了包括油气资产并购、公司并购、上市公司并购、能源基金设立、并购融资、并购整合等各类并购及并购后运营法律事项，对跨境并购有很深的理论认识及丰富的实务经验。作者曾被世界知名法律权威咨询机构 Legal 500 评为亚太地区最佳公司法律顾问之一，同时也是国际石油谈判者协会（AIPN）标准合同起草委员会成员之一。

目　　录

第1章　海外并购简介
第2章　保密协议审查指南
第3章　尽职调查指南
第4章　聘用协议指南
第5章　前期交易文件指南
第6章　资产、股权买卖协议指南
第7章　股东协议指南

提醒，并辅以亲历或者亲眼见证的事实为大家提供证明。从中我们可以感受到一名专业人员的工作素养，并学习其细致、谨慎、负责的品质。

第8章　上市公司并购指南
第9章　美国页岩油气资产并购指南
第10章　海外并购交易的过渡期管理指南
第11章　信息披露及合规指南
第12章　并购交割指南

第三，平衡了实务与理论、枯燥与趣味。作者通过两点做到了这样的效果：一是正确的内容选择，二是合理的表达方式。内容的选择最贴近并购实务者的需求，语言的表述也十分简洁、生动，令人手不释卷，赞叹不已。

此外，书中还独辟蹊径地添加了二维码链接，读者可以借此获得语音讲解或者下载并购文件模版。难怪本书一经出版便获得读者一致好评："全是干货，内容非常实用，可操作性强，富有趣味性……"瑞生国际律师事务所（Latham & Watkins LLP）的全球合伙人 David Blumental 也如此评价道："作为一名优秀的写作者，他的笔法简洁且能给读者带来愉悦的阅读体验。此书是任何对跨境并购有兴趣读者的一本必读之书。"

第四，为读者带来了跨境巨型并购的实战感。跨境并购对于中国的大多数法律工作者来说，都是属于"看过听过没干过"的"高端"业务，但是作者在过去的十几年间密集地从事了大量的跨境并购交易。他在书中引入了很多自己亲历的交易谈判过程，尤其是对中海油并购尼克森交易（中国企业海外并购迄今最大交易）的深度引入，详细地介绍了并购中的交易文件、流程和风险控制因素，为读者带来了跨境巨型并购的实战感。

除此之外，笔者作为 AIPN（国际石油谈判者协会）的会员和标准起草委员会成员之一，特向 AIPN 的管理委员会申请了部分标准合同的使用权，比如标准保密协议、标准顾问协议、标准意向书等。这些都是国际油气界通用的协议模版，广泛应用于全球的油气资产类交易中。除了这些文件之外，作者还提供了其他一些海外并购中所需文件的模板，均为实践工作者提供了非常重要的参考价值。

"我深知写作一本这样的书籍所要花费的时间与心血，相信没有使命感和危机感也很难做到。我推荐每一位对海外并购有兴趣的读者阅读本书，相信读者朋友必能从中受益良多。"现任亚太地区仲裁组织主席的杨良宜先生在为本书所写的序中谈道。

中国过去十几年的海外并购是一个“交学费”的过程，同样也是一个积累经验和学习的过程。未来的十几年将迎来海外并购的新篇章，中国的海外并购相关从业者需要熟悉国际规则，提升专业水准和业务能力，而这本书能够为旨在参与跨境并购的读者提供百科全书般的帮助。

124.《海外并购尽职调查指引》

图书基本信息

著　者 隋平

出版信息 北京：法律出版社，2011

页　数 463页

作者简介

隋平，金融法学博士，留学香港，曾在中央国企、著名律师事务所、投资公司、投资银行工作，湘潭大学法学院尚公法律实务研究中心执行副主任，湘潭大学法学院金融与法研究中心执行主任。著有《私募股权投资基金法律实务指引》等多部专著。

目　录

导论　中国企业海外并购概述
第1章　海外并购现状
第2章　海外投资操作概述
上编　并购尽职调查操作指引
第1章　阿根廷的并购尽职调查操作
第2章　爱尔兰的并购尽职调查操作
第3章　澳大利亚的并购尽职调查操作
第4章　巴西的并购尽职调查操作
第5章　比利时的并购尽职调查操作

不可否认，并购的成功与否在于尽职调查是否准确彻底，是否就买方在适当的时候对潜在的收购标的进行详尽的评估。而海外企业所处的商业、法律和政治环境的巨大差异，对其所进行的尽职调查更不是一件容易的事情。隋平博士撰写的《海外并购尽职调查指引》一书，在这方面给读者提供了一些具有实际价值的参考意见。

“一知半解多危险。”本书对海外并购尽职调查的阐述详细、全面。尽职调查的内容繁多，不仅包括企业商业运作上的各种问题、企业财务问题、企业及其管理层的法律问题，还需要关注企业的人力资源、环境及文化整合等问题。而且由于海外并购的跨界性，买方很难完全把握并购标的所处的政治、经济及社会环境。

本书一开始就关注了这些问题，对海外并购现状做了充分的分析，并针对具体问题的解决操作实务做了非常精准详尽的解答。虽然本书并没有穷尽海外并购尽职调查的所有问题，但作者提供的解决问题的整体思路和方法框架，足以支撑我们进行充分有效的尽职调查，摆脱“一知半解”的危险。

“实事求是活的灵魂，是具体问题具体分

析。”而具体问题具体分析正是本书内容的一大特色。本书虽然对中国企业海外并购的尽职调查搭建了总体的分析框架，但由于不同的人文历史背景，每个国家都会有不同于其他国家的政治制度、法律体系及商业惯例，同时本书作者也深刻意识到这个尖锐的问题。

因此，本书分章将世界24个主要国家或地区在跨境并购交易尽职调查中涉及的主要问题及具体的尽调操作进行细节深入的分析。和其他综合论述海外并购交易的书籍相比，本书由于更加注重每个国家或地区尽职调查不同的操作细节，因此对从事特定海外并购的专业人士而言更加具有针对性。

古人讲“知易行难”，本书作为实务指引手册，非常注重执行的效率，能够有效地解决“行难”的问题。本书相较于其他很多“纸上谈兵”论述并购战略的书籍，更加注重并购尽职调查的实际执行问题。

与并购交易尽职调查操作相对应，本书也同样用24章的篇幅，详细概述了从事24个不同国家并购交易的尽职调查清单及尽调报告的主要撰写内容。尽职调查的清单是任何一项并购交易最具体和详尽的尽职调查指引文件。一个好的并购中介团队，包括律师和会计师，在并购交易实施前，无不先会根据具体的交易制订一份尽调清单。

作者认为，一份好的尽调清单犹如一篇文章的内容纲要，决定着尽职调查能否顺利执行及其全面性。因此，本书不仅将涉及不同国家的尽调清单列出，而且还在清单中列示了各种

第6章　德国的并购尽职调查操作
第7章　俄罗斯的并购尽职调查操作
第8章　法国的并购尽职调查操作
第9章　芬兰的并购尽职调查操作
第10章　荷兰的并购尽职调查操作
第11章　加拿大的并购尽职调查操作
第12章　马来西亚的并购尽职调查操作
第13章　美国的并购尽职调查操作
第14章　墨西哥的并购尽职调查操作
第15章　南非的并购尽职调查操作
第16章　挪威的并购尽职调查操作
第17章　日本的并购尽职调查操作
第18章　瑞典的并购尽职调查操作
第19章　西班牙的并购尽职调查操作
第20章　中国香港的并购尽职调查操作
第21章　新加坡的并购尽职调查操作
第22章　新西兰的并购尽职调查操作
第23章　意大利的并购尽职调查操作
第24章　英国的并购尽职调查操作
下编　并购尽职调查清单与报告指引
第1章　阿根廷的并购尽职调查清单与报告
第2章　爱尔兰的并购尽职调查清单与报告
第3章　澳大利亚的并购尽职调查清单与报告
第4章　巴西的并购尽职调查清单与报告
第5章　比利时的并购尽职调查清单与报告
第6章　德国的并购尽职调查清单与报告
第7章　俄罗斯的并购尽职调查清单与报告

资料的查找来源，十分有助于并购交易的高效易执行。

总体来讲，尽职调查对于中国企业海外并购活动可谓举足轻重。本书作为海外并购尽职调查的实操指引，由于注重实用性而忽视了尽职调查的整体战略性。

但作为一本“战术”指导手册，本书让从事海外并购交易的专业人士和企业家能够确定目标企业的预期价值和潜在风险，并且据以制订企业并购后的整合规划，从而让我国企业海外并购具有举重若轻的作用。

第8章　法国的并购尽职调查清单与报告
第9章　芬兰的并购尽职调查清单与报告
第10章　荷兰的并购尽职调查清单与报告
第11章　加拿大的并购尽职调查清单与报告
第12章　马来西亚的并购尽职调查清单与报告
第13章　美国的并购尽职调查清单与报告
第14章　墨西哥的并购尽职调查清单与报告
第15章　南非的并购尽职调查清单与报告
第16章　挪威的并购尽职调查清单与报告
第17章　日本的并购尽职调查清单与报告
第18章　瑞典的并购尽职调查清单与报告
第19章　西班牙的并购尽职调查清单与报告
第20章　中国香港的并购尽职调查清单与报告
第21章　新加坡的并购尽职调查清单与报告
第22章　新西兰的并购尽职调查清单与报告
第23章　意大利的并购尽职调查清单与报告
第24章　英国的并购尽职调查清单与报告

125.《机遇与挑战：中国公司海外并购的风险与防范》

图书基本信息

著　　者　肖金泉

出版信息　北京：法律出版社，2012

页　　数　251 页

作者简介

肖金泉，北京大成律师事务所高级合伙人，中华全国律师协会经济专业委员会主任，资深投融资法律专家，担任过东风汽车、摩根大通、美中工商联合会、美国 IDG 集团、英国 HLM 集团及兰宝科技、皇台酒业、揶岛股份等国内外多家大型企业及上市公司的改制并购和融资法律顾问。

目　　录

第 1 章　中国公司海外并购的历史与现状
第 2 章　中国公司海外并购的困境
第 3 章　中国公司海外并购的风险
第 4 章　中国公司海外并购的风险控制
第 5 章　中国公司海外并购经典案例述评

中国企业海外并购确实有提振人心的一面，因为它代表着中国经济的持续增长及中国企业综合实力的提升；但另一方面，中国企业的海外并购普遍处于一种粗放的状态，缺乏一套理性、系统的管理模式。中国企业也为此支付了巨额的成本。因此，提升海外并购的能力依旧是中国企业当下非常重要和紧迫的任务。肖金泉律师所著的《机遇与挑战：中国公司海外并购的风险与防范》一书可以帮助海外并购从业者了解中国企业在海外发展所面临的问题。

肖律师是一名资深的投融资法律专家，担任过东风汽车、J. P. 摩根、美中工商联合会、美国 IDG 集团、英国 HLM 集团等国内外多家大型企业及上市公司的改制并购和融资法律顾问。他从中国企业以往的海外并购中看到了中国企业普遍存在的状态：其中大多数还停留在要什么的阶段，而对于为什么要，要到之后该干什么、如何干，干好了之后最大收益是什么，最大风险又是什么，这些深层次问题考虑较少。而本书就是对这些深层次问题的一次梳理和探讨，可以帮助中国企业不但能够“走出去”，同时还能够“拿回来”，实现真正成功的海外并购。

本书的框架体系简明而完整。第一，介绍了中国企业海外并购的历史与现状，令读者对本书的背景知识有了全面的了解；第二，探讨了中国企业海外并购面临的困境，使读者认识到中国企业海外并购历程中普遍存在的问题；第三，梳理了中企海外并购面临的主要风险，为读者全面地提示了风险点；第四，为中国企业面临的风险提供了防范措施和建议，给从业者带来了切实有效的解决路径；第五，本书收录了 10 项经典的中国企业海外并购案例，进一步加深了读者对相关问题的认识和了解。

全书语言非常沉稳老练，作者深厚的文字功底使其传达的信息更具信服力。通常情况下，工具类书籍很容易陷入“堆积干货”的怪圈，而本书作者则为这本书注入了文学底蕴。本书在谈及中国企业在海外并购历程中屡屡碰壁的现状时，深入中西方各种冲突矛盾之下的文化背景和深层次原因，使读者了解问题的根源所在，而不是仅仅停留在表面现象。本书能够为读者带来一种解决问题的新高度，即透过现象看本质，从根本层面来分析问题和解决问题。

本书对中国企业海外并购中面临的问题涵盖得非常全面。对劳工、税收、知识产权、外汇、环境、融资、人力资源、政治、文化这些模块的知识都进行了讲解。本书对每一个模块知识的讲解都通过案例引入，通过案例来提示风险点，还为读者提供了针对风险的防范措施。比如在讲解知识产权的风险时，先从华为收购飞利浦手机专利引入话题的探讨，然后点明了其中的风险点，最后又提出了应对相关风险的规避措施，如对专利的权属、有效期、专利费缴纳、涉及的诉讼等方面实施全面的调查。本书对这些海外并购问题的全面讲解能够为读者提供完整有效的指引。

影响海外并购成功的因素有很多，其中很多因素是企业本身难以全面顾及的，所以要充分发挥专业分工的巨大效应，利用中介机构的作用来降低政治、商业风险，提高并购的成功率。作者提到中国目前非常缺乏跨国企业国际化人才，比如TCL和联想在跨国并购后的整合工作上遇到的难题很大一部分原因就是缺乏金融、会计、科技、管理和法律方面的国际化人才。因此，中国企业在实施海外并购时要选择具备相关经验的中介机构，充分利用中介机构在海外并购中的专业知识和经验。相关的中介机构应当包括律师事务所、投资银行、会计师事务所、税务师事务所、资产评估机构等。书中对各种中介机构在交易中的任务和作用做了介绍和归总，能够为中国企业的需求提供切实可行的帮助。

跨国并购就像是一场没有硝烟的国际战场，中国企业在海外并购中面临着各种各样的困境。而我们所要做就是不断提升自身的并购能力，全面了解各种风险，并对其进行提前预防和控制，实现真正的成功。在我们真正投入这场战争之前，不妨先站在“巨人的肩膀上”，吸取前人珍贵的经验、教训和研究成果。换言之，如果您有志于投入海外并购事业，那么不妨从本书开始。

126.《兼并美国》

毫无疑问，国际并购这种交易对于大多数中国企业来说仍然是一头未现全形的“大象”。也许人们摸索到的那一部分十分重要，但未必能一目了然，无法实现从全局上认识和了解国际并购。而具有学术、实务经验背景的王卫东先生所著的《兼并美国》一书，与其他相关的国际并购书籍很不一样。它在详细介绍并购的发展特点和规律时，既不是单纯地呈现一个案例，也不准备枯燥地讲解流程，而是从作者的法律专业角度出发，力图立体地呈现国际并购这头“大象”的全景图。

为了能够使读者从本书中获取对并购的全局性的把控和认识，作者将并购比喻成一场战争，为应对这场战争，将过程划分为三个部分，即战前总动员、赢在战术及最后的不战而胜。

首先是战前总动员。战国哲学家庄周曾说：“谋无主则困，事无备则废。”所以企业家若想要赢得一场并购战，首先要做的就是开展战前总动员，做好作战准备。本书的作者通过精简的语言，以美国为例，在文章的开篇就回顾了美国所经历的五次并购浪潮，并且分析了为什么美国都参与其中，告诉了读者到底是什么推动着美国成为当前世界不可动摇的商业大国。作者结合自身的实务经验，通过由浅入深的分析方式，强调了在并购中要注重股东的利益至上，并且制订严密的战略，以实现最终的胜利，正如人们常说的“妙算多者胜”。只有这样并

图书基本信息

著　　者　王卫东

出版信息　北京：中信出版社，2007

页　　数　367 页

作者简介

王卫东，德恒律师事务所合伙人，北京大学经济研究中心国际 MBA 项目兼职教授。拥有美国芝加哥大学法学博士学位、法学硕士学位和杨百翰大学比较法硕士学位，并曾先后在密执安大学法学院和北京大学法学院任访问学者，王博士拥有美国纽约州律师资格，曾就职于全球最大的律师事务所之一——Sidley Austin（盛德）芝加哥总部。

目　　录

自序

第一篇　战前总动员

第 1 章　为什么是美国？

第 2 章　根本问题：谁的利益至高无上？

第 3 章　并购需要理由吗？

第 4 章　如何打造成功并购

第二篇　赢在战术

第 5 章　先看后买

第 6 章　你适合买什么

第 7 章　怎样保护你的利益

第 8 章　做董事容易吗？

第 9 章　利益主宰收购法

第 10 章　法官的痛苦抉择

购活动才能更好地实现协同效应，扩大市场份额，提高新的技术，能够更大程度地激发读者对于并购的信心和决心。

第11章 谁都不想做冤大头
第12章 换股交易与董事义务（一）
第13章 换股交易与董事义务（二）
第三篇 不战而胜
第14章 “毒丸”的市场
第15章 “毒丸”立奇功
第16章 “毒丸”遭遇滑铁卢
第17章 “毒丸”再遭挫折
第18章 双保险：分期选举董事
第19章 “白衣骑士”不是天使
第20章 尤尼科的反兼并策略
第21章 增加董事有什么错？
第22章 都是“重组计划”惹的祸
附录一 来自顶级投资银行的建议
附录二 来自顶级咨询公司的建议
附录三 来自世界顶级人力资源顾问的建议
附录四 来自世界顶级会计师事务所合伙人的建议
附录五 来自世界成功企业的建议

其次是赢在战术。本书作者认为并购最为关键的一步是尽职调查。作者巧妙地将尽职调查比喻成侦察敌情，要做到“知己知彼方能百战不殆”，所以在文章的结构安排上，以前车之鉴的失败案例为引子，通过活生生的案例告诉读者，尽职调查要从法律和财务两个方向进行，以及该如何进行。

其中让人印象最深的就是“买一个公司就像是购买一件物品，你首先要检查和确认你要的东西质量如何，有没有瑕疵，有没有不想要的东西”。这句话非常的形象、通俗易懂。与此同时，作者事无巨细，强调了并购战略的形式多种多样，并且一一做了列举，认为“攻城拔寨”和“改朝换代”都各有千秋，要结合不同区域的相关法律规定，选择适合自己的才最重要，提醒读者不要被纷繁的选择所迷惑。

最后就是不战而胜。众所周知，中国公司若想去美国实施并购，首先要做的当然就是了解“敌情”。要充分了解你的对手就要进行全面性和延伸性的调查，包括是谁在背后为他们提供什么样的支持。在并购这个领域当中，大多数的并购和反向并购策略都是出自律师之手，所以如果想收购一家美国的公司，第一个拦路虎很可能就是出自律师各种各样的“毒丸”。作者在第三部分着重笔墨介绍了关于“毒丸”的相关情况，其中包括“毒丸”的市场、“毒丸”所能发挥的作用，以及当前“毒丸”可能遭遇的挫折等。

作者还是以现实中的案例分析为主线，运用了多个典型的案例，例如盛大为什么难以强行收购新浪、美国 household 公司收购案、托尔兄弟收购案等，从多个角度分析“毒丸”的情况和发展，以及该如何制订应对措施，涉及的范围广泛。所以若想做一个成功的收购者，想要充分地了解“毒丸”计划的来龙去脉，这本书是绝佳之选。

除此之外，本书还略有涉及一些文化整合的内容，比如有提到德国戴姆勒与美国克莱斯勒公司的案例，算是文化整合失败的一个典型案例。书中既有典型案例，也有理论，作者更是通过一种偏向口述的风格笼统讲述美国市场经济兼并活动，大概也表达了某种对中国企业未来的预期。如同本书书名所暗示的一样，本书并不是针对某个特别的小问题进行论述，而是牵扯颇多，例如美国并购法律制度，并购中整合的重要意义等，内容比较宽泛。

值得一提的是，本书除了有丰富的案例引导，还穿插着表格数据加以辅助，不仅充实了文章的内容，也使得表述逻辑更为清晰，增强了文章的说服力。后半部分主要记录了并购投资领域一些资深人士的访谈建议，以轻松对话的形式，将关于并购的经验、理念、建议表达得淋漓尽致。这也是本书的精髓所在，值得读者们细细品味和琢磨。

但是正所谓“金无足赤，书无全书”，由于其宽泛的内容，从而导致相较于其他的相关书籍，本书所针对的目标群体比较模糊，一些基本的理论性概念不够明确，对于初次接触并购的读者来说可能会比较吃力。本书对于案例分析多为直译，难免存在一些翻译痕迹。但瑕不掩瑜，其仍旧是一本实操性极强的专业指南。

127.《跨境并购》

由于社会实际、历史文化及法律体系的不同，每一个国家的跨国并购形式也当然不同。那么，如何根据不同国家的国情，设计出一个合理且适用的并购交易路线，则是每一个从事跨境并购事业人员日夜思考的问题。幸运的是，《跨境并购》这本书的出现，为此类问题的解决提供了大量的帮助与指导，使从业人员对于跨境并购问题不再困惑。

汇编本常有，但以律师角度来对并购交易进行解读的却并不常见。本书所含文章都是由近 30 个来自国家和地区的跨境并购领域资深律

图书基本信息

著　　者　黄正东；张亚卿；商建刚

出版信息　武汉：武汉大学出版社，2015

页　　数　332 页

作者简介

黄正东，北京大成（上海）律师事务所高级合伙人，北京大成（芝加哥）律师事务所主任。旅美著名华人律师，美国耶鲁大学法学博士，武汉大学法学院硕士。持有美国纽约州、伊利诺伊州律师执照、

师所撰写。他们结合自身扎实的理论知识和丰富的实践经验，为读者展现了不同国家比较完整的并购流程。“前事不忘，后事之师”，广大读者通过对本书的阅读，不仅可以领略涉及不同国家的并购交易，开阔自身的眼界，同时也能为自己日后参与跨国并购活动积累知识，提供助力。

设计跨国并购的书籍常有，但将法律制度、政策、投资环境和商业模式联系起来做出专业分析的并不常见。众所周知，并购之路向来不会一帆风顺，跨国并购更是如此。

本书的30位作者皆以目的地国家的投资环境、法律法规和商业模式为切入点，结合自身的丰富经验，为读者全方位地解读了世界主要经济区域的外商投资、税收、知识产权保护等投资法律环境。对于某些特定国家的“投资雷区”作者在叙述中也有专门指明，旨在为读者提供实用的导航，在以后的并购之路上少走弯路。

提及中国企业海外并购的书籍常有，但专为中国企业应对海外并购量身打造的却并不常见。比起美国、欧洲等并购舞台的老牌舞者，中国海外并购的历史不长，经验也较为不足。那么如何应对外国企业对中企进行海外并购或者中国企业如何对外企进行海外并购，都是当下的中国并购事业发展所亟须解决的问题。

很显然，作者将近30个国家不同投资规则与政策进行全面的对比，归纳出应对不同状况时应该注意的地方，此类工作不仅有利于我国的并购从业人员在日后的实践中掌握更多的技

中国律师执业证。上海同济大学和武汉大学兼职教授。自2012年起任世界服务组织亚太委员会委员。

张亚卿，北京大成律师事务所高级合伙人。从事律师职业二十年，擅长投资与贸易、跨境并购、熟悉金融、证券、知识产权争端解决，可行性分析、协助商业谈判，交易结构设计和文件起草，为政府部门的审批、备案、登记程序提供咨询与协助，协调海外当地中介机构，不同司法地区法律冲突的解决等服务。

商建刚，北京大成（上海）律师事务所高级合伙人，管委会常委、全球大成专业化建设委员会副主任、上海律协信息网络与高新技术业务研究委员会主任，上海市法学会金融法研究会互联网金融法律研究中心主任。从业15年间，其专注与互联网的法律服务，在互联网金融、信息安全、电子商务、媒体以及文化产权领域进行了长期深入的研究并具有丰富的实践经验。在知识产权、合规、VC方面也具有深厚的专业能力。

目　录

1. 全球并购市场上的中国元素
2. 澳门之跨境并购
3. 企业海外并购台湾篇
4. 印度之跨国企业并购的机遇与挑战
5. 中国企业对日本企业的投资收购
6. 在印度尼西亚完成企业合并与收购
7. 如何在菲律宾实现跨国并购
8. 德国法之跨境兼并与收购
9. 德国兼并和收购实务指引

巧，更重要的是，能够为其以后的工作少走弯路，提高并购的成功率。

上述几点只是冰山一角，并不能完全概括出本书的全部优点。不过相比于同类跨境并购书籍而言，本书也略有一些不足之处。首先，本书的作者基本都是从事跨界并购工作的律师，其观察和考虑实务的角度未免较为单一，少了一些商业思维；其次，本书对于跨境并购中所涉及的交易文件仅做了简单列举，对于基础模板和框架没有给予明晰的概括；最后，提出一个小小的建议，对于各国并购流程的叙述方面，文字表达可能会略显赘述，不妨试试图表，可能会有更好的效果。

当然，瑕不掩瑜，以上几点并不能掩盖本书作为一本实用、全面的海外并购辅助书籍的优点，其对于投资人和企业家们征战海外市场，拓宽视野及提高交易成功率都是非常有帮助的。

10. 英国之开门营业
11. 收购法国企业
12. 如何投资意大利制造
13. 以色列跨境法律问题指引
14. 葡萄牙的兼并收购状况
15. 塞浦路斯——跨国兼并收购的优势
16. 不可小觑的瑞典税法及并购交易
17. 卢森堡跨境并购法律规制
18. 捷克共和国的兼并和收购
19. 奥地利法律下的跨国并购交易
20. 并购在波兰——欧盟东大门之国
21. 乌克兰跨境并购
22. 爱沙尼亚——一个人性化的并购市场
23. 拉脱维亚的并购契机
24. 保加利亚的并购政策
25. 美国的兼并和收购
26. 美国的不动产并购
27. 美国知识产权并购中的尽职调查
28. 墨西哥并购概述
29. 中国人在智利完成并购的新趋势和总体框架
30. 阿根廷合并收购
法律免责声明
后记

128. 《中国企业跨境并购》

中国企业实施跨境并购是利大于弊还是弊大于利的争论依旧存在，但中国企业走出去的步伐已无法阻挡。从以往的经验来看，中国企业在海外并购的历程中确实交了不少“学费”，失利的原因大体能够归结为经验的缺乏，“那么，是不是中国企业就应该停止进行海外投资和并购，待自身在能力、人才，对海外环境和市场了解上有了充分积累以后再说呢?”有多年从事跨境并购、证券和投资等方面法律工作的李俊杰博士发出了这样的疑问。在经过充分的思考后，他给出了否定的答案。

他认为中国以往的海外并购“先行者们”已为我们提供了非常好的经验，且海外投资和并购方面更多的积累需要通过在实践中尝试、进行具体的项目来学习，就像无法依靠书本学会游泳一样。于是李俊杰博士精选了中国企业实施海外并购中极具代表性的几项案例，并对其进行深入剖析和探讨，形成了这部诚意满满的佳作——《中国企业跨境并购》，其精彩和到位的分析能够帮助中国企业更好地思考和进行海外投资和并购。

2006年，TCL集团董事长李东升在公司内部论坛上发表了文章《鹰的重生》，对企业在国际化方面遭遇的挫折进行反思。引发这次反思最主要和直接的原因是TCL在收购法国汤姆逊公司彩电业务上的失利，因为这次失利使得TCL集团遭受重创。

TCL的这次海外收购确实显露出了很多问题，如对技术前景的错误预判、对劳工问题的考虑不足、对文化整合难题的低估等。这次收购确实也交付了不少学费——公司在2006年上半年亏损了7.38亿元。但正如雄鹰在重生过程中历经的风暴和脱喙一样，这些艰难险阻也造就了TCL的重生。通过调整和重组公司高层，TCL终于2011年再度扭亏为盈。与财务好转伴随而来的还包括这家企业收获的许多宝贵经验和教训，这些都是TCL乃至整个中企队伍可以共享的"财富"。本书便是这些"财富"的散播者。

TCL的海外并购失利并非特例，中国铝业、华为都曾有过类似的经历。作者选取了这些典型案例，重现了它们真实的交易场景，并深入点评了各方得失。作者对每一项案例的剖析都遵循着以下逻辑：第一，对交易的背景做介绍，

图书基本信息

著　　者 李俊杰

出版信息 北京：机械工业出版社，2013

页　　数 330页

作者简介

李俊杰，博士，1987年毕业于中国科技大学，1994年获美国斯坦福大学经济学博士和法学博士学位。在攻读经济学博士期间，师承著名经济学家、诺贝尔经济学奖获得者肯尼斯·阿罗（Kenneth Arrow）教授，从事博弈论和金融学的研究。1994年后，李俊杰博士在美国纽约、中国香港等地多年从事跨境并购、证券和投资等方面的法律工作。李博士于2010年回国，现为中国人民大学国际并购与投资研究所研究员，中国经济改革研究基金会兼职研究员，并任某著名国际律师事务所合伙人。李俊杰博士曾在北大国际MBA项目和复旦管理学院讲授中国企业跨境金融的课程，还是美国斯坦福大学量化金融项目的理事。

目　　录

序
第1章　引言
第2章　功亏一篑
第3章　借力起飞
第4章　与狼共舞
第5章　崎岖前行
第6章　莽原争矿
第7章　深海潜流
第8章　积石成塔
第9章　惊险腾跃
第10章　结语

为交易的开展奠定基础。第二，为我们呈现了跌宕起伏的交易过程，带领读者领略其中的精彩；第三，关注相关事件的后续发展，使读者能够对交易进行全程追踪。更为珍贵的是，作者会对每一个案例的相关理论知识点进行点明和详解。比如在“中国铝业入资力拓集团”一案中，对交易的参与方及其角色和目的、东道国政府的批准、反垄断法的审批等内容进行强调。如在“华为参与收购3Com”一案中，作者对杠杆收购、债务融资、投资团及PE投资资金做了介绍。第四，作者会在每一项案例的结尾进行深入地总结和反思，为读者在战略、战术及策略层面提供了全面的指引，其简洁明晰的语言使得这些内容得到了更好的传达。

如果说中国企业跨境并购历程中失败是常态的话，那么成功的案例就显得更为亟须和珍贵，其中确有一些非常成功的先行者。这些成功案例与失败案例从正反两面一起为后来的中国企业提供经验与教训。

万向集团的成长及其在美国成功实施的系列收购是非常值得剖析和学习的模型，对于其成功的原因，作者精炼为以下几项要点：第一，服务于主业；第二，所涉金额较小；第三，不做全资收购；第四，充分了解目标公司；第五，确定明显的价格底线。虽然万向集团的成功自有其行业或企业的特殊性在其中，但这些海外投资和收购也反映出了企业决策者和操作者对并购的重大影响力，万向创始人鲁冠球勤奋、谨慎、实务、耐心的风格非常值得中国企业决策者学习和借鉴。本书对包括万向集团在内的几项典型案例的成功原因加以总结和分析，并穿插许多专业的金融、法律知识，是一本涉及知识面较广且含金量高的并购书籍。

“纸上得来终觉浅，绝知此事要躬行。”正如作者所传达的理念一样，他并不奢求本书能够成为中国企业实施跨境并购的全面指南，因为只有真正深入到跨境并购的战场中去，才能获取深刻的知识和实用的技能。

正如李东升先生在跨境并购失利后总结出的这段话：“跨国并购意味着，你是拿着别人的一个旧的系统，或者说你拿来一台旧的机器，你不要指望说给它加加油，小补小修，就能运转得很好，运转得很有效率。你一定要尽早下定决心，从一开始的时候，就去制订怎么去改造这台老机器的计划，把整个系统进行重新梳理和建立。”这个鞭辟入里的道理证明了中国企业上交的“学费”虽然令人心痛，但并没有白费它有利于中企业在前进的路上不断修正和学习，最终走向成长和强大。

中国投资有限责任公司副总经理汪建熙在向广大读者推介本书时曾说：“跨境并购、跨境投资是门大学问，既需要技术，又需要艺术，既要懂经济，又要讲政治，还不能少了运气。本书就是研究这些问题的一本十分精彩的范本。李俊杰博士把这些十分复杂的并购案例讲述得非常流畅、层次分明、逻辑清晰、情节生动、深入浅出，有很强的可读性。相信无论是企业并购的决策者和操作者，还是对并购知之甚少的普通读者都会被本书深深吸引。”

希望有志从事跨境并购业务的从业者，千万不要错失本书。

129.《国际并购与合资：做好交易》

跨国并购具备了一般国内并购的几乎一切特点，如果说有何差异的话，那就是在交易的各个问题方面更加复杂。从事这类活动者需要更多和专业化的指导。然而，与日益变得更加重要的跨国并购实践不相符，有关著述却少得可怜，以至于到了完全不成比例的程度。

由大卫·J. 本丹尼尔和阿瑟·H. 罗森布鲁恩主编的《国际并购与合资：做好交易》，是一次积极有益的尝试。该著作作者结合其理论和实践经验，全面而深入地讨论了跨国并购过程中的最重要的问题，比如战略规划、法律、税务、会计、谈判、目标公司估值和购买融资等，为那些希望从国际层面了解并购的读者提供了学习的机会。

这是一部最早系统讨论跨国并购的专业著作。

该著作英文版于1997年出版，正值跨国并购刚成气候之际。当时，跨国并购主要在发达国家之间进行。不过，也有不少新兴市场国家和一些正走向市场化的国家的公司成为发达国家跨国公司收购的目标。对于作为收购方或主导兼并的跨国公司而言，它们在交易的流程上所面对的情形虽然与国内并购没有本质的不同，但是同样的目标公司的选择、同样的尽职调查、同样的价值评估，同样的交易结构设计、同样的交易谈判、同样的收购融资及同样的公司之间文化的融合，却在复杂的程度上明显不一样。

这对从事跨国并购交易的参与者，比如跨国公司高管、律师、会计师、并购顾问和投资银行家等提出来了新的挑战。即使是那些老牌的有着丰富并购经验的跨国公司，也面临同样的挑战。即所谓老兵遇到新问题。在这个阶段，最典型的并购案例就是德国的戴姆勒－奔驰与美国的克莱斯勒合并。这是一个历史上在制造业领域最大规模的并购案，涉及两种不同文化和公司管理风格的融合，最后以短暂合作后失败而收场。该并购案具有典型意义，表明跨国并购的春天虽已来临，但人们对它的了解和认识并未与时俱进。在这方面，相关知识和技术的启蒙到了刻不容缓的地步。而实际情况是，很少有人在做这方面的经验总结，更少有系统而深入的著作面世。《国际并购与合资：做好交易》一书的出版，正当其时，无疑填补了空白。

这也是一部理论与实践结合得较好的专业教科书。

与一般并购专业著作比较，这部著作不是对专题问题的研究，也不是综合性的指南，而是一本启蒙性质的教科书。这本跨国并购教科书的最大一个亮点体现在理论与实践的有机结合上。关于这一点，读者可以从三个方面得到确认。第一，该著作的两位主编一文一武，分别在并购理论研究和实务上具有卓越的经历；第二，这部著作分别由 20 多位专业人士撰稿。他们来自跨国并购的理论研究和实务第一线，其中包括企业家、律师、会计师、投资银行家、咨询顾问、风险管理和人力资源等领域专家。不同领域和专业层面的经验和智慧汇集到这部著作之中，不仅仅开拓了读者的视野，而且提供了高水准的见解。第三，这部著作包含一般意义上的理论指导和具体问题的对策建议。

这部著作有点有面，具备较强实操性。

图书基本信息

英文书名 International M&A, Joint Ventures and Beyond

著　　者 大卫 · J. 本丹尼尔（David J. BenDaniel）；阿瑟 · H. 罗森布鲁恩（Arthur H. Rosenbloom）

译　　者 赵锡军等

出版信息 北京：中国人民大学出版社，2002

页　　数 402 页

作者简介

大卫 · J. 本丹尼尔（David J. BenDaniel），美国康奈尔大学管理学院教授，企业家与个人企业计划高级研究员。他曾经担任包括德事隆公司美洲研发部副总裁在内的多项实务领域职位。在《财富》《商业周刊》《成功》和《今日物理学》等刊物发表文章。

阿瑟 · H. 罗森布鲁恩（Arthur H. Rosenbloom），CFC 资本公司总经理。经常就投资银行等问题在《福布斯》《商业周刊》和《哈佛商业评论》等刊物发表文章。

目　　录

第一篇　计划与实施中的关键性问题
第 1 章　战略选择
第二篇　法律方面
第 2 章　并购美国公司的法律事务
第 3 章　并购非美国企业的法律问题
第三篇　会计和税务领域
第 4 章　跨国并购的会计问题
第 5 章　对内并购与合资企业交易的税务问题

作为一本并购专业教科书，该著作具备了一定程度的系统性。跨国并购所涉及的各方面问题，按照一般并购交易流程，在这部著作中都有讨论。另外，这部著作突出了几个重点。比如，跨国并购的法律问题、会计问题、风险问题及公司战略合作的另一种形式——合资企业等。虽然这些问题在一般国内并购中都存在，但是跨国并购的这些问题会因为不同国家法律制度、会计制度及政治制度的不同而具有不同的意义。特别是合资企业，它在更多的时候是国际公司合作的一种独有的形式，其所遭遇的问题不只是多样化，而且十分特殊，涉及不同国家在文化、法律和管理制度等方面的全面融合。

第 6 章　并购非美国企业的税务事项
第四篇　融资方面
第 7 章　跨国兼并和收购的国际融资
第 8 章　在跨国融资交易中政府的协助
第 9 章　国际项目融资概览
第五篇　合资企业
第 10 章　跨国合资企业的性质及其在全球经济中的作用
第 11 章　跨国合资企业和战略联盟的法律问题
第六篇　公司定价和交易谈判
第 12 章　公司定价和交易谈判定价
第七篇　特别主题
第 13 章　跨国交易中的风险管理
第 14 章　国际兼并与收购中的人力资源问题
第 15 章　合并后的整合

针对所有这些问题，该著作都进行了深入探讨。这部著作还有一个地方值得肯定，那就是它的每一个章节后面都附有一个长长的操作清单。这对跨国并购的实际参与者在实践中起到了一个导航的作用，让他们在跨国并购的汪洋大海中航行的时候有一个清晰的路线图而不至于迷航。

鉴于以上所述，可以相信这部著作不单是一部适合高等院校本科生和研究生使用的经典的教科书，而且能够为公司管理层、法律和金融顾问、政府官员、投资银行家与其他跨国并购参与者提供理论和实际经验的指南。

130. Cross-Border Mergers and Acquisitions《跨界并购》

本书的作者是经验丰富的“行业老手”斯科特·C. 惠特克。他至今已经参与了总数超过 20 个，总额超过 1000 亿美元的并购案，故而熟知跨界并购的成功之道。其在看过由约翰·威利父子编写的《并购整合手册：帮助企业实现并购的全部价值》这本书后，受到启发，决定编撰一本能够帮助广大并购从业者找到解决跨境并购实际问题“良方”的书籍。

本书涉及范围之广，思考角度之独特，论述观点之精辟，都是同类图书所无法比拟的。特别是在关于并购整合的启示方面，更是让许多并购大家都忍不住连连称赞。比如巴斯食品的副总裁希利奥·卡斯特罗就曾说过“这是一本，任何在跨界并购或整合中起作用的人员都应该阅读的书”。那么企业如何在如此复杂的交易环境中找到突破口，并运用行之有效的解决办法来跳出困境呢？我想，这本由斯科特·C. 惠特克编著的《跨界并购》一定会让读者看过以后感觉眼前一亮。

正如雄鹰断翅而飞，新生树苗要历经风雨才能成材一般，跨界并购的“成长”过程也一定是“历经磨难”。跨界并购听起来很厉害，实施起来却一点儿也不简单。相比于国内并购而言，跨界并购的程序更为复杂，成功率也更低。由于不同国家与地区之间的政治体制、经济文化水平发展状况存在差异，以及社会结构、人民生活状态也有不同，所以“一刀切”这一方法在跨界并购中是基本行不通的。

作者认为，根据不同国家的国情及现实状况，企业在并购时应当适当地借助外力——目标公司本地的会计师事务所或者律所来帮助自己进行一部分的工作。一方面本地的事务所和律所更加了解当地的情况，另一方面他们开展工作时的阻力也没有那么大，且工作成本也比另外派团队进入要低得多。作者反复强调，仔细思考，审慎行事。因为所涉及的国家或地区不止一个，所以在某些方面所花费的精力与投入可能会比国内并购更多。市面上的大部分专业类图

图书基本信息

中文书名 《跨界并购》

著　　者 斯科特·C. 惠特克（Scott C. Whitaker）

出版信息 Wiley，2016

页　　数 464 页

作者简介

斯科特·C. 惠特克（Scott C. Whitaker），北卡罗来纳大学教堂山分校学士，居住在格鲁吉亚。至今已经参与了总数超过 20 个，总额超过 1000 亿美元的并购案。所涉及的行业包括医疗保健、金融服务、电信、游戏、酒店、化工、石油、天然气、工业制造、零售、耐用消费品等。史葛在加拿大，中国，欧洲和非洲等地区主要负责专门建立一体化管理办公室（IMOS），帮助公司做并购后的整合计划等。他是并购整合手册的作者并始终致力于帮助公司实现收购的全部价值的事业之中。

目　　录

第 1 章　跨界交易的演变与理论基础
第 2 章　跨界并购战略与交易计划要点
第 3 章　法律、金融、社会和政治与跨界并购的关系
第 4 章　全球并购的先行实践与趋势
第 5 章　跨国并购：地区和国家的具体趋势和交易计划技巧
第 6 章　跨界并购中的领导力
第 7 章　文化在跨界并购中的地位
第 8 章　国家对策与主权的管理问题

书充其量都只是将跨界并购作为一个独立的章节来讲述，而本书的论述与其相比，明显要专业和细致得多。

本书的另一大亮点就是不再千篇一律单纯强调战略制订的重要性，而是创造性地提出了将目标公司的选择作为交易是否能够达成的前提这一观点。的确，一个发展潜力大、有收购价值的公司，才能引起买家的兴趣。选对了收购目标，才能展开后来关于交易战略的制订和风险防控等问题的讨论。

第9章 进行并购整合前的尽职调查
第10章 在跨界交易的第一天建立整合管理办公室
第11章 跨界交易中整合策略的做出与进程
第12章 合并后的整合过程、方法和工具
第13章 全球并购整合后的管理
第14章 各国趋势及整合技巧
第15章 中国和日本的并购及整合问题
第16章 跨界协同项目管理
第17章 管理分拆和过渡服务协议
第18章 合资企业

本书大体由18篇文章组成，分为4个大的部分展开论述，从目标公司的选择到交易战略的制订，再到企业文化的整合和后期企业IPO之前的资产剥离，每一个过程都是并购达成的必经阶段。随着市场范围的扩大和相关影响因素的增加，使得跨国并购在各个阶段的难度都远远高于国内并购。例如在书中第9章所提及的跨国并购的360度尽职调查，相比于国内传统的尽职调查来看，其关注点不再是交易是否完成，而是将并购当成一个整体来分析，更加关注合并企业的发展前景和包括并购后整合阶段的整个收购过程；另外，其各项指标的信息来源也更加广泛。同时这种综合尽职调查不再拘泥于传统形式，而是充分收集了包括传统税收、知识产权等项目之外的人力资源、生产供应链、管理等方面的信息，可以说，360度尽职调查是传统尽职调查的一种延伸。

作为全球最大的发展中国家的中国和刚刚被中国取代全球第二大经济体地位的日本，也免不了要被拿出来做一番比较。西方并购世界中流行用这么一句话来形容中国“There is GUANXI first and business later”（关系第一，生意其次），可见，相比于西方和日本而言，中国“人情社会”的特点更为鲜明，国有企业则是其中的典型代表。那么在与中国做交易的过程中，人情关系则是不可绕过的一道坎。外国企业在中国并购的失败原因除了战略的选择错误之外，大多是因为企业文化背景的不一致及其对于中国社会现状的不了解所造成的。日本的失败原因则又有所不同，僵化的工作体制及人员分工的不明确是跨界并购失败的“导火索”。而在书中第 15 章关于中日并购与整合问题的论述，则是本书最引人注目和最能引起读者共鸣的地方。

综上可见，本书极具全球视野和战略眼光。通过 10 位专家的不同表述，能够帮助读者多方面地理解问题的同时引发独立思考。本书在热点问题的解读上始终放眼于全球视角，抽丝剥茧，深入浅出，直击要害，使原本复杂的情况经过一番梳理后豁然开朗。

可是，本书的缺点也十分明显。多个专家的立场不同，观点不一，文字风格也各有特色，汇编成册时偶尔有衔接不紧密的现象出现，从而在一定程度上会影响读者思维的连续性。不过若是硬要求本书十全十美，也未免太过于苛求，稍稍留有一点缺憾才有进步的空间。

总之，本书无论是从体例上、理论与实际的结合程度上、还是从专业实用性上都是本不可多得的好书。

131. Cross-Border Mergers and Acquisitions：Theory and Empirical Evidence《跨界并购：理论与经验证据》

由于跨界并购的研究成果呈高度碎片化，对读者的阅读和理解提出了不小的挑战。虽然有一些学者尝试着将这些研究成果进行整合，但是其做法通常仅是在形式上进行罗列，而没有为读者提供一个问题涵盖全面且逻辑清晰的线路。这本书的两位作者是其中为数不多的能够将这些研究成果整合为一本条理清晰的著作的“尝试者”。

他们是来自意大利罗马第三大学的助理教授——奥托里诺·莫瑞兹和阿尔伯特·佩齐。两位学者的研究领域重心分别为公司中的金融问题和战略问题，他们智慧的碰撞都凝结到了这本书中，并为读者带来一场“知识盛宴”。

本书首先从并购现象入手：介绍并讨论了自 20 世纪早期以来的国内及国际并购活动；描述了 20 世纪 60 年代以来的世界范围内并购交易市场的演变；关注到 20 世纪 80 年代以来的涉及美国、欧洲和新兴市场国家的跨界并购（通过交易数量、价值及行业和国家分布等信息进行分析）；总结出了跨界并购中的阻碍因素并提出了可替代并购的选择路径。

接着深入讨论跨界并购现象背后的理论和战略问题：分析了跨界并购决

定如何做出的战略流程；讨论了跨界并购的驱动因素（战略因素、外部冲击、个人因素等）；介绍了选择目标国家和目标公司的战略路径；并强调要高度注意影响交易成功的不利因素（缺乏市场经验、整合问题、交易达成和整合的速度等因素）；最后又探索了新兴市场国家与发达国家之间在通过并购实现国际化道路上的差异性（速度、范围及业绩表现等）。

紧接着作者经过审阅近30年来的70余篇优秀的论文，分析了跨界并购与公司的市场及财务表现之间的联系；讨论了海外并购是否比境内并购有更高的投资回报；探索了跨界并购中决定公司业绩表现的因素（不同国家间的经济发展水平、市场整合、文化和地理、公司管理水平等差距）。

最后，作者将关注点放在了关注度较低的领域——美国和欧洲中小型企业在跨界并购交易后的业绩和市场表现上。

总结而言，这本书阐明了跨界并购中的很多问题，使读者不需要查阅大量资料便可在其中找到一应俱全的答案：为什么有这么多的公司会选择通过并购进行海外投资？如何选择并购的目标国和目标公司？中小型企业与大型企业之间的并购绩效表现差别大吗？影响跨界并购绩效的主要决定性因素是什么？跨界并购实证研究中有哪些限制和障碍？

除了以上对本书的内容介绍之外，其主要特点也可归结为以下三点：第一，它提供了一个统一的框架，将丰富的且不断增长的理论和实证研究与跨界并购交易结合起来；第二，本

图书基本信息

中文书名 《跨界并购：理论与经验证据》

著　　者 奥托里诺·莫瑞兹（Ottorino Morresi）；阿尔伯特·佩齐（Alberto Pezzi）

出版信息 Palgrave Macmillan，2014

页　　数 238页

作者简介

奥托里诺·莫瑞兹（Ottorino Morresi），是意大利罗马第三大学的一名金融学助理教授。他撰写和发表了一些关于公司财务、公司管理及资本市场的学术文章。奥托里诺.莫瑞兹（Ottorino Morresi）；阿尔伯特.佩齐（Alberto Pezzi）

阿尔伯特·佩齐（Alberto Pezzi），是意大利罗马第三大学的一名教授“企业战略管理”课程的助理教授，他撰写了一些关于战略管理过程以及企业治理的专著和学术文章。

目　　录

第1章　并购现象
1.1　并购的历史趋势与浪潮
1.2　并购的事实与数据
1.3　收购防御、国际并购活动以及民族主义
1.4　并购管控：一种全球现象
1.5　并购的替代性选择——合资企业
第2章　跨界并购：理论和战略流程
2.1　海外市场的进入和发展战略
2.2　跨界并购的动因
2.3　如何选择收购的目标国家
2.4　跨界并购面临的问题

书并不像其他传统书作一样，将跨界并购交易仅看作是“特殊的”并购交易，而忽视了其与国内并购交易的很多差异；第三，它关注到了其他实证研究中通常会忽视的一个方面，即跨界并购中的中小型企业（SMEs）的业绩表现。

这三大特色使本书不同于其他的相关书作，并大大增强了本书的可读性。正如本书的出版商对其的评价：“这本书描述了有关跨界并购的经济、地理及历史等因素，并为读者提供了一个理解跨界并购的主要概念、理论及实证结果的完整指南。”相信本书将会成为跨界并购从业者前进道路上的照明灯。

2.5　新兴市场国家的并购：它们的情况会有不同吗？
第3章　跨界并购和业绩表现：经验证据
3.1　跨界并购中公司的市场业绩表现
3.2　跨界并购中公司的财务业绩表现
3.1　跨界并购中公司的市场业绩表现
3.2　跨界并购中公司的财务业绩表现
3.3　解释跨界并购的影响：决定因素和调节变量
3.4　衡量业绩表现的指标的影响：关于偏见、限制和意义的实证研究
第4章　跨界并购和股票市场的表现：来自美国和欧洲中型企业的证据
4.1　介绍
4.2　关于中小企业国际化的文献综述
4.3　价值创造的决定因素
4.4　资料和研究方法
4.5　结果
4.6　讨论和总结

132. German Mergers & Acquisitions in the USA：Transaction Management and Success《德国在美国的并购：交易管理与成功》

如果全球的跨界并购交易活动有一个“中心”的话，那一定非美国莫属。美国开放的政治、稳定的法律、税收环境，优秀的品牌及先进的企业治理等使其成为海外并购的理想国度，美国企业则成为海外并购的理想目标。这也不难理解为什么各国会对本国在美国的并购交易研究最感兴趣。就德国来说，1990 年 – 2004 年间德国在美国的并购，虽然交易数量上仅占德国并购交易量的 4%，但是在交易金额上却占到了 18%，由此可见美国市场对德国的吸引力。

有调查显示，德国在美国的并购交易还能创造出比在其他地区的并购更大的价值，且对德国成为“全球玩家”具有重要意义。但是贝恩德·乌本认为德国对在美国的并购交易活动的研究仍十分有限，于是在毕马威德国担任高级经理的他为这一领域贡献了一本书——《德国在美国的并购：交易管理

与成功》。对于中国的读者来说，这本书是非常难得的——国内几乎没有对德国在美国并购的针对性研究。当然，这本书的价值同样也非常重要，对中国企业赴美并购和赴德并购都具有指导意义。

书中第1章和第2章介绍了关于并购的基础性知识，从并购的基础概念、分类、交易流程到背后的理论，作者都进行了系统地介绍。对于初学者来说，这部分是非常易于理解、消化和吸收的。相对于本书后半部分更有针对性的内容，这部分知识是具有普适性的，因此本书的适用范围绝不仅限于德国一国之内。

第3章内容的难度伴随着含金量上升了一个台阶。本章为读者提供了一个在构建交易和管理各项交易流程时需要做哪些考虑的概览。首先介绍了在美国不同类型的并购交易中如何适用证券法；接着介绍了在美国的税收和法律环境下如何对美国企业实施尽职调查；然后对收购方普遍感兴趣的税收安排进行了介绍；紧接着关于估值、交易文件、美国反垄断和监管审查都分别进行了全面的介绍。正如《在美国实施和管理并购交易的几点特别考虑》一样，第3章在介绍以上列举的各个问题时侧重从“需要考虑的方面”出发，如同老师对学生的引导一般，为读者提供了一般性的指导。

图书基本信息

中文书名 《德国在美国的并购：交易管理与成功》

著　　者 贝恩德·乌本（Bernd Wübben）

出版信息 Deutscher Universitätsverlag，2007

页　　数 336页

作者简介

贝恩德·乌本（Bernd Wübben），是德国毕马威的高级经理。同时他也是德克·希瑞克教授的指导学生，德克·希瑞克教授就职于德国维藤/黑尔德克大学（Universität Witten/Herdecke）的并购研究机构。

目　　录

前言
第1章　内容简介
第2章　基本概念及框架
第3章　在美国实施和管理并购交易的几点特别考虑
第4章　有关跨境并购的成功以及决定因素的现有研究
第5章　对德国在美国成功的并购交易的实证分析
第6章　总结和展望

如果说前3章的内容是基础的话，后面3章则是全书的“升华”部分。作者不再满足于一般性的介绍，而是开始了有针对性的调查、研究和总结。第4章对跨境并购交易的成功和成功背后的决定因素进行了探究，且为了确保研究成果的可靠性，作者运用了三种研究方法：采用事件研究法对资本市场进行研究，基于数据对并购财务表现进行研究及对交易实施管理人员的调查研究。

贝恩德·乌本通过这三种方法找到了衡量交易成功的可靠标准，并且从收购公司、标的公司、交易框架和管理人员、经济环境四个方面总结了并购交易成功背后的因素。收购公司的相对规模、财务状况、所有权结构、并购交易的经验等；被收购方所处的行业，财务状况，私人公司还是公众公司等；与交易框架有关的战略方向、收购类型、支付方式等；经济大环境的繁荣与衰败、国家之间的汇率等都是对交易影响重大的因素。一般来说，收购方如果在各方面都实施了有效的管理，就会将这项并购交易推向成功。

美国知名的教育心理学家、认知心理学家杰罗姆·布鲁纳曾说："实施任务必须要寻找到一种模式，一种通过各种方法和研究得到了确信的模式。"应当感到幸运的是，我们不必再花费精力和时间来攻克这项"难题"了，因为贝恩德·乌本已经帮我们寻找到了足以得到确信的模式。

第 5 章是作者讨论的主要内容——对德国在美国成功的并购交易的实证分析。这一章同样也是对第 4 章寻找到的"模式"的又一次验证和重申。作者从 1990 年到 2004 年间德国在美国的并购交易中选择了适合的 87 项交易作为研究样本，采用事件研究法进行了充分的探究。同样，作者在本章采用了不止一种研究方法，还采取了对德国收购方企业的财务高管进行访问的方式。通过这两种研究方法，对德国在美国并购交易成功背后的因素进行单变量和多变量因素的研究，同样从 4 个方面总结出了成功并购交易的"特性"。除此之外，作者还利用事件研究法将德国在美国的并购与在欧洲的并购及国内的并购进行了比较，并且总结了各自成功的决定性因素。作者从同一个角度出发，分别在不同层面上进行探究，是为了引起实务界人士的重视，也是为了引发学术界的进一步探讨。作者在最后一章中对全书的主要研究结果进行了总结，并且对学者们的进一步深入研究提出了殷切的希望。

本书是在 2007 年出版的，虽然部分内容有待更新，比如美国证券法和反垄断法的相关规定和适用如今已有了新的进展，但是作者通过多种研究方法发现的规律和模式到今天依然适用，而且依旧是非常具有价值的。如果读者对德国学者的相关研究感兴趣的话，那这本书当真是不二之选，这本书同样也能够为不同的读者带来多样的价值感受。

133. Global Mergers and Acquisitions：Combining Companies across Borders《全球并购：公司跨界整合》

如今，有不少中外学者关注到并购领域，并且为我们提供了丰富的学习资料。他们对并购的研究有共通，但不同研究人员从不同角度对并购的研究难免会有一些差异，甚至冲突之处，不免令读者心生困惑。而阿布多尔·索非博士与张玉琴博士将这些资料整合起来，吸收其中精华且形成体例，并且从服务于并购实践的角度出发，以一种简明、精缩的方式将这些研究成果糅合在了这本《全球并购：公司跨界整合》书中。

如果你对一项并购交易中需要做哪些工作，以及如何安排各项工作感兴趣，那这本书定能为你提供一个简明的指导方针。作者认为一项并购交易主要分为4个阶段：制订公司发展战略；寻找标的公司；尽职调查、谈判、交易构建、达成交易及并购后的整合。书中除了专章对各个阶段进行介绍外，还对其中重点问题在其他章节进行了扩充介绍，每一项问题都是实践中亟待解决的问题。

并购交易的第一个阶段是制订公司发展战略。因为它关乎企业能否在复杂且不断变化的环境下生存下来，也关乎并购交易的成败。

本书第4章列举出了几项常见的公司发展战略目标，且为读者呈现了战略制订时通常需要考虑的因素，比如融资能力、竞争环境、文化障碍、监管挑战等，还为我们介绍了在这个过程中如何利用公司的内部发展人员和外部咨

图书基本信息

中文书名　《全球并购：公司跨界整合》

著　　者　阿布多尔·S. 苏菲（Abdol S. Soofi）；张玉琴（Yuqin Zhang）

出版信息　Business Expert Press，LLC，2014

页　　数　228页

作者简介

阿布多尔·S. 苏菲（Abdol S. Soofi），获得了加利福尼亚大学经济学系的博士学位。他在威斯康星大学普拉特维尔分校教授本科课程，并且在威斯康辛大学密尔沃基分校、加州理工大学波莫纳学院、加利福尼亚金门大学、上爱何华大学讲授MBA课程。他在多类期刊上共发表了超过50篇学术论文，并且出版了一本关于国际商业的书作，另外还与他人合著了很多成功的书作。

张玉琴，北京对外经济与贸易大学博士，主要的研究方向为国际金融与汇率。

目　　录

第一部分　跨界并购和公司重组
第1章　经济全球化
第2章　并购与公司重组
第3章　并购流程概览
第4章　并购发展战略
第5章　选择潜在的标的公司
第6章　并购中的会计法则
第7章　公司估值的替代方法
第8章　资本成本

询人员。这些内容中没有晦涩难懂的理论，作者将众多学者研究成果的“共通点”通过简明的语言表达出来，并告诉读者如何制订公司的发展战略，以及如何利用并购服务于公司的发展。

第 9 章　公司估值中的实务期权分析法
第 10 章　布莱克 – 斯科尔斯模型估值法
第 11 章　跨界并购中的目标公司估值
第 12 章　谈判、交易结构、金融以及监管考虑
第 13 章　并购后的整合与重组
第二部分　中国企业的跨界并购活动
第 14 章　中国的对外直接投资
第 15 章　中国跨界并购中的主要问题

第二个阶段是寻找标的公司。合适的标的公司对交易成败影响重大，需要收购公司慎重对待。书中第 5 章告诉我们在选择标的公司时应当做哪些考虑：目标公司的行业趋势、市场规模、成长潜力、技术能力、行业准入障碍等。接下来企业要据此列出一个“目标公司清单”，然后依据一定的筛选规则缩小这张清单，并排列出最终的优先顺序。本书也为读者提供了筛选目标公司的规则参考。

第三个阶段是尽职调查、谈判、交易构建、达成交易的阶段。在寻找、筛选标的公司时，收购方会初步了解到标的公司的一些信息，但还需要进行更深入的了解，即通过尽职调查审查信息是否属实和评估潜在风险。作者同样为我们提供了一个尽职调查清单，读者可以参考这个清单，根据交易的实际情况对其进行扩充和删减。为了更利于实务工作，书中还列举出了在尽职调查中经常出现的几个典型问题，读者可借“前车之鉴”，为尽职调查做好充分的准备。知彼知己，方能百战不殆，尽职调查的结果是与对方谈判的重要依据，且调查程序需要一直持续到交易达成前。

本书第 12 章对尽职调查、谈判、估值和交易达成进行了详细的介绍。尽职调查是这一阶段的基础和关键点，尤其在跨界并购中对防止交易达成后产生巨大损失具有十分重要的意义。在跨界并购的相关问题上，双汇成功收购史密斯菲尔德这一案例十分具备参考借鉴价值。作者在第 12 章中引入了这个案例，供读者参考和学习。

并购交易的最后但也是最重要的一个阶段是整合。它的重要性无需多言，虽然“良好的开端是成功的一半”，但最后一步的失误往往使此前的努力前功尽弃。整合失败即意味着整项交易的失败，其常见的失败因素有文化整合不利、未实现协同效应、顾客流失、员工问题等。作者在第 13 章中介绍了整合

的步骤和方法，并且强调整合计划越早准备越有利于成功。

通过对并购中这 4 项主要流程的介绍，作者为读者提供了一个流程完整且问题涵盖全面的框架。正如作者的初衷一样，这本书立足于服务并购实务工作。

除此之外，本书还特别关注了中国企业的跨界并购活动。鉴于中国目前世界第二大经济体的地位，以及中国企业近年来不断增长的跨界并购活动，能够预见到中国企业必将在新的并购浪潮中占有重要一席，这也为中国企业及并购从业者提出了更高的要求。如何成为全球并购浪潮中的“金子”而不是“沙子”？这本书定能够为相关人员带来一些帮助。

134. International Business Mergers and Acquisitions in Japan《日本的国际商业并购》

图书基本信息

中文书名　《日本的国际商业并购》

著　　者　拉尔夫·贝本罗斯（Ralf Bebenroth）

出版信息　Springer，2015

页　　数　231 页

作者简介

拉尔夫·贝本罗斯（Ralf Bebenroth），出生于德国，是日本神户大学商业学院的终身教授。2001 年 4 月至 2003 年 3 月期间，曾两次获得博士后奖学金，分别是由德意志学术交流中心和洪堡基金会授予。从 2005 年开始在神户大学教授企业并购相关课程，并在随后五年学术生涯中对日本企业进行深入的研究。目前的研究关注点在跨国并购领域。

目　　录

第 1 章　绪论

2015 年上半年，日本企业并购交易数量和金额也创出了新高。日本企业为何在日元大幅贬值之际仍然如此“疯狂”呢？打开这本 2015 年出版的《日本的国际商业并购》，并加以细嚼慢咽，读者将从中得到满意的答案。

长期以来，让日本企业进军海外且得以长袖善舞的主要方式一直是绿地投资。直至 2000 年，海外并购在日企对外直接投资中的占比仅为两成，而到了 2010 年则骤然增至六成，这种战略转变因何而来？对日本经济进行长期关注并做了大量调查研究的拉尔夫·贝本罗斯教授，在这本书第一部分中将日本的进出口及对外直接投资的情况置于“显微镜”下进行观察，并将实验结果用通俗易懂的言语向读者进行了展示。在随后的第二部分，将日本并购发展史至于长焦距镜头中仔细审视，并辅以一些典型并购实例的剖析，让读者对为什么日本会大量出现并购及日企为并购做了哪些准备等问题一目了然。

第一部分　贸易与分销

第 2 章　日本及其对外直接投资

第 3 章　进口、出口与在日本的外国企业

第 4 章　日本的分销渠道

第 5 章　进入日本市场

第二部分　兼并与收购

第 6 章　为并购做准备

第 7 章　在日本兼并与收购

第 8 章　外国收购方与国内收购方

第 9 章　恶意收购

第 10 章　估值方法与市场集中度

第 11 章　机构投资者

第三部分　并购中的人力资源

第 12 章　跨国并购中的组织认同感：理论概念

第 13 章　并购中的认同感与工作满足感

第 14 章　文化概念

第 15 章　外派及其他选择

“知己知彼，百战不殆。”正如埃利诺·威斯特尼所言：“日本作为对外直接投资的东道国，如果不对其国际商务领域进行关注，那么这项研究就是不完整的。”中国企业海外并购如今正持续升温，德国、日本等国成为最受欢迎的并购目标国。数据显示，2016 年上半年中国企业对日本企业的并购交易数量达到 26 宗，中国成为日本企业的最大“买家”。那么，中国企业可以从这本书所做的实证研究中，对日本资本市场的行情及规律一探究竟。例如，第 4 章中对日本零售市场近期的发展变化进行了深入的洞察和研究，并给出了许多独到的见解，为我国进军日本市场的投资者打了一剂强心针。

“借他山之石，悟攻玉之道。”“他山之石”在本书中，是指日本的并购模式和经验教训。透过这本书，读者能够用放大镜对日本的一些典型并购实例进行深入的探视，并从中总结出日企常常采用的并购模式和措施，从而领悟到在国内国外并购战场上的制胜法宝，以避免在日后的并购活动中走弯路。

回顾近两年中国企业豪掷资金大举收购海外企业的举动，不禁令人回忆起 20 世纪 80 年代后期的日本。那时，日本企业在美国大肆收购“炫耀性资产”——从纽约的洛克菲勒中心到洛杉矶的贝尔艾尔酒店。然而，在买下它们没几年，日本买家就被迫将其亏本出售。据统计，日本那段时期在美国地产市场损失了 4000 亿美元。对此，不少人担心中国企业海外并购会步日企后尘。如果了解日本这段并购史并吸取其留下的经验教训，中国企业在未来全球并购市场会更加谨慎和机智。

《孙子兵法》曰：“水因地而制流，兵因敌而制胜。”分 4 个专章对并购中的人力资源重点问题进行系统讨论是本书的一大亮点。尽管雇员外派问题已是老生常谈，但是收购方仍然会有这些疑问：“总部应该将本国员工外派到外

国的子公司吗?”“依靠被收购公司当地的高管是否会更好?”对于日企而言，这些是必须重点讨论的问题。日本企业的管理风格与西方国家的大有不同，如何做到因才施用、各得其所，则显得尤为关键。针对这个问题，这本书详细地讨论员工外派的许多细节，并提供了其他一些可供选择的灵丹妙药，因此堪称一本跨国企业高管的必备指南。

不同于其他并购类书籍对企业人力资源整合的论述，这本书独辟蹊径地提出“目标企业的员工会对新公司有着更高的组织认同感”这一观点，认为一些年轻的员工会将并购视为职场晋升的一次好机遇等，着实让读者眼前一亮。

此外，谈及企业文化问题，作者采用了荷兰著名心理学家霍夫斯泰德用以衡量不同国家文化差异、价值取向的 5 个文化尺度，并结合日本企业的情况搭建出一个有效的企业文化培育架构。的确如此，要了解一个国家的管理文化，你不仅要有关于这个国家的知识，还要对它的文化有一个完整概念，并且能够心领神会，而这本书第三部分内容的阐述与这几点十分契合。

总体而言，这是一本少有的调查日本国际商业环境的公开出版物，特别是提供了日本并购市场的最新概览。书中精心挑选的研究案例和大量的数据分析，揭示了日本企业系统的内部运作。对于那些想要深入了解日本并购市场的读者，这本《日本的国际商业并购》将成为不二之选。

135. International Mergers and Acquisitions Activity Since 1990 《1990 年以来的国际并购活动》

图书基本信息

中文书名 《1990 年以来的国际并购活动》

著　　者 格雷格 · N. 格雷戈里乌（Greg N. Gregoriou）；吕克 · 伦尼布格（Luc Renneboog）

出版信息 Academic Press，2007

页　　数 320 页

作者简介

格雷格 · N. 格雷戈里乌（Greg

每一次并购浪潮的驱动因素和特点在不同的时代背景、经济环境下呈现出差异性。“以史为镜可以知兴衰”，回顾近期的并购活动，看看它能为我们在新的并购浪潮中的并购活动带来什么样的借鉴？如果读者也有同样的想法，不妨来读下这本书——《1990 年以来的国际并购活动》。

这本书是由美国纽约州立大学的金融学教

授格雷戈·N. 格雷戈里乌（Greg N. Gregoriou）与荷兰蒂尔堡大学的企业金融学教授吕克·伦内布格（Luc Renneboog）合作编著而成。他们经过精心地审阅、评判，筛选出了并购研究领域的11篇实证研究成果，最终汇集成此书。

本书的研究对象界定在1990年以来的国际并购活动范围中。相比此前更早的并购活动，针对近期并购活动的研究成果对现时有更大的借鉴性。书中对1990年以来的国际并购活动进行了多方位的研究，选取了其中非常重要及容易被忽视的议题：并购将会创造价值还是毁灭价值？能够帮助提升并购价值的驱动因素有哪些？债券持有人的收益情况如何？期间主要的收购方式及支付方式是什么？收购方及标的公司呈现出怎样的特点？并购活动主要活跃在哪些行业及原因？对于包括但不限于以上的这些问题，书中均利用可靠的数据、资料，分析、归纳出最佳的实践方式。

事实上，研究以往并购活动的书籍、文章不在少数，总结并购的成功经验和失败教训的资料也很常见，那这本书的价值为何突出呢？

其一，本书完全忠于实证研究。关于并购的经验总结固然十分重要，但基于定量分析得出的研究成果显然更具“理性”依据。虽然本书是由二十多名作者所著的12篇文章汇集而成，但实证研究的精神贯穿始终。比如第2章中，作者提供了对几乎涵盖1986年至2005年间所有国家并购交易的概览，得出其中50%的跨国并购交易属于水平并购、收购方中大多是公众公司、标的公司中大多是附属公司等结论；

N. Gregoriou），是美国纽约州立大学商业与经济学院的一名金融教授。他从魁北克大学获得了金融博士学位，并且是多家期刊的对冲基金编辑，撰写了五十多篇关于对冲基金的文章。

吕克·伦尼布格（Luc Renneboog），是荷兰蒂尔堡大学的一名企业金融学教授，同时他还是欧洲经济研究中心以及欧洲企业治理研究所（ECGI，布鲁塞尔）的研究人员。曾与他人合作编写了多本关于公司管理、风险投资的著作。他从鲁汶天主教大学获得了管理工程学硕士学位；从美国芝加哥大学获得了MBA硕士学位；从伦敦商学院获得了金融经济博士学位。

目　录

第1章　了解兼并和收购

第一部分　国际并购活动和接管演示

第2章　跨国兼并和收购

第3章　寻找提升价值的收购方

第4章　欧洲并购活动的长期经营绩效

第5章　并购活动中债券持有人的情况

第6章　收购中的混合类支付形式和借款票据

第二部分　兼并和收购活动的特殊类型

第7章　IPO市场上的并购活动

第8章　英国的反向收购：公众标的公司和私人收购方

第9章　加拿大的风险投资退出简介

在第4章，作者全面调查研究了1997年至2001年间欧洲公司并购中的155项并购交易及交易前后三年的情况，分析欧洲并购交易的长期经营绩效。简言之，严密的逻辑、科学的分析及准确的表述无一不突显出本书的学术价值。

其二，集全球前沿研究于一书。全球化是1990年以来的并购活动最重要的驱动因素，编著者也放眼全球，所择取的文章来源于世界范围内的各大知名院校或研究机构，并没有局限于特定地域的研究成果。本书用来自德国的证据探讨IPO市场上并购活动的特点及原因；利用英国的反向收购研究成果指明上市的另一条出路；通过对加拿大1991年至2004年间风险资本退出的简介，总结出风险资本退出的模式及决定退出模式的因素。除此之外，书中还涉及对西班牙、荷兰、澳大利亚等国家并购活动的研究，分析、总结出了很多成果。以上这些国家的企业在现今展开的并购浪潮中仍然十分活跃，因此这本书为读者提供了不小的现时参考价值。

第三部分　接管决定制定中的估值以及非理性因素

第10章　高管薪酬结构和管理者过度自信：对公司收购的风险承担和股东价值的影响

第11章　西班牙股票融资兼并中的机会主义会计行为

第12章　公司规模的影响力——荷兰市场上的公司规模与收购收益的联系

这两大主要特色凸显出本书的学术价值和实践价值：既可以为学术界提供丰富、严谨的研究资料，也可为战略层面的并购从业者、企业所有者、高管开阔视野、提供借鉴。

在新一轮的全球并购游戏中，中国企业俨然已成为其中不可或缺的重要角色。“以人为镜以明得失，以史为镜以知兴衰”，这本书即为中国企业提供了这样一面镜子。

136. Mergers & Acquisitions in China《中国的并购》

相比于美国与欧洲而言，中国并不是并购舞台上的“常驻嘉宾”，不过，后来居上也争得了一席之地。如何看待中国的并购，仁者见仁、智者见智。克里斯·德文希尔－埃利斯和安迪·斯科特共同编写的《中国的并购》，从不同于国人平常思考的角度出发，带领读者从另一个角度来认识中国的并购交易到底是个什么模样。

不可否认，相比于投资机制和并购环境更为成熟的西方而言，中国还略显稚嫩。一方面中国迫切希望通过吸引外商投资，学习西方先进技术和管理经验来发展本国经济，另一方面又害怕过度投资造成对外商的过度依赖，经济失去独立性因而引起国民经济的不稳定，这种相互矛盾的现象在相关的法律法规及监管方式上也体现了出来。

本书完成之时中国有关跨国并购的法规还只局限于2006年颁布的《关于外国投资者并购境内企业的规定》之中。对于这部法规中所规定的条款与限制，本书有非常详尽的描述。当然，其中的问题，协力咨询也毫不客气地点了出来。比如这部规定里关于外资并购限制条件不透明，许多词本身的意思模棱两可，衡量标准模糊不清，并没有一个很好的解释说明，对于有些较为敏感的问题选择一笔带过的方式去描述而不是清楚地解释出来。本书一针见血地指出了这些规定的问题所在，没有拐弯抹角与曲意逢迎，以一种真实和比较客观的方式指出了中国在并购监管及法律规定上的一些问题。当然，由于中国相比于西方国家来说还处于一个“并购新手”的阶段，进步的空间还很大。

对于外国人而言，并购交易里最让他们为难的就是和中国人的谈判问题。由于历史背景和文化传统的不一致导致中外的谈判方式也有很大的不同。中国人深受儒家文化与道教思想的影响，对于“万物平衡，和谐共生”的观念根深蒂固。所以对于中国人而言，更加关心的是做事情的过程而不是事情的结果，但注重效率的西方人却不这么想。他们认为既然干了这件事，却不在乎结果的想法是非常荒唐的。中

图书基本信息

中文书名 《中国的并购》

著　　者 克里斯·德文希尔-埃利斯（Chris Devonshire-Ellis）；安迪·斯科特（Andy Scott）

出版信息 Springer，Second Edition，2011

页　　数 108页

作者简介

克里斯·德文希尔-埃利斯（Chris Devonshire-Ellis），是协力管理咨询公司（Dezan Shira&Associates）的创始人，以及国际股权投资公司董事会主席。

协力管理咨询公司（DezanShira & Associates）是外商直接投资领域的专家，为在中国大陆、香港、印度、越南及新加坡进行投资的跨国公司提供会计，审计、税务和人力资源方面的咨询服务。自1992年创立以来，它一直在亚洲地区领先业界，在北京、青岛、大连、天津、上海、深圳、中山、香港及印度的德里、孟买，越南的河内、胡志明市和新加坡等地区拥有了17家办公室，由法律、税务、会计，人力资源及审计专业人士组成的国际团队为客户提供一站式专业服务，帮助境外投资者了解遵循当地法律法规以及可能产生的税务及财务影响，从而选择最优化的方案。

目　　录

第1章　中国的并购环境
第2章　中国的并购法规
第3章　构建你自己的交易架构
第4章　收购

第5章　尽职调查
第6章　收购目标的估值
第7章　怎样在中国进行谈判
第8章　购买破产资产
第9章　并购中的劳动力因素
第10章　如何将中国公司转变为外商投资企业
第11章　常见错误
第12章　交易术语

国人更加喜欢在一次又一次的沟通或者是“拉筋扯皮”中寻找到双方都认为最佳的方案，而西方人认为这样反复的谈判简直是在浪费时间。

如果说西方的商人是非常理性的，那么相比之下，中国的商人则“感性”居多，当然这并不意味着毫无理性可言。对于中国的商界传统人士而言，交情与诚信会比交易条款更重要。双方在涉及核心问题的时候，西方企业家总是开始就条款及利益分配机制进行协商，一切都是“冷冰冰”的程序化事项。但是这一点在中国商人处就显得更为“热络”也更为复杂得多，这可能也和中国人“以诚相待，以礼服人”的传统文化有关系。

在谈判中，中国人更加喜欢以“酒桌文化”来增进互相的了解，双方在互相寒暄与闲聊中不动声色地展开博弈。许多初入中国的外商表示非常不适应，甚至有人抱怨说和中国人做生意就是“喝酒、喝酒、喝酒”（just drinking）。西方的做事风格比较偏于实务，更加讲究高效与快速，而中国人则喜欢深思熟虑。时间对于他们而言一般不是最主要的考虑因素，准备充分后再审慎行事往往是他们做出决断的习惯。中国是一个“人情社会”，且对于“历史悠久”的“面子文化”也让外国人在和中国人做生意时头痛不已。作者对于西方文化与中国传统在谈判中的问题有很好的描述，当然也提出了一些自己的看法。

与此同时，本书还就中国的劳动力问题进行了探讨。中国经济正在蓬勃发展，更积极地参与全球市场需要更严格的法律法规，以符合世界工作和就业条件标准。然而，尽管有现行的劳动法，公司仍然存在少付工作人员报酬，要求他们连轴转地持续工作、忽视工人的健康，以及安全措施不到位等问题。许多外国公司在收购中国公司的过程中所做的尽职调查结果显示，如果他们收购了中资企业，也就意味着要承担这方面的风险。所以许多外资企业都因为这个原因止步不前。不过中国的相关法律法规正在逐步修改和完善，相信在不久的将来，这将不会成为一个阻止外资投入的障碍。

还有一点需要强调的是，外国投资者在华投资期间，必须遵守中国的所有法律法规，即使可能外国公司宗主国没有此类法规。作者在本书里也反复强调，如果投资者不知自己是否合规，请一定记得寻求合适的机构帮助。

以上几点，并不能涵盖本书的所有内容。本书作为一本关于外国投资在中国并购交易注意事项的整理合集，内容客观翔实，篇幅短小精悍，语言风格直接犀利。相信中国的读者在阅读过本书以后，一定对于中国的并购现状会有一个很好的把控，对于越来越涌入的外商投资不会再手足无措；外国读者在阅读以后，对于如何在中国进行并购交易也会有一个更加清晰的认识。

137. Mergers and Acquisitions：A Global Tax Guide《全球并购税务指南》

对并购交易而言，大多数已经或者希望通过并购来实现企业战略目标的企业家，很容易忽视对并购价值的实现有举足轻重作用的税务因素。这可能导致并购后实现的收益被各种意想不到的税收所侵蚀，从而使并购策略沦为非优策略。

而在《全球并购税务指南》一书中，普华永道的税务专家们则专门为并购交易的筹划者提供了非常基础的税务知识。本书以国别指南的形式，向读者提供了全球31个主要国家对跨境并购交易的基本税务规定，以及这些国家的税务主管部门如何适用这些规定以实现对跨境并购交易的监管。而且，本书统一连贯的表现形式，使读者能轻而易举地获取某一国家的税务规定并且能对多个国家的税务规定进行对比。

通过梳理本书呈现的31个全球主要国家的税务基本信息，我们可以发现，虽然世界经济呈现全球化、一体化的趋势，但在税务领域则情况迥异，甚至截然相反，每个国家的税收体系、环境和机制都不相同。当然，本质上它们

图书基本信息

中文书名 《全球并购税务指南》

著　　者 普华永道（PriceWaterhouseCoopers LLP）

出版信息 Wiley，2006

页　　数 576页

作者简介

普华永道（PriceWaterhouseCoopers LLP），全球四大会计师事务所之一，一家提供聚焦产业保障、税务、审计及咨询的专业服务机构。其并购部门在全球范围内为企业提供专业的并购咨询服务。

目　　录

1. 前言
2. 简介
3. 税务：被遗忘的交易价值驱动因素
4. 金融及融合：税务及法律结构最优化
5. 国别指南

都信奉税收取之于民用之于民的原则。

因此，无论是企业家还是其他从业者，当并购交易遇到规定迥异的税务环境时，在考虑跨境并购的税务因素时应该围绕两个方面：一方面，必须考虑的是基本税务体制及这一体制如何影响并购交易这两者之间的差别，同时也需理解间接和直接交易的税务体制、国际和地区的所得税体制等之间的区别；另一方面，跨境并购交易者应当快速理解特定的税务当局如何适用其税收体制来监管这一交易，也就是要做到知其然亦知其所以然。

本书除了将各国跨境并购交易的税务体制呈现给读者之外，也以几个章节的篇幅聚焦讨论了跨境并购交易的其他税务问题，比如集中探讨了以多重主体结构来实施跨境并购交易的相关税务问题、跨境并购与IPO的税务问题及其他形式企业跨境重组的税务问题等。在这些章节中，作者虽然没有探讨特定法域的具体规定，但是这些内容对跨境并购交易的成功而言也至关重要。就多重主体的并购交易结构而言，其通常利用不同法域的不同税务规则，借此实现跨境并购交易的最小税务成本。此外，作者将相关的税务问题也纳入整个跨境并购交易的三大阶段（准备阶段、交易结构设计阶段、交易后价值实现阶段）来分析考量。

基于以上多方面的探讨，本书作者为跨境并购交易者提供了一个独一无二的税务锦囊。无论是跨境并购交易的各地税务法律信息，还是各地税务主管当局如何适用这些规定，或者跨境并购交易税务和法律结构及其与并购融资价值实现的关系等问题，读者都可以找到相应的解决方法。

虽然本书并不能完全代替具体跨境并购交易中税务顾问的尽职调查，但是本书对于希望通过并购来实现企业价值的企业家、致力于从事并购交易的专业人士或者希望了解不同国家并购税务的其他读者而言，都是非常实用的一本书。

138. The Global M&A Tango：How to Reconcile Cultural Differences in Mergers，Acquisitions，and Strategic Partnerships《全球并购探戈：如何协调并购和战略合作中的文化差异》

根据著名的“七七定律”，失败的并购交易里70%的问题都出在整合阶段——从并购协议签署后到并购交易交割完成这段时间。那么该如何解决这个问题呢？别担心，在阅读完本书以后，您一定会找到答案。

本书的作者是冯斯·琼潘纳斯和马藤·尼吉霍夫·亚瑟，其二位都是世界知名的国际管理专家，同时也是经验丰富和能力卓越的并购从业者。二人从亲身经历的真实交易及其他知名案例着手，带领读者一步步地去探寻并购中文化方面整合的奥秘。本书共分为 3 个部分：第一部分叙述的是作者研究文化冲突问题的背景及动因；第二部分即本书的主要部分——发现和解决并购和战略文化冲突的 3 个阶段；第三部分则是关于改善不良业务最后达成新实体完全整合方面的叙述。

本书的第一个亮点是提出了企业文化整合的 4 个步骤。本书出版之时，开展并购交易的企业依然深受企业文化整合问题的困扰。此时关于文化冲突解决的理论有很多，但基本都“治标不治本”。作者认为，文化冲突问题之所以迟迟得不到解决是因为当时的企业家及投资者没有注意到文化对于人的影响这一道理。要想与另外一个完全不同的文化完美融合，就必须先了解这一不同文化的衍生背景与存在状态。

作者用了大量的研究和专业实践表明，两种文化想要成功融合，就必须分成 4 步——承认、尊重、和解、融合。第一步要彼此承认双方战略与企业文化之间的差异，第二步要彼此尊重这种差异，第三步是各自都愿意为了这种差异的调和做出一定的让步和妥协，最后在其他三步都已完成的基础再开始互相融合与影响

图书基本信息

中文书名 《全球并购探戈：如何协调并购和战略合作中的文化差异》

著　　者 冯斯·琼潘纳斯（Fons Trompenaars）；马藤·尼吉霍夫·亚瑟（Maarten Nijhoff Asser）

出版信息 McGraw-Hill Education，2010

页　　数 208 页

作者简介

冯斯·琼潘纳斯（Fons Trompenaars）是世界知名的国际管理专家，全球畅销书《Riding the Waves of Culture》作者。该书已售出数十万册，被翻译成十几种语言。作者是TrompenaarsHampden-Turner（THT）创始人，出版了 11 本关于文化和商业、创新和领导力的畅销书。

马藤·尼吉霍夫·亚瑟（Maarten Nijhoff Asser）是 THT 的顾问，其专业领域包括高级管理层的更迭流程及并购的战略规划问题。他的特长是当客户遇到各种战略性问题时，都能解决。并且他的个人能力也非常强。

目　　录

第一部分　研究背景：企业整合依赖于人的接触
第二部分　介绍：构成三阶段理论框架的十大步骤
阶段 A　找出令人信服的商业案例
步骤 1　重视开阔视野和坚定的使命
步骤 2　业务挑战评估

的阶段。若企业家无法在整合中遵循上述步骤，那么文化整合将变得异常艰难。本书从一开篇就提到这一问题，而大多数的同类书籍在论述这一问题时并没有揭示这一道理。

步骤3　目的和价值评估
步骤4　价值观和行为的选择
步骤5　整合的商业案例
阶段B　制定实施战略
步骤6　关键驱动因素调查
步骤7　通过目标和关键绩效指标（KPI）制定实施战略
阶段C　实现和创造好处
步骤8　系统工作统一
步骤9　价值观和文化意识方案
步骤10　持续重新评估：监督超文化的变革
第3部分　改善不良业务

在做完第一阶段的准备工作后，企业便进入了文化整合的第二阶段。和大部分市面上的此类书籍一样，本书也同样强调人的重要性。但有所不同的是，本书所强调的人的重要性是指关键参与者与员工的重要性，而不是管理层的重要性。常言道“距离产生美”，作者认为管理层对于新实体的绝对掌控非常容易造成其个人意志对公司决定的过度影响，反而不利于解决文化冲突问题。而管理层若能适当地保持一定的距离，让关键员工多多发挥自身的主观能动性，让他们能主动地参与进新实体的运行与经营中来，效果可能会比管理层控制领导要好。当然空口无凭，作者绝不是信口开河。作者通过近20年来的著名案例研究发现此种规律，所以在本书的叙述过程中穿插大量的案例来加以佐证，并辅以详细的解释来帮助读者们阅读和理解。而这也是本书的第二个亮点。

本书的第三个亮点即提出了一种新的整合成功的衡量标准，而这也是市面上大多数同类书籍未有提及的。大多数研究机构一般都是以主要关注股东价值作为成功的最终目标和衡量标准，但是如果仅从股价和股东分配等财务指标来简单判定是非常短视的。企业应该更加注重持续性公司股票持续性的增值，而不是只专注于短期效应。而这个结果是作者访问了数以千计的国际商业领袖，并查找了非常广泛的管理文献得来。借鉴前人的经验可以让今人少走弯路，而作者通过自己的努力为读者和广大的并购从业者们节省了许多时间。

正如本书的序言所说，并购“探戈”的内涵不只是为了找到一个舞伴，而是为了找到一个能够通过彼此亲密的接触互相融合，互相统一的灵魂伴侣。总体而言，相比于注重广而全的专业图书而言，本书更注重少而精，故本书篇幅不长，但其中内容却逻辑清晰且层次分明，语言平实又易于理解。若读者还在为企业的文化协同与整合所苦恼，那么在阅读完本书以后，一定会豁然开朗。

139. The Market for Corporate Control in Japan：M&As，Hostile Takeovers and Regulatory Framework《日本公司控制权市场：并购、恶意收购与规范框架》

很多人从多个角度对并购进行过研究和讨论：有人研究并购监管；有人关注企业治理；还有人侧重对影响并购的公司结构、持股模式、文化冲突等因素进行讨论。我们对这些并购概念或术语并不陌生，但有一个概念我们在学习并购的过程中接触得较少，却涵盖了以上这些全部因素，并为我们打开了一扇了解并购世界的新大门，它就是“公司控制权市场”。学者恩里科·科尔切拉所著的《日本公司控制权市场：并购、恶意收购与监管框架》一书，以分析日本的公司控制权市场为视角，向读者充分地阐释了这一概念。

本书是一部典型的学术研究型著作，是作者基于其在日本九州大学四年的博士研究成果而撰写的。如同许多学术论文一样，本书有明确的研究目标，即论证日本的公司控制权市场是否趋同于“英美模式的公司控制权市场”模型。作者首先在充分研究的基础上给“公司控制权市场”下了定义：“这是一种对上市公司的治理机制，它存在以下几项特征：公司所有权高度分散、资本市场高度繁荣、股权流动性高、存在敌意接管的威胁并且接管者会受到充分地法律监管。”作者认为这一外部公司治理机制比公司的内部治理机制更能够促进公司的良性发展。但本书的重点并不在于探讨不同治理模式的优劣，而在于为读者提供其对并购市场的综合考察和分析，以及一个得以参照验证一个国家是否建立了公司控制权市场的框架模型，这为那些对此感兴趣的学者提供了十分有价值的参考。

早在 1991 年，W. 卡尔·凯斯特教授在其《日本的接管活动——公司控制的全局检验》一书中就对相关课题进行了研究。W. 卡尔·凯斯特教授在书中提出了一个假说：“日本的公司控制权市场将会在方式、程度和治理上发生重大改变，但并不会完全趋同于‘英美模式’的公司控制权市场。”

本书的研究在全面和有益的论证基础之上得以进一步讨论。作者在第 2

章中从统计资料、文化冲突、公司结构、经济－政治因素四个方面对日本的并购环境进行分析、验证，初步验证了日本的公司治理足以纳入控制权市场研究的监测模型；第 3 章转向对日本敌意接管案件的实证研究。作者对 1982 年以来的 17 项典型的敌意接管案件进行审查，并结合最近的敌意接管浪潮，提出了日本存在公司控制权争夺的市场机制的观点；第 4 章介绍了日本的敌意并购监管法律法规，这些法律法规因其对接管活动的重要影响而成为验证的重要一环；最后，作者在第 5 章中提出了并购金额、敌意接管数量、司法标准等 12 项影响公司控制权市场验证的因素，对 W. 卡尔 · 凯斯特教授提出的假说进行验证，并在此基础上得出了日本的公司控制权模型是一种“混合美式版本的公司控制权市场模型”的结论。

作者通过选择科学、合理的论据及论证方法，并结合理论和实证的研究方法对日本的并购环境、敌意接管、监管法律进行介绍、分析和验证，并使读者对其论证思路一目了然。因此无论是本书的内容还是探讨问题的思路、方法都能够为学者提供极大的价值。

但可能广大读者更关注的是，本书是否会过于学术性而偏向于晦涩和乏味？是否对学者以外的其他读者仍具备价值和可读性？首先，从本书的语言风格上来看，其表达直接明了，并未充斥大量的专业化图表和数据，所以本书同样适读于其他有一定并购基础的读者；其次，从内容上来看，它并非一部单以理论论证为内容的书作，其中仍具备许多可供读者进行知识学习或实务参考的内容，比如书中对毒丸计划、交叉持股、黄金股等并购防御措施的介

图书基本信息

中文书名　《日本公司控制权市场：并购、恶意收购与规范框架》

著　　者　恩里科 · 科尔切拉（Enrico Colcera）

出版信息　Springer，2009

页　　数　387 页

作者简介

恩里科 · 科尔切拉（Enrico Colcera），获得了意大利博洛尼亚大学的博士学位和日本九州大学的硕士和博士学位，并在很多著名的法学期刊上发表过多篇论文。他还是皇家特许仲裁员协会（伦敦）的成员，并且代表九州大学担任在意大利的友谊大使。他曾在日本生活过 5 年，并获得了日本两项文部奖学金。2002 年 9 月至 2006 年 12 月期间，他曾担任 Speed Service 公司的法定代理人。2007 年 1 月起，他则开始担任 Speed Service 国际公司的顾问。

目　　录

概要
第 1 章　公司治理趋同以及公司控制权市场模型
第 2 章　并购环境的演变
第 3 章　敌意接管
第 4 章　监管框架
第 5 章　混合美式版本的公司控制权市场模型
结论

绍，以及对日本并购监管法律的介绍等。但鉴于本书大部分内容并非并购基础类知识，因此并不适于初学者将其作为学习并购的首批资料之一。即便如此，本书并不失为一部学术价值和实务价值兼备的读物。

总结而言，这本书分析了日本并购市场的趋势，并对这一领域的所有相关经济和法律信息进行了系统的研究，不但成功地验证了其结论，还为读者提供了一个验证公司控制权市场的模型。作者在验证假说的过程中运用的丰富、可靠的资料和信息，为学界及商界人士提供了珍贵的价值。本书为读者打开了一扇观测并购世界的新大门，是一部绝对值得一读的上佳之作。

第八类

并购专门领域（金融、会计、管理、人力资源和文化，精选 17 本）

一、综述

迄今为止，并购活动风起云涌，而取得交易最后成功的比例却很小，这不免让人陷入对商业世界这一残酷现实的深入思考。对于并购，大家趋之若鹜，这必然是利益所驱；但成功者寥寥，必因中间陷阱重重。企业并购是一项极其复杂的系统工程，涉及法律、金融、会计、管理、人力资源和文化等多学科领域的知识和经验。在这一工程建设过程中，无论是律师、财务顾问，还是投资人、企业高管等，倘若仅运用单一的思维去规划并购交易工程，难免落下管中窥豹的笑柄。如果说逆向思维是正与反两个点之间的切换，那么，多学科思维则是在多个点之间的切换，就如同大数据一般，通过多个角度的分析和思考所得出的结论会更加辩证、科学。正所谓“思维决定格局，格局决定结局”，倘若并购交易参与者能够不拘泥于自己所熟悉的专业领域，而是学会运用复合的多学科分析方法，从多维角度去解决并购问题，想必能取得事半功倍的效果。

本类将对 17 本图书进行评价，涵盖了企业并购的多个专门领域，比如金融、会计、管理、人力资源和文化等。鉴于从法律角度解剖并购活动的书籍已经被单独纳入本书的第五类，因此在此部分将注重评析并购其他专门领域的书籍。其中不乏一些精妙绝伦之作，例如《并购交易者：构建一个能赢的团队》《投资银行：价值、杠杆收购、兼并与收购（原书第 2 版）》和《并购中的人员管理》。这三本书均有各自不可比拟的突出优势，对想在并购舞台中一展身手的交易参与者来说，绝不容错过。

迈克尔 · E. S. 弗兰克尔的《并购交易者：构建一个能赢的团队》（P367），是并购“软实力”领域中着实让人眼前一亮的一本著作，称得上极具突破性。作者心思细腻，胆识过人，从一个全新的独特视角出发研究并购成功的策略，仔细探索并购交易中的任何一个参与者，将并购中“人”的因素展示得淋漓尽致。

乔舒亚 · 罗森鲍姆和乔舒亚 · 珀尔合作撰写的《投资银行：价值、杠杆收购、兼并与收购（原书第 2 版）》（P358），被业界誉为投行“圣经”。该书直击华尔街投融资活动的核心，侧重还原并购交易的原貌，从金融的角度传授并购交易的“必杀技”。其语言通俗易懂，内容丰富实用，且可读性较强。无论是那些立志要投身或者刚开始投资并购生涯的“新手”、半路出家的“转行人士”，还是已然入行或经验丰富的专业人士，这本书都可以成为非常重要的参考资料。

特丽萨 · 丹尼尔和加里 · 梅特卡夫撰写的《并购中的人员管理》（P386）一书，是少有的从管理学角度解剖并购交易的佳作。任何一项并购交易，无论其规模大小，都离不开管理。而管理的有效性，在于人员的引导。本书涵盖了并购中人力资源问题的方方面面，能够帮助读者通过管理的方式巧妙解决并购中因“人”而产生的许多困惑和难题。并且，该书文风通俗凝练，观点新颖，是对投资并购有浓厚兴趣的人士不二之选。

二、书评

140.《并购成功的关键：人力资源尽职调查》

在并购领域存在一种骨干人才的“劣币驱逐良币”现象，即 58% 的被并购公司的管理人员在 5 年内离开了公司，另有 47%、75% 的高层管理人员分别在 1 年、3 年内离职，而且通常高层管理人员和公司最优秀人才会最先离职。疏于人力资源尽职调查及忽视人力资源的合理配置，致使并购失败事件频频发生，而这些在很大程度上已成为企业并购中的顽疾。《并购成功的关键：人力资源尽职调查》一书为读者了解这方面的问题及避免这些问题的发生提供了线索。该书是作者多年经验的总结，涵盖了人力资源尽职调查的内容模块和业务流程等内容，称得上是人力资源尽职调查的一本小型百科全书。

作者在全书中始终不忘强调，企业要把握人力资源的价值，及时发现和处理好并购中的人力资源管理问题，避免为整个并购埋下“风险的种子”。因为在并购实践中，收购方往往会大量关注目标企业的财务、商业和运营数据，却对对方的人员结构、企业文化、组织结构敷衍了事。殊不知，人是第一要素，企业并购中“人”是最关键的因素。古有“天时不如地利，地利不如人和”一说，而“钢铁大王”卡耐基也说过：“你可以将我所有的工厂、设备、市场、资金全部夺去，但只要保留我的组织和人员，几年后，我仍将是钢铁大王。”这就表明，人才对于企业的作用是难以用金钱来估量的，几乎对于所有的目标公司来说，人员都是代表着价值和知识的重要源泉。

阅读此书，是直接与资深人士对话的过程，会让人有“听君一席话，胜读十年书”之感，让人受益匪浅。不少人说“并购是一场没有硝烟的战争，是多方利益博弈之后的一种妥协”，也有人说“企业并购是建立在了解基础上的互利共赢”。无论哪种说法更准确，为了消除信息不对称，充分了解目标企业，真正实现“知己又知彼”，并购中的尽职调查工作都显得尤为重要。而从以往的并购案例情况来看，并购方会特别关注财务、税务、法律方面的尽职调查，

图书基本信息

著　　者　方少华

出版信息　南京：南京大学出版社，2012

页　　数　270 页

作者简介

方少华，国内资深管理咨询顾问及人力资源专家，先后在世界 500 强公司卡特比勒（中国）有限公司、埃森咨询（上海）有限公司、凯捷安永咨询（中国）有限公司从事企业管理、顾问和项目管理工作。在企业战略管理、人力资源管理、销售管理、业务流程、知识管理等领域及 IT 咨询、管理咨询方面有超过 10 年的经验。咨询的专业范围包括企业战略咨询、企业业务流程重组、企业薪酬及长期激励、绩效考核、能力素质模型等人力资源咨询及 SAP、Oracle 等人力资源信息系统应用咨询；涉足领域包括金融、化工、制造、高科技、钢铁、能源及医药等行业，积累了丰富的商业知识、各类工业背景、管理及咨询技术和经验，对公司战略、业务、流程、系统及它们之间的整合有非常深刻的见解。

目　　录

第 1 章　尽职调查导论
第 2 章　人力资源尽职调查方法论
第 3 章　人力资源尽职调查工具
第 4 章　人力资源尽职调查案例
第 5 章　人力资源尽职调查展望

但人力资源方面的尽职调查长期以来却一直被忽视。

然而，韬睿惠悦的一项调研结果显示，如果企业在并购早期就有策略性地对待人力资源方面的风险因素，并对此加以严格管理，那么企业的并购过程就明显会更为成功。于是，作者凭借其多年的丰富从业经验及在工作中的不断思考与探讨，在此书中总结出了一系列具有深度的人力资源尽职调查的方法论、工具，并辅以精彩的案例加以说明。

实际上，在众多的咨询领域，全球著名咨询公司的确积累并形成了一整套科学、先进的咨询方法论和工具，因为这对取得咨询项目的成功而言至关重要。虽然国内外很多类似的书籍都有部分涉及人力资源尽职调查的方法和工具，但它们的内容论述要么是蜻蜓点水，要么不够系统和完整。于是，在本书第二、第三两章中，作者运用简洁、清晰的语言全面介绍了企业人力资源尽职调查管理咨询的基本分析方法和便捷工具，并明确指出各种分析调查方法、工具的优缺点，将它们形成鲜明的对比，以供企业结合自身的实际情况很好地加以选择。同时，作者在这两个章节插入了大量丰富的图表，借助图标、分析模版等，帮助读者更好地理解书中所传授的方法和工具，并购交易人士和专家顾问们能够从中逐渐掌握并购人力资源尽职调查应该怎么做、要做哪些事情及为什么要这么做等操作原理。

在收购兼并中，人力资源方面的风险会造成一系列后果，有些甚至直接危及兼并收购的成败，这是不容小觑的。而为了让读者对所阐述的方法和工具有更加形象、直观和具体的感受，作者从人力资源尽职调查的5个不同侧面分别选取了具有代表性的案例，并结合自身的咨询经验进行了详细深入的剖析，将案例的细节几乎完整地展示了出来，这给所有企业高管及人力资源管理者敲响了“警钟”。结合前面两章的方法论和工具，对这些案例稍加思考，读者们就能回味出那些全球著名的咨询公司是如何来实施一个成功的尽职调查咨询项目的，相信这些案例对他们会有很大的启迪。

对于这本书，天银律师事务所合伙人罗会远称赞道：“关于人力资源管理方面的图书众多，却难见有专业的书籍来介绍人力资源审计或尽职调查。本书是关于人力资源管理的尽职调查相关书籍中最具系统性、完整性和思想性的作品。”

的确，这是国内市场上第一本关于并购重组人力资源尽职调查的系统力作。总的来说，它融合了作者在企业并购咨询领域的实践总结和实务观察，有方法、有工具、有案例，以图文并茂的形式，由浅入深、循序渐进，让读者看得懂、学得会、用得上，可读性较强。对于那些想要在未来并购舞台上一展身手的公司或职业人士来说，是一本不可多得的必备宝典。

141.《高收益债券与杠杆收购：中国机会》

有人说："中国的金融业是最能实现中国梦的行业，为什么呢？因为无论你出身多么低微、学历多么普通，只要你肯努力，都能有机会迅速改变命运。"于是，越来越多想要改变命运的年轻人开始对进入金融行业跃跃欲试。相比于这些略显稚嫩的从业者而言，美国的金融精英们则更为淡定。并购是华尔街中支配着所有其他游戏的高级游戏，有能力的商人和投行家也因这个游戏而乐此不疲。很显然，美国人比我们更加懂得游戏规则。那么，中国企业就真的无法在世界资本市场中崭露头角了吗？答案当然是否定的，因为这本《高收益债券与杠杆收购：中国机会》将会告诉我国的企业家和从业者如何掌握规则，抓住机会，赢得胜利。

本书的作者是万盟并购的董事长王巍和国际投资银行家施迈克。二人同为中西方经验丰富的并购专业人士，同对本国内的并购现状和并购历史有着非常详细的了解，一中一西的完美结合，促成了这本带给中国并购事业机会的经典之作。

高收益债券与杠杆收购对于美国商业社会早已不再新鲜，但对于中国企业来说确是真正的舶来品。如何将其正确地运用于中国的兼并重组事业之中，获得发展本土并购事业的机会，则是本书产生的初衷。本书内容皆由中美并购专家分篇撰写，分别对于两国金融创新实践及前沿信息做了详细介绍，囊括了很多中国并购

图书基本信息

著　　者　王巍；施迈克（Michael Spiessbach）

出版信息　北京：机械工业出版社，2012

页　　数　358页

作者简介

王巍，万盟并购董事长，中国并购公会会长，中国股权投资基金协会秘书长。他自1982年以来曾任中国建设银行、中国银行、日本野村证券、摩根大通银行、世界银行和中国南方证券等多家境内外企金融机构，直接组织了中国几十家大型企业的改制、重组、承销及并购业务；在创新金融工具、企业重组和产业整合等领域有着丰富的经验。他长期担任多个部委和省市的政府经济顾问，以及多家上市公司和金融机构的独立董事。

施迈克（Michael Spiessbach），律师，国际投资银行家。施迈克有30年企业并购方面的经验，涉及国内

实务中的经典案例与先进理念。更难能可贵的是，迈克尔·米尔肯先生也专门为本书执笔一章，让更多的读者可以领略到高收益债券与杠杆收购的独特魅力。

本书的第一个特点是更加注重知识的系统性和操作性。高收益债券作为美国20世纪70年代最重要的金融创新之一，不仅挽救了正在倒退的美国经济，并且促进了美国兼并重组事业的快速发展。中国的金融市场相比于美国起步较晚，金融环境与法律政策的不同导致我们无法将杠杆收购与高收益债券的所有技能生搬硬套，那么如何将其“移植”进来，并发挥其工具作用，则是并购从业者们所应思考的问题。本书从高收益债券与杠杆收购的历史沿革入手，较为完整地向读者展示了其产生发展的全过程，并对中美之间商业环境进行了详细的对比，旨在带领读者追根溯源地找寻高收益债券和杠杆收购在中国金融市场上的生存之法。

本书的第二个特点是贴合实际并且尊重金融市场发展的周期规律。中国的金融市场从一开始就是顶层设计的产物，由于内部改革与外部与全球经济接轨的双重压力从而形成了自己独特的成长轨迹。本书第8章的作者直言，我国杠杆收购发展还面临着很多的困难，特别是在融资方面有银行贷款融资、“过桥贷款”融资、债券融资及优先股和认证股权融资四个法律困境。在资本市场上顺利融资，才能在我国金融管制政策不完善和不够成熟的资本市场制度下让杠杆收购存活下去。作者善于跟着线索找路径，通过规律及阶段特征来分析如今的中国金融发展的症结所在，非常明确地指出我国现行市场经济条件下的金融体制核心问题，并提出了极为实用的建议。

及国际间的金融交易。在过去的10年间，施迈克精力主要集中在中国业务上。自2002年起，他开始出任中国万盟并购集团的副总裁。施迈克曾是《财富》杂志前10的强生公司的律师。此前，他担任一家在纽交所上市的全球前50的媒体公司的战略投资机构总裁，管理10亿美元的现金资产。施迈克曾任职美国美林、摩根士丹利等投资银行。

目　录

第1章　为什么资本结构至关重要
第2章　从金融压抑到全球流通市场
第3章　并购融资环境与金融监管
第4章　高收益债券
第5章　高收益债券的起源与发展
第6章　高收益债券的发行与风险控制券
第7章　高收益债券：融资突破将推动中国在美国的直接投资
第8章　杠杆收购的现实法律模式
第9章　杠杆收购30年实战体验
第10章　杠杆收购的运用
第11章　并购融资与高收益债券
第12章　杠杆收购的风云人物
第13章　杠杆收购国际案例
第14章　杠杆收购国内案例

本书的第三个优点是始终强调全局思维。不论是本书的哪一个章节，都始终以全局考虑为导向。全书通过对中美两国经济结构与历史发展的对比，认为只要中国可以突破融资瓶颈，那么则将推动中国在美国的直接投资。其中包括对日本经济发展模式、中东石油危机及全球恐怖主义对于投资影响的全面分析。最近以来，美国政府频频阻碍中国企业实施跨境并购活动，这无疑是一些美国政客为了自身利益及受到“中国妖魔化”的不实言论影响。不过“清者自清”，他们的阻碍不能浇灭中国企业走出国门开启并购之旅的热情。数据显示，在本书出版之时，中国对于美国的直接投资已经增长了400%。作者认为美国和中国之间的外商投资和并购活动最终会再次呈现欢迎的态度，并且这一态度会使得两国政府及两国人民的联系变得越来越紧密。

除此之外，本书还有对于美国高收益债券大王迈克尔·米尔肯一生戎马的专章介绍，并且于最后两章中对相关案例做了一个详细的梳理。

总体而言，本书的语言平实，内容丰富。其中对于高收益债券和杠杆收购的介绍对于我国的并购从业者了解并购游戏规则有着极大的促进作用。但本书所介绍的内容较为基础，对于杠杆收购技巧等更深层次的知识没有过多的涉及。

尽管本著作仅仅是对于并购和债券市场的深奥游戏的初步介绍，但其仍然是想了解金融知识及资本运作方式的人士及致力于企业管理与扩张的企业家解游戏规则的重要指南。

142.《股权投资基金与并购》

在过去的几十年，金融业产生了巨大的变化。随着新型产业和创新企业的出现，新的金融业态，比如股权投资基金及并购，愈发重要。因此，《股权投资基金与并购》一书，与时俱进，为大家了解和学习股权投资基金及并购的相关知识提供重要的参考和指引。

本书由亚洲商学院主编，起源于亚洲商学院特别设计的中级短期培训的主要课程。在完成对近千名学员的培训之后，商学院的授课专家们专门整理，并且不断地对授课内容进行调整和修订从而形成本书。所以，本书关于股权投资基金及并购的内容涉及面广，而且内容非常精炼并极具实操性。本书编者根据授课内容，非常简洁、准确地介绍了股权投资基金（PE）及并购的概念基础、简史，并且覆盖了投资并购流程、战略、整合、退出及税务与法务等主要内容。因此，本书可以说是学习股权投资基金及并购的速成工具，准确而专业。

本书正本清源，从基本概念入手，直接筑牢理解股权投资基金及并购的基石。本书开篇即纠正了如今创投圈混淆的股权投资基金和创业投资基金，即PE和VC的概念区别。创业投资基金、创投资本或VC本身就是股权投资基金（PE）的一种，只是所投资企业的发展不同而已。如今的创投圈或投资圈，还大呼自己“是VC，不做PE”，真是令人啼笑皆非。本书作者认为，新金融的核心是以人才和服务为主导的金融能力，如果连最基本的专业概念都能混淆，何谈金融能力。因此，本书也正好为步入投资或并购的人士，提供了修炼金融基本功的方法。

本书以史为鉴，梳理中外股权投资基金及并购的简单历史，既简单又深刻地总结了股权投资及并购的产业逻辑，经济动因及历史发展驱动力。也许大家都对美国产业历史上发生的五次并购浪潮耳熟能详，但大家也许并不知道，真正意义上的并购在我国发生已经有上百年历史，因为我国从清朝开始就有了关于公司转卖交易的记载。因此，本书的另一大特色在于，除了介绍国外投资及并购的基本发展沿革之外，对我国在投资及并购领域的历史发展及监管规定的沿革做了详尽丰富的阐述，让读者能从我国实际的产业发展、经济变革出发，在投资及并购实践中更具产业眼光、历史眼光及发展眼光。

基础决定你能走多稳，格局决定你能走多远，而执行力决定你能走多快。

图书基本信息

著　　者　亚洲商学院

出版信息　北京：首都经济贸易大学出版社，2012

页　　数　257页

作者简介

亚洲商学院，成立于2008年9月，隶属于天津财经大学，专注于资本运作、金融操作及全球管理技能的培训；专注新金融创新、资本交易市场和金融操作技能的培训。为政府监管官员提供政策布道，互动调整的机遇；为金融操作专家提供传经授业，磨砺升华的平台；为境内外企业家群体提供培训，联谊和合作的生态圈。与业界权威机构联合主办中国新金融研究中心、全球并购研究中心、中国外汇与黄金研究中心、全球商业发展中心、中国中小股东权益保障研究中心、《资本交易》杂志及中国金融博物馆。

目　　录

第1章　导论
第2章　PE与并购简史
第3章　投资流程
第4章　PE的策略
第5章　企业并购战略
第6章　并购后整合
第7章　PE的退出
第8章　基金与并购财务税务考虑
第9章　基金与并购法律实务

本书的第三大特色在于，由于内容脱胎于商学院的培训课程，无论是在阐述内容还是在阐述方式上，都极具实操性和指导作用。无论是投资和并购的实操基本流程、投资和并购的战略方向选择，还是投资和并购交易架构及税务及法律的考量，抑或是投资和并购估值方法的运用，本书都是从实操者的角度出发，尽量减少无关的理论探讨内容，直击问题的实践本质。因此，本书作者对股权投资基金和并购具体内容的阐述，不拖泥带水，都是直奔提升实际执行效率的目的，从而给读者简单、专业的实操指引。

当然，本书并非十全十美，在突出实用性的同时，本书并没有对投资及并购的相关理论问题展开充分的论述。但是，大醇小疵，对初入投资和并购行业的相关人士及希望一探究竟股权投资基金和并购具体运作内景的人士而言，本书简练、专业和实务的特点足以值得其驻足阅读。

143.《杠杆收购：入门精要》

杠杆收购已经被越来越多的企业和公司作为发展扩张的选择之一。那么它究竟有什么独特魅力能够让众人为之倾倒呢？杠杆收购与其他方式相比，长处又在哪里呢？企业在什么情况下可能采取杠杆收购的方式呢？对于上述的这些问题，读者可以在这本《杠杆收购：入门精要》中找到满意的答案。

本书的作者是戴维·皮尔格，他是弗莱克丝银行家有限责任公司创始人兼主席。他不仅常年在高盛投资集团、摩根士丹利等顶级的金融机构中教授公司估值及金融模型方面的课程，并且也曾经多次参与过金融结构部门重组与并购的活动，可谓是经验丰富，练达老成。

本书的篇幅不长，短短的 129 页想要概括关于并购的全部内容有些不切实际。不过作者仅从杠杆收购出发，将本书分为理论与实操两个部分。现在仍有一些人对杠杆收购存在偏见，片面地认为利用杠杆就是心怀鬼胎，非传统型收购就是图谋不轨。但其实在并购事业历史更为悠久，发展更为成熟的美国，杠杆收购早已屡见不鲜。从杠杆枭雄 KKR 集团到后来的 Metsec 管理层收购融资案，都是并购专业人士耳熟能详的例子。本书以清晰的逻辑、缜密的思考、精练的语言及准确的数据来概括杠杆收购过程中的所有要素，深入浅出地以虚拟的 ABC 公司为例，带领读者一步步去了解杠杆收购的全过程，让读者自己来判断杠杆收购究竟是“天使”还是“魔鬼”。

首先是理论部分，本书简明扼要地介绍了杠杆收购中涉及的一些基本常识，比如什么是杠杆收购。为什么要进行杠杆收购、杠杆收购的参与各方是谁、杠杆收购可能的结果有几种及基本的金融、财务术语。杠杆收购产生于第四次并购浪潮期间，其又称融资并购。举债经营收购是一种企业金融手段，指公司或个体利用收购目标的资产作为债务抵押，收购此公司的策略。简单来说，就是一家公司通过借大量的钱去购买另一家公司。那么投资者和商人们为什么要借钱来进行杠杆收购呢？答案很简单，投入更少而利润更多。

相比于其他收购方式，杠杆收购的最大优势就是能够以更少的权益投资促进方案成交。并且即使投资失败，投资者的损失相比于传统的投资方式也小得多。进行一次杠杆收购需要多方的参与和合作，虽然大家参与进来的方式不同，但是各方的目的是基本一致的。所以只要互相找到一个良好、平衡的状态（在经济稳健、市场发展良好的前提下），杠杆收购会是一个不错的方法。威廉·欧奈尔曾经说过："不要懵懵懂懂地随意买股票，要在投资前扎实地做一些功课，才能成功！"同样，杠杆收购也不是一件一拍脑袋就能决定的事，其需要非常详尽的调查和准确的数据分析作支撑，所以要求参与者不仅要具备一定的财务知识，并且还要能熟悉和看懂一些运营必需的表格和反映企业实际状况的资料。

其次是实操部分。市面上提及实际操作的专业书籍有很多，但本书却别具一格。作者虚

图书基本信息

英文书名 Leveraged Buyouts: A Practical Introductory Guide to LBOs

著　　者 戴维·皮尔格（David Pilger）

译　　者 李森

出版信息 北京：人民邮电出版社，2015

页　　数 129页

作者简介

戴维·皮尔格（David Pilger），弗莱克丝银行家有限责任公司创始人兼主席。该咨询公司主要为成长中的创新科技公司提供关于公司金融和融资方面的建议。除此之外，作者也向高盛投资集团、摩根斯坦利和百事可乐等大型公司提供咨询服务。作者还在鲍尔森基金、巴克莱资本和其他顶尖金融机构中教授公司估值、金融模型方面的课程，给业内人士提供专业培训。作者在创办弗莱克丝银行家有限责任公司之前，还曾就读于高盛投资集团，从事高级银行债务方面的工作，并主持了数额庞大的公司银行债务结构性交易和衍生品投资组合项目。在加入高盛投资集团之前，他还在摩根斯坦利、美林银行等顶级金融机构工作过，参与过多起金融结构部门重组与并购活动。

目　　录

第1章　什么是杠杆收购
第2章　为什么要进行杠杆收购
第3章　杠杆收购涉及哪些个人和机构
第4章　杠杆收购分析基本知识准备

拟了一个 ABC 公司，以其作为第二部分叙述的主线，带领读者一步步地完成一个完整的杠杆收购交易。这不仅可以让读者快速了解到一个杠杆收购模型的所有关键方面，并可独立建构模型，还可以方便读者更快地获取信息并了解数字背后的意义。对于一本体例较短、篇幅不长的专业书来说，能够兼顾读者实际操作和理论框架建立这两点真的是难能可贵。

第 5 章　融资资本总额和来源问题
第 6 章　利润表分析
第 7 章　成本结构分析
第 8 章　利润表预测
第 9 章　利息分析
第 10 章　未计利息、税项、折旧及摊销的利润分析
第 11 章　现金流量分析
第 12 章　资产负债平衡分析
第 13 章　收益分析
第 14 章　其他指标分析
第 15 章　敏感性分析

最后是理论与实操相结合的问题。财务分析师在创建一个完整的杠杆收购分析时，需要对自己所掌握的数据和资料进行反复的检查和筛选，以分析不同因素、情景及收购中的杠杆对目标公司的影响。对于一个投资者和实战参与者而言，其所创建的分析和交易框架越能反应目标公司的实际状况，就越能应对目标公司在未来的不同运营环境中所产生的不同问题，以及能够较为准确地预测目标公司未来的潜在可能性。

了解公司的财务状况及对公司未来的经营绩效进行分析是极其重要的，这可以帮助预计公司未来的盈利增长能力、最终所有者和投资回报等因素。作者通过带领读者对书中所列的杠杆收购模型的分析、概括，使得读者在对杠杆收购的基本技巧和原理有一个简要认识的同时，也能主动地从投资者的角度看待杠杆收购分析，将理论融入实践，从而帮助其在以后的并购工作中更好地以实践者的身份在投资银行、私募股权或者以收购方的立场来运用这些技巧。

144.《投资银行：价值、杠杆收购、兼并与收购（原书第 2 版）》

总体而言，本书是一本理论与实际结合紧密，重点突出，逻辑清晰的专业书籍，适合想要学习杠杆收购分析基本原则和模型技巧的个人、投资银行业中从事金融分析的人员，以及对于杠杆实操方法感兴趣却没有太多时间的专业人士阅读。不过遗憾的是，对于完全没有财务基础知识、不了解基本会

计概念及不懂 Excel 基本使用知识的读者来说，本书阅读起来会略显吃力，恐不是上佳之选。

英国《金融时报》报道，2016 年高盛收到来自全球毕业生的求职申请超过 25 万份，较 2012 年增加了四成。这也难怪，就好比二十世纪六七十年代的中国人说自己父亲是军人一样，最近四五年最炫酷的一句自我介绍，莫过于“I'm a banker at Goldman Sachs（我是高盛投行的银行家）”。可见，投资银行家如今已是作为一项活跃在金融市场前沿、能够给人以成就感的职业。

然而，外界看到的可能只是投资银行光鲜的一面，事实上，高盛、摩根士丹利等受众多年轻人追捧的投资银行，背后却是另一番景象。申请投资银行相关职位的严格面试让应试者深感课堂的体验与在现实世界实施估值和金融分析的实践相脱节；投行很多金融职位的高度专业化性质，给那些跃跃欲试要进入这个领域及刚刚开始投行职业生涯的新手们筑起了高高的知识壁垒；现实交易和客户情形的复杂性，加上变幻莫测的市场形势和会计准则，让久经沙场的投行专业人士意识到技能组合上还存在需要解决的显著空白之处。这种尴尬的现实情况源自于投资银行里的许多内容都是无法传授的，即使是全世界最优秀的大学和商学院对此也徒叹奈何。

幸运的是，满腔热忱的乔舒亚·罗森鲍姆和乔舒亚·珀尔创作了一部综合全面、缜密书写的指南——《投资银行——估值、杠杆收购、兼并与收购》，整理出其在投行多年的交

图书基本信息

英文书名　Investment Banking: Valuation, Leveraged Buyouts, and Mergers & Acquisitions

著　　者　乔舒亚·罗森鲍姆（Joshua Rosenbaum）；乔舒亚·珀尔（Joshua Pearl）

译　　者　刘振山；曹建海

出版信息　北京：机械工业出版社，2014

页　　数　404 页

作者简介

乔舒亚·罗森鲍姆（Joshua Rosenbaum），瑞银投资银行全球工业组的一名执行董事。负责兼并与收购、企业融资和资本市场有关交易的发起、架构和咨询工作。此前，曾就职于世界银行的直接投资部门——国际金融公司。拥有哈佛的文学学士学位，并以贝克学者身份获得哈佛商学院的 MBA 学位。

乔舒亚·珀尔（Joshua Pearl），在德意志银行的杠杆融资部工作。设计并实施了大量的杠杆贷款和高收益率债券融资项目，以及 LBO 和公司重组项目。此前，曾就职于爱德华公司的投资银行部。作者还设计、执教过企业融资培训课程，拥有印第安纳大学凯利商学院的理学学士学位。

目　　录

第一部分　估值
第 1 章　可比公司分析
第 2 章　先例交易分析
第 3 章　现金流折现分析
第二部分　杠杆收购
第 4 章　杠杆收购

易经验和最佳实务，囊括了成功投行专业人士所拥有的核心技能，着实是一本金融从业人士必备的投行业务终极版详尽指南。

第 5 章　LBO 分析
第三部分　兼并与收购
第 6 章　卖方并购
第 7 章　买方并购

如今市面上有关估值和并购的大部分金融类书籍都是学术界人士编纂的，而由金融从业者编写的那寥寥几本却往往把重点放在跌宕起伏的故事情节上，而非为投资并购交易提供实用型技能指导。这本书恰好弥补了这一空白，为读者展示一种独特的现实交易场景。在本书的字里行间，交易案例模拟如同身临其境。对此，凯雷集团创始人大卫·M. 鲁宾斯坦称赞道："无论是对于经验老到的投资界从业者，还是对于寻求揭开估值工作神秘面纱的非专业人士来说，这本书都必然会成为收购和并购估值艺术技巧方面的一部不可或缺的指南。"

估值是投资银行业务，乃至整个金融业务的核心。正如尼古拉斯·斯密德林所言："估值是一切投资决策的灵魂。"企业估值是一门高度专业的技艺，因为企业无一例外地处在不断地变化之中，除了需要对标的企业进行财务和会计分析之外，还需要对企业所处的整个产业链和价值链有非常精准的判断。于是，这本书重点介绍了目前在华尔街普遍使用的主要估值方法，包括可比公司分析、先例交易分析、现金流折现分析和杠杆收购分析，对金融世界的核心业务——估值进行了条分缕析的描述。

更重要的是，书中还融入了很多实用的判断技巧和分析视角，将企业估值的艺术性向读者娓娓道来，比如估值乘数对比和选用的变化多样。不得不说这是一本具有很高现实指导价值且使用十分便捷的著作。同时，这些基本估值方法不仅适用于投资银行，也适用于私募股权和对冲基金等金融机构。对于金融专业人士而言，掌握这些众多的方法和技能将是他们直面挑战最重要的利器。

杠杆收购是资本市场和并购领域的重头戏，而 LBO 分析是投资银行分析师和私募股权专业人士都采用的"撒手锏"，用以确定杠杆收购的融资结构。这本书在建立起杠杆收购的基础知识这一框架后，便在第 5 章采用分步骤的方式构建出一个实用型的 LBO 模型，为读者清晰地揭开了 LBO 分析方法的谜团。在这本书第二部分中，两位有着丰富分析经验和熟练技术的作者通过精确简洁的语言将杠杆收购的精髓描述得通俗易懂，让读者对其专业知识和实操经验印象深刻，难以忘怀。

此外，并购咨询也是投行的黄金业务之一，其传统上是投资银行金融部门年度收入的重要来源。因此，这本书对并购咨询做了详尽的介绍，阐述了战略制订、交易过程及交易结构设计等内容。十分值得一提的是，作者从卖方和买方两个战略视角出发，梳理清楚各方的利益考量，并为它们量身定做出一套估值流程和分析方法，成为本书的一大亮点。

美中不足的是，这本书对一些典型的估值案例剖析得较少，使得书中那些复杂数学公式的运算及关键数据的分析显得有点乏味和抽象。但瑕不掩瑜，这本被誉为投行“圣经”的专业著作，弥合了学术界和业界在金融理论实际运用问题上的差距，将会让众多读者受益匪浅。

145. An Introduction to Accounting and Managerial Finance：A Merger of Equals《对等合并：财务和管理金融》

无论是纵向并购、横向并购还是多元混合并购，在大多数人看来基本是“大鱼吃小鱼”，即较大企业吞并较小的竞争对手或者其他产业的小规模企业。也许从表面上看，其在规模上是符合大鱼吃小鱼的特征。但是从并购交易双方对并购交易具体进程的推进而言，并非如此。至少从哈罗德·比尔曼所写的《对等合并：财务及管理金融》一书中我们可以看到，从企业决策的角度而言，在并购交易双方对基本的财务、会计及管理等金融专业及工具都熟练掌握并进行充分尽调的情况下，任何一方都不会有实质的信息不对称优势，从而基本能实现趋于公允的平等价值。

本书作者哈罗德·比尔曼教授，不仅著作等身，而且在财务和金融领域也有着丰富的实践阅历。他曾在纽约培基证券公司任职金融咨询师，并为康宁玻璃公司等多家大型公司提供过咨询。通过本书，作者所要解决的问题正是如何通过基本的财务、会计及金融管理专业知识及工具来判断某个并购交易决策是否能够达到或者已经达到了并购双方在并购前后趋于一致的价值，研究视角十分新颖独特，摒弃了大多数学者对财务金融探讨的老旧套路，足以让人眼前一亮。

可以说，这是一本阐述深入浅出、通俗易懂的著作。作者从最简单也是最重要的“货币的时间价值”这一概念及其计算出发，运用浅显易懂的语言介绍了如何使用不同方法计算资本使用的成本，并巧妙地导出了企业的现金流量表及利润表与其他各个科目之间的联系。接着，又比较详细地阐述了并购交易融资中非常重要的加权平均资本成本（并购交易融资方式决策的基础）及并购交易中的其他相关财务工具。值得一提的是，作者有意避免了比较复杂的模式，而是化繁为简，逐渐构建起完整的问题分析体系。因此，本书也非常适合学习财务和会计课程的学生及对并购主题感兴趣的大众读者阅读。

本书还是一本含金量颇高的实用并购知识读物。书中对分析模式和方法做出了最有益和最贴近实际的强调和展示，而非停留在纯理论的探讨上，最终则是为了落脚于做出正确的决策。在作者哈罗德·比尔曼看来，公司在本质上是以股东利益最大化为目标的决策执行主体，而公司管理层则是公司决策的制订者，其将根据公司所处的竞争地位来决定公司时间及货币的配置。

几年前，重要的管理人员可能更多会在经验、判断力和直觉的基础上做出重大决定，而现在高层管理人员们越来越坚持在做出决策判断之前对财务信息进行正确分析。正是基于这一点，作者时刻不忘强调财务技术和金融模型在当今商业环境中的正确应用，在书中不仅介绍了基本的概念术语和分析方法，而且还阐述了并购会计和金融领域中存在的大量复杂性问题，以及现实世界对其的各种约束，希望帮助

图书基本信息

中文书名　《对等合并：财务和管理金融》

著　　者　哈罗德·比尔曼（Harold Bierman，Jr.）

出版信息　World Scientific Publishing Company，2010

页　　数　404 页

作者简介

哈罗德·比尔曼（Harold Bierman，Jr.），康奈尔大学约翰管理学院工商管理教授，安纳波利斯美国海军学院本科毕业，取得密歇根大学 MBA 和博士学位。自 1956 年成为康奈尔学院成员，曾任职于路易斯安那州立大学、密歇根大学及芝加哥大学，并且在法国枫丹白露世界商学院、比利时 KUL 及英国剑桥大学执教。由于其在工商管理教育领域的突出贡献，曾获得美国大学商学院大会的道琼斯奖。并且在纽约 Prudential Bache Securities 任职金融咨询师，并为康宁玻璃公司、柯达和埃克森美孚石油公司等提供过咨询。著述颇丰，包括《资本预算决策》《金融会计、管理会计以及商业决策的计量分析》及 170 多篇期刊论文。

目　　录

第 1 章　财务、会计及公司目标
第 2 章　货币的时间价值
第 3 章　财务报表入门
第 4 章　资本预算
第 5 章　利润表
第 6 章　使用现金流和利润的对比
第 7 章　折旧费用

有需要的读者提高做出良好决策的可能性

第8章　长期债务
第9章　股东权益
第10章　股东分配
第11章　资本结构：加权平均资本成本（WACC）
第12章　购买和租赁
第13章　优先股
第14章　管理绩效
第15章　兼并与收购：企业合并
第16章　可转换债券
第17章　存货
第18章　现金流量表

本书主题鲜明，重点尤为突出，其中最为关注的便是企业财务报表分析。因为企业的现金流从公司成立伊始，即贯穿企业的融资、投资及分配的各项决策之中，而现金流的有效分析有赖于财务会计报表。

此外，作者还反复强调，财务会计报表不仅是企业运营结果的反映，也是公司管理层为履行勤勉义务而做出企业融资、投资及分配决策的参考基石，更是管理层决策执行情况的评估基础。从财务报表中可以清晰地看出，企业所处的竞争地位及它是如何获得这种地位的。同时，书中对这部分内容的解读十分言简意赅，直击问题核心，相信能让读者们大饱眼福。

总的来说，本书所呈现的是非常基础性的财务、会计和金融知识。对于任何并购从业者而言，这些知识与并购法律基础知识一道构建了并购的地基。并购交易从业者和企业家需要具备的最重要的两部分知识中，一部分是宏观的产业发展历史、产业结构及政策的相关知识，另一部分是微观的、最基础的财务、会计和法律知识，而本书则是财务会计方面不可多得的一本。

146. Mergers and Acquisitions：Business Strategies for Accountants《并购：会计师的商业战略》

毫无疑问，并购交易的战略制订、法律结构设计及商业计划的实施一定程度上体现了并购交易艺术性的一面。虽然它们在并购交易中是最重要的部分，但其并没有体现并购交易艺术性的全貌，反而在并购交易中看似处于次要地位的会计处理和税务筹划更能呈现其艺术性特征。

会计处理，其本身的艺术性就常常难为法律监管（美国安然公司破产即是一例），在并购交易领域则体现的更为突出，以至于会有“商誉（goodwill）”这一会计专有词汇的出现，专门来描述非同一主体控制下企业合并交易价格超出公允价值的部分。而对于税务筹划而言，它极其精细和变化多端，常常是并购交易法律结构设计的重要考量因素。

当然，这里只提到了一小部分，如果您想知道并购交易的艺术性如何在会计处理和税务筹划中具体体现，那么威廉·J. 戈尔和约瑟夫·莫里斯所写的《并购：会计师的商业战略》一书能让您从中获得“一览众山小”的快感。

本书的亮点虽然在并购税务和会计处理这两大部分，但是它和大多数讨论并购交易的著作无异，都铺垫了并购交易的基本架构。本书从第 1 章到第 7 章，分别对并购交易概览、并购标的筛选、并购估值、尽职调查、协议签署、并购后整合及并购融资做了详细和深入地讨论，这既反映了作者专业基础的扎实程度，也体现出作者在并购领域经验的丰富程度。而在本书第 9 和第 10 章中，作者用了一定的篇幅对并购交易涉及的税务问题及会计处理问题，从最基础的知识出发，附以生动的案例解析及分析思路，这样一来，并购交易的艺术性便巧妙地在书中得以诠释。

就税务处理而言，美国国内税法典（Internal Revenue Code）将并购交易大致分为免税并购交易和应税并购交易。免税并购，作者继续写到，在普通法系的美国，其通常需符合相关制订法要件及判例要件。具体到制订法要件，美国的立法当局分别针对不同的交易结构规定了不同的要件。这样精细化的规定，恰恰体现了并购交易随着监管规则不断演变出各种交易结构，同时，不断推陈出新的交易结构也倒逼着监管的不断完善。在作者看来，这无疑是和生物进化类似的一个过程，但最终达到了并非完美的平衡。

当然，更具艺术性的地方体现在免税并购交易的普通判例法要件（股东

图书基本信息

中文书名　《并购：会计师的商业战略》

著　　者　威廉·J. 戈尔（William J. Gole）；约瑟夫·莫里斯（Joseph Morris）

出版信息　Wiley，Third Edition，2007

页　　数　416 页

作者简介

威廉·J. 戈尔（William J. Gole），有 20 多年信息公司从业经验。擅长产品开发、战略规划与业务发展、管理、市场营销、国际市场运营、产品管理及金融领域。

约瑟夫·莫里斯（Joseph Morris），是会计、税务和商业顾问，为执业会计师和其他金融专业人士出版了很多专业书籍。

目　　录

第 1 章　并购交易概览
第 2 章　并购标的筛选
第 3 章　估值与初步协议
第 4 章　尽职调查的准备与实施
第 5 章　协议签署与交易达成
第 6 章　并购后整合
第 7 章　融资
第 8 章　出售与剥离
第 9 章　并购的税务问题
第 10 章　并购的会计处理问题
第 11 章　证券交易委员会与其他监管要求

利益持续要件、营业企业继续要件及商业目的要件），由于它最终取决于法院的判决，因此其可解释的空间、可辩论的余地及可列举的例证随着不同行业、企业的并购交易往往会千变万化。本书在典型判例的剖析部分也是非常精彩，精辟的评论和生动的语言使得本书非常引人入胜。至于并购交易中的会计处理，商誉的产生及其处理和公允价值的确定本身就与人的艺术本性无异。并购后各个科目之间的变化和联系更是多端多样，作者同样以自己丰富的经验对每个科目在并购交易中的变化和计算驾轻就熟。

147. Mergers and Acquisitions：The Human Factor《并购：人力资源因素》

任何一项交易都离不开人，并购交易亦不例外，兼具着人的专业理性和艺术感性。本书同样也兼具并购交易的专业性和艺术性，称得上是并购领域中一本不可多得的智慧之书。

苏·卡特莱特和加里·L. 库珀所编著的《并购：人力资源因素》将并购过程比作交易双方联姻的过程。将现实生活中男女双方的最初认识、相亲、谈恋爱最后走入婚姻殿堂比喻成了并购推进的全过程，让人觉得十分形象与巧妙。两位作者都是非常专业的并购专家，他们对于并购问题都有很深入的研究且成果显著。本书编写之时，人力资源及文化对于并购的重要影响还没有引起足够的重视。作者编著此书旨在探寻文化与人力资源对并购的重要影响，并希望教会并购从业者和企业家如何走出误区，避免此类问题的发生从而降低交易失败的风险。

潜在对象千千万，选择考察要谨慎。和相亲节目不同，现实商业世界中的并购交易收购方潜在的目标公司可不只24个。面对如此数量众多的待售公司，第一步便是缩小自己的选择范围。那么如何缩小这个范围呢？答案很简单——调查。在缩小范围后，如何找到最适合自己的最优选择呢？答案是——审慎的调查。这两个答案前后区别不过三五个字，如何才能概括其中真谛？作者花费了将近4年的时间，收集了包括英国和其他欧洲国家在内的大量的公众信息和研究成果，结合自身的丰富经验编著成书。所以本书无论是在样本多元化还是在案例真实性上都是毋庸置疑的。

作者强调，在双方互相筛选的过程中，一定要“擦亮双眼”，确定掩盖在对方美丽外表下的灵魂与外在一样可爱。并且对于对方公司的企业文化和人员协助模式进行十分细致的调查，以确定双方是否能“聊得来”，即双方有无建立关系的可能。一旦这种假设成立，那么就进入了第二阶段，彼此深入试探了解，看看是否合拍、能否和平相处。

“遮遮掩掩不靠谱，彼此坦诚是真谛。”本书基于横向并购的立场，暂且将收购方比喻成男方，将目标公司比喻为女方。买方想要买一个现成的企业或者生产线来完善自己，促进发展；卖方想要售出自己的公司来解决自己的资金短缺或剥离不良资产。无论双方目的为何，但此阶段的目标只有一个，即买进来、卖出去。有共同的目标就会滋生交易。基于双方以后要互相容纳或和平共处，所以彼此之间足够的了解是非常必要的。

那么促进这种了解最有效的因素是什么呢？没错，是人。双方之间管理层要彼此相信，互相坦诚。财务数据、融资结构及交易架构等建设清晰，双方职员之间互相融合，减少矛盾，并且考察互相的企业文化是否具有共通点。如果从根源处都无法融合，那么这笔交易就算硬赶鸭子上架，也没有任何意义，最终还是会失败的。在双方认定彼此、正式达成交易后，便进入了并购的第三个阶段——整合。

“婚姻生活要经营，共同携手方成功。”交易后的整合往往是并购失败发生率最高的部分，大部分的交易最终是因为这个环节出了问题而

图书基本信息

中文书名 《并购：人力资源因素》

著　　者 苏·卡特莱特（Sue Cartwright）；加里·L. 库珀（Cary L. Cooper）

出版信息 Butterworth-Heinemann，1992

页　　数 232 页

作者简介

苏·卡特莱特（Sue Cartwright），就职于曼彻斯特大学科技学院。研究领域包括发展经济学、组织机构学、工商管理与经济学等，发表了 40 多篇优秀的文章。他与其他很多优秀的专业人员都有非常深入的合作关系，比如兰卡斯特管理学院的教授卡里·L·库珀、通用电气的约瑟夫·乔丹等。

加里·L. 库珀（Cary L. Cooper），共著有和编著了超过 125 本书，是英国最受欢迎的“商业导师”之一。他出生于美国但居住在英国，具有双重国籍。他是英国兰卡斯特管理学院的一名杰出的教授，讲授关于组织心理与健康的课程。他还是英国管理学会的创始人和特许管理协会的一名成员，且是美国一所经营管理研究院的成员。他是英国咨询与心理治疗协会的前任主席以及 RELATE 的现任主席。

目　　录

第 1 章　简介：管理人员了解并购的重要性
第 2 章　合并现象
第 3 章　并购对公司业绩的影响

第 4 章　并购对个人的影响
第 5 章　并购程序：员工们到底怎么了
第 6 章　企业文化及其评估
第 7 章　文化类型对企业内部整合的影响
第 8 章　前联合阶段或“求偶期”
第 9 章　“婚姻”的法律公告
第 10 章　“蜜月期”——使婚姻美满和谐
第 11 章　确立“夫妻”间的忠诚——确保婚姻成功

没有达成预期。整合失败的原因有很多种，但归根结底还是因为企业文化的不匹配和双方员工的不兼容。交易协议签订之后，就意味着相关人员必须接受文化环境的变化，因而管理人员急需将文化整合与人员整顿提上日程。

作者强调，效率非常重要，长久拖沓对于整合问题并没有好处，反而会搞得新实体内部人心惶惶，使本身就有些混乱的人员结构可能会因此变得更加动荡。面对此类问题，管理层则承担了很大的责任。他们要能区分关键员工的作用，能够判断谁是需要被留下的人。面对剩下的其他员工，如果要解雇，如何做好善后和安抚工作，这些任务都亟须完成。

本书涵盖的内容在如今看来，早已不再新颖。但结合当时的背景与环境，依然对我们今日的并购活动具有重要的借鉴意义。经典之所以为经典，是因为无论经过多久的时光洗涤，还依旧适用。当然，两个公司的成功整合也不是一蹴而就的，这和前面阶段的充足准备难以分开，所以这三个阶段相互连续又互相影响。

本书将双方公司交易的过程比作婚姻，形象又贴切地对于成功并购的这三个阶段展开了非常丰富且详细的介绍，针对人力资源方面的详细问题找出文化和人员整合冲突的化解之法。与此同时，作者也非常希望能够通过本书，让交易双方明白，并购不是输赢游戏，非要比出个谁强谁弱，大家应该站在平等的角度上，以双赢为目的来思考问题。

以上总结的几点，仅仅是抛砖引玉，无法向读者展示本书的全部魅力。希望作为并购从业者或者是对并购感兴趣的您，能够拿起这本书，真正地去阅读它，感受它，并从中获得一些方法与体悟。

148. Mergers and Acquisitions Deal-Makers：Building a Winning Team《并购交易者：构建一个能赢的团队》

相比于其他方式而言，并购有着速度快、效率高的特点，因此，也被成为是“性价比”最高的方式。并购往往不是一蹴而就的，要经过谨慎的分析，通过正确的战略、精准的执行及合理的整合才能够获得成功。那么，什么才是并购交易最重要的组成部分呢？相信大部分人都很难给出一个准确的答案。这本由迈克尔·E.S. 弗兰克尔写的《并购交易者：构建一个能赢的团队》将从一个全新的独特视角出发，解读并购交易，以及如何促进并购交易的成功。

并购潮的日益兴起导致现在市场的书籍质量参差不齐，很多理论也都是老生常谈，反复炒剩饭。和大多数认为“买卖双方才是并购探戈的唯一主角”的陈旧理论不同，本书从并购的各个参与方的角度，创造性地提出“了解每一个并购交易参与者，才是并购成功的关键”这一观点，以一种“剥洋葱”的方式，一层一层，抽丝剥茧，逐渐深入，来探讨每个参与者在并购交易中的潜在角色，以及这些参与者在并购交易的进行过程中如何工作，如何将决策效果发挥到最佳等方面来直击并购交易的核心。

本书的一个非常显著的特点是主线清晰并贯穿始终，其每一个论点几乎都会有一个真实的案例加以佐证，引导意味非常明显。这本由12个章节组成的书内容不仅并不分散，反而环环相扣，联系密切。无论是开篇对于并购传统买卖双方的介绍，还是后面关于私人投资者、股权持有者的分析，点面结合，有理有据，使得读者可以很快地代入进去，事半功倍。

迈克尔·E.S. 弗兰克尔作为经验丰富的并

图书基本信息

中文书名　《并购交易者：构建一个能赢的团队》

著　　者　迈克尔·E.S. 弗兰克尔（Michael E. S. Frankel）

出版信息　Wiley，Second Edition，2007

页　　数　240 页

作者简介

迈克尔·E.S. 弗兰克尔（Michael E. S. Frankel），现任 IRI 公司企业战略与发展的执行副总裁，加入 IRI 之前，弗兰克尔曾担任通用电气金融业务发展副总裁，VeriSign 公司的副总裁，美林证券集团投资银行团队的副总裁，芝加哥商品交易所的国际战略经理，同时拥有文学、工商管理学硕士，法学博士学位，是一位投资银行家、战略交易师、律师，有丰富的收购，股权投资谈判经验。同时也是《并购基础》一书的作者。

目　　录

第 1 章　买卖双方
第 2 章　交易者系统
第 3 章　行政管理
第 4 章　内部企业开发人员
第 5 章　逐级管理
第 6 章　董事会
第 7 章　股权持有人
第 8 章　私人投资者
第 9 章　律师
第 10 章　投资银行
第 11 章　其他参与者
第 12 章　外界监管

购专家，在处理过大大小小上百个并购案件后，深刻地发现，从并购战略地做出到交易文件的签署，每一个步骤都是由不同的人来共同参与的。但由于人所处位置、思维方式、交易习惯甚至个人喜好的不同，都会对其做出截然不同的选择，而这些选择也会对并购的走向产生不同的影响。高级管理人员做出的选择往往会考虑其个人职业发展规划及并购之后其个人的发展前景，但董事会做出决策时考虑更多的却是尽量保证自己所代表的股东利益最大化。

一位研究并购问题的经济学家评论“这是一本填补了关键人物空白的书籍”。的确，迈克尔·E. S. 弗兰克尔是大胆的。他从不同的参与方角度出发，考虑同一个并购交易。本书通过对各参与方的观察及其做出决策的原因进行分析，来探索并购交易的内在驱动力，从而进一步探索参与各方在交易中的“幕后”角色，并能够对建立一个成功的团队提供有效的战略。这个所向披靡的团队不仅包括买卖双方，还包括董事会、股权所有者、私人投资者、律师、投资银行等。这一点也是市场上大部分只片面关注理论，而不探究内涵的书籍所望尘莫及的。

别忽略细节。西方并购世界有一俗语叫作“魔鬼都在细节里”（Devil is in the details）。一个小小的细节都可能会毁了整个交易。就本书而言，这一点也体现的十分明显。例如第12章所提到的监管机构、审计员等，这些角色对并购交易并不直接产生作用，在平时的交易中很难引起重视。但是当他们真正参与其中时，对于交易战略的选择，影响却是致命的。就像在跨国并购中，法律合规问题能直接决定一项并购交易是否能够在目标公司所在国实施。

诚然，在没有硝烟的商业战场上，并购永远不会是一个人的战争。从买卖双方坐下来接触的那天起，并购就已经发生。每一个参与者了解得越深入，揣摩得越彻底，在这场战争中的赢面也就更大。

总之，如果您是对并购感兴趣的人士，或者是正在从事并购职业的专业人士，这本《并购交易者：构建一个能赢的团队》都不应该被错过。

149. Mergers and Acquisitions in Banking and Finance：What Works，What Fails，and Why《银行和金融领域的并购》

根据FIG（金融机构组）合作伙伴的调查结果，金融服务行业的并购交易数量近年来一直在增加，仅银行业在2013年至2015年期间的并购数量就达到250起，增加了近20%。如此看来，兼并和收购似乎是对金融服务行业最具吸引力的选择。

早在2004年的时候，英格·沃尔特就察觉到这一现象，并对此做了大量的调查研究。随后在其撰写的《银行与金融领域的并购》一书中摆出一组极具说服力的数据："在1985至2000年期间，金融服务行业的并购活动为全球并购交易价值贡献了极大部分——在所有行业中，全球共有大约233700起并购交易（仅包括价值超过1亿美元的交易），交易总价值为15.8万亿美元。其中，金融服务业的并购总数为166200（占49.7%），价值8.5万亿美元（占54%）。"对此，许多读者不禁心生疑问，为什么金融服务业是并购领域最热门的行业？

图书基本信息

中文书名 《银行和金融领域的并购》

著　　者 英格·沃尔特（Ingo Walter）

出版信息 Oxford University Press，2004

页　　数 320页

作者简介

英格·沃尔特（Ingo Walter），是金融学、公司治理及伦理学的教授，纽约大学斯特恩商学院的副院长。专注于国际贸易政策、国际银行、环境经济学及经济学领域的研究并提供相关的咨询。于利哈伊大学取得学士和硕士学位，且于1996年获得纽约大学的博士学位。

目　　录

第1章　全球银行金融服务业重组
第2章　全球金融服务业并购交易流
第3章　为什么金融服务业会并购？
第4章　经营金融服务业的并购
第5章　信息技术整合的特殊问题
第6章　有哪些证据？
第7章　兼并、收购与金融体系架构
第8章　宝贵的教训

想要解开心中的困惑，并对这个问题有一个清晰深入的了解，请您打开这本书，与作者一起探讨金融服务行业进行并购活动的根本驱动力。在这本书中，作者全方位介绍了银行等金融服务行业在企业并购重组中的角色与作用，以"庖丁解牛"的方式对金融服务行业的并购活动进行层层剖析，并从管理层面仔细研究了如何提高并购整合与管理的效率，是金融服务行业开展并购活动、实施有效并购管理战略的实用读本。

在金融服务行业的并购中，作者认为，规模是最重要的。通过兼并和收购，它们可以很容易地实现经济规模的增长，而这在书中被作者称为"无机增长"。无论是实现其业务的大幅增长及最小化其费用，还是减少竞争对手、巩固市场地位，越来越多金融服务领域的机构正在考虑将并购作为实现快速发展的战略手段。

在这方面，意大利全球银行和金融服务公司联合信贷是一个典型的例证。在2001年FT全球500强中，其在市场资本化方面位居欧洲金融服务公司第29名。而后的两个具有里程碑意义的收购交易（奥地利银行和意大利资本银行）及几个中小型的收购活动，在2007年将联合信贷推向了第4位的排名。

然而，尽管并购前景光明，金融服务行业的并购活动无时无刻不面临着新的挑战。英格·沃尔特在书中尖锐地指出，因为金融服务作为“特殊”行业，也具有强大的公共政策组成部分。它的成功可以较大地提高股东的价值，而其失败将可能导致严重的问题，这种影响远远超出金融服务行业本身，甚至会影响整个监管和公共政策，以及全球竞争和经济增长领域。

一些研究表明，兼并和收购的失败率高达50%，而金融服务业如今也处于全球性行业正经历的重大转型之中。它究竟该如何避免走进半数并购交易失败的怪圈，成功地管理收购，从而实现真正的价值增长呢？为此，作者凭借其二十年以来对快速发展的全球经济、监管和技术环境中金融服务行业发展的观察和教学，结合金融服务业并购活动在国内和全球金融架构中所处的背景，详细地为金融服务行业的并购从业人士提供了最具代表性、最具说服力及最具实战性的两条锦囊妙计。

作者给出的第一条妙计是，重视并购的整合环节，提高并购整合水平。正如商业并购“七七定律”所揭示的，70%的并购没有实现期望的商业价值，而其中70%失败于并购后的整合。大多数交易的失败源于并购整合的错误，而金融服务行业也不例外。战略设计决定了收购方是否在“做正确的事情（doing the right thing)”，而并购整合决定了收购方是否“把事情做正确（doing the thing right)”。为此，这本书第4章将关注的焦点放在金融服务行业所需的整合能力上，对人力资源和企业领导力的破坏、决策的及时性等管理问题的阐述深入浅出，十分通俗易懂。

第二条妙计是，信息技术是金融服务行业的核心。由于金融服务行业的并购交易须确保及时、准确及低成本，所以金融服务行业每年都会在信息技术系统上投资数十亿美元，以使金融服务公司保持竞争力。作者在书中独辟蹊径地指出：“并购成功与失败只在一步之遥，这一步便是企业在交易中的信息技术处理。”如此的观点和论述让读者耳目一新，印象深刻。

总的来说，这是并购领域中一本极少数专门从金融服务领域角度研究并购活动的上佳之作。它融深刻的论述和切实可行的操作方法于一体，使并购相关人士在可以畅快淋漓地饱览金融服务行业发展状况的同时，学会精于竞争的提升之道，掌握在激烈竞争中生存下来的顽强能力。

150. The Art of Bank M&A：Buying, Selling, Merging, and Investing in Regulated Depository Institutions in the New Environment《银行并购艺术：购买、销售、兼并与投资》

《大而不倒》是美国的一部非常著名的金融商业电影。它以现实为原型，描述了一场以2008年金融危机为背景，以美国财政部长保尔森为主角，以华尔街和华盛顿各色要人为应对金融系统崩溃而斡旋并做出决策的故事。这本《银行并购艺术：购买、销售、兼并与投资》的写作背景恰与此相关：当时美国政府在面对金融危机中投资者对银行丧失信心、对华尔街充满仇视的困境，面临多家大型银行濒临破产给全国甚至全球金融系统带来危机的险境，采取了一个扭转危机的办法——让银行合并，利用政府的资金和力量避免了大型银行的破产。

与此同时，美国政府为了避免类似的经济灾难再次上演，出台了一部金融监管法案——《多德－弗兰克华尔街改革和消费者保护法案》。本书的主要内容则立足于这部法案的颁布给美国金融监管环境带来的影响。在新的监管环境下，美国许多大型银行开始重新思考自身的商业模式，并开始考虑如何通过剥离、收购等重组方式实现自身的商业战略。如果想要了解美国最新的金融监管环境及银行在此环境下应如何实施并购交易，那么这本书是不二之

图书基本信息

中文书名 《银行并购艺术：购买、销售、兼并与投资》

著　　者 亚历山德拉·里德·拉杰科斯（Alexandra Reed Lajoux）；丹尼斯·J. 罗伯茨（Dennis J. Roberts）

出版信息 McGraw-Hill Education，2014

页　　数 384 页

作者简介

亚历山德拉·里德·拉杰科斯（Alexandra Reed Lajoux），是美国企业董事联合会（NACD）的知识主管（CKO）。作为一名资深的作家，她在与商业有关新闻、文章、书作撰写方面拥有超过30年的经验。

丹尼斯·J. 罗伯茨（Dennis J. Roberts），是麦克林集团的董事长。麦克林集团是一家在美国拥有多个办事处的投资银行。他撰写了很多并购、企业估值以及融资方面的文章和著作。

目　　录

第一部分　背景介绍

第1章　银行业务简介

选，它能够为读者提供最新的全面指导。

第 2 章　银行业的监管环境
第 3 章　银行控股公司的几项特殊问题
第二部分　从战略到标准
第 4 章　银行成长和价值增长的战略
第 5 章　初步估值
第 6 章　尽职调查
第三部分　协同效用
第 7 章　合并后的整合
第 8 章　银行业的并购：例证
第 9 章　银行业务的未来
第四部分　银行并购的特殊情况
第 10 章　跨界银行并购
第 11 章　银行痛苦的失败经历
第 12 章　投资银行股

那么，银行及其他相关金融机构会受到来自哪些方面的监管？有以下三个最主要的监管机构：美国联邦储备系统理事会（Fed）、美国货币监理署（OCC）、美国联邦存款保险公司（FDIC）。Fed 除了管理国家的货币和信贷供应、为美国财政部提供金融服务之外，还对银行控股公司的并购活动具有监管和指导的职权。比如当企业或个人准备收购一家银行时，一般都需要告知 Fed；Fed 收到告知后便会向公众公布交易细节并听取公众意见；OCC 负责监管整个国有银行体系，因而国有银行在每一年都会受到来自 OCC 的一次全面实地探访和检查；FDIC 是一家针对州立银行（非美联储会员银行）最主要的联邦监管机构，对相关的银行并购活动具有审批权。那么，这些监管机构的监管权及监管行动依据的法律有哪些？除了提到的《多德－弗兰克华尔街改革和消费者保护法案》之外，还有《萨班斯－奥克斯利法案》《公平准确信用交易法案》《联邦存款保险法》等二十多部法律，书中对这些金融监管法律一一做了列举和介绍，能够使读者对美国的金融监管法律体系形成一个非常系统和明晰的认识。

银行作为一个商业主体（书中提到的“银行”主要指商业银行或其控股公司），其了解美国的金融监管环境的原因是为了更好地规划自身发展战略，以实现更好的发展。同时，这也是本书关注的最主要和最重要的一个问题。那么银行应如何规划自身的发展战略？本书介绍道，如今众多银行大都认为“规模导向”发展战略是最符合银行价值的，因为银行业普遍遵循着“大而不倒”的现实规律。规模越大，越不容易走向破产，而事实上真的如此吗？本书第 4 章回答了这个问题，其中分析了银行规模增长的利弊，并阐述了应如何正确看待这个问题。作者认为，银行的价值高低并不在于绝对规模的大小，而在于相对指标的高低。这些指标包括资产回报率、股本回报率及股息后股本回报率。

这个观点与美联银行总裁兼首席财务官约翰·麦德林的话如出一辙：“股东在乎的并不是你银行规模的大小，而是你股票潜力的高低；客户在乎的也不是你银行规模的大小，而是你提供服务的优劣。”其实很多时候，并不是“too big to fall”而是“too big to success”。因此，银行在制订发展战略时，最需要关注的是以上提到的那些能够真正体现其价值的指标，以及背后创造这些指标的银行员工，而不是一味地追寻规模的增长。

正如前文所提到的，本书总体回答了这样一个问题：“银行如何在美国新的监管环境下，通过并购重组实现自身最大的价值？”为了全面回答这个问题，本书精彩地回答了从银行业监管环境、发展战略到并购实施、未来趋势的250个相关的关键性问题。因此，无论您是银行高管、政府监管部门人员还是一位普通的个人投资者，相信都能够从这本书中寻找到你想要了解的关于银行、金融机构、联邦监管机构及其运营的所有问题。

即使您并非以上这些人员，本书同样能够为您提供许多最新的商业环境信息。人们常说：“幸运就是充分的准备遇上良好的机遇。”这本书定能够帮助相关人员为其面临的商业活动做好更加充分的准备，所以一定不要错过此书。

151. The Art of Capital Restructuring：Creating Shareholder Value through Mergers and Acquisitions《资本重组的艺术：通过并购创造股东价值》

图书基本信息

中文书名　《资本重组的艺术：通过并购创造股东价值》

著　　者　H. 肯特·贝克（H. Kent Baker）；哈利勒·基马兹（Halil Kiymaz）

出版信息　Wiley，2011

页　　数　600页

作者简介

H. 肯特·贝克（H. Kent Baker），博士，美国特许金融分析师，美国注册管理会计师，大学金融教授，华盛顿美利坚大学商学院的研究教授。在顶尖的金融学术及专业期刊上发表过诸多文章，包括金融期刊、

公司制度经过几百年的发展，当经营权和使用权发展到极致之时，势必有结构性的调整。而这种调整是全方位的，从所有权到经营权，从企业之间到产业之间，经过各个层面的重组、并购、剥离等，达到更高层次的帕累托最优状态或均衡状态。

公司制度的诞生至今400余年，而并购重组的兴起至今不过百余年，所以我们所处的时代，正是这种调整最为明显、最为激烈也最终会产生惊人结果的时代。H. 肯特·贝克和哈利勒·基马兹合著的《资本重组的艺术》一书，是了解这个时代企业重组原理与艺术的最杰出

著作之一。

企业重组是比较大而全的概念，包含了兼并、收购、分离、剥离、债务重整等各个方面，但并购仍然是皇冠上一颗最亮明珠，本书亦是如此，大部分着墨企业并购。因此，与其他著作无异的是，本书同样对并购交易的整个过程做了非常专业和简练的分析。但是，正如本书副标题所言，本书着重向人们展示的是如何通过并购实现股东的价值最大化。

通过并购交易，对资源实现二次配置，从而达到股东利益甚至社会利益最大化的效果，是任何一起并购交易及其并购交易当事方都必须认真考虑的最核心的问题。因此，并购交易的估值可以说是整个并购交易的灵魂因素。本书对并购交易估值的讨论是最大的亮点，也是本书对资本重组论述最为艺术的一部分。

当然，任何一本讲并购估值的书，绝不可能离开并购交易估值的基础方法。本书在该部分同样非常专业地将并购估值的基本方法、基础资产法、收益乘数法、现金流折现法及企业价值法等一一呈现。一般专著往往写到此为止。但本书作者继续引领读者深入并购交易估值最具有理论艺术性和战略实操艺术性的部分，实物期权和博弈论的结合对企业并购战略计划及其实施的影响，以及控制权溢价、少数股权折让对并购交易估值的影响。

实物期权有别于我们平时接触的股票期权、股指期权等金融期权。莫西鲁曼曾写道：“用金融的观点来看，企业投资更似一系列的期权，而不是稳定的现金流。”因此，实物期权是公

金融与量化分析期刊、金融管理、金融分析期刊及资产组合管理期刊。同时也出版了许多著作，包括几本公司金融的教科书。为超过 100 家的企业组织提供过咨询和被训，被公认为过去 50 年金融领域的高产作者。

哈利勒·基马兹（Halil Kiymaz），美国银行主席，罗林斯商学院克拉默学院金融学教授，美国特许金融分析师，并为 CFA 的委员。作者保持了广泛的研究，聚焦于方方面面，从国际并购到跨国金融管理等，在学术及实践期刊上出版了 50 多篇文章。获得多项殊荣，包括麦格劳山欧文最佳论文奖及全球商业及金融大会杰出研究奖。

目　录

第 1 章　兼并、收购与企业重组之概述
第一部分　收购的初始阶段
第 2 章　并购浪潮
第 3 章　并购监管
第 4 章　公司治理与并购
第 5 章　并购中的道德和社会问题
第 6 章　兼并、收购与资产剥离的理论问题
第 7 章　并购的短期与长期绩效
第二部分　估值
第 8 章　并购估值的标准方法
第 9 章　实物期权及其对并购的影响
第 10 章　控制权溢价和少数股权折扣的法律和金融问题
第 11 章　跨境估值在发达市场和新兴市场的影响

司在面临不同的竞争环境下所选择的保持股东利益最大化的战略及战术决策，包括放弃、扩展、缩收、转换等。而在并购交易中，实物期权的应用是需结合博弈论来对估值进行战略调整。企业无时无刻不处在竞争的环境中，而有竞争就会有博弈。这种博弈绝非二人零和博弈，而是纳什非合作均衡博弈。并购交易就是寻求纳什均衡解，并购交易中的实物期权就是寻求均衡过程中的行为策略集。因此，并购交易我们虽然可以通过基础估值方法得出估值的具体数据，但是在衡量股东利益最大化时，往往需要用到纳什博弈均衡。虽然纳什均衡解可以通过不动点数学理论求得，但是在并购交易的万千变化中，最终决定结果的还是交易各方。

并购交易估值中另外一个极具争议和理论艺术性的问题是并购交易中的控制权溢价。控制权溢价的基本表述是，在企业收购过程中，对企业有控制权的那部分股权，交易价格较均价要高。那么控制权溢价是否合理，他的法律意义和金融意义分别要考虑哪些因素，其与少数股东利益的关系等这一系列的问题在本书中你都可以找到希望的答案。

综上所述，《资本重组的艺术》一书虽然没有托马斯·潘恩的《常识》那样字斟句酌，但对任何一个从事公司业务、为企业家服务甚至身为企业家的人而言绝对不可多得。

第三部分　并购交易进程
第 12 章　并购中融资及支付方式
第 13 章　文化尽职调查
第 14 章　谈判进程、交易空间及或有款项
第 15 章　兼并谈判：收购进程、出售进程及交易启动
第 16 章　并购后规划及整合
第 17 章　并购中的组织及人力资源事项
第四部分　收购及其效应
第 18 章　收购战略
第 19 章　收购防御战略
第 20 章　债务重组影响
第 21 章　并购的行为效应
第五部分　资产重组
第 22 章　财务重组
第 23 章　私有化及杠杆收购
第 24 章　国际收购及重组
第六部分　专题研讨
第 25 章　并购替代工具：合资及战略联盟
第 26 章　并购中的公允意见
第 27 章　IPO 如何影响并购市场：双轨现象
第 28 章　多样化折扣
第 29 章　部分并购：企业绩效的动机和结果

152. The Art of Distressed M&A：Buying，Selling，and Financing Troubled and Insolvent Companies《不良资产并购的艺术：问题公司的购买、销售和融资》

在现有的并购书籍中，虽然关于公司上市及并购的著作不计其数，但却鲜有关于困境企业问题处理、不良资产并购指引的书籍。正如美国一位金融评论家所言："长久以来，关于破产企业的融资和咨询业务是非常弱小甚至被孤立的，直到 2009 年的企业破产风波才改变了这一状况。它至少说明不良资产业务的历史转折点由此开始。"

这本《不良资产并购的艺术：问题公司的购买、销售和融资》为这一利基产业提供了专业化的综合指引。全书内容立足于困境或破产企业的并购和融资等一系列问题，是每一位并购从业者的必备参考资料。

本书由三位作者合著而成。这三位著者的研究和从业领域涵盖了法律、金融、会计、税务、投资等很多层面，同时他们也具有丰富的不良资产投资经验。在现有的并购业务中，有很多投资者、管理人员、顾问及学者熟知传统并购，但即使其拥有传统并购模式下的丰富经验，面临不良资产并购业务中的独特条款、概念及程序时，也会感受到极大的挑战。这本书的撰写则是从实务工作者的需求出发，因此深受读者的喜爱和赞赏，并广受推荐。本书有以下几个突出的特点：

第一，由全局深入到细节。"不谋全局者不足以谋一域"，全局与细节是相辅相成的两

图书基本信息

中文书名　《不良资产并购的艺术：问题公司的购买、销售和融资》

著　　者　H. 彼特·内斯沃德（H. Peter Nesvold）；杰弗里·M. 安纳珀斯基（Jeffrey M. Anapolsky）；亚历山德拉·里德·拉杰科斯（Alexandra Reed Lajoux）

出版信息　McGraw-Hill Education，2011

页　　数　496 页

作者简介

H. 彼特·内斯沃德（H. Peter Nesvold），是一名特许金融分析师（CFA）和注册会计师（CPA），曾在杰弗里公司担任过总经理。他还在 Lazard 资产管理公司担任过证券投资经理，并曾是谢尔曼特林律所的一名并购律师。他还与他人合著了《并购的艺术》及《并购构建的艺术》等书。

杰弗里·M. 安纳珀斯基（Jeffrey M. Anapolsky），曾在 Akin Gump Strauss Hauer & Feld 律所做过破产律师，在佩雷拉集团担任过重组顾问，并在太阳资本和美洲资本曾从事不良资产投资工作。

亚历山德拉·里德·拉杰科斯（Alexandra Reed Lajoux），是美国企业董事联合会的高级研究分析员、全美企业协会主办的《企业家月刊》的总编辑、Alexis 公司的创

个层面，忽视任何一面都无法准确地把握事物的本质。本书从全局问题出发，首先介绍了企业步入困境的原因、解决途径，以及不良资产并购和投资的趋势，然后在读者把握全局的基础之上，阐述了一系列不良资产并购的策略。

立者与公司主席。她在公司治理、企业并购、国际贸易及企业财务等方面著述颇丰。

目　录

第一部分　全局问题
第 1 章　商业中的失败
第 2 章　困境企业的其他选择
第 3 章　不良资产并购和投资的趋势
第二部分　破产中的玩家
第 4 章　债务人和债权人概述
第 5 章　担保债权人
第 6 章　无担保债权人
第 7 章　顾问以及其他参与方
第三部分　避免常见的陷阱
第 8 章　债务处理：TDRs、债务清除、条款修正
第 9 章　破产会计：运营净亏损和重新报告
第 10 章　降低不良资产并购中的法律风险：受托人责任、反托拉斯以及欺诈性转让
第四部分　行之有效的交易构建
第 11 章　困境公司估值原则
第 12 章　不良资产并购策略：重组计划
第 13 章　不良资产并购策略：363 条款下出售以及自有交易贷款
第 14 章　不良资产并购策略：融资和再融资考虑

本书的结构安排十分严密且合理，共分为四个部分，从全局逐步细化到具体问题，层层铺垫和阐述，漏读了任何一章读者都会有所遗憾。完善的篇章结构使得本书对破产和困境公司并购的相关问题涵盖得非常全面和到位，当你需要有关不良资产并购或融资的特定细节时，就能在本书中找到具体的指引，至少能够获取一些受用的参照或启示。

第二，从实践需求出发。“纸上得来终觉浅，绝知此事要躬行。”一切有关公司并购、融资的理论，无论再高深，如果最终无法实践到具体工作中，那它的价值就会大打折扣。作者选用的案例及为辅助读者理解相关问题而编写的案例对实践具有很高的借鉴作用。比如在本书第 8 章，作者在介绍通过条款修正以达到债务消除的相关知识时，列举了具体的债务条款，然后指引读者应当如何进行修正以达到目的。

除此之外，作者非常擅长简洁地定义和阐述问题，对于从业者在不良资产并购实务中所必备的，但偏专业化的估值、融资、会计及税务问题通过“一问一答”的方式进行了清晰、简明地讲解。有读者这样评价本书：“我需要一本既简明又系统的书，然后发现这本书正是我要找的。”本书可谓并购从业者不可或缺的一部实务指南。

第三，平衡了基础与深度。本书不但提供了有关不良资产并购的关键性基础知识，同时也深入到足够为从业者提供特别指引的层面。作者提供了一

些最近的破产案件材料，以及《破产法》《防止破产滥用法》《消费者保护法》等相关的法律适用，然后从一般常见的破产话题逐步深入到越来越复杂的专业性问题。因此它不但对并购新手的可读性非常高，同时又能够为有多年工作经验的并购老手提供有价值的指引，这一点十分难得，同时也使得本书的受众十分广泛。

这个世界上唯一不变的东西就是“变”，并购产业也是如此。并购从业者只有保持不断更新自我，才能在并购领域走得更高更远。

正如美国著名投资家查理·芒格在加州大学毕业典礼上曾说的那样：“如果不终身学习，你们将不会取得很高的成就。光靠已有的知识，你们在生活中走不了多远。离开这里以后，你们还得继续学习，这样才能在生活中走得更远。”这本书能够帮助“刷新”您的并购知识，完善您的知识体系，并帮助您更好地应对当下的并购业务趋势，助您在并购领域走得更远。

153. The Concise Guide to Mergers, Acquisitions and Divestitures: Business, Legal, Finance, Accounting, Tax and Process Aspects《简明兼并、收购和剥离指南：商业、法律、金融、会计和程序层面》

作为当代“产物”的并购类书作不胜枚举，其中不乏关注细节的文章，也不缺立足全局的著作。这些书作各有千秋，并有不同的适读对象。而这本由美国律师及投资银行家罗伯特·L. 布朗所著的《简明兼并、收购和剥离指南：商业、法律、金融、会计和程序层面》也有其过人之处，不但着眼并购全局，还能够做到力图简明，为那些想要全面了解和认识并购，但却苦于烦琐复杂细节问题的读者带来了福音。

作者写作本书最大的意图就是想要改变他在客户中常见的，以及部分并购从业者常会出现的那些“只见树木不见森林”的看法和行为。作者运用观看篮球比赛的理论生动地阐述了这一观点：观看比赛时，前半场应坐到更高的位置，以便观看整场比赛的全局概况，而后半场则可以在前排观战，关注球员的具体细节，如此，观看者便不至于沉迷于某一球员或细节而忽视了整体大局。并购也正如此，它如同一场行进中的篮球比赛，同样需要学习者或操作者首先拥有全局性的视野。因此，作者想要借助此书向读者展示兼并、收购及剥离活动的动态进程，并令读者意识到，不能因局限于烦琐的细节问题而失去了对整个交易的全局把控。

为了使读者从书中实现对并购的全局把控和认识，本书第1章介绍了推动收购、兼并及剥离活动不断激增的原因及商业趋势，并且介绍了交易的整体流程，包括尽职调查、谈判、达成、整合及各项流程中涉及的有关股东、董事等参与方的一系列问题。本书也介绍了并购最主要和最重要的几种形式：资产收购、股权收购、兼并等，还以专章的形式从商业、法律、金融、会计和程序层面对并购进行介绍，并对并购活动进行指引。

首先从法律层面而言，本书介绍了雇主、员工、债权人、股东、董事等参与方的权利和责任，也介绍了证券法、反接管法、反垄断法等监管法律法规的主要内容，并分别阐述了它们对并购活动的影响。对中国读者更有价值的是，其中还介绍了外国投资者赴美并购会受到的来自各行业或其他方面的监管问题，其简明的介绍和指引非常利于读者找到问题的重点。

在金融的层面，本书介绍了两种最基本的融资来源和方式，即股权融资和债券融资。在这二者之间还存在一系列的技术性问题，比如期权、认股权证和准权益股票等问题，本书对这些问题都有所涉及。此外，其中还对收购方特别感兴趣的垃圾债券、杠杆融资及管理层收购等融资方式进行了介绍。最后，考虑大多数收购方都是需要为其收购筹备资金的实体企业，所以以上这些讨论更多的是关注于企业融资。

在会计的层面，有两项主要的问题，即使用什么样的会计方法及如何进

图书基本信息

中文书名 《简明兼并、收购和剥离指南：商业、法律、金融、会计和程序层面》

著　　者 罗伯特·L. 布朗（Robert L. Brown）

出版信息 Palgrave Macmillan，2007

页　　数 229页

作者简介

罗伯特·L. 布朗（Robert L. Brown），是Greenebaum Doll & McDonald律师事务所的律师及合伙人，他同时也是反垄断业务团队及中国业务团队的领导人员。他以律师或投资银行家的身份，并以企业内部法律人员或外部咨询人员的方式，深度参与和服务过很多国际公司。他曾在旧金山大学、加州伯克利大学以及柏拉麦大学商学院教授法律和经济课程。

目　　录

第1章　商业
第2章　法律：第一部分
第3章　法律：第二部分
第4章　金融
第5章　会计
第6章　税务（理查德．韦斯丁）
第7章　进程
第8章　财产剥离

行运用。作者介绍了几种会计方法，并分别对不同方法下的要求、记录的内容、信息揭露、税务处理等方面做了介绍。读者不但可以从中获取收购和兼并的会计操作方法，还可以了解剥离的相关会计操作方式。

在税务的层面，本书介绍了并购背后的关键性税务问题，讲解了在税法框架下几种主要的免税结构，并对影响税务结构设计的非优先股、管理层收购、债务利用、净运营损失、黄金降落伞、绿票讹诈及毒丸等内容做了介绍，书中还利用图表辅助这些内容的讲解，其表述简明扼要，且直击重点。

关于并购的整体进程层面，作者讲述了并购的整个谈判进程及可能出现的问题，对保密协议、意向书、尽职调查清单及收购或销售协议的合同谈判进行了介绍和讨论，并对其中的谈判细节也都做了简要的介绍，比如对意向书中的锁定条款、修正条款、约束性条款等重要内容的介绍等。读者可以从中快速获取关于并购整个谈判流程的关键性内容。

对以上这些所有层面和问题的介绍，作者一直秉承着撰写本书的初衷，即力图以简明的方式，全局性地介绍涉及并购的所有问题。因此本书并不沉迷于细节问题的探讨，但却能够给相关从业者带来简明的一站式指南。

正如 MedX12 的创始人乔·绍什陶里奇对本书的评价：“这是一本简明易读的参考性书作，作者深入到交易的人文层面，并且尽可能地为读者提供切实可行的实操方法。本书批判和纠正了可能会误导商业团队的观点和做法，对公司决策者而言确实是一部非凡的参考资料。”简言之，本书适合所有的高层管理人员、并购中介及商学院的学生阅读，能够为其带来特别的参考价值。

154. The Handbook of Financing Growth：Strategies，Capital Structure，and M&A Transactions《融资成长手册：战略、资本结构与并购》

我国的企业并购虽然开展得如火如荼，但颇有点雷声大雨点小之感。究其原因，融资难是阻碍企业并购发展的主要瓶颈。“巧妇难为无米之炊”，并购是需要足够的资金支持的，没有足够的资金一切都是空话。一般来说，单靠企业自身的积累是难以筹集并购交易所需的所有资金。但是企业融资的发展道路到底该如何走，如何操作才能插上资本的翅膀，实现企业快速成长呢？

为了满足资本市场融资实务操作的需求，马克·H. 肯尼斯与他的团队共同编著了《融资成长手册：战略、资本结构与并购》一书。有人说，单靠几本书就能掌握融资规律是不现实的，之所以这样说那是由于企业界人士极少有时间写作，且市面上几乎没有企业实战派、战略咨询家与国际顶尖律师合著的操作指南读本。而本书的主要著者马克·H. 肯尼斯，是一家战略和并购咨询精品公司 High Rock Partners 的创始人和管理合伙人。他不仅是一位成就卓越的企业家，还是新兴增长和中小型企业兼并、收购和融资方面的咨询专家。他结合在交易和企业战略成长方面超过十五年的丰富经历，将其在并购、投融资领域积累的第一手经验完美地倾注于此书中，如数家珍，向读者娓娓道来。而其他几位著者，同样凭借并购及融资领域积攒的经验，对融资理论和实务有着远见卓识。因此可以说，不读几本这样出自大咖之手的操作指南便盲目进行融资实务操作，是很难成功的。

这本书兼具针对性与系统性，不仅重点突出、特色鲜明，而且有点有面，具有广泛的适用性。其第二版更新时正值世界范围内信贷危机，与 1929 年华尔街崩溃以来美国经历的任何经济危机都不相似，这是一个深度衰退和重组金融体系的基础的大危机。它不仅对全球许多大公司，特别是银行和融资部门造成了严重的影响，而且随之而来的财政困难已经扩展到中小型和新兴成长企业。因此，中小型和新兴成长型企业的并购融资问题成为本书阐述的重点。

图书基本信息

中文书名　《融资成长手册：战略、资本结构与并购》

著　　者　肯尼斯·H. 马克斯（Kenneth H. Marks）；拉里·E. 罗宾斯（Larry E. Robbins）

出版信息　Wiley，Second Edition，2009

页　　数　659 页

作者简介

肯尼斯·H. 马克斯（Kenneth H. Marks），是 High Rock Partners 公司的创始人和执行合伙人。曾担任过两家新兴成长和中型市场公司的经理、顾问和董事会成员。在成立第一家公司时是年轻总裁集团（YPO）的成员。在北卡罗莱纳大学的商学院获得了工商管理硕士学位，并且是一名注册并购顾问。

拉里·E. 罗宾斯（Larry E. Robbins），是 Wyrick Robbins Yates&Ponton LLP 的创始合伙人。该公司位于北卡罗来纳州，是一家首屈一指的律师事务所。作者是北卡罗莱纳州中层市场融资和并购交易的顶尖律师，在北卡罗莱纳大学教堂山分校获得了学士、工商管理硕士以及博士学位。

目　　录

第一部分　融资过程
第 1 章　概述
第 2 章　规划与对准
第 3 章　收购、资本重组与退出
第 4 章　资本结构与融资策略
第 5 章　资金来源及其预期
第 6 章　股权和债务融资：相关文件与资金监管来源

第7章　专家参与及其角色
第8章　交易达成
第二部分　案例分析
第三部分　融资资源目录
附录一　公司财务入门
附录二　财务报表
附录三　折扣率
附录四　您的公司能够成长多快？
附录五　关于项目启动的注意事项
附录六　会计原则——一般公认会计原则与国际财务报告准则

作者重点从中小型企业的经营者融资需求角度出发，并非百科全书式地全面介绍中小型企业所有可能的融资方式，而是对主要融资方式展开论述。编者相信书中蕴含的巨大商业智慧，能够为占全国公司总数99%的我国中小企业提供一剂可供借鉴的良方。与此同时，本书以整个并购交易的各个阶段为基本框架，将企业融资实务知识及运作流程、操作方法和最新市场规则融入其中，涵盖融资来源及方式、资本结构、融资战略等方方面面的内容，使之连贯接续，浑然一体，体现出整体结构的逻辑性和内容的完整性，增强了本书的实用性。

这本书总体方案与操作细节并重。“战略决定生死，细节决定成败”，这句话充分道出了细节的力量。在本书的字里行间，你同样能感受到作者对融资细节的重视和强调。除了在第一部分对企业整体发展战略、融资策略、资本结构设计的总体方案进行了简要的介绍，本书在随后两部分则运用简洁易懂的语言，详细阐述具体实例及融资来源目录等内容，以指导读者用理性和思维制订含有企业实际数据的实施方案和可行的操作细节，将可行的方案最终变为现实。否则，即使总体方案已经确定，操作细节也可能会变成导致灾难的“魔鬼”。

书中经验与教训并存。许多企业融资失败或遭受重大损失的原因往往并不是企业自身条件不够，而是由于缺乏经验和教训，在融资战略及操作细节上出了问题。为了弥补许多企业的这一短板，本书以真实事件和第一手资料为素材，沿着企业融资发展的轨迹，通过20个研究案例将并购融资活动运作过程的成功经验或失败教训淋漓尽致地展现给读者，十分值得一读。

难怪Parsec财务管理首席经济学家詹姆斯·史密斯博士对这本书如此赞赏：“参与融资成长的所有公司都应该保留本手册，并经常参考它。它能提供实用的案例研究，可为美国27万家想要成长的公司提供一个可行的路线图。”在未来的并购融资实务中，企业相关人员和中介机构的专业人士应当“以史为鉴”，真正掌握企业并购融资的技能和本领。

时代在变迁，规则在改变，市场博弈更激烈。有的企业借力资本助推，如虎添翼，创造了一个又一个商业神话；也有的企业牵手资本后问题迭出，经营状况每况愈下，最终云飞烟灭，消失在残酷的竞争浪潮中。与资本共舞，需要的不仅仅是勇气，更多的是智慧。反复咀嚼，仔细回味，感兴趣的读者及所有的并购交易人士定能从这本经典著作中领略并购融资这门艺术的魅力。

155. The Human Side of M&A《并购的人力资源层面》

几乎每年都会发生成千上万起并购，有些并购实现了成功，但更多的是令人唏嘘的失败。当然，并购之初大家都怀抱着美好的愿景，但经常发生的事实却是，协议签订没多久双方就会分崩离析。那么原因何在？已有很多人带着这个问题去探索并购的世界，常年从事并购业务的丹尼斯·C. 凯里也不例外。但他并不像大多数并购著者那样仅从自身的经验出发，而是走入了CEO 们的内心世界，并在人力资源层面为广大并购从业者提供了走向成功的指引。

当然，实现并购的成功并非仅需人力资源这一层面作为保障。作者在书中将保障并购成功的因素分为三大类：健全合理的战略、审慎的尽职调查及统筹人力资源事宜。但他同时也认为，与前两者相比，后者受到的关注普遍较少，且更难把控，因此将其作为本书的探讨范围，并对其中一些关键的主题，比如评估团队的能力、统一公司文化、形成最有效的员工补偿机制等进行了充分地讨论。

本书按照并购进程的推进对人力资源统筹事宜进行探讨：首先统观整体状况，其次到员工的留任和激励工作，最后再到迅速的整合等，且其中巧妙地穿插了许多真实案例。读者可以追随作者的逻辑线，从中学习前人成功的经验，并避免并购之路上的常见陷阱。

我们为什么需要对人力资源因素加以重视？这是因为在并购中，许多人文的因素具有更大的不确定性，交易双方的决策者常常会就许多问题产生意见冲突。比如由谁来运营新公司及如何运营？哪家公司要做更大的牺牲？这些矛盾会使双方此前的并购计划被弃之不用，人心离散也会使得新公司无法实现成功整合，毕竟一盘散沙的公司是无法实现共同目标的。那么，那些成功的并购交易是如何处理这一重要问题的呢？

作者提到，一些交易的成功是因为其中的操作者配备了足够的知识和信息，反则观之，现在许多并购交易的失败，也正是由于没有做到如此。作者强调，尽管目前市面上有许多关于并购的读物，但其提供的实务领域的经验和信息还不足以满足从业者的需求。因为考虑几乎每一项并购计划中都包涵着一些敏感的市场信息，而且许多并购战略和策略都是高度机密的，所以 CEO 们很少会愿意与其他公司领导人员分享自己的经验与知识，而作者写作本书的目的就是为了填补这一对话的鸿沟，为读者提供一些并非广为人知的经验和指引。

本书主要分为三个阶段讲解统筹人力资源的相关问题。首先回溯到并购发生之前的阶段，此时需要对参与并购的主要人员的专业和能力加以评估，以便确定并购的价值和必要性；其次再到并购的中期阶段，需要深入考虑以下这些问题：合并后的企业最终应如何运营？标的公司的能力和领导潜力如何？团队应如何应对合并的压力及整合的挑战？最后是并购后的整合阶段，作者强调整合工作必须谨慎而快速地进行。针对以上这些不同阶段需要考虑的关键性问题，实则都需要收购方在扣动并购的扳机之前进行深思熟虑。本书分章对其进行了深入分析，为从业人员需要应对的复杂的人力资源统筹工作理清了思绪，并提供了有益的指导。

此外，鉴于并购后确定或招募董事成员的问题对并购整合至关重要，因为合理的董事成员设置能够为新公司带来优良的资源和持久的经营管理，因此本书第 7 章便密切关注了这一

图书基本信息

中文书名　《并购的人力资源层面》

著　　者　丹尼斯 · C. 凯里（Dennis C. Carey）；达顿 · 奥格登（Dayton Ogden）；朱迪斯 · A. 罗兰（Judith A. Roland）

出版信息　Oxford University Press，2004

页　　数　206 页

作者简介

丹尼斯 · C. 凯里（Dennis C. Carey），是美国 Spencer Stuart 管理顾问公司的副主席，帮助了很多大型国际公司招募 CEO 及管理人员，并且主导了许多并购整合项目。他是 G100 及 CEO Academy 公司的创始人，并与他人合著了《如何运营公司》一书。

达顿 · 奥格登（Dayton Ogden），是 Spencer Stuart 管理顾问公司的主席，并且担任过这家公司九年的首席执行官。他的研究及咨询实践聚焦于为国际客户处理 CEO 继任与董事会招募事务。他是美国商务会议的董事会成员，并且是希望工程项目的秘书和主管。

目　　录

第 1 章　简介：增加赢面
第 2 章　统观人力资本
第 3 章　创造新景象
第 4 章　保留和激励关键人员
第 5 章　谨慎且快速地整合
第 6 章　应对监管程序
第 7 章　强化董事会成员
第 8 章　成功兼并的最佳实践
第 9 章　投资老手和竞标老手

问题。作者强调在选择新公司的董事会成员时，要注重他们之间专业领域的互相配合，因为这样有利于知识的互补，并对新企业的长远发展有十足的益处。

本书最大的亮点就是深入CEO的内心世界，探索了并购世界里那些不为人知的知识和经验。作者在撰写本书之前采访了很多有并购经历的CEO，并在本书第8章将其分享给广大的读者。作者在这里对他们的想法和建议进行整合，本书各个章名以小节的形式再一次出现在这里，但不同的是本章统合了CEO讲述的内容。CEO所提供的这些并不常见的珍贵经验和知识，能够给实务人员带来巨大的价值。

统观全书，您将会发现作者对著名哲学家弗兰西斯·培根的“知识就是力量”这句话的深刻认同与演绎，十分强调在实施并购前配备足够知识的重要性。因此本书从人力资源层面为读者分享了全面而可靠的知识和经验，相信读者若能对这些内容保持足够的关注和重视，将会极大地帮助提升并购成功的可能性。正如一些读者对本书的评价：“这本书既包涵缜密的数据统计和分析，又包涵大量成功交易的经验。它所提供的富有逻辑、效率及有益的指引，能够为选择并购之路的人士提供巨大的帮助。”

156. The Management of People in Mergers & Acquisitions《并购中的人员管理》

并购为企业提供了实现快速增长的最佳途径。并购相较于其他商业交易而言更为专业和复杂，因此更需要组织者们关注到其中的人员管理问题。如何进行管理，如何处理其中复杂和充满变动因素的种种问题，这不免给许多交易操作者提出了难题。幸运的是，具备丰富人员管理经验的特丽萨·丹尼尔博士和加里·梅特卡夫先生在这本《并购中的人员管理》中，为我们分享了经验并提供了全面的指引。每一位面临并购中人员管理问题的公司高管、人力资源专家以及律师都能够从中获取帮助。

本书可谓一本非常实用的指导性手册。并购交易尤其是跨国并购交易其失败的比率达到70%。那么，很多企业在如此高的失败率下为何仍要并购？如此高的数字背后又有着哪些主要原因？本书第1章对近期的并购活动做了整体性介绍，并为这些问题提出了解答。作者书中所介绍的内容是以自己的实践经历为基础，汇总了一些曾经手的失败和成功的并购案例，并总结了这些交易成功或失败的原因。但是，作者并没有驻留在经验总结这个浅显的层面，而是提升到了理论层面，并且时刻谨记本书的主要目的，即为并购参与者或其他一些涉及组织变革的操作者们提供最为直接和有效的指引。

本书能够为不同人士提供价值。书中涵盖了并购中人员管理问题的方方面面，并且语言通俗精炼。它不但讲解了并购交易中人力资源人员可能面临和需要处理的种种问题，同时还讲解了领导力、员工交流、并购补偿及支付系统、人才保留等层面的问题。因此，本书对不同的并购参与人员均能够提供帮助——从人力资源专家到公司管理人员、律师、公司员工。

本书具有很高的可读性。为了能够给从业者提供切实的帮助，本书以循序渐进的方式为读者提供指引，其中第2至第4章为并购中的人员管理这一重要问题提供了理论基础。对并购知识了解程度不同的读者可以根据所需对这些内容进行取舍：并购初学者可以选择阅读这些基础知识，而已具备一定基础的读者可以选择跳过这部分内容，直接开始阅读本书第5章。

本书这样的逻辑设置考虑了现实中不同读者的需求，同时也使得本书的读者范围更加广泛。进一步而言，如果读者想要更快速地获取本书的核心知识，可以直接阅读本书第14章的内容，因为这一章以非常简明的方式总结了本书的重点内容。你也可以根据需求随时翻阅前

图书基本信息

中文书名 《并购中的人员管理》

著　　者 特丽萨·丹尼尔（Theresa Daniel）；加里·梅特卡夫（Gary Metcalf）

出版信息 Praeger，2001

页　　数 280页

作者简介

特丽萨·丹尼尔博士（Theresa Daniel），作为一名律师，她拥有多重身份——既是人力资源顾问、研究员，同时还是一名作家。她最近在肯塔基州路易斯维尔的沙利文大学教授人力资源领导学相关的课程。她同时还是亨廷顿特种金属制品有限公司的副总裁和人力资源主管。最早的时候，丹尼尔博士是一名公司法务，然后转业到人力资源工作，也就是这份工作使得她成为了劳动法、劳工利益、公司沟通以及公司战略和政策发展等方面的专家。她所出版的书作包括《停止工作中的恃强凌弱：人力资源和法律专业人员的策略和工具》《现金平衡退休金计划：实用教程》。

加里·梅特卡夫（Gary Metcalf），是InterConnections有限责任公司的高层管理人员，在阿什兰、肯塔基等地从事法律顾问工作。专长于企业组织改革，尤其是那些并购之后的组织机构改革。他发表过多篇期刊文献，在他服务的客户里，有多家公司是福布斯200强的企业，他同时也在非盈利社区机构里担任咨询工作以及家庭治疗师工作。

文以获取对相应问题的进一步了解。这样的篇章安排为读者节省了宝贵的时间，也使得本书的可读性大大增强。

目　录

第 1 章　为何在如此多交易失败的情况下还要并购？
第 2 章　组织的结构、功能和目的
第 3 章　组织文化
第 4 章　人力资本
第 5 章　并购程序
第 6 章　人员
第 7 章　并购战略和执行中人力资源的角色
第 8 章　领导力
第 9 章　员工交流
第 10 章　法律问题
第 11 章　处理并购中的员工福利问题
第 12 章　补偿方案——将薪酬与新的商业战略联系起来
第 13 章　衡量人力资源成功的方法
第 14 章　为何有些并购获得成功
第 15 章　并购故事

本书为相关实务人员提供了许多应对措施。其中第 5 章至 11 章对并购的进程进行了更加深入的探讨，全面地讲解了实务中涉及的重要内容。这些内容的探讨关注于交易中的人员管理问题，且在本书第 12 章至 13 章为读者提供了相应的应对措施，比如沟通交流的形式、补偿结构、福利计划等。此外，正如前文所提，本书第 14 章是对全书关键要点的总结。这些内容能够为读者提供与其他书作不同的解决问题的方法。

当然，人员管理问题再重要，对人员问题再重视，仅凭此并不能够确保一项交易的成功，因为还有其他一些关键因素会对交易的成功产生重要影响。但是，如果您忽视这项问题的话，那么几乎就注定了交易的失败。如果您正在受到并购中人员管理问题的困扰，或者您想要寻求一些应对相关问题的新措施，抑或您仅仅是一名对此感兴趣的初学者，那么，本书就是您的不二之选。

第九类

并购案例与纪实（精选 17 本）

一、综述

有言道：法律的生命不在于逻辑，而是经验。其实，以实践性为基本特征的并购何尝不是如此呢！通常，作为并购之生命的经验是通过大量的案例及纪实性文献体现出来的。案例是历史经验的总结，而纪实性文献则是经验的演绎和以文学手段所做的推广。前者为并购从业者提供了镜鉴以避免其重蹈失败覆辙，后者则吸引众多潜在从业者义无反顾地踏进并购大世界。

我们在本类别中所选择的 17 本书正包括案例和纪实性文献这两个方面。在案例书中，有常规的案例汇编或系列案例解析，比如《中国上市公司并购重组案例精编（上下卷）》；也有个案研究，比如《分久必合：戴姆勒 - 奔驰与克莱斯勒合并内幕》（以下简称《分久必合》）；而在纪实性文献中，内容略显复杂，既有对重大并购事件的描述，如《门口的野蛮人：史上最强悍的资本收购》（以下简称《门口的野蛮人》）；也有对并购历史的回顾；还有有关并购风云人物的传记，如《并购者：企业帝国构建者的思考与教训》（以下简称《并购者》）。相比较于其他并购图书，这类图书更容易为读者接受。特别是纪实性文献，其语言文字生动活泼，描述的情节往往引人入胜。正是因为其可读性强，不少作品一经出版即刻成为风云世界的畅销书。下面，我们简要介绍上面提到的这几本案例和纪实性并购图书，以小窥大以达到了解这类图书基本面貌的目的。

王岩主编的《中国上市公司并购重组案例精编（上下卷）》（中文版，P393），是一本新近出版的大部头的并购案例书。全书所涉及的 512 个案例均来源于中国上市公司从 1993 年至今二十多年间的并购重组实践。每一个案例的介绍和分析都包含丰富信息。这是一部极有分量的优秀并购专业工具书。

比尔·维拉斯克与布拉德利·A. 斯特茨合著的《分久必合》（中译版，P415）专门描述了并购史上最有影响的戴姆勒与克莱斯勒合并案。读者可以从该书全面深入了解文化差异是如何影响这两个世界汽车巨头之间的分分合合的。

科特·许莱尔的《并购者》（中译版，P408）为我们提供了一个窥视那些鼎鼎大名的并购大师以及他们是如何思维和决策的机会。在这部只能算作是小册子的著作中，作者透过一个又一个故事为读者讲述了那些世界上最伟大的并购大师们是如何进行战略思维和决策的，是如何凭借一次又一次成功的并购将他们的公司发展成为行业巨无霸的，以及又留给他人什么样的经验和智慧。

布赖恩·伯勒的《门口的野蛮人》（中译版，P422）是一本文学性较强的纪实读物，出版之后被翻译成多种语言，在世界范围影响巨大。虽说本书的事件与人物描写像一部小说的内容，但它并不是一部普通的“小说”。它以现实为基础，描写了一场真实发生在 20 世纪 80 年代史上最强悍的资本收购战争。这本书是每一个并购从业者必读之物。

二、书评

157.《并购之路：20 个世界 500 强企业的并购历程》

锤子科技的总裁罗永浩曾经说过，“通往梦想的路上，风景差的让人只想说脏话，但创业者在意的是远方。”企业要想达到最终目标获得成功，就必须能耐得住打击与风暴。老人常言，“挫折是最好的老师”，几乎没有一个公司的成长是一帆风顺的，但它们在经历风雨之后，凭借自己的顽强毅力成长得更好。

本书描写的就是这些公司巨头们如何在风云诡谲的商业战场上纵横捭阖最终生存下来的故事。当然，如同局部真谛无法反应总体作战思路一般，单个案例也无法说服广大读者。作者特意选取了《财富》评选的世界500强企业中的20个企业作为案例文本，全面客观地阐述了它们的并购之路。中国的企业家们大多不太关注这些世界著名企业，对于其如何成长扩张的历史更是知道的少之又少。但对于中国企业而言，若想真正屹立于世界企业强者之林，就必须不断地接受和学习前人的优秀经验扩充自己。本书在此处则起到了一个很好的桥梁作用，希望读者们在阅读过本书以后，能够探索出一条属于自己的并购之路。

本书的第一个特点是视角独特，完全从资本运作或并购视角来考察。作者以20个企业的并购路径为出发点，从实践总结、理论深化、经验概括几方面描述概括企业发展壮大的历程，系统研究其打败对手跻身世界500强的并购发展轨迹。

“一千个人心里有一千个哈姆雷特”，一千个公司有一千个并购之路。GE（通用电气）的成长战略是利用技术领先优势，结合摩根财团的力量进行多元化经营，在巨大的压力中愈压愈强；德国大众的发展战略是“联姻政治”，以名牌发展名牌，从而实现扩张目的；宝洁公司凭借惊人的坚持与不放过任何一个知名的品牌保存了自己的实力，从而留在了500强的排行榜上。作者始终以“路”为主线，将各个企业的发展轨迹描写得入木三分。

图书基本信息

著　　者　干春晖

出版信息　上海：上海人民出版社，2008

页　　数　343页

作者简介

干春晖，产业经济专业博士生导师，经济学博士、工学硕士，现任上海财经大学科研处处长，财政部产业经济学跨世纪学科带头人，上海市“曙光计划”学者。曾任上海财经大学国际工商管理学院副院长，产业经济系主任等职。兼任中国工业经济学会副理事长，若干家公司的独立董事、战略与管理顾问等。为2004年度上海市十大青年经济人物。

目　　录

1. 通用电气
2. 摩根财团
3. 索尼
4. 埃克森美孚
5. 通用汽车
6. 丰田
7. 花旗集团
8. 惠普
9. 大众汽车
10. 思科
11. 德国电信
12. 雀巢
13. 宝洁
14. 沃尔玛
15. 飞利浦
16. 汇丰
17. 西门子
18. IBM

19. 伯克希尔·哈撒韦
20. 米塔尔

现在几乎每一本并购类专业书籍都有利于案例佐证的惯例，但案例的选择却十分重要。本书的第二个特点是题材经典，说服力强。《并购之路：20 个世界 500 强企业的并购历程》中所选择的 20 个世界 500 强企业，均是妇孺皆知的世界著名企业，其中有 18 个在 2007 年《财富》500 强排行中位列前 100 强，在未来一段时间内，这些企业也将继续保持其在世界的领先地位。将这 20 个不同领域的佼佼者汇编在一本书里，能充分说明并购不只是在某一特定行业才会发生的事。马克思说过“这个世界唯一不变的就是变化”。通过作者对于这 20 个企业不同的成长轨迹的描述我们可以看出，无论企业处于什么位置，一成不变的发展模式总是行不通的，学会审时度势地顺潮流而动才是企业不被市场抛弃的正确选择。

本书的第三个特点是内容丰富，形式新颖。本书的每个案例都是按照“公司并购大事记——公司简介——并购发展轨迹——总结与启示”展开，内容全面，结构完整。对于每一企业的并购过程作者都讲述得非常详细，力求为读者还原每一个细节。作者拥有丰富的理论研究与实践指导经验，对并购案例的掌控力极强，且其对于文字驾轻就熟，故本书语言通俗易懂、生动活泼，将并购的专业知识与企业的发展历程以深入浅出的手法表现出来，使得本书无论是从趣味性还是可读性上来说都是非常出色的。

随着跨国并购、跨界并购数量的不断增加，拥有一本能够结合前人经验给我国企业以启示的书籍难能可贵。本书所含内容不仅介绍了世界 500 强知名公司的珍贵经验，并且对于我国产业并购整合的学术研究也有非常重要的参考价值。对于我国并购政策的制订者们及对于并购感兴趣的读者们都能起到一定的指导作用。

但略显遗憾的是，本书只从这 20 个案例中总结前人经验，却没有对我国企业并购路径提出一些自己的建议。若广大读者在阅读完本书以后能够主动思考这一问题并得出自己的看法，也算是补足了本书的这一空白。

158.《上市公司并购重组流程及案例解析（上下卷）》

美国汽车大王亨利·福特有句名言：“相聚一起是开端，保持步调促进步，并肩奋斗铸成功！（Coming together is a beginning; keeping together is progress; working together is success.)”这强调的是团队合作的重要性。

2015 年由江苏省上市公司协会主持编写的《上市公司并购重组流程及案例解析（上下卷）》，正是这样一部凝聚集体智慧与体现团队合作精神的并购著作。该著分上、下两卷，有 702 页的篇幅，将近 80 万字。参加这部著作编写的是三家证券公司——联合西南证券、中信证券和华泰联合证券的并购重组财务顾问。他们分工合作，在半年时间里高效完成这项不算太小的系统工程。

说该著作是系统工程，主要是从内容方面考虑的。全著由三大部分——并购理论分析、并购案例分析及并购相关法规组成，在性质上属于完全不同的范畴。彼此能够有机地形成一个完整体系，在体例和风格上保持一致，并且引用和提供了最新的信息。这是十分难能可贵的，也应了亨利·福特先生上述那段话的最后一句“并肩奋斗铸成功”。

与其他同类著作比较起来，这部著作的体系较为完整。从大的方面看，有理论分析，有案例分析，也有相关法规介绍。在具体的方面，涉及的问题比较全面，在理论、案例和法规三个性质不同的部分中都包含了国内公司并购和跨境并购这两方面内容。在第一部分中，作者不仅讨论了一般并购重组的基本问题，比如公司战略决策、目标公司尽职调查、交易结构的设计和并购后整合，也讨论了其他著作少有涉及的内幕交易问题、财务顾问在上市公司并购中特别作用问题及跨境并购中的顾问团队的组建等问题。

在第二篇案例分析部分，作者通过对 27 个案例的分析，介绍了横向并购、纵向并购、借壳上市和跨境并购等并购重组形式在公司外部发展中的实

图书基本信息

著　　者　江苏省上市公司协会

出版信息　南京：江苏人民出版社，2015

页　　数　702 页

作者简介

江苏省上市公司协会，2012 年正式成立的江苏全省上市公司的自律组织。该协会在推动上市公司规范发展、提升政府对资本市场的有效监管、帮助企业排忧解难等方面发挥作用。

目　　录

第一篇　并购理论分析篇
1.1 境内和跨境并购市场概况
1.2 上市公司产业并购流程和要点分析
第二篇　并购案例分析篇
2.1 产业并购
2.2 集团内整合或整体上市
2.3 借壳上市
2.4 跨境并购
2.5 收购上市公司股份
第三篇　并购相关法规
3.1 境内业务的相关规定
3.2 与并购重组相关的会计准则和税收法规
3.3 跨境并购境内审核的相关规定
后记

际运用。第三部分的法规，共包括15项内容，除了一般性的并购重组法规，如《上市公司收购管理办法》和《上市公司重大资产重组管理办法》；也有一些关于并购重组会计和税收的，比如《企业会计准则第20号——企业合并》和《股权转让所得个人所得税管理办法（试行）》；还有涉及跨境并购问题的，比如《境外投资管理办法》，等等。

一反合著书常见的毛病，该著作在体例和风格上保持了一致。在很大程度上，衡量一部合著书优劣好坏的一个重要标准就在于它的体例和风格能否实现高度统一。在这个方面，这部著作应该算得上是上乘之作。在体例上，这部著作在每个大部分的内部力求一致，事实上也做到了。例如，在案例部分，作者对27个案例的分析遵循了统一的标准。每一个案例大体都包括了8个方面的内容：简述、交易方信息、交易背景、交易方案、交易节点、交易特点、并购影响和市场点评。在风格上，该著作通篇体现了简洁明了、通俗易懂的语言文字特点。无论是在并购理论的分析中，还是对实务性案例的解剖，这样的特点都没有因内容的不同而随之改变。

该著作信息含量较大，并且大多跟进了最新发展。这是一部由并购实务界人士撰写的实务性著作。所谓信息，大体包括两个部分，一是操作策略和技巧，二是对理解并购问题有用的资讯。这部著作在这两个方面大致做到了平衡。相比较而言，理论部分偏重于并购策略和技巧问题，案例分析和法规部分则更多是资讯内容。作者用了很多图表辅助对问题的论述，有些图表对于并购重组实务工作者帮助很大，具有实际的价值，比如“上市公司重大资产重组一般流程”和“中国证监会对上市公司重大资产重组审核关注要点”，等等。这样的图表，在这部著作中占有较大篇幅。因为其形象生动和一目了然，让这部著作在向读者传达信息的方式上显得多姿多彩。不仅如此，这些资讯是由并购重组实务一线人士所提供的，在时效上更增加了其适用性或含金量。

作为一部合著书，该著作在各部分之间不存在语言文字和认识水平的明显差异，而且将理论与实践融于一体，其可读性较强，适合于上市公司管理层及对并购有兴趣的专业工作者和业余爱好者阅读。

该著作2017年出版了第二版，在首版的基础上总结了近年境内和跨境并购市场呈现的新特点、新变化；针对险资举牌、中概股回归A股的显著趋势进行了分析；更新了上市公司并购重组审核的政策要点和流程变化；甄选了全新的并购重组典型案例，针对中概股回归分专题进行了重点分析。

159.《时代华纳：并购铺就的传媒帝国》

2009 年，时代华纳与 AOL 之间的“联姻”以分拆而告结束。人们不禁要问，为什么时代华纳如此热衷通过并购以扩张业务和实现公司的发展？它在并购方面都有哪一些成功的经验？这个公司的文化和经营又与其他公司有什么不同？

对于这些问题，当然是仁者见仁智者见智。在众多的观察中，彭剑锋、张小峰和陈静淑共同撰写的《时代华纳：并购铺就的传媒帝国》一书，就很具有代表性。这是中国学者首次系统地对时代华纳公司并购历史所进行的研究，更准确地说，是从时代华纳角度对上述并购案的背景的考察。

这不是一部传统意义上的纯学术著作。在这部著作中，没有什么专业性理论，也没有什么复杂的论证和推理，甚至也没有太多像作者自己所说的“评论性”的内容。但是，该著作基于丰富的文献资料，并适用严谨的研究方法，原原本本地还原了一个较为真实的公司——时代华纳的经营管理和发展的历程。通过作者的描述，我们看到了一个传媒帝国是如何从小做到大，一步步发展起来的；我们也了解了这样一个商界巨无霸是依靠什么样的理念进行管理的；我们还感触到了时代环境对这样一个传奇公司的巨大影响。这应该是一部商业纪实性著作。

这部著作以并购为主线，全方位展现了时代华纳公司的管理层、经营管理理念、魅力产品、特色文化及其资本运作之道。我们知道，

图书基本信息

著　　者　彭剑锋；张小峰；陈静淑

出版信息　北京：中国人民大学出版社，2016

页　　数　302 页

作者简介

彭剑锋，中国人民大学教授、博士生导师，华夏基石管理咨询集团董事长，中国人力资源开发研究会副会长兼企业人才分会会长，中国企业联合会管理咨询业委员会副主任，曾任中国人民大学劳动人事学院副院长。彭剑锋教授长期深入企业，为企业提供咨询服务，先后被深圳华为公司、美的集团、山东六和集团、新奥集团等企业聘为高级管理顾问、专家组组长，被海尔股份、歌尔声学股份等企业聘为专家董事，在中国企业界和咨询界享有极高的声望，曾获第二届中国人力资源管理大奖“十佳人物”，被中国企业联合会管理咨询委员会评为“十大值得尊敬的管理咨询专家”。

目　　录

绪论　“时代”影响力的秘密

第1章 时代华纳集团的发展历程
第2章 时代华纳治理的“大家庭”
第3章 滚动式发展的主导角色
第4章 借资本之力，实现业务“放”“缩”之道
第5章 并驾齐驱的产品魅力
第6章 时代华纳品牌和营销
第7章 时代华纳的“人”“文”
第8章 时代华纳的信息技术
第9章 时代华纳在中国
附录一 耐克主2009年决定的关于董事会的政策
附录二 梦想与现实同路——华谊兄弟欲打造中国的“时代华纳”
附录三 传媒行业的经纪人与经理人制度

任何一个公司的成功或许得益于很多因素的作用，但其中最重要的因素是人。该著作者花了很多篇幅介绍时代华纳公司在历史上的各个时期各个层面的领军人物、他们的成就及他们独特的经营理念。从这些重要人物的经历，我们发现这个传媒帝国的建立，包括众多品牌产品的创新和自有文化的传承，不是偶然的。该著作的精华之处，应当是第4章。作者在这章中介绍了时代华纳在几个重要阶段是如何运用资本的力量，通过并购的方式扩张其业务领域，当然也包括收缩其经营范围的。对公司文化介绍的这部分也很有分量，特别是提到这种文化与AOL（美国在线）的冲突。而文化因素则正是导致时代华纳与AOL合并最终失败结局的重要原因之一。

这部著作包含丰富的数据统计资料，有一些事件发展的情节，生动活泼，通俗易懂。数据资料和重大事件，是谈论公司发展历史时不可或缺的要素。而像时代华纳这样的传奇公司，当然更是这样。其波澜壮阔的发展历程为该著作者提供了多姿多彩的素材，也使得这部著作的信息含量较大，能够让读者阅读起来有滋有味。作者对数据资料的运用可以说是非常充分的，对重大事件的描述也力求深入，这多少体现了作者消化资讯的能力是相当强的。

作为一部以并购为主题的著作，《时代华纳：并购铺就的传媒帝国》还是有些缺憾的。就像上面提到的，时代华纳公司的名字是与人类历史上到目前为止的最大一桩失败的并购案联系在一起的。而该著作作者对该案着墨不多，只是在讨论资本运作和文化问题的时候有所涉及，还是从相对积极的角度肯定时代华纳在与AOL分拆过程中的决策的。

这部著作忽略了这起合并案的失败对于公司股东、对于传媒消费者、对于公司自身未来发展的负面影响或消极后果。时代华纳与AOL合并的教训是极其深刻的。不仅该合并案的当事双方需要从中反思，而且有关方面的研究也应当予以重视。这大概是我们在讨论时代华纳运用资本力量发展公司时更

要强调的一个侧面。当然，这部著作在基本的方面是值得高度肯定的。它的出版本身就为我们进一步研究著名的合并案提供了帮助。

160.《中国企业跨国并购10大案例》

自从20世纪80年代以来，中国企业便开始逐步发起海外并购，进军国际市场。最近的一次并购浪潮发生在美国金融危机以后，海外并购的企业不再局限于国有企业或大型企业，而是呈现出了“百花齐放”的态势。但令人心痛的是，中国后继的并购参与者并没有很好地吸取前人的经验和教训，甚至每一波“参与者”都是从头开始，鲜有累积。

认识到这样的现象以后，上海交通大学中国企业发展研究院的各位学者便从企业管理者的需求出发，以跨国并购为主题，编写了这本展示中国企业先行者们成功经验和失败教训的案例集——《中国企业跨国并购10大案例》。

在全球范围内，中国企业是后来者，若要参与其中，必须从学习者做起。学习的方式一般有三种：理论学习、案例学习及自我学习，作者认为理论学习是基础，自我学习是核心，而案例学习则能够将二者结合起来，通过案例能够更深入地理解理论，并对照自己企业的实际来促进自我学习。因此，作者便在本书中着重凸显案例学习的重要价值，将中国企业海外并购中一些典型案例记录下来，并进行精彩地编写、分析和评论，还为中国企业的海外并购提供了来源于实践的经验和教训。

作者对企业及案例的选择并不局限于统一的标准，而是成功与失败的案例均有涉猎，并

图书基本信息

著　　者　何志毅；柯银斌等

出版信息　上海：上海交通大学出版社，2010

页　　数　232页

作者简介

何志毅，教授，博导，上海交通大学安泰经济与管理学院副院长。复旦大学管理学博士，北京大学博士后。曾任北京大学光华管理学院教授、博导、院长助理。曾赴瑞士IMD、美国GE管理学院、美国西北大学Kellogg商学院研修。主要研究方向为品牌、企业文化、战略。至今已出版三部专著，主编二十多本案例集，在国内外学术刊物上发表二十多篇学术论文。为中组部、国资委、国防大学等军事院校和众多大型企业提供过案例教学、项目咨询。何教授同时还担任北京大学贫困地区发展研究院副院长，中国企业社会责任同盟副会长兼秘书长等职。

柯银斌，现任上海交通大学中国企业发展研究院院长助理、研究员，兼任《北大商业评论》主编助理、中国社会科学院世经政所世界华商研究中心副主任。大学毕业后的27年中，一半的时间在民营企业、外资企业担任高中层管理职务、独立董事/执行董事职务，拥有较为丰富的企业实践经验；一半的时间在

涵盖了多个行业。其中有取得了巨大成功的利丰贸易、万向集团、上海电气等，也有看起来很美好但却最终失败的明基并购西门子手机业务，还有初期困难重重后来走向正常化的TCL集团收购汤姆逊彩电业务等。这些来自众多行业且经验各异的企业和案例能够为读者提供全面的参考与借鉴。

书中对案例别具一格的介绍和分析是全书最大的亮点。有读者评论道："本书对案例的讲述如同小说一样精彩，对企业的背景、并购过程的前因后果和来龙去脉都做了全面的介绍。"所有的案例都采取统一的表述方式，分为三个部分：首先是案例正文，全面描述事件的过程及其特点；第二是背景资料，简要介绍并购双方当事人的历史、并购状况及其合作与交往；第三是分析评论，从某个视角对案例进行分析，并提出观点和看法，最后还为企业提炼出了相应的方法论。

例如本书开篇对利丰贸易并购历程的精彩介绍，首先分三大阶段，对利丰贸易从一家区域性采购贸易公司成长为世界最大的跨国采购贸易集团的整体历程做了介绍；其次从利丰贸易的32起并购中选择了3个典型案例进行更为详尽的案例分析；最后作者经过总结、分析和探讨，提炼出了利丰贸易在其发起的并购交易中取得巨大成功的主要因素和内在逻辑。

作者在讲述案例时并非仅关注案例情节的进展，而是也注重对关键性知识点的提炼。例如在阐述利丰贸易对英之杰采购的收购时，会在关键案情的讲述之前冠以一项凝练的小标题，如"结构合并，文化融入""人员激励融入文化"等，以

研究机构从事中国企业成长与战略、华人跨国公司等领域的案例与理论研究工作，发表论文文章100多篇，合作出版著作8部，主要有《中国企业评论：战略与实践》《企业多元化经营》《华人跨国公司成长论》《中外企业跨国战略与管理比较》《海外华人跨国公司成长新阶段》等。主要研究领域为中国企业跨国并购、中国企业的战略与历史、华人跨国公司等。

目　录

第1章　能力为本：利丰贸易32起成功并购（1995～2008年）
第2章　脱中入美：万向集团的6起跨国并购（1997～2007年）
第3章　技术获取：上海电气收购日本秋山（2002年）
第4章　真伪机会：TCL收购汤姆逊彩电业务（2004年）
第5章　成败几何：上海汽车收购双龙与罗孚（2004～2005年）
第6章　以小搏大：联想并购IBMPC业务（2005年）
第7章　雾里看花：明基并购西门子手机业务（2005年）
第8章　母弱子强：北一收购德国科堡（2005年）
第9章　学习并购：中国化工集团的3起跨国并购（2006年）
第10章　联合舰队：中联重科收购意大利CIFA（2008年）
第11章　案例综述：中国企业跨国并购的"三近"法则

向读者展示案情的核心点。作者以这样的方式和体例对案例进行讲解，可以使案例在不失精彩和连贯性的基础上，令读者快速获取其中的关键知识点。

虽然本书提供的案例素材十分丰富和实用，并提炼出了一些具有指导意义的知识点，但还是会有部分读者仍觉得本书探讨得不够深入，更适于初学者使用。但总体而言，本书并不限于仅对案例背景的讲解，同时也对案例进行了评析与提炼。尤其本书最后一章从整体上对所有案例进行归纳和总结，并为中国企业提供了在并购时需要遵守的“三近”法则：一是“就近并购”，即选择与本企业业务范围相近、规模实力相近、合作关系密切的外国公司为目标企业；二是“拉近距离”，即联合外国投资者共同参与并购，拉近外国政府组织和社会大众的心理距离；三是“靠近获取”，即以学习的心态到目标企业中去，获取先进的技术，并与中国市场协同起来，获取原有管理层的经营和管理才能，并有效地吸纳到本企业中去等。

以上这些从实践中总结而来的理论指导具有高度的可靠性和借鉴价值，但读者若想要更加深刻地理解这些原则的内涵和运用方式，还需要亲临其境，一睹本书的魅力。总之，无论您是企业管理者，还是商学院或管理学院的老师、学生，这本以案例教学为理念的书作，都能够为您提供有益的帮助。

161.《中国上市公司并购重组案例精编（上下卷）》

面对未来可能更加严峻的挑战，需要借鉴过去的经验。而以案例形式呈现的经验则是我们较好的学习和研究对象。精选好的案例是研究案例的前提。那么，如何选择好的案例呢？加拿大卡尔顿大学教授盖扎·考尔多什和查尔斯·史密斯在《论工程案例的撰写》一文中提出了一个好的案例的四项标准：①取自现实生活（其真实身份可能会被隐藏）；②由多个部分组成，每一部分通常都有若干值得讨论的问题（可能会存在没有一个明确切入点的情况）；③包含足够的可供读者思考问题的信息；④在背景、特点、事件序列、问题和冲突等方面真实可信。遗憾的是，在现实生活中很少能够见到含有如此经典案例的并购案例著作。

2017年3月，由王岩主编的《中国上市公司并购重组案例精编（上下卷）》（以下简称《案例精编》）在中国经济出版社出版，向读者呈现的正是这样一部不可多见的并购案例著作。

该著作中的 512 个案例均来源于中国上市公司从 1993 年至今二十多年间的并购重组实践，每一个案例都较为重要，或多或少涉及并购重组中若干值得反思的问题。该著作编者在编辑这些案例的时候，特别注意为读者提供足够的信息以帮助其进一步思考，包括案例的概要、交易各方基本情况、交易的财务、交易的运作、交易方的投入产出、交易所涉及的法律和制度等，并且通过大量图表交代了案例的背景及导致每一个交易案发生的序列事件。这是一部极有分量的优秀并购专业工具书，不仅弥补了中国国内在这方面的空白，而且也为正在或将要从事并购重组业务的专业人士及专业研究工作者提供了便利以帮助他们了解和研究过去数十年间中国上市公司在并购重组中所积累的经验和教训。

与包括工具书在内的其他并购专业著作比较，《案例精编》在很多方面都有过人之处，其篇幅规模之大、其内容之丰富、其图文编排之精美，实在令人不得不由衷地发出赞叹。

这是一部堪称鸿篇巨制的并购专业工具书。整部著作由上、下两卷组成，包括 10 个大的部分，2131 页，285 万字。这是迄今为止在我们国家中文并购文献资源库中规模最大的一部并购案例著作，也是规模最大的并购著作之一。虽然该著并没有包含中国上市公司之外的其他公司的并购重组实践，甚至也只涉及所有中国上市公司并购重组实践的一个小的部分，但是其所介绍和分析的 512 个案例在时间跨度上覆盖从 1993 年到 2015 年中国并购重组实践

图书基本信息

著　　者　王岩（主编）

出版信息　北京：中国经济出版社，2017

页　　数　2131 页

作者简介

王岩（主编），金融学博士、会计学博士。历经政府机关、国有投行、PE 运营，具有深厚的金融行业工作背景，及多年资本市场运营经验。通过自身的实践，将产融结合、产业整合等概念化的理论落实到企业运营中，实现了金融、资本、产业的有机结合。

蓝狮子（策划），即蓝狮子财经出版中心，成立于 2002 年 10 月，是针对快速成长中的中国财经阅读市场而构建的独立图书（文本）策划出版机构，致力于发掘并培育中国本土财经出版资源，整理并传播中国本土公司思想。在 2007 年和 2008 年连续两年蝉联财经图书领域的最高奖项。

目　　录

第一编　危机化解

本编综述

1. 建材集团重组 ST 棱光（600629）
2. 中萃房产重组岳阳恒立（000622）
3. 红太阳集团重组宁天龙（000525）
4. 中关村重组琼民源（000508）
5. 广药集团重组 ST 白云山（000522）
6. 海淀国投重组 * ST 铜城（000672）
7. 北京新富重组万里电池（600847）
8. 金世旗重组 * ST 中天（000540）
9. 名流投资重组幸福实业（600743）
10. 福地科技重组红光实业（600083）

的几乎全过程，在空间范围涉及全国除青海和台湾之外的30个省、自治区、直辖市和计划单列市的上市公司及各主要行业。

另外，这些精选的案例在并购重组的交易方式或形式上也具有很强的代表性，包括危机化解、保壳重组、借壳上市、改善经营、主动收购、整体上市、产业整合、恶意重组和国企改革等几乎所有与并购重组相关的方式或形式。

11. 信达资产重组祥龙电业（600769）
12. 天发集团重组活力二八（600703）
13. 中国蓝星重组西南化机（000838）
14. 科邦电信重组佳纸股份（000699）
15. 华立集团重组ST恒泰（600097）
16. 新世纪公司重组金泰发展（000712）
17. 祥源投资重组海德股份（000567）
18. 清华创投重组粤华电（000532）
19. 天华集团重组康赛集团（600745）
20. 农工商集团重组东海股份（600708）
……
第二编　保壳重组
第三编　借壳上市
第四编　改善经营
第五编　主动收购
第六编　整体上市
第七编　产业整合
第八编　恶意重组
第九编　国企改革
第十编　其他
后记

该著的内容既丰富又有深度。

这不仅仅体现在512个并购重组案例的数量上，更主要体现在该著作的综述及每一个案例所包含的内容之中。编者在10编的每一篇开头，用了大约10多页篇幅系统介绍该编类别下并购重组的基本情况，其所含信息量极大，十分有助于读者把握全局。至于具体的每一个案例，该著作讨论的方式也与其他同类著作不同。一般的情况下，这些案例的篇幅多在5～10页之间。它们全部依循统一的模式，分别从案例概述，交易各方基本情况，财务分析，资本运作分析，投入产出分析，相关制度、法律问题分析，案例点评、启示这7个方面展开阐释。由于每一个案例都是由简洁的数据图表和精炼的文字所呈现，其内容的深度非但没减少反而增加。由此可以想象，512个这样的案例放在一起，会是一种什么样的效果。用“震撼”来形容，实不为过。

作为大部头工具书，这部著作在体例和形式上近乎完美。

在信息爆炸时代，任何一部优秀的著作，必须实现内容与形式的统一。著作的形式大体包括外观、目录、标题、正文文字字体和字号大小、页码和辅文等部分。就大型工具书而言，版面设计、图表、体例和索引或许更加重要。《案例精编》这部著作在形式上给人耳目一新的感觉，可能与编者或编辑在版面设计、图表文字的编排、体例、目录和索引等这几个对于大型工具书更加重要的方面近乎极致的努力分不开。

在版面上，字体、字号、边距、行距及标题的安排令读者阅读时有一种舒适的感觉。在图表方面，视觉效果也非常好，2000 多幅图表穿插在文字之中丝毫不显得冗杂而眼花缭乱。在体例方面，总的印象是简洁明了，大气大方。这部著作的目录和索引更是可圈可点，以类别主导的目录及以时间、辖区和行业为标准的索引，符合该著作并购重组内容的实际情况，极大地方便读者的检索和阅读。

当然，这部著作不是完全没有可以改进的地方。比如，编者是根据什么标准在成千上万个并购重组案例中筛选出这 512 个案例的？仅仅依据“具有代表性且较为重大”这种抽象的说法，似乎缺乏说服力。如果不是按照统计学上科学取样方法来选择案例，那基于这 512 个案例对并购重组所进行的统计分析实际就没有什么意义。不解决标准的问题，读者会感到困惑。又比如，编者对 512 个案例按照 10 个类别来划分似显牵强。因为这项划分适用了不止一个的标准。“危机化解”和“改善经营”与“借壳上市”和“恶意收购”等不属于一个概念范畴，前者是并购重组的动机，而后者则是并购重组的形式或方法。用一个以上的标准分类，容易造成被分类对象在属性上的重叠。

不过，尽管部分读者可能会因上述极个别的情况而产生些许困惑，但这部著作在总体上是值得大加赞赏的。毫无疑问，著作的编者和出版机构的编辑是在用心做这项浩大的工程的。事实上，这次创新尝试毫无疑问是成功的。它是对中国并购研究事业的贡献，也是对中国并购事业的贡献。它的出版发行必定会在一定程度上促进中国并购研究和活动的积极发展。

162.《资本的选择：一个民营企业家的并购之旅》

并购实则一件非常有趣的事情，其中虽布满陷阱与荆棘，但却也时常充满惊喜与乐趣，值得以一种轻松的方式呈现给广大读者。这本《资本的选择：一个民营企业家的并购之旅》真正做到了“以读者为本”。其轻松幽默的故事导读及简明平实的语言风格着实能够吸引读者极大的兴趣。

本书的作者陈文轩女士在海外并购方面具有丰富的经验，并对其有深刻的理解。她写作本书的动机来自于这样的一个思考：“海外并购，是馅饼还是陷阱？”现实中的“陷阱派”认为中国企业走出去是要吃大亏的，人生地不熟只能为此白白交学费；而“馅饼派”则非常支持中国企业走出去，认为它能够创造机遇与价值。

作者属于谨慎的“馅饼派”，认为很多人因为惧怕陷阱而失去了品尝馅饼的机会，只要我们恰当地评估和选择合适的海外标的，便可以品尝到“馅饼”的香甜。为了给中国企业带来这方面的帮助，使其不至于交那些不必要的学费，她与其他两位同样具备丰富实践经验的作者共同完成了这样一本涵盖并购全程的“实战攻略”。

中国企业家在跨境并购之路上存在很多迷茫和误解，往往会陷入多种矛盾和多种利益的取舍中：退出还是转变？收购哪家公司？收购价款到底多少合适？使用当地的管理人员还是派驻人员？诸如此类的问题都会出现在中国企业的海外并购路上。

本书十分巧妙地引入了“老王的故事”，将这些问题涵盖于其中，并为读者提供指引。这个老王是一个民营企业家，一个典型的浙江商人，他的汽车零部件生意正面临着急速的市场环境变革和不确定的未来。本书以这个典型的企业主形象为代表，在故事中展现了老王的思想斗争与做出决定背后的原因，也很好地体现了很多企业主在寻求企业扩张和并购中可能犯的错误，并将艰涩难懂的并购术语与这个故事结合起来，从而为读者提供了比其他同类书籍更翔实细致和轻松有趣的指导。

但是，本书并没有因为追求趣味性和易读性而忽视了并购领域的专业和严谨。全书分为

图书基本信息

著　　者　陈文轩；詹姆斯·H. 格罗（James H. Groh）；郑晓舟

出版信息　北京：机械工业出版社，2014

页　　数　268 页

作者简介

陈文轩，沃特中国管理合伙人，负责资本市场部业务。在投资银行、跨境业务方面拥有超过 16 年从业经验，在企业融资及并购方面理解深刻且经验丰富，已带领其团队完成超过 20 宗上市、私募融资及跨境并购交易。曾主导某制造业企业通过收购境外知名品牌成功转型为消费品企业，也曾帮助某消费品企业通过海外收购扩张其市场份额。陈女士拥有芝加哥商学院工商管理硕士学位，并曾任全国工商联并购公会理事。

詹姆斯·H. 格罗（James H. Groh），在其 30 多年的职业生涯中担当过企业运营执行官、投资银行家及管理咨询顾问等多项职能。其丰富的管理经验涵盖企业上市、融资、转型、并购及整合等各个领域，服务过的公司囊括了从创业企业到跨国公司的各种规模。詹姆斯·H. 格罗先生在带领企业进行战略布局方面拥有丰富经验，曾在优利系统、国际影像材料、Nu-Kote 国际及日本富士等公司任管理层，期间参与多个大型并购及资产剥离项目。詹姆斯·H. 格罗先生先生在其投行和管理咨询职业生涯中曾服务过美国、欧洲及亚洲等多个地区的客

十三个章节，这些章节涵盖了并购前的抉择、顾问的选择、标的企业的选定、估值与定价、尽职调查、交割及并购后的整合等重要阶段。每一章节都以“老王的故事”为引子，然后在正文中对相关内容进行详细的讲解和深入的分析，并辅以一些真实的并购案例，如 TCL 收购汤姆逊、双汇收购史密斯菲尔德、美国在线收购时代华纳等。作者利用的故事及一些旁征博引的案例为本书增添了易读性，激发了读者阅读的兴趣，并引发了一些中国企业家对自身海外并购的反思。

本书最后两个章节由詹姆斯・H. 格罗先生撰写。他在带领企业进行战略布局及并购后整合方面具有丰富的经验。最后两个章节的内容讲述了企业并购后整合的相关内容，这是并购中非常重要的环节。其中对中国企业与国外企业的合并做了非常详细和具体的指导性分析，并用充分的案例分析和实例加以支持。这些内容是作为“整合救火队队长”的詹姆斯・H. 格罗先生的“独门秘籍”，从企业顾问的角度为读者提供了关于整合管理的许多秘密。

这些年来，我们可以看到中国经济的不断崛起，并正在不断地与国际经济发生互动，但中国企业利用这些资本的能力仍需提升。比如本书提到的有些企业对这些资本和条件的滥用情况：如依仗着政府的政策支持、银行的贷款优惠政策，在收购上一掷千金，出手“阔气”，这些不科学的估值和定价行为使得海外并购频频失利。书中通过故事或案例展现出来的这些弊病是我们中国企业走出去过程中普遍存在的问题，而对待海外并购，我们应以什么样的态度和行为去应对？本书将会为您揭晓答案，帮助您开启这扇大门。

户，积累了丰富的项目经验。格罗先生毕业于美国康奈尔大学工程系，后取得罗彻斯特理工学院金融工商管理硕士学位，现任多家公司的董事会成员，也为凯尼休斯学院创业咨询委员会成员。

郑晓舟，资深财经记者。曾供职于新华社、《上海证券报》及国泰君安证券公司。郑晓舟女士的译著包括《如何在美国上市》《欧奈尔制胜法则》及《商务智能》，其他著作包括《勇敢地跟孩子谈钱》《听妈妈讲钱的故事》等。毕业于复旦大学，研究生学历。

目　录

第 1 章　是退是转?
第 2 章　战略并购与财务并购
第 3 章　并购的代价
第 4 章　顾问，要还是不要
第 5 章　标的企业的选择
第 6 章　估值与定价
第 7 章　尽职调查
第 8 章　并购资金
第 9 章　交易结构
第 10 章　谈判
第 11 章　交割
第 12 章　整合的难题
第 13 章　整合管理的游戏规则

沃特（中国）财务集团的 CEO 张志浩如此评价本书：“如果企业家有心要进行跨境并购，那么这本书就是必读的。这本书不是教科书，但却是实战宝典，是长期从事并购交易专业人员的智慧和知识的分享。”因此，无论您是企业主还是一位普通的并购学习者，本书都将激发您对并购的兴趣，并为您带来兼具实用性和普遍意义的指引。

163.《百年并购：20 世纪的美国并购和产业发展》

“熊式拥抱、敌意收购、毒丸计划、绿色邮件……”当我们学习并购时，会接触到这些专业词汇。那么，它们由何而来？它们诞生的背后又有着什么样的故事？答案就隐藏在 19 世纪末至整个 20 世纪美国的并购活动中。查尔斯·R. 盖斯特以文字的形式将 20 世纪的并购历程保存下来，其英文版经过我国具备丰富经验和专业水准的译者的翻译，地道地呈现给了中国读者，形成了这本畅销书——《百年并购：20 世纪的美国并购和产业发展》。

并购到底魅力何在？让我们翻开这本经典之作细细品味，看看过去百年间的并购活动究竟为我们呈现了怎样精彩的故事。

“上帝在公元前 4004 年创造了世界，摩根和洛克菲勒则在 1901 年重组了世界。”20 世纪初，华尔街曾流行这么一句话，由此可见二者对美国产业的影响力。当时，以摩根为代表的银行家通过相互兼任各大公司的董事控制了美国的产业，并为此提出了一个通过并购获得整体大于部分之和的概念，即我们现在所说的“协同效应”。面对摩根等人打造的“商业帝国”，公众的批评声不绝于耳，政府也开始规制银行家发起的这些合并和收购活动，《谢尔曼法》成为当时美国司法部反垄断局监管并购活动的主要工具。随着经济大萧条及股市崩盘，支撑银行家及金融产业界人士实施收购的基础开始动摇，最终第一次并购浪潮结束，摩根的权势也逐渐式微。摩根、洛克菲勒等人走下并购舞台后，威廉·杜兰特、亨利·福特、沃尔特·克莱斯勒等一批汽车人走上了舞台，开始了不同的情节演绎。

“江山代有才人出，各领风骚数百年。”在并购舞台上，“主角”几经更替，但上演着的依旧是一幕幕并购大戏。钢铁产业的摩根、石油产业的洛克菲勒离开了舞台，汽车产业的一批人又接替了舞台的表演，尔后又有“敌意收购大师”卡尔·伊坎等一批批并购高手接替和称霸整个舞台……

作者如同一个个时代的亲历者，用其丰厚的知识和阅历为我们展现出最鲜活的人物、最生动的并购、最真实的时代。这本书以时间为主线，讲述了各行业“明星企业”的诞生和发展历程——金融行业的摩根、美林、高盛，汽车行业的通用、福特、克莱斯勒，电力行业的大陆天然气电力公司，电信行业的AT&T……从作者讲述的故事中，我们可以窥见时代的变迁、并购活动和监管制度的演变及各种并购策略的诞生。

本书另外一个非常珍贵的地方在于，满足了读者对产业开创者和华尔街巨头们的创业过程和工作状态的好奇心。从他们一次次的商业决策中我们可以看到这些产业名人的辉煌与挫败。有摩根对汽车产业的误判，也有杜兰特对汽车产业的热爱。威廉·克拉波·杜兰特是通用汽车的创始人，他的商业经历令人唏嘘不已：一个自信而勇敢的人，对汽车产业充满热爱但却不擅长管理公司，无限制地通过借债实施并购以扩大商业版图，使其曾坐拥一亿美金的个人资产转眼成为过眼云烟。最终他全部商业生涯的一件纪念品是自童年时代一直保存着的一张银行存单。正如费兹杰罗所说，“每个英雄的背后都隐藏着一段悲剧。”但无论威廉·克拉波·杜兰特的命运如何不幸，通用汽车的创建仍不失为20世纪初期最伟大的并购系列，就重要性和长远性而言，甚至比美国钢铁公司犹过有之。除了威廉·克拉波·杜兰特以外，书中还展现了很多知名人物的商业故事，从20世纪初到20世纪末并购领域的重要人物都在此书中

图书基本信息

英文书名 Deals of the Century

著　　者 查尔斯·R. 盖斯特（Charles R. Geisst）

译　　者 黄一义；成卓；谭晓青

出版信息 北京：人民邮电出版社，2006

页　　数 248页

作者简介

查尔斯·R. 盖斯特（Charles R. Geisst），曾是一名证券市场分析师，在伦敦的几家投资银行工作，并担任过政治学和金融学教师。他还是许多报刊的撰稿人，其中包括《国际前驱论坛报》《华尔街日报》等。除此之外，他还是许多广播和电视节目的嘉宾。目前已出版了14本书，包括《财富之轮：金融投机史》和畅销书《华尔街百年风云》等。

目　　录

前言
第1章　构建并购基础——J. P. 摩根的产业整合
第2章　从汽车到商场——消费升级和新一代投行的崛起
第3章　势力角逐与阴谋论——公用事业的并购和国会的反击
第4章　欧几里得式的收购——公司多元化的兴起和衰落
第5章　蛮族与罗马军团的对决——公司袭击者的盈利模式
第6章　放松管制的后果——新一轮的并购大潮
第7章　旧梦重温——从分业走向混业的金融业

依次出场。

曾在中欧国际工商学院、清华大学和长江商学院等大学主持过多次EM-BA的企业重组、并购与企业整合讲座的并购专家王巍对本书推荐有加："历次并购浪潮的起因、特征、手段和结果都不同，但并购高手们前赴后继的推进最终形成了我们今天赖以生存的格局。更重要的是，向前看去，仍是需要披荆斩棘地并购，折冲樽俎地整合。我们可以从本书中看到逻辑的线索和历史的脉络，我们可以高屋建瓴地理解今天全球并购整合的大格局。当然，更有意义的是我们可以更为精准地把握自己的成长步伐和节奏。"

无论您是并购专家还是正为成为并购专家而努力，这本书都绝对值得您仔细翻阅并细细品味一番，相信能够为现时的并购活动带来珍贵的启示和借鉴。

164.《并购者：企业帝国构建者的思考与教训》

纵观100多年的并购发展史，但凡那些有影响的成功的并购交易背后，都有着一位或几位巨人般的人物在运筹帷幄，而那些作为后来者反面教材的失败的并购交易则几乎无一例外都是由其战略决策者的傲慢与偏见导致的。在这个意义上，我们可以说研究并购首先得从研究并购的决策者及他们的思维入手，而不是本末倒置。

由著名的传记记者和财经类畅销书作者科特·许莱尔撰写的《并购者：企业帝国构建者的思考与教训》一书，为我们提供了一个窥视那些鼎鼎大名并购大师及他们是如何思维和决策的机会。在这部只能算作是小册子的著作中，作者透过一个又一个故事为读者讲述了那些世界上最伟大的并购大师们是如何进行战略思维和决策的，是如何凭借一次又一次成功的并购将他们的公司发展成为行业巨无霸的，以及又留给他人什么样的经验和智慧。

这部著作不是通常意义上的并购专业著作，而是一本人物传记汇编。

在这部传记著作中，作者总共介绍了9个世界级的公司经营管理大师在并购领域的卓越成就及他们有关并购的战略思考。这9位大师分别是思科系统（Cisco）的约翰·钱伯斯、泰科国际（Tyco International）的丹尼斯·柯兹洛斯基、花旗集团（Citigroup）的山佛·威尔、威廉西蒙家族公司（William E. Simon）的小威廉·西蒙、柯克罗公司（KKR）的亨利·克雷维斯、冠群电脑公司（Computer Associates）的王嘉廉、维亚康姆公司（Viacom）的桑姆纳·雷石东、美国在线（AOL）的史蒂夫·凯斯及美国电话电报公司（AT&T）的麦克·阿姆斯特朗。他们来自不同的公司，甚至不同的产业领域，但是有着很多共同的地方。那就是他们都是顶级公司的幕后操纵者，在运用并购扩张其公司版图上都取得斐然的成就，其经验和理念具有普遍的意义。这部著作的主角是这 9 位大师，其重心是大师们的经营管理思想，尤其是他们关于并购的战略思考。

这部著作中最有价值和最值得赞赏的地方就是这 9 位并购大师那些闪光的经营管理思想和关于并购的战略思考。

我们无法在这里穷尽大师们的那些思想和思考，不妨以思科系统的约翰·钱伯斯和泰科国际的丹尼斯·柯兹洛斯基为例，一探究竟。关于如何衡量一项并购交易是否成功，约翰·钱伯斯认为作为收购方应当考虑这样几个标准：第一，它是否带来下一代产品；第二，它是否能留下被收购公司或目标公司的员工；第三，它是否遵循了时效的原则。

图书基本信息

英文书名 How to Think like the World's Greatest Masters of M&A

著　　者 科特·许莱尔（Curt Schleier）

译　　者 戴至中

出版信息 海口：海南出版社，2006

页　　数 159 页

作者简介

科特·许莱尔（Curt Schleier），《投资人商务日报》和《传记》杂志特约作者，同时也是图书评论家，出版了多部有影响力的商业和消费者类著述。

目　　录

并购热潮持续发烧

第 1 章　人性化收购的艺术

第 2 章　放任式的合并

第 3 章　振翅高飞

第 4 章　号子里的检察官

第 5 章　让新的经理人当家并成为合伙人

第 6 章　走出自己的路

第 7 章　合并业的硬汉

第 8 章　以人性化的科技为前提建立企业

第 9 章　艺高人胆大

他曾经说过，“当我们在收购公司的时候，收购的不只是它现有的产品，更包括它所带来的下一代产品；当我们付出一笔钱买进一家公司的时候，最好不只是为了以既有产品来维持既有的市场占有率，否则麻烦就大了。”“思科在决定是否要优先买下某家公司的过程中，最重要的考量便是能不能留住新员工。”“在网络经济时代，大不见得会赢小，但快绝对会赢慢。”

在判定某项并购交易是否可行时，丹尼斯·柯兹洛斯基认为，“我们并不是看它预计带来多少相乘效果或为我们增加多少收入；很多公司就是因为有这种想法，所以才会遭遇滑铁卢。我们会看重这笔交易能够立刻缩减多少成本，以及随之而来能够为我们增加多少利润。”“泰科所买进的每家公司都要能为公司的整体赢收带来立即加分的效果。”

为此，丹尼斯·柯兹洛斯基提出了 8 条泰科国际在进行并购交易时必须遵守的戒律：第一，绝不勉强收购；第二，在泰科目前从事的四种核心领域中寻找收购目标；第三，由营运主管负责寻找收购对象并主导后续的公司整合；第四，只收购在业内数一数二的公司；第五，不投机取巧，不碰产品生命周期短暂的高科技公司；第六，认真审核手上的数字和信息；第七，速战速决，通常只能用第一个月来适应合并后的情况；第八，在原公司内部管理层的第二或第三层寻找公司新的领导者。

约翰·钱伯斯和丹尼斯·柯兹洛斯基的这些关于并购的思想或思考，只是《并购者》这部著作中 9 位大师的一个缩影。除了他们这两位，其他人也同样都给读者以丰富的思想和智慧的启迪。如果读者希望进一步深究而全面了解这 9 位大师在并购领域的成就及他们的思想和思考，这部著作值得认真一读。

165.《并购之王：投行老狐狸深度披露企业并购内幕》

图书基本信息

英文书名 Mergers & Acquisitions: An Insider's Guide to The Purchase and Sale of Middle Market Business Interests

著　　者 丹尼斯·J. 罗伯茨（Dennis J. Roberts）

译　　者 唐京燕；秦丹萍

出版信息 北京：机械工业出版社，2014

页　　数 415 页

作者简介

丹尼斯·J. 罗伯茨（Dennis J. Roberts），CVA，CPA ＊/ ABV（＊不再执业），一家在并购领域非常活跃的投资银行（麦克莱恩集团，The Mclean Group）董事长。

中国企业如何在海外并购过程中熟悉和掌握成熟市场规则，真正做成做好并购，无疑是中资企业急需面对的难题。这本《并购之王》，从一个个真实故事出发，分析并购内幕，对于正走在海外购之路上的中资企业及国内企业都有启示。

这是一本融专业性、趣味性和实战性为一体的书。作者丹尼斯·J. 罗伯茨因为高超的并购技巧和丰富的实战经验被称为“投行老狐狸”，其骄人成绩，令人佩服。他不仅是一位并购交易的实践者，还是一位投行人才培训师。这本书是他“戎马倥偬”职业生涯的缩影。书中的语言诙谐幽默，贯穿其中的是众多经典案例，这一切使得原本枯燥的对于专业问题的探究变得十分有趣。

这是一本以美国中型企业在并购过程中遇到的各种难题为切入点而撰写的书。与其他规模企业比较，中型企业体量适中，范围广泛，其年销售额大多在 2500 万 ~ 10 亿美元之间。根据美国商务部数据，中型企业是美国经济主要推动力，其贡献占了全国 GNP 的 68%，而且规模较小的中型企业是并购活动最活跃的主体。作者作为一个中型企业投资银行家，用自己实际经历来为这些中型企业的并购难题寻找“解题思路”。在这 40 余万字的论述中，作者从卖方角度出发，讨论了企业在并购过程中面对各种状况所当作好的各种应对准备，以及在公司经营、财务结算、税务和对赌协议等事宜中所需小心避免的多重买方陷阱。

这是一本注重“感觉”的书。在市场上大多数有关中型市场（企业）并购的书籍或文章中，它们往往忽视“感觉”的存在而过于强调技巧。而本书则不然，买卖双方对于并购“感觉”的体验才是作者的初衷，也就是说，先把握好“感觉”，其后才能真正地驾驭技巧。对于买卖双方而言，相互之间的“感觉”是交易达成的前提，找到合适的生意比生拉硬凑更长久。只有感觉对路并彼此合适的交易，才是一项成功的交易。

这是一本“信息量很大”的书。《并购之王》不仅是写给中型企业所有者和管理者的，也适合从事中型企业兼并与收购业务的投资银行家和财务顾问阅读。作者在书中多次强调，

该集团在美国和加拿大近 30 个城市设有办事处。多年以来，作者作为资深投资银行家，担任过大量并购交易的顾问，同时也是价值评估师，并曾为尼克松水门事件中的录音带专门进行过价值评估。他还是一家跨州商业银行创始人和董事长。

目　录

前　言
第 1 章　中型市场（企业）是独特的
第 2 章　中型市场（企业）并购活动的驱动因素和卖方
第 3 章　在中型市场寻找和了解买方
第 4 章　中型企业待售准备，一手抓运营，一手抓出售
第 5 章　与企业出售关联的关键员工的奖励和维护
第 6 章　水晶球和中型企业的出售时机
第 7 章　保密信息备忘录
第 8 章　交易过程的保密性
第 9 章　中型企业投资银行顾问及中介机构
第 10 章　巧用外部并购团队
第 11 章　任何人都可以做并购吗?
第 12 章　两种竞拍方式：非正式竞拍和有控制竞拍
第 13 章　财务顾问协议、评估专家费用以及面对金钱诱惑
第 14 章　买方投行顾问业务
第 15 章　投资意向书：最重要的文件?
第 16 章　并购谈判背后的心理活动
第 17 章　与卖方的初次会谈，对

中型企业的并购工作不仅是一项科学，而且还是一项艺术。尤其难得的是，他正面探讨了企业家出售企业时如何获得价值这一关键问题。正如巴菲特所说，“重要的不是价格，而是价值。”本书分别从心理和谈判幕后等角度，在包括估值、税收、谈判和并购惯例等方面，依次站在买卖双方立场，对价值问题进行全方位分析，抽丝剥茧，提炼精华。

迄今为止，市场上还没有一本书像这本书一样针对中型市场的企业并购提供如此深刻、独到的视角和见解。马丁·奥尼尔在评论这本书的时候说，《并购之王》是“大师的足迹”。斯科特·米勒也曾表示，“投行并购顾问和企业家如果想要在如今竞争激烈的市场中获得优势，那么这本书则是书单上必不可少的一本。”

以上四点，并不能完全概括出本书的所有亮点。列举出来，不过是想引导读者侧重从这样几个方面好好汲取作者的宝贵经验。正如作者在书里提到的，“我只能想象，在25年后，当中国成为世界主要的金融强国时，世界会是一个什么样子”。希望有心的读者在阅读完本书之后，可以学以致用，帮助中国企业在并购道路上走得更好，使其在未来新并购浪潮中搏击风浪，一往直前。

企业报价并控制谈判节奏
第18章　交易对价和交易结构
第19章　基于财务表现的额外对价条款（对赌协议）
第20章　求证阶段，最后的日子
第21章　联姻之后：兼并后情况和收购失败
第22章　进入市场之前，卖方客户需要评估吗？
第23章　企业并购估值中的“五的法则”“十的法则”及“五的超级法则”
第24章　并购交易估值在应用中的艺术性和科学性（卖方vs.买方）及EBITDA的应用偏好
第25章　乘数讨论和多重现实
第26章　目标公司的内在定性价值
第27章　并购惯例和资产负债表目标的建立
第28章　特殊并购及并购估值问题
第29章　关于并购中常见税收问题
第30章　中型企业投资银行业务：写给咨询者及其他有意从事该工作的人们
第31章　后记：资本市场
第32章　再后记：正式估值方法的检查

166.《大交易：兼并与反兼并》

在一轮又一轮的并购浪潮中，利益至上的商人们和夸夸其谈的政治家们迎浪起舞，在风云诡谲的金钱帝国中开疆辟土。这本《大交易：兼并与反兼并》描写的就是从20世纪30年代至今，在经历过数次并购浪潮后，西方商业大亨的事业覆灭与重生的故事。

本书由“历史的陈迹”“战略的挑战”及“如何进行交易”三个部分构成。作者布鲁斯·瓦瑟斯坦从历史的角度出发，并在一次次资产的流动和重组中发现并购的规律。他不仅结合了自身的经验，更是结合了美国并购史上的众多经典案例来进行分析、归纳与总结，一步步地带领读者去探寻交易的本质。

交易之“大”，大就大在规模之巨，范围之广。美国著名经济学家，诺贝尔经济学奖得主乔治·斯蒂伯格说过：“通过兼并竞争对手而成为巨型公司是现在经济史上的一个突出现象。”“没有一个美国公司不是通过某种程度、某种方式的兼并而成长起来的，几乎没有一家大公司主要是靠内部扩张成长起来的。”由此可见，巨型公司在美国的成长无疑成了一种典型的经济现象，而本书就是通过对该种经济现象的论述，通过大量的案例分析和人物介绍，生动而深刻地勾勒出了美国公司兼并的历史长卷。“前事不忘，后事之师”，以史为鉴不仅可以避免前人的错误，并且可以对事物未来的走向与发展做一个非常准确的预测。

交易之“大”，大就大在战略之奇，技巧之特。相比于我国，美国的兼并与收购事业历史更久，积淀更深。而对于如今参与国际事务越来越多的中国企业来说，并购则逐渐成为优势企业实现低成本扩张发展、劣势企业走出困境的必由之路。本书的重点就在于介绍那些决定交易进程的结构性作用力，以及高超的技巧性，通过对案例中各个人物的描述及各参与方意志的揣摩，对交易的不确定性，商业的风险

图书基本信息

英文书名　Big Deal: Battle for Control of America's Leading Corporations

著　　者　布鲁斯·瓦瑟斯坦（Bruce Wasserstein）

译　　者　吴全昊

出版信息　海口：海南出版社，2000

页　　数　706 页

作者简介

布鲁斯·瓦瑟斯坦（Bruce Wasserstein），华尔街著名投资银行之一拉扎德公司（Lazard Ltd）首席执行官。他是 20 世纪 70 年代的一位投资银行明星级人物，曾经完成了约 1000 次交易，总价值达到创纪录的 2500 亿美元。作者的职业生涯始于律师行业，但此后不久就转行到投资银行业。过去 30 年时间里，他曾促成几桩规模最大的并购交易，其中包括全球著名资产管理公司 Kohlberg Kravis Roberts（KKR）收购雷诺兹－纳贝斯克（RJR Nabisco）公司的交易。他成功使拉扎德公司起死回生。在拉扎德 IPO 后，作者拥有 1127.5 万股份，成为最大的股东。

目　　录

第一部分　历史的尘埃

第 1 章　派拉蒙之争

第 2 章　历史的影子

第 3 章　企业集团的兴衰

第 4 章　交易的十年：早期情况

第 5 章　动荡岁月

第 6 章　兼并活动的善、恶、丑

第二部分　战略的挑战

第 7 章　战略性难题

第 8 章　能源战争
第 9 章　变形——整顿企业集团
第 10 章　数字时代的金融服务业
第 11 章　电信革命
第 12 章　奔向信息空间、传媒和信息产业
第 13 章　混乱的保健业
第三部分　如何进行交易
第 14 章　对交易中的忠告
第 15 章　价格
第 16 章　组织交易的结构
第 17 章　执行交易
第 18 章　进攻：战斗策略
第 19 章　防御：战斗还是出售
第 20 章　防御：构筑工事
第 21 章　防御：战斗策略
第 22 章　政府干预

性及领导者的怯懦与冲动的分析，来抽丝剥茧地析出并购的精髓。

交易之“大”，大就大在内幕之深，金额之多。本书中，作者揭示了现代交易模式的变迁：从 20 世纪六七十年代合并的蓬勃发展，到 20 世纪八十年代收购的火药味十足，直到 20 世纪九十年代动辄十几亿元甚至几十亿元的大交易，每笔都是运筹帷幄、风险巨大的“大交易”。俗话说：“有阳光的地方，才会有阴影。”那些表面成功或者光鲜亮丽的并购案背后，也有许多鲜为人知的秘密。在本书中，作者通过对一些 20 世纪最著名的收购兼并，以及操纵者的展示，比如迪恩 · 威特公司、ITT、时代华纳、派拉蒙通讯、AT&T、J. P. 摩根、IBM、通用电气、OVC（奥凯华科电子科技有限公司）等，来披露重要交易背后的细节及内幕信息的滥用。

作者还将焦点集中到了最近的收购兼并潮。他解释了为什么各个行业——传媒、电信、金融、医疗保健等都巨变滔滔，以及基本的市场发展又是如何引发了这一最新的兼并热。

交易之“大”，大在问题之杂，类型之多。今日的并购活动，作为现代商业的传导器，无论人们对其是拥护还是反对，痴迷还是漠不关心，若一个企业不想被时代或者商业的洪流所淹没，那么最好的办法就是不断地扩张，不断地前进，不断地保证自己可以站在浪潮的制高点。法律监管、税务问题、通货膨胀、技术革新、公共政策，这些都是在企业兼并收购路程里不能绕过的“绊脚石”。而书中的案例告诉我们，只要你紧盯交易，正视历史，了解周期，成功也不是没有可能。

本书所涉案例数量之多，剖析之深入，角度之独特，在同类书籍中都堪称一绝，再回顾本书作者本人戎马倥偬的一生，以亲手促成 30 多起“大交易”的骄人战绩告诉世人，什么才是真正的“大交易”？“大交易”里究竟采用了什么战术与方法，这些战术与方法的运用中什么才是最有用的技巧？这

些技巧的使用会对整个交易带来什么促进或者阻碍？一场“大交易”的失败究竟是哪里出了问题？是对于交易前景的盲目乐观？还是对于目标公司的信息掌握不适时？

总而言之，在这个并购近乎疯狂的年代，如果您对并购感兴趣，如果您想要从事并购事业，如果您想要拥有一番作为，如果您立志成为行业翘楚，如果您想要努力引领新一轮商业并购浪潮，那么这本《大交易：兼并与反兼并》一定可以助您一臂之力。

167.《分久必合：戴姆勒－奔驰与克莱斯勒合并内幕》

1998 年 5 月 7 日，戴姆勒－奔驰公司与克莱斯勒公司在经过双方最高层快速简短的谈判之后正式合并，其合并金额高达 360 亿美元。这是有史以来制造业界金额最大的一宗合并案。素以小货车、小面包车、跑车和吉普车作为其产品强项的克莱斯勒公司，与以生产优质豪华轿车闻名于世的戴姆勒－奔驰公司走到一起，在很多方面令人耳目一新。

首先，这是一次两强之间的合并。其次，这是一次不同文化背景国家之间的公司合并。另外，这次合并，具有非常明显的互补性。

然而，合并之后的戴姆勒－克莱斯勒公司并没有朝着预期的方向发展。克莱斯勒公司连年亏损，戴姆勒－克莱斯勒公司的股价从 1998 年 5 月 6 日合并之初的 108.56 美元下跌到 2003 年 3 月 12 日 26.96 美元。2007 年 7 月 3 日，欧盟正式批准戴姆勒－克莱斯勒公司以 74 亿美元的价格，将旗下克莱斯勒公司 80.1% 的股份出售给美国瑟伯勒斯资本管理公司（Cerberus Capital Management）。此项交易的完成，意味着戴姆勒与克莱斯勒之间长达 9 年的“联姻”终告结束。

人们不禁要问，为什么戴姆勒－奔驰公司与克莱斯勒公司之间的“婚姻”没有走下去或者说走得更远？

由时任《底特律新闻》记者的比尔·维拉斯克和布拉德利·A. 斯特茨撰写的《分久必合：戴姆勒－奔驰与克莱斯勒合并内幕》一著，回答了这个问题。这部出版于 2000 年的纪实性著作，是作者多年努力的结晶。他们曾经在美国车城底特律工作多年，先后采访了几百人次这起合并案的亲历者，为读者详细讲述了该案背后的精彩内幕。

这部著作所讲述的故事发生在20世纪最后10来年间，具体说来就是戴姆勒－奔驰公司与克莱斯勒公司达成合并交易的1998年及之前的20世纪90年代大部分时间。故事的主人翁，在克莱斯勒这边有时任公司董事长的罗伯特·伊顿、副总裁罗伯特·卢茨、前公司董事长李·亚科卡和公司大股东柯克·柯克瑞安；在戴姆勒－奔驰公司这边有时任董事长的于尔根·施伦普和奔驰公司总裁赫尔穆特·沃纳。

故事的基本线索就三条：一是克莱斯勒公司前董事长李·亚科卡与大股东柯克·柯克瑞安联合发起和最终放弃收购克莱斯勒公司及时任高管罗伯特·伊顿与罗伯特·卢茨之间的争权夺利；二是戴姆勒－奔驰公司高层于尔根·施伦普与赫尔穆特·沃纳之间的权斗；三是戴姆勒－奔驰公司与克莱斯勒公司之间错综复杂一波三折的合并谈判。

故事的三条线索分别从不同角度为读者描述了戴姆勒－奔驰公司与克莱斯勒公司的合并最初是怎么来的，于尔根·施伦普是如何取得主导这项合并地位的，以及克莱斯勒为何在这起合并交易中甘居次要的位置。

李·亚科卡和柯克·柯克瑞安起心动念收购克莱斯勒，以罗伯特·卢茨为代表的公司管理层拼死阻击，或许是这部著作最扣人心弦的一个部分。作者花了很多笔墨描绘这三个人，展现了这三位人物生动的形象和极为鲜明的个性特征，特别是罗伯特·卢茨。这位才华横溢能力超强的公司高管，虽然最后败在了罗伯特·伊顿董事长手下，但是凭借其顽强的个性

图书基本信息

英文书名 Taken for a Ride: How Daimler-Benz Drove Off With Chrysler

著　　者 比尔·维拉斯克（Bill Vlasic）；布拉德利·A. 斯特茨（Bradley A. Stertz）

译　　者 胡小军；熊焰；刘丽洁

出版信息 北京：华夏出版社，2004

页　　数 347页

作者简介

比尔·维拉斯克（Bill Vlasic），《纽约时报》底特律分部主管，具有丰富的汽车业报道经验，曾经多次获得商业报道大奖。著有畅销书《分久必合：戴姆勒－奔驰与克莱斯勒合并内幕》（2001年）和《底特律往事：汽车之城衰落史》（2012年）。

布拉德利·A. 斯特茨（Bradley A. Stertz），《底特律新闻》编辑，曾经做过《华尔街日报》记者。

目　　录

序
第1章　突如其来的挑战
第2章　梅塞德斯的手
第3章　初战告捷
第4章　潜流暗动
第5章　再次交锋
第6章　停火
第7章　集权王朝
第8章　合并，智者之选
第9章　跨越大西洋
第10章　卖身契
第11章　光环背后的阴影
第12章　杂音
第13章　晦暗的五角星
第14章　吉凶祸福
尾声

终于挫败李·亚科卡和柯克·柯克瑞安的企图，让人留下深刻印象。然而，出乎这几位意料之外，克莱斯勒的未来命运在他们之间相互争斗的过程中埋下了伏笔。可以这么说，如果没有这一切，戴姆勒－奔驰与克莱斯勒合并，或者说前者收购后者，就不会发生。

奔驰公司总裁沃纳与该公司的母公司戴姆勒公司的董事长于尔根·施伦普之间的权争，也非常精彩。与克莱斯勒的二把手罗伯特·卢茨一样，赫尔穆特·沃纳以精明强悍著称。在克莱斯勒陷入内部纷争之际，是他的敏锐嗅觉让奔驰公司有了介入机会。不过，赫尔穆特·沃纳从来没有想过兼并克莱斯勒，充其量是希望两个公司之间有着某种方式的合作。是戴姆勒－奔驰公司的董事长于尔根·施伦普改变了事态发展的方向。他在战胜了赫尔穆特·沃纳之后，不仅让戴姆勒－奔驰公司取代了奔驰公司与克莱斯勒之间的合作，而且更主要的是将合作的性质进行调整，使合并成为戴姆勒－奔驰公司努力的目标。最后的实践证明，是于尔根·施伦普全面主导了戴姆勒－奔驰公司与克莱斯勒之间的合并，

戴姆勒－奔驰与克莱斯勒合并内幕故事的高潮是两家公司的董事长之间就合并事宜所进行的谈判。尽管谈判过程并不顺畅，但是因为前面的铺垫已经完成，剩下的其实就是双方就一些具体条件的讨价还价。

故事高潮的高潮出现在双方交易达成之后。2008 年年底，合并后的新公司举行新闻发布会。在于尔根·施伦普演讲之后，原克莱斯勒董事长、现任戴姆勒－克莱斯勒公司联席主席之一的罗伯特·伊顿也站起来讲话。面对现场 300 多位记者，他做了一番表态。他说，一个公司最终只能有一位首席执行官，这个执行官就是于尔根·施伦普，而自己会在适当的时候退出。罗伯特·伊顿的这番异乎寻常的表态，随即在克莱斯勒及全美国引起轩然大波。原本在合并决定宣布之初，无论是公司管理层方面，还是工会方面，都曾表示克莱斯勒一方员工的工作机会不会受合并影响，克莱斯勒的员工仍然是在美国本土生产克莱斯勒产品的美国工人。

罗伯特·伊顿的此番表态，引起克莱斯勒员工强烈反响。他们怀疑罗伯特·伊顿为了个人的利益而出卖了克莱斯勒。不仅如此，美国公众对戴姆勒与克莱斯勒的合并是一次“平等者之间合并”的印象开始动摇。美国媒体从此前充满赞美之辞的报道瞬间转变成尖酸的讽刺和怀疑。《今日美国报》称，

两者平等的合并看起来并不平等。《华盛顿邮报》认为德国公司没有给克莱斯勒公司安排任何值得一提的角色。而《商业周刊》更是宣称合并的蜜月期已经结束了。从戴姆勒与克莱斯勒后来9年的合作情况来看，此时克莱斯勒员工、美国公众和媒体的担忧和怀疑确实不无道理。

这部著作的作者没有来得及讲述两家公司在合并后的9年间的坎坷经历。但是，戴姆勒-克莱斯勒公司终究没有改写世界万物所遵循的一条朴素的定律，即“栽什么树苗结什么果，撒什么种子开什么花”。它的命运从一开始就是注定了的。

无论以什么标准衡量，这部商业纪实性著作都称得上是一部成功之作。该著作在美国出版后一度排在亚马逊总排行榜前列，其中译本也早已脱销。如果读者有机会阅读中译本，一定会发现中文翻译的水准很高，几乎看不出有翻译的痕迹，仿佛就像是在阅读一本中文原版的著作。该著作适合一切对并购有兴趣的读者。毕竟，这部著作所讲述的故事是世界并购史上最有影响的经典并购案。

168.《孤注一掷：罗伯特·康波并购风云录》

在并购百年历史上，20世纪80年代殊为不凡，既开启了波澜壮阔的第四次并购浪潮，又在疯狂中葬送了原本良好的发展势头。

法裔加拿大人罗伯特·康波及他的康波公司是这一次并购浪潮中的典型代表。他在该次浪潮中声名鹊起，也在该次浪潮中声名狼藉。他原是加拿大房地产开发商，在20世纪80年代中期开始进军美国零售业市场，先后在1986年和1988年，通过向金融机构借贷总共110亿美元分别收购了美国零售巨头联盟百货和联邦百货。一度，他本人成了美国顶级投资银行和经纪商炙手可热的人物，他的公司也不再是加拿大普通的房地产开发公司而变成了纵横北美、驰骋房地产和零售业等不同产业领域的康波

图书基本信息

英文书名 Going for Broke: How Robert Campeau Bankrupted the Retail Industry, Jolted the Junk Bond Market, and Brought the Booming 80s to a Crashing Halt

著　　者 约翰·罗斯查尔德（John Rothchild）

译　　者 王勇；陈元飞；吴忠岫

出版信息 上海：上海财经大学出版社，2008

页　　数 237页

作者简介

约翰·罗斯查尔德（John Rothchild），自由撰稿人，专长于金融问题。曾与彼得．林奇合著了《彼

帝国。

然而，天不遂人愿，就在他正准备大展宏图之际，金融证券市场风云突变，商品销售日渐萎靡，他已无力偿还数十亿美元的巨额债务。结果，他收购的两家曾几何时风光无限的百货控股公司宣布破产，给贷款银行、债权人、数以万计的垃圾债客户及他本人带来了灭顶之灾。

由约翰·罗斯查尔德撰写的《孤注一掷：罗伯特·康波并购风云录》，讲的就是罗伯特·康波的这段故事。该书在 1991 年出版后，立刻吸引读者广泛关注而成为商业类畅销书。1992 年和 1993 年，该书连续再版，并在后来被翻译成多种文字在北美以外多个国家出版。这本书的作者约翰·罗斯查尔德原本就是一位金融畅销书作家及多个著名金融刊物专栏撰稿人。为了把罗伯特·康波的“传奇”经历告诉读者，他做出了极其艰苦的努力，先后进行了 150 多次采访，被采访者包括熟悉罗伯特·康波或与其有业务联系的助理、合伙人、经纪人、朋友、专机驾驶员、零售商、律师、杂役和各类银行家。正是因为作者的这般努力，读者手上的这本书才有可能达到传神的效果，使读者对这本纪实性商业读物产生一种不是小说胜似小说的感觉。

得·林奇的成功投资》《战胜华尔街》和《彼得·林奇教你理财》，是《时代》《财富》和《价值》等刊物的专栏作家。

目　录

序言

第 1 章　给我找个收购对象

第 2 章　我就是要收购这家公司

第 3 章　有效期仅仅 3 周

第 4 章　我不需要任何垃圾债券

第 5 章　你看我该怎么办

第 6 章　你以为我傻吗

第 7 章　我对胸罩生意一窍不通

第 8 章　我会让更多的人成为百万富翁

第 9 章　我们现在应该提出竞购联邦百货

第 10 章　鲍勃信心十足

第 11 章　他不打算认输

第 12 章　布鲁斯害我多花了 5 亿美元

第 13 章　你们过于保守了

第 14 章　谁也不能阻挡我们迈向成功

附言/结语

在这部由序言、14 个章节、附言和结语所构成的著作中，作者几乎全都在谈主人翁罗伯特·康波是如何一步步从一个房地产开发商走向康波商业帝国的国王的，只是在最后一章以及附言和结语部分仅仅用了很少的篇幅描述这个商业帝国及它的国王的覆灭。非常有趣的是，这正好与罗伯特·康波的命运相吻合。他在通往巨大商业成功的道路上历经百般艰辛，而从人生的巅峰跌落下来却是瞬间的事情。

其实，这部著作的情节虽然精彩，但并不复杂。其主线只有一条，就是主人翁罗伯特·康波举债收购联盟百货和联邦百货的来龙去脉。作为辅助的，该著作通过一个又一个的故事描绘罗伯特·康波的奢华生活及他在待人处事方面的乖戾性格。而这些，在作者的意识中，似乎为故事主人翁的悲剧结局埋下了个人方面的种子。

在任何一个故事中，有主角就有配角。在罗伯特·康波自导自演的这部并购大剧中，除了主角罗伯特·康波之外，还有无计其数的形形色色的配角，是他们成就了罗伯特·康波，也是他们帮助摧毁了他的一切。在这些配角中，有罗伯特·康波的助手、合作伙伴和各家贷款银行。他们的贪欲与罗伯特·康波相比一点也不逊色。特别是作为贷款银行的花旗银行和第一波士顿银行，更是扮演了关键角色。如果不是他们在巨额利益面前放弃原则而推波助澜，罗伯特·康波的并购大剧根本就无法演绎下去，即所谓“成也萧何，败也萧何”。

当然，贯穿20世纪80年代的杠杆收购风潮才是这部大剧发生的时代背景。罗伯特·康波只是无数个“弄潮儿”中的一个典型代表。他的悲惨结局，从他自导自演的这部大剧拉开序幕之时就已经是注定了的。只是他和他的商业帝国兴起得太快，衰落得也太快，在人们还没来得及缓过神的时候，他们便已经成了历史。

总的来讲，这部著作值得并购专业人士和非专业人士阅读。透过它，读者可以真切地感受在那个曾经疯狂的时代，有那么一些疯狂的人，干了一些疯狂的事。前事不忘后事之师，这或许是今天的读者所能够得到的最好的阅读效果。

169.《金融并购风云录》

在金融资本游戏中，什么才是金融界获利最丰的业务？什么是业界直达巅峰的捷径？什么又是政府最头疼的监管难题？私募杠杆是否真的不道德？史蒂芬·M. 大卫杜夫在《金融并购风云录》这本书中，通过KKR公司等经典案例，揭示了私募股权——并购界重要推动力量的前世今生，并带领我们深入了解并购交易的背后那些不为人知的内幕。

故事、故事、还是故事。本书总共分为12个章节，每一个章节都是一个在美国华尔街发生的真实故事。这些故事彼此之间互相联系，互相牵引，让读者在读过本书之后，犹如看过一部好莱坞大片，使读者为其跌宕起伏的情节和生动细致的描述所吸引。这不仅突破了专业书体例上的局限，还可以使读者在阅读过程中身临其境，加深印象。

人性、人性、还是人性。美国作家詹姆斯曾经说过，“在每一个人的性格上都可以找到一些小小的黑点。”可见性格对于一个人的决定有着莫大的影响。本书在第一章就指出，在交易策略的 5 个非经济影响因素中，个人偏好和性格基础在历史上是最被低估的两个因素。而推动交易进程最核心的两个因素则是胜利的洞察力和决策者的“心理”。决策者的性别、年龄、处事风格、兴趣爱好等，都有可能影响交易结构的制订从而影响整个交易最后的成败。“地狱般的交易”与“天堂般的胜利”往往就在主导者的一念之间。这一点在市面上的专业书籍中尤为少见，也使得这本有“人情味儿”的书在众多同类中脱颖而出。

失败、失败、还是失败。国外有一句农夫谚语：“如果我知道将来我会死在什么地方，这样我就永远不去那儿了。”的确，想要成功的最好方式就是研究失败并学会避免。本书的另一大亮点就是通过 KKR、美林、住宅贷款控股公司等案例重点向读者解释私募股权交易中的重大不利变化条款的影响，以及由此引发的法律和交易问题；通过贝尔斯登的案例分析了美国联邦政府、美联储、美国证交会等机构和以特拉华州法院为代表的法律界对并购的影响。通过微软、英博的恶意收购来针对金融危机期间和后危机时代的并购，就其交易过程是否会为经济增加价值的话题做了深入的思考。

图书基本信息

英文书名 Gods at War Shotgun Takeovers, Government by Deal, and the Private Equity Implosion

著　　者 史蒂芬·M. 大卫杜夫（Steven M. Davidoff）

译　　者 王世权；侯君；赵黎明

出版信息 北京：机械工业出版社，2011

页　　数 242 页

作者简介

史蒂芬·M. 大卫杜夫（Steven M. Davidoff），康涅狄格大学教授，美国并购和公司法领域权威。对并购市场做过多年研究，对于美国并购交易史、案例都有深刻了解和分析。同时，也是《纽约时报》“交易宝典”栏目主笔，同时也为 Deal 等杂志撰稿。他的演讲和观点经常被美国全国性媒体引用。

目　　录

第 1 章　现代并购交易回顾
第 2 章　KKR、胜科及私募股权
第 3 章　住宅贷款控股公司和重大不利条款变化
第 4 章　联合租赁公司，丝伯勒斯资本管理公司以及私募股权基金的破裂
第 5 章　迪拜港口世界公司、美林公司和主权财富基金问题
第 6 章　贝尔斯登与道德风险原则
第 7 章　加纳基金、儿童投资基金和对冲基金积极投资
第 8 章　微软、英博和恶意收购的回归
第 9 章　玛氏、辉瑞和战略交易的变脸

这些失败的经验，都对于未来的并购交易和法律监管，以及从业人员的改进和交易结构的设计等很多问题提供了非常宝贵的经验。也为接下来在并购交易中如何避免这些问题，达成一笔成功的交易提供了强有力的指导。

第 10 章　美国国际集团、花旗集团、房利美、房地美、雷曼及交易型政府
第 11 章　并购机制的重组
第 12 章　后危机时代

秩序，秩序，还是秩序。古人有云：“天下熙熙，皆为利来；天下攘攘，皆为利往。”本书通过 12 个环环相扣、血肉互通的故事，把现在华尔街众人及与其相关的各方刻画得栩栩如生。叱咤风云的金融巨子们无疑是资本舞台上的绝对主角，而法律监管、政府等，则是不可忽视的第二主角。大家带着你方唱罢我登场的气势一个个在这舞台上展现自己。本书通过对后危机时代的决策思考，对于交易秩序及律师的职责引发了新的思考，如何在维护关系的基础上遵守一种普遍的秩序来规制交易市场，这也是作者在本书末尾给读者留下的思考。

作者集交易学教授、法律工作者及热门报刊的主笔三重身份为一身，看待事物的角度当然也非常多元化。本书正是其多年研究成果的汇总。以上四点并不能囊括本书所有的丰富内涵，无论是已经从业的并购工作者，还是正在学习并购专业知识的在校学生，这本《金融并购风云录》都不容错过。相信读者在读过本书之后，对于本文开头所提出的几个问题，一定会得到满意的答案。期待未来的金融资本市场，由你们再添上浓墨重彩的一笔。

170.《门口的野蛮人：史上最强悍的资本收购》

“野蛮人”一词广泛地进入大众的视野，其缘于中国证监会主席刘士余在一次重要会议上对“野蛮人”的痛批。他将“野蛮人”比喻为“行业的强盗”，称其行为是人性和商业道德的倒退和沦丧。那么，什么是“野蛮人”？它背后又有什么样的故事？让我们回到 20 世纪 80 年代末的美国去寻找答案——这是“野蛮人”一词的诞生之处。具体而言，它来源于一场在华尔街上演的“公司争夺大战”——RJR－纳贝斯克公司收购案，这也是迄今为止世界上最大的一宗杠杆收购案。

虽说历史总是惊人的相似，但与中国现时的“宝能－万科大战”相比，美国当时的这场“公司争夺大战”显然精彩更多。这场大战涉及了金融领域

的很多重要角色：KKR、DBL、美林、高盛、雷曼、拉扎德、所罗门兄弟、贝尔斯登、大通曼哈顿、花旗、摩根士丹利……几乎所有著名的投资银行和商业银行都卷入了这场收购案中，这场交易为何如此受青睐？本书是对当时这场事件前因后果的精彩还原。

这本书的作者是两位《华尔街日报》的记者。他们凭借着出色的专业能力和技巧，采访了案件中涉及的大部分人物，并且通过引人入胜的语言，带领我们亲临其境，观摩那场华尔街金融史上规模空前的收购案。

罗斯·约翰逊是 RJR－纳贝斯克集团的总裁，也是整场战争的中心人物。他的故事推进构成了本书的主线。从普通家庭出生的他，年近 40 的时候还是籍籍无名。此后，在一次偶然的机会中，他成了标牌公司的总裁，接下来鲸吞了纳贝斯克公司，尔后又完成了与 RJR 的合并，从此便犹如驾上了一辆飞速奔驰的法拉利，开始了一连串的“大手笔”，其中最惹人瞩目的是他做出的 MBO 公司的决定。

随着以罗斯·约翰逊为首的公司管理层对公司回购计划的曝光，当时的杠杆并购业界翘楚 KKR 以“野蛮人”的身份加入了这场交易，随后，第一波士顿以第三竞标者的身份出现了，由此形成了“三方混战”的局势。美国当时正处经济下行期，初期的杠杆收购潮显现出的巨额收益刺激着整个华尔街。银行、保险公司、投资基金、养老基金等都虎视眈眈地注视着每一个收购机会，RJR－纳贝斯克收购案无疑是其中的一块儿肥肉。于是，三方竞标者作为前

图书基本信息

英文书名　Barbarians at The Gate: The Fall of RJR Nabisco

著　　者　布赖恩·伯勒（Bryan Burrough）；约翰·希利亚尔（John Helyar）

译　　者　张振华

出版信息　北京：机械工业出版社，2010

页　　数　431 页

作者简介

布赖恩·伯勒（Bryan Burrough），曾任《华尔街日报》匹兹堡纽约站记者和《名利场》杂志特约记者，已经著有五部作品。

约翰·希利亚尔（John Helyar），曾在《华尔街日报》《财富》和 ESPN 供职，现为彭博新闻社专栏作家，著有多部畅销书。

目　　录

第 1 章　从标牌到纳贝斯克
第 2 章　从纳贝斯克到雷诺兹
第 3 章　千金散尽还复来
第 4 章　股价大恐慌
第 5 章　KKR 的崛起
第 6 章　约翰逊的决定
第 7 章　野蛮人准备行动
第 8 章　两队人马
第 9 章　向垃圾债券宣战
第 10 章　第一次谈判
第 11 章　厉兵秣马
第 12 章　第二次谈判
第 13 章　事情失去了控制
第 14 章　第一轮投标
第 15 章　半路杀出程咬金
第 16 章　第二轮投标

锋，以背后的各个融资平台为后盾，实施了一场跌宕起伏、精彩纷呈的博弈大战。

第 17 章　胜利迟迟不到
第 18 章　兵临城下
尾声

除了这场主要战争以外，作者还描写了一场场频繁上演的小战役，并借此对华尔街大亨们之间的尔虞我诈，公司内部之间的权力争夺、政治斗争进行了淋漓极致地描写。比如书中描写了罗斯·约翰逊是如何将标牌公司的总裁韦格尔撵走以称霸天下的；又如，他是如何左右逢源，一步步将兼并的纳贝斯克的高管替换为原标牌公司人马的。从一场场这样的战役中，读者可以窥见金融场和商场上存在的“温柔的杀人技巧”，可以联想到连横合纵和明争暗斗的画面，并学习到一些商场上的“必备技能”。

无论是大战争还是小战役，背后都是一个个真实的人物。在作者笔下，读者实现了与书中每一位人物的“亲密对话”：无论是礼貌谦逊的斯迪克特，还是放荡不羁的罗斯·约翰逊，还有其他大量的经理人、企业家、银行家、律师等人物的行事风格、性格特色都能在书中一览无余。

虽说本书的事件与人物描写像一部小说，但它并不是一部普通的“小说”。它以现实为基础，描写了一场真实发生的史上最强悍的资本收购。在这场资本收购中，KKR 虽然竞标成功，但它使用的高杠杆却成了日后经营的隐患：纳贝斯克的竞争对手趁机而入，它在竞争中败下阵来。KKR 不得不剥离股权，回报所剩无几，“野蛮人”的结局以惨淡收场。

“这些人为什么如此关心计算机中出来的数据而不是工厂的产品呢？他们为什么如此热衷于拆散一家公司而不是去建设它呢？所有这些与商业精神究竟又有什么关系呢？”对于“野蛮人”的行为，本书的结尾发出了这样的疑问。“野蛮人”的故事还在上演，他们的结局也会各有不同。金融与商场并非一个黑白分明的世界，各种决策如何思量定夺？“野蛮人”是否真的就是“行业的强盗”？从本书中你也许能够找到您的“哈姆雷特”。

171.《铁血并购：从失败中总结出来的教训》

失败遍布商界，而且大多数企业最终都会因失败而破产。并购失利是商界常见的失败活动表现之一，不利的交易会给股东带来巨大的损失，但是，成功始终属于那些善于寻找失败原因以争取成功的人。在商学院里，案例研究既要考察成功的案例，也要分析失败的案例。在研究并购成功案例的著作不胜枚举的现状之下，本书的作者作为一名在并购研究领域颇具独创性的学者，为读者呈现出了这样一本专门研究并购失败案例的专著——《铁血并购：从失败中总结出来的教训》。

罗伯特·F. 布鲁纳教授在本书中对近40年来华尔街并购案例进行了深刻的总结。本书最主要的观点是，并购失败有复杂的原因，是多种因素集中作用的结果，并非仅是因为管理人员的失误决策导致的。作者写作本书是为了填补读者对并购失败原因认识上的空白，主要谈了以下几项问题：何谓“合并失败”？如何衡量“合并失败”？在并购案例中，失败有多普遍？什么原因导致了合并失败？本书的回答对于经理人和政策制订者具有哪些意义？

为了探明并购失败的原因，作者深度挖掘了经历过失败并分析过原因的人士和相关的原始资料，总结出了有些令人痛苦的结论，但这些令人痛苦的结论却有望在将来为收购者带来更大的成功而不是造就更惨痛的失败。针对于此，本书的编辑评价道：“这本书既令人讨厌又令人鼓舞，而伟大的教诲总是如此，布鲁纳教授善于从这些并购灾难中总结出严酷而又富有教益的教训。”

本书分三篇回答以上几个问题。第一篇介绍已有研究关于合并失败的不同观点。第2章根据130多项企业和财务经济学研究成果来概述对合并失败和成功的认识。研究表明，并购领域呈高度分割的状态，既不乏令人神往的成

图书基本信息

英文书名　Deals from Hell: M&A Lessons that Rise above the Ashes

著　　者　罗伯特·F. 布鲁纳（Robert F. Bruner）

译　　者　沈嘉

出版信息　上海：上海财经大学出版社，2008

页　　数　318页

作者简介

罗伯特·F. 布鲁纳（Robert F. Bruner），是美国弗吉尼亚大学达顿工商管理研究生院著名的工商管理学教授。他在达顿学院讲授工商管理硕士教程的“并购”课程，并担任达顿学院经理教育并购计划系主任。作者是400多个案例研究和注释，以及《金融业案例研究：如何管理公司创造价值》（已经出第4版）的作者和合著者。他的新作《并购应用》最近由威利公司出版。罗伯特·F. 布鲁纳还是20多家公司和美国政府的咨询顾问。在开始学术生涯之前，他曾在商业银行和创业投资领域任职。罗伯特·F. 拥有耶鲁大学文学士学位及哈佛大学工商管理硕士和工商管理博士学位。

目　　录

第1章　引言
第一篇　并购失败的基本原因
第2章　关于并购创造收益和偏离目标的情形：调查研究
第3章　题外并购案例简介
第4章　大灾难与并购失败
第二篇　失败案例研究

功案例，也有不堪回首的失败教训。这就是作者认为任何并购案例都有其特殊性，因而不能无条件推广的依据。第 3 章评价了 1985 年 – 2000 年期间发生的最佳和最差并购案例。第 4 章通过分析真实的灾难性案例和借助于包括认知心理学、社会学和工程学在内的多个学科的概念对失败过程进行了剖析。因此，本书的第一篇构建了据以观察合并失败原因的视角。

本书的第二篇构建了通过分析 10 个重大失败案例来理解并购失败原因的架构。作者逐一为这 10 个失败案例匹配了对照或补充案例。因此，第二篇的每一章其实都是对失败原因和过程的配对比较。通过观察，读者会发现并购情境的细微变化将如何导致截然不同的结果。

第 5 章　1968 年 2 月：宾州铁路公司与纽约铁路总公司合并案

第 6 章　1986 年 12 月：雷夫克药店公司杠杆收购案

第 7 章　1989 年 9 月：索尼公司收购哥伦比亚影业公司案

第 8 章　1991 年 9 月：美国电话电报公司收购全美收银机公司案

第 9 章　1993 年 12 月：雷诺公司与沃尔沃集团合并方案

第 10 章　1994 年 12 月：桂格公司收购斯纳波公司案

第 11 章　1999 年 5 月：美泰公司收购尚学公司案

第 12 章　2001 年 1 月：美国在线与时代华纳公司合并案

第 13 章　2001 年 12 月：戴那基与安然公司合并案

第 14 章　2002 年 11 月：泰科国际公司收购计划

第三篇　如何避免“地狱之炼”式的并购交易

第 15 章　结论与蕴涵

第 16 章　首席执行官备忘录：关于增长的结语

本书所研究的案例包括：美国在线公司与时代华纳公司合并案、桂格公司收购斯纳波公司案、索尼公司收购哥伦比亚影业公司案、雷诺公司与沃尔沃集团合并案、美泰公司收购尚学公司案等。作者对这些案例的讲解十分精彩和全面，读者能够感受到罗伯特 · F. 布鲁纳教授在案例编写上的深厚功底。因为他的教学和案例编写在美国甚至欧洲获得过很多奖项并且广受好评，读者完全能够轻松地在阅读案例的过程中获取知识和趣味性。

前两篇是第三篇的铺垫，在第三篇里，笔者简要阐述了这些案例对于首席执行官、投资者及与公共政策相关的人的意义，并总结出并购并不是创造财富的坦途，但也绝不是一种输家游戏。只要采取合适的态度，正确地理解并购，投资者就有可能在并购领域取得成功。为了能够让读者再一次深刻地体会失败并购的原因，作者总结了这 10 项并购交易失败原因的共同之处，并概述成一篇关于并购失败的简短寓言，从这篇寓言中读者能够轻松地发现并购交易所要避免的“雷区”。在本书的最后一章，作者以书信的形式提供给公司首席执行官一些关于公司增长的解释和建议，具有很大的借鉴价值。

无论您是投资者、交易人、公司经理，还是志向远大、期待到华尔街一显身手的工商管理硕士，本书都将为您带来深刻的教诲。正如哥伦比亚商学院财务与资产管理学罗伯特·海尔布朗讲席教授布鲁斯·C. N. 格林威尔对本书的评价："《铁血并购》有助于改变人们对并购的看法，并帮助理解和预期阻碍并购成功的障碍是什么。该书充满了深邃的见解、专家的忠告，以及从著名的失败案例中总结而来的并购教训!"

172. A Giant Cow-Tipping by Savages：The Boom，Bust，and Boom Culture of M&A《黑暗并购》

并购所带来的巨大财富使得各路英豪纷纷效仿，其中最典型的代表则是位于美国曼哈顿的华尔街。"阳光之下，阴影并存。"这句话相信许多人都已听说过，而在纸醉金迷笼罩下的华尔街，又有怎样不为人知的故事？下面，让我们借约翰·威尔·克鲁斯之眼，从这本《黑暗并购》中一窥华尔街的真实模样。

谁站在神庙之巅，谁才有决策之权。金融人士往往把活跃于华尔街作为人生目标，但身处华尔街的人们，却远不像表面上那么尽如人意。作者将华尔街形容为丹麦的丹铎神庙，全书的故事从一场酒会开启，从参会人员的不同面孔开启了并购的神秘之门。华尔街的顶层人员几乎决定了 90% 美国经济的走向，而他们发家致富的历史，则是美国商业发展史的真实写照。"在这个由盎格鲁 - 撒克逊人统治的世界里，你最好拿出一点真本事。"作者在书中如是写到。

华尔街是全球商业精英的聚集地，而华尔街则是精英们的主战场。并购交易作为一项极其复杂的活动，在吸引众多人士参与的同时也对他们提出了更高的要求，在这里白人和犹太人的比重居多。华尔街的人一共分为两种：一种是"满腹流油"的大资本家，而另外一种，则是自成一派，八面玲珑的律师和银行家们。

觥筹交错之间，世界已大为不同。金钱与物欲交织是金钱游戏最本质的特征。许多交易在开始之前毫无端倪，而乐于参加酒会的商人们在推杯换盏之间却轻易赚了个盆满钵满，被盯上的目标企业也只能自认倒霉。这其中最典型的代表就是恶意并购，其以强劲的现金流与绕过管理层直接收购的特点让人毫无反击之力。

书中以吉米·高德史密斯和克朗·泽勒巴克为例，较为完整地叙述了吉米·高德史密斯如何掉入对手的陷阱从而无奈将自己经营的银行拱手让人的例子。一夕之间，覆水难收，就连当时身为吉米·高德史密斯方律师的马蒂都说“这场交易是我人生中最大的败笔”。并购就是有这种魔力，即使您知道参与之后可能功亏一篑，但却还是愿意一试。

虎豹相争勇者胜，强强联合未必强。中国有句古话“狭路相逢勇者胜”，但这句话放在并购世界也一样适用。书中第16、17章所描写的内容则很好地佐证了这个观点。好莱坞著名的派拉蒙影视公司就是激烈的收购大战下的产物。1993年，萨姆纳·雷石东的维亚康姆公司在一场激烈的争夺者中获胜，成为派拉蒙的母公司。维亚康姆公司靠经营连锁影院起家，而后逐渐发展成为一个娱乐集团。被收购之前，派拉蒙一家独大，而完成后的收购事件标志着好莱坞进入了一个新的时代，大的电影公司成为娱乐和传媒集团的一部分。但时代华纳和美国在线的合并则不如派拉蒙影业一样幸运，企业文化的不适配和双方人员的不合作使得这个当年声势浩大的并购案被冠以“史上最失败的合并”之名。

夜幕下的曼哈顿，一如昨日般灯火通明。华尔街每天都在上演不同的并购故事，人人都

图书基本信息

中文书名　《黑暗并购》

著　　者　约翰·威尔·克鲁斯（John Weir Close）

出版信息　St. Martin's Press，2013

页　　数　320页

作者简介

约翰·威尔·克鲁斯（John Weir Close），一个在并购方面开创先河，并享誉盛名的记者。他是《并购期刊》杂志的创始人和主编，此杂志主要披露业内最著名的并购案例细节以及概况。并且，他也是《美国律师》的前编辑，是《金融时报》与《华尔街期刊》的长期撰稿人，现在他已经成为在华尔街独当一面的并购金融律师，并拥有自己合作的律所。

目　　录

第1章　丹铎神庙
第2章　盎格鲁－撒克逊人，犹太人和并购
第3章　炼狱俱乐部
第4章　呐喊者之岛
第5章　玩物之姿
第6章　英国公司的不速之客
第7章　橡胶恐惧症
第8章　亚喀巴的枪声
第9章　勃起障碍症”
第10章　债权人的死亡之光
第11章　飘然远去
第12章　乞丐的钱包
第13章　无用之尘
第14章　成人与小孩
第15章　鲜血淋漓的呐喊
第16章　虎豹之争

第17章 好莱坞之心
第18章 伊卡路斯的覆灭
第19章 美国之鹰
第20章 重回神庙

生活在没有硝烟的商业战场上，最后的胜利困难至极却又蛊惑人心，让人愿意一步步地沉沦靠近。本书描写了一幅幅真实的华尔街并购之景，通过一个个的真实案例，最大限度地还原了并购的本来面目，其中对于并购技巧和并购策略的描述更可谓是生动异常。书中将案例主角对话等细节都包含在内的小说式的文字让读者阅读起来也更好接受，给人毫无专业书籍的枯燥之感。同时本书历史积淀也极其深厚，书中案例大多都是20世纪最出名的并购案件，而所提及的人物也几乎是美国最有名的商业人士，其范围涵盖银行业、电影业在内的各个行业在内。

本书可谓是并购相关书籍中的经典之作，若反复阅读，效果更佳，每一次都会有新的体会与感悟。就连《百万富翁》的作者本杰明·华莱士都赞许说："本书是鲜有描绘黑暗华尔街的经典之作，其中包含了许多不为人知的秘密及难以发现的细节，其所描绘的广泛而生动的文化内涵，在风云变幻的现代商业发展史中是别具一格的。"

谁笑到最后，谁笑得最好。真正的强者，就算暂时跌入谷底，也要始终保持坚持下去的勇气，直到重回山巅之日。希望广大读者在耐心阅读完这本《黑暗并购》后，能够保持本心，在下一个并购浪潮中有所作为，并在并购历史上留下浓墨重彩的一笔。

173. M&A Titans：The Pioneers Who Shaped Wall Street's Mergers and Acquisitions Industry《并购巨兽：改变华尔街并购业的先驱们》

前高盛主席约翰·怀特海德曾说："我不希望我的孩子将来从事并购业务，因为那太残忍了。"是的，并购的世界充满了残酷和不确定性，因此对从业者提出了极高的挑战——在并购的世界里没有人能随随便便成功。但是在华尔街有那么一些人，他们卓尔不群，拥有鹰的胆识和毅力，在美国第四次并购浪潮中共同塑造和形成了人们对华尔街并购产业的认知。这本《并购巨兽：改变华尔街并购业的先驱们》将通过无数个真实、有趣的故事带领您一一认识这些人物，了解他们从出生到创造辉煌的精彩一生。

这本书的作者布雷特·科尔是《经济学人》杂志社的一名韩国记者。他写作本书的主要基础来源于对八十多位华尔街工作者的长达200小时的采访录音。在2003年至2007年间，他曾在纽约为彭博社负责关于华尔街投资银行和私募股权基金的新闻报道。本书的写作基础及作者的职业经历共同回答了为何此书能够为读者带来如此真实的华尔街及如此鲜活生动的并购人物。

对于发生在华尔街的并购交易我们或多或少或系统或零碎地都有所了解，但对于主导并购交易背后的人物，大部分人还是知之甚少。本书能够极大地满足你的好奇心。它描述了这些人物从出生到现时，从求学、工作再到婚姻、家庭的各个方面。

作为书中主要人物的十一位投资银行经理、会计师或者律师虽然来自不同的家庭，有着差异纷呈的成长经历，但是在职业上却呈现出了相似的宝贵品质：奋发努力、机智聪慧、高效高质。为ITT提供并购咨询服务的投资银行家菲利克斯·乔治·罗哈廷是其中的典型代表——“工作极其努力，每天工作16到18个小时”。

对于这数十位有差异又有共性的华尔街精英，作者以一种非常巧妙的叙事方式将他们联结了起来。他们或是工作伙伴，或是竞争对手，他们的故事互相穿插又各有主线。因此本书读起来完全不会杂乱无章，而是可以充分地感受

图书基本信息

中文书名 《并购巨兽：改变华尔街并购业的先驱们》

著　　者 布雷特·科尔（Brett Cole）

出版信息 Wiley，2008

页　　数 240页

作者简介

布雷特·科尔（Brett Cole），是《经济学人》杂志社的一名韩国记者。2003年至2007年间，他在纽约为彭博社负责报导华尔街关于投资银行和私募股权基金的新闻。在去纽约之前，他在东京、台北和悉尼的新闻机构工作，在这段期间构画出了这本书的蓝图。

目　　录

第1章　起源：华尔街的商业和文化
第2章　教父——弗洛姆和立顿
第3章　引诱者——哈里斯和罗哈廷
第4章　组织者——高盛
第5章　创始者——摩根斯坦利
第6章　攻击（敌意收购）或者抵御措施
第7章　关于会计师、夙愿及“瓦瑟斯坦发现”
第8章　格林希尔的信徒
第9章　火枪
第10章　兴起和衰落
第11章　“天才特许经销权”
第12章　停滞和崩溃
第13章　德雷塞尔投资银行的崛起
第14章　罪与罚

第 15 章　旷野里的呼声
第 16 章　密谋与辞职
第 17 章　新视野

到作者为我们勾画、描述的华尔街人物的真实工作与生活状态。

对这些人物所在的公司和行业的介绍也是本书描写的一个侧面。作为塑造和影响华尔街并购业的巨头们分别来自摩根士丹利（Morgan Stanley）、高盛（Goldman Sachs）、所罗门兄弟（Solomon Brothers）等名声显赫的公司，作者透过这些人物对各大公司的管理文化和特点进行了描写。比如借用了第一波士顿银行（First Boston）总经理，被誉为传奇银行家的乔·派瑞拉的一句话："摩根士丹利不像第一波士顿一样关注新的业务，格林希尔的并购银行家们一直靠他们的特许经销权存活；而第一波士顿总是新业务！新业务！新业务！"透过这句话，摩根士丹利的"深厚家底"与第一波士顿的开拓进取便跃然于心。

除此之外，作者并不怠于描述故事或是借用他人的评论，在吸收、消化这些素材的同时也为我们总结出了华尔街的商业和文化，处在华尔街的各大金融机构的发展和特点以及华尔街主流并购业务的演变等内容。

"借他山之石，琢已身之玉。"作者在利用采访素材的基础上又充分借鉴他人的书作和文章，其中甚至还包括书中重点描述的人物之一——被誉为"并购教父"级人物的约瑟夫·哈罗德·弗洛姆自己所写的文章，不得不说这是一本融合了多家之言的精品之作。

"兼并（mergers）和收购（acquisitions），不如说是谋杀（murders）和指控（accusations）。"前摩根士丹利总经理斯科特·纽奎斯特如是说。书中所描述的这些并购巨头，在残酷的竞争中寻找到了一条重组现实和实现财富的道路，令其他华尔街精英相形见绌。并购业务顺时而生且依旧任重道远，通过感受这些优秀人物的工作精神和状态，您会看到离成为一名"并购精英"的差距，这本书能够为每一位志存高远的并购从业者带来珍贵的启示。

第十类

并购专题与综合研究
（精选 27 本）

一、综述

在并购领域，理论研究的意义在于探索实践中的规律，揭示其发展方向，并且指导实践的进行。大体上而言，作为一种商业活动的并购实务的发展水平是与相关的研究状况相吻合的。所以，重视理论的研究，不应当只是并购理论工作者的专属，也应当成为包括实务工作者在内的广大并购从业者普遍的关切和利益之所在。毕竟，理论研究成果转化为具体实践需要来自理论和实务界人士的共同努力。

本类别下的27本书，虽然不能说反映了当今世界并购研究的全貌，但是还是具有很强的代表性的。从这些精选出来的书，我们可以将并购理论研究的成果简单归纳为三类：第一类是综合性研究，多半由一些高水平专家甚至是大师级人物共同担纲完成，其代表作有《兼并与收购（哈佛商业评论文集）》和《兼并与收购手册》；第二类属于专题或专门性研究，一般由单个作者独立承担完成，其代表作包括《控制并购中的情绪》《并购中的知识产权资产》《并购经常失败的原因：综合分析》及《战略联盟与并购：文化对成功公司的影响》等；第三类则主要是基于不同学科的创新性研究，通常这类研究的承担者是学术新秀，其关注的重点是并购发展的趋势，并尝试着用新的学科方法解释并购中的问题，代表性的著作包括《兼并与收购动向（15卷本）》《并购研究手册》《牛津并购手册》和《了解21世纪的并购：多学科观点》等。其中，《兼并与收购（哈佛商业评论文集）》《兼并与收购手册》和

《兼并与收购动向（15 卷本）》这三本书适合更加广泛范围的读者阅读。

由哈佛商业评论出版社编著的《兼并与收购（哈佛商业评论文集）》（中译版，P441），出版较早（2004 年），也没有较大篇幅，但一直是影响很大的并购经典。该著权威性、前瞻性和以问题为导向的特点，使得其具有很高的实用价值，值得每一位并购从业者反复品味。

弥尔顿·L. 罗克的《兼并与收购手册》（P491）也是一本出版较早（首次出版于 1998 年）的权威著作。全书由 8 大部分构成，洋洋洒洒，气势宏大，从内容到形式，让人产生一种厚重的感觉。该著以并购交易基本流程为主线，分 52 个问题，分别由 62 位来自高盛、雷曼兄弟、摩根士丹利、世达和安永这样一类金融证券公司、咨询顾问公司、投资银行、律师和会计师事务所的世界顶尖专家向读者呈现出一幅全景的并购图卷，在权威性、完整性和实用性方面远远超过一般同类著作。换句话说，该著的每一个部分都是精华。

加里·L. 库珀和悉尼·芬克尔斯坦共同主编的《兼并与收购动向（15 卷本）》（P446），是并购领域的鸿篇巨制，与上述两本著作相同，其权威性不言而喻。该著最大特点是及时反映全球并购研究最新发展，并且吸收多学科的研究方法，从不同角度解释并购现象。粗略统计，这部著作所涉及的研究方法涵盖了社会科学几乎大部分学科或学科领域，其中包括经济学、金融、社会学、政治学、管理学、组织行为学、心理学、法学、文化和人类学及战略学等。并购理论和实践的突破性发展在这部著作中都得到充分反映。事实上，这部著作的核心价值就在于它与并购理论与实践的变化，以及发展动向相同步。如果读者是并购理论工作者或者对并购发展趋势有兴趣，这部多卷本的著作值得学习。

二、书评

174.《并购基金：法理与案例精析》

与实践相比，并购基金在我国的理论研究及监管政策的系统化方面，还远处于落后水平。鉴于此，南开大学资本市场研究中心和京都律师事务所金融部共同组建研究团队撰写的《并购基金：法理与案例精析》一书，弥补了国内并购基金研究的空白，让读者得以一窥并购基金在国内外发展及理论与实践的全貌。

本书以我国并购基金的实践为主要落脚点，以并购基金的设立、投资、投后管理和退出为主线，结合案例对我国并购基金的基本法理进行深入、系统地阐述。在此基础上，本书专门针对国有企业并购、PE、上市公司并购、并购上市公司和外资基金并购境内企业及中资基金海外并购等并购基金的常见形态进行详细研究和分析。此外，鉴于税收筹划及法律风险防控对并购基金从业者、投资者的重要意义，本书还专列两章对并购基金税务筹划及法律风险防控措施进行了详细阐述。

本书的第一大亮点，在于理论引导实践。作者立足于并购基金的发展历史及基本法理，溯本清源，为我们清晰地梳理了并购基金在美国的起源及在欧洲、亚洲，特别是在中国的发展，并据此总结了并购基金作为活跃在并购领域特殊基金的主要特征、类型、功能与盈利模式。

图书基本信息

著　　者　韩良

出版信息　北京：中国法制出版社，2015

页　　数　292 页

作者简介

韩良，南开大学法学院教授，南开大学资本市场研究中心主任。共独著和主编法学著作 4 部，发表学术论文 30 余篇。主要研究领域为信托与投资基金法、国际金融法等，在金融法律理论与金融法律实践研究方面均有建树。

目　　录

第 1 章　并购基金概述
第 2 章　并购基金的发起、募集与设立
第 3 章　并购基金的投资
第 4 章　并购企业的重组、治理与退出
第 5 章　基金并购的税收筹划
第 6 章　基金并购国有企业
第 7 章　基金联合上市公司并购
第 8 章　基金并购上市公司
第 9 章　外资基金并购境内企业
第 10 章　基金海外并购的法律与实务

同时，作者在每一章节展开并购基金实务操作的分析之前，会为读者阐述相关的基本概念及理论。这些概念及理论，就像牵住风筝的长线，引导着并购基金的每一步实操，并且能起到防范重大风险的作用。

本书的第二大亮点，在于以翔实的案例剖析理论及实务。案例分析，这一源于古希腊苏格拉底后被哈佛商学院继承发扬的学习方法，被本书作者运用得淋漓尽致。作者不仅以案例结束每一章节的阐述，同时在十分重要的理论与实务分析中，比如并购基金的最优交易结构、税务筹划及风险防控等章节中，往往用经典案例予以说明和论证，使枯燥乏味的法律规定和税务规定，生动地呈现在特定案例的交易结构之中，非常易于读者消化吸收。

相比国内其他对案例只列不析的书籍，本书对案例的剖析也独具特色。作者不仅对案例进行深入、全面地探讨，而且在重要之处还对相关案例进行对比分析，以突出并购基金特定交易结构或税务筹划的重要性。

本书的第三大亮点，在于理论联系实践的创新实务指引。理论联系实践，不仅是理解事物本质的基本方法，也是实现创新的基本途径。作者认为，我国的并购基金从其设立、投资到并购标的的重组、税务筹划及退出，表现出了并购基金在美国、欧洲的基本发展规律。但由于我国特殊的监管、产业发展及风险特征，并购交易从业人士必须结合我国特殊的监管规定及政策，在并购基金的交易结构及风险防控等方面进行符合实际的创新。因此，作者从一般到特殊，在阐述完并购基金的设立、投资、退出等基本内容后，针对我国对国有企业、上市公司及企业跨境投融资等特殊监管要求，对基金并购的法律环境、交易核心条款及流程与法律风险的防控进行了极为详细的论述和呈现。

综上所述，本书系统地梳理了并购基金业务的理论基础和法律实践，并为并购基金业务提供了极具操作性的运作指南和风险防范建议。因此，本书不仅填补了国内并购基金理论研究领域的空白，也为并购基金的投资者和专业的从业人士提供了难能可贵的参考和指引。

175.《上市公司并购重组企业价值评估和定价研究》

如迈克尔·弗兰克尔所言，“房地产中最重要的三要素就是区位、区位、区位，而并购战略交易也是一样，最重要的三件事就是估价、估价，还是估价。”《上市公司并购重组企业价值评估和定价研究》同样在开篇便强调了企业价值评估和定价在并购重组中的重要性，这奠定了全书的研究基调。作者在书中结合上市公司并购重组中企业价值评估实施情况的研究，分析企业价值评估在并购重组中的作用，并梳理出各类评估方法在资本市场的运用情况，让读者对各种评估方法的使用特征了然于心。

众所周知，自然界的植物生长过程中有一条定律——根深才能叶茂，而在并购估值领域也同样是这个道理。价值评估理论如“根”，价值评估实践如

"叶"，在本书的作者看来，只有理论的根扎得深，实践的树叶才能茂盛。

市面上，大多介绍企业价值评估实践的著作常常要煞费苦心地编排那些并非完整的财务理论，并提出估值的有关公式和模型，然而却忽略了其背后的理论基础和直观解释。对此，纽约大学明星教授达蒙德里曾明确批评道："要正确地运用价值评估模型，必须较为全面地理解价值评估的理论原理，在一知半解的情况下应用那些评估模型，几乎必错无疑。"基于这一点，两位作者有意于在企业价值评估的财务理论与现实实践之间的鸿沟之上架起一座桥梁。于是，本书将重点放在有关理论基础的讲解上，以便有效地帮助读者更为透彻地理解估值大树的"根"，并将其灵活地应用于价值评估的实际操作。

本书博采众长，既学习和借鉴了发达国家企业价值评估理论的研究成果，又总结和考虑了中国企业价值评估实务的成功经验，力图达到既反映国际企业价值评估的发展潮流，又切实体现中国企业价值评估的实际状况。作者始终坚信估价模型具有广泛的适用性，并非只适用于特定的情形，因此在书中引用了国外并购重组中企业估值定价的相关经验。通过这样的国际比较和借鉴，结合理论研究，剖析国内上市公司并购重组中的评估与定价关系，这本书旨在为完善我国资本市场上市公司并购重组定价机制提出相关的建议。

图书基本信息

著　　者　赵立新；刘萍

出版信息　北京：中国金融出版社，2011

页　　数　254 页

作者简介

赵立新，中国证券监督管理委员会上市部、中国资产评估协会会同部分资产评估机构、证券公司组成的《上市公司并购重组企业价值评估和定价研究》课题组的负责人之一。

刘萍，中国证券监督管理委员会上市部、中国资产评估协会会同部分资产评估机构、证券公司组成的《上市公司并购重组企业价值评估和定价研究》课题组的负责人之一。

目　　录

第 1 章　企业价值评估及定价概述
第 2 章　企业估值与定价在并购重组中应用的国际比较
第 3 章　企业价值评估在中国上市公司并购重组中的实践
第 4 章　上市公司并购重组中的定价问题研究
第 5 章　结论及政策建议

然而，本书并不属于"如何进行"一类的指导手册，如果您是奔着学习掌握估值操作细节的目的阅读这本书，那可能就会大失所望了。比如走访一个想做价值评估的企业应该做些什么，以及如何写评估报告，并不在本书的内容之内。与财务无关的一些评估问题，比如怎样与公司管理层沟通和交流等，也被忽略了。这并不意味着这些内容是不重要的，而是作者出于更为紧密地围绕财务理论与价值评估实践的关系展开论述的考虑。

遗憾的是，本书在体例上却没有摆脱教科书式的老旧套路，语言的叙述也过于乏味单调，学术味过重，对于读者而言可能会缺乏些许吸引力。此外，书中为完善上市公司并购重组企业价值评估而提供的一些建议也略显空洞，可操作性不强。但总的来说，这本书还是能够帮助读者在动态发展的并购中把握企业价值评估和定价的研究现状以及未来研究方向，激发更多人对这个并购重组中企业价值评估和定价探索的欲望，给该领域的研究带来一些灵感。

176.《兼并与收购》

到2000年，并购交易项目数为40,030个，总金额达到36,260亿美元，分别是1992年的2.8倍和9倍。如此规模和特征的并购交易，对人才提出了新的要求。

在美国，以培养高素质工商管理人才为其使命的MBA（工商管理硕士）教育经过数十年实践和教学体系的改革正进入新的发展阶段。中国的MBA教育也在摸索中向前推进。美中两国都需要有高水平的并购专业教科书用于高层次工商管理人才培养。就在这样的背景下，美国加州大学洛杉矶分校的财务管理教授J. 弗雷德·威斯顿和理海大学财务金融学教授萨缪尔·C. 韦弗共同编写的《兼并与收购》出版了。很快，中国财政经济出版社引进版权出版了中译本，作为国内各高校MBA项目并购专业教科书。

客观上来讲，这部教科书并不是世界上唯一的或最适合于研究生教育的教科书。只是在当时的情况下，它可能更适合相关读者，特别是中国读者的需要。它至少在以下几个方面具有与其他同类著述不太相同的特点。

首先，这是一部问题导向的教科书。该著不像一般教科书那样有一个完备的架构，仅仅讨论了10个问题。而且，在涉及这些问题时，开门见山，直截了当，没有解析概念，没有所谓背景铺垫，也没有冗长的案例解读。在每个问题讨论完之后，附有几个问题及问题的参考答案。读者可以尝试倒过来先了解这些问题，然后再从头阅读。阅读完后，试着解读问题，再参考答案。如果说这部著作在基本的方面，比如完整的体系、循序渐进的解释及概念和案例的适用等，不太像传统的教科书，那么提供思考的问题和给出参考答案的这一模式则弥补了可能的不足。

其次，这本著作重点突出，简洁明了。在这本200多页可称为小册子的教科书中，作者无法容纳太多内容而面面俱到。他们所能够做的，就是使用简洁的语言阐明问题，并尽量突出重点。在这一点上，他们的努力应该是到位的。所谓重点，可以从这样三个方面理解：一是作者用的篇幅较多且做了较为深入讨论的问题，二是这些问题在其他并购专业著作没有涉及或较少涉及的，三是这些问题在并购实践中又确实是重要的。那么，按照这个标准，在这部著作中可以认为是重点的问题应该包括：①反垄断法律和政策；②并购的战略决策模式；③公司成长的途径；④收购防御。作者对这些问题的讨论是非常充分和精彩的。

我们试以“收购防御”问题为例，看一看究竟。一般并购专业著作在讨论这个问题的时候，主要把焦点放在目标公司或潜在的目标公司所采取的反收购策略上，比如毒丸计划、驱鲨措施、反绿票讹诈、金色降落伞和白衣骑士等。而该著作侧重从公司的经营业绩、财务技巧、重组和财务工程、公司章程、董事会和管理层及出价技巧6个方面讨论收购防御问题。如果说前面的那些反收购策略偏于治标的话，那么后面的这6个方面则更倾向于治本，属于战略层面的考量。

另外，这部著作具有一定的实操性。该著作的两位作者虽然都以教学为其主业，但是他们具有丰富的并购实践经验。在整部著作中，几乎看不到大段理论的论述，有倒是为数众多

图书基本信息

英文书名 Mergers and Acquisitions

著　　者 J. 弗雷德·威斯顿（J. Fred Weston）；萨缪尔·C. 韦弗（Samuel C. Weaver）

译　　者 周绍妮；张秋生

出版信息 北京：中国财政经济出版社，2003

页　　数 225页

作者简介

J. 弗雷德·威斯顿（J. Fred Weston），美国加州大学洛杉矶分校（UCLA）安德森管理研究所荣誉退休教授。1948年获芝加哥大学博士学位，并于1968年起担任UCLA“接管与重组研究计划”项目负责人。他曾是美国财务学会主席、财务管理协会主席，同时也是美国普查局顾问委员会成员。发表论文100多篇，专著31本。

萨缪尔·C. 韦弗（Samuel C. Weaver），美国理海大学（Lehigh University）财务金融学副教授。曾任职好时食品公司（Hershey Foods Corporation）20年，担任过经理、董事，负责公司财务与规划。他还是美国财务管理协会理事，并担任《财务实践与教育》（Financial Practice And Education）和《财务管理汇编》（Financial Management Collection）两份专业期刊编委，长期活跃在美国财务管理界。

目　　录

序言
第1章　变革力量与兼并
第2章　反垄断政策

的案例的引用。而且，作者使用了大量的数据图表用以解释所讨论的一些问题。这些贯穿全著的数据图表高度形象化，不仅在视觉效果上有助于读者增进阅读兴趣，而且还使复杂的并购问题通俗易懂，让读者能够较快把握问题的本质。比如，在第 5 章讨论并购价值创造问题时，作者用了一张两页篇幅的框架表格，将并购中收益的 19 个来源阐述得清清楚楚。这在同类著作中实在是少见。

第 3 章　战略
第 4 章　交易的构成
第 5 章　兼并和接管——理论与实务
第 6 章　增长的多种途径
第 7 章　价值评估
第 8 章　重组和财务工程
第 9 章　现金流、股利和股份回购
第 10 章　接管防御

当然，与其他并购专业著作比较，这部著作在体系上不够完整。对并购交易过程中具有十分重要意义的尽职调查、谈判和并购后整合等问题几乎没有涉及。如果读者希望全面了解并购交易的完整过程或流程及其中一些技术层面的东西，还需要借助其他并购专业著作作为辅助。不过，对于较高层次的读者，这部著作可以在篇幅上减轻阅读负担，可以帮助他们集中精力在重要的问题上进行深入探究。在这个意义上，该著作适合研究生阅读，同时对并购教学和专业研究工作者也有参考价值。

177.《兼并与收购（哈佛商业评论文集）》

由《哈佛商业评论》编辑部出版的《兼并与收购（哈佛商业评论文集）》一书，是并购文献海洋中难得一见的称得上是经典的著作。该著作虽然在篇幅上只能算是一本小册子，但是其影响力在问世之后 10 多年仍然保持强劲不衰，受到并购专业工作者的普遍重视。从形式上看，这部著作并没有什么复杂的结构，就是由 8 篇文章所组成。

其中，第 1 篇与后面 7 篇在风格上还有所不同，属于一个并购专题研讨会纪要的东西。不过，这部分的内容非常精彩。10 多位来自并购实务第一线的资深专业人士，在公司管理专家丹尼斯·凯利主持下，围绕着并购中的各种问题畅所欲言。每一位与会者都结合自己所在公司或亲身经历的实际情况，分享他们对讨论中的问题的看法，直截了当，所言字字珠玑。这一部分既是导言，也是整本著作精华之所在。其他各部分分别涉及并购不同领域的问题，同样精彩，与第一部分相得益彰。当然，这部著作之所以有着广泛的影响力，还与它的下面这几个特点或亮点是分不开的。

第一，权威性。该著作的权威性至少体现在两个方面。其一，构成这部著作之全部的8篇文章，包括上面提到的那篇研讨会纪要，都是从《哈佛商业评论》所发表的文章中精选出来的。《哈佛商业评论》是美国乃至世界范围“最权威、最有思想性、最有价值和最为独特”的期刊之一，其权威指数比排名第二的期刊高出了一倍。该刊拥有一流的作者队伍和高层次的读者群。在作者队伍中，一般都是活跃在工商管理实践中的著名大公司或组织的领导者，以及高级政府官员、世界各著名大学的资深教授和管理咨询专家。相对于其他刊物，该刊的读者群拥有更好的职业，更高的收入、更高的学历，也更加年轻。他们是今天或明天的商界精英和领袖。

其二，24位为该著作撰稿或以其他形式做出贡献的作者都是工商管理或并购领域的专家，其中绝大多数来自并购实务第一线，比如美国国际人才服务公司副总裁丹尼斯·凯利、美林公司董事会主席戴维·科曼斯基、普华永道会计师事务所董事会主席尼古拉·穆尔、保诚证券有限公司常务董事和副总裁罗伯特·J. 艾洛、ACP公司总裁及国际公认的公司组织发展和变革专家罗纳德·N. 埃斯科纳斯等。他们具有丰富的主持或参与并购交易的实际经验。

第二，该著作具有前瞻性。它所包含的每一篇文章都立足于并购实践中的最新问题，其中有一些思考已经在后来的并购实践中转化成了普遍的现实，比如罗纳德·N. 艾斯科纳斯和

图书基本信息

英文书名 Harvard Business Review on Mergers and Acquisitions

著　　者 哈佛商业评论（Harvard Business Review）

译　　者 施嘉岳

出版信息 北京：中国人民大学出版社，2004

页　　数 222页

作者简介

《哈佛商业评论》，哈佛商学院的标志性杂志，创刊于1922年。作为管理理论与实践方面的权威期刊之一，《哈佛商业评论》始终致力于发掘和传播工商管理领域中最前沿的思想理论、观点和方法，帮助管理者不断更新理念、开阔视野、适应变化、与时代共进。它被读者普遍认为是国际管理领域中“最权威、最有思想性、最有价值和最为独特”的期刊之一，已经成为先进管理理念的发源地。目前，它在全世界用10种语言发行，包括在中国台湾地区发行的繁体字版和2012年7月起在中国大陆地区出版的简体中文版。

目　　录

1. 并购大师的经验之谈：参加研讨会的CEO如何实施成功的并购策略
2. 善意并购的艺术
3. 你是否为一项并购付出的太多
4. 股票还是金钱：并购中买卖双方的利益交换
5. 这项并购可以挽救吗
6. 谁留下，谁离开

> 7. 使交易获得真正意义上的成功：通用电气财务公司如何发挥并购的效益
> 8. 整合管理者：特殊时期的特殊领导者

苏珊娜·C. 弗朗西斯所讨论的“特殊时期的特殊领导者——整合管理者”。两位作者以德州仪器公司、通用电缆公司、玛丽特汽车制造公司、朗讯科技公司和强生公司的经验教训为案例，提出并购活动中整合管理者的作用应当体现在加速并购过程、为并购活动筹划基本框架、为两个组织之间建立社会联系及帮助并购活动取得短期的成功四个方面。作者的这些研究发现，为后来并购中的公司在实现有效整合的工作中提供了启示和实际指导。

第三，该著作通篇以问题为导向，具有很高的实用价值。严格说，这不是一部理论著作，尽管每一篇文章都曾发表在看上去像是很严肃的《哈佛商业评论》上面。从头到尾，每篇文章的作者是以问题为中心来展开论述的。在很多情况下，他们针对实际案例或根据自身经验而阐述自己的观点。比如，在第7篇文章中，有关收购如何促进公司成长的4个宝贵的经验，就是三位作者之一的劳伦斯·J. 迪摩内克在自己任职了30多年的通用电气公司的实践基础之上总结出来的。所有这些基于实践的观点和经验，对于正在或未来将从事并购交易人士来说，具有实际指导意义。

“山不在高，有仙则名；水不在深，有龙则灵。”这句话特别适合于用来评价这部著作。该著作不仅篇幅不大，其所涉及的并购交易中的问题也并不多。除第一章，其他部分只讨论了估值、交易结构和整合中的人员等几个问题。而它之所以能够在众多的并购文献中受到特别重视，以上提到的权威性、前瞻性和实用性这三个特点是重要原因。

对于该著作中文版读者而言，译者施嘉岳先生的贡献是不可忽略的。虽然他不可能改变原著的内容，但是其朴实而准确的翻译却让我们在理解原著内容时候少了语言上的隔阂。作为经典，这部著作毫无疑问适合所有与并购相关的公司高管、律师、会计师及对并购问题有兴趣的读者阅读。

178.《企业并购：逻辑与趋势》

在并购交易数量急剧增多的同时，人们不禁开始思考，并购对于商业的发展而言，究竟起到怎样的推动作用？企业在选择并购方式时，是出于什么样的目的呢？每一个选择并购的企业所走的路径都相同吗？不同的并购交易架构的设计会带来怎样的后果？交易的各个因素之间有什么必然的联系与规律吗？并购的未来之路会不会依然像现在这样光明呢？别着急，在阅读了这本《企业并购：逻辑与趋势》后，您一定可以找到您所需要的答案。

本书比较特殊，全书分为16个章节，分别由24位作者就不同问题进行写作，并由格雷格·N. 格雷戈里奥、卡琳·L. 纽豪瑟两位学者联合汇编而成。这24位作者均为国际并购方面行家，不仅有深厚的理论研究功底，而且在企业界拥有丰富的实践经验，使得本书无论是从专业性还是实用性上都是非常出色的。更何况一家之言难免不太客观，百家争鸣才能还原并购最真实的状态。尽管24位作者各自针对的话题不同，但还是能从各位的文章中找出不同于其他同类书籍的地方，这一点可以让阅读本书的读者在学到专业知识的同时还能够一次性领略24位金融大家的风采。

从本书的主要框架方面来说，本书的体例非常完整，编排架构也非常合理。其内容主要从并购动机、并购支付方式、并购效应、并购对未来企业经营和股东利益的影响、并购监管的演化路径，并购套利行为的评判标准及并购获利来源7个方面展开了详细的叙述。这7个方面几乎囊括了有关于并购知识的全部问题。除此之外，作者在表述理论知识时还善于利用案例来加深读者理解。本书的每一个章节几乎都是以一个著名案例为切入点，然后再展开深入的讨论，与实际联系的非常紧密。读者通过阅读作者活灵活现地描写过的案例，很容易能

图书基本信息

英文书名 Mergers and Acquisitions: Current Issues

著　　者 格雷格·N. 格雷戈里奥（Greg N. Gregoriou）；卡琳·L. 纽豪瑟（Karyn L. Neuhauser）

译　　者 巴曙松；周沅帆；黄碧艳；王华

出版信息 北京：北京大学出版社，2009

页　　数 277页

作者简介

格雷格·N. 格雷戈里奥（Greg N. Gregoriou）是美国纽约州立大学（普拉茨堡校区）商业与经济学院的金融学教授。他获得了蒙特利尔的魁北克大学以及蒙特利尔的其他三所大学（麦吉尔大学、康考迪亚大学和蒙特利尔商业大学）联合授予的金融学博士。他是《金融衍生产品》的编辑之一，同时也是《财富管理》《金融机构风险管理》的编辑委员会成员。他对外发表了关于对冲基金和管理期货的五十多篇文章，主要刊登在《资产自合管理》《欧洲经验研究》《经营研究年刊》《银行与金融业》《衍生会计学》《欧洲金融》和《资产管理》等刊物上。

卡琳·L. 纽豪瑟（Karyn L. Neuhauser）是美国纽约州立大学（普拉茨堡校区）商业与经济学院的金融学助理教授。她获得了路易斯安那州立大学的博士学位，在《房地产金融与经济学》《金融研究》等刊物上发表了多篇文章，最近她在

够主动代入，置身其中地去感受银行业、电力行业、天然气行业、电信业等多个行业的并购实战，摸清各个行业的并购规律与交易脉搏。

从本书的表达方式上来说，作者非常善于用简洁的图表和公式来解释复杂问题。对于读者而言，这比那些喜欢大谈烦琐理论的专业书籍阅读起来简单方便得多。由于 24 位作者无一例外都有金融学学者的身份，所以整本书的金融学色彩也极其浓厚。本书更加注重内在的思维逻辑与思考方式，而不是简单的高度概括，清楚明了的表达方式与准确无误的数值结果让人无法反驳。市面上的许多专业书籍虽然也在运用图表表达，但如此注重系统逻辑与具象化表达的却很少。

从本书的主要内容来说，本书所讨论的观点也非常贴合实际。作者的眼光非常独到，看法也非常客观。并购之路固然可以让企业变得更强，但这条道路也不可能总是一帆风顺。几十年来，收购兼并活动总是颇受争议，本书也在第 11 章中对此问题专章探讨。作者罗伯特・W. 麦克吉（Robert W . McGee）从功利主义和权利理论两个角度来对并购中的道德问题展开论述，这在其他专业书籍中是非常少见的。事实上，在交易过程中，双方应该是抱着彼此“双赢”的心态来进行接洽与谈判的。尽管一些并购交易的结果并不尽如人意，但也不能简单地就以此判定并购是存在负面影响的。并购之于中国，虽然相比于美国、欧洲而言起步较晚，影响范围较小，但其强劲的发展势头与广阔的市场腹地也是让人不容小觑的。本书的末尾对于中国并购的发展趋势做出了分析与预判，旨在希望给中国的并购从业者们一些正确的导向和启示。

编辑《国际管理金融》的特刊。她参与美国金融管理协会、西部金融协会和西南金融协会的大量活动，同时也是《经济与金融季评》和乔治・华盛顿大学全球管理研究所的特约评论员。她的研究集中在并购、公司治理、证券发行和股利政策上。她的作品多次被提及在全国和地区性的研讨会上。

目　录

第 1 章　兼并与收购：全球视野
第 2 章　并购的驱动力
第 3 章　公司收购中的意外事故与支付形式
第 4 章　论合并过程
第 5 章　企业多元化：协同效应的成本与收益
第 6 章　并购对公司价值的影响
第 7 章　股权收购条件下股票的价格波动
第 8 章　并购套利概要
第 9 章　跨国并购如何影响金融分析师的预测
第 10 章　美国反托拉斯企业并购法的经济分析
第 11 章　并购中的道德问题
第 12 章　股权互换在并购中的应用
第 13 章　银行在本土并购和跨国并购中的表现
第 14 章　欧洲能源公司间的并购
第 15 章　过火的交易：杀手收购案例
第 16 章　中国并购的发展趋势

正如古人所云“金无足赤，人无完人”，本书也不是十全十美。首先本书的文字理论叙述部分篇幅较少，所以对于有一些并购基础的读者来说，阅读效果可能会更好；其次由于本书中的大量公式算法和许多金融学专业知识，完全没有金融学与数学基础的入门级读者阅读起来会比较吃力，因此本书的受众范围并不算广泛。

总体而言，本书研究论题新颖、角度开阔，抓住了并购发展时代脉搏。结合了本书出版之时最新的并购理论，并将其与并购案例相结合。作者运用了实证分析法的叙述手法贯穿始终，使得本书体例完整的同时还实战性极强，观点独到，论证合理。希望读者们可以通过对本书的阅读，找到企业并购的黑匣子。

179. Advances in Mergers and Acquisitions（Volume 1 – 15）《兼并与收购动向（15 卷本)》

图书基本信息

中文书名 《兼并与收购动向（15卷)》

著　　者 加里·L. 库珀（Cary L. Cooper)；悉尼·芬克尔斯坦（Sydney Finkelstein)

出版信息 Bingley：Emerald Group Pub.，2000 – 2016

页　　数 2622 页

作者简介

加里·L. 库珀（Cary L. Cooper)，出版 120 多本（部）著作，是英国被引用最多的商业权威之一。他是国际著名心理学家、英国兰卡斯特大学管理学院特聘教授、英国皇家勋爵、英国管理学会前主席、美国管理科学学院院士。

悉尼·芬克尔斯坦（Sydney Finkelstein)，达特茅斯塔克商学院战略与领导学教授。出版 20 多部

与大多数商业活动不同，并购交易是一个系统工程。全局观、多学科视角及对每一个微观问题有分寸的拿捏，是一项成功的并购交易团队及其核心人物的基本素养。有没有一本书能够帮助我们实现这样的目标呢？在这里，推荐一部多卷本的书《兼并与收购动向（15 卷本)》给读者。它或许是大家正在寻觅的用以提高并购交易成功率的“灵丹妙药”。

该书不是一般意义上的书。它由 15 卷构成，洋洋洒洒，气势恢宏，涵盖了并购交易的几乎所有方面。从 2000 年起，大约每年出版一卷，加里·L. 库珀和悉尼·芬克尔斯坦担任主编，由英国著名的翡翠集团出版有限公司出版发行。相信在未来相当长时间里该书还将继续出版。读者朋友可能会问，这是不是杂志、年刊或年鉴一类的东西？答案是否定的。有记者

在采访该书主编之一加里·L. 库珀先生时，也曾提出过这样的问题。主编先生告诉记者说："我们没有一般杂志或连续刊物的编辑部，也没有一般杂志或刊物的专业局限性。"那么，这究竟是怎样的一部书呢？以下试着解答一下。

这是一部特色极为鲜明而其他同类书根本无法复制的并购专业书。

在这部由15卷组成的大部头书中，包括了将近150篇非常有深度的文章，而本书的独特性正体现在这150篇左右的文章上。综观这些文章，我们可以用三个"不同"来加以概括，即来自不同国家的文章作者，分属于不同学科的文章内容，以及适用的不同分析问题的方法。以第14卷为例，19个文章作者分别来自印度、中国、芬兰、爱尔兰、巴西、加拿大、荷兰、英国、美国和瑞士10个国家；9篇文章涉及管理、社会学、战略、文化、人类学和经济学等多个学科领域，而文章中对问题的研究则运用了社会学的调查分析，经济学的统计分析，文化和人类学的历史文献分析，以及比较分析等方法。第14卷所呈现的情况，在整部著作的其他各卷中，大体相似。虽然作为这部著作之基础的每一篇文章的作者来自不同国家，涉及的问题不局限于某一两个学科领域，而且适用的研究方法亦多样化，但是它们最终都指向并购交易，从不同方向和不同角度揭示并购交易全过程中各个具体问题。

这还是一部权威性极高的并购专业书。

该书的权威性主要体现在两个方面：一是两位主编的身份特殊，二是各卷中每一篇文章

著作，其中多部著作为畅销书，包括排名美国榜首畅销书。

目　录

兼并与收购动向，（2016年第15卷）

1. 并购中健康成长与培训的作用
2. 政治体制在国际并购中的作用
3. 并购中的文化尽职调查
4. 过渡期治理的轨道
5. 兼并与收购的社会责任
6. 跨界高新技术收购中文化与技术差异间互动
7. 聚焦执行思维
8. 相关多元化

兼并与收购动向，（2015年第14卷）

1. 并购的合并前阶段管理
2. 为何性别在并购中没有争议？
3. 设计好管理层收购以确保价值公平
4. 战略投资决策面面观
5. 优化并购私人中级市场公司
6. 利用并购中的社会网络
7. 并购后整合：透视文化冲突
8. 身份认同：兼并与收购的一项工具
9. 收购绩效的决定性因素

兼并与收购动向，（2014年第13卷）

1. 集结性联盟、合资企业与并购绩效
2. 互补资源对企业边界决策的影响
3. 反思并购和创新绩效中的技术相似性
4. 资产剥离对并购决策组织溢出效应
5. 中国跨界并购
6. 结构优先

的作者地位显赫。主编之一的加里·L. 库珀是当代世界顶级学术大师或泰斗，不仅仅拥有崇高的地位，比如英国皇家勋爵、英国管理学会前主席及美国管理科学学院院士，而且其观点在全球范围被广为引用。另一位主编悉尼·芬克尔斯坦，出版了20多部著作，其中有不少是畅销书，包括排名美国榜首的畅销书。在近100位文章的作者中，大多数是全球范围各自研究领域的领军人物，有的开创了新的学科领域，有的则发展和发明了新的研究方法或技术，比如，A. 阿格拉沃尔（Anup Agrawal）教授在著名的社会科学研究网中排名前千分之二点五。

这也是一部“立体”的提供权威并购资讯的专业著作。

所谓“立体”，在这里是指该书横向涉及的学科或学科领域之众，以及纵向15年来对并购理论和实践的发展关注之密切。粗略统计，这部著作涵盖了社会科学几乎大部分学科或学科领域，其中包括经济学、金融、社会学、政治学、管理学、组织行为学、心理学、法学、文化、人类学及战略学等。15年来，并购理论和实践的突破性发展在这部著作中都得到反映。事实上，这部著作的核心价值就在于它与并购理论与实践的变化、发展动向相同步。

总体来说，这部著作偏于宏观。也正因为如此，它适合于更大范围的读者群。首先，它是并购专业研究者必不可少的读物。可以肯定地说，不论你的研究领域侧重于哪个方面，这部著作中所讨论的问题都有你关注的。特别值得一提的是，在近150篇文章的每一篇后面都

7. 并购后整合绩效中的常规融合效果
8. 协同效应中的融合与添加
9. 并购中的领导作用

兼并与收购动向，（2013年第12卷）

1. 人力因素对并购绩效的影响
2. 并购谈判阶段
3. 并购中的消费者角色
4. 并购后整合
5. 跨界并购
6. 文化对兼并和收购的影响
7. 洞悉并购研究的信号理论
8. 混合式方法

兼并与收购动向，（2012年第11卷）

1. 我们可以预测并购活动吗?
2. 通过联盟和并购扩张的意义
3. 以全球零售业为例
4. 缓慢而确定
5. 反思基于知识的并购观
6. 组织文化差异实证研究
7. 减少评估并购融合潜力中认知偏见
8. 声誉溢出效应与并购后绩效
9. 消费者与竞争者对并购的反应
10. 整合相对地位和市场纪律
11. 分析并购绩效重要层面的决策框架

兼并与收购动向，（2012年第10卷）

1. 是不是所有的并购都相似
2. 实证文献综述
3. 收购中的组织承诺
4. 完善并购中身份认同程序的脚本
5. 文化相似和差异

附有该文章所涉问题领域的丰富而权威的参考文献。这不仅仅有助于专业研究者进一步深入探究，也可以为并购专业研究生撰写研究或毕业论文提供素材或线索。其次，这部著作适合于并购实务工作者参阅。并购是一个技术性很强的领域。在实践基础之上形成的理论架构或观念，反过来能够指导实务操作。并购实务工作者如果能够熟悉和熟练运用这部著作中多学科和系统的思维方法，必然大大增进驾驭并购这项系统工程的能力。另外，这部著作也适合于非并购专业人士阅读，其前提是您对并购或并购的某些方面有兴趣。

6. 梯瓦制药业跨界收购案比较分析
7. 测算并购绩效中会计基础措施
8. 生物制药产业中的纵向和横向整合
9. 为了更好或更坏
10. 并购后整合的社会网络观

兼并与收购动向，（2010 年第 09 卷）

1. 兼并与收购
2. 21 世纪中国的对外并购
3. 并购中信任的变化
4. 克服并购中的偏见
5. 政治关系与家族企业多元化
6. 公司收购中的价值创造
7. 认知基础之外
8. 精品店的诱惑与危险

兼并与收购动向，（2009 年第 08 卷）

1. 反思国际并购绩效
2. 整合组织的过去和塑造其未来
3. 过渡阶段治理
4. 组织复杂性对并购后整合的影响
5. 测算技术导向的并购绩效
6. 中国房地产业收购与私有化进程
7. 子公司品牌与收购后决策权再分配

兼并与收购动向，（2008 年第 07 卷）

1. 公司并购与联盟组合
2. 合资双方中价值的创造
3. 并购后整合过程中的关键角色
4. 日本并购中的并购后整合程序
5. 并购各阶段中的环境
6. 文化差异、心理状态与国际并购中的关联

兼并与收购动向，（2007 年第 06 卷）

1. 并购的群体心理
2. 并购前身份认同
3. 文化多元化对组织间交往的影响
4. 并购动机
5. 并购对技术绩效的影响
6. 股市对基于知识的收购的反应
7. 技术性公司收购中目标公司消费
8. 收购生物制药研究公司

兼并与收购动向，（2006 年第 05 卷）

1. 相关性与收购绩效
2. 通过收购降低风险
3. 知识储备与并购后阶段转移
4. 原目标公司成员的信任问题
5. 培植并购中积极的情绪
6. 如何避免因并购而毁掉你的公司？
7. 国际公司与网络资源价值

兼并与收购动向，（2004 年第 04 卷）

1. 从公司层面看收购整合
2. 观察并购整合挑战的新方法
3. 文化差异对并购绩效的影响
4. 对并购结果的一种解释
5. 并购中高层管理团队的更替
6. 作为市场演进机制的收购
7. 从演进角度看收购如何创造价值
8. 在公司的市场，如何卖掉一家公司？

兼并与收购动向，（2004 年第 03 卷）

1. 管理层有关诱发文化变迁和文化适应后果的观点
2. 收购公共或私营公司与收购者回报
3. 收购后管理中行政管理者
4. 有关平等者收购中理想的收购整合
5. 跨界联盟中人力资源管理
6. 从企业声誉角度看并购
7. 管理风格和兼容性与跨界收购结果
8. 收购与无形资源
9. 公司治理与兼并和收购

兼并与收购动向，（2003 年第 02 卷）

1. 通过并购整合创造价值
2. 收购整合
3. 国际收购中的组织变更程序
4. 反思国际并购伙伴中管理层偏见
5. 欧洲大型并购中的价值创造
6. 英国零售业中收购公司的营运绩效
7. 多元化战略的股东财富效应
8. 兼并与收购：过去与未来

兼并与收购动向，（2000 年第 01 卷）

1. 并购后绩效之谜
2. 跨界并购中文化相容性的影响
3. 兼并与收购整合：国际研究概要
4. 作为一种惩戒机制的接管
5. 公司治理、公司控制与接管
6. 收购战略与目标抗性
7. 所有权控制与降低风险的收购
8. 专业性服务公司之间的兼并
9. 有关国际收购的一种叙事学观点

180. Corporate Takeovers：Causes and Consequences《公司收购：原因和后果》

人们在获得成功时，很少会思考成功如何而来。而当人们失败时，才会绞尽脑汁地去寻找为何失败。莎士比亚说过“经验是一颗宝石，那是理所当然的，因为它常付出极大的代价得来”。吸取前人的经验和教训可以使自己少走很多弯路，从而在未来的道路上走的更加顺畅。这本由艾伦·J. 奥尔巴赫（Alan J. Auerbach）编著的《公司收购：原因和后果》，从剖析多个不同的案例出发，来讲述公司收购的过程中可能出现的各个问题，以及这些问题出现的原因和可能产生的后果。

本书最大的特点就是它是一本由众多不同的并购学者与专家，分别针对不同的话题，而共同完成的文集。“一千个人里面有一千个哈姆雷特”，不同的作者在并购实务中会产生不同的问题与看法，而本书，经过艾伦·奥尔巴赫的统一汇编，将这些看法集中起来，无论是从“含金量”“可接受程度”还是“可信度”上，都能在同类书籍中脱颖而出。

与其说这是一本“专业书”，不如说这是一本“问题集”。当市面上大多数书籍还停留在采取平铺直叙的方式叙述知识时，本书却截然不同地运用了案例讨论的套路来讲述；当大部分实证研究都集中在收购的财务方面时，本书却另辟蹊径地从收购过程的管理人员或投资者的经验角度来进行思考。

本书通过通俗易懂的语言和简明清晰的表

图书基本信息

中文书名 《公司收购：原因和后果》

著　　者 艾伦·J. 奥尔巴赫（Alan J. Auerbach）

出版信息 Univ. of Chicago Pr.，1988

页　　数 354页

作者简介

艾伦·J. 奥尔巴赫（Alan J. Auerbach），是罗伯特·伯奇税务政策与公共财政中心的主任，同时也是加州大学伯克利分校经济学和法学的教授。曾在哈佛大学和宾夕法尼亚大学任教，并在那里担任经济系主任，于1992年担任美国税务联合委员会副主任及政府机构顾问，美国经济协会副会长，并作为该协会“经济展望杂志”“美国经济日报”等栏目的编辑。同时，作者也是荷兰丹尼尔奖章的获得者。

目　　录

第1章　公司收购活动对员工的影响
第2章　敌意收购中的信托问题
第3章　收购对公司未来发展影响
第4章　善意收购与敌意收购特点比较
第5章　目标公司股东的控制权
第6章　税收对于并购活动的影响
第7章　股票回购：从各参与方角度
第8章　并购程序：以美国和英国为例
第9章　并购浪潮对美国经济的影响
第10章　小组讨论

达方式，针对10个并购过程中的不同问题展开了讨论。比如本卷的前两章就是专门用来讨论收购对与目标公司员工的意义，主要从所有者更替、资产收购及兼并等3个类型来分别叙述不同的并购形式对于目标公司员工所产生的影响及这些影响将如何影响整个并购进程。大多数的读者都是普通人，他们既不是经济学教授，也不是首席执行官，更不是并购中的套利者，对于冗长复杂的专业知识难免觉得晦涩难懂。但本书不同，这种“问题讨论”的方式使得读者可以更好地吸收书中精华，最大限度地满足了受众的需求，降低了阅读的难度。

与其说这是一本“问题集”，不如说这是一个“数据库”。本书作为一部汇编本，运用了大量案例，带来了无与伦比的数据资料，并且这些数据都真实可查。人们总说“数据是唯一不会说谎的东西”，这一点在并购世界中表现得尤为明显。比如历史上的美国并购市场，资产现金流量比率较高的公司在1976年和1984年这两个年份相比于其他公司更有可能回购自己的股票。1955年美国和英国收购的2500多个收购样本的数据显示，跨国并购里对现金收购的税务处理和关于收购的其他法律不同，美国并购中使用现金作为支付手段的案例比英国更多等，这些都能为读者在学习并购知识时提供有力的支持，并且也使本书的内容更加具有说服力。

与其说这是一个“数据库”，不如说这是一本“警示录”。20世纪80年代的美国刚刚经历了60年代以来最狂热的并购热潮，大量之前未观察到的对收购方法的滥用和社会弊病在这一阶段开始显现。敌意收购开始逐渐被人们知晓，相应的防御措施也开始逐渐引起大家的重视。立法者们也开始关注并购活动对于市场竞争的影响，从而重点在税收制度方面做出了一系列的改革。如何在日益激烈的商业竞争中占据有利地位，是大多数发展并购业务的企业所不可忽视的问题。唐太宗李世民曾言，“以铜为镜，可以正衣冠；以史为镜，可以知兴衰”。无独有偶，英国前首席丘吉尔也说过，“最容易通向惨败之路的莫过于模仿以往英雄们的计划，把它用于新的情况中。”可见，一个个前人的经验就像一面面镜子，让我们知道何为必存之精华，何为必弃之糟粕。

与其说这是一本“警示录”，不如说这是一本“指南针”。随着世界经济的不断繁荣与交流，并购已经成为现代企业不断发展与扩张的最有效方式之一。历史总是不断重复而又不断向前发展的。西方国家作为“并购世界”的

“老大哥”，对于目前中国蒸蒸日上不断发展的并购事业具有不可比拟的影响。本书通过对20世纪末西方经典并购活动的描写，对今日的中国并购之“崛起”的前进方向一定可以带来些许启示与指引。

在每一篇文章的末尾，都会有不同的学者对于该问题所发表的评论，如此不仅可以让读者加深印象，同时也可以引发读者自己的思考。比如第9章中的“并购浪潮”对于美国经济是否真的产生影响？第6章中的税率因素是否可以影响股票回购的平均溢价？不同法案的实施对于并购活动的开展又会产生什么限制等。

以上几点，只是蜻蜓点水，并不能完全概括本书的全部内容。无论您是否有并购基础，也无论您是否是并购专业人士，只要对并购感兴趣，这本书都不容错过。

181. Handbook of Research on Mergers and Acquisitions《并购研究手册》

从二战结束，有关并购的研究就已经开始。然而，有一个不争的事实是，这些研究对降低并购交易的失败率几乎没有任何贡献。其基本表现是，这些研究局限于视野上的单一学科、并购交易过程的单一阶段及分析问题的单一方法。问题是，这样的局面居然持续近半个世纪而没有根本上的改进。如果因研究水平局限性而造成的认识的缺陷不加以克服，并购实践中暴露出来的问题还将继续存在。

值得欣慰的是，由战略管理专家雅可夫·韦伯主编的《并购研究手册》给我们带来了希望。这本由全球众多专家共同完成的有关并购研究方法的书，敢于正视过往并购研究领域中存在的严重问题，提出了未来相关研究工作的新方向及可供研究者们尝试的新方法。用主编在导言中的话说，这本书的目标“就是为了激励并购专家们聚焦于新的研究方向及并购交易在各种变量之间的新的关系”。

纵向比较，《并购研究手册》在三个方面有重大突破。

第一，强调全球视野的重要性。过去的并购研究，受制于并购活动发生的范围局限性。特别是在更早一些时候，这些活动主要是发达国家之内或之间的游戏。这种背景极大地阻碍了专业研究工作者站在更高层面，把握并购的一些普遍性规律。随着越来越多发展中国家走向市场化，并购研究中的狭隘思维已经远远满足不了时代环境的要求。这本书应运而生，汇集了处在全球并购研究专家的最新成果。全书包含11个主要章节，分别由来自英国、澳大利亚、以色列、瑞典、美国、法国、芬兰、意大利、荷兰、丹麦和奥地利11个国家的25位专家撰写。这些专家作者代表了世界上并购交易最发达的大部分国家。他们从不同角度，结合各自国家经验，贡献了自己的智慧。事实上，他们的研究水平也处在当今世界前沿位置。

第二，强调研究方法的系统性。本书主编在总结现有并购研究文献的缺陷时指出，在并购活动已经进入多阶段、多层面和多学科现象的时代，大多数并购专业工作者还停留于对单一阶段（比如并购前或并购后）、在单一层面（比如宏观或微观）及用单一的学科方法（比如战略管理或组织行为）进行研究的状态。这种评价是中肯的。当今很多并购交易，论涉及的资金规模、交易结构、融资方式及多元文化对整合过程的影响，都远非往日可以比拟，已经是名副其实的系统工程。专业研究如果不能设计出一个系统的框架将并购交易的各个阶段、各个层面及各个学科方面的问题联系起来综合分析，无论如何是应对不了并购活动日益复杂的局面的。值得庆幸的是，这本书在这些方面做出了积极尝试，相信会引领并购研究的新方向的。

图书基本信息

中文书名 《并购研究手册》

著　　者 雅可夫·韦伯（Yaakov Weber）

出版信息 Edward Elgar Pub，2013

页　　数 352页

作者简介

雅可夫·韦伯（Yaakov Weber），以色列里雄莱锡安工商管理学院的管理学教授，以及一家名为“战略-实施-结果”的战略管理咨询公司总裁。他担任战略管理顾问超过25年，帮助众多企业高管成功进行国内外并购，其工作涉及并购各个阶段，包括规划、谈判、综合处理等。他在美国、西欧、东欧和中国的很多大学讲课，教授工商管理研究生课程和高管课程。他在很多国家开设了高管学习班。

目　　录

导言

第一部分　并购各阶段关系的新模型

1. 并购中信任的作用

2. 国际并购整合：新范式的检验

第二部分　并购各阶段和情境变量

3. 有关增加并购成功机会的研究议程

4. 并购研究中的过程要素与背景要素

5. 并购中知识转移动力学

第三部分　并购研究中的方法论问题

6. 并购结果：高失败率会有意义吗？

7. 用案例的方法研究并购

第三，强调突破创新的前瞻性。并购活动的快速发展，不仅仅体现在交易规模增大、交易数量增多及交易对国家经济社会的影响范围更广等方面，而且还因为经济全球化、通信技术的愈益发达和金融衍生工具的不断多样化而体现在跨国并购的更加普及、交易手段或技术更加复杂及对全球经济的影响更加深远上。这些发展迹象或趋势亟待专业研究工作者与时俱进，跟上并购实践的变化节奏而做出相应的学术贡献。在这一点上，本书树立了一个标杆，以着眼于明天为其使命。这让我们看到了希望。

8. 兼并过程中个人价值与组织文化
第四部分　并购中的背景与过程变量
9. 通过沟通管理和组织促成并购
10. 跨国并购中高层管理人员留用的决定因素
11. 不幸之遇与并购管理

总而言之，这本《并购研究手册》所展现的研究问题的视野、视角和方法，会给专业并购研究工作者带来积极的启示。这确实是一本值得那些关注并购研究动态的学者、学生和实务界人士阅读的专业并购著作。顺便提及一下，该书每一个章节后面附有大量权威参考文献，为专业工作者的进一步研究提供了便利。

182. Intellectual Property Assets in Mergers and Acquisitions《并购中的知识产权资产》

在如今并购浪潮强势来袭之际，知识产权资产不仅是企业发起并购的重要动因，而且成为并购交易中的谈判重点。因此，如何对目标企业知识产权进行尽职调查和价值评估，便成为《并购中的知识产权资产》这本书关注的焦点。

在《穷查理宝典》一书中，投资大师查理·芒格认为事物之间都是相互联系的，也多次强调用一系列跨学科的复式思维框架来对问题进行更为全面的分析和解读。让人十分惊喜的是，兰宁·布莱尔和梅尔文·塞敏斯基撰写的《并购中的知识产权资产》正是如查理·芒格所倡导的，从法律和商业等多个角度来看它的主题——并购中的知识产权资产问题，且书中的一些观点来源于多个学科。此外，这本实用的指南汇集了知识产权领域中一些顶级经济学家、估值专家、律师和会计师的丰富智慧，带领着读者探讨并购世界中的知识产权问题。而书中介绍的估值方法较为清晰易懂，读者不需要具备深厚的财务会计专业背景也能轻松地加以理解。因此，无论是专家学者、企业资深顾问，还是初出茅庐的并购从业人士，这本书能够帮助他们进一步掌握并购中的知识产权资产问题。

本书在阐述并购中知识产权问题等内容时均穿插了许多实际案例，使得探讨的内容简单易懂。这就正如张五常先生曾在《思考的方法》一文中提及的“例子远胜于符号”一说。无可争辩的是，随着技术水平的快速提高及互联网时代的迅猛发展，知识产权这种“无形黄金”经常驱使着并购交易的狂热，涉及知识产权的并购活动也越来越多，许多企业迫切希望获得由发展最快的公司所开发的有价值的技术资产。书中列举了大量的并购经典案例，比如美国在线与时代华纳、埃克森与美孚、美国家庭产品与华纳兰伯及旅行者集团与花旗集团的合并等，它们均是出于收购方对目标企业知识产权的渴求，而知识产权等无形资产也逐渐成为企业业务扩张的关键工具，为企业主提供了无价的商业竞争优势。

知识产权作为一种无形财产权，其权属和价值蕴含于各行各业的并购交易中。知识产权资产的经济专有性，使得公司能够创造和保持对独特产品和服务的垄断力量，因而在许多高科技行业，这种针对尖端知识资产的并购战争正吸引着顶尖的创新者和企业家。与此同时，本书在对众多实例进行剖析的过程中发现，通过发起并购获取其他公司知识产权的做法并不

图书基本信息

中文书名 《并购中的知识产权资产》

著　　者 兰宁·布莱尔（Lanning Bryer）；梅尔文·塞敏斯基（Melvin Seminsky）

出版信息 Wiley，2001

页　　数 456页

作者简介

兰宁·布莱尔（Lanning Bryer），Ladas&Parry纽约办事处的合伙人，也是该公司兼并、收购和许可部门的总监。几个知识产权协会的活跃委员，同时担任商标许可执行协会的委员以及《商标报道》的主编。曾在国际商标协会担任国际编辑委员会的主编，目前担任国际年度评论的主席，撰写或讲授知识产权的收购、融资及许可方面的外国商标实践和商业交易，是《全球商标转让》和《全球市场中的知识产权》的共同作者和共同编辑，毕业于约翰霍普金斯大学和霍夫斯特拉大学法学院。

梅尔文·塞敏斯基（Melvin Seminsky），是纽约法学院知识产权法的访问学者。在此之前，作者曾是几家律师事务所的合伙人，负责商标、版权、广告、娱乐业等法律咨询和诉讼业务。专门从事知识产权相关的并购融资商业交易。曾在纽约大学法学院担任法律教授，在那里举办了一个关于娱乐业知识产权方面的研究生研讨会。曾是《纽约法律杂志》娱乐业和知识产权法律问题的专栏作家，担任《商标报道》和《版权界》的编辑，并一

仅仅存在于高科技行业，而是在许多传统公司迅速传播开来。因为，即使是那些几十年以来都是通过内部不断创新和开发新产品而长大的公司，也逐渐发现它们根本无法跟上美国和全球众多初创公司中知识产权创新的爆发式发展。而且，与尝试在企业内部重新创建知识产权相比，公司借助外部途径获得知识产权等无形资产的路径，已经变得更具成本效益。于是，随着知识经济的全面兴起，人们已经很难找到那些完全没有知识产权渗入的产业领域了。

作者将知识产权资产的相关问题贯穿于并购交易中的各个阶段，从知识产权并购的尽职调查与估值，到谈判、法律监管等方方面面的内容，包罗万象，面面俱到，这是本书的一大特色。当然，这本书有面也有点，比如书中通过专章深入剖析了知识产权并购的估值与尽职调查操作细节。知识产权资产正日益成为驱动并购交易的关键因素，然而在并购活动中，知识产权资产不同于有形资产，其往往难以得到准确的估值，这一问题在快速发展的高科技产业尤为突出。显然，无形资产的估值是并购交易中的极大挑战和陷阱，因此有人称之为“并购交易的隐形杀手”。了解影响知识产权资产价值的因素，以及这些资产在国内和国际并购中所起的作用，对参与并购过程的任何交易人士来说都至关重要。于是，本书概述了并购中知识产权的发展形势，并事无巨细地涵盖了该领域中从财务、会计到尽职调查和许可转让等方面的重要主题。

非常值得一提的是，这本书从多个国家和地区的角度看待并购中的知识产权资产问题，包括欧洲、加拿大、美国等国家。这是一本有价值的出版物，因为它具备全球视野，全面而深入地分析和审查那些寻求获得高价值无形资

直在国内外法院许多诉讼中担任美国知识产权法的专家证人。毕业于耶鲁大学和纽约大学法学院。

目　录

第1章　并购概述
第2章　知识产权和无形资产在并购中的作用
第3章　并购中的知识产权和无形资产
第4章　评估并购中的知识产权资产
第5章　解释并购中的知识产权资产
第6章　并购中的知识产权问题
第7章　美国反垄断法与并购中的知识产权
第8章　商业交易中的知识产权和技术尽职调查
第9章　并购中的知识产权及其尽职调查与安全利益问题
第10章　专利评估
第11章　国际并购：加拿大观点
第12章　国际并购：欧洲观点
第13章　知识产权转让给控股公司
第14章　离岸公司
第15章　美国的并购、驰名商标的许可及公开权
第16章　并购中的知识产权转让问题

产的企业在并购过程中所面临的关键因素。如今的经济迎来了一个全球化时代，越来越多的大型并购发生在不同国家的公司之间，而参与国际并购的交易人士和专家顾问们需要充分理解世界各地的各种竞争法和知识产权法。对这本书，默克公司的高级律师罗伯特·佩弗拉达也忍不住称赞道："为一家全球性公司工作，需要熟悉各种知识产权法律，特别是在这个兼并收购的时代。这本书是一个方便的工具，其涉及这些交易的许多基础知识并能够提供更多的深思熟虑，是一本在任何法律图书馆都受欢迎的著作。"

众所周知，人生有两条路——难行的路与易行的路，而大多数人通常情况下会不自觉地选择好走的那条道路。殊不知，好走的路终究会因为聪明人太多，而变成难行的路。并购领域中的知识产权也同样是这个道理，尽管获取成本很高，但是这些资产往往是独一无二的，难以复制和模仿。拥有它们的公司可以实现更长期的可持续竞争优势，而其竞争对手却只能在每天本小利微的商品买卖或服务提供中忙得焦头烂额。

总的而言，获取知识产权资产的愿望是今天大多数并购背后的推动力，了解知识产权如何影响兼并和收购在当今的经济环境中至关重要。本书涵盖了并购中知识产权的众多基本问题，想在并购领域中占有一席之地的企业们，千万不要错过这本高含金量的书籍。

183. Managing Emotions in Mergers and Acquisitions《控制并购中的情绪》

情绪，是人类对于客观事物的一种主观心理体验。大多数人对于情绪的理解都停留在喜、怒、哀、乐四个层面，也正是由于我们这些不同的情绪表征，才使得我们与其他物种相较显得更加"高级"，同时也使得社会整体发展更加和谐。对于传统投资方式来说，并购无疑也是更加"高级"的活动，而人类正是这项高级活动最主要的参与者。那么"喜怒哀乐"等情绪问题是否也会对此活动产生一定影响呢？是管理人员的情绪对并购整体结果产生的影响大还是员工情绪产生的影响大呢？并购中的不良情绪是如何产生的呢？别急，这些问题在这本《控制并购中的情绪》中都会有详细地叙述。

本书作者韦雷娜·库斯塔茨切尔和加里·L. 库珀，分别是管理学和心理学专家，具有丰富的并购经验。如此奇妙的组合，将心理学、社会学内容与并购专业知识完美结合，其三者之间所擦出的别样火花使得本书在同类书籍中显得别具一格。

全书一共由3个部分组成，在第一部分中作者主要叙述了并购和情绪的概念背景。作者以并购为什么发生及并购为何失败两个问题为开端，伴随着并购交易的逐步深入引入软性问题对并购的影响这一话题。已有的研究对于影响并购结果的因素我们已经讨论了很多，大多数的学术成果都集中于管理机制、财务、法律、交易架构及交易战略等方面。

近年来，关于企业文化整合等软性问题也开始得到大家的关注，愈来愈多的人们注意到并购双方公司的原生文化对于日后的企业融合会产生极大的影响。但相关的大部分研究通常侧重于组织文化的兼容性、员工期望、不确定性和压力对工作满意度的影响等问题，对于产生这些问题的动因及内在联系的原因却没有一个很好的了解与梳理，因而“并购综合症”一词第一次进入了大众的视野。到达不了病灶的解决办法无异于隔靴搔痒，治标不治本，本书作者正是注意到了此类问题对于并购活动影响及相关书籍的缺失这一现状。为了改变这一局面，作者进行了深入的研究，从而得出了交易参与人员的情绪传递能力及情绪控制能力对并购结果会产生影响这一结论。

本书的第二部分，是并购案例研究。作者通过对并购真实案例的实证研究及对于并购流程中人文因素作用的深入了解，从而得出结论。

图书基本信息

中文书名　《控制并购中的情绪》

著　　者　韦雷娜·库斯塔茨切尔（Verena Kusstatscher）；加里·L.库珀（Cary L. Cooper）

出版信息　Edward Elgar Pub，2005

页　　数　212页

作者简介

韦雷娜·库斯塔茨切尔（Verena Kusstatscher），任教于英国曼彻斯特大学管理学院，并在多个咨询机构从事并购问题咨询。

加里·L.库珀（Cary L. Cooper），出版120多本（部）著作，是英国被引用最多的商业权威之一。他出生于美国，生活在英国，拥有双重国籍。他是国际著名心理学家、英国兰卡斯特大学管理学院特聘教授、英国皇家勋爵、英国管理学会前主席、美国管理科学学院院士。

目　　录

第1章　简介

第一部分　并购与情绪初探

第2章　并购流程

第3章　并购后整合

第4章　后并购整合中的情绪

第二部分　并购中情形案例研究

第5章　宗旨

第6章　信息采集与情绪测算

第7章　情绪

第8章　管理沟通

第9章　管理行为

第10章　并购结果

第三部分　结论

第11章　讨论

影响情绪的因素有很多，首先作者从经理或者管理层在并购交易期间与员工的沟通方式出发来进行分析。好的沟通方式会让员工工作起来的情绪更加稳定，根据不同员工的性格标准来适当调整沟通机制，会使得管理层与员工互相都感觉到舒适与平和，积极向上的情绪更容易塑造积极向上的团队，从而也更容易形成一种公司与员工相互促进的良性循环。最后这种情绪的良性循环所带来的结果，就是对新合并的公司认同感加深，对于工作的满意度加强，促进了企业文化及其他方面的整合，从而达到并购成功的效果。人是复杂情绪的结合体，在本书中作者通过定性研究案例可以知道相应的数据及资料，并结合“情绪曲线”等各式图表将案例中的问题反映出来，将心理学、社会学相关知识对并购过程的影响较好地表现了出来。

本书第三部分则是从全局角度对本书所含内容的一个梳理、讨论与总结。传统的并购研究主要关心的是合乎逻辑的推理与理性的思考，对于突发状况及感性思维的关注并不突出，长久的忽略导致人们在应对并购中出现非理性问题时往往手足无措，若消极情绪此时占有上风的话，则很容易出现放任自流的情形，那么这对于最后的并购结果无疑是一记致命伤。

本书的出现，要求人们对于并购中出现的毫无逻辑的非理性问题，应当越来越意识到管控员工及管理层情绪的重要性，以及通过改变彼此之间的沟通方式来处理组织形式的变化给双方所带来的不适。作者从横向与纵向两个层面对情绪问题进行了研究与推理，最后验证了自己在本书开头第一节中所得出的情绪导向会对并购结果产生重大影响这一结论，给广大并购从业者日后在工作中应对“并购情绪综合征”提供了很好的调整办法和指导意见，也为软性问题的解决做出了极大的贡献。

以上三点只是按照全书体例分布所进行的简要特点概括，除此之外，本书在文字上也如行云流水，通顺流畅，让人阅读起来也感觉愉悦舒服，如沐春风。作者始终以并购中的情绪问题作为主线，从理论处深入，从案例中浅出，在对于书中内容感到精彩的同时，也对于并购中心理因素等软性问题提起了更高的重视。正如英国曼彻斯特大学的学者佩韦斯·戈里所评论的那样，“这是一本及时和创新的书，对于有意兼并和收购的人来说，这本书是必须阅读的。”相信对于并购感兴趣的您与查理·戈里有同样的感受。唯一不足的是本书是心理学与并购专业相结合的书籍，对于专业程度有一定的要求，入门级读者阅读起来可能会有些难度，若先行了解一些基本知识后再进行阅读，可能效果会更好。

184. Managing Mergers, Acquisitions and Strategic Alliances: Integrating People and Cultures《管控并购与战略联盟：整合人员与文化》

婚姻常常被用来比喻并购活动，因为并购交易中买卖双方的关系与婚姻关系十分相似。借用生活中常见的婚姻关系来辅助讲解商业活动中的并购交易，相关内容的讲解将会变得非常生动和有趣。这本《管控并购与战略联盟：整合人员与文化》一书的作者有效地利用了这一点，将并购交易的各个阶段比喻成婚姻生活的各个阶段，来辅助讲解一个关乎并购成败的重要课题——人员与文化整合。

婚姻美满和谐与否会受到很多因素的影响，比如夫妻两人的文化背景、脾气性格、价值观念等。同样的，两个公司的结合并实现成功整合也会受到类似因素的影响。在以往的并购活动中，商业战略和财务方面被更多地认为是最重要和最关键的因素，人员及文化方面被当作“软性问题”或“情感问题”而没有受到应有的关注。但事实上，并购中人类个体受到的影响绝不亚于一个公司或者一项业务受到的影响，而且人员问题比商业战略和财务问题处理起来要棘手得多。无论是实践中活生生的案例还是现有的很多研究都充分证明了人员和文化整合问题对并购交易的重要性。但在20世纪末，也就是本书首次和第二次出版的时候，这一因素还常常被忽视或者隐藏，作者是较早关注到这一领域并进行了深入研究的学者。在21世纪的今天，正如作者当时所强调和期待的一样，这一领域受到了越来越多的关注和重视，无论是学术领域还是实践领域，人员和文化整合问题已成为并购活动中不可避免的研究课题。

这本书的写作基础来源于英国及其他国家大量的公众信息和研究成果，主要分为三个部分：首先对并购中的一些共性问题进行讲解，并充分地探讨了并购活动对个人的影响；其次将关注点放在并购中的文化课题上，将组织文化分为4种类型，并预测了公司间的并购或其他形式的战略联盟的文化组合方式，提出了非常独特和新颖的观点；最后为规划人员整合的管理人员提供了实践上的帮助，将并购各个阶段比喻为婚姻的各个阶段，指出了每个阶段常见的陷阱和问题。书中每一章节后面都附有参考目录，能够为相关研究人员的进一步学习提供指引；书尾附有4个详细的案例，能够为感兴趣的读者提供更多的案例细节。因此，本书的内容融合了学术研究和实践操作两个方面。

有读者评论道："这本书在相关领域的贡献是非常卓越的，它显示出并购中的文化对人员的影响及对并购后新组织业绩的影响。它的内容与决策制订者息息相关，即那些负责计划和执行大的组织机构变革和负责整合工作的相关人员。它对研究管理的学生及人事行政或管理顾问也具有极高的实用价值。"

在实现一桩美满和谐的婚姻之前，双方需要经历一个"求偶期"，即一方受到另一方的吸引并开展行动赢得对方的"芳心"。并购活动与此相应，正处于两个公司的前联合阶段，尚需要通过"约会"以互相了解。买方要小心翼翼地考察卖方的"吸引力"是否真实可靠，了解卖方的公司文化属于什么类型，选择与对方保持什么样的关系（兼并、收购还是其他形式的联盟）；一旦时机成熟，双方会选择通过法律的形式确立关系。并购中并购协议的签订与此类似。协议的签订意味着两个公司的关系已成定局，涉及其中的相关人员不得不接受组织和文化环境的变化，管理人员必须计划好文化融合和人员整顿的问题。

图书基本信息

中文书名　《管控并购与战略联盟：整合人员与文化》

著　　者　苏·卡特莱特（Sue Cartwright）；加里·L. 库珀（Cary L. Cooper）

出版信息　Routledge，Second Edition，1995

页　　数　256页

作者简介

苏·卡特莱特（Sue Cartwright），就职于曼彻斯特大学科技学院。研究领域包括发展经济学、组织机构学、工商管理与经济学等，发表了40多篇优秀的文章。他与其他很多优秀的专业人员都有非常深入的合作关系，比如兰卡斯特管理学院的教授卡里·L. 库珀、通用电气的约瑟夫·乔丹等。

加里·L. 库珀（Cary L. Cooper），共独著和编著了超过125本书，是英国最受欢迎的"商业导师"之一。他出生于美国但居住在英国，具有双重国籍。他是英国兰卡斯特管理学院的一名杰出的教授，讲授关于组织心理与健康的课程。他还是英国管理学会的创始人和特许管理协会的一名成员，且是美国一所经营管理研究院的成员。他是英国咨询与心理治疗协会的前任主席及RELATE的现任主席。2001年，他被英国女王誉为"（英国）最高级巴思爵士"（CBE），表彰其对健康与安全机构的贡献。2014年，他又因为在社会科学领域的卓越成就被授予爵士头衔。

一般婚姻初期会有一段短暂的“蜜月期”，相应地，此时并购交易中的管理人员要抓紧时间处理好文化变革和员工的担忧问题。最后得以实现一段和谐婚姻的保障是夫妻间忠诚规则的确立。有一句俗语说“Marry in haste，regret at leisure”，放在并购世界里，这句话说明了整合的成功与前面几个阶段的充分准备分不开。如果考察好了两个公司的文化契合度，并规划出合适的整合计划，辅以管理人员良好的管理和执行，便更容易孕育出一个文化和谐、关系融洽的新组织。

目 录

第 1 章 并购与战略联盟中的人员问题简介
第一部分 概述
第 2 章 趋势、模式及动机
第 3 章 并购的表现：一段令人失望的历史
第 4 章 并购对个人的影响
第二部分 文化和表现
第 5 章 差异纷呈的公司文化：认识与了解
第 6 章 文化类型对组织间联合的影响
第 7 章 跨界并购与联盟
第三部分 并购的各个阶段
第 8 章 前联合阶段或“求偶期”
第 9 章 “婚姻”的法律公告
第 10 章 “蜜月期”：使婚姻美满和谐
第 11 章 确立“夫妻”间的忠诚：确保婚姻的成功

针对以上的每一阶段，作者分章节在书中进行了详细地介绍和分析；针对其中涉及的文化和人员整合的常见问题，他们在结合实践及研究的基础上，提出了切实可行的解决途径。本书的编辑如此评价本书：“这本书研究的内容虽十分复杂，但作者在书中描述得十分清晰有序，它为相关人员给予了非常透彻和中肯的引导。”

本书的地位和价值虽然都非常重要，但不得不承认，这本 1996 年出版的著作在资料引用上还是相对陈旧了许多。但书中的观点和研究方法在 20 年后的今天依旧适用，并且能够在实践和学术研究中继续发挥重要作用，所以它至今还能够被奉为经典。作者曾说：“每一个在并购中受到过‘创伤’的人都会意识到人员和文化问题的复杂性和重要性，相信亲历过的人都会成为一个‘有故事的人’。”如果你也曾“深受其害”，或者想要避免“重蹈覆辙”，那么请千万不要错过此书。

185. Mega Mergers and Acquisitions：Case Studies from Key Industries《超大并购：来自重要产业案例研究》

并购交易是一个涉及面广泛的课题，因此剖析一项交易存在多种角度和方式。如果仅从某一角度进行学习或是单单掌握交易个案，即便您能够对一项并购案例进行全面剖析，也不代表能够在这变化万千的并购世界中适存下来。那么有这样一本书，能够充实你的学习，带领你从“谋全局”的高度欣赏这些影响重大的超大型并购，并为你带来更高层面的而非具体实践操作层面上的指引。这本书就叫《超大并购：来自重要产业案例研究》。

图书基本信息

中文书名 《超大并购：来自重要产业案例研究》

著　　者 B. 拉杰什·库马尔（B. Rajesh Kumar）

出版信息 Palgrave Macmillan，2012

页　　数 239页

作者简介

B. 拉杰什·库马尔（B. Rajesh Kumar），就职于阿拉伯联合酋长国迪拜市的管理技术研究所，另著有《并购：论述与案例》《印度制药公司的成长策略》等书。

目　　录

第1章　医药行业的并购
第2章　电信行业的并购
第3章　科技行业的并购
第4章　娱乐和媒体行业的并购
第5章　电气和电子行业的并购
都6章　能源业的并购
第7章　金融业的并购
第8章　金属行业的并购
第9章　汽车行业的并购
第10章　消费品行业的并购
第11章　航空业的并购

这本书是以行业为视角来研究并购案例的。收录了11个重要行业的案例，这些行业分别为：医药、电信、科技、娱乐和媒体、电气和电子、能源、金融、金属、汽车、消费品及航空业。每个行业都有其特性，因此不同行业的并购活动所面临的情况和阻碍一定不会完全相同。书中对各行业的并购概况（包括行业整体的并购动因、特征、交易数量和金额、面临的监管等）进行了介绍和总结，比如介绍到医药行业面临的最大挑战是药品专利期限的到期，因此企业在并购时普遍关注新药研发能力这一因素；电信行业基于其敏感性特征，大型交易面临的监管阻碍最为突出。并且对于这样一项略显复杂的任务，作者能够以一种简洁明了的方式呈现出来——语言通俗、图表简洁、描述客观，着实是一本阅读难度系数不高但价值匪浅的读物。

本书对行业并购概况着眼宏观，对个案的介绍也并不拘泥于交易的细枝末节。相对于其他书本中对案例的介绍方式，本书是从能够凸显行业基本情况及特性的角度介绍案例的，重点分为以下几个模块进行介绍：交易事件概述、并购基本策略、并购亮点、战略动机、绩效表现等。通过浏览书中同行业的数个大型并购交易，你能够轻松地加深对行业并购概况的了解，且引发您对多个行业形成的并购市场概况的思考。

除此之外，作者又将成长为大型企业的并购历程记录了下来，即为读者呈现出大型企业的系列并购交易。比如介绍业界知名的大型医药公司葛兰素史克（GlaxoSmithKline Beecham，简称GSK）时，作者通过一个“M&A growth history”的表格，将其从1850年至2010年的并购历史事件进行了汇总。通过这张表格，您可以直观地认识到一个“小作坊”是如何通过并购的方式一步步成长为大企业的。除了GSK外，还有诺华公司（Novartis）、百时美施贵宝公司（Bristol-Myers Squibb，简称BMS）、谷歌等大型企业的历史并购历程也可以在本书中获取。

但本书有一点略显遗憾，即对这十一个行业研究程度差异明显，比如对医药行业、电信行业、科技行业介绍得很翔实全面，而对金属行业、汽车行业等介绍相比之下显得有些单薄。不过，相信借此可以激发不满足的读者去查漏补缺，加强巩固。

总而言之，为求在并购世界里不至于“一叶障目”，相关从业者在通过读书这一途径武装自己时，应当多角度、全方位地选择读物。本书能够带你从行业的角度认识并购，且通过简明易懂的方式，让你轻松地了解历史上发生过的典型超大并购交易的概况，认识各大行业特性及借此预测发展趋势，着实是一本能够充实并购学习者书架的必备读物。

186. Mergers，Acquisitions，and Buyouts（Volume 1－5）《兼并、收购与买断（5卷本）》

在全球数以千计的并购图书中，纯理论性著作所占比重很小，绝大多数是以实务性面目呈现的。这是由并购实践中人们对掌握复杂的技术性操作的需求所决定的。然而，在实际中，并不是所有的实务性著作都能满足人们的这种需求。只有那些既有研究能力又有实践经验的复合人才才有更大的可能性创作出并购实务性著作的精品。遗憾的是这样的人才，在并购著作者队伍中并不多见，这样的著作在并购文献的汪洋大海中也不多见。2017年版5卷本的《兼并、收购与买断》，就是这样一部由不多见的人才撰写的不多见的并购实务著作。

之所以这样高的评价这部著作，最主要的原因之一是它高水平的主编队伍。该书由马丁·D. 金斯伯格、杰克·S. 莱文和唐纳德·E. 罗盖普三人担任联合主编。他们的共同特点就是都有很高的并购相关专业理论造诣和丰富的实践经验。马丁·金斯伯格是美国顶尖学府乔治城大学法律中心教授，同时是 FFHSJ 律师事务所顾问，曾经担任纽约州律师协会税务部和纽约市律师协会税务委员会负责人，以及美国财政部和司法部税务顾问。他是税务方面的权威。而杰克·S. 莱文和唐纳德·E. 罗盖普除了在一流大学法学院担任兼职教授，也都是美国顶尖律师。

当然，该书本身的质量或许更值得重视。

这是一部分量极大的著作。有人用“巨无霸”来形容。这看似夸张，其实并不过分。从外表上看，它由 5 卷构成，2017 年版达到 4892 页。这可能是目前世界上有关并购的图书中最大“规模”的一部著作，甚至超过卡里·L. 库珀和悉尼·芬克尔斯坦主编的 15 卷本的《兼并与收购动向》的篇幅。在内容上，该书以税务为出发点，涵盖了兼并、收购与公司重组这些交易活动中几乎所有重要层面。从股权收购、资产收购、正向收购、反向收购，到杠杆收购和杠杆资本重组等，应有尽有。除此之外，还有大量内容涉及并购相关法规和申报程序的解读，以及各种重要并购文件的撰写。还有一个地方值得特别指出，就是它为读者提供了在并购交易实务中用得上的极为丰富的图表、清单、各种类型的文件示范文本及文件样本。这些珍贵的资料，在其他并购图书中是很难看得到的。

这是一部有深度而注重细节的著作。

图书基本信息

中文书名 《兼并、收购与买断（5 卷本）》

著　　者 马丁·D. 金斯伯格（Martin D. Ginsburg）；杰克·S. 莱文（Jack S. Levin）；唐纳德·E. 罗盖普（Donald E. Rocap）

出版信息 Wolters Kluwer，2017

页　　数 4892 页

作者简介

马丁·D. 金斯伯格（Martin D. Ginsburg），美国乔治城大学法律中心教授，FFHSJ 律师事务所顾问。曾经担任纽约州律师协会税务部、纽约市律师协会税务委员会负责人。此外，他是美国财政部内税局顾问小组和司法部税务局顾问小组成员。

杰克·S. 莱文（Jack S. Levin），美国凯易国际律师事务所高级合伙人，哈佛和芝加哥大学法学院授课教师。2013 年，《美国律师》杂志称他是过去 50 年对法律职业具有巨大影响的 50 位美国律师之一。

唐纳德·E. 罗盖普（Donald E. Rocap），美国凯易国际律师事务所高级合伙人，芝加哥大学和芝加哥肯特法学院兼职教授，专长于复杂交易的税务问题。

目　　录

1 ~4 卷：交易分析
1. I 并购概要
2. 应税购买股票与应税反向子公司兼并
3. 应税购买资产与应税正向兼并
4. 应税收购：收购费用、梯级配

并购活动是一项由金融、财务、法律、管理和战略等多个学科环节所连接起来的系统工程，涉及的问题方方面面。以交易结构为例，并购当事方在设计的时候就面临多种多样的选择。一般的著作限于篇幅都难以真正做到深入透彻而只能是蜻蜓点水般一带而过。然而，这些问题在实践中又是需要认真应对解决的。这部著作，在包括这个问题在内的并购的各个环节上，做到了极致。针对并购交易活动的每一个细节，都有详尽的解释，“手把手地”帮助读者一步一步解决每一个问题。编著者的周到细致，体现在该著每卷之中。比如，在第 5 卷中，编著者为读者提供的收购协议样本，不仅有应税与免税收购协议之区分，而且还有适用于买方、适用于卖方和中性的不同版本。

这是一部不断更新而不会过时的著作。

从该著作 1989 年第一次出版至今快 30 年了。全球并购活动 100 多年来，无论是在交易规模、交易方式还是交易技术等其他方面都发生了巨大变化。如果这部著作提供给读者指导性意见以及相关文件资料还停留在二三十年前的状况，其实用价值可想而知。值得庆幸的是，该著作坚持每半年更新和再版一次，以跟踪并购活动最新发展动向，补充新的内容，修订或删去过时的部分。

有读者可能会问，这部与众不同的并购著作究竟应当算做并购图书中的哪一类？这确实是一个很难回答的问题。如果非要给一个答案，最恰当的描述莫过于“它是一部自成一体的著作”。毫无疑问，它特别适合那些需要深入了解并购交易过程的实务工作者使用。如果读者正在或准备在美国开展并购业务，那这部著

置和无形资产摊销等
5. 冗余的资产并购
6. 免税重组的税收基本原则
7. 基于“仅为有表决权股票”原则的重组
8. 不基于“仅为有表决权股票”原则的重组
9. 利用 351 号法典收购和处置
10. 免税分拆
11. 应税及免税公司收购
12. 收购或重组财务困境公司中销债收入、经营净亏损和其他特别问题
13. 为杠杆收购融资的税务层面：债务和优先股
14. 杠杆收购的税务层面
15. 管理层补偿，LLC，或房地产投资信托基金
16. 利用伙伴关系、有限责任公司或房地产投资信托基金进行的收购和处置
17. 应税和免税收购中证券交易委员会、州实体法、会计、欺诈性财产转让、反垄断报告和其他非税问题
第 5 卷：与税务和法律分析相关的收购协议样本
18. 收购协议样本介绍与解释
19. 应税购买股票
20. 应税购买资产
21. 应税购买分部业务
22. 应税反向子公司兼并
23. 免税兼并

作或许应当作为必读之物。

187. Mergers, Acquisitions and Strategic Alliances: Understanding the Process《兼并、收购与战略联盟：了解程序》

在公司外部扩张渠道中，兼并与收购并不是唯一方式，尽管这种方式在实现公司快速成长以满足其增强竞争实力的需要等方面确实有不可替代的优势。在某种程度上，与兼并和收购几乎具有同等意义的战略联盟，也是公司在其发展中所面临的选项之一。这两种方式并没有绝对的好坏之区分，关键在于公司自身的状况及公司在发展中所追求的目标。

相对于兼并与收购，战略联盟的发展历史要短很多，基本上是最近几十年的事情。人们对它的了解还不太多，自然而然在实践中也就疏于运用它。其实，战略联盟也是公司外向型发展的一种重要方式。它是由两个或两个以上公司通过协议而形成的一种合作关系。在这种关系下，它们彼此分享对方优势资源，包括知识、技术、资本、劳动力、生产制造能力及销售渠道等，也可以合作营销、合作生产或者合作开发研究，从而实现双赢。与兼并和收购不同的是，它不以公司控制权的转移为目标，合作的公司各自保持自己的自主地位和独立性，属于一种相对松散的合作关系。

在实际中，并不是任何公司之间都可以建立战略联盟。能否建立这样的关系，取决于彼此之间对于对方具有互补的优势或者相互的利益需求。一旦合作目标完成，或者互补的优势

图书基本信息

中文书名 《兼并、收购与战略联盟：了解程序》

著　　者 伊曼纽尔·戈麦斯（Emanuel Gomes）；雅可夫·韦伯（Yaakov Weber）；克里斯·布朗（Chris Brown）；什洛莫·Y. 塔巴（Shlomo Yedidia Tarba）

出版信息 Palgrave Macmillan，2011

页　　数 344 页

作者简介

伊曼纽尔·戈麦斯（Emanuel Gomes），英国考文垂大学考文垂商学院公司战略主讲教师，专长于战略管理、国际战略管理、合作伙伴关系管理、战略联盟管理和并购。

雅可夫·韦伯（Yaakov Weber），以色列管理大学商业管理学院战略与创新系主任，出版过多部管理和并购方面著作，在美国、欧洲和中国多个大学面向研究生就专业问题发表演讲。

克里斯·布朗（Chris Brown），并购解决方案有限公司董事总经理，面向公司就并购、战略成长和企业扭困提供咨询意见。

什洛莫·Y. 塔巴（Shlomo Yedidia Tarba），以色列拉马特甘法律与商业学术中心商业管理学院教师。其研究兴趣包括公司治理、战

不复存在，战略联盟即告终结。战略联盟比兼并和收购具有更大的灵活性。一家公司可以在同一时间与多个公司或其他实体建立这种关系。在一个联盟关系中也可以包括两个以上公司或其他实体。如果相关公司都有强烈的合作愿望，并且能够设计出适合于相关各方实际情况的合作方案，战略联盟将为各方带来积极的经济效益和其他方面收益，即所谓的协同效应。由伊曼纽尔·戈麦斯等撰写的《兼并、收购与战略联盟：了解程序》一书，专门讨论的就是兼并和收购与战略同盟的问题及它们之间的关系。该书通过深入浅出的解析，为读者了解公司外向型发展拓宽了视野。

略伙伴关系、并购及人力资源管理。曾经在《国际管理和组织研究》《人力资源管理评论》和《兼并与收购动向》等重要杂志发表文章。

目　录

第一部分　战略背景

1. 基本概念概要
2. 并购与联盟的动机与后果
3. 确定并购与联盟的战略背景

第二部分　交易执行

4. 选择交易类型
5. 合作伙伴选择与谈判过程
6. 执行交易

第三部分　整合

7. 整合管理
8. 文化
9. 整合管理中的问题

附录一　尽职调查清单样本

附录二　整合经理——角色定义

附录三　收购业务案——蓝莓项目

这是第一本将兼并和收购与战略联盟放在一起进行系统性讨论的著作。众所周知，有关兼并与收购的文献汗牛充栋。关于战略联盟问题的研究也有一些成果，比如皮特·罗任吉和乔安·卢斯1993年出版的《战略联盟：形成、实施与演化》及哈佛商学院2002年出版的《战略联盟评论》都是很有影响力的代表著作。不过，从数量上看，人们普遍更关注兼并与收购。将战略联盟与兼并和收购相提并论，本书做了开创性的工作。它比早一年由简·尤利金等人出版的《战略联盟与并购：文化对成功公司的影响》一书更进了一步，不是以战略联盟与并购为视角来谈文化，而其重心或核心关注就是兼并和收购与战略联盟本身。

该著作并没有把战略联盟置于从属地位，而是同等地看待它与兼并和收购及它们之间的关系。在书中，作者将兼并和收购与战略联盟从计划、计划实施到整合的过程当作是一项交易。分别从兼并和收购与战略联盟的这两个视角，对它们各自形成的背景、作为公司外部扩张方式的动机、具体交易结构确定、合作伙伴选择、交易谈判流程及交易实施和整合管理，进行了全面而深入的解剖。

该著作在表达上真正做到了深入浅出，从内容到结构堪称生动活泼。整本书篇幅不大，篇章不多，但每一章的内涵非常丰富。除了通俗易懂的系统论述之外，在每一章的中间穿插了很多经典的“微小案例”和精美的图表，另外在每一章的后面还附加了可供读者进一步参阅的文献资料的目录。案例、图表和文献资料目录的安排恰到好处，让读者容易在最短时间里接触到相关问题的多层面信息。

这部著作的上述特点和内容本身，决定了它的读者范围。它首先适合准备或正在计划通过外向型扩张实现公司发展目标的公司管理层阅读。其次，它也适合具体主持并购或战略联盟交易谈判的各专业人士，例如公司内部发展部门负责人、律师、会计师、投资银行家和其他相关人士阅读。其他对并购交易有兴趣的理论和实务工作者可以从这部著作中受到启发，拓展专业眼界。

188. Mergers & Acquisitions Valuation and Structuring《并购估值与架构》

并购交易的核心问题，在于如何付出最小的成本以取得最大的交易价值，即并购交易的估值和交易结构的设计问题。但并购交易与社会相比，最大的不同在于，社会的幸福难以量化，而并购交易的成本和价值却能够在一定程度上可靠计量。《并购估值与架构》就是这样一本介绍并购交易估值量化模型和并购交易结构设计基础的核心著作。

本书作者依托十几年并购交易的经验，并从并购交易咨询的微观视角，对并购交易估值模型及交易结构的搭建进行了多角度、大纵深的讨论，揭示了复杂而富有逻辑的并购估值和架构体系。全书系统阐述了并购交易估值的基本计量工具，通过层层递进的方法，扫描每个

图书基本信息

中文书名 《并购估值与架构》

著　　者 艾伦·加斯雷克（Alan Gasiorek）

出版信息 Corporate Development Institute, Second Edition, 2001

页　　数 375页

作者简介

艾伦·加斯雷克（Alan Gasiorek），在过去20多年中帮助众多国内外财富500强公司发展，涉略行业包括：自然资源、通讯、娱乐、租赁、保险、运输及办公产品等。曾在很多会议以及麻省理工大学、哥伦比亚大学、北卡罗莱纳查普希尔大学等商学研究院举办讲座。分别在美国西北大学凯洛格学

估值计算的步骤，并深刻剖析其内涵。最终在分析并购交易成本及价值计量之后，作者结合其他非计量因素，如并购交易的协同效用等，对并购交易的整个架构做了总体论述。通过对本书内容的细嚼慢咽，读者能轻松掌握及运用并购交易估值及架构的基本方法论。

院和德保罗大学获工商管理学硕士和教学法硕士。

目　录

第1章　现值以及现金流量贴现法基本原理
第2章　加权平均资本成本与估值资本结构
第3章　确定加权平均资本成本和最优资本结构
第4章　财务吸引力的衡量；净现值、内部收益率以及回报的分析
第5章　对长期回报的期望
第6章　终值与资本充足率
第7章　收购和重组的税收问题
第8章　收购的会计问题
第9章　交易结构
第10章　协同价值的分析
第11章　股票表现与股东财富创造
第12章　国际项目估值与交易结构设计

首先是并购交易的成本及其计量。作者认为，付出的成本决定了收益的高低，所谓熙熙攘攘，利来利往，而并购交易也不例外。成本计算的基础在于货币的时间价值，因为任何跨期的资源配置（并购交易就是其中一种形式）都有时间成本。并购交易中，有两种基本的资本来源，即股权和债权，因此并购成本的计算也是基于对股权融资和债权融资成本的测算。在法律上大家也许会关注法律对股权和债权的保护，但在作者看来，如何可靠地计量股权和债权的成本（前者通过资产资产定价模型，后者通过对利率的考量），对并购交易的决策更加重要。

其次是并购交易价值的实现及其评估。确定了成本，只是确定了收益的计量基础，任何成本的付出都希望取得特定的回报，这可以说是企业家的天性。而对于回报，虽然对企业家而言，有时并不需要精确的计算，因为他们更多是靠着对商业的敏锐嗅觉。但对于并购交易的专业人士而言，他们则希望回报更加精确、可控。因此在本书中，对于回报的计量，无论是净现值（NPV）或内部收益率（IRR），还是长期回报模型，作者结合简单的估值案例和丰富的图表，使读者知其然，亦知其所以然。

最后是并购交易最优结构的设计。在成本和价值都得以可靠计量之后，便需要通过并购交易的实施来实现最终的价值，因此需要将各种计算运用到有现实约束的交易环境中。这些现实约束包括税务的监管、会计的处理及并购双方在行业、产品和文化方面的协同效用。因此，作者最后通盘考虑各种对并购估值可能的约束，为读者呈现了并购交易的架构如何落地及如何评估

各种交易架构的优劣。

并购是一种资本交易的方式，更是作为企业实现规模经营的主要手段。精于成本效益的计算能够为并购交易战略的制订及并购交易价值的实现提供量化的指导，而本书恰恰针对这种计算，为读者提供了专业、简练而富于逻辑的基础指南。

189. Mergers and Acquisitions（Volume 1－3）《兼并与收购(3卷本)》

从管理、组织行为、心理、文化、人类、法律及社会等不同学科角度对并购进行研究的，大有人在，而且还处在快速增长之中。10年前，由杰弗里·A. 克鲁格主编的3卷本《兼并与收购》一书，正是这一发展趋向的代表性著作。它不仅仅意味着并购作为一种商业活动正在发挥超出某一特定领域的更加广泛的影响力，而且还意味着对它进行跨学科或多学科的研究已经成为常态和潮流。

本书主编杰弗里·A. 克鲁格是美国新奥尔良洛约拉大学国际商务杰克－瓦达·雷诺兹讲座讲授。他因在并购方面研究的成就而在全美享有很高声望。曾经在《战略管理杂志》《哈佛商业评论》《商业战略杂志》《国际管理杂志》《管理与治理杂志》及其他一些顶尖刊物发表了大量学术论文。他在教学研究之外，积极从事并购相关问题咨询活动，先后参与20多家美国和欧洲公司的并购项目。他组织撰写的这部3卷本著作，由58篇极有深度的学术文章组成，总共1104页，按照并购交易流程分为13个部分，分别是定义与概念、兼并与收购动

图书基本信息

中文书名 《兼并与收购（3卷本）》

著　　者 杰弗里·A. 克鲁格（Jeffrey A. Krug）

出版信息 SAGE Publications Ltd, 2008年

页　　数 1104页

作者简介

杰弗里·A. 克鲁格（Jeffrey A. Krug），美国新奥尔良洛约拉大学国际商务杰克－瓦达·雷诺兹讲座讲授，在并购方面研究的成就而在全美享有声望。其研究重点是全球战略、并购及并购后整合。在《战略管理杂志》《哈佛商业评论》《商业战略杂志》《国际管理杂志》及其他一些顶尖刊物发表了大量学术论文。出版了多部著作

目　　录

第一卷　兼并与收购

定义与概念

1. 并购的艺术
2. 兼并、收购与公司重组
3. 应用兼并与收购

兼并与收购动机

4. 并购动机类型学

机、兼并与收购的理论上决定性因素、兼并与公司控制权市场、兼并与收购浪潮、公司战略与并购、收购计划与分析、收购决策、兼并后员工效应、兼并后高层管理团队效应、兼并整合、并购绩效决定因素及最佳实务。如果以篇幅和内容的含金量来看，它是到目前为止全球并购文献库中最有分量的专业著作之一，其开创性、专业性及研究视角的多样化在同类著作中堪称佼佼者。

一部著作在主编的组织下由 100 多位专家分头撰写，这在并购文献历史上虽不能说是绝无仅有，但确是罕见的大手笔。在其前后，只有卡里 · L. 库珀和悉尼 · 芬克尔斯坦主编的《兼并与收购动向》一书打破这个记录。可后者的 15 卷规模是在从 2000 年到 2016 年间用了 16 年时间积累起来的。3 卷本的《兼并与收购》没有将出版周期拖得那样长，而是一气呵成。

构成这部著作的 58 篇文章具备极强的学术专业性。这些文章平均每篇的篇幅约有 20 页长，大多由学术水平极高的专业人士执笔。例如，第 1 卷第一部分的 5 位著者斯坦利 · 福斯特 · 里德（Stanley Foster Reed）、亚历山德拉 · 里德 · 拉杰科斯（Alexandra Reed Lajoux）、H. 皮特 · 内斯沃尔特（H. Peter Nesvold）、帕特里克 · A. 高根（Patrick A. Gaughan）及罗伯特 · F. 布鲁纳（Robert F. Bruner），分别出版过《并购的艺术：兼并、收购、买断指南》《并购的艺术：尽职调查》《并购的艺术：融资与再融资》《并购的艺术：整合》《并购战略的艺术：通过并购和剥离构建公司未来指南》

5. 兼并与收购中的管理层目标
6. 并购动机与并购计划
7. 兼并动机与目标估值

兼并与收购的理论上决定性因素

8. 兼并的经济干扰理论
9. 协同效应的类型与经济价值
10. 金融市场的潮流、时尚与泡沫
11. 有关并购的 Q 理论
12. 管理层傲慢、Hubris，代理成本与公司控制权市场

兼并与公司控制权市场

13. 兼并与公司控制权市场
14. 公司收购的管理层傲慢假设
15. 收购的原因和意义
16. 组织理论与公司控制权市场

兼并与收购浪潮

17. 抓住浪潮：兼并的时代行为特征
18. 兼并活动的加剧
19. 并购浪潮的驱动因素

第二卷　兼并与收购程序

公司战略与并购

20. 通过收购实现多样化：创造价值
21. 变化中的收购的作用
22. 公司多元化模式与经济业绩
23. 从竞争优势到公司战略
24. 并购对公司产品的影响

收购计划与分析

25. 有关更加有利可图收购的战略分析
26. 并购决策
27. 构建优先交易的协同效应基础
28. 进攻是最好的防御吗？
29. 并购中非对称信息解决方案

收购决策

30. 收购与撤资决策中的简化认知
31. 公司并购的程序问题

《并购架构的艺术：缓解金融、税负和法律风险》《不良资产并购的艺术：购买、销售和融资遭遇麻烦和破产中的公司》《并购估值与建模的艺术：公司估值指南》《兼并、收购和公司重组》和《应用兼并与收购》等世界并购经典名著。

整部著作涵盖并购问题方方面面，涉及的学科领域十分广泛。一般并购专业著作中谈到的问题，在这部著作中都有专门的论述。而其他著作少有关注但非常重要的问题，这部著作甚至开辟专门的部分进行讨论，比如并购浪潮、并购顾问和整合经理等。该著作涉及的学科领域不仅仅有金融学、财务会计学、公司治理和法律，而且还有战略学、管理学及文化和人类学等。著者所使用的研究方法，也因学科不同而多种多样。

这是一本值得并购专业研究工作者拥有的案头必备经典著作。后来的研究者可以以此为基础，站在前人的肩膀上，开阔视野，增进其研究水平。这部著作也适合对并购问题有着广泛兴趣或者对某一个或某一些问题有深入钻研需要的实务工作者阅读，相信每一位阅读过的读者都会对其理论价值及对并购实践的指导意义有着积极的评价。

190. Mergers and Acquisitions：The Critical Role of Stakeholders《并购中利益相关者的关键作用》

并购是一项非常有挑战性的工作，其“快

32. 收购决策过程：风险的中心地位
33. 不断升级之中的重要承诺研究
34. 预测企业的未来能力
兼并后员工效应
35. 并购中的文化适应
36. 并购对个人的心理影响
37. 收购后员工态度的变化
38. 并购中国家和公司文化的适应问题
39. 文化冲突与并购失败
第三卷　整合、治理与绩效
兼并后高层管理团队效应
40. 并购后高层管理人员的更换
41. 被收购公司行政管理人员的离开
42. 多元化与高层管理团队的互补
43. 高管保留和收购结果
44. 被收购公司高管的变更
兼并整合
45. 兼并后与员工沟通
46. 收购整合阶段的决定性因素
47. 整合的速度
48. 协同效应的悖论并购绩效决定因素
49. 与绩效有关的战略收购因素
50. 协同效应与收购后绩效
51. 了解并购绩效
52. 关闭资源缺口
53. 衡量企业并购绩效
最佳实务
54. 他们为什么坚持离开？
55. 在顶层创建新公司
56. 整合经理：特别时期的特别领导
57. 确保并购中价值的收获
58. 并购中顾问的选择、费用及其职责

准狠”的特点使得它开始被许多企业家和商人们所熟知。“快”值得是相比于传统方式而言其用时较短；“准”是指并购的目的往往非常明确，路径选择也通常较为清晰；“狠”则指的是其背后所带来的巨大收益超过了目前大部分的投资方式。正因为如此，以兼并重组方式杀出重围的企业开始越来越多。但尽管如此，并购活动也不总是战无不胜，其依旧会面临许多困难与问题。这本《并购中利益相关者的关键作用》所解决的总理就是如何在并购中发挥各利益相关者的作用，从而提升公司的总体价值。

本书作为一本汇编本，是由来自瑞典的并购专家海伦·安德森、维尔·哈维拉、弗雷德里克·尼尔森所集中整理而成的。其各自对于商业问题都有非常深入的研究，对于本书的出版也付出了很大的心血。

本书旨在通过分析并购过程中可能存在的不同利益相关者之间的关系，让读者更加广泛地了解并购过程，并且还可以促使读者多维度地看待各利益相关方的选择，可以有效预防许多风险和冲突。本书建立在实证实例的基础上，说明各利益相关者在整个不同阶段中如何发挥积极作用，从而最终影响合并或收购的结果和价值形成过程。事实上，大家关于并购交易是否成功的衡量标准问题一直存在争议，作者通过全面关注股东及其他利益相关者与交易之间的内在联系，对于并购成败标准问题进行了深入的探讨。本书的每一个章节都是由不同的作者根据并购的顺序所专章写作，更加难能可贵

图书基本信息

中文书名　《并购中利益相关者的关键作用》

著　　者　海伦·安德森（Helén Anderson）；维尔·哈维拉（Virpi Havila）；弗雷德里克·尼尔森（Fredrik Nilsson）

出版信息　Routledge，2012

页　　数　304 页

作者简介

海伦·安德森（Helén Anderson），瑞典延雪平国际商学院商业管理学教授，专长于市场问题。她同时还关注商业动态、创新、战略变化和并购。

维尔·哈维拉（Virpi Havila），瑞典乌普萨拉大学商业研究系教授，专长于产品营销，对并购问题有着深入研究。

弗雷德里克·尼尔森（Fredrik Nilsson），瑞典乌普萨拉大学商业管理学教授，专长于会计学，特别关注战略形成和实施中控制系统的问题。

目　　录

第 1 章　导言：股东角度看并购

第一部分　股东与高管

第 2 章　并购中公司社会责任日益增长的作用

第 3 章　作为股东的高管以及他们在恶意并购过程中的动机和意义建构

第二部分　中层管理人员和员工

第 4 章　包办婚姻综合症：两个合并的跨国公司整合过程中子公司管理者面临的挑战

的是，本书中的内容虽然是以瑞典和欧洲为范本，但并没有受到范本范围的局限，其所阐述的道理在全球范围内同样适用。

第 5 章　并购中内部变革的合法性
第 6 章　参与收购的内部审计师
第 7 章　当管理控制系统集成处于困境时——来自汽车产业的经验
第三部分　供应商和客户
第 8 章　整合过程中外部竞争变化影响的控制
第 09 章　兼并与收购中处于危险状态的供应商关系
第 10 章　客户为何在收购发生后解除其与被收购方的商业关系？
第四部分　公共团体、其他利益团体和学者
第 11 章　中央政府各部门之间的合并：角色模糊与责任回避
第 12 章　瑞典银行合并——银行所有者、银行管理层与国家之间的相互关系（1910－2009）
第 13 章　并购中高失败率的利害关系
第 14 章　尾声：对股东在并购中关键角色的作用

并购并非零和博弈，其也需要多方因素相互辅助配合才能顺利进行。但是，与投资型利益相关者相比，并购很可能会伤害非投资相关者的利益，造成利益分配的不平衡，而最终导致其内部无法完全合作，交易只能以失败告终。在本书中作者针对这一问题，也展开了丰富的讨论。作者认为企业社会责任（简称 CSR）是归置这一问题的较好方式，并结合 Ricard Vin&Sprit 的例子加以说明，清晰地阐明了股东与其他利益相关方之间的关系。事实上，在作者看来，与股东的利益相比，其他利益相关者的利益变得越来越重要。而在本书出版以前，鲜少有书籍会涉及 CSR 的相关内容。

“并购交易就像联姻，父母谈好交易，但是子女（子公司）却没有太多可以选择的机会。”创新协会 CEO 艾伦·玛利亚如是形容到。对于跨国并购来说，最困难的无疑是两个企业的整合问题。子公司对于并购完成后的母公司的接受、融合及母公司对于跨国子公司协调控制构成了跨国公司全球整合本地集成化的全过程。这一过程是否能够进行顺利与子公司的管理人员的工作也有很大的关系。与母公司的管理人员不同，子公司无法完全自主地做出决策，因为母公司的发展方向始终牵制着其行为。

事实上，与母公司的高级管理层一样，子公司管理层也是本地整合过程潜在的重要利益相关者。因此子公司管理层作为潜在股东必须将母公司的要求和期望与当地面临的现实相平衡。作者通过对此类人力资源因素及企业文化整合等“软性”因素异常重视，其始终认为潜在利益的平衡是交易成功的保证。而在此之前，大多数的书籍都只是片面关注员工或文化的其中一方面，对于利益平衡的问题几乎没有涉猎。

此外，本书还运用了例如反思模型等众多的模型及案例穿插其中，理论知识与实践经验融合得非常好，使得读者在学习理论的同时又不会觉得枯燥无味。但是本书专业程度较高，论述得较为深入，若读者没有一定的专业基础，阅读起来恐怕会略显吃力。

总而言之，若您是已经从事并购行业的专业人士，或者是企业的管理人员，那么一定不能错过此书。

191. Mergers and Acquisitions as the Pillar of Foreign Direct Investment《作为外国直接投资支柱的并购》

一般人都知道，国际直接投资与贸易共同构成国际经济或国家对外经济这架飞机的两翼。但很少有人知道，对国际经济或国家对外经济有着巨大贡献的国际直接投资也有两翼，这就是绿地投资和跨国并购。相比较于绿地投资，跨国并购能够更加快捷地让一家公司进入外国市场，从而获得更多经营的资源和竞争优势。这也就是为什么最近几十年来公司的跨国经营多采取并购而不是绿地投资的原因。至于绿地投资与跨国并购之间的关系，驱使公司在两者间做出不同选择的因素，以及跨国并购未来的走向等问题，其实已经是众多公司，特别是确定了全球发展战略的公司所必须面对和考虑的问题。

阿里斯蒂迪斯·比齐尼斯和瓦西利斯·A. 华拉祖斯主编的《作为外国直接投资支柱的并购》一书，正好帮助读者解读这些问题。该著作由三个主要部分组成，分别讨论外国直接投资、跨国并购及它们在不同国家的对外经济关系实践中的经验。其重点，如同书名所表明的，集中在作为外国直接投资之支柱的跨国并购问题上。

图书基本信息

中文书名 《作为外国直接投资支柱的并购》

著　　者 阿里斯蒂迪斯·比齐尼斯（Aristidis Bitzenis）；瓦西利斯·A. 华拉祖斯（Vasileios A. Vlachos）；派罗斯·帕帕蒂米特利欧（Pyrros Papadimitriou）

出版信息 Palgrave Macmillan，2012

页　　数 301 页

作者简介

阿里斯蒂迪斯·比齐尼斯（Aristidis Bitzenis），希腊马其顿大学国际和欧洲研究系教授，专长于全球创业与外国直接投资问题。

瓦西利斯·A. 华拉祖斯（Vasileios A. Vlachos），希腊马其顿大学国际和欧洲研究系博士候选人。

派罗斯·帕帕蒂米特利欧（Pyrros Papadimitriou），律师、经济学家、希腊伯罗奔尼撒大学国际经济关系教授。

这是第一本将并购或跨国并购与外国直接投资放在同一框架内进行讨论的专业学术著作。本来，跨国并购与外国直接投资之间有着天然的紧密关系，研究外国直接投资问题不可能跨越跨国并购，反之亦然。然而，现实世界里，人们常常忽略了这层关系。这对我们从更高、更宏观层面观察跨国并购不能不说是一种重大缺憾。事实上，联合国国际贸易委员会自 1991 年起，在每年一期的《世界投资报告》中，总是将跨国并购与外国直接投资看作是一个整体的。在该系列报告的各项统计数据中，跨国并购与绿地投资一样构成外国直接投资不可或缺的组成部分。只是在联合国国际贸易委员会之外，几乎没有人专门从外国直接投资角度系统地就跨国并购进行研究。该著作可算是填补了空白。

该著作充分肯定了全球化对外国直接投资的积极推进作用，也用事实解释了全球经济危机是如何逆转跨国并购发展势头的。自 20 世纪 90 年代初以来，全球经济总的呈现出快速发展趋势，其中发达国家与发达国家之间、发达国家与发展中国家之间，以及发展中国家与发展中国家之间的外国直接投资表现得尤其活跃并对世界经济发展贡献巨大。

目　　录

前言

1. 兼并或收购

第一部分　外国直接投资

2. 全球化与外国直接投资

3. 外国直接投资的动机、障碍和趋势

4. 外商直接投资决定因素的统一模型

5. 外国直接投资的影响

6. 国际商业中跨国公司与国家交往的模式

第二部分　并购

7. 并购的区域集中度

8. 中东欧地区的并购与全球经济危机

9. 并购：动机、实证结果与当前问题

10. 有关跨界并购决定性因素的最新研究文献概览

11. 欧盟与美国的并购法律制度

第三部分　案例研究

12. 在马其顿的外国直接投资：动机和障碍概述

13. 以外国直接投资为视角：土耳其银行业并购实践

14. 保加利亚和阿尔巴尼亚外国直接投资的决定性因素和障碍

作者注意到，所有这一切与正在深入推进之中的全球化的浪潮密不可分。在作者看来，跨国公司所进行的外国直接投资是经济全球化潮流形成和进一步激荡的重要推手。反过来，全球化或经济全球化带来的竞争压力，又驱使跨国公司加快外国直接投资步伐，两者相辅相成。作者也注意到，2007 年开始不断加剧的全球经济危机，造成公司普遍资金短缺，总体上遏制了外国直接投资的快速发展，受其影响最大、最直接的是全球范围的跨国并购。作者发现，不论是跨国并购的交易数量还是交易总额，都因受经济危机影响而大幅下滑。

作者在该著作中以东欧地区国家为重点对象，运用个案研究的方法，揭示出全球范围跨国并购未来发展的趋势。客观上，与世界其他地区比较，东欧国家在跨国并购方面并没有突出表现，这是由该地区总体经济状况决定的。为什么该著作以此为突破口来观察世界在跨国并购上的发展趋势呢？作者认为，这是因为东欧地区自 20 世纪 90 年代初期以来在经济上开启的重建过程，与全球并购新一波浪潮的兴起和发展相伴随。

这次并购浪潮被称为是并购历史上的第五次浪潮（1992 年 – 2000 年），其基本特征是跨国并购占据主导位置。东欧国家全面市场化，是全球范围内发展中国家和经济转型国家所面临的挑战的一个缩影。东欧国家在跨国并购上具有示范效应，从中可以窥视未来全球在该领域的发展倾向。

从后来发展来看，作者的这项研究确实是有一些实际意义的。尽管全球经济危机一度阻碍以跨国并购为特征的并购第五次浪潮，特别是第六次浪潮（2003 年 – 2008 年）的持续，但是并购作为外国直接投资最重要方式的总的发展趋势是积极向前的。关于这一点，从 2014 年开始至今的最新一波并购浪潮，即第七次浪潮就是一个很好的证明。

综上所述，这本以外国直接投资和跨国并购为重心的并购专业著作，能够帮助读者开阔视野，从不同的角度，基于不同层面的经验增进我们对并购的认识，是值得并购专业学者、实务工作者和对国际经济关系有兴趣的学生阅读的。

192. Reasons for Frequent Failure in Mergers and Acquisitions: A Comprehensive Analysis《并购经常失败的原因：综合分析》

很多企业可谓“成也并购，败也并购”，并购因此成为企业成长过程中的关键抉择。并购的失败是否“有迹可循”？是否真的像有些学者指出的那样“并购成功或失败全凭运气左右”？

如果您在寻找能够涵盖所有关于并购失败因素的研究成果的书作，那么这本《并购经常失败的原因：综合分析》就是您要找的那本书。它并非市面上那些常见的对并购失败因素的相关研究书作，而是独树一帜、特色鲜明的一本书。

孟子曰："集大成也者，金声而玉振也。"作者博采众长，成就了这本"集大成"之作。学者托马斯·施特劳执笔时并没有"另起炉灶"，而是对已有的研究结果进行研究。他指明了先前研究成果的不足之处，即虽然相关研究已非常丰富，但之前的学者仅从单个维度对影响并购业绩的因素进行研究，没有将这些因素放在统一的框架下进行综合考量。鉴于并购是一个涉及面广泛的复杂课题，任一因素都可能牵一发而动全身引发不可估量的后果，因此，建立一个能够包容这些所有因素的框架是非常有价值的。作者尝试着建立了这样一个框架，为管理人员综合考量各种影响并购业绩表现的因素提供了一个模型，也为后继学者研究奠定了基础。

图书基本信息

中文书名 《并购经常失败的原因：综合分析》

著　　者 托马斯·施特劳（Thomas Straub）

出版信息 Deutscher Universitätsverlag，2007

页　　数 238页

作者简介

托马斯·施特劳博士（Thomas Straub），是伯尔尼经济与管理学院的一名教授企业管理课程的教授。

目　　录

第1章　引言
第2章　文献综述
第3章　并购经常失败的原因：综合模型
第4章　研究方法
第5章　研究成果
第6章　总结

本书共分为6个章节，前三章侧重理论探讨，即对很多学者的学术研究成果进行总结、整理和概括，后三章侧重实证研究，即通过问卷调查等方式，对102项并购交易进行量化分析，评估各种因素对并购业绩表现的影响。作者总结道，前期的研究成果所显现的致使并购失败三个主要原因分别是：标的公司选择不当、支付过多对价及整合失利。除了这三项原因之外，还有很多其他因素会致使并购的失败。这些大量的因素为管理人员在并购中进行综合考量提出了巨大的挑战。

因此，作者在审阅大量研究成果的基础上，形成了一个统一的模型，使这些因素可以在这个模型中"对号入座"。这个模型分为三个维度：战略管理方面、组织表现方面及金融财务方面；每一个维度又被作者进行细分，比如金融财务方面被划分为三个小项：收购溢价、竞标程序、尽职调查；而每一个小项还可以根据需求继续进行细分……如此便形成了一个得以延续的树状图，而这些"枝丫"都能够对并购后的业绩表现产生影响。通过这个有机模型，几乎所有的相关因素都能够被收录进去，以备相关人员综合分析所需。

“逆向思维”是很多成功投资者的标配，比如众所周知的“巴氏投资秘诀”——“在别人贪婪的时候恐惧，在别人恐惧的时候贪婪”。本书可谓对“逆向思维”的一场深刻实践，即并没有去寻找并购成功的原因，而是逆向而为，去寻求并购失败的因素。那么我们也利用“逆向思维”来验证作者的“模型理论”，即如果我们不将这些因素放在一个统一模型中进行考量会怎样？

假若我们只从金融财务维度进行考量，是否会给企业价值带来伤害呢？其实，现实中已有这样的实践，比如很多经理人、并购实践者及投资者过于专注并购带来的 EPS（每股收益）成长，他们认为稳定且激进的 EPS 成长将带来股票的高涨。因此，他们会通过操纵盈余管理或采用激进的会计政策，使合并后的新公司在账面上体现出更高的 EPS。

除此之外为了使这个数值保持每年稳定的增长趋势，必须实现逐年递增的收购交易量。事实证明这种收购策略是不可持续的，它阻碍了企业长远发展的道路，使企业丧失坚实的基础。

比如美国 LTV 公司通过这一方法实现了从 1948 年的一个小公司成长为 1968 年的排名为全美行业第 22 位的大公司。但 1969 年由于美国司法部反垄断司开始执行限制命令，LTV 公司的交易循环链断裂，最终陷入严重的财务危机。因此，正确的收购策略不但要考量财务因素，更要从企业战略角度关注企业的长远发展，而且所有的相关因素都不可忽视，这才是企业通过并购实现可持续发展的光明之路。

在本书的最后，作者提到其构建的这个模型可能依旧无法捕捉到所有的相关因素，但相信它能为后继学者的进一步研究奠定基础。作者希望更多学者能够帮助完善这个模型，毕竟“一枝独秀”，不如“百花齐放”。相信这些价值珍贵的研究成果能够指导并购实践者，为其带来“并购的春天”。

193. Strategic Alliances, Mergers and Acquisitions: The Influence of Culture on Successful Cooperation《战略联盟与并购：文化对成功公司的影响》

从 19 世纪末至今，公司间的战略联盟与并购活动数不胜数，且广泛存在于各个行业：金融行业、建筑行业、医药行业及信息与技术通信行业等。目前世界上的相关研究也非常丰富，涵盖金融、财务、法律、人力资源管理等各个层面，但却忽视了并购与战略联盟研究中非常重要的一点，即系统地研究并购或联盟企业的文化。这本《战略联盟与并购：文化对成功公司的影响》为这一领域贡献了非常重要的价值。

本书由荷兰埃因霍芬理工大学的三名教授、学者合作编辑而成，汇集了业内很多知名学者的相关研究，并系统地分析了影响战略联盟和并购成败的文化因素。其精彩、独到和全面的分析得到了英国著名学者加里·L. 库珀爵士的大力推荐，并被其称为战略联盟与并购领域从业人员的“必读之作”。

本书研究的前提条件是利用业绩表现作为衡量企业战略联盟与并购成功与否的标准。虽然企业实施并购的动因并非仅为了业绩增长，也可能是为了实现迅速成长、扩展疆域的目的等。但在经济下滑期间，若企业实施战略联盟与并购的活动未能实现成本削减、营收增长等业绩改善，很有可能无法在恶劣的经济条件下生存下去。因此企业的业绩表现是否改善即成为衡量企业实施的战略联盟与并购成功与否的重要标准。以此为前提，本书探讨了文化对战略联盟与并购业绩表现的影响。

书中通过对荷兰－德国合资企业案例研究（第4章）、Helios 集团案例研究（第6章）及荷兰与日本及美国企业合并的研究（第7章）探讨了文化在并购和战略联盟中对业绩的重要

图书基本信息

中文书名 《战略联盟与并购：文化对成功公司的影响》

著　　者 简·欧雷（Jan Ulijn）；海尔特·戴斯特斯（Geert Duysters）；埃莉斯·梅杰（Elise Meijer）

出版信息 Edward Elgar Publishing Limited，2010

页　　数 289页

作者简介

简·欧雷（Jan Ulijn），荷兰埃因霍芬理工大学的教授，教授国际创业、文化创新等专业。

海尔特·戴斯特斯（Geert Duysters），是一名荷兰埃因霍芬理工大学、蒂尔堡大学和联合国大学马斯特里赫特创新与技术经济研究院的创新管理学教授。

埃莉斯·梅杰（Elise Meijer），就职于荷兰埃因霍芬理工大学。

目　　录

第1章　全球化中的战略联盟与文化
第2章　国际联盟失败的原因
第3章　为联合企业创造支持性文化
第4章　文化在战略联盟中的作用
第5章　战略联盟中的文化异同
第6章　文化在通过并购获得增长中的战略重要性——Helios 集团案例研究
第7章　跨界联姻
第8章　管理欧洲银行联盟中的信息与通信技术
第09章　文化磨难是荷兰与泰国间企业战略联盟的特征

影响。通过案例研究和分析，得出了企业间文化的适配与联盟企业的业绩表现之间具有非常强烈的联系。这一研究结果对并购与战略联盟管理具有非常重要的启示意义，即除了要考虑其中战略和运营等“硬性”因素之外，也要更多地关注到文化这一“软性”因素。除此之外，与其他相关研究仅强调其中的国家与企业间文化差异不同。本书从三个层面来分析文化差异，还关注到了专业文化差异这一层面。书中第5章准确地阐释了这三个层面的联系，并且指出专业文化层面是最为关键和重要的一项问题，它对企业的业绩增长影响最为直接和重要。

第10章　避免跨国合资中的管理技术转移

本书基于案例研究将企业对新文化的适应分为四种模式：“正常婚姻模式”“强制婚姻模式”“形婚”“离婚”。毋庸置疑，不同模式下的业绩表现依次变差。模式的决定因素有很多，从标的公司选择到文化管理不一而足。书中提倡通过对标的公司文化的分析和辨明以提前进行文化管理，以实现战略联盟和并购的最终成功。

作者指出管理人员应以实现文化融合的最佳状态而非文化的绝对融合为目标，因为允许文化的些许差异可能是有益的。尤其当两个企业间发展水平差异较大时，“求同存异”更利于确保员工不会出现抵制情绪。比如在跨国并购中，一家企业若强行进行管理技术转移将会迫使企业走上一条“病态”之路。书中对文化管理相关内容的讲解散落在各个章节，不同章节都从不同的维度和角度并利用不同的研究方法提出了相关的方法和途径。

文化在战略联盟与并购中起到什么样的作用？在何种情况下这种联合从一开始就注定失败，以及应当如何进行管理以避免这种失败？这本书通过汇集国际上相关领域研究者的智慧，为我们了解文化对成功公司的影响提供了科学的视角，并提出了管理文化问题的途径。

本书的研究范围涵盖美国、欧洲和远东，为未来学者的进一步研究及实践者的实务工作提供了科学的参考与指引。跨国公司的相关管理人员以及国际商业专业的学生们千万不可错过此书。

194. Synergy Value and Strategic Management: Inside the Black Box of Mergers and Acquisitions《协同效应价值与战略管理：并购内幕》

为何并购结果总是不尽如人意？为何协同效应总是无法形成？是不是并购策略或者战略管理层面出现问题？难道没有改变此种现状的良方吗？幸运的是，经过不懈的探索与努力之后，终于寻得了解决之法，而这本《协同效应价值与战略管理：并购内幕》也由此诞生。

本书的作者是斯特凡诺·加尔泽拉、拉法埃莱·菲奥伦蒂诺。二人都是意大利那不勒斯帕斯诺普大学的教授，对于管理学及商业估值的知识研究都非常深入。

我们通常认为并购协同效应即合并后的企业的总产出或总收益大于合并前各自的产出或收益，或者并购后在成本方面比原来两家企业独立存在时的成本降低，从而达到 1 +1 >2 或者 -1 -1 > -2 的效果。过往的理论往往过于强调协同效应的重要性，但是作者的观点与之相悖。他们认为，虽然达到协同效应是影响企业并购决策的动因之一，但是若管理人员及行政人员可以开发出有效的管理战略来避免，那么一样可以提高企业的价值，从而打破协同效应的“神话”。若要更加深入地探究战略管理给企业增值带来的巨大价值，首先就应该先分析战略管理、企业增长战略及并购之间的复杂关系。作者分别从主要的协同效应估值模型、协同效应评估中的战略因素分析及协同评估过程的框架三个方面来讨论协同效应，并在本书的第 3 章分析了协同效应可能产生的过高溢价、无法完全整合及轻视对手 3 个陷阱，以帮助读者正确认识协同效应这一目标，并能够及时发现其所带来的潜在不利影响，以便在日后的实务中避免此类问题的发生。

那么，战略管理可以为公司带来什么呢？协同效应与并购交易之间又有什么联系呢？本书的作者认为，现行的协同效应理论在很多时候都解释得过于简单，大部分的书籍仅把其解释为并购原因之一，事实上，协同意味着风险，既是交易价值的来源，同时也是交易失败的根源。其往往包含许多方面的因素，如财务、审计、税务等，协同也贯穿于并购的各个方面，其中以在尽职调查和并购整合中的表现最为明显。若要维持与达到协同，公司则需要通过正确的管理与执行来维持公司与所有外部交易方平衡关系，从而达到趋于稳定的经济与社交结构。若想要发现并购的真正价值，只有进行协同内部评估，从最相关的估值模型和影响协同效应的战略因素两方面入手，分析协同效应评估对于增加并购成功率的作用。

当然，作为企业而言，其最终目的还是实现资产整体的增值，可是，如何让协同效应所造成的陷阱变身成为能够促进企业发展的价值呢？相对的，在本书的第4章针对这个问题作者对应前面所说的3个陷阱提出了解决方案。以第一个陷阱过高的价格为例，经营者不可以被高溢价所迷惑，此时一定要保持冷静的头脑，将真正的协同作用与陷阱区分开来。与此同时，对于并购原因重新进行分析，对于外在协同因素要进行谨慎考虑，确保协同效应与战略管理能够始终与交易相匹配，并且要充分发挥收购经历所带来的经验，不要被一直的高价冲昏头脑而掉进了协同效应的陷阱之中。全书在叙述过程中还运用了大量的表格及图像来辅助读者理解阅读，可谓是细心周到。

以上几点，仅作为对于本书主要内容及特点的简要概括，并不能代表本书的所有优点。诚然，在本书出版之时，大部分的行业内人士都尚未发现协同效应、战略管理及并购交易之间的真正关系，并且学界也尚未有一本此类指南性书籍来帮助大家找到突破问题的“黑匣子”。作者通过自身丰富的经验及不懈的努力，终于写成此书，为广大读者留下了一笔宝贵的财富。但略有不足的是，本书案例部分篇幅较少，若能在末尾处附上一些经典案例，或者是在文中适当增加一些案例与主文穿插叙述，

图书基本信息

中文书名　《协同效应价值与战略管理：并购内幕》

著　　者　斯特凡诺·加尔泽拉（Stefano Garzella）；拉法埃莱·菲奥伦蒂诺（Raffaele Fiorentino）

出版信息　Springer，2017

页　　数　91页

作者简介

斯特凡诺·加尔泽拉（Stefano Garzella），意大利那不勒斯帕斯诺普大学战略管理学教授。意大利会计和管理学教授协会（SIDREA）和意大利管理科学院（AIDEA）成员，在战略管理、并购、绿色经营和估值方法等方面多有建树。

拉法埃莱·菲奥伦蒂诺（Raffaele Fiorentino），意大利那不勒斯帕斯诺普大学战略管理和商业估值教授。意大利会计和管理学教授协会（SIDREA）和欧洲管理科学院（AIDEA）成员，在战略变迁、绩效评估、并购和可持续发展战略等领域有深入研究。

目　　录

第1章　导言
第2章　并购的成功与失败：协同效应管理的作用
第3章　协同效应评估内幕：并购的真正价值
第4章　协同效应管理：从陷阱到价值
第5章　结语

一定会更加精彩。

195. The Handbook of Mergers and Acquisitions《牛津并购手册》

在现实的商业世界中，一部并购发展史，其实也就是相关的行动、思想与经验相互作用的历史。具体说来，在100多年的并购演进过程中，交易的范围、规模、方式和结构等不断在发生变化，其总的倾向是越来越大，越来越多样化，越来越复杂。与此相关的概念、观点和理念也越来越丰富，建立在这些发展变化基础之上的人们对并购的认识或所谓的经验则与时俱进。然而，由于并购实践发展变化太快，人们关于它的思想和认识水平的提升并没有完全保持同步。这一点，可以从最近几十年来相关理论对于并购实践指导的缺位或不到位的表现得到印证。传统而落后的思维方式开始跟不上并购实践前进的步伐。不少并购理论和实务界人士已经初步意识到，这种现象和问题的后果势将阻碍并购实践继续向前健康推进，并着手转换思路，尝试运用新的研究方法以应对并购实践提出的新挑战。

2014年，英国的三位商业管理专家戴维·福克纳、萨图·蒂里康盖斯和理查德·J. 约瑟夫共同编写出版了一部大部头的并购专业著作——《牛津并购手册》。这正是并购学界和实务界在新的方向上进行努力的一部分。

该著作从4个大的方面出发，分20多个具体问题，全面而深入地梳理人们对并购的认识

图书基本信息

中文书名 《牛津并购手册》

著　　者 戴维·福克纳（David Faulkner）；萨图·蒂里康盖斯（Satu Teerikangas）；理查德·J. 约瑟夫（Richard J. Joseph）

出版信息 Oxford University Press，2014

页　　数 784页

作者简介

戴维·福克纳（David Faulkner），英国牛津大宪章学院院长。该学院是福克纳与他人在2007年合建的一所私立商学院。同时，他也是伦敦大学国际商学院教授，皇家霍洛威学院退休教授。早年，他研究国际战略联盟成功条件，获得牛津大学博士学位，撰写了10多部著作，其中包括《牛津战略手册》。

萨图·蒂里康盖斯（Satu Teerikangas），英国伦敦大学学院管理学讲师。她毕业于赫尔辛基工业大学，获博士学位，专长于并购管理，在《管理杂志》和《英国管理杂志》等刊物上发表多项研究成果。在开始学术生涯之前，她在荷兰和英国的壳牌公司工作。

理查德·J. 约瑟夫（Richard J. Joseph），霍特国际商学院副校长和前教务长。早前，他任职得克萨斯大学奥斯汀分校McCombs商学

及其局限性，正视并购实践出现的新问题，并且从多学科和多角度展开对这些新问题的解读。这是一部在内容的广度和深度及观察问题的角度上超越前人的创新之作。

该著作的内容几乎涵盖并购实践中新近出现的所有重要问题。

通常一部综合性并购著作会包括交易前的战略计划、交易中的目标选择、尽职调查、目标公司估值、交易结构、谈判、买卖协议的达成，以及交易后文化、人员、技术和市场的整合等基本内容。但这部著作并没有把这些作为主要讨论对象，而是将并购实践中的新问题、新挑战作为重点。

这些新问题和新挑战构成了该著作主线，实际上也贯穿于并购交易的三个阶段。比如并购的类型、并购的绩效测算、并购的价值创造、交易结构、杠杆收购、并购中的知识管理、并购中的社会身份认同及并购中的权力和政治等。特别是在该著作的第四部分，作者用了很大篇幅讨论新兴市场和产业领域的并购发展趋势，如新兴市场的并购特点、财务并购、专业服务公司间的并购及包括生物技术在内的技术领域并购等。相较于其他同类并购著作，该著作在内容上的创新是十分明显的。

这不是一本一般意义上的通俗读物，而是一本研究文集。

与书名所显示的含义完全不同，该著作体现了极强的专业性。包括导言和附录在内，28个组成部分都是高水平的研究论文。它们分别由世界各大洲的43位在各自领域有着杰出贡献

院。在开始学术生涯之前，他是雷曼兄弟公司投资银行家、贝尔斯登公司证券交易师、花旗银行国际银行家，以及位于沃思堡的Bass集团律师。他曾分别从哈佛、牛津和德克萨斯大学奥斯丁分校获得学士、硕士和博士学位。他是普伦蒂斯霍尔出版社（Prentice Hall）出版的《联邦税务丛书》联合主编，在《金融时报》《基督教箴言报》和《国际税务注释》发表众多评论文章。

目　录

1. 导言

第一部分　并购的战略层面

2. 并购浪潮文献回顾
3. 并购类型
4. 并购创造价值：挑战与机会
5. 解析并购绩效：如何表现及如何测算
6. 收购、收购计划与收购能力

第二部分　并购的金融层面

7. 交易前管理
8. 并购交易中价值创造与价值分配
9. 交易结构
10. 收购不良资产与破产的担忧
11. 接管战略、竞争性出价与防御战术
12. 杠杆收购
13. 股东价值：并购活动的一项驱动因素

第三部分　并购的社会文化层面

14. 并购后整合
15. 个人对并购的反应
16. 并购中的文化
17. 并购管理中国家文化差异

或影响力的专家学者撰稿。这些专家学者多数是美国和英国顶尖学府的资深教授，比如前沃顿商学院管理学系主任哈伯·辛格教授、并购名著《如何避免并购陷阱》和《并购生存策略》的作者斯科特·莫勒教授及并购经典《并购创造价值》一书的作者萨德·苏达斯纳教授等。也有来自法国、德国、芬兰、瑞士、瑞典、希腊、加拿大、荷兰和日本的专家学者，如德国歌德大学社会心理学教授等。他们不但以其名望增强该著作的声誉，而且通过分享他们的独到见解保证或提升了该著作的专业性和学术水平。

18. 并购中知识管理
19. 并购的社会身份认同分析
20. 并购中的权力和政治
21. 塑造跨界并购绩效的沉默力量
第四部分　并购的（产业）部门层面
22. 新兴市场并购特点
23. 财务并购
24. 专业服务公司间的并购
25. 技术并购整合中考察的资源和预期的模糊
26. 生物技术并购特点
27. 协同效应
附录：并购动机、定义和特点

这部著作融合了系统论和多学科的分析方法。

传统的并购研究之所以跟不上并购实践的发展变化，一个很重要的原因就是这些并购研究者往往是在单打独干，片面地运用单一学科方法观察复杂的并购现象。这已经引起比较广泛的批评。运用系统论和多学科方法研究并购问题，虽然不是这部著作独创，但它近乎做到了极致。

首先，这部著作用系统论方法将战略、金融和社会文化这三个层面融为一体统领全局，把并购交易看作是这三个主要因素相互作用的过程；然后，再将这三个层面分解为三个主要部分从多学科角度并运用不同学科的研究方法对具体问题进行分析。在这部著作中，这些角度和研究方法至少涉及战略学、管理学、社会学、心理学、金融学、经济学和政治学等近 10 个学科领域。就方法论而言，这样的高度和广度在一部著作中充分得到体现，在并购的文献海洋中实在是难得一见。

基于上述理由，完全可以相信《牛津并购手册》将对当代世界范围有关并购的实践及其研究产生积极影响。也正因为此，这部著作不仅仅适合那些具有丰富理论知识和实务经验的并购专业人士阅读，同时也值得对并购未来发展抱有兴趣的刚入门者阅读。

196. The Law and Economics of Takeovers：An Acquirer's Perspective《收购的法律与金融：收购者的观点》

一项并购交易中，收购方和被收购方宛若剧情中的主角，其他参与方则是其中的配角。就买卖双方在交易中发挥作用的特性而言，收购方通常发挥着主导性作用，所以从收购方的角度出发，认识和剖析整个并购流程及其中的重要问题不失为探索并购世界的好方法。这本《收购的法律与金融：收购者的观点》充分地利用了这一研究主线，从收购方的角度出发，总结和探讨了并购交易中的几个重要问题，能够帮助读者加深对并购的了解和认识。

本书的作者阿萨纳西亚斯·凯劳瑞达斯是一名在欧洲的执业律师，并有多年的担任法律咨询人员的经验。他写作本书的原因是基于这样的一个发现：多项研究都证明收购方的股东普遍遭受损失或在并购中没有获得显著的利益增长，而被收购方的股东却普遍从并购中获取了巨大的收入。作者对这一现象背后的原因进行收集、总结和分析，并结合理论和实证研究，从以下 4 个方面对这一问题进行了阐释：第一，从代理问题层面来看，收购交易是被收购方管理层借此实现其“价值最大化”商业事件，而对收购方而言通常并非如此，他们大多数是基于其他动因的考量；第二，从商业层面来看，收购方往往会为一项交易支付过多的对价；第三，从金融层面来看，收购方股东的利益会受到支付形式的影响；第四，从监管层面来看，监管制度偏向于保护被收购方股东的利益。作者从以上这 4 个层面充分地解释了为何收购方股东从收购中获取的收益要普遍低于被收购方股东的原因。

本书还讲解了其中每一个层面中蕴含着的不同风险。作者所厘清的这些风险，能够帮助读者辨别收购中的风险点，并思考相应的对策。本书的讲解十分条理有序，且深浅有度，有利于读者快速获取其传达的重点信息。

本书的作者也是一位专业的金融律师，不仅具备在资本市场领域的法律实务经验，同时还在雅典经济与商业大学讲授公司与资本市场法律课程。因此他在资本市场领域兼具丰富的理论知识和实务经验，借由此书将这些经验和知识分享给了对此感兴趣的读者。本书对资本市场上的退出机制、风险套利、市场价格功能及欧洲主要的上市规则进行了介绍，加上作者在讲述这些内容时所采用的研究方法，给读者带来很大的启发。

并购活动依据不同的标准可以划分为各种类型，根据收购是否得到了被收购方管理层的支持可以将一项收购划分为两种类型：友好收购和敌意收购。本书区分了这两种不同类型的收购情形，探讨了敌意收购情况下的法律和监管框架，如接管的要求、信息披露规则、公司行为披露要求等，也强调了关于股权收购的市场滥用问题。针对友好收购的情形，本书介绍了保护收购方股东利益的一些方法，如约定锁定条款及终止费用等措施。作者对两种主要的收购类型下的各参与方之间的利益关系和法律问题做了充分的研究和探讨，有助于读者从收购方的立场把握全局。

在本书讲述的剧情中，收购方是故事的主角，收购方所历经或面临的问题是故事的主线。正如每一个故事都是为了传递出某些价值一样，本书的目的是为了告知读者并购中的法律和金融风险，以及如何处理这些风险以实现最大化收购方股东的利益。本书所采用的研究方法结合了法律和金融两个学科的特点，作者利用这种方法提出了许多针对并购问题的新见解，但同时也保有对法律规则该有的尊重。

本书适读于任何一位对并购拥有热情的从业人员。作者利用娴熟的手法从法律和金融层面为读者提供了一些具有价值的观点，语言通俗易懂，且书中的评论和得出的结论都有充分的实证研究作为支持，十分具有说服力。简言之，这本书对法律界和金融界都做出了贡献，是从事公司法金融业务人士的必读之作。

图书基本信息

中文书名 《收购的法律与金融：收购者的观点》

著　　者 阿萨纳西亚斯·凯劳瑞达斯（Athanasios Kouloridas）

出版信息 Hart Publishing，2008

页　　数 304 页

作者简介

阿萨纳西奥·凯劳瑞达斯（Athanasios Kouloridas），毕业于伦敦政治经济学院，是一名律师，也曾在欧洲委员会、雅典证券交易委员会、上市企业联盟、OPAP S. A. 等机构担任法律顾问。他如今在雅典经济与商业大学讲授公司与资本市场法律课程，同时也是 ABLAW 的管理合伙人。

目　　录

前言
第 1 章　介绍
第 2 章　收购方股东的内部风险
第 3 章　市场管理
第 4 章　交易的法律和监管审查
第 5 章　股东的声音和奖励策略
第 6 章　拍卖风险，第一部分：敌意接管和管理层收购
第 7 章　拍卖风险，第二部分：友好收购
第 8 章　监管风险：平等原则和交易成本
第 9 章　不利变化风险——撤销要约
结论

197. The Mergers & Acquisitions Handbook《兼并与收购手册》

除以并购为其营生，比如投资银行家、并购律师及并购顾问等，大多数公司管理层是没有多少并购方面的直接经验的。但是当遇到他们的公司收购其他公司或被其他公司收购时，这些公司就只能借鉴前人的间接经验来提升自己进行并购交易的能力。

当然，并不是所有并购文献都能给人以有益的经验。只有那些来源于实践并超越实践的经验才具有实际的价值。以此为标准，弥尔顿·L. 罗克、罗伯特·H. 罗克和马丁·西科拉主编的《兼并与收购手册》一书特别值得推荐。

该著作第一版在 1987 年问世后，受到普遍好评。本次再版，其内容得到进一步充实和完善。全书由 8 大部分构成，洋洋洒洒，气势宏大，从内容到形式，让人产生一种厚重的感觉。这部著作以并购交易基本流程为主线，分 52 个问题，向读者呈现出了一幅全景的并购图卷，在权威性、完整性和实用性方面远远超过一般同类著作。

首先，这是一部极具权威性的并购专业著作。

必须承认，在并购文献资源库中，有不少名著甚至经典著作是由单一作者或几个作者联合撰写的。但是，即便如此，我们不能否认一个基本事实，那就是没有一个人或几个人能够精通并购这一特殊商业活动的全部问题。这是因为并购涉及的问题范围实在太广，其跨专业

图书基本信息

中文书名　《兼并与收购手册》

著　　者　弥尔顿·L. 罗克（Milton L. Rock）；罗伯特·H. 罗克（Robert H. Rock）；马丁·西科拉（Martin Sikora）

出版信息　McGraw-Hill，Second edition，1994

页　　数　551 页

作者简介

弥尔顿·L. 罗克（Milton L. Rock），一家位于美国费城的 MLR 公司总裁。他是《兼并与收购》《并购国际》和其他诸多金融专业期刊创始发行人。也曾经担任过全球性管理咨询公司合益集团（Hay Group）执行合伙人。著有《补偿手册》（The Compensation Handbook：A State-of-The Art Guide to Compensation Strategy and Design）和《公司重组》（Corporate Restructuring：A Guide to Creating the Premium-Valued Company）。

罗伯特·H. 罗克（Robert H. Rock），一家位于纽约的商业与金融出版机构——IDD 公司总裁。该出版机构出版有《兼并与收购》期刊，曾经担任过全球性管理咨询公司合益集团（Hay Group）总裁和 CEO。

马丁·西科拉（Martin Sikora），《兼并与收购》期刊主编。曾经在宾夕法尼亚大学沃顿商学院就并购问题给学生授课。

目　　录

第一部分　计划与战略问题

或跨学科的性质越来越明显。去粗取精、博采众家之长应当是我们学习和了解并购这个复杂系统工程的正确的态度。《兼并与收购手册》一书，为我们提供了这样的便利和机会。

在这部551页的大部头著作中，有62位并购实务界顶级专家从不同角度为我们分享他们的经验。这绝对不是一般意义上的一种体验。这些并购实务专家分别来自高盛、雷曼兄弟、摩根士丹利、世达和安永这样世界顶尖的金融证券公司、咨询顾问公司、投资银行、律师和会计师事务所。他们中的大多数或担任总裁、副总裁，或担任并购经理、高级合伙人，都有领导或主持并购的丰富实践经验。他们并不是在做一般性的漫谈，而是在各自擅长的领域贡献其专有的智慧或经验。这保证了该著作的每一个组成部分都是精华。

其次，该著作具备一定的完整性。

通常，一部由多人撰稿的著作，因作者经历、专长、研究方法和语言风格不同而难以形成一个有机的整体，有时甚至会给人以支离破碎的感觉。而这部著作的52个部分，分别由62位专家撰稿，却保持了语言文字风格等方面的高度一致，这简直让人难以想象在这背后三位主编所付出的努力有多大。不仅如此，这部著作除了在语言文字风格等方面保持一致以外，还在内容的各部分上相互照应，仿佛就像是由一位作者撰写似的。与其他综合性并购专业著作比较，这部著作在内容的完整性方面毫不逊色，甚至有过之而无不及。一般著作中所涉及的重要层面或专业问题，在这部著作中都有体

1. 公司收购战略观
2. 并购市场的发展
3. 并购的经济驱动因素
4. 并购分析模式规划
5. 并购收益
6. 通过并购获得竞争优势
7. 公司发展道路的选择
8. 公司发展行动规划
9. 战略协同效益：事实或虚幻
第二部分　组建并购团队
10. 内部收购团队
11. 寻找收购候选者
12. 经纪人协议
13. 保密协议的运作
第三部分　价格、估值、谈判与交易结构
14. 现金流量折现法
15. 估值艺术
16. 为最优值定价
17. 并购谈判
18. 支付方法
19. 并购中税项与会计的意义
20. 并购融资的黄金法则
21. 基于资产的融资
22. 非流动市场融资
第四部分　并购元素
23. 杠杆与管理层收购
24. 战略剥离
25. 公司重组
26. 中级市场并购
27. 收购陷入困境的公司
28. 并购套利
第五部分　收尾工作
29. 交割服务
30. 表格和文件
31. 有效尽职调查

现。而且，该著在公司的发展战略、并购团队的建设、并购之外其他次级交易形式、并购的监管及全球并购发展状态等方面，甚至有更加深入的论述。

另外，这部著作的实操性较强。

该著作几乎没有大段的理论论述，从始至终充满了可在实践中加以运用的指导性建议。关于这一点，我们可以举一个并购法律文件的例子予以说明。法律文件是并购交易的核心问题之所在。任何一项并购交易的结果最终都以法律文件的形式得到体现。不仅如此，在并购的各个阶段，也都有相应的法律文件规定或确立特别的事项。在一个标准的并购项目交易过程中，一般都会涉及四五个主要的法律文件，比如意向书、保密协议和买卖协议等。但在这些之外，还有 10 多个辅助性法律文件视具体情况而或多或少地涉及。

一般的并购专业著作很少专门讨论并购法律文件的内容及其草拟技术。这可能与一个事实有关，那就是在庞大的并购著作作者队伍中法律人所占比重很小，而金融、管理和其他作者撰写的并购著作又多不以法律人为主要读者对象。《兼并与收购手册》一书则不同，在并购交易问题的内容方面兼顾到了各方需求，而且尽量做到让各类读者都能够从中得到实际收获。本书用了很大篇幅介绍在并购实践中具有实际价值的若干法律文件及其撰写技巧，比如意向书、保密协议、收购协议、非竞争协议、经纪人协议及公平意见书等。这些内容，对于并购实践中的法律人和其他利益相关者实在是具有很大的指导意义。

客观地讲，这部著作也有一些不足的地方。其中，最大的遗憾是它是一

32. 风险管理：环境责任
33. 风险管理：产品责任
34. 保护知识产权
35. 非竞争协议
36. 快乐顾客的价值
37. 公正意见

第六部分　并购之后

38. 第一阶段评估
39. 合并公司的利害关系
40. 并购后整合
41. 并购收益计划
42. 合并补偿计划
43. 高管和经理人的并购收益（补偿）

第七部分　并购监管、沟通与防御

44. 反垄断指南
45. 并购监管
46. 与监管层打交道
47. 投资者关系：保护股票价格
48. 收购防御

第八部分　全球市场

49. 全球并购市场：欧洲
50. 全球并购市场：北美
51. 全球并购市场：日本与亚太
52. 全球并购市场：东欧

附录

A. 国际合并与购置咨询协会
B. 美国企业成长协会
C. 规划论坛
D. （美国）全国公司董事协会
E. 美国并购监管机构一览

部20年前撰写的著作。尽管绝大部分内容完全适用于今天的并购实践，但并购实践中的一些最新发展，比如交易结构、融资方式及并购在全球传统区域之外的发展等，无法在书中得到反映。这是时代的局限性，而不是书本身的过错。只是这些遗憾，多少会影响该著作的价值。

无论如何，这是一本含金量极高的并购实务著作。对于大多数并购从业者和新近入门者来说，它提供的绝不仅仅是并购交易的一些实务经验和技巧，或许更重要的是它凝聚了62位并购高手的专业智慧或思想的精华。

198. The Routledge Companion to Mergers and Acquisitions《劳特利奇并购指南》

在学术界，研究并购问题成为一种令人叹为观止的新时尚。这体现在至少如下几个方面：第一，金融、会计和法律之外更多学科的资深专家和学术新秀不断加入到并购研究队伍中来；第二，并购研究的方法更加多元化；第三，新的观点和新的研究成果日益出现。

所有这些发展，为人们观察和认识并购中复杂的问题和现象，提供了更加宽广的视野和不同的视角。关于这一点，由安妮特・里斯伯格、戴维・R.金和奥林匹娅・梅格里奥三位教授主编的《劳特利奇并购指南》一书，就是一个很好的例证。这部最新出版的并购专业著作，由四个主要部分组成，包括23个具体的章节，通过运用多学科研究方法，对并购现状及并购中正在出现的前沿问题进行了深入的分析。在一定意义上，该著作代表了目前全球并购研究的实际水平和发展方向。

它一经出版，也因此便受到并购实务和理论界重视，得到普遍好评。芬兰阿尔托大学商学院组织与管理学教授埃罗・瓦萨拉在评论这部著作时表示，"理论研究和实务工作者都需要有新的角度以更好地理解变化中的并购的复杂社会和组织结构，而这本书做到了这点。"毫无疑问，这部著作在理论框架、研究视角和方法，以及观点和观念上，都有不同程度的突破，是一部创新之作。

在理论上，该著作搭建了一个独特的分析并购问题的框架。这个框架就是所谓的"四角观"，即从实质、关联、方法论和概念这4个角度来研究并购。按照主编们的说法，这个框架的设计是为了激活读者对过往相关研究中普遍存在的一些相互矛盾的发现的再认识。事实上，这几位主编在向劳特利奇出版社提出该著构想时就已经有了一个初步的理论框架。根据这个框架，他们面向全球各大洲的专家学者发出撰稿邀请。这些撰稿作者的研究成果最后能够被采纳的，都是经过几轮同行盲审而筛选出来的，并且符合主编们的这个理论框架的基本理念。说白了，这个所谓的理论框架，其实就是跨越学科、专业和问题的局限而对并购进行综合的、系统的分析研究。

在研究视角和方法上，该著作打破学科专业界限，将宏观和微观分析结合，把多学科方法有机地运用到并购问题的研究之中。根据主编们在导论中的统计，23个章节提到的方法大致可归纳到三类性质的基本研究方法——经验研究、定量研究和定性研究之内。但是，仔细研读全书，我们又发现这些研究涵盖了多个不同学科的研究方法，比如管理学、金融学、应用经济学、战略学、组织行为学、社会学、心理学及文化和人类学等。来自这么多专业学科或领域的专家学者围绕着并购做文章，这在一个方面说明并购作为一种商业活动的极端特殊性，另一个方面也表明，并购的问题或许只能在多学科的基础之上才可以得到充分有效的解答。该著作再一次彰显了未来全球并购研究的方向。

在观点和观念上，这部著作大胆否定前人在并购研究中的一些错误。从某一个角度来看，

图书基本信息

中文书名　《劳特利奇并购指南》

著　　者　安妮特·里斯伯格（Annette Risberg）；戴维·R. 金（David R. King）；奥林匹娅·梅格里奥（Olimpia Meglio）

出版信息　Routledge，2015

页　　数　420页

作者简介

安妮特·里斯伯格（Annette Risberg），丹麦哥本哈根商学院教授。

戴维·R. 金（David R. King），美国衣阿华大学教授。

奥林匹娅·梅格里奥（Olimpia Meglio），意大利萨尼奥大学教授。

目　　录

导论

第一部分　并购研究的实质领域

1. 作为创新组织适应工具的并购
2. 作为适应战略的并购
3. 成功并购整合的人力资源因素框架：三项交易研究
4. 收购或被收购：中等规模家族企业中的防御性收购
5. 收购能力探秘

第二部分　并购研究的关联领域

6. 评估战略联盟网络对并购决策影响的效果：美国半导体产业的经验
7. 中国和印度在欧洲的并购：动机与所有权选择之间的关系
8. 并购中的员工：幻觉或机会？
9. 并购与公司的开发组合
10. 并购绩效游戏：股东的观点
11. 国际并购中的领导力、权力与合作：冲突与解决

学术进步无外乎通过两个途径实现，一个是传承前人的成果，另一个是矫正前人的错误。相比较之下，后者更弥足珍贵，因为这是创新突破的前提。在《劳特利奇并购指南》中的几乎每一个章节，读者都会发现一些新观点或新观念。这些大胆的突破，与该著主编的一个基本思想有着直接的关系，那就是过往人们对并购的研究偏于使用单一的研究方法，而这样的结果是各种相关研究发现彼此不一致或相互矛盾。

这部著作所表现出来的极强的创新意识，有着一个十分特殊的背景。在 41 位撰稿人中，超过半数是新近博士毕业的学界新秀或在读博士研究生。这种现象与主要由顶尖或资深专家撰写的其他同类著作截然不同。它带来的直接效果，当然是更多的学术创新活力。

《劳特利奇并购指南》是一部学术性较强的并购专业著作。如果读者希望了解有关并购研究的最新动态或者对并购相关的学术问题感兴趣，那么这部著作适合您。当然，它肯定也会受到那些正在攻读并购相关专业的硕士和博士研究生的欢迎。

第三部分　并购研究的方法论领域
12. 反思并购研究中混合方法的使用
13. 并购背景下事件研究方法论
14. 机构人种论：并购研究的一种可供选择的方法
15. 网络融合：社会网络分析对并购研究的贡献和挑战
16. 并购的定性与纵向研究：反思各种方法的使用
第四部分　并购研究的概念领域
17. 作为多向过程的并购：定性研究评估
18. 被收购公司员工中预期公正的前提
19. 并购中的价值潜力
20. 有关并购整合的未来研究议程建议
21. 不同类型身份认同威胁的原因和后果
22. 并购中的品牌：当前研究与具体研究问题
23. 解构并购研究：研究范式的进步

199. Understanding Mergers and Acquisitions in the 21st Century：A Multidisciplinary Approach《了解 21 世纪的并购：多学科观点》

商业世界千变万化，顷刻之间就可能改朝换代了。如何让公司能够在这高速发展和淘汰的年代实现资本的良性增长，并长久地存续下去，便成了广大企业家和并购从业者所日益思考的问题，而本书也在此种背景之下应运而生，旨在找出新世纪并购问题的解决之法。

本书内容主要针对的是 21 世纪的并购，大致分为 3 个部分来进行概括。作者通过将 20 世纪与 21 世纪不同国家与地区的并购交易活动特征和行为进行对比，希望通过不同层次不同角度的观察能够帮助现代企业在以后的并购之路上走得更远。本书是基里安 · J. 麦卡锡与威尔弗雷德 · 多尔夫斯马所联合整理出版的汇编本。二位都是非常优秀的并购专家，同时也是世界顶尖大学商学院的教授，所以无论是理论功底还是专业能力都非常出众。并且本书内涵盖的文章也是并购领域的一线并购专家根据不同的话题所写，其多元性与客观性也是无与伦比的。

本书的第一部分是对于并购商业环境与法律环境的对比与概括。作者通过对 20 世纪以来的并购浪潮发展及法律规定的变化的描述，以美国、欧盟和中国为蓝本，通过对 34 部法律进行研究，利用历史的陈迹来寻找并购发展路径中所存在的问题。相比之下，同时期的专业书籍大多都是对于并购浪潮的推进史做简单介绍，很少真正地去深挖其与法律变动之间的联系。

本书的第二部分是从经济、商业、心理学及社会学 4 个不同角度对 21 世纪的并购所展开的讨论，且每一个角度关于并购交易的关注点都不同。从心理学及社会学角度来看，许多企业只注重现金流、市场占有率等硬性标杆，往往忽视了企业文化等软性因素对于交易结果的影响。作者这时提出，无疑也是为广大并购从业者敲响了警钟。更令人耳目一新的是作者关于并购动机影响交易结构的看法，并且其另辟蹊径地将财务协同与并购动机结合在了一起，

图书基本信息

中文书名　《了解 21 世纪的并购：多学科观点》

著　　者　基里安 · J. 麦卡锡（Killian J. McCarthy）；威尔弗雷德 · 多尔夫斯马（Wilfred Dolfsma）

出版信息　Palgrave Macmillan，2012

页　　数　295 页

作者简介

基里安 · J. 麦卡锡（Killian J. McCarthy）世界商学院 1% 的格罗宁根大学经济与商业学院（荷兰）的助理教授。他专注于战略，经济与金融方面的研究和教学，同时他还是“战略创新管理”硕士（硕士）主任，并且是能源经济研究中心（CEER）的经理。

威尔弗雷德 · 多尔夫斯马（Wilfred Dolfsma），伦敦拉夫堡大学创新与创业企业发展研究所所长。

目　　录

第 1 章　导言：了解 21 世纪的并购

第一部分　场景设置

经济与法律视角

第 2 章　商业环境

第 3 章　法律环境

第二部分　并购概况

经济与商业角度

第 4 章　公司体量

第 5 章　并购动机

第 6 章　股东态度

心理学与社会学角度

第 7 章　文化

第 8 章　管理层力量

第 9 章　个人因素

第三部分　一往直前

从一个全新的角度出发来论证动机与交易收益之间的关系，而这也是许多相关资料所从未涉及的方面。

> **电脑科学角度**
> 第10章　未来面面观——信息技术对并购的影响

本书的第三部分是对于21世纪并购交易绩效影响因素的探究。本章作者提出了利用数据驱动这一理念，抛弃了传统的自上而下的信息分析方式，而采用自下而上的方式来利用事业发展的预测。21世纪是一个信息爆炸的年代，谁在未来掌握了更多的信息，谁就掌握了做生意的主动权。第三部分，作者在21世纪之初就已经认识到了信息的重要性及电脑科学运用技术的潜力，其反复说明掌握多种渠道与技术收集资讯是未来并购交易掌握先机的重要方式。第10章同样也借助了许多的图表和示例，此种表达方式不仅有利于清晰地说明问题且能加速读者的理解，提高效率。作者通过对大量数据的反复计算、对比、总结，旨在让广大读者能够理解21世纪的并购将会如何产生与开展。更重要的是，可以帮助读者改变一成不变的思维方式，促进他们多维度地去思考问题。

以上几点，只是根据本书的体例顺序对于本书优点的简单概括，并不能完全展示出本书的所有内涵，书中所含的关于并购的珍贵宝藏，还需对并购满怀热情的您去亲手挖掘与体会。不过稍显遗憾的是，本书作为一本汇编本，虽然编者对于各位作者的文章进行了精心的编排与整理，但其自身并没有对相关问题做出较多的解释和看法，若后期能补充完整，则一定能成为21世纪的传世佳作。

200. Value Creation in Mergers，Acquisitions，and Alliances 《兼并、收购与联盟中的价值创造》

“今天不只是大鱼吃小鱼的时代，更是快鱼吃慢鱼的时代。”在这样一个快速变化的世界里，企业面临着前所未有的挑战，怎样才能实现增长而不被竞争激烈的社会所淘汰？对此，很多企业会不假思索地做出并购的决策，并用盲目的行动去回应这一难题。然而，企业合并居高不下的失败率，让人不得不怀疑该方法是否真的能创造价值。于是，《兼并、收购与联盟中的价值创造》一书的作者凯萨琳·伯克借助于理论推导和实践的验证，即同时运用了规范分析和实证研究的方法，从两个不同方向、不同途径展开探讨，在书中由表及里、层层递进地回答了兼并、收购与企业联盟活动如何创造价值的问题。通过解释这个基本的理论问题，兼并、收购与联盟活动的规律能得到比较清楚的揭示，对其本质的认识也才能更加深入。

图书基本信息

中文书名 《兼并、收购与联盟中的价值创造》

著　　者 凯瑟琳·伯克（Kathrin Boecke）

出版信息 Gabler，2009

页　　数 192 页

作者简介

凯瑟琳·伯克（Kathrin Boecke），德国不来梅雅各布大学博士。

目　　录

第 1 章　引言
第 2 章　基本原理
第 3 章　兼并与收购中的价值创造——理论范式与以往研究
第 4 章　联盟中的价值创造——系统分析
第 5 章　企业合并中价值创造的定量分析——从欧洲电力行业的角度
第 6 章　总结

本书的研究路径十分别具一格，作者从公司股东的角度出发开展这项研究。尽管有人给“股东价值最大化”贴上了“世界上最愚蠢的观点”标签，但股东价值如今仍主宰着商业世界。股东的利益可以说是企业活动的标准，因此企业活动的成败往往需要从公司股东的价值创造或毁灭的角度来解释，而这正是贯穿本书始终的一条主线。

关于企业合并活动和股东价值创造之间的关系，先前的许多实证研究呈现出了不同的结果。正如书中所指出的，“一些调查结果显示，合并活动能使收购方公司的价值增强；而大多数研究人员却发现，合并中企业创造的股东价值被平摊了，其中大部分利益被目标企业收获了。”作者认为，虽然很大一部分价值创造仍然是不可解释的，但那些一再被确定为对企业合并中股东价值有影响的因素，仍然是有待发掘和总结的。因此包括作者在内的众多学者仍然在不遗余力地探索影响企业合并中价值创造的决定因素。

本书最让人耳目一新的地方在于，作者独辟蹊径地在全书运用了元分析方法，使读者得以在书中获得一个全新的视角来看待企业合并活动的价值创造。

元分析是一种定量分析方法，不是对原始数据的统计，而是对统计结果的再统计，以寻求一个综合的结论。并购、联盟等合作机制在当今商业环境中的重要性，导致越来越多的专家研究企业合并活动和股东价值创造之间的关系。然而大多数实证只研究了少数变量或是经常侧重于新因素的影响，却未整合先前已被证实影响股东价值创造的因素。

鉴于这一主题的实证研究在数量和结果上具有多样性和差异性，这本书通过元分析方法来综合以前对股东价值创造的实证研究，对其进行全面分析和系统评价。书中所采用的这一方法，优点在于摒弃了传统叙事评论和投票计数方法的缺点，能够更为直观地为企业家和并购交易人士从事兼并、收购和联盟活动提供实用的建议。

研究样本和统计数据丰富这一特点显而易见，这使得本书作者得出的结论极具说服力。在本书中，作者对欧洲公用事业行业126起收购和66家联盟的交易样本进行了定量和定性的分析，用所建立的模型来判别企业合并活动价值创造的决定因素。

根据作者得出的统计结论，并购的失败率通常在60%至80%之间，而联盟的失败率在30%到60%之间。在这种背景下，影响企业合并价值创造的因素是一个很有前景的研究领域。作者不仅发掘到这一点，抓住机会收集了大量的研究素材，并运用科学的分析方法对这些样本进行解剖，据此提出客观真实的见解。对于制订商业战略的企业家及在金融和公用事业行业中的实践者而言，这项研究想必能够极大地引起他们的兴趣和关注。

叔本华曾说过："单个的人是软弱无力的，就像漂流的鲁滨逊一样，只有同别人在一起，他才能完成许多事业。"本书作者正是站在巨人的肩膀上研究兼并、收购与联盟中的价值创造这一主题，希望能看得更高、更远。本书反映的是并购学知识体系中不断增添的一砖一瓦，同时也是作者对前人并购研究成果的一点回报。尤其难能可贵的是，本书在兼并、收购与联盟如何创造价值这一问题的研究上提供了明确且实用的方法思路，并对这些理论与方法给出了恰当的反思。

总体来说，本书文风虽然略显乏味，内容尽管短少精悍，但对于那些想要通过兼并、收购或是联盟活动创造股东价值的企业而言，仍然十分具有参考价值。

撰写《中外并购名著专业阅读指南》一书的初衷，是想为广大的并购从业者，特别是新进入门者，提供一点帮助。然而，两年多前，在开启这项“工程”的时候，我们绝对没有料想到这个过程会是那么艰难，我们的团队要为此付出那么大的努力和代价。从初期知识准备，到庞大的文献资料的收集、消化、分析和比较，以及到本书的撰写和反复修改，几乎所有方面都对我们的专业能力、外语实际运用能力、思维方法、分析问题的能力和语言表达能力等提出了全面挑战。我们的团队是在持续高强度的状态下工作，可以说没有一天懈怠。值得庆幸的是，我们终于走到了今天。

在我们的付出转化成读者朋友手中这部著作的时候，有很多人士不能忘记。他们在各个阶段通过不同方式给予了鼓励、支持和帮助。正是由于他们，我们才能够坚持到现在。

在他们中间，有很多是战斗在并购实务第一线的业界精英，还有一些正在从事与并购相关的金融和法律工作。我们从他们那里较为深切地了解了并购业的实际问题，开拓了视野，增强了信心。其中，戈铮铮、付朝辉、张嶂、张舒、滕海迪、薛冰、黄海、廖森林、徐洁和梁林等是我们特别想感谢的。另外，陈思熠、陈钰、杜静、雷熙、俞洋航、黄淑宜和廖维皓等作为团队外围，与我们并肩作战，也是我们要感谢的。

出版机构的张本心总编和占小卫编辑在本书出版过程中付出了极大心血，对于他们，任何言语都不足以表达我们的感激之情和敬意。本著从初稿 80 多万字到现在的50万字左右的反复修改，凝聚了他们的心血。

最后，我们还要向本著中200本被品评和推荐的中外并购专业图书的作者和出版机构致以谢意。我们不仅从他（它）们出版的精品著作中受益，而且还借用了他（它）们图书的封面和目录。由于这些图书的作者和出版机构分布太广，我们无法一一联系得上。特别在此说明，如果有需要，随时可与本书编著者和出版机构联系。

尽管上述提到的各位或各方面是我们完成本著的保证和力量的源泉，但是我们努力的结果还需要得到读者朋友们的检验，也欢迎大家不吝赐教。书中存在的问题，我们理当承担全部责任，并期望在各方的帮助下今后有机会进一步完善。

编著者
2017年11月

一、中文著作

按拼音字母顺序排列，括号内数字为分类目录序号。

《并购成功的关键：人力资源尽职调查》（140）

《并购的力量：移动互联时代的资本选择》（1）

《并购大时代：资本的谋略与实战》（2）

《并购基金：法理与案例精析》（174）

《并购战争：世界商业并购操作密局及后美国时代中国企业的终极战略》（3）

《并购之路：20 个世界 500 强企业的并购历程》（157）

《成功并购：商业尽职调查实务手册》（75）

《房地产企业并购实务手册》（22）

《高收益债券与杠杆收购：中国机会》（141）

《公司并购重组原理、实务及疑难问题诠释》（23）

《公司并购律师实务》（91）

《公司并购文件撰写指要》（24）

《公司并购问题与应对》（4）

《公司并购与重组》（5）

《公司法疑难问题解决之道：412 个实务要点深度释解》（25）

《公司资本行动：并购策划与流程指引》（26）
《攻略：并购律师进阶指南》（92）
《股权投资基金与并购》（142）
《海外并购基金操作实务与图解》（122）
《海外并购交易全程实务指南与案例评析》（123）
《海外并购尽职调查指引》（124）
《机遇与挑战：中国公司海外并购的风险与防范》（125）
《兼并美国》（126）
《跨境并购》（127）
《劳阿毛说并购》（6）
《企业并购重组税法实务：原理、案例及疑难问题剖析》（93）
《企业并购与重组》（7）
《融资、并购与公司控制》（8）
《上市公司并购重组操作实务指引》（27）
《上市公司并购重组监管制度解析》（94）
《上市公司并购重组解决之道：50 个实务要点深度释解》（28）
《上市公司并购重组流程及案例解析（上下卷）》（158）
《上市公司并购重组企业价值评估和定价研究》（175）
《上市公司并购重组问答》（29）
《上市公司并购法律实务》（95）
《上市公司并购业务操作指引》（30）
《时代华纳：并购铺就的传媒帝国》（159）
《投资并购法律实务》（96）
《投资并购与资本市场法律全书》（97）
《完胜资本：公司投资、并购、融资、私募、上市法律政策应用全书》（98）
《中国并购重组全析：理论、实践和操作（上下卷）》（9）
《中国企业并购重组税收指南》（31）
《中国企业并购实务》（10）
《中国企业跨国并购 10 大案例》（160）
《中国企业跨境并购》（128）
《中国上市公司并购重组案例精编（上下卷）》（161）
《中华人民共和国企业投资并购法律全书》（99）

《资本的选择：一个民营企业家的并购之旅》（162）
《资本交易法律文书精要详解及实务指南》（100）
《走向资本市场：企业上市尽职调查与疑难问题剖析》（76）

二、英文著作中译本

《MBO 交易：透视管理层收购》（49）
《百年并购：20 世纪的美国并购和产业发展》（163）
《并购：企业在重大重组中必须面对的七大困惑》（50）
《并购成长》（51）
《并购创造价值（原书第 2 版）》（11）
《并购的艺术：兼并、收购、买断指南（原书第 3 版）》（12）
《并购的艺术：尽职调查》（77）
《并购的艺术：融资与再融资》（78）
《并购的艺术：整合》（108）
《并购估值：如何为非上市公司培育价值（原书第 2 版）》（79）
《并购原理：收购、剥离和投资》（13）
《并购者：企业帝国构建者的思考与教训》（164）
《并购整合：并购企业成功整合的七个策略》（109）
《并购之后：成功整合的权威指南（原书第 3 版）》（110）
《并购之王：投行老狐狸深度披露企业并购内幕》（165）
《并购指南：人员整合》（111）
《并购指南：如何发现好公司（原书第 2 版）》（32）
《并购制胜战略：实用并购规划和整合策略指南》（112）
《并购中的企业文化整合》（113）
《成功并购指南》（33）
《大并购时代：超级并购带来超级增长与超常回报》（52）
《大交易：兼并与反兼并》（166）
《大手笔：美国历史上 50 起顶级并购交易》（53）
《反向并购：非 IPO 型的公司上市》（54）
《分久必合：戴姆勒 - 奔驰与克莱斯勒合并内幕》（167）

《杠杆收购：入门精要》(143)
《估值：难点、解决方案及相关案例（原书第2版)》(80)
《估值的艺术：110个解读案例》(81)
《估值技术》(82)
《孤注一掷：罗伯特·康波并购风云录》(168)
《国际并购与合资：做好交易》(129)
《合并与收购：理解反垄断问题（原书第3版》(101)
《兼并、收购和公司重组（原书第4版)》(14)
《兼并和收购综合指南：如何管理并购各阶段的关键成功要素》(34)
《兼并与收购》(176)
《兼并与收购（哈佛商业评论文集)》(177)
《兼并之道：决定公司并购成败的四个关键决策》(55)
《金融并购风云录》(169)
《科尔尼并购策略》(56)
《美国并购审查程序暨实务指南（第3版)》(102)
《门口的野蛮人：史上最强悍的资本收购》(170)
《企业并购：逻辑与趋势》(178)
《企业并购价值评估从入门到精通（原书第2版)》(83)
《收购、兼并和重组：过程、工具、案例与解决方案（原书第7版)》(15)
《收购失败：为成功收购提供切实的建议（原书第2版)》(57)
《收购有道：中小企业收购秘籍与经典案例》(58)
《铁血并购：从失败中总结出来的教训》(171)
《投资银行：价值、杠杆收购、兼并与收购（原书第2版)》(144)
《协同效应的陷阱：公司购并中如何避免功亏一篑》(114)
《应用兼并和收购（上下册)》(16)

三、英文著作

按英文字母排序。

10 Truths of Mergers & Acquisitions：A Survival Guide（《并购的10个真相：生存指南》）(35)

A Giant Cow-Tipping by Savages：The Boom，Bust，and Boom Culture of M&A（《黑暗并购》）（172）

A Practical Guide to Mergers & Acquisitions：Truth Is Stranger than Fiction（《并购实务指南：离奇的真相》）（36）

A Practical Guide to Mergers，Acquisitions and Divestitures（《兼并、收购与资产剥离实务指南》）（37）

Achieving Post-Merger Success：A Stakeholder's Guide to Cultural Due Diligence，Assessment，and Integration（《获得并购后的成功：尽职调查、评估与整合股东指南》）（115）

Advances in Mergers and Acquisitions（Volume 1 – 15）（《兼并与收购动向（15 卷本）》）（179）

An Introduction to Accounting and Managerial Finance：A Merger of Equals（《对等合并：财务和管理金融》）（145）

Anatomy of a Merger：Strategies and Techniques for Negotiating Corporate Acquisitions（《兼并解剖：公司收购谈判的战略与技术》）（59）

Beating the Global Consolidation Endgame：Nine Strategies for Winning in Niches（《夺取全球合并赛局最后胜利的九大战略》）（60）

Beyond the Deal：A Revolutionary Framework for Successful Mergers & Acquisitions That Achieve Breakthrough Performance Gains（《交易之外：获得绩效收益突破的并购框架》）（61）

Business Planning for Mergers and Acquisitions（《并购商业计划》）（62）

Buyouts：Success for Owners，Management，PEGs，ESOPs and Mergers and Acquisitions（《买断：并购成功之道》）（63）

Commercial Due Diligence：The Key to Understanding Value in an Acquisition（《商业尽职调查：了解收购价值的关键》）（84）

Corporate Divestitures：A Mergers and Acquisitions Best Practices Guide（《公司剥离：并购最佳实务指南》）（38）

Corporate Governance and Regulatory Impact on Mergers and Acquisitions（《公司治理与监管对并购的影响》）（103）

Corporate Takeovers：Causes and Consequences（《公司收购：原因和后果》）（180）

Cross-Border Mergers and Acquisitions（《跨界并购》）（130）

Cross-Border Mergers and Acquisitions：Theory and Empirical Evidence（《跨界并购：理论与经验证据》）（131）

Do the Right Deal & Do the Deal Right：35 Success Factors for Mergers & Acquisitions（《做对的

交易与把交易做对：35 条并购成功秘诀》）（64）
Due Diligence：Planning，Questions，Issues（《尽职调查：规划与问题》）（85）
Due Diligence：The Critical Stage in Mergers and Acquisitions（《尽职调查：并购的关键阶段》）（86）
Due Diligence and the Business Transaction：Getting a Deal Done（《尽职调查与商业交易：达成交易》）（87）
Due Diligence for Global Deal Making（《全球交易尽职调查》）（88）
Expensive Mistakes When Buying & Selling Companies（《如何避免公司买卖中的重大失误》）（65）
Financial Institutions，Valuations，Mergers and Acquisitions（《金融机构、估值、兼并与收购》）（89）
German Mergers & Acquisitions in the USA：Transaction Management and Success（《德国在美国的并购：交易管理与成功》）（132）
Global Mergers and Acquisitions：Combining Companies across Borders（《全球并购：公司跨界整合》）（133）
Guidelines for Process Safety Acquisition Evaluation and Post Merger Integration（《收购估值与兼并后整合指南》）（116）
Handbook of Research on Mergers and Acquisitions（《并购研究手册》）（181）
How to Buy a Business without Being Had：Successfully Negotiating the Purchase of a Small Business（《如何轻松购买一家公司》）（66）
How to Value，Buy，or Sell a Financial Advisory Practice：A Manual on Mergers，Acquisitions，and Transition Planning（《如何估值、购买或销售一项金融顾问业务：并购与过渡计划指南》）（39）
Intellectual Property Assets in Mergers and Acquisitions（《并购中的知识产权资产》）（182）
Intelligent M&A：Navigating the Mergers and Acquisitions Minefield（《如何避免并购陷阱》）（67）
International Business Mergers and Acquisitions in Japan（《日本的国际商业并购》）（134）
International Mergers and Acquisitions Activity Since 1990（《1990 年以来的国际并购活动》）（135）
Joining Forces：Making One plus One Equal Three in Mergers，Acquisitions，and Alliances（《合力：在并购和联盟中让一加一等于三》）（117）
Knights，Raiders，and Targets：The Impact of the Hostile Takeover（《骑士、袭击者与目标：

恶意收购的影响》）（68）
M&A Integration：How to Do It（《并购整合指南：企业成功并购整合的规划与实施》）（118）
M&A Titans：The Pioneers Who Shaped Wall Street's Mergers and Acquisitions Industry（《并购巨兽：改变华尔街并购业的先驱们》）（173）
Make the Deal：Negotiating Mergers and Acquisitions（《成交：并购谈判》）（69）
Managing Emotions in Mergers and Acquisitions（《控制并购中的情绪》）（183）
Managing Mergers，Acquisitions and Strategic Alliances：Integrating People and Cultures（《管控并购与战略联盟：整合人员与文化》）（184）
Maximizing Corporate Value through Mergers and Acquisitions：A Strategic Growth Guide（《通过并购实现公司价值最大化：战略成长指南》）（40）
Mega Mergers and Acquisitions：Case Studies from Key Industries（《超大并购：来自重要产业案例研究》）（185）
Mergers，Acquisitions，and Buyouts（Volume 1－5）（《兼并、收购与买断（5 卷本）》）（186）
Mergers，Acquisitions，Divestitures，and Other Restructurings：A Practical Guide to Investment Banking and Private Equity（《兼并、收购、剥离与其他重组：投资银行与私募股权实务指南》）（41）
Mergers，Acquisitions and Strategic Alliances：Understanding the Process（《兼并、收购与战略联盟：了解程序》）（187）
Merger：What Can Go Wrong and How to Prevent It（《如何避免兼并出错》）（70）
Mergers & Acquisitions：A Comprehensive Guide（《并购综合指南》）（42）
Mergers & Acquisitions：An Insider's Guide to the Purchase and Sale of Middle Market Business Interests（《并购买卖内幕》）（43）
Mergers & Acquisitions in China（《中国的并购》）（136）
Mergers & Acquisitions Integration Handbook：Helping Companies Realize The Full Value of Acquisitions（《并购整合手册：帮助公司实现充分的价值》）（119）
Mergers & Acquisitions Valuation and Structuring（《并购估值与架构》）（188）
Mergers and Acquisitions（《兼并与收购（3 卷本）》）（189）
Mergers and Acquisitions：A Condensed Practitioner's Guide（《简明并购实务指南》）（44）
Mergers and Acquisitions：A Global Tax Guide（《全球并购税务指南》）（137）
Mergers and Acquisitions：A Guide to Creating Value for Stakeholders（《并购指南：为股东创

造价值》)(45)
Mergers and Acquisitions：A Step-by-Step Legal and Practical Guide(《并购：法律与实务进阶指南》)(46)
Mergers and Acquisitions：Business Strategies for Accountants(《并购：会计师的商业战略》)(146)
Mergers and Acquisitions：Concepts and Insights(《兼并与收购：概念与观点》)(17)
Mergers and Acquisitions：Law & Finance(《并购：法律与金融》)(104)
Mergers and Acquisitions：The Critical Role of Stakeholders(《并购中利益相关者的关键作用》)(190)
Mergers and Acquisitions：The Human Factor(《并购：人力资源因素》)(148)
Mergers and Acquisitions as the Pillar of Foreign Direct Investment(《作为外国直接投资支柱的并购》)(191)
Mergers and Acquisitions Basics：All You Need To Know(《并购基本原理：你必须了解的一切》)(18)
Mergers and Acquisitions Basics：Negotiation and Deal Structuring(《并购基本原理：谈判与交易架构》)(19)
Mergers and Acquisitions Basics：The Key Steps of Acquisitions，Divestitures，and Investments(《并购基本原理：收购、剥离与投资的关键步骤》)(20)
Mergers and Acquisitions Deal-Makers：Building a Winning Team(《并购交易者：构建一个能赢的团队》)(148)
Mergers and Acquisitions for Dummies(《并购通俗读本》)(21)
Mergers and Acquisitions from A to Z(《并购大全》)(47)
Mergers and Acquisitions in Banking and Finance：What Works，What Fails，and Why(《银行和金融领域的并购》)(149)
Mergers and Acquisitions Law(《并购法律》)(105)
Mergers and Acquisitions Playbook：Lessons from the Middle-Market Trenches(《并购战术手册》)(71)
Practical M&A Execution and Integration(《并购实施与整合实务》)(120)
Reasons for Frequent Failure in Mergers and Acquisitions：A Comprehensive Analysis(《并购经常失败的原因：综合分析》)(192)
Strategic Alliances，Mergers and Acquisitions：The Influence of Culture on Successful Cooperation(《战略联盟与并购：文化对成功公司的影响》)(193)

Surviving M&A：Make the Most of Your Company Being Acquired（《并购生存策略：如何最大限度用好被收购的公司》）（72）
Synergy Value and Strategic Management：Inside the Black Box of Mergers and Acquisitions（《协同效应价值与战略管理：并购内幕》）（194）
The Art of Bank M&A：Buying，Selling，Merging，and Investing in Regulated Depository Institutions in the New Environment（《银行并购艺术：购买、销售、兼并与投资》）（150）
The Art of Capital Restructuring：Creating Shareholder Value through Mergers and Acquisitions（《资本重组的艺术：通过并购创造股东价值》）（151）
The Art of Distressed M&A：Buying，Selling，and Financing Troubled and Insolvent Companies（《不良资产并购的艺术：问题公司的购买、销售和融资》）（152）
The Art of M&A Strategy：A Guide to Building Your Company's Future through Mergers，Acquisitions，and Divestiture（《并购战略的艺术：通过并购和剥离构建公司未来指南》）（73）
The Art of M&A Structuring：Techniques for Mitigating Financial，Tax，and Legal Risk（《并购架构的艺术：缓解金融、税负和法律风险》）（106）
The Complete Guide to Mergers and Acquisitions：Process Tools to Support M&A Integration at Every Level（《并购全程指南：支持各层面并购整合的程序工具》）（121）
The Concise Guide to Mergers，Acquisitions and Divestitures：Business，Legal，Finance，Accounting，Tax and Process Aspects（《简明兼并、收购和剥离指南：商业、法律、金融、会计和程序层面》）（153）
The Global M&A Tango：How to Reconcile Cultural Differences in Mergers，Acquisitions，and Strategic Partnerships（《全球并购探戈：如何协调并购和战略合作中的文化差异》）（138）
The Handbook of Financing Growth：Strategies，Capital Structure，and M&A Transactions（《融资成长手册：战略、资本结构与并购》）（154）
The Handbook of Mergers and Acquisitions（《牛津并购手册》）（195）
The Human Side of M&A（《并购的人力资源层面》）（155）
The Law and Economics of Takeovers：An Acquirer's Perspective（《收购的法律与金融：收购者的观点》）（196）
The Management of Mergers and Acquisitions（《并购管理》）（107）
The Management of People in Mergers & Acquisitions（《并购中的人员管理》）（156）
The Market for Corporate Control in Japan：M&As，Hostile Takeovers and Regulatory Framework（《日本公司控制权市场：并购、恶意收购与规范框架》）（139）

The Mergers & Acquisitions Handbook（《兼并与收购手册》）（197）
The Mergers & Acquisitions Handbook：A Practical Guide to Negotiated Transactions（《并购交易谈判指南》）（48）
The Routledge Companion to Mergers and Acquisitions（《劳特利奇并购指南》）（198）
Understanding Mergers and Acquisitions in the 21st Century：A Multidisciplinary Approach（《了解 21 世纪的并购：多学科观点》）（199）
Value Creation in Mergers，Acquisitions，and Alliances（《兼并、收购与联盟中的价值创造》）（200）
Value in Due Diligence：Contemporary Strategies for Merger and Acquisition Success（《尽职调查中的价值：当代并购成功战略》）（90）
Why Deals Fail：And How to Rescue Them（《为什么交易失败？如何救济?》）（74）

推荐作者得新书!

博瑞森征稿启事

亲爱的读者朋友:

感谢您选择了博瑞森图书！希望您手中的这本书能给您带来实实在在的帮助!

博瑞森一直致力于发掘好作者、好内容,希望能把您最需要的思想、方法,一字一句地交到您手中,成为管理知识与管理实践的桥梁。

但是我们也知道,有很多深入企业一线、经验丰富、乐于分享的优秀专家,或者忙于实战没时间,或者缺少专业的写作指导和便捷的出版途径,只能茫然以待……

还有很多在竞争大潮中坚守的企业,有着异常宝贵的实践经验和独特的洞察,但缺少专业的记录和整理者,无法让企业的经验和故事被更多的人了解、学习……

对读者而言,这些都太遗憾了!

博瑞森非常希望能将这些埋藏的“宝藏”发掘出来,贡献给广大读者,让更多的人从中受益。

所以,我们真心地邀请您,我们的老读者,帮我们搜寻:

推荐作者

可以是您自己或您的朋友,只要对本土管理有实践、有思考;可以是您通过网络、杂志、书籍或其他途径了解的某位专家,不管名气大小,只要他的思想和方法曾让您深受启发。

可以是管理类作品,也可以超出管理,各类优秀的社科作品或学术作品。

推荐企业

可以是您自己所在的企业,或者是您熟悉的某家企业,其创业过程、运营经历、产品研发、机制创新,等等。无论企业大小,只要乐于分享、有值得借鉴书写之处。

总之,好内容就是一切!

博瑞森绝非“自费出书”,出版费用完全由我们承担。您推荐的作者或企业案例一经采用,我们会立刻向您赠送书币 1000 元,可直接换取任何博瑞森图书的纸书或电子书。

感谢您对本土管理原创、博瑞森图书的支持!

推荐投稿邮箱:bookgood@126.com　　推荐手机:13611149991

1120 本土管理实践与创新论坛

这是由100多位本土管理专家联合创立的企业管理实践学术交流组织，旨在孵化本土管理思想、促进企业管理实践、加强专家间交流与协作。

论坛每年集中力量办好两件大事：第一，**“出一本书”**，汇聚一年的思考和实践，把最原创、最前沿、最实战的内容集结成册，贡献给读者；第二，**“办一次会”**，每年11月20日本土管理专家们汇聚一堂，碰撞思想、研讨案例、交流切磋、回馈社会。

论坛理事名单（以年龄为序，以示传承之意）

首届常务理事：

彭志雄　曾　伟　施　炜　杨　涛　张学军
郭　晓　程绍珊　胡八一　王祥伍　李志华
陈立云　杨永华

理　　事：

卢根鑫　王铁仁　周荣辉　曾令同　陆和平　宋杼宸　张国祥
刘承元　曹子祥　宋新宇　吴越舟　吴　坚　戴欣明　仲昭川
刘春雄　刘祖轲　段继东　何　慕　秦国伟　贺兵一　张小虎
郭　剑　余晓雷　黄中强　朱玉童　沈　坤　阎立忠　张　进
丁兴良　朱仁健　薛宝峰　史贤龙　卢　强　史幼波　叶敦明
王明胤　陈　明　岑立聪　方　刚　何足奇　周　俊　杨　奕
孙行健　孙嘉晖　张东利　郭富才　叶　宁　何　屹　沈　奎
王　超　马宝琳　谭长春　夏惊鸣　张　博　李洪道　胡浪球
孙　波　唐江华　程　翔　刘红明　杨鸿贵　伯建新　高可为
李　蓓　王春强　孔祥云　贾同领　罗宏文　史立臣　李政权
余　盛　陈小龙　尚　锋　邢　雷　余伟辉　李小勇　全怀周
初勇钢　陈　锐　高继中　聂志新　黄　屹　沈　拓　徐伟泽
谭洪华　崔自三　王玉荣　蒋　军　侯军伟　黄润霖　金国华
吴　之　葛新红　周　剑　崔海鹏　柏　龑　唐道明　朱志明
曲宗恺　杜　忠　远　鸣　范月明　刘文新　赵晓萌　张　伟
韩　旭　韩友诚　熊亚柱　孙彩军　刘　雷　王庆云　李少星
俞士耀　丁　昀　黄　磊　罗晓慧　伏泓霖　梁小平　鄢圣安

企业案例·老板传记

	书名.作者	内容/特色	读者价值
企业案例·老板传记	**你不知道的加多宝:原市场部高管讲述** 曲宗恺 牛玮娜 著	前加多宝高管解读加多宝	全景式解读,原汁原味
	借力咨询:德邦成长背后的秘密 官同良 王祥伍 著	讲述德邦是如何借助咨询公司的力量进行自身与发展的	来自德邦内部的第一线资料,真实、珍贵,令人受益匪浅
	收购后怎样有效整合:一个重工业收购整合实录(待出版) 李少星 著	讲述企业并购后的事	语言轻松活泼,对并购后的企业有借鉴作用
	娃哈哈区域标杆:豫北市场营销实录 罗宏文 赵晓萌 等著	本书从区域的角度来写娃哈哈河南分公司豫北市场是怎么进行区域市场营销,成为娃哈哈全国第一大市场、全国增量第一高市场的一些操作方法	参考性、指导性,一线真实资料
	六个核桃凭什么:从0过100亿 张学军 著	首部全面揭秘养元六个核桃裂变式成长的巨著	学习优秀企业的成长路径,了解其背后的理论体系
	像六个核桃一样:打造畅销品的36个简明法则 王超 范萍 著	本书分上下两篇:包括"六个核桃"的营销战略历程和36条畅销法则	知名企业的战略历程极具参考价值,36条法则提供操作方法
	解决方案营销实战案例 刘祖轲 著	用10个真案例讲明白什么是工业品的解决方案式营销,实战、实用	有干货、真正操作过的才能写得出来
	招招见销量的营销常识 刘文新 著	如何让每一个营销动作都直指销量	适合中小企业,看了就能用
	我们的营销真案例 联纵智达研究院 著	五芳斋粽子从区域到全国/诺贝尔瓷砖门店销量提升/利豪家具出口转内销/汤臣倍健的营销模式	选择的案例都很有代表性,实在、实操!
	中国营销战实录:令人拍案叫绝的营销真案例 联纵智达 著	51个案例,42家企业,38万字,18年,累计2000余人次参与……	最真实的营销案例,全是一线记录,开阔眼界
	双剑破局:沈坤营销策划案例集 沈坤 著	双剑公司多年来的精选案例解析集,阐述了项目策划中每一个营销策略的诞生过程,策划角度和方法	一线真实案例,与众不同的策划角度令人拍案叫绝、受益匪浅
	宗:一位制造业企业家的思考 杨涛 著	1993年创业,引领企业平稳发展20多年,分享独到的心得体会	难得的一本老板分享经验的书
	简单思考:AMT咨询创始人自述 孔祥云 著	著名咨询公司(AMT)的CEO创业历程中点点滴滴的经验与思考	每一位咨询人,每一位创业者和管理经营者,都值得一读
	边干边学做老板 黄中强 著	创业20多年的老板,有经验、能写、又愿意分享,这样的书很少	处处共鸣,帮助中小企业老板少走弯路
	三四线城市超市如何快速成长:解密甘雨亭 IBMG国际商业管理集团 著	国内外标杆企业的经验+本土实践量化数据+操作步骤、方法	通俗易懂,行业经验丰富,宝贵的行业量化数据,关键思路和步骤
	中国首家未来超市:解密安徽乐城 IBMG国际商业管理集团 著	本书深入挖掘了安徽乐城超市的试验案例,为零售企业未来的发展提供了一条可借鉴之路	通俗易懂,行业经验丰富,宝贵的行业量化数据,关键思路和步骤

续表

互联网＋

书名、作者		内容/特色	读者价值
互联网＋	**企业微信营销全指导** 孙　巍　著	专门给企业看到的微信营销书，手把手教企业从小白到微信营销专家	企业想学微信营销现在还不晚，两眼一抹黑也不怕，有这本书就够
	企业网络营销这样做才对：B2B　大宗 B2C 张　进　著	简单直白拿来就用，各种窍门信手拈来，企业网络营销不麻烦也不用再头疼，一般人不告诉他	B2B、大宗 B2C 企业有福了，看了就能学会网络营销
	互联网时代的银行转型 韩友诚　著	以大量案例形式为读者全面展示和分析了银行的互联网金融转型应对之道	结合本土银行转型发展案例的书籍
	正在发生的转型升级·实践 本土管理实践与创新论坛　著	企业在快速变革期所展现出的管理变革新成果、新方法、新案例	重点突出对于未来企业管理相关领域的趋势研判
	触发需求：互联网新营销样本·水产 何足奇　著	传统产业都在苦闷中挣扎前行，本书通过鲜活的案例告诉你如何以需求链整合供应链，从而把大家熟知的传统行业打碎了重构、重做一遍	全是干货，值得细读学习，并且作者的理论已经经过了他亲自操刀的实践检验，效果惊人，就在书中全景展示
	移动互联新玩法：未来商业的格局和趋势 史贤龙　著	传统商业、电商、移动互联，三个世界并存，这种新格局的玩法一定要懂	看清热点的本质，把握行业先机，一本书搞定移动互联网
	微商生意经：真实再现 33 个成功案例操作全程 伏泓霖　罗晓慧　著	本书为 33 个真实案例，分享案例主人公在做微商过程中的经验教训	案例真实，有借鉴意义
	阿里巴巴实战运营——14 招玩转诚信通 聂志新　著	本书主要介绍阿里巴巴诚信通的十四个基本推广操作，从而帮助使用诚信通的用户及企业更好地提升业绩	基本操作，很多可以边学边用，简单易学
	今后这样做品牌：移动互联时代的品牌营销策略 蒋　军　著	与移动互联紧密结合，告诉你老方法还能不能用，新方法怎么用	今后这样做品牌就对了
	互联网＋"变"与"不变"：本土管理实践与创新论坛集萃·2016 本土管理实践与创新论坛　著	本土管理领域正在产生自己独特的理论和模式，尤其在移动互联时代，有很多新课题需要本土专家们一起研究	帮助读者拓宽眼界、突破思维
	创造增量市场：传统企业互联网转型之道 刘红明　著	传统企业需要用互联网思维去创造增量，而不是用电子商务去转移传统业务的存量	教你怎么在"互联网＋"的海洋中创造实实在在的增量
	重生战略：移动互联网和大数据时代的转型法则 沈　拓　著	在移动互联网和大数据时代，传统企业转型如同生命体打算与再造，称之为"重生战略"	帮助企业认清移动互联网环境下的变化和应对之道
	画出公司的互联网进化路线图：用互联网思维重塑产品、客户和价值 李　蓓　著	18 个问题帮助企业一步步梳理出互联网转型思路	思路清晰、案例丰富，非常有启发性

续表

互联网+	**7个转变,让公司3年胜出** 李 蓓 著	消费者主权时代,企业该怎么办	这就是互联网思维,老板有能这样想,肯定倒不了
互联网+	**跳出同质思维,从跟随到领先** 郭 剑 著	66个精彩案例剖析,帮助老板突破行业长期思维惯性	做企业竟然有这么多玩法,开眼界

行业类:零售、白酒、食品/快消品、农业、医药、建材家居等

	书名.作者	内容/特色	读者价值
零售·超市·餐饮·服装	**总部有多强大,门店就能走多远** IBMG国际商业管理集团 著	如何把总部做强,成为门店的坚实后盾	了解总部建设的方法与经验
零售·超市·餐饮·服装	**超市卖场定价策略与品类管理** IBMG国际商业管理集团 著	超市定价策略与品类管理实操案例和方法	拿来就能用的理论和工具
零售·超市·餐饮·服装	**连锁零售企业招聘与培训破解之道** IBMG国际商业管理集团 著	围绕零售企业组织架构、培训体系建设等内容进行深刻探讨	破解人才发现和培养瓶颈的关键点
零售·超市·餐饮·服装	**中国首家未来超市:解密安徽乐城** IBMG国际商业管理集团 著	介绍了乐城作为中国首家未来超市从无到有的传奇经历	了解新型零售超市的运作方式及管理特色
零售·超市·餐饮·服装	**三四线城市超市如何快速成长:解密甘雨亭** IBMG国际商业管理集团 著	揭秘一家三四线连锁超市的经验策略	不但可以欣赏它的优点,而且可以学会它成功的方法
零售·超市·餐饮·服装	**涨价也能卖到翻** 村松达夫 【日】	提升客单价的15种实用、有效的方法	日本企业在这方面非常值得学习和借鉴
零售·超市·餐饮·服装	**移动互联下的超市升级** 联商网专栏频道 著	深度解析超市转型升级重点	帮助零售企业把握全局、看清方向
零售·超市·餐饮·服装	**手把手教你做专业督导:专卖店、连锁店** 熊亚柱 著	从督导的职能、作用,在工作中需要的专业技能、方法,都提供了详细的解读和训练办法,同时附有大量的表单工具	无论是店铺需要统一培训,还是个人想成为优秀的督导,有这一本就够了
零售·超市·餐饮·服装	**百货零售全渠道营销策略** 陈继展 著	没有照本宣科、说教式的絮叨,只有笔者对行业的认知与理解,庖丁解牛式的逐项解析、展开	通俗易懂,花极少的时间快速掌握该领域的知识及趋势
零售·超市·餐饮·服装	**零售:把客流变成购买力** 丁 昀 著	如何通过不断升级产品和体验式服务来经营客流	如何进行体验营销,国外的好经营,这方面有启发
零售·超市·餐饮·服装	**餐饮企业经营策略第一书** 吴 坚 著	分别从产品、顾客、市场、盈利模式等几个方面,对现阶段餐饮企业的发展提出策略和思路	第一本专业的、高端的餐饮企业经营指导书

续表

零售·超市·餐饮·服装	电影院的下一个黄金十年:开发·差异化·案例 李保煜　著	对目前电影院市场存大的问题及如何解决进行了探讨与解读	多角度了解电影院运营方式及代表性案例
	赚不赚钱靠店长:从懂管理到会经营 孙彩军　著	通过生动的案例来进行剖析,注重门店管理细节方面的能力提升	帮助终端门店店长在管理门店的过程中实现经营思路的拓展与突破
耐消品	商业车经销商实战 深远汽车　著	聚焦于商用车行业的经销商与4S店的运营	对商用车行业及其经销商运营有很大的指导意义
	汽车配件这样卖:汽车后市场销售秘诀100条 俞士耀　著	汽配销售业务员必读,手把手教授最实用的方法,轻松得来好业绩	快速上岗,专业实效,业绩无忧
	跟行业老手学经销商开发与管理:家电、耐消品、建材家居 黄润霖　著	全部来源于经销商管理的一线问题,作者用丰富的经验将每一个问题落实到最便捷快速的操作方法上去	书中每一个问题都是普通营销人亲口提出的,这些问题你也会遇到,作者进行的解答则精彩实用
白酒	白酒到底如何卖 赵海永　著	以市场实战为主,多层次、全方位、多角度地阐释了白酒一线市场操作的最新模式和方法,接地气	实操性强,37个方法、6大案例帮你成功卖酒
	变局下的白酒企业重构 杨永华　著	帮助白酒企业从产业视角看清趋势,找准位置,实现弯道超车的书	行业内企业要减少90%,自己在什么位置,怎么做,都清楚了
	1. 白酒营销的第一本书(升级版) 2. 白酒经销商的第一本书 唐江华　著	华泽集团湖南开口笑公司品牌部长,擅长酒类新品推广、新市场拓展	扎根一线,实战
	区域型白酒企业营销必胜法则 朱志明　著	为区域型白酒企业提供35条必胜法则,在竞争中赢销的葵花宝典	丰富的一线经验和深厚积累,实操实用
	10步成功运作白酒区域市场 朱志明　著	白酒区域操盘者必备,掌握区域市场运作的战略、战术、兵法	在区域市场的攻伐防守中运筹帷幄,立于不败之地
	酒业转型大时代:微酒精选2014－2015 微酒　主编	本书分为五个部分:当年大事件、那些酒业营销工具、微酒独立策划、业内大调查和十大经典案例	了解行业新动态、新观点,学习营销方法
快消品·食品	5小时读懂快消品营销:中国快消品案例观察 陈海超　著	多年营销经验的一线老手把案例掰开了、揉碎了,从中得出的各种手段和方法给读者以帮助和启发	营销那些事儿的个中秘辛,求人还不一定告诉你,这本书里就有
	快消品招商的第一本书:从入门到精通 刘　雷　著	深入浅出,不说废话,有工具方法,通俗易懂	让零基础的招商新人快速学习书中最实用的招商技能,成长为骨干人才
	乳业营销第一书 侯军伟　著	对区域乳品企业生存发展关键性问题的梳理	唯一的区域乳业营销书,区域乳品企业一定要看
	食用油营销第一书 余　盛　著	10多年油脂企业工作经验,从行业到具体实操	食用油行业第一书,当之无愧

续表

快消品·食品	**中国茶叶营销第一书** 柏 龑 著	如何跳出茶行业"大文化小产业"的困境，作者给出了自己的观察和思考	不是传统做茶的思路，而是现在商业做茶的思路
	调味品营销第一书 陈小龙 著	国内唯一一本调味品营销的书	唯一的调味品营销的书，调味品的从业者一定要看
	快消品营销人的第一本书：从入门到精通 刘 雷 伯建新 著	快消行业必读书，从入门到专业	深入细致，易学易懂
	变局下的快消品营销实战策略 杨永华 著	通胀了，成本增加，如何从被动应战变成主动的"系统战"	作者对快消品行业非常熟悉、非常实战
	快消品经销商如何快速做大 杨永华 著	本书完全从实战的角度，评述现象，解析误区，揭示原理，传授方法	为转型期的经销商提供了解决思路，指出了发展方向
	一位销售经理的工作心得 蒋 军 著	一线营销管理人员想提升业绩却无从下手时，可以看看这本书	一线的真实感悟
	快消品营销：一位销售经理的工作心得2 蒋 军 著	快消品、食品饮料营销的经验之谈，重点图书	来源与实战的精华总结
	快消品营销与渠道管理 谭长春 著	将快消品标杆企业渠道管理的经验和方法分享出来	可口可乐、华润的一些具体的渠道管理经验，实战
	成为优秀的快消品区域经理（升级版） 伯建新 著	用"怎么办"分析区域经理的工作关键点，增加30%全新内容，更贴近环境变化	可以作为区域经理的"速成催化器"
	销售轨迹：一位快消品营销总监的拼搏之路 秦国伟 著	本书讲述了一个普通销售员打拼成为跨国企业营销总监的真实奋斗历程	激励人心，给广大销售员以力量和鼓舞
	快消老手都在这样做：区域经理操盘锦囊 方 刚 著	非常接地气，全是多年沉淀下来的干货，丰富的一线经验和实操方法不可多得	在市场摸爬滚打的"老油条"，那些独家绝招妙招一般你问都是问不来的
	动销四维：全程辅导与新品上市 高继中 著	从产品、渠道、促销和新品上市详细讲解提高动销的具体方法，总结作者18年的快消品行业经验，方法实操	内容全面系统，方法实操
农业	**新农资如何换道超车** 刘祖轲 等著	从农业产业化、互联网转型、行业营销与经营突破四个方面阐述如何让农资企业占领先机、提前布局	南方略专家告诉你如何应对资源浪费、生产效率低下、产能严重过剩、价格与价值严重扭曲等
	中国牧场管理实战：畜牧业、乳业必读 黄剑黎 著	本书不仅提供了来自一线的实际经验，还收入了丰富的工具文档与表单	填补空白的行业必读作品
	中小农业企业品牌战法 韩 旭 著	将中小农业企业品牌建设的方法，从理论讲到实践，具有指导性	全面把握品牌规划，传播推广，落地执行的具体措施
	农资营销实战全指导 张 博 著	农资如何向"深度营销"转型，从理论到实践进行系统剖析，经验资深	朴实、使用！不可多得的农资营销实战指导
	农产品营销第一书 胡浪球 著	从农业企业战略到市场开拓、营销、品牌、模式等	来源于实践中的思考，有启发
	变局下的农牧企业9大成长策略 彭志雄 著	食品安全、纵向延伸、横向联合、品牌建设……	唯一的农牧企业经营实操的书，农牧企业一定要看

续表

医药	**在中国，医药营销这样做：时代方略精选文集** 段继东　主编	专注于医药营销咨询15年，将医药营销方法的精华文章合编，深入全面	可谓医药营销领域的顶尖著作，医药界读者的必读书
	医药新营销：制药企业、医药商业企业营销模式转型 史立臣　著	医药生产企业和商业企业在新环境下如何做营销？老方法还有没有用？如何寻找新方法？新方法怎么用？本书给你答案	内容非常现实接地气，踏实谈问题说方法
	医药企业转型升级战略 史立臣　著	药企转型升级有5大途径，并给出落地步骤及风险控制方法	实操性强，有作者个人经验总结及分析
	新医改下的医药营销与团队管理 史立臣　著	探讨新医改对医药行业的系列影响和医药团队管理	帮助理清思路，有一个框架
	医药营销与处方药学术推广 马宝琳　著	如何用医学策划把"平民产品"变成"明星产品"	有真货、讲真话的作者，堪称处方药营销的经典！
	新医改了，药店就要这样开 尚　锋　著	药店经营、管理、营销全攻略	有很强的实战性和可操作性
	电商来了，实体药店如何突围 尚　锋　著	电商崛起，药店该如何突围？本书从促销、会员服务、专业性、客单价等多重角度给出了指导方向	实战攻略，拿来就能用
	OTC医药代表药店销售36计 鄢圣安　著	以《三十六计》为线，写OTC医药代表向药店销售的一些技巧与策略	案例丰富，生动真实，实操性强
	OTC医药代表药店开发与维护 鄢圣安　著	要做到一名专业的医药代表，需要做什么、准备什么、知识储备、操作技巧等	医药代表药店拜访的指导手册，手把手教你快速上手
	引爆药店成交率1：店员导购实战 范月明　著	一本书解决药店导购所有难题	情景化、真实化、实战化
	引爆药店成交率2：经营落地实战 范月明　著	最接地气的经营方法全指导	揭示了药店经营的几类关键问题
	引爆药店成交率：专业化销售解决方案 范月明　著	药品搭配分析与关联销售	为药店人专业化助力
建材家居	**家具行业操盘手** 王献永　著	家具行业问题的终结者	解决了干家具还有没有前途？为什么同城多店的家具经销商很难做大做强等问题
	建材家居营销：除了促销还能做什么 孙嘉晖　著	一线老手的深度思考，告诉你在建材家居营销模式基本停滞的今天，除了促销，营销还能怎么做	给你的想法一场革命
	建材家居营销实务 程绍珊　杨鸿贵　主编	价值营销运用到建材家居，每一步都让客户增值	有自己的系统、实战
	建材家居门店销量提升 贾同领　著	店面选址、广告投放、推广助销、空间布局、生动展示、店面运营等	门店销量提升是一个系统工程，非常系统、实战

续表

建材家居	**10 步成为最棒的建材家居门店店长** 徐伟泽　著	实际方法易学易用，让员工能够迅速成长，成为独当一面的好店长	只要坚持这样干，一定能成为好店长
	手把手帮建材家居导购业绩倍增：成为顶尖的门店店员 熊亚柱　著	生动的表现形式，让普通人也能成为优秀的导购员，让门店业绩长红	读着有趣，用着简单，一本在手、业绩无忧
	建材家居经销商实战 42 章经 王庆云　著	告诉经销商：老板怎么当、团队怎么带、生意怎么做	忠言逆耳，看着不舒服就对了，实战总结，用一招半式就值了
工业品	**销售是门专业活：B2B 、工业品** 陆和平　著	销售流程就应该跟着客户的采购流程和关注点的变化向前推进，将一个完整的销售过程分成十个阶段，提供具体方法	销售不是请客吃饭拉关系，是个专业的活计！方法在手，走遍天下不愁
	解决方案营销实战案例 刘祖轲　著	用 10 个真案例讲明白什么是工业品的解决方案式营销，实战、实用	有干货、真正操作过的才能写得出来
	变局下的工业品企业 7 大机遇 叶敦明　著	产业链条的整合机会、盈利模式的复制机会、营销红利的机会、工业服务商转型机会……	工业品企业还可以这样做，思维大突破
	工业品市场部实战全指导 杜　忠　著	工业品市场部经理工作内容全指导	系统、全面、有理论、有方法，帮助工业品市场部经理更快提升专业能力
	工业品营销管理实务 李洪道　著	中国特色工业品营销体系的全面深化、工业品营销管理体系优化升级	工具更实战，案例更鲜活，内容更深化
	工业品企业如何做品牌 张东利　著	为工业品企业提供最全面的品牌建设思路	有策略、有方法、有思路、有工具
	丁兴良讲工业 4.0 丁兴良　著	没有枯燥的理论和说教，用朴实直白的语言告诉你工业 4.0 的全貌	工业 4.0 是什么？本书告诉你答案
	资深大客户经理：策略准，执行狠 叶敦明　著	从业务开发、发起攻势、关系培育、职业成长四个方面，详述了大客户营销的精髓	满满的全是干货
	一切为了订单：订单驱动下的工业品营销实战 唐道明　著	其实，所有的企业都在围绕着两个字在开展全部的经营和管理工作，那就是“订单”	开发订单、满足订单、扩大订单。本书全是实操方法，字字珠玑、句句干货，教你获得营销的胜利
金融	**交易心理分析** (美)马克·道格拉斯　著 刘真如　译	作者一语道破赢家的思考方式，并提供了具体的训练方法	不愧是投资心理的第一书，绝对经典
	精品银行管理之道 崔海鹏　何　屹　主编	中小银行转型的实战经验总结	中小银行的教材很多，实战类的书很少，可以看看
	支付战争 Eric M. Jackson　著 徐　彬　王　晓　译	PayPal 创业期营销官，亲身讲述 PayPal 从诞生到壮大到成功出售的整个历史	激烈、有趣的内幕商战故事！了解美国支付市场的风云巨变
	中外并购名著专业阅读指南 叶兴平　等著	在 5000 多本并购类图书中精选的 200 著作，在阅读的基础上写的读书评价	精挑细选 200 本并一一评介，省去读者挑选的烦恼，快捷、高效
	互联网时代的银行转型 韩友诚　著	以大量案例形式为读者全面展示和分析了银行的互联网金融转型应对之道	结合本土银行转型发展案例的书籍

续表

房地产	产业园区/产业地产规划、招商、运营实战 阎立忠　著	目前中国第一本系统解读产业园区和产业地产建设运营的实战宝典	从认知、策划、招商到运营全面了解地产策划
	人文商业地产策划 戴欣明　著	城市与商业地产战略定位的关键是不可复制性，要发现独一无二的"味道"	突破千城一面的策划困局
	电影院的下一个黄金十年：开发·差异化·案例 李保煜　著	对目前电影院市场存大的问题及如何解决进行了探讨与解读	多角度了解电影院运营方式及代表性案例
经营类：企业如何赚钱，如何抓机会，如何突破，如何"开源"			
	书名．作者	内容/特色	读者价值
抓方向	让经营回归简单．升级版 宋新宇　著	化繁为简抓住经营本质：战略、客户、产品、员工、成长	经典，做企业就这几个关键点！
	混沌与秩序Ⅰ：变革时代企业领先之道 混沌与秩序Ⅱ：变革时代管理新思维 彭剑锋　尚艳玲　主编	汇集华夏基石专家团队10年来研究成果，集中选择了其中的精华文章编纂成册	作者都是既有深厚理论积淀又有实践经验的重磅专家，为中国企业和企业家的未来提出了高屋建瓴的观点
	活系统：跟任正非学当老板 孙行健　尹　贤　著	以任正非的独到视角，教企业老板如何经营公司	看透公司经营本质，激活企业活力
	重构：中国企业重生战略 杨永华　著	从7个角度，帮助企业实现系统性的改造	提供转型思想与方法，值得参考
	公司由小到大要过哪些坎 卢　强　著	老板手里的一张"企业成长路线图"	现在我在哪儿，未来还要走哪些路，都清楚了
	企业二次创业成功路线图 夏惊鸣　著	企业曾经抓住机会成功了，但下一步该怎么办？	企业怎样获得第二次成功，心里有个大框架了
	老板经理人双赢之道 陈　明　著	经理人怎养选平台、怎么开局，老板怎样选/育/用/留	老板生闷气，经理人牢骚大，这次知道该怎么办了
	简单思考：AMT咨询创始人自述 孔祥云　著	著名咨询公司（AMT）的CEO创业历程中点点滴滴的经验与思考	每一位咨询人，每一位创业者和管理经营者，都值得一读
	企业文化的逻辑 王祥伍　黄健江　著	为什么企业绩效如此不同，解开绩效背后的文化密码	少有的深刻，有品质，读起来很流畅
	使命驱动企业成长 高可为　著	钱能让一个人今天努力，使命能让一群人长期努力	对于想做事业的人，'使命'是绕不过去的
思维突破	盈利原本就这么简单 高可为　著	从财务的角度揭示企业盈利的秘密	多方面解读商业模式与盈利的关系，通俗易懂，受益匪浅
	移动互联新玩法：未来商业的格局和趋势 史贤龙　著	传统商业、电商、移动互联，三个世界并存，这种新格局的玩法一定要懂	看清热点的本质，把握行业先机，一本书搞定移动互联网
	画出公司的互联网进化路线图：用互联网思维重塑产品、客户和价值 李　蓓　著	18个问题帮助企业一步步梳理出互联网转型思路	思路清晰、案例丰富，非常有启发性
	重生战略：移动互联网和大数据时代的转型法则 沈　拓　著	在移动互联网和大数据时代，传统企业转型如同生命体打算与再造，称之为"重生战略"	帮助企业认清移动互联网环境下的变化和应对之道

续表

思维突破	**创造增量市场：传统企业互联网转型之道** 刘红明　著	传统企业需要用互联网思维去创造增量，而不是用电子商务去转移传统业务的存量	教你怎么在“互联网 +”的海洋中创造实实在在的增量
	7个转变，让公司3年胜出 李　蓓　著	消费者主权时代，企业该怎么办	这就是互联网思维，老板有能这样想，肯定倒不了
	跳出同质思维，从跟随到领先 郭　剑　著	66个精彩案例剖析，帮助老板突破行业长期思维惯性	做企业竟然有这么多玩法，开眼界
	麻烦就是需求　难题就是商机 卢根鑫　著	如何借助客户的眼睛发现商机	什么是真商机，怎么判断、怎么抓，有借鉴
	互联网 +“变”与“不变”：本土管理实践与创新论坛集萃·2016 本土管理实践与创新论坛　著	加速本土管理思想的孕育诞生，促进本土管理创新成果更好地服务企业、贡献社会	各个作者本年度最新思想，帮助读者拓宽眼界、突破思维
财务	**写给企业家的公司与家庭财务规划——从创业成功到富足退休** 周荣辉　著	本书以企业的发展周期为主线，写各阶段企业与企业主家庭的财务规划	为读者处理人生各阶段企业与家庭的财务问题提供建议及方法，让家庭成员真正享受财富带来的益处
	互联网时代的成本观 程　翔　著	本书结合互联网时代提出了成本的多维观，揭示了多维组合成本的互联网精神和大数据特征，论述了其产生背景、实现思路和应用价值	在传统成本观下为盈利的业务，在新环境下也许就成为亏损业务。帮助管理者从新的角度来看待成本，进一步做好精益管理

管理类：效率如何提升，如何实现经营目标，如何“节流”

	书名．作者	内容/特色	读者价值
通用管理	**让管理回归简单·升级版** 宋新宇　著	从目标、组织、决策、授权、人才和老板自己层面教你怎样做管理	帮助管理抓住管理的要害，让管理变得简单
	让经营回归简单·升级版 宋新宇　著	从战略、客户、产品、员工、成长、经营者自身等七个方面，归纳总结出简单有效的经营法则	总结出的真正优秀企业的成功之道：简单
	让用人回归简单 宋新宇　著	从用人的原则、用人的难题与误区、用人的方法和用人者的修炼四大方面，总结出适合中小企业做好人才管理工作的法则	帮助管理者抓住用人的要害，让用人变得简单
	管理：以规则驾驭人性 王春强　著	详细解读企业规则的制定方法	从人与人博弈角度提升管理的有效性
	员工心理学超级漫画版 邢　雷　著	以漫画的形式深度剖析员工心理	帮助管理者更了解员工，从而更轻松地管理员工
	帅抓战略，将抓执行 王清华　著	深入剖析老板与高管的异同	各司其职，各行其是，相辅相成
	分股合心：股权激励这样做 段磊　周剑　著	通过丰富的案例，详细介绍了股权激励的知识和实行方法	内容丰富全面、易读易懂，了解股权激励，有这一本就够了

续表

通用管理	**边干边学做老板** 黄中强　著	创业20多年的老板，有经验、能写、又愿意分享，这样的书很少	处处共鸣，帮助中小企业老板少走弯路
	中国式阿米巴落地实践之从交付到交易 胡八一　著	本书主要讲述阿米巴经营会计，"从交付到交易"，这是成功实施了阿米巴的标志	阿米巴经营会计的工作是有逻辑关联的，一本书就能搞定
	中国式阿米巴落地实践之激活组织 胡八一　著	重点讲解如何科学划分阿米巴单元，阐述划分的实操要领、思路、方法、技术与工具	最大限度减少"推行风险"和"摸索成本"，利于公司成功搭建适合自身的个性化阿米巴经营体系
	集团化企业阿米巴实战案例 初勇钢　著	一家集团化企业阿米巴实施案例	指导集团化企业系统实施阿米巴
	阿米巴经营的中国模式 李志华　著	让员工从"要我干"到"我要干"，价值量化出来	阿米巴在企业如何落地，明白思路了
	欧博心法：好管理靠修行 曾　伟　著	用佛家的智慧，深刻剖析管理问题，见解独到	如果真的有'中国式管理'，曾老师是其中标志性人物
流程管理	**1. 用流程解放管理者** **2. 用流程解放管理者2** 张国祥　著	中小企业阅读的流程管理、企业规范化的书	通俗易懂，理论和实践的结合恰到好处
	跟我们学建流程体系 陈立云　著	畅销书《跟我们学做流程管理》系列，更实操，更细致，更深入	更多地分享实践，分享感悟，从实践总结出来的方法论
质量管理	**IATF16949质量管理体系详解与案例文件汇编：TS16949转版IATF16949:2016** 谭洪华　著	针对IATF的新标准做了详细的解说，同时指出了一些推行中容易犯的错误，提供了大量的表单、案例	案例、表单丰富，拿来就用
	五大质量工具详解及运用案例：APQP/FMEA/PPAP/MSA/SPC 谭洪华　著	对制造业必备的五大质量工具中每个文件的制作要求、注意事项、制作流程、成功案例等进行了解读	通俗易懂、简便易行，能真正实现学以致用
	ISO9001:2015新版质量管理体系详解与案例文件汇编 谭洪华　著	紧密围绕2015年新版质量管理体系文件逐条详细解读，并提供可以直接套用的案例工具，易学易上手	企业质量管理认证、内审必备
	ISO14001:2015新版环境管理体系详解与案例文件汇编 谭洪华　著	紧密围绕2015年新版环境管理体系文件逐条详细解读，并提供可以直接套用的案例工具，易学易上手	企业环境管理认证、内审必备
	SA8000:2014社会责任管理体系认证实战 吕　林　著	作者根据自己的操作经验，按认证的流程，以相关案例进行说明SA8000认证体系	简单，实操性强，拿来就能用
战略落地	**重生——中国企业的战略转型** 施　炜　著	从前瞻和适用的角度，对中国企业战略转型的方向、路径及策略性举措提出了一些概要性的建议和意见	对企业有战略指导意义
	公司大了怎么管：从靠英雄到靠组织 AMT 金国华　著	第一次详尽阐释中国快速成长型企业的特点、问题及解决之道	帮助快速成长型企业领导及管理团队理清思路，突破瓶颈

续表

战略落地	**低效会议怎么改:每年节省一半会议成本的秘密** AMT 王玉荣　著	教你如何系统规划公司的各级会议,一本工具书	教会你科学管理会议的办法
	年初订计划,年尾有结果:战略落地七步成诗 AMT 郭晓　著	7 个步骤教会你怎么让公司制定的战略转变为行动	系统规划,有效指导计划实现
人力资源	**HRBP 是这样炼成的之"菜鸟起飞"** 新　海　著	以小说的形式,具体解析 HRBP 的职责,应该如何操作,如何为业务服务	实践者的经验分享,内容实务具体,形式有趣
	HRBP 是这样炼成的之中级修炼 新　海　著	本书以案例故事的方式,介绍了 HRBP 在实际工作中碰到的问题和挑战	书中的 HR 解决方案讲究因时因地制宜、简单有效的原则,重在启发读者思路,可供各类企业 HRBP 借鉴
	HRBP 是这样炼成的之高级修炼 新　海　著	以故事的形式,展现了 HRBP 工作者在职业发展路上的层层深入和递进	为读者提供 HRBP 在实际工作中遇到种种问题的解决方案
	把面试做到极致:首席面试官的人才甄选法 孟广桥　著	作者用自己几十年的人力资源经验总结出的一套实用的确定岗位招聘标准、提升面试官技能素质的简便方法	面试官必备,没有空泛理论,只有巧妙的实操技能
	人力资源体系与 e－HR 信息化建设 刘书生　陈　莹　王美佳　著	将作者经历的人力资源管理变革、人力资源管理信息化咨询项目方法论、工具和成果全面展现给读者,使大家能够将其快速应用到管理实践中	系统性非常强,没有废话,全部是浓缩的干货
	回归本源看绩效 孙　波　著	让绩效回顾"改进工具"的本源,真正为企业所用	确实是来源于实践的思考,有共鸣
	世界 500 强资深培训经理人教你做培训管理 陈　锐　著	从 7 大角度具体细致地讲解了培训管理的核心内容	专业、实用、接地气
	曹子祥教你做激励性薪酬设计 曹子祥　著	以激励性为指导,系统性地介绍了薪酬体系及关键岗位的薪酬设计模式	深入浅出,一本书学会薪酬设计
	曹子祥教你做绩效管理 曹子祥　著	复杂的理论通俗化,专业的知识简单化,企业绩效管理共性问题的解决方案	轻松掌握绩效管理
	把招聘做到极致 远　鸣　著	作为世界 500 强高级招聘经理,作者数十年招聘经验的总结分享	带来职场思考境界的提升和具体招聘方法的学习
	人才评价中心．超级漫画版 邢　雷　著	专业的主题,漫画的形式,只此一本	没想到一本专业的书,能写成这效果
	走出薪酬管理误区 全怀周　著	剖析薪酬管理的 8 大误区,真正发挥好枢纽作用	值得企业深读的实用教案
	集团化人力资源管理实践 李小勇　著	对搭建集团化的企业很有帮助,务实,实用	最大的亮点不是理论,而是结合实际的深入剖析
	我的人力资源咨询笔记 张　伟　著	管理咨询师的视角,思考企业的 HR 管理	通过咨询师的眼睛对比很多企业,有启发
	本土化人力资源管理 8 大思维 周　剑　著	成熟 HR 理论,在本土中小企业实践中的探索和思考	对企业的现实困境有真切体会,有启发

续表

企业文化	**36 个拿来就用的企业文化建设工具** 海融心胜　主编	数十个工具，为了方便拿来就用，每一个工具都严格按照工具属性、操作方法、案例解读划分，实用、好用	企业文化工作者的案头必备书，方法都在里面，简单易操作
	企业文化建设超级漫画版 邢　雷　著	以漫画的形式系统教你企业文化建设方法	轻松易懂好操作
	华夏基石方法：企业文化落地本土实践 王祥伍　谭俊峰　著	十年积累、原创方法、一线资料，和盘托出	在文化落地方面真正有洞察，有实操价值的书
	企业文化的逻辑 王祥伍　著	为什么企业之间如此不同，解开绩效背后的文化密码	少有的深刻，有品质，读起来很流畅
	企业文化激活沟通 宋杼宸　安　琪　著	透过新任 HR 总经理的眼睛，揭示出沟通与企业文化的关系	有实际指导作用的文化落地读本
	在组织中绽放自我：从专业化到职业化 朱仁健　王祥伍　著	个人如何融入组织，组织如何助力个人成长	帮助企业员工快速认同并投入到组织中去，为企业发展贡献力量
	企业文化定位·落地一本通 王明胤　著	把高深枯燥的专业理论创建成一套系统化、实操化、简单化的企业文化缔造方法	对企业文化不了解，不会做？有这一本从概念到实操，就够了
生产管理	**精益思维：中国精益如何落地** 刘承元　著	笔者二十余年企业经营和咨询管理的经验总结	中国企业需要灵活运用精益思维，推动经营要素与管理机制的有机结合，推动企业管理向前发展
	300 张现场图看懂精益 5S 管理 乐　涛　编著	5S 现场实操详解	案例图解，易懂易学
	高员工流失率下的精益生产 余伟辉　著	中国的精益生产必须面对和解决高员工流失率问题	确实来源于本土的工厂车间，很务实
	车间人员管理那些事儿 岑立聪　著	车间人员管理中处理各种“疑难杂症”的经验和方法	基层车间管理者最闹心、头疼的事，‘打包’解决
	1. 欧博心法：好管理靠修行 **2. 欧博心法：好工厂这样管** 曾　伟　著	他是本土最大的制造业管理咨询机构创始人，他从 400 多个项目、上万家企业实践中锤炼出的欧博心法	中小制造型企业，一定会有很强的共鸣
	欧博工厂案例 1：生产计划管控对话录 **欧博工厂案例 2：品质技术改善对话录** **欧博工厂案例 3：员工执行力提升对话录** 曾　伟　著	最典型的问题、最详尽的解析，工厂管理 9 大问题 27 个经典案例	没想到说得这么细，超出想象，案例很典型，照搬都可以了
	工厂管理实战工具 欧博企管　编著	以传统文化为核心的管理工具	适合中国工厂
	苦中得乐：管理者的第一堂必修课 曾　伟　编著	曾伟与师傅大愿法师的对话，佛学与管理实践的碰撞，管理禅的修行之道	用佛学最高智慧看透管理
	比日本工厂更高效 1：管理提升无极限 刘承元　著	指出制造型企业管理的六大积弊；颠覆流行的错误认知；掌握精益管理的精髓	每一个企业都有自己不同的问题，管理没有一剑封喉的秘笈，要从现场、现物、现实出发

续表

思想·文化	**中国古代政治制度（修订版）上：皇帝制度与中央政府（待出版）** 刘文瑞　著	全面论证了古代皇帝制度的形成和演变的历程	有助于读者从政治制度角度了解中国国情的历史渊源
	中国古代政治制度（修订版）下：地方体制与官僚制度（待出版） 刘文瑞　著	全面论证了古代地方政府的发展演变过程	有助于读者从政治制度角度了解中国国情的历史渊源
	中国思想文化十八讲（修订版）（待出版） 张茂泽　著	中国古代的宗教思想文化，如对祖先崇拜、儒家天命观、中国古代关于“神”的讨论等	宗教文化和人生信仰或信念紧密相联，在文化转型时期学习和研究中国宗教文化就有特别的现实意义
	史幼波《大学》讲记 史幼波　著	用儒释道的观点阐释大学的深刻思想	一本书读懂传统文化经典
	史幼波《周子通书》《太极图说》讲记 史幼波　著	把形而上的宇宙、天地，与形而下的社会、人生、经济、文化等融合在一起	将儒家的一整套学修系统融合起来
	史幼波《中庸》讲记（上下册） 史幼波　著	全面、深入浅出地揭示儒家中庸文化的真谛	儒释道三家思想融会贯通
	梁涛讲《孟子》之《万章篇》 梁　涛　著	《万章》主要记录孟子与万章的对话，涉及孝道、亲情、友情、出仕为官等	作者的解读能帮助读者更好地理解孟子及儒学
	每个中国人身上的春秋基因 史贤龙　著	春秋 368 年（公元前 770－公元前 403 年），每一个中国人都可以在这段时期的历史中找到自己的祖先，看到真实发生的事件，同时也看到自己	长情商、识人心
	与《老子》一起思考：德篇 史贤龙　著	打通文史，回归哲慧，纵贯古今，放眼中外，妙语迭出，在当今的老子读本中别具一格	深读有深读的回味，浅尝有浅尝的机敏，可给读者不同的启发
	郑子太极拳理拳法丛书 杨竣雄　著	走进郑子太极拳完整训练体系的大门，随着书中另一主角——师父的课程安排与每日功课的练习	当您学完这套书后，在掌握拳架的同时具备诸多正确的太极理念与系统知识
	内功太极拳训练教程 王铁仁　编著	杨式（内功）太极拳（俗称老六路）的详细介绍及具体修炼方法，身心的一次升华	书中含有大量图解并有相关视频供读者同步学习
	中医治心脏病 马宝琳　著	引用众多真实案例，客观真实地讲述了中西医对于心脏病的认识及治疗方法	看完这本书，能为您节约 10 万元医药费

续表

渠道通路	**传统行业如何用网络拿订单** 张　进　著	给老板看的第一本网络营销书	适合不懂网络技术的经营决策者看
	采纳方法：化解渠道冲突 朱玉童　编著	系统剖析渠道冲突，21个渠道冲突案例、情景式讲解，37篇讲义	系统、全面
	学话术　卖产品 张小虎　著	分析常见的顾客异议，将优秀的话术模块化	让普通导购员也能成为销售精英
	向高层销售：与决策者有效打交道 贺兵一　著	一套完整有效的销售策略	有工具，有方法，有案例，通俗易懂
	通路精耕操作全解：快消品20年实战精华 周　俊　陈小龙　著	通路精耕的详细全解，每一步的具体操作方法和表单全部无保留提供	康师傅二十年的经验和精华，实践证明的最有效方法，教你如何主宰通路

管理者读的文史哲·生活

	书名．作者	内容/特色	读者价值
思想·文化	**德鲁克管理思想解读** 罗　珉　著	用独特视角和研究方法，对德鲁克的管理理论进行了深度解读与剖析	不仅是摘引和粗浅分析，还是作者多年深入研究的成果，非常可贵
	德鲁克与他的论敌们：马斯洛、戴明、彼得斯 罗　珉　著	几位大师之间的论战和思想碰撞令人受益匪浅	对大师们的观点和著作进行了大量的理论加工，去伪存真、去粗存精，同时有自己独特的体系深度
	德鲁克管理学 张远凤　著	本书以德鲁克管理思想的发展为线索，从一个侧面展示了20世纪管理学的发展历程	通俗易懂，脉络清晰
	王阳明“万物一体”论——从“身体”的立场看 陈立胜　著	以身体哲学分析王阳明思想中的“仁”与“乐”	进一步了解传统文化，了解王阳明的思想
	自我与世界：以问题为中心的现象学运动研究 陈立胜　著	以问题为中心，对现象学运动中的“意向性”“自我”“他人”“身体”及“世界”各核心议题之思想史背景与内在发展理路进行深入细致的分析	深入了解现象学中的几个主要问题
	作为身体哲学的中国古代哲学 张再林　著	上篇为中国古代身体哲学理论体系奠基性部分，下篇对由“上篇”所开出的中国身体哲学理论体系的进一步的阐发和拓展	了解什么是真正原生态意义上的中国哲学，把中国传统哲学与西方传统哲学加以严格区别
	中西哲学的歧异与会通 张再林　著	本书以一种现代解释学的方法，对中国传统哲学内在本质尝试一种全新的和全方位的解读	发掘出掩埋在古老传统形式下的现代特质和活的生命，在此基础上揭示中西哲学“你中有我，我中有你”之旨
	治论：中国古代管理思想 张再林　著	本书主要从儒、法墨三家阐述中国古代管理思想	看人本主义的管理理论如何不留斧痕地克服似乎无法调解的存在于人类社会行为与社会组织中的种种两难和对立

续表

组织和团队	**成为优秀的快消品区域经理(升级版)** 伯建新　著	用"怎么办"分析区域经理的工作关键点,增加30%全新内容,更贴近环境变化	可以作为区域经理的"速成催化器"
	成为资深的销售经理:B2B、工业品 陆和平　著	围绕"销售管理的六个关键控制点"一一展开,提供销售管理的专业、高效方法	方法和技术接地气,拿来就用,从销售员成长为经理不再犯难
	一位销售经理的工作心得 蒋　军　著	一线营销管理人员想提升业绩却无从下手时,可以看看这本书	一线的真实感悟
	快消品营销:一位销售经理的工作心得2 蒋　军　著	快消品、食品饮料营销的经验之谈,重点突出	来源于实战的精华总结
	销售轨迹:一位快消品营销总监的拼搏之路 秦国伟　著	本书讲述了一个普通销售员打拼成为跨国企业营销总监的真实奋斗历程	激励人心,给广大销售员以力量和鼓舞
	用营销计划锁定胜局:用数字解放营销人2 黄润霖　著	全方位教你怎么做好营销计划,好学好用真简单	照搬套用就行,做营销计划再也不头痛
	快消品营销人的第一本书:从入门到精通 刘　雷　伯建新　著	快消行业必读书,从入门到专业	深入细致,易学易懂
产品	**新产品开发管理,就用IPD** 郭富才　著	10年IPD研发管理咨询总结,国内首部IPD专业著作	一本书掌握IPD管理精髓
	资深项目经理这样做新产品开发管理 秦海林　著	以IPD为思想,系统讲解新产品开管理的细节	提供管理思路和实用工具
	产品炼金术Ⅰ:如何打造畅销产品 史贤龙　著	满足不同阶段、不同体量、不同行业企业对产品的完整需求	必须具备的思维和方法,避免在产品问题上走弯路
	产品炼金术Ⅱ:如何用产品驱动企业成长 史贤龙　著	做好产品、关注产品的品质,就是企业成功的第一步	必须具备的思维和方法,避免在产品问题上走弯路
品牌	**中小企业如何建品牌** 梁小平　著	中小企业建品牌的入门读本,通俗、易懂	对建品牌有了一个整体框架
	采纳方法:破解本土营销8大难题 朱玉童　编著	全面、系统、案例丰富、图文并茂	希望在品牌营销方面有所突破的人,应该看看
	中国品牌营销十三战法 朱玉童　编著	采纳20年来的品牌策划方法,同时配有大量的案例	众包方式写作,丰富案例给人启发,极具价值
	今后这样做品牌:移动互联时代的品牌营销策略 蒋　军　著	与移动互联紧密结合,告诉你老方法还能不能用,新方法怎么用	今后这样做品牌就对了
	中小企业如何打造区域强势品牌 吴　之　著	帮助区域的中小企业打造自身品牌,如何在强壮自身的基础上往外拓展	梳理误区,系统思考品牌问题,切实符合中小区域品牌的自身特点进行阐述
渠道通路	**快消品营销与渠道管理** 谭长春　著	将快消品标杆企业渠道管理的经验和方法分享出来	可口可乐、华润的一些具体的渠道管理经验,实战

续表

营销类：把客户需求融入企业各环节，提供“客户认为”有价值的东西

	书名．作者	内容/特色	读者价值
营销模式	**精品营销战略** 杜建君　著	以精品理念为核心的精益战略和营销策略	用精品思维赢得高端市场
	变局下的营销模式升级 程绍珊　叶　宁　著	客户驱动模式、技术驱动模式、资源驱动模式	很多行业的营销模式被颠覆，调整的思路有了！
	卖轮子 科克斯【美】	小说版的营销学！营销理念巧妙贯穿其中，贵在既有趣，又有深度	经典、有趣！一个故事读懂营销精髓
	动销操盘：节奏掌控与社群时代新战法 朱志明　著	在社群时代把握好产品生产销售的节奏，解析动销的症结，寻找动销的规律与方法	都是易读易懂的干货！对动销方法的全面解析和操盘
	弱势品牌如何做营销 李政权　著	中小企业虽有品牌但没名气，营销照样能做的有声有色	没有丰富的实操经验，写不出这么具体、详实的案例和步骤，很有启发
	老板如何管营销 史贤龙　著	高段位营销 16 招，好学好用	老板能看，营销人也能看
	洞察人性的营销战术：沈坤教你 28 式 沈　坤　著	28 个匪夷所思的营销怪招令人拍案叫绝，涉及商业竞争的方方面面，大部分战术可以直接应用到企业营销中	各种谋略得益于作者的横向思维方式，将其操作过的案例结合其中，提供的战术对读者有参考价值
	动销：产品是如何畅销起来的 吴江萍　余晓雷　著	真真切切告诉你，产品究竟怎么才能卖出去	击中痛点，提供方法，你值得拥有
销售	**资深大客户经理：策略准，执行狠** 叶敦明　著	从业务开发、发起攻势、关系培育、职业成长四个方面，详述了大客户营销的精髓	满满的全是干货
	成为资深的销售经理：B2B、工业品 陆和平　著	围绕“销售管理的六个关键控制点”一一展开，提供销售管理的专业、高效方法	方法和技术接地气，拿来就用，从销售员成长为经理不再犯难
	销售是门专业活：B2B、工业品 陆和平　著	销售流程就应该跟着客户的采购流程和关注点的变化向前推进，将一个完整的销售过程分成十个阶段，提供具体方法	销售不是请客吃饭拉关系，是个专业的活计！方法在手，走遍天下不愁
	向高层销售：与决策者有效打交道 贺兵一　著	一套完整有效的销售策略	有工具，有方法，有案例，通俗易懂
	卖轮子 科克斯　【美】	小说版的营销学！营销理念巧妙贯穿其中，贵在既有趣，又有深度	经典、有趣！一个故事读懂营销精髓
	学话术　卖产品 张小虎　著	分析常见的顾客异议，将优秀的话术模块化	让普通导购员也能成为销售精英
组织和团队	**升级你的营销组织** 程绍珊　吴越舟　著	用“有机性”的营销组织替代“营销能人”，营销团队变成“铁营盘”	营销队伍最难管，程老师不愧是营销第 1 操盘手，步骤方法都很成熟
	用数字解放营销人 黄润霖　著	通过量化帮助营销人员提高工作效率	作者很用心，很好的常备工具书

续表

生产管理	**比日本工厂更高效 2:超强经营力** 刘承元　著	企业要获得持续盈利,就要开源和节流,即实现销售最大化,费用最小化	掌握提升工厂效率的全新方法
	比日本工厂更高效 3:精益改善力的成功实践 刘承元　著	工厂全面改善系统有其独特的目的取向特征,着眼于企业经营体质(持续竞争力)的建设与提升	用持续改善力来飞速提升工厂的效率,高效率能够带来意想不到的高效益
	3A 顾问精益实践 1:IE 与效率提升 党新民　苏迎斌　蓝旭日　著	系统的阐述了 IE 技术的来龙去脉以及操作方法	使员工与企业持续获利
	3A 顾问精益实践 2:JIT 与精益改善 肖志军　党新民　著	只在需要的时候,按需要的量,生产所需的产品	提升工厂效率
员工素质提升	TTT 培训师精进三部曲(上):深度改善现场培训效果 廖信琳　著	现场把控不用慌,这里有妙招一用就灵	课程现场无论遇到什么样的情况都能游刃有余
	TTT 培训师精进三部曲(中):构建最有价值的课程内容 廖信琳　著	这样做课程内容,学员有收获 培训师也有收获	优质的课程内容是树立个人品牌的保证
	TTT 培训师精进三部曲(下):职业功力沉淀与修为提升 廖信琳　著	从内而外提升自己,职业的道路一帆风顺	走上职业 TTT 内训师的康庄大道
	管理咨询师的第一本书:百万年薪 千万身价 熊亚柱　著	从问题出发,发现问题、分析问题、解决问题,让两眼一抹黑的新人快速成长	管理咨询师初入职场,让这本书开启百万年薪之路
	手把手教你做专业督导:专卖店、连锁店 熊亚柱　著	从督导的职能、作用,在工作中需要的专业技能、方法,都提供了详细的解读和训练办法,同时附有大量的表单工具	无论是店铺需要统一培训,还是个人想成为优秀的督导,有这一本就够了
	跟老板"偷师"学创业 吴江萍　余晓雷　著	边学边干,边观察边成长,你也可以当老板	不同于其他类型的创业书,让你在工作中积累创业经验,一举成功
	销售轨迹:一位快消品营销总监的拼搏之路 秦国伟　著	本书讲述了一个普通销售员打拼成为跨国企业营销总监的真实奋斗历程	激励人心,给广大销售员以力量和鼓舞
	在组织中绽放自我:从专业化到职业化 朱仁健　王祥伍　著	个人如何融入组织,组织如何助力个人成长	帮助企业员工快速认同并投入到组织中去,为企业发展贡献力量
	企业员工弟子规:用心做小事,成就大事业 贾同领　著	从传统文化《弟子规》中学习企业中为人处事的办法,从自身做起	点滴小事,修养自身,从自身的改善得到事业的提升
	手把手教你做顶尖企业内训师:TTT 培训师宝典 熊亚柱　著	从课程研发到现场把控、个人提升都有涉及,易读易懂,内容丰富全面	想要做企业内训师的员工有福了,本书教你如何抓住关键,从入门到精通